杨适文集

杨适 著

①

人民出版社

责任编辑:贺 畅
责任校对:吕 飞

图书在版编目(CIP)数据

杨适文集/杨 适 著. —北京:人民出版社,2017.5
ISBN 978 - 7 - 01 - 017320 - 7

Ⅰ.①杨… Ⅱ.①杨… Ⅲ.①哲学-文集 Ⅳ.①B - 53

中国版本图书馆 CIP 数据核字(2017)第 020278 号

杨适文集
YANGSHI WENJI

杨 适 著

人民出版社 出版发行
(100706 北京市东城区隆福寺街 99 号)

北京盛通印刷股份有限公司印刷 新华书店经销

2017 年 5 月第 1 版 2017 年 5 月北京第 1 次印刷
开本:880 毫米×1230 毫米 1/32 印张:112. 125
字数:2755 千字

ISBN 978 - 7 - 01 - 017320 - 7 定价:470.00 元(全五卷)

邮购地址 100706 北京市东城区隆福寺街 99 号
人民东方图书销售中心 电话 (010)65250042 65289539

目　录

马克思《经济学 — 哲学手稿》述评

中西人论的冲突 —— 文化比较的一种新探求

人的解放 —— 重读马克思

前　言

　　杨适先生是我的老师。自1978年至今,无论是大学读书还是后来当教师和独立工作,我一直都没有中断跟随先生学习和做研究。2012年12月,时值先生八十华诞,由我们几个学生辈的动议,对先生的著述进行整理,结集出版《杨适文集》。这个动议得到人民出版社的支持,相关工作就由我牵头做起来。这期间,先后参与工作的有:王晓兴、张春田、游斌、陈文庆、张文举、陈河晋。还有年轻的李思仪女士,为文本扫描和整理做了大量繁复的工作,并为第四卷《古希腊哲学探本》制作了精美的地图,这是应该特殊表示感谢的。

　　文集共分五卷,一——四卷是专著,第五卷是论文、译文集。专著的顺序大体根据初版的时间,但考虑到各卷的均衡,对卷次适当做了调整。全部论文均按发表的时间先后编排。译文是先生为"猫头鹰文库"翻译的休谟的散文,共有11篇,收在《人性的高贵与卑劣——休谟散文集》(上海三联书店1988年版)一书中,虽然分量不大,但是先生的认真和呕心之作,这次一并放在文集的第五卷,以为压轴。

　　收入文集的专著和论文、译文,除对个别文字进行订正和统一引文注释外,一律按初版和发表时的原样付印。特别需要指出的是,文集整理成电子文稿后,先生不顾八十以上的高龄,坚持对全部文稿亲自进行校订。这种严谨、严格和高度负责的学术态度,永远是我们的榜样。

杨适先生是20世纪80年代中国理论界思想解放的先驱,他对马克思《手稿》以及晚期马克思人类学笔记的研究,是中国理论界重新认识马克思的重要成果。1982年由人民出版社出版的《马克思〈经济学 — 哲学手稿〉述评》一书,已经成为经典。

杨适先生是独树一帜的研究希腊哲学的专家,他的《哲学的童年》一书在中国的西方哲学研究领域具有开先河的意义,他的《古希腊哲学探本》是中国人研究希腊哲学的力作。

杨适先生是中西文化比较研究的倡导者和实践者,他的《中西人论的冲突》,以及他晚年倡导的原创文化研究,均有发人之未发的创见。

杨适先生的著述生涯跨越30余年,大体与中国的改革开放同步,是这个时代中国学术和思想史的一个侧影。我们将先生的著述结集出版,是对先生学术生涯的一个总结,也为中国文化的未来发展积累一份有价值的学术资源。

2012年,王晓兴和我为科学出版社《20世纪中国知名科学家学术成就概览》(哲学卷)写有介绍先生生平与学术成就的专文,放在卷首,或有助于对先生学术思想的理解。

易志刚

2015年6月15日于望京寓所

生平与学术成就

　　1932年12月7日(农历壬申年十一月初十),杨适出生在安徽当涂县一个诗书家庭。祖父是私塾先生,父亲师范毕业后做了国民政府的基层官员。杨适2岁丧母,1937年南京沦陷后,父亲携继母及其子女和幼年的他逃难大后方,其童年可谓命运多舛。八年抗战期间,随父任职变迁辗转于湘赣桂渝各地,除了从父学习中国古典诗书外,断断续续完成了小学和初中学业。胜利后回到家乡,考入南京国立社会教育学院附属中学读高中。这个时期,杨适开始接触来自解放区的书籍,思想和情感上倾向共产党。他和几位志气相投的同学一道创办壁报《呐喊》,积极参加反内战、争民主的学生运动,是学校里思想活跃的分子。同情工农,憎恶现实社会的黑暗和苦难,向往民主自由的新中国,是那个时代热血青年的基本倾向,也是他们选择共产党和唾弃国民党的根本原因。在经历了1947年"5·20"反内战、反饥饿、反迫害大游行之后,杨适和壁报《呐喊》的成员先后都成为中共地下党员。1948年底,渡江战役前夕,杨适由组织安排撤离南京,在皖北加入中国人民解放军华东野战军先遣纵队独立支队。随部队重返南京后,一度为军管会工作人员。1950年,抗美援朝战争爆发,杨适再次参军。因赴朝参战未果,在华东军区后勤部政治部和后勤干校先后担任文化教员、宣传助理员和中级班理论教员。1956年,入南京军事学院理论教员培训班学习半年。这期间的教学生涯,使杨适得以较为系统地研读马克思主义经典著作并开始涉猎希腊哲学和德国古典哲学。1957年,怀着进一步深造的愿望,杨适考入北京大学哲学系。入学1年后,因北大公共理论课教师队伍亟需充实,杨适被抽调为教员,遂留北大哲学系任教,直至离休。

在北大,杨适和同时期的中国知识分子一样,经历了共和国自"反右"到"文化大革命"的风风雨雨。一个理想的新中国与30年中国社会主义实践的反差,及其所造成的困惑和苦恼,是中国知识界开始全面反思的根本原因。这种反思是从重新认识马克思和马克思主义开始的。杨适也不例外。

1980年,杨适在《中国社会科学》第5期发表论文《关于否定之否定的根据问题》,提出否定之否定不仅是黑格尔辩证法同时也是马克思唯物辩证法最重要的成果,是辩证法的最高发展。在当时,关于否定之否定的学术争论并不是一个无关紧要的枝节问题,而是关涉到如何正确理解或重新认识马克思和马克思主义的关键问题。因为,抓住否定之否定也就抓住了发展和自我发展,也就抓住了人和人的自我创造,也就抓住了人的自由。杨适写道:"建立在劳动的否定之否定辩证本性基础上的人类自我创造与发展,为理解人和自然之间、人和人之间,人的主体活动和这种活动所创造的对象之间、人的主观思维和外部客观存在之间、社会发展的必然规律性和人类取得自由之间的全部辩证关系和发展运动,提供了钥匙。"[①] 重新肯定人、人的自我创造,特别是人的自由和解放,是重新认识马克思和马克思主义的第一个和最重要的成果。对于杨适

---

① 杨适:《关于否定之否定的根据问题》,《中国社会科学》1980年第5期。

本人而言,这篇论文则可以看作是随后出版的《马克思〈经济学 — 哲学手稿〉述评》(人民出版社,1982年)的一个要点和先声。

《述评》一书的篇幅并不大，12万字,只能算是一本小册子,但却对于理解马克思《手稿》的几乎所有理论要点和难点都有突破性和开创性的阐述,因此很快就引起学术理论界的关注和重视。1982年,《中国社会科学》第6期发表王易的书评《用马克思主义方法研究马克思著作》,认为:"《述评》的作者之所以能运用马克思主义的辩证思维方法研究《手稿》,最根本的一条就在于力求比较准确地把握马克思的原意。因为马克思本人在《手稿》中就是运用这个方法来解答历史之谜,攀上理论高峰的。"[①] 1983年,《哲学研究》第6期发表史敏的评论文章《对马克思哲学诞生地的探索》,认为:"《述评》对于马克思在《手稿》中的'科学的哲学创造'的真谛,有着比较深入的理解,从而能够从根本上把握住《手稿》是'马克思哲学的起源地和秘密'这个关键所在。"[②]

对于这部虽然篇幅不大但却对当时的理论界产生了深远影响的力作,杨适自己在10多年后是这样评说的:"它虽是献给读者的,但首先还是为自己搞清问题而作的一番研究。因为在以前我也念过不少关于马克思和其他马克思主义的书,却在收获之余总还有不少疑点和隔阂,觉得不够透彻。《手稿》的研究对我来说好像是一个突破口,不仅使我感到马克思讲道理亲切和深刻,而且开始了一种可以进行内心深处的对话。"[③] 之所以"是一个突破口",是因为通过《手稿》的研究,杨适不仅获得了对马克思的全新认识和理解,而且也找到了指导自己研究和求索的理论和方法。关于

---

① 王易:《用马克思主义方法研究马克思著作》,《中国社会科学》1982年第6期。
② 史敏:《对马克思哲学诞生地的探索》,《哲学研究》1983年第6期。
③ 杨适:《人的解放 —— 重读马克思》,四川人民出版社1996年版,第1页。

这个理论和方法,杨适做了这样的概括:

"人的真正现实的自我创造应当是这样的:人必须在实际上把自己的全部力量统统发挥出来,使之变成实际的对象性的现实(例如大工业等等),才能完成这一任务。而人要全部发挥出自己的力量、潜力,这绝不是个人的个别行为,它必定是全部人类的全部历史活动;并且必定是这全部历史活动的对象化,即成为客观对象性的成果才行。所以人的自我创造,就必须把人自己的力量当作对象来对待。而要把人自己的力量当作客观存在的对象来对待,也就是人把自己的主体方面当作客体去对待,在人类发展的一定阶段,这就包含着异化并且必然会产生异化。""对象化不等于异化,但它在一定条件下又必然形成着异化。在人类发展过程中,为了取得生产力和人类全部能力的发展,人曾不得不把人类自己的主体力量仅仅当作一个外在的对象去对待,去使用,如同使用一个物、一个牲畜那样,如同对待一个商品那样,这就是奴役制,就是异化。人必须通过这种从总体上说来是自我异化的行为(具体地说,则是一部分人同另一部分人的异化、分裂与对立)来发展和创造人类自己,这乃是历史的必然性。"[①]

这是对马克思的诠释,也是杨适自己的历史观和哲学。但是,拿这个新的历史观和哲学来面对中国的现实,杨适却感到依然不能解决心中的困惑。20多年后,杨适给自己做了这样的总结:"追究原因,无非在两个方面,一是我还没有从源头上知道哲学究竟是什么;一是我对中国自身的文化和智慧还没有真切的重新认识。前者是我的工作的本分,后者是我作为中国人中国学者的本分。这两方面我都存在很大差距,而这两种缺陷又是相互起作用的。

---

① 杨适:《马克思〈经济学—哲学手稿〉述评》,人民出版社1982年版,第146页。

从此我大力转向对希腊哲学的研究,同时也在中西文化比较方面下了些功夫。"①

希腊哲学,是杨适下力最多的学术领域,先后出版有《哲学的童年》(中国社会科学出版社,1987)、《伊壁鸠鲁》(台北三民书局东大图书公司,1996)、《爱比克泰德》(台北三民书局东大图书公司,2000)和《古希腊哲学探本》(商务印书馆,2003)等专著,这使他成为独树一帜的研究希腊哲学的专家。

1987年出版的《哲学的童年》,是一项没有完成的研究计划的第一编,这项研究计划就是书的副标题——"西方哲学发展线索研究"。作为第一编,《童年》的研究对象和内容一如它的编名所示:"西方哲学在古希腊从产生到作为一门独立学科的形成"。关于哲学的产生问题,杨适从亚里士多德关于哲学得以产生的三个条件"惊异"、"闲暇"和"自由"入手。在他看来,亚里士多德所谓三个条件,其实只有第三个条件也即"自由"才触及问题的实质,因为"自由思考对于哲学是件生命攸关的事情"。把自由视为希腊哲学得以产生和发展的条件和基础,着眼于对希腊人现实具体的自由进行分析批判,是贯穿《童年》全书的一条主线,也是《童年》最引人注目的一个特点。杨适写道:"希腊人的现实的自由是矛盾过程,它的第一个动作是分离,使新的因素从旧胞胎里分离,使个人同氏族分离,使私有财产从公社公有制分离,从而使新东西得到自由和解放。它的另一个动作则是结合,使分离开来的各种新因素按照新方式重新组合起来,使旧事物经过否定和瓦解后那些仍然有用有益的成分被吸取于自身作为有机的环节。这种现实的分离和结合的'自由',在哲学上就表现为思想上的分析和综合的思维

---

① 杨适:《哲学之为哲学的原义考察》,《社会科学战线》2004年第5期。

自由运动;当对自然和社会的种种事物分别考察以后,重新加以联结也就成为必要的事情。于是思维逐渐深化细致起来,原始的浑然不分的思维方式和世界观就为不断分离和组合的思维方式和哲学所代替。人类思维史上的重大变革就这样开始了。"①

《童年》另一个引人注目的特点,就是把希腊哲学的产生和形成看作"是一个圆圈式的发展过程"。杨适把希腊哲学的产生和形成划分为两个阶段:原始素朴哲学和古典时期的希腊哲学。原始素朴哲学从米利都学派的本原是感性事物及其质,到毕达哥拉斯的本原是数或量,再到赫拉克利特的本原是对立统一的火,呈现为两个发展圆圈的交错完成。第一个圆圈是"质 —— 量 —— 度",第二个圆圈是"直接性的规定 —— 间接性的规定 —— 直接性规定和间接性规定的统一"。在这两个圆圈中,第二个圆圈是主圆圈,因为第一个圆圈作为直接性的规定被纳入第二个圆圈,从而达到质和本质的统一,并在终点上同时完成两个圆圈的发展。这是由赫拉克利特完成的。赫拉克利特继承了米利都学派和毕达哥拉斯的成果,同时又扬弃了他们,因此是一个否定之否定的过程。至于古典时期的希腊哲学,"也是一个有机整体的有内在生命运动的发展过程,并且也是一个圆圈。这个圆圈无论在基础和水平上都高出原始素朴哲学的那个圆圈,在深度、规模上也比前一个圆圈要大得多:它从巴门尼德的形式思维方式及其本体学说'存在'论出发,最初是相当空洞的;因此必需再次从现象获得内容,走向现象,然后又从现象返回本质,取得具体的内容和相应的形式;最后,在普遍的形式规定中把本质和现象,原因和事实统一起来。这还是一个否定性的辩证运动过程,即否定之否定,使形式思维方式及其

---

① 杨适:《哲学的童年》,中国社会科学出版社1987年版,第72页。

认识的最终成果——本体学说达到了自己的建立形成。"①

《童年》关于希腊哲学圆圈式发展的见解,未必能为研究希腊哲学的学者所普遍接受,但它紧紧抓住自由,从希腊人现实自由的矛盾过程中发掘和发现希腊哲学发展的内在线索,却为中国人了解、学习西方哲学以及中国人自己的哲学研究和思考,开启一代新风,因此受到学界同仁的关注和尊重。1990年,范明生在《中国社会科学》第3期发表书评《喜读杨适〈哲学的童年〉》,认为《童年》"在研究方法和叙述方法上别具一格,并在经过分析和论证而得出的理论观点上多有创建",尤其在探索哲学史的内在联系和发展线索方面,《童年》"苦心孤诣地提出了一系列值得注意的见解,并用于具体分析,从而揭示出希腊哲学发展的一般线索"。②《童年》以其富有创建的研究方法和学术见解,成为中国人研究西方哲学的一部经典之作。2011年,中国社会科学出版社将《童年》列入"当代中国学者代表作文库"第一辑再版发行。

和《童年》相比,2003年出版的《古希腊哲学探本》是一部相对更完整的研究希腊哲学的专著,它包括三个部分:原始素朴哲学、希腊古典时代的哲学和希腊化时期的哲学。但是,《探本》不是《童年》的扩充或增补版,而是包含了新的研究成果和对希腊哲学新的认识和理解的一部新作。需要特别说明的是,《探本》的写作是在杨适对"中西文化比较方面下了些功夫"之后,尤其是在他提出、倡导并力行原创文化研究之际,因此打上了他在这些方面求索的印记。

杨适对中西文化比较问题的关注,始于《童年》的写作之后。

---

① 杨适:《哲学的童年》,中国社会科学出版社1987年版,第786页。
② 范明生:《喜读杨适〈哲学的童年〉》,《中国社会科学》1990年第3期。

1988年,杨适在《中国社会科学》第4期发表论文《中国传统人论的历史地位问题(论纲)》,从探求今天的中国人所需要的自我意识或新的人论出发,对中西传统人论进行比较分析,提出中国传统人论所讲的"人"是指由"人伦"形成的整体,重视"天人合一"而实际以"人伦"为核心;西方传统人论则重视人与自然的区别、灵魂与肉体的区别,在区别之后再力求达到新的统一。文章采取了论纲的形式,共25条,实际上是正在进行的中西人论比较研究的一份提纲。1991年,作为这项研究的成果,《中西人论的冲突 —— 文化比较的一种新探求》由中国人民大学出版社出版。《冲突》将中国传统的"人伦"与西方的"自由"对举,通过具体的历史分析,揭示出中国传统的"人伦"实质是"宗法人伦",是一种异化的人伦;西方的"自由",无论是古代的奴隶制还是近现代的资本主义制度,其实质都是不同形式的奴役制度,因此是一种异化的自由。如何在扬弃异化和保留人类原始的人伦和自由的基础上,实现人类整体与所有个人的自由主体性的有机统一,是未来新人论必须解决的根本问题。在《冲突》一书中,杨适明确提出一种观点:文化的中心在人,文化理论的中心在人论,而人和人论都是历史的、具体的。正是从这一观点出发,杨适为自己找到了一条求索的基本思路:首先要关注和研究创造文化的人本身,那些最初创造其文化的民族实际生活和历史是怎样的,然后就要着重研究他们是如何自觉其为人的,如何自觉地创造出关于做人和生活的各种文化制度和学说来的。前者是具体的历史分析,后者的核心就是人在精神上的自觉或自我意识。这种自我意识也即人论,奠定了一种文化的基础,规定了它的发展方向。这一基本思路,成为他日后提出并倡导的原创文化研究的滥觞。

所谓"原创文化",在杨适是指"以往人类文化发展进程中几个在精神智慧上影响最重大深远的形态由以起源的创造原型"。关于原创文化研究的范围和对象、原创与传统的关系以及原创文化研究的现实意义和目的等问题,杨适从一开始就提出了自己的构想:

(1)原创文化研究的范围和对象。大体上说,原创文化包括了西方文化由以起源的希腊文化、基督教和伊斯兰教由以起源的犹太文化、佛教由以起源的印度文化以及东亚文明由以起源的中国文化。这些原创文化表现为古代圣贤、先知、哲人的言行以及记述这些言行而形成的经典。它们对后世一直起着普遍的教化作用,从而广为流传,受到各有关民族和地区的广大人民的普遍尊崇。这种教化作用之所以可能,主要是因为这些原创文化中都包含着某些可以称作智慧的东西,这是一些在文化中属于精神层次,而在精神文化中又属于高级层次的东西,其核心乃是人类最初的自我意识觉醒以及与之相关的天道意识。

(2)原创与传统的关系。原创文化不仅是一个历史性的概念,更是一个全然思想或精神的概念,它以一种与传统相对比的方式,显露了人类精神的本真。传统是从原创演化而来,因此传统才获得生命;但传统在发展原创的同时又使原创的精神智慧受到遮蔽或异化,并且它还总是掩盖这种异化。因此需要通过去蔽、返回原创,才能显明真理。这是问题的一个方面。另一方面,传统也是原创得以在历史上得到发展和保持的力量,传统和原创既对立也是统一的。通过寻求原创来重新审视传统,通过重新审视传统来再度发现原创的真实生命精义,从而为新时代重新发展人类的原创力提供可能的资源和思考。这是原创文化研究的基本方法和立场。

(3)原创文化研究的现实意义和目的。原创文化研究应当有如下的两极性特点:用追根溯源的对于文化智慧最具学术性的(或书斋式的)研讨,为当代中国、中国人、中国文化的更新的最现实的需要服务。杨适写道:"它的使命正如中国先贤所言'为天地立心,为生民立命,为往圣继绝学,为万世开太平',而其资源则将大为扩展和深化。我们的目的并非只是对各种原创的文化智慧进行追溯和赞颂,而是要为现在生活在阳光普照下的所有人寻求天道和做人的本真;并以真诚的兄弟和朋友之心,进行几种原创文化之间的比较和对话。"[①]

从中西比较的立场,尤其从原创文化研究的视野看,希腊哲学是人类最可珍贵的几种原创智慧之一。如何认识希腊原创智慧不同于其他几种原创智慧的特点及其特殊意义,就成为杨适写作《探本》所关注的一个焦点和核心问题。

《探本》写有长篇《绪论》,专门讨论希腊哲学的中心论题:òv (being,通译为"存在")。通过检讨希腊哲学研究的历史,杨适把问题归结为:我们究竟应当如何理解和翻译希腊哲学和希腊语言中的òv,才有助于我们认清希腊哲学的原义和真正秘密? 由于语言的差异,òv 的翻译困扰了几代研究希腊哲学的中国学者。在杨适看来,òv 的中文翻译之所以成为一个难题,其原因就在于对 òv 这个希腊哲学的中心论题缺乏真切的理解和认识,因此也未能对与之相关的希腊语词和汉语词做仔细深入的考察。为了破解这个难题,杨适不惜再次学习希腊文,进而探求与之同源、同属印欧语系的梵文语词原义,以及汉语言文字中相关词语的原义及其变迁,为此投入大量时间和精力。在《绪论》里,他通过对梵、希腊和汉语词的探源研究和语义辨析,揭示出:(1)希腊古典时期哲学(所谓

---

① 杨适:《关于原创文化研究的一些思考》,《浙江学刊》2002年第2期。

"第一哲学"或"形而上学")的中心论题借以表现的 ὄν，其实和原始素朴哲学借以表示的中心词 φύσις（自然）原是一对可以互注互换的词根，两者均为表示存在的关键词；(2)相比而言，表示动态的 φύσις 即"自然"一词，无论从本义和哲学思想发展史上说，其地位都更为根本和原初。基于这种认识，对如何用汉语词来表达和翻译希腊语词 ὄν，杨适做了许多细密的考察，也发表了关于 ὄν 的中文翻译的重要见解。但杨适认为，不能孤立地考察 ὄν 的含义，也不能用对 ὄν 的日常语义考察代替对 ὄν 的哲学含义的考察。而所谓对 ὄν 的哲学含义的考察，从根本上说就是要考察 ὄν 在全部希腊哲学中的"位置"，考察它作为希腊哲学中心论题的地位和作用。他说："ὄν 的哲学意义只有在同希腊哲学的其他各个重要概念的联系贯之中，在希腊哲学全部发展即探索中，才能展示它本身的起源、萌芽、发展及其不断的论证和修正"。[①] 通过对 ὄν 的考察，杨适力求站在一种新的视野和高度，从整体上把握希腊哲学及其发展和成就：

（1）作为希腊哲学主要支柱的三个概念：φύσις（自然）、ὄν（存在）和"神"。在希腊哲学中，最先出现的主要哲学概念不是 ὄν（存在），而是 φύσις（自然）及其"本原"（ἀρχή，principle）。杨适认为，希腊哲学不是从 ὄν 而是从 φύσις 开始，是有深刻原因的。因为，生生不已的"自然"不仅是哲学最深层的全面的考察对象，也是后来被亚里士多德称之为"第一哲学"的"存在论"或"本体论"（ontology）的深层基础。这表明，希腊哲学决不是唯"本体论"的。希腊哲学从"自然学"开端，通过"数（哲）学"过渡到古典时代的"存在论"或"本体论"，最后又在晚期希腊哲学中返回以"自然（哲）

---

① 杨适：《古希腊哲学探本》，商务印书馆 2003 年版，第 103 页。

学"为中心的形态。在这整个过程中,希腊哲学始终同神话和宗教的"神"观念密切关联。希腊哲学从神话和宗教而来又始终同它相关,一方面从中吸取智慧,另一方面又总是用新的哲学本原本体观念对"神"做新的诠释。φύσις（自然）、ὄν（存在）和"神"是支撑希腊哲学大厦的主要支柱,它们的互相联系和区别,互相作用、转化和互相诠释,构成了希腊哲学发展的主线。

（2）从 φύσις-ἀρχή（自然—本原）转换为 ὄν-οὐσία（存在—本体）的意义:"求真"的严格逻辑思维方式的形成。从巴门尼德把 ὄν 作为主要问题提出来之后,希腊哲学的研究中心就从 φύσις-ἀρχή（自然—本原）转换为 ὄν-οὐσία（存在—本体）。这是希腊哲学和人类思维发展史上的一大转变。这个转变的实质是:希腊思想从生动感性自然的水平向着严格确定的理性逻辑水平,实现了一个伟大的飞跃。它的意义并不仅在于各个哲学家相继提出的学说中的那些结论,而主要在于原创了、确立了一种人类前所未有的严密的"求真"思维方法。直到亚里士多德把第一哲学定义为研究"ὄν 本身"（ὄν 之所以为 ὄν）即"ὄν-οὐσία"（本体）的学说,系统阐述了逻辑思维的原理和演绎法、归纳法和辩证法的推理学说,希腊哲学的"求真"精神和逻辑方法就达到了高峰和基本完成。

（3）希腊哲学"求真"含义的更高层次是"求真善"。在如何理解和认识希腊化时期的哲学以及希腊哲学的最高成就的问题上,杨适不囿于中外研究希腊哲学的成见,认为在一定意义上柏拉图和亚里士多德并不代表希腊哲学的最高成就,而苏格拉底和爱比克泰德才是"比柏拉图和亚里士多德更伟大的导师"。在他看来,苏格拉底是"古典时期希腊哲学家中间最有原创性的中心人物或灵魂"。苏格拉底"把希腊哲学引向了认识人自身","认为哲学家最重要的使命就在于探求是否可能和如何可能把求真和求善统一起来",由此把希腊哲学的"求真"推向更高层次的"求真善"。苏格拉底提出的问题,推动了古典时期的希腊哲学乃至全部希腊哲学的发展。因为,柏拉图和亚里士多德作为古典时期的希腊哲学家,主要是回答了苏格拉底问题的前一半——"求真";苏格拉底问题的另一半——"求善"或"求真善",这个更困难的任务,则是由希腊化时期的哲学家,特别是爱比克泰德来完成的。

爱比克泰德,一位奴隶出身的斯多亚派哲学家,当过奴隶的亲身经验使他永远追求自由,寻求做一个自由人的含义。在《探本》中,杨适给予爱比克泰德最高的评价和尊重。在他心目中,爱比克泰德是和苏格拉底一样,真正配得上"哲学家"称号的人。爱比克泰德不仅在理论上给出了人有自由的论证,认为人的根本就在于他有自主的"权能",这个"权能"根源于人的理性,凭着它每个人都能争得做人的权利,成为道德的人,自由的人;更重要的是,爱比克泰德是他自己的哲学的最忠实的实践者。在杨适看来,自由和必然,道德选择和决定论的深刻一致,只是到爱比克泰德才获得了正确和切实的阐发。正因为此,爱比克泰德才能够把自由精神的旗帜前所未有地高扬在斯多亚哲学的堡垒上。杨适之所以高度重视爱比克泰德和希腊化时期的哲学,还有一层原因,这就是他认为对于现时代努力追寻人的本真和自由的中国人来说,爱比克泰德尤其具有深刻的启示意义。他写道:"由于求真之中以求得真正的善为最重要,因此我们应当批评轻忽希腊化罗马时期的哲学的那些错误观点和倾向,对这段哲学史给予重新估价,开展研究。这对于以'明明德'和'止于至善'为'大学之道'的中国人,尤其具有参照比较的益处。"[1]

---

[1] 杨适:《古希腊哲学探本》,商务印书馆2003年版,第113页。

　　杨适的学术成就,主要在希腊哲学的研究方面。但是,杨适自觉到作为一个中国人和中国学者的责任,始终坚守"认识你自己"这个基本的哲学信念,为找寻人的本真和自由,为建立和打造中国人新的精神空间,生命不息,求索不止,其意义更加深远。

马克思《经济学 — 哲学手稿》述评

第一章　简况和评价

　　放在我们面前的这本书,是马克思1844年4—8月间在巴黎写的一部手稿。马克思本人没有给它一个总的标题,现在的书名是1932年在苏联首次全文发表时编者根据内容给它加的,已为世所公认,全名为《马克思1844年经济学—哲学手稿》。为区别马克思的其他许多手稿,有时简称《巴黎手稿》,又因它广泛为人讨论引用,有时便径直简称为《手稿》。

　　这部作品是马克思为了总结思想和自己弄清问题而写的,他生前没有将它发表。恩格斯大概知道它,不过在马克思逝世后他也没有将它发表,其原因虽有一些说法,但还不够清楚,有待进一步研究。这样,在很长一段时间里,包括列宁在内,人们都不知道有这部手稿存在。直到1931年,德国人才正式对它作了报道。1932年德国人朗兹胡特和迈耶尔出版了它的第一个德文版本(不全)。同年稍晚,莫斯科苏联马克思恩格斯列宁研究院在编辑出版德文版《马克思恩格斯全集》的第三卷中,以现在的标题将它全文整理收入予以发表。从此,这部埋藏了八十八年之久的马克思著作才得以问世。

　　《手稿》一发表就以其内容的重要和深刻引起人们的高度重视,同时,由于人们理解的不同也就引起了极其尖锐的争论。几十年来,对它的研究和讨论一直持续不断,遍及世界各主要国家,涉及对整个马克思主义的重新研究和评价,涉及广泛的哲学和社会历史、政治、经济、美学、心理学等等的理论和实践领域,形成为一种世界性的运动,其规模和深度是马克思主义研究史上罕见的。这种情况的出现,当然有其深刻的历史原因和意义,不过研究这个运动本身不是我们这里的任务,我们就不多谈了。我们在这里所关心的,是从这个运动中吸取那些有科学价值的研究成果;对研讨中有启发性的提法和思考加以借鉴;同时,我们认为对于一些不正确的东西和倾向,也应当有根据地给以批评。

在我们看来,研究手稿的目的,最主要的还是弄清它本来的思想,而不是用后来的人们的某种需要给以解释和利用。弄清楚《手稿》中马克思的本来思想,了解它在马克思思想发展中的地位和作用,对于我们认识马克思主义的本质有巨大的价值。只有在这个工作完成之后,我们才能比较恰当地加以运用和发展,避免主观地实用主义地给予解释或曲解。

一、评价问题

研究《手稿》首先遇到的一个问题是对它的评价问题。要科学地给予评价,只有通过对它的内容进行分析之后才能办到。一切结论只能产生于研究过程之中和它的结尾,而不能在它的前头。但是,如果没有一个总的看法,我们又不能以适当的高度去进行这种研究。所以,在开始的时候,我们也想从一些基本的事实出发初步提出一些看法,只是不要忘记对这些评价的真正说明,主要还在对《手稿》本身内容研究之中。我们将在论述整个内容中表明:《手稿》是马克思形成自己世界观时期的一部关键性作品;它是马克思哲学的真正起源地和秘密;是哲学中革命变革的起源;是马克思对历史之谜和理论之谜作出科学解答的开端。这些提法有差别又彼此相关。我们对《手稿》的高度评价,在这些提法中都包含了。

在对《手稿》的评价问题上,有许多不同的看法。其中有两种看法,虽然彼此尖锐对立着,但是在我们看来都有不符合实际之处。我们想简略地加以讨论,为的是使我们自己能有一个比较正确的方向,而不致过于受他们的干扰。

一种是在西方长期以来比较流行的思潮。他们对《手稿》评价很高。但高到这样一种程度,以至同后来马克思的思想发展、同恩格斯、同以后全部的马克思主义都根本对立起来,并且要求用他们所理解的《手稿》精神来修改或重新解释、重新批判全部的马克思主义,这就是我们所不能同意的了。这种观点从一开始就提了出来。例如,《手稿》的第一个德文版本的出版者朗兹胡特和迈耶尔在其出版《导言》里就说,《手稿》是"新的福音书"、"真正的马克思主义的启示录",它显示了马克思主义的真正隐秘的含义,对论证"新的马克思主义"有"决定的意义",并说它是"马克思的中心著作",是"概括了马克思的全部精神范围的唯一文献",等等。他们这种过分的评价,对于人们重视《手稿》曾经起过重要的推动作用,但是他们之所以如此重视,却是因为他们认为《手稿》中的人道主义否定了"通过剥夺剥削者而实现的生产资料的社会化和废除剥削,是历史的真正目的"。[①] 同年(1932年)德曼在他的《新发现的马克思》一文中强调《手稿》"对于重新理解马克思学说的发展进程和全部含义具有决定的意义","它比马克思的其他任何著作都更

[①] 《卡尔·马克思:历史唯物主义(早期著作)》第1卷,莱比锡,1932年版。转引自《马克思早期思想研究》,三联书店1963年版,第78—79页。

加鲜明地揭示了马克思的社会主义情绪背后的伦理——人道的动机"。并且提出了这样一种论点:《手稿》说明了马克思的成就的顶点是在1843年至1848年间,"切不可高估马克思的晚期著作,相反地,这些著作暴露出他的创作能力的某种衰退和削弱"。[①] 这类观点在西方有关学者的著作中不胜枚举,它的核心是认为马克思真正有价值的思想就在于人道主义。关于马克思主义哲学同人道主义或人本主义的关系问题,我们在后面正文中将会讨论到。这种观点不是没有意义的。但是,上述观点所肯定的人道主义实际上并不是马克思《手稿》原意中所包含的东西,而只是资产阶级的人道主义。所以,他们不能接受马克思学说中的真正革命内容。他们把《手稿》同马克思的后期著作,把青年马克思同"老年马克思"完全对立起来,暴露出他们没有能够真正理解《手稿》本身。

另一种则是苏联官方哲学及其追随者们的观点。应该说明,并非苏联东欧的研究者们都持这种观点。正如西方学者中不少人持有比较科学的态度并有重要成就一样,苏联东欧不少人在研究《手稿》中也有比较科学的,也有许多成就,例如首先在《手稿》的版本研究和出版工作方面他们就做出了很大的贡献。我们现在谈的仅仅是某些官方哲学家。他们为了应付西方用《手稿》研究来攻击苏联东欧社会中存在的问题,就以捍卫真正的马克思列宁主义的姿态出来迎战。他们的主要论点是:只有成熟时期的马克思著作才代表真正的马克思的观点,至于《手稿》,则以不成熟性为理由,竭力抹煞它的价值和意义。在这一方面,我们可以举出东德科学院中央哲学研究所的所长 M. 布尔为例。作为一名追随者,他的基

---

① 《斗争》杂志,1932年第5期。转引自《马克思早期思想研究》,三联书店1963年版,第79、80页。

本观点虽不是新的,却讲得更加直率和明白。他在一篇专论中说,"《手稿》本身绝不是一部完整的东西",而只是"不成系统的残篇断简","仅仅是一些没有联系的思想","因此,也就不能说《手稿》中包含了一种发展了的、统一的学说"。据他说,马克思在《手稿》中对资本主义制度和对资产阶级经济学的批判,"是以西斯蒙第的观点为依据的",马克思在《手稿》中提出和使用的异化概念,不过是对资本主义"表示道德上的愤慨情绪",而"不是为了分析真正的经济和社会过程以及资本主义的关系"。他概括说,"《手稿》混合着各种各样的思想",这些就是"马克思从传统的和当时的政治经济学中,从法国的唯物主义和乌托邦社会主义、共产主义中,从黑格尔、费尔巴哈以及从青年黑格尔分子,从莫泽斯·赫斯和恩格斯那里接受下来的并写进《手稿》中的庞杂思想"。并说,掌握了这个特征,也就掌握了评价以及分析《手稿》的基本方法。[①] 这就是说,《手稿》不过是一种道德的而非科学的作品,而且是从五花八门的思想理论中拼凑而成的、没有内在联系和统一性的、没有马克思本人的明确观点的一盘大杂烩。像布尔这样公开露骨地攻击马克思《手稿》的人是不多见的,但是他的话却相当真实地反映出某些自称为马克思主义者的人对待马克思主义的态度。他们实际上同西方那种看法一样,都把《手稿》中的马克思的思想看作不过是资产阶级人道主义的一种表现,只不过一方以肯定态度极力加以赞扬,一方则因为畏惧而极力加以贬损和攻击罢了。布尔之类不能容忍马克思的革命思想,所以,他们在不能理解《手稿》这一点上比起西方的那些资产阶级学者甚至有过之而无不及。

[①] M. 布尔:《异化、哲学人本学和"马克思批判"》,《德国哲学杂志》1966年第七期。转引自《哲学译丛》1980年第2期,第1、2页。

我们在这里不打算详细评论上述两种看法,马克思的《手稿》本身就是对这些强加于它的观点的最好驳斥。更值得我们注意的倒是那些实事求是的科学工作者们的研究成果。无论在东方和西方,都有这样一些人们,尽管他们的看法有许多应予讨论之点,但他们孜孜不倦地对《手稿》和马克思思想发展进行了认真严肃的调查研究工作,讲出了一些有根据的道理,做出了真实的贡献。他们的意见是应当更受人尊重的。

科尔纽对《手稿》和马克思恩格斯思想的发展形成进行了长期的研究工作,详尽地收集了丰富的珍贵史料。在他写的《马克思恩格斯传》这部专著中,对《手稿》的研究占有很大比重。他对《手稿》的评价是:马克思"1844年在巴黎革命无产阶级的直接影响下在巴黎写成的《经济学 — 哲学手稿》,包含着对作为共产主义的科学基础的辩证唯物主义和历史唯物主义的初次阐发,因而标志着马克思思想上的一个决定性的转折点"[①]。

列·巴日特诺夫在论文中批判了西方资产阶级对《手稿》的歪曲后,强调了马克思主义者自己有认真研究《手稿》的必要。他也谈到他对《手稿》的总的看法。他说:"分析《手稿》使我们可以更深刻地理解马克思主义形成的过程,它同自己的理论来源的关系,它的各个组成部分的有机的相互联系,从而可以更全面、更具体地,而在某些点上甚至可以用新的方式提出马克思在恩格斯合作下在哲学方面所完成的革命变革的问题。"[②]他认为《手稿》虽属马克思的不成熟的著作,但它仍是"哲学中革命变革的起源"。

这些看法比较合乎实际,也是有见地的。

---

① 《马克思恩格斯传》第2卷,三联书店1965年版,第275页。
② 巴日特诺夫:《哲学中的革命变革的起源》,苏联《共产党人》杂志1958年第2期。转引自《马克思早期思想研究》,三联书店1963年版,第103—104页。

上面我们举出了几种对《手稿》的不同评价,并初步表示了我们的看法。但最重要的还在于事实。让我们还是从一些基本事实出发,来初步说明一下我们的评价的理由吧。

列宁没有读过马克思的《手稿》,不过,他通过对马克思思想发展和其他著作的仔细研究,在《卡尔·马克思》一文中已经明确指出:"马克思确立自己的观点,是在1844至1845年时期"。[①] 列宁的这一看法是正确的。

马克思本人在1859年所写的《政治经济学批判序言》里,曾回顾了他自己思想的发展转变过程。他说,1842—1843年间他在《莱茵报》的时期,在参加当时的政治斗争中,开始接触到物质利益问题(林木盗窃问题和共产主义问题等等),推动他转入国家问题的研究和对黑格尔法哲学进行批判。这种研究和批判使他认识到国家、法、政治等等,其根源都不在它们自身或精神之中,而在社会的物质生活关系之中。从而,又推动了他走向经济学的研究和对现实的经济关系进行解剖。马克思说,这一研究是在他到巴黎之后开始的。然后,马克思用了一大段话科学地表述了他的研究成果,即我们通常称之为历史唯物主义经典论述的那段文字。对于这段表述,我们可以肯定无误地说那是成熟的马克思的世界观。十分清楚,《手稿》的写作正处在这个转变的关键时期,是马克思开始解剖社会经济关系,研究政治经济学,从而在世界观上发生决定性转折的思想结晶。

马克思写作《手稿》,当然需要吸取前人和当时的各种科学思想的成果。马克思主义不是离开人类文明大道的个人偏狭的创

---

① 列宁:《论马克思恩格斯及马克思主义》,人民出版社1953年版,第19页。参阅1973年版,第5页。

造。同时,马克思对待所有这些成果又是批判的,因为他从事的是对历史和人类先进思想所提出的根本问题进行彻底的探究。并且极其重要的是马克思这时不仅批判地研究了哲学和政治的问题,而且已经对政治经济学下了很大功夫进行了钻研。每一个老老实实读过马克思著作的,特别是读过《手稿》的人,都不可能看不到贯穿于他的著作中的思想红线和严密的论述,都不可能认为《手稿》只是马克思把前人的和当时的各种思想加以简单的兼收并蓄,而根本没有自己的思想的作品,都不可能认为马克思没有从经济上研究问题而只从道德上对资本主义表示愤慨,偏见比无知离开真理更远,像布尔先生这样的所谓哲学家,他的所作所为正是这句格言的一个很好的证明。

我们无意过分地美化《手稿》,主观人为地把它抬高到甚至超出成熟的马克思著作之上去。我们认为它只是马克思形成自己世界观的开端。开端还不是丰硕的果实,但是开端却又有着它的特殊的重要性,因为它为后来的全部发展提供了出发点和源泉,开辟了道路,从而为我们理解马克思思想的全部发展提供了钥匙和线索。在这个意义上,它有不可取代的价值和深刻的含义。特别是因为马克思世界观的开端本身,是马克思对以往全部的历史和理论提出的种种问题进行总解决的起点,就更加重要。并且,马克思在开端时的深刻思考后来虽有巨大发展,但在某些方面还有待于发挥,这些思想源泉至今对我们仍有很大的意义。如果我们按照布尔之类的观点来贬低《手稿》的价值,将它抛弃,我们也就丢掉了生动的富有创造力的马克思主义真正源头,而只能背诵某些结论。不要有思考能力的马克思主义,只要一些死记硬背的结论,这对于那些随心所欲地利用和解释马克思主义为其所用的人来说,当然是比较有利的。但是我们最好是不要去效法他们。

二、马克思写作《手稿》的历史的和思想的根源

马克思的思想发展到写作《手稿》有一个过程。推动这一过程前进的动力,用马克思自己在《政治经济学批判序言》中的话来说,就是"为了解决使我苦恼的疑问",用《手稿》本身的语言来说,就是为了解决"历史之谜"。它简洁地表达了马克思寻求自己的科学的世界观的真正原因。实际上,马克思形成自己的哲学观点,决不是像有些人设想的那样,不过是从黑格尔那里吸取了辩证法的"合理内核",又从费尔巴哈那里吸取了唯物主义的"基本内核",然后加以综合构成的结果。相反,推动马克思前进的力量,并且构成这种前进的内容和灵魂的东西,决不是抽象的哲学,而是那些使他深深感到苦恼并力图探索加以解答的历史之谜。要理解《手稿》的实质,就应该从了解这些疑问是什么开始。

反映在青年马克思头脑中的那些使他苦恼、感动、激动、思索的疑问,是时代的现实的深刻社会矛盾和它在理论中的表现。这首先是当时德国本身的社会矛盾和革命的问题,也是当时对德国发展影响最深刻巨大的、处于世界资本主义发展前列的英法两国的现实社会矛盾。这种矛盾当然不仅反映在马克思的头脑里,而是反映在当时无数人的头脑里,反映在当时社会经济的、政治的、理论的和文化的生活的各个领域之中。就当时的德国而言,"往何处去"的问题,推动着马克思同时代的许多先进人物进行过思考和探究,形成为一个运动。青年黑格尔派就是这个运动的一种重要表现形式。费尔巴哈对这个运动做出了重要贡献。所以马克思的探索决不是孤立的现象,不过同其他人相比,只有他最彻底,因而在理论上真正弄清了和解决了这些问题而已。《手稿》正是马克思

在理论上超出了他们而解答了历史之谜的一个关键性的标志。

（1）时代 —— 三种不同形式的资产阶级革命成果及其提出的问题

我不打算泛泛地谈论《手稿》的时代背景。为了说明问题，掌握三件基本的相互关联的事实，就可以把握住整个画面和实质了。这就是：1. 英国的工业革命及其后果；2. 法国大革命及其后果；3. 德国的哲学革命及其意义。这三者是资产阶级在它的革命时期对世界历史所做出的重大贡献，是它进行历史性创造的主要成果。这些成果和它所引起的规模宏大的、具有古典形式的历史矛盾，是推动世界史继续向前发展，推动马克思产生自己世界观的根本原因。

英国从十八世纪六十年代开始的工业革命，到了十九世纪三四十年代，即马克思开始自己革命思想活动的时候，已取得了伟大的胜利。各重要工业部门都采用了机器，在当时的主要工业部门如纺织业中，大机器生产已占据了主要地位。它使早已进行的资本主义生产得到了空前迅速的飞跃发展；同时使其他阶级急速没落下去，社会日益明显地划分为两大对抗阶级：工业资产阶级和工业无产阶级。这样，社会矛盾和阶级矛盾也随之采取了新形式，并且愈益尖锐起来。1825年英国爆发了资本主义发展史上第一次周期性的经济危机，就是一个明显的证明。反映着工业革命所表示的资产阶级在经济领域的决定性胜利，在英国，古典政治经济学以亚当·斯密和李嘉图为代表取得了巨大的成就；同时，随着工业革命所带来的矛盾，也产生了欧文的社会主义（1800年他开始了改革活动，到了十九世纪二十年代他进行了共产主义的试验），以及为了无产阶级利益而利用李嘉图学说的早期英国社会主义学说。到了三十年代，出现了独立的工人阶级政治运动 —— 宪章运动。

在法国,拿破仑虽然失败,但法国大革命的伟大胜利是不可能被取消的。这场革命的典范作用,它的革命思想,深刻反映了法国和欧洲大陆各国人民的反封建的要求和愿望,已经深入人心,并继续在传播着。法国资本主义经济在迅速发展,政治斗争依然继续。1830年七月革命推翻了复辟王朝,更加巩固了资产阶级的胜利。可是在法国大革命中作为主力的人民大众,特别是工人阶级,他们在革命胜利后却没有得到任何经济果实,相反,在资本主义经济的迅速发展中日益贫困。但是,他们在大革命的群众发动中已经受到了锻炼,他们不断继续为自己的利益战斗,并寻求自己的社会理想和解放道路。在这种背景下,十九世纪初就出现了圣西门和傅立叶的社会主义,同时,还出现了工人阶级自己的学说:巴贝夫和卡贝的共产主义。在法国,社会矛盾和阶级斗争一直具有鲜明的政治性质,工人在每次革命中都提出了自己的要求。1831—1834年甚至爆发了里昂工人的武装起义。

英国工业革命和法国大革命是资产阶级在经济上和政治上所赢得的伟大的世界历史性胜利。但这种胜利同时也给自己带来了问题:无产阶级的独立的运动及其社会理想同自己的对立。虽然这时工人阶级的斗争还处在初期发展的状况,这时的社会主义和共产主义学说都带有空想的性质,但它同过去的乌托邦主义毕竟已经有了质的区别。因为它是从现代资本主义生产方式的矛盾中产生的,并反映着这种矛盾,具有鲜明的时代性。不过这些学说本身还没有科学的形态,它的理论还是建立在旧唯物主义、抽象的理性和人性等等的基础之上的,有些甚至带有浓厚的宗教神秘主义的色彩。这些社会主义和共产主义只表示着时代提出了新问题,但它还没有正确的理论基础,它还不能理解这个问题本身。

同英法资产阶级在经济和政治上的辉煌胜利形成奇异对比

的，是德意志资产阶级的哲学革命和它的伟大成果 —— 德国古典哲学。

在德意志，宗教改革和农民战争的失败，使这个民族长期停滞在落后的状态之中。十七世纪的三十年战争的蹂躏，使小国林立、诸侯割据的混乱局面更加严重。在这种情况下，市民资产者势力只能极其缓慢地发展，不能形成一支足以对抗封建势力的强大力量。他们也希望实现国家统一和废除封建制度，但是没有自己起来进行战斗的力量和勇气。法国大革命唤起了他们空前的热情，但是这种激情还没有来得及化为他们自己的行动，他们就被这个革命中空前规模的群众发动和革命的恐怖吓坏了。在整个欧洲的反动势力联合起来反对法国大革命的浪潮里，他们也就很快地转向反对法国革命的方面，希望在同德国封建势力的妥协中，依靠专制势力来实现国家统一，保持社会安宁和秩序，避免在德国发生类似法国的革命行为。这样，德国资产阶级对于法国大革命，就只剩下了对它的理论原则 —— 理性、人权、自由等等的向往了。他们就以自己的知识界为代表，在文化上理论上，在纯思维的王国里去表达他们的革命理想和愿望。从康德到黑格尔，德国的哲学都表现了德国资产阶级的这种理想同现存状况之间的深刻矛盾。他们发展了在理性的基础上关于人类思维具有普遍性、必然性和自由的意义，发展了理性、思维对于存在具有高度能动作用和批判作用的丰富深刻的观点。在黑格尔那里，这种能动性甚至表现为思维必然要异化、对象化，并且必将扬弃这些异化的客观唯心主义的辩证法。这些都强烈地表现了德国古典哲学的革命意义。但是，另一方面，这些能动性，理性的威力，等等，在德国古典哲学中又只能是极其抽象的、唯心主义的；它始终只是在概念、思维本身的范围之内的活动，一旦涉及现实的社会政治问题，就立即同现存制度相妥协。这又表现了德国资产阶级的怯懦,不敢、也无力进行实际的革命活动的特征。正如马克思所说的那样,"德国只是用抽象的思维活动伴随着现代各国的发展,而没有积极参加这种发展的实际斗争",[①]"它的思维的抽象和自大总是同它的现实的片面性和低下并列。"[②]这样就出现了一种奇异的现象:它在现实斗争中越显得无能,在哲学上就越显得伟大;在实践上它远远落后于英国人和法国人,在理论上却远远地高出他们一头。这场革命虽然看上去不像英国人法国人的胜利那样光彩夺目,但却确实有着某种并不亚于他们的胜利的意义,因为头脑中的革命变革,思维活动的果实,乃是更高级的难于生产的东西,现在由德国人创造出来了 —— 不过它的这种胜利,毕竟只存在于思维领域之中。直到青年马克思的时代,德国还没有能取得反封建的胜利。完成实际的资产阶级革命依然是德国当时的主要历史任务。可是,德国的资产阶级到这时仍旧是一种庸人,何况这时不仅在英法而且在德国,无产者已经敲打着历史的大门,提出了更加新型的社会发展问题和更高的社会理想了。在这种情况下,德国向何处去,世界历史向何处去,就成为摆在马克思这个时代的先进分子面前迫切需要弄清楚的重大课题。

(2)马克思的革命和思索的道路

德国的状况决定了德国的革命道路具有迥然不同于英法两国的特点。在英国,人们直接从经济出发研究社会变革的问题,欧文和反李嘉图社会主义者都是这样的;"在法国,任何一种改良,任何一种学说,如果不具有某种政治形式,就不能在全国发生作用",

---

① 《马克思恩格斯全集》第1卷,人民出版社1956年版,第462页。

② 《马克思恩格斯全集》第1卷,人民出版社1956年版,第460页。

"就根本没有成功的希望"。① 而在德国,一切革命活动都首先要表现为理论的活动。"德国人是一个哲学民族",② "即使从历史的观点来看,理论的解放对德国也有特别实际的意义。德国的革命的过去就是理论性的,这就是宗教改革。正像当时的革命是从僧侣的头脑开始一样,现在的革命则从哲学家的头脑开始。"③ 马克思所走的革命道路,正是一条典型的德国人的道路。这就注定了他从一开始就必须走一条艰难曲折漫长陡峭的思想登山的路途,并不是每个人都能攀上顶点的。但是谁一旦达到了峰顶,那么他所能得到的果实就必定是最丰硕的。

马克思1836年来到柏林大学读书,这时距黑格尔逝世已经五年,不过黑格尔哲学仍然是当时支配德国思想界的无上权威。但是他的后继者中间那些带革命倾向的人,已经开始力图从他的学说中引出能实际指导革命的结论。黑格尔的大弟子、柏林大学法学教授爱德华·甘斯根据黑格尔关于世界按理性发展的思想,批判了反动的法的历史学派,因为他们否定了精神的创造活动。他还认为绝对观念决没有在普鲁士国家制度中达到自己最后最完美的形式,它还需要不断发展,力求充分实现自己的本质。这就很清楚地表现出一种革命的意向。由于施特劳斯、鲍威尔、甘斯等人的活动,黑格尔的后继者们逐渐分裂为青年黑格尔派和老年黑格尔派。马克思一进柏林大学就听甘斯的课,这对他转向研究黑格尔

---

① 恩格斯:《大陆上社会改革运动的进展》,《马克思恩格斯全集》第1卷,人民出版社1956年版,第576、579页。

② 恩格斯:《大陆上社会改革运动的进展》,《马克思恩格斯全集》第1卷,人民出版社1956年版,第591页。

③ 马克思:《〈黑格尔法哲学批判〉导言》,《马克思恩格斯全集》第1卷,人民出版社1956年版,第461页。

有相当大的影响。他原来对黑格尔哲学很不感兴趣,到了第二年他就转入钻研黑格尔这一"世界哲学"。

青年黑格尔派在历史上是有功绩的。他们首先批判了宗教,这是德国政治革命的一个重要组成部分和开端。1840年新国王上台之后对资产阶级和思想界加强了统治和镇压,使青年黑格尔分子中原来想改善普鲁士国家的愿望破产,他们越来越转向政治斗争,成为普鲁士国家的反对派。这就使他们有可能从黑格尔的国家哲学中解放出来。不过他们中间的多数人,包括鲍威尔这样的主要人物在内,始终没有能摆脱黑格尔的唯心主义体系。他们所强调的历史动力仍然是精神,不过鲍威尔认为不是绝对精神而是自我意识,认为自我意识对于现存世界的批判活动,就能改变世界。这些人在普鲁士专制政府的迫害下,对德国资产阶级的软弱无能和卑怯的庸人气息深感失望,又找不到真正的力量(他们更看不起人民和工人阶级),就把群众诬蔑为历史的渣滓,认为只有他们这样一些人所具有的批判的自我意识,才是历史的真正动力和主宰,从而日益陷入主观唯心主义和个人主义的无政府主义世界观。马克思在《手稿》序言里刻画了他们的这种堕落。

马克思曾经参加过青年黑格尔派的活动。在柏林大学学习期间他深入钻研黑格尔哲学,参加了博士俱乐部的活动。这时他是一个黑格尔唯心主义者。不过他同其他青年黑格尔分子已有所不同。这表现在他的博士论文中虽然也强调自我意识的作用,但不赞成像鲍威尔那样把思维和世界加以割裂的主观唯心主义倾向,而主张它们是在相互作用中发展的。

大学毕业后,马克思投身于《莱茵报》的直接政治活动中,维护人民权利,反对普鲁士反动专制,这时他是一个激进的革命民主主义者。在斗争中他接触到的不仅有尖锐的政治问题,而且有劳动人民的物质利益问题。社会对立阶级在经济上的利害冲突,和这种冲突在政治上的表现,给了他以深刻的印象和启发,推动了他的思想发展,他认识到必须重新考虑以前把国家看作历史发展的决定力量的观点,而这种观点是从黑格尔的法哲学来的。在1843年3月《莱茵报》被反动当局查封之后,马克思就全力以赴地投入了对黑格尔法哲学的批判。这一批判不能不涉及整个黑格尔哲学的唯心主义基础。这时,即在他的基本哲学观点发生变化的时候,费尔巴哈的《关于哲学改造的临时纲要》(1842年)和《未来哲学原理》(1843年)发表了。费尔巴哈从唯物主义观点对黑格尔哲学所作的批判,是黑格尔以后德国哲学思想的一个最重要的发展。这是对黑格尔乃至全部德国古典哲学的唯心主义第一次根本性的批判,大大超出了青年黑格尔派的水平。费尔巴哈要求"将哲学从'僵死的精神'境界重新引导到有血有肉的、活生生的精神境界,使它从美满的神圣的虚幻的精神乐园下降到多灾多难的现实人间。……用一种纯粹而真实的人的态度去思想、去说话、去行动"。① 他把宗教的上帝、黑格尔的绝对精神等等,归结为不过是感性的人的本质的异化,提出要从感性的物质的人和自然界出发,以这种人的本质为基础把异化了的颠倒了的世界观重新颠倒过来。费尔巴哈这种唯物主义的人本主义学说,开辟了革命思想进行唯物主义探索的前进道路。马克思在1843年初兴奋地读了费尔巴哈的《纲要》,他说:"费尔巴哈的警句只有一点不能使我满意,这就是:他过多地注重自然界,而过少地注重政治。然而,唯有把二者结合起来,现今的哲学才能成为真理。"② 这就是说,马克思赞成费尔巴哈的唯物主

---

① 《未来哲学原理》,三联书店1955年版,第1页。

② 1843年3月13日致卢格的信,转引自梅林:《马克思传》,人民出版社1965年版,第71页。参见《马克思恩格斯全集》第27卷,人民出版社1972年版,第442—443页。

义,但认为他的唯物主义是有重大缺陷的,这个缺陷就是费尔巴哈很少注意人的政治方面即社会生活方面,而只注重人的自然方面。费尔巴哈在他的《纲要》中确实只是附带地提到一下政治,在这方面他没有什么前进和建树。他对黑格尔的研究和批判主要是宗教哲学和自然哲学方面,而在1843年马克思则集中全力来批判他的法哲学和国家学说。马克思对费尔巴哈的这个看法,具有原则的意义。这种原则上的差别,后来发展为对费尔巴哈哲学的带本质性的批判。它说明,在马克思的思想转变过程中,费尔巴哈的人本学唯物主义确实起过巨大的促进作用,但马克思从来都不曾全盘同意和接受过费尔巴哈的哲学。这是因为马克思始终有着他自己的发展道路和研究路线,同费尔巴哈只局限于宗教批判和只从理论上提出要抓住现实的感性的人不同,马克思不仅注意到宗教批判,而且投身并注重政治斗争;不仅注意到人的自然本质,更注重人的社会生活和社会本质;并且循此继进,深入到人的经济生活,从而才搞清楚了人的真正的现实的本质。所以,费尔巴哈虽然口头上和思想上竭力想抓住现实的人,实际上始终没有抓住,他所理解的人始终还是抽象的人,而马克思解决了这个问题,这决不是偶然的。在对《手稿》和马克思早期思想的研究中,同费尔巴哈的关系问题,是我们必须经常细心加以注意的一个重要问题。这里我们先提到一下。

1843—1844年间马克思对黑格尔法哲学的批判,是他思想转变中的一个重要阶段和桥梁。以批判黑格尔的国家和法的哲学为形式,马克思大量阅读和深入钻研了资产阶级政治发展的历史和有关理论著作,特别是法国大革命的历史和理论。他得出了一个重要的结论:"政治解放本身还不是人类解放"。^①他指出,即使是最激进的法国大革命和美国独立战争所产生的成果(而这是当时的德国人还远未能达到的),也无非是私有制的政治形式。马克思以法国和美国的人权宣言和宪法为证,指出这里所肯定的人权、自由实际上"就是私有财产这一人权"。^②这种政治解放是以资产阶级社会中的经济对立为基础并维护这种对立的。在这个市民社会里,"钱是从人异化出来的人的劳动和存在的本质;这个外在本质却统治了人,人却向它膜拜。"^③所以,马克思说,"我的研究得出这样一个结果:法的关系正像国家的形式一样,既不能从它们本身来理解,也不能从所谓人类精神的一般发展来理解,相反,它们根源于物质的生活关系,这种物质的生活关系的总和,黑格尔按照十八世纪的英国人和法国人的先例,称之为'市民社会',而对市民社会的解剖应该到政治经济学中去寻求。"^④可见,马克思对黑格尔法哲学的批判虽然还没有形成自己的新世界观,但已为他指出了通向彻底弄清问题的研究道路。于是马克思给自己提出了进一步的即根本的任务,这就是研究市民社会、社会经济关系,研究政治经济学,以便从根本上弄清人的物质生活关系本身中的矛盾和异化。马克思正是带着这样的目的前往巴黎的。"那么,到巴黎去吧,到这个古老的哲学大学和新世界的新首府去吧!"^⑤这些话鲜明地表达出青年马克思到巴黎去寻找真理时的那种兴奋之情。

马克思是在1843年10月来到巴黎的,从这年年底起他就开始

---

① 《马克思恩格斯全集》第1卷,人民出版社1956年版,第435页。
② 《马克思恩格斯全集》第1卷,人民出版社1956年版,第438页。
③ 《马克思恩格斯全集》第1卷,人民出版社1956年版,第448页。
④ 《马克思恩格斯选集》第2卷,人民出版社1972年版,第82页。
⑤ 《马克思恩格斯全集》第1卷,人民出版社1956年版,第415页。

了自己的经济学研究。并且,马克思利用了巴黎那种远比当时德国先进的沸腾的社会政治经济生活,来直接观察资本主义的现实基础。他同工人们来往,使他获得了许多最可贵的亲身体验。他看到无产阶级不仅是一个备受苦难的阶级,而且从他们的勇敢、智慧,特别是客观的地位来说,是资产阶级尤其是软弱庸俗的德国资产者所不能比拟的彻底的社会革命力量。在《手稿》之前写作的《〈黑格尔法哲学批判〉导言》一文里,马克思明确指出无产阶级的客观本性就是否定私有财产,它是人类解放的决定力量。马克思认为,无产阶级是人类解放的心脏,而革命的哲学是它的头脑。因此,弄清资本主义社会的根本矛盾,弄清无产阶级的本性及其要求在社会物质生活中的根据,从而为无产者和全人类的解放提供科学的精神武器,就成为建立这种革命哲学的根本任务。

正是在上述思想发展的基础上,马克思向着他所要搞清楚的关键之点发起了总攻。这场总攻如我们所知道的,就是马克思新世界观的建立,而《手稿》正是这场总攻中最初的最集中的最全面的重要成果。它标志着马克思思想发展已经达到了决定性的转折点,攀登上了解决世界历史之谜的高峰。《手稿》是马克思世界观的诞生地和秘密。

三、恩格斯和赫斯对马克思《手稿》的影响

马克思在《手稿》序言中,不仅谈到他与黑格尔、费尔巴哈和青年黑格尔派的关系,而且还特别指出他利用了英、法、德的社会主义著作。马克思说,德国人在这方面,除魏特林外,赫斯和恩格斯的论文是"内容丰富而又富于独创性的著作"。

魏特林是当时德国工人中最著名的共产主义者。1842年12月,他发表了《自由与和谐的保证》一书。魏特林用从傅立叶那里接收来的未来社会基本原则"和谐"的思想,激烈批判了现存的资本主义制度。他不同意靠统治者的仁慈明智来改革社会,而要消灭这一社会,代之以共产主义,鲜明地表现了德国工人阶级的革命态度,是很可贵的,马克思因而赞许过他。但魏特林不能理解资本主义社会的辩证发展,也看不到无产阶级的革命作用,只能提出空想的原则来同现状相对立,后来他走向了一种神秘的基督教社会主义。

赫斯和恩格斯作为革命的知识分子,走过了大体上同其他青年革命知识分子相似的道路,他们都参加过青年黑格尔派的活动,并比他们大多数人更先进,甚至比马克思更早地走向了社会主义。

赫斯(1812—1875)早年钻研过卢梭、黑格尔和斯宾诺莎的学说,1832年他在巴黎时转向巴贝夫和傅立叶的共产主义社会主义学说,1837年以后他在德国接近了青年黑格尔派的运动。在1841年他写了《欧洲的三头政治》,认为欧洲在法国大革命后面临着新的革命——废除私有制和利己主义的社会革命,这个革命将消灭社会不平等以解放人类,他成了青年黑格尔派的一个重要代表人物。马克思提到的《来自瑞士的二十一张》是1843年出版的青年黑格尔派中激进分子的一部论文集,赫斯在这部文集中有三篇文章:《行动哲学》、《社会主义和共产主义》、《唯一的和完全的自由》。赫斯认为人的活动决定人的生活和思维,反对唯心主义把人的活动归结为抽象的精神活动,从抽象的精神中导出哲学的、宗教的和政治的教条,他认为人的活动应是具体的自由的活动,靠了这种活动,人才获得自我意识并成为人。在资本主义社会里人不可能有自由的活动,结果是人的非人化。要确立人的自由活动,就要消灭私有制而代之以共产主义。赫斯完全接受了费尔巴哈的人本主义,并认为费尔巴哈所发现的人的异化不仅是宗教的,而且有社会的性质:私有制、竞争、追逐利润、利己主义等等使人彼此隔绝而异化。赫斯为《德法年鉴》还写过另一篇论文《论金钱的本质》,谈到经济异化:人把自己的本质异化为金钱 —— 资产阶级社会的神。这篇文章由于《德法年鉴》停刊,在一年之后才发表在《莱茵年鉴》上,不过马克思作为《德法年鉴》的主编当时是会看到的。赫斯从费尔巴哈关于人的宗教异化的学说中引出的关于社会异化、经济异化的思想,同马克思的思想发展有许多一致之处,对马克思无疑会起某种印证和启发的作用。但是赫斯的成就也就到此为止了。他停留在用费尔巴哈的人本主义去看待私有制,却没有真正去追究弄清私有制的本质、起源和运动的规律,因而他只能停留在把私有制当作某种抽象的人的本质的异化形式来加以批判,主张用一种无政府主义的共产主义来消灭有制和利己主义,以实现所谓人类的自由和平等。他的共产主义有空想的伦理的性质,认为"爱"是解决一切问题的药方。"爱不管在什么地方出现,总是比利己主义更有力量。"[①] 这种观点使赫斯成为"真正社会主义"的主要创始人。马克思和恩格斯曾用了很大力量来同这种"真正的社会主义"作斗争,不过赫斯同马克思恩格斯着力批判的格律恩这样的人不同。赫斯本人不仅在历史上有过重要功绩,而且后来也做过许多有益的工作,在一定程度上接受过马克思恩格斯的批评和观点,所以马克思恩格斯对赫斯一直是比较尊重的。

恩格斯在《德法年鉴》上的论文《国民经济学批判大纲》,比较

---

① 《论金钱的本质》,兹罗齐斯提编:《赫斯社会主义论文集》,柏林,1921年版,第165页。转引自科尔纽:《马克思恩格斯转》第1卷,三联书店1963年版,第660页注。

起来是更重要的著作。马克思称之为"天才的论文"。恩格斯的这篇论文已经摆脱了青年黑格尔派的唯心主义观点，并且从关于人类本质的一般议论转向了对资本主义社会的经济基础进行严肃的批判，这对马克思有重要影响和鼓舞。恩格斯认为，和资产阶级经济学家不同，不应该把社会经济关系看成某种永恒的东西，而应该看成是历史的产物；现存的经济关系是历史过程中必然产生、发展并要被扬弃的，必须从资本主义经济制度本身的矛盾来批判它，把这个制度的消灭看作它本身辩证发展的结果。恩格斯从社会主义观点上对资产阶级政治经济学所作的初步分析批判，使马克思感到很兴奋，他从这一论文中看到同自己思想一致的同志。因为马克思这时给自己提出的任务，正是这一方向，而恩格斯已先行了一步。

马克思和恩格斯几乎同时先后达到了科学共产主义的世界观，但他们走的道路却很不相同。恩格斯也熟悉黑格尔和费尔巴哈的哲学，也曾是青年黑格尔派运动的积极成员，但他走向唯物主义和共产主义，最主要的是由于他直接生活在英国（1842年11月来到英国），英国的实际经济发展和工人阶级状况，以及当时英国社会主义的学说很快吸引了他，他短期内就熟悉并研究了英国的工人运动以及经济学和共产主义学说，从而迅速地转向了社会主义共产主义。但是马克思的道路则要困难曲折得多，他对黑格尔哲学钻研得更深，这样他原来所受的束缚也更大。他没有像恩格斯所处的能直接观察资本主义更发达的典型形式的优越条件，他不是直接从实际生活出发得出革命结论的，而是在现实斗争的推动下，通过对哲学的批判改造走向现实的。他每前进一步都必须通过哲学理论的思考形式，特别是通过清算黑格尔哲学的形式，才能取得。他不能跳过其中任何一步以求得思想的解放。但是，这种艰苦过程也使马克思得到了更严格的理论锻炼,使他对黑格尔哲学和其他各种理论有更深刻透彻的剖析。反过来,这又使他对现实生活的认识与发掘,比起其他人,包括恩格斯在内,要更深刻。因而,当马克思一旦从艰巨的批判中达到一定结果时,他也要比别人站得更高些,看得更透些。恩格斯的《大纲》和马克思的《手稿》,是他们两个人通过各自的不同的道路分别达到新世界观转变的典型表现,奠定了他们终生亲密合作共同战斗的思想基础。《手稿》表明,马克思吸取了恩格斯的成果又超过了恩格斯。恩格斯终身多次表示,他在创立马克思主义方面虽然也作过一些独特的贡献,但总的来说自己只是第二把手,主要功绩应归于马克思。恩格斯的这个论断完全是从科学的老老实实的态度出发的,表现了这位伟人最崇高的品德。

四、《手稿》的写作和出版简况

马克思来到巴黎不久,就对政治经济学开始了系统的研究。恩格斯在《资本论》第二卷序言中说,"1843年,他在巴黎开始研究经济学时,是从伟大的英国人和法国人开始的。"[①]马克思按照他的习惯,把他所研读的作品中重要之处大段摘录到笔记本上,同时常常写有评论性的意见,到后来甚至发展为长篇的独立的思想发挥,现在全集的42卷中的对《詹姆斯·穆勒〈政治经济学原理〉一书摘要》就是如此。在巴黎期间,同《手稿》直接有关的这种笔记本有五个。《手稿》是在这些钻研的基础上写成的。它是由三份稿子组成

---

① 《资本论》第2卷,人民出版社1975年版,第11—12页。

的一个整体。

第一个手稿共27页。用来写作这个手稿的大张稿纸被马克思分为三个纵栏,每一栏上面都写上如下标题:"工资"、"资本的利润"、"地租"。在前16页上,马克思在三个标题下满满写上了从斯密等人著作中细心选择和整理了的摘录,作了批判性的分析,把这样材料引向马克思所集中注意的问题上去。从第17页开始,他只写《地租》这一部分。而从第22页到末尾这六页,就不再管原来的标题而写下马克思自己的批判研究,这就是《异化劳动》这个部分。

第二个手稿,目前只有最后的四页(第40—43页),前面39页都已经散失了,这是极其遗憾的。因为,从三个手稿的关系来看,第一手稿带有提出问题、提出基本观点的绪论性质,而第三手稿是作为对第二手稿的补充和发挥而写的,所以第二手稿应是《手稿》的中心部分。

根据第二个手稿目前保存的内容,以及马克思在第一个手稿末尾提出的任务,我们似乎可以作这样的推测和估计,第二个手稿的内容应是在劳动和资本的对立运动中,阐述经济学的各个范畴,剖析私有财产下的种种关系。如果是这样,那它就是《手稿》作为经济学研究的最重要的和基础的部分。在这基础上才进一步展开他对共产主义和唯物史观的探讨(第三个手稿)。而这个手稿绝大部分的失落,使我们在充分估计马克思当时所达到的政治经济学的成就和水平方面,遭到重大损失。应该说,第一手稿主要还只是引用、利用古典经济学的已有成就并加以批判,而目前整个《手稿》中马克思对自己所形成的政治经济学观点表述得是很不够的。这同第二手稿的严重失落不能说没有极大的关系。

第三个手稿的内容包括:对第二手稿第36页和第39页的补充,全部《手稿》的序言,对黑格尔的批判,以及论述货币的一个片段。从放在几乎最后的序言,我们可以知道马克思写作《手稿》的总的一些考虑和安排。现在这个序言已放在全书的最前面了。第三个手稿的主要部分,虽说只是作为对第二个手稿的补充,实际上系统地发挥和阐述了马克思世界观的中心内容:共产主义。因此,成为我们学习和研究《手稿》的中心部分。最后一章对黑格尔哲学的批判,也具有极其重要的意义。

关于出版方面的情况大致如下:

《手稿》第一次出版是在1927年。在莫斯科1927年俄文版《马克思恩格斯文库》第3卷中第一次被收入发表。但是它不仅不完整,标题也不正确,叫作《〈神圣家族〉的预备著作》,因而几乎没有引起人们的注意。1932年才正式问世,其情况我们在前面已简略提及。编入德文版《马克思恩格斯全集》(MEGA)第三卷的这个版本,是《手稿》的第一个具有科学价值的版本。1954年在准备出版《马克思恩格斯全集》俄文第二版时,莫斯科马克思恩格斯列宁研究院收集编印了《马克思恩格斯早期著作选》,把《手稿》也编入了。为了印行这一作品,对《手稿》的文字辨认重新做了一次核对,这样就对1932年版本的文字做了一些重要的改正,并且对某些标题重新审订改写,增加了注释。因此,1956年俄文版全集中的《手稿》版本,是目前最完善的版本。1974年由苏联、英国、美国三家出版公司与莫斯科马列研究院合出的五十卷本《马克思恩格斯全集》国际英文版第3卷中的《手稿》英译本,是按上述俄文新版译出的最新英文版本。

中文的第一个译本是1956年何思敬译、宗白华校的本子,同年有贺麟译的《手稿》最后一章《黑格尔辩证法和哲学一般的批判》单行本。这两个本子都是从德文译的。新译本是1979年问世的,一个是人民出版社刘丕坤译,一是马克思恩格斯列宁斯大林著作编译局译出的收入《马克思恩格斯全集》第42卷的本子。这两个译本都是根据俄文1956年新版本译出的。此外,朱光潜先生为了研讨《手稿》中的美学思想,也译出其中一些重要部分,见1980年出版的《美学》杂志第2期。

　　在本书中我们主要用全集第42卷译文,在讨论最后一章对黑格尔哲学批判的时候,主要用贺麟的译本。在参考其他译文或原文时将予以注明。

第二章　异化劳动概念

　　马克思通过批判地研究政治经济学、剖析现实的社会经济生活,使他在世界观上发生了决定性转变。这种转变首先集中表现为形成了异化劳动这一概念。通过这一关键性的概念,马克思打开了通向新世界观的大门。《手稿》中第一个手稿的中心就是提出这一概念,对它进行了基本的分析论述,为全部《手稿》中建立的新世界观奠定了基础。

　　第一个手稿可分为两部分。前半部分是马克思根据资产阶级经济学家主要是亚当·斯密的论述,考察了社会三大阶级的三个收入来源,研究了资本主义的基本经济结构和规律(中心是劳动和资本的对立)。马克思从中还归纳地提出了若干重要课题,为"异化劳动"概念的提出,提供了经济生活事实的出发点。后半部分,马克思从批判资产阶级政治经济学的前提开始,提出了异化劳动的问题;然后层层加以分析,形成了异化劳动的概念;并用这一崭新的概念,开辟出通向研究一切重大问题的道路。这后一部分是我们学习研究的重点。

一、异化劳动概念的经济学根据和
马克思对它进行分析的基本线索

马克思在《手稿》中提出来的劳动异化论,从一方面说,它是以往社会理论和哲学理论的一个重要成果——异化理论的发展和质变。没有以前的异化理论,马克思就不可能提出自己的劳动异化概念。但是,这种概念的理论的发展完全是以马克思对现实的经济关系的解剖为基础的。以往的异化理论提供了思想资料和一种重要的思维方法。但也只如此而已。马克思的劳动异化论决不能从那里单凭思维去逻辑地推演出来。实际上,马克思在第一个手稿里提出异化劳动概念的过程就说明,这个概念完全是从经济学的研究出发的。所以,我们也得从这里开始,而把马克思的劳动异化理论同以前的异化理论的关系放到后面加以讨论。

在马克思开始研究政治经济学的时候,这门科学已经经历了几百年的发展,达到了古典经济学的高峰。它的主要代表是斯密和李嘉图。斯密(1723—1790)的活动处于英国工业革命的前期,《国民财富的性质和原因的研究》(1776年)是他最主要的著作。李嘉图(1772—1823)活动在产业革命的后期,成为古典经济学的完成者,其主要著作是《政治经济学和赋税原理》(1817年)。十九世纪开始的时期,工业革命已经给资本主义生产方式带来了伟大胜利,同时它的固有的矛盾和形成的社会阶级矛盾也迅速发展,日益明显地暴露出来,因而资产阶级经济学到了李嘉图达到顶峰以后,就不能再有带根本性的进步了,它走向了庸俗经济学。与此同时,也出现了从社会主义立场上对资产阶级经济学的利用和批判。马克思研究政治经济学,一开头是萨伊的著作。萨伊是当时法国最著名的经济学家,可是实际上他只不过是斯密学说的庸俗化者。所以马克思很快就转向了斯密本人的理论,仔细研读了斯密的主要著作《国富论》。第一个手稿的经济学根据主要就是斯密的这一著作,这使马克思的研究和批判有了一个可信的依据。

英国古典经济学的最大进步和贡献是提出了劳动价值学说。它为政治经济学成为科学,奠定了重要的理论基础。马克思对这一点给予了很高的评价。

古典经济学肯定劳动是一切财富的价值源泉,但是他们又认为只有私有财产才是最自然的。他们除了私有财产而外从来没有想到过还会有什么别的财产状态,他们研究的经济规律只是私有财产的发展规律即资本主义的规律。这样,他们在理论上就陷入了不可解决的矛盾之中。他们从私有财产出发,把资本、地产和劳动这三种构成生产的要素的相互分离(它们分别是资本家、土地所有者和劳动者的私有财产),当作不言而喻的前提,来研究这三者之间的关系和运动。这三者通过商品交换,即把工人的劳动作为商品由资本家购买进来,同土地和资本相结合,以从事社会的生产。资产阶级经济学从这样的前提(私有制、生产三要素的分离)出发,研究了资本主义社会中三大阶级在生产和分配中的经济关系的规律,论证了资本家用资本推动了劳动进行生产,工人用劳动提供了财富,所以这二者是生产的阶级,而土地所有者则既不劳心又不劳力,他们的地租收入,乃是从生产者阶级、从租地农场主(农业资本家)的产品中取得的一份掠夺物。他们以此反对封建地产的剥削,但却把资本家剥削工人视为当然。可是这一点和他们自己提出来的劳动价值学说,恰恰是矛盾的。马克思用资产阶级经济学自己论述的工资与资本利润的关系和规律,揭露了这种经济学正是一种自我矛盾的学说。

一方面,从劳动是形成价值的唯一的东西出发,劳动的全部产品,在理论上就只应属于劳动者。但资产阶级经济学又肯定:劳动者所得的,只能是产品中最小的没有它劳动者就不能生存的部分。劳动者不仅不能购买一切,相反他本人也成了商品,而且是最低贱的商品;他生产了财富,得到的只是贫困,即使是在社会财富增进,工资能有所提高这种对工人最有利的情况下,也仍然是如此。与劳动这方面相反,资本虽然本身只不过是积累起来的死劳动,本来来自工人,现在却能够反过来购买一切,支配和奴役工人,给资本家带来神仙般的生活,带来利润和资本自身的增殖。而这一切都是从私有制和土地、资本、劳动三者分离中必然要产生出来的结果和规律。资产阶级经济学虽然提出了劳动价值学说,面对这种矛盾却丝毫不加怀疑和探究,只把这种状况当作既成的客观事实和规律来加以叙述和肯定。

马克思从这一点开始了他对资产阶级经济学的批判。

"国民经济学从私有财产的事实出发,但是,它没有给我们说明这个事实。""国民经济学没有给我们提供一把理解劳动和资本分离以及资本和土地分离的根源的钥匙。例如,当它确定工资和资本利润之间的关系时,它把资本家的利益当作最后的根据;也就是说:它把应当加以论证的东西当作前提。"[①]资产阶级经济学把私有财产和追求私利当作人的固有本性,"**贪欲以及贪婪者之间的战争即竞争**,是国民经济学家所推动的唯一的车轮。"[②] 马克思认为,要想弄清楚经济学中的这种根本矛盾,问题正在于要考察这个前提,考察私有财产的本质,考察土地、资本和劳动三者分离的根源,

---

① 《马克思恩格斯全集》第42卷,人民出版社1979年版,第89页。
② 《马克思恩格斯全集》第42卷,人民出版社1979年版,第90页。

而决不应像神学家用原罪来说明人类的堕落那样,把私有制和三者分离当作既成事实加以肯定,用以说明资本主义的现实。

马克思在资产阶级经济学家视为不言而喻的地方,开始了自己的批判研究。很清楚,这种研究只有站在无产者的立场上才是可能的。这种研究引起了政治经济学的革命,"异化劳动"概念就是这一研究的第一个主要成果。

马克思这个提问题的方式,同恩格斯的《大纲》是一致的。恩格斯指出:"政治经济学没有想到提出私有制的合理性的问题。""在最近的经济学家面前却已经有了一套完整的学说;一切结论都已经做出来了,各种矛盾都表现得十分清楚,但是他们却没有去追究各个前提"。恩格斯嘲笑了他们用的什么"国民财富"或"国民经济学"等用语,说:"在目前的情况下应该把这种科学称为**私**经济学,因为在这种科学看来社会关系只是为了私有制而存在。""这一切微妙的分裂现象,都产生于资本和劳动的最初的分离和完成这一分离的人类分为资本家和工人的分裂。"[①] 因此,恩格斯要求从社会主义角度重新考察私有制这个前提,批判整个的资产阶级经济学说。不过,恩格斯这时还没有达到像马克思那样从劳动本身来考察私有制本质的深度。他在《大纲》中主要是指出私有制和竞争必然要导致消灭私有制的社会革命,而没有深入考察、追究私有制本身。而马克思则进了一步。在第一个手稿的前半部分已经提出了这样的问题:"把人类的最大部分归结为抽象劳动,这在人类发展中具有什么意义?"[②] 这就是提出了要从人类整个发展的高度,来考察人类劳动是怎么变成抽象劳动(即与土地、资本相分离

① 《马克思恩格斯全集》第1卷,人民出版社1956年版,第597、598—599、600、610页。
② 《马克思恩格斯全集》第42卷,人民出版社1979年版,第56页。

的赤裸裸的劳动,资本雇佣下的劳动)的问题。而抽象劳动同私有财产本来是同一件事情的两方面。马克思从对劳动的研究出发,来考察私有财产的本质、起源和意义,深刻地把握住了问题的中心所在。"异化劳动"概念,就是这一批判研究的成果。现在我们就来看看马克思的分析过程,以及由此得出的关于异化劳动概念的那些规定。

(1)劳动者的劳动和他的产品之间的异化关系

马克思是从明白的经济事实出发提出异化问题的。"劳动者生产的财富越多,他的产品的力量和数量越大,他就越贫穷。""劳动不仅生产商品,它还生产作为**商品**的劳动自身和劳动者。"这就说明,"劳动所生产的对象,即劳动的产品,作为一种**异己的**存在物,作为**不依赖于生产者的力量**,同劳动相对立。"产品原是工人劳动力量的对象化,但却同它的创造者发生了对立的关系,对象化成为丧失对象,受对象的奴役:"占有表现为**异化**",劳动者理应占有的东西现在成为异己的东西。马克思用一句话规定了这种关系:"劳动者同**自己的劳动产品**的关系就是同一个异己的对象的关系。"①

这种情况同费尔巴哈揭露宗教的本质时所发现的异化规律是一致的。费尔巴哈指出,上帝不过是人的本质对象化的产物,人把自己的内在本质对象化为一个外在的对象,创造出上帝,反过来人却受它的支配和奴役。"人奉献给上帝的越多,他留给自身的就越少。"②而在经济生活中,这种异化更是直接的现实:工人在劳动中耗费力量越多,他亲手创造出来反对自己的物质对象世界的力量

---

① 《马克思恩格斯全集》第42卷,人民出版社1979年版,第90、91页。原文 Arbeiter 中文版译为"工人",还以译成"劳动者"为好。以下均从此译。

② 《马克思恩格斯全集》第42卷,人民出版社1979年版,第91页。

就越强大,他自己就越贫困。劳动者的生命力变成为同自己敌对的对象的生命力,变成了金钱、商品、资本的无上权力,他自己反而被这些对象所占有和奴役了。

在进一步考察这种异化关系时,马克思指出,劳动和产品的关系,就是(劳动者的)对象化活动同对象的关系。劳动者通过自己的劳动,把自身的力量对象化到一个外部对象上去形成产品,必须以自然界、外部的感性世界为前提。自然界、外部物质世界在两重意义上为劳动提供生活资料(对象):一是"劳动的**生活资料**",即我们通常称之为生产资料的东西,如土地、原料、劳动工具等等,没有它们"劳动就不能**存在**";① 二是劳动者本身的肉体生存所需的资料,没有它,劳动者不能生存,当然也就没有了进行劳动的主体条件。劳动必须有这两种生活资料、两种对象才能存在。劳动的目的,正是为了通过人自己的劳动改造外部自然界,以便占有(在合于人的需要的意义上占有外部自然物质)这两种生活资料,占有外部世界。而在上述异化关系中,情况就恰恰相反了。劳动者越是通过自己的劳动去占有外部世界,他就越是在两方面失去生活资料,既失去劳动活动的生活资料(劳动资料)又失去肉体生存的生活资料,成为这两方面对象的奴隶。并且成为这样的情况:他只有成为生产资料的奴隶,才能得到工作挣得面包以维持生活;他也只是为了维持自己肉体的生存,作为生活资料的奴隶,才不得不去劳动。可见,劳动者同自己产品的异化关系,也就是他同整个自然界、整个外部世界,同一切劳动资料和一切生活资料之间的异化关系。

马克思这一考察,深刻揭示出劳动者同全部对象世界发生异

---

① 《马克思恩格斯全集》第42卷,人民出版社1979年版,第92页。

化关系的范围和程度,从而把资本主义下劳动的反常性质彻底暴露了出来。劳动者的劳动同外部自然界的关系,同劳动所必需的资料和自己生活资料的关系,同自己产品的关系,本来是极其自然的不可须臾分离的关系,犹如肺对于空气、眼对于光线、鱼对于水的关系一样。可是现在劳动者成了一无所有的无产者,人类劳动变成了一种失去任何对象的一种赤裸裸的纯主体力量,变成一种纯粹的"抽象劳动",这难道不应予以重新考察吗?

马克思指出:**"国民经济学以不考察劳动者(即劳动)同产品的直接关系来掩盖劳动本身的异化。"**①这是什么意思呢?资产阶级经济学尤其古典经济学是承认工人创造财富而陷于贫困的事实的,他们还表述了工资规律,但是他们认为这是当然的、无须考察的事实。因为他们认为劳动者同土地、资本的分离,劳动力成为商品,是一种十分自然的前提。马克思批判了这种观点,认为这就是异化:劳动者同自己的产品,劳动同自己的对象之间的分离、对立绝不是无须考察的自然正常现象,而是绝顶荒谬的反常、异化。马克思认为,这种异化的本质在劳动活动之中,来自劳动自身本质的异化。往后在第二点里马克思就来集中分析这个问题。资产阶级经济学既然根本不去考察劳动者同产品的直接关系,不认为这是不正常的异化,当然他们就不可能去揭露资本主义下劳动本质的异化,相反他们是掩盖这种劳动的本质。

因此,马克思就从劳动者同自己产品的异化这一直接的异化现象入手,深入一步去揭示劳动本质的异化。这样,就从异化劳动概念的第一点规定进到了第二点规定。这第二层分析正是异化劳动概念的核心所在。

---

① 《马克思恩格斯全集》第42卷,人民出版社1979年版,第93页。

（2）劳动活动本身的异化

马克思指出，劳动者同自己产品之间的异化关系，是一种结果；异化还表现在生产行为中，即生产活动本身之中。"如果劳动者不是在生产行为本身中使自身异化，那么劳动者怎么会同自己活动的产品像同某种异己的东西那样相对立呢？产品不过是活动、生产的总结。因此，如果劳动的产品是外化，那么生产本身就必然是能动的外化，或活动的外化，外化的活动。在劳动对象的异化中不过总结了劳动活动本身的异化、外化。"①

马克思描述了劳动活动本身的异化表现：劳动对于劳动者来说是外在的，不属于他自己的，不是肯定自己、自由地发挥自己体力和智力的活动，而是否定自己的、非自愿的强制劳动，被迫的劳动，如同瘟疫一样。劳动不是劳动者本身的需要，只是维持生存的一种迫不得已的手段。劳动本来是人的本质，现在却成了这样，他在劳动时如同畜生一样，只有在不劳动而只是吃喝等等的时候，才觉得自己是在从事人的活动。这就是说，他只是在运用自己动物式的机能时才觉得自己是人，而在从事人的活动时反而觉得自己是动物。

马克思强调指出：劳动者同自己劳动活动的异化关系，劳动活动本身的异化，是"**自我异化**"，"而上面所谈的（即第（1）点所说的劳动者同产品的异化关系。—— 引者）是物的异化。"②人的劳动活动的自我异化是原因、根据，人同产品之间的异化乃是结果，是前者的表现。

马克思关于劳动自身异化的分析，是前一规定的深化，是异化

---

① 《马克思恩格斯全集》第42卷，人民出版社1979年版，第93页。
② 《马克思恩格斯全集》第42卷，人民出版社1979年版，第96页。

劳动概念的最本质的规定,是整个第一手稿中最核心的提法。往后我们将看到这一规定的全部重大意义。但是,在这里马克思的论述还显得很抽象,主要表现为一种逻辑的分析。对劳动自身异化的表现也只讲了些特征,还缺少真正具体的历史的说明。关于劳动自身异化的切实研究,是马克思后来全力以赴进行探究的一个根本课题。在这里我们还没有可能详细加以讨论。但是,为了有助于理解马克思这一提法在《手稿》中的含义和意义,还应先作一点简要说明。

马克思关于劳动活动自身异化的思想,是从劳动者同自己的产品、同外部世界的异化关系的事实中分析而来的,是从现象进入本质,在劳动同产品的关系里,劳动是能动的创造的方面,而产品只不过是劳动的结果。结果的异化性质来自何处呢? 显然它不能来自自然界,也不是因为产品是对象这种性质。结果的异化性质只能由产生这个结果的原因来解释,只能来自劳动活动这个能动方面自身。一定是劳动活动自身已经异化了,作为结果的产品才会具有异化性质。这就像宗教里的情形一样。在宗教中,人创造了上帝这个对象,崇拜它、畏惧它、服从它、受它的支配和奴役,人同上帝这个人自己创造的对象的关系是异己的关系。但是,人为什么要创造、会创造出上帝这样一个异己的对象呢? 这个问题就不能以宗教存在的事实本身来说明,而必须由创造出上帝的人本身来说明,必须由人本身的异化才能说明,正如马克思后来在《关于费尔巴哈的提纲》中所说的那样:费尔巴哈认为宗教是人的本质的异化,"他致力于把宗教世界归结于它的世俗基础。他没有注意到,在做完这一工作之后,主要的事情还没有做哪。因为,世俗的基础使自己和自己本身分离,并使自己转入云霄,成为一个独立王国,这一事实,只能用这个世俗基础的自我分裂和自我矛盾来说明。"①关于劳动产品同劳动、劳动者之间的异化、对立也是如此,只能用那能动的方面(劳动活动)自身的异化、矛盾来加以说明。所以,马克思在这里提出的思想,虽然还比较抽象,还没有来得及从科学上历史上加以说明和论证,但是在理论上却是一个必要的、重要的、合理的结论。

这样,马克思就把问题的本质引向研究人类劳动本身。劳动从它本身来说是人类特有的创造活动。在劳动中,人创造满足自己需要的对象:生产衣食住行的对象满足和丰富自己的物质生活,生产科学艺术满足和丰富自己的精神生活,在劳动和占有劳动产品中,使自己的潜力得到发展发挥。劳动是人们获得自身自由的源泉,因而它的本质应该是自由的。这样的劳动就不会产生劳动者同自己产品之间的异化和敌对。但是,在资本主义、私有制下,产品却同它的生产者发生异化的关系。试问,这种异化是不是由产品的对象的物的性质所决定的呢? 是不是那些商品、货币、资本本身的对象性质,有一种奇异的力量?

在私有制尤其是资本主义制度下,商品、货币、资本等等,似乎本身就具有一种天然的神奇力量,"有钱能使鬼推磨",人们只能拜倒在它面前。古典经济学的最大成就就是发现和肯定了只有劳动才是一切商品、货币的价值实体,而资本无非是积累起来的劳动。这就像费尔巴哈发现上帝的本质在人一样,当然是个了不起的科学成就。但是古典经济学却不去考察这些产品(商品、货币、资本等等)同生产者的异化关系,更不去追问这种异化结果的原因。他们关于劳动是创造一切财富的价值泉源的理论,并没有贯彻到底。因为只要加以贯彻,就必然得出下述结论:既然产品是劳动创造

---

① 《马克思恩格斯选集》第1卷,人民出版社1972年版,第17页。

的,那么产品的异化性质也应是由这种劳动创造的,而且这种劳动既然能创造产品的异化性质,它本身就一定已经是自我异化了的。这个意思简单说来就是这样:创造出私有财产,如商品、货币、资本等等的劳动,决不是人类本来意义上的劳动——自由劳动,而只能是另外一种相反性质的劳动,可以称之为异化劳动。因此,当资产阶级经济学谈到商品、货币、资本等等是由"劳动"所创造的时候,严格说来是不确切的,是不正确的,是掩盖了这种劳动的异化性质。实际上这里有的只是"异化劳动"。资产阶级经济学既然把这种异化劳动作为当然,就称之为"劳动",它就不能不陷于不可解决的自相矛盾之中:一方面它肯定劳动是产品的价值源泉,这就是说,劳动者应有充分理由占有自己的全部产品;另一方面它又肯定货币、资本的无上权力,这些产品可以反过来购买劳动力,奴役和剥削劳动者,可以驱使劳动为它的增值服务。马克思揭示了私有制下生产劳动的自身异化,提出了"异化劳动"这一概念,从而也就揭穿了资产阶级经济学内在矛盾的实质,抓住了阐明和解决这个矛盾的根源。

马克思从(1)劳动与产品相异化这一事实出发,从现象追本质,提出了(2)劳动活动自身的异化,这第二点规定乃是异化劳动概念四个规定中最本质的规定。马克思在达到这一点之后,就由此进而讨论到作为发生了异化的劳动的主体——人和人类关系的异化。这就是(3)人同他的类本质相异化;(4)人同人相异化。这后两个规定是由异化劳动来考察它对主体本身的作用,同时也就加深充实了异化劳动概念,构成这个概念中带本质性的规定。

(3)人同自己"类本质"的异化关系

人类认识世界走过漫长的历史道路,取得许多丰硕成果。但是同认识别的对象比较起来,人类要认识自己却是最困难的,不过,它总是人类认识的中心目标和最伟大崇高的主题。老子就说过,"自知曰明"。在西方,古代希腊人已经高度重视了对人自己的研究讨论,据传古希腊德尔斐神庙中就铭刻了这样一句箴言:"认识你自己"(Γνῶθι σαυτόν)。中世纪之后兴起的文艺复兴运动,是新兴市民资产阶级对自己力量和愿望的觉醒。它以重新发现人本身的价值为中心,反对中世纪以来的宗教神学的教条和封建统治。从此,人文主义、人道主义一直是西欧思想文化发展的一个主要潮流。古希腊的"认识你自己"的名言,成为从卢梭直至费尔巴哈的指导思想,鼓舞他们去研究人本身、人类社会,人的本质或人性。可以说,在整个资产阶级的上升、发展和革命的古典时期,无论经济、政治、文艺、哲学还是自然科学的发展,无一不是在这种人文主义的思潮中孕育而生的。对人的本质或本性的研究,成为一切理论和实践的出发点和归宿,它取得了伟大的成就。

马克思主义是批判资产阶级人道主义的。但是有人却误解为马克思主义不应研究人,不应研究人的本质、人性,这就值得商榷了。我们认为恰恰相反,马克思主义不仅要研究人,而且要比历史上的一切人道主义学说研究得更透彻。马克思主义不是离开人类文明大道而产生的,而人类文明大道上的主流正是关于人本身的理论和文化。资产阶级人道主义的错误并不在于它的中心是研究人,而只在于它所能理解和主张的人和人性,只是市民资产阶级的个人和他们的本性。因此马克思是充分肯定历史上的人本主义人道主义的功绩的,并且把自己的学说当作上述理论的发展和超出。马克思说过这样的名言:"理论只要彻底,就能说服人。所谓彻底,就是抓住事物的根本。但人的根本就是人本身。"[1] 这是完全正确

① 《马克思恩格斯全集》第1卷,人民出版社1956年版,第460页。

的。事实上，马克思和恩格斯的世界观正是通过科学地理解人、人类本身，建立起唯物主义的关于人的科学即唯物史观，才发展起来的。《手稿》的巨大意义就在于奠定了科学唯物主义地理解人的本质的基础。但是马克思在进行这一科学工作时，理论上是从费尔巴哈关于人的学说出发的。以费尔巴哈的理论为基地，发展他的观点，超出他的观点，直至最后彻底批判他的观点，标志着马克思自身对于人的本质的科学理解的前进过程的几个阶段。现在，在关于异化劳动概念的第三点规定的讨论里，我们就可以清楚地看到这一过程的开始。

费尔巴哈在批判宗教中，提出了自己的唯物主义人本学哲学：宗教不是别的，不过是人把自己的类本质加以异化的结果。世界上真实存在的本质的东西，只有感性的物质的自然界和人，而不是上帝或精神。人本身才是人的真正的上帝。费尔巴哈从感性物质的人和自然出发对宗教的批判，是唯物主义对唯心主义的批判，他用人的本质的异化来说明宗教的本质，来批判宗教神学，是以往的唯物主义还没有达到过的，在历史上有很重要的地位。这种唯物主义的从人出发的异化理论，为科学地研究人和历史，提供了重要的启发。

费尔巴哈比较强调人是"类"而不是单个的个人，强调人与人的联系、交往，这是一个进步。可是在费尔巴哈那里"类"还只是一个抽象的普遍概念。他说，"在人里面形成类，即形成本来的人性的东西究竟是什么呢？ 就是理性、意志、心。"[①] 费尔巴哈最强调的是人心的意义和作用，他所说的"心"不是抽象的思维或精神，而

---

① 《基督教的本质》，《费尔巴哈哲学著作选集》下卷，三联书店1962年版，第27—28页。

是指人的感情、感觉、有血有肉的感性存在的本质。自然界是人的基础，人是有血有肉的感性存在物，这就是费尔巴哈的唯物主义基础。但他不懂得人的真正本质是社会实践活动。

马克思在《手稿》里也考察了人的本质和异化，并且在这里（第一手稿）还用了费尔巴哈的术语，如类生活、类存在、类意识、类本质等等。但是马克思在同意费尔巴哈从唯物主义来理解人这个基本点的同时，实际上已经与费尔巴哈有了原则的区别。这是因为，马克思根本不是从概念出发来研究人的本质的。他通过社会经济生活的剖析和对资产阶级政治经济学的批判，已经理解到人的真正本质在于劳动，人之所以异于禽兽，人类之所以为人类，并不是因为具有抽象的"理性、意志和心"，也不是单纯地因为有感性存在，而是因为他进行着物质的感性的活动：劳动活动实践活动。不仅如此，马克思通过分析资本主义中劳动的性质，得到了劳动自身异化的概念，这就使他把握住了理解人类自身发生异化和分裂的根本原因。所以，马克思在这里关于人同自己类本质相异化的论述，虽然形式上同费尔巴哈近似，实际上已经具有了完全不同于费尔巴哈的新内容。这是我们应予注意的。

在这里马克思仍然使用了费尔巴哈关于人和动物相比，是具有类意识的存在物的提法。人有一种普遍性的意识，能把事物和自己当作类来认识和把握。马克思说，人能通过理论和实践普遍地加工自然界的事物，使之成为自己的精神食粮和劳动资料生活资料，从而使人本身成为普遍而自由的类存在物。但是马克思已提出了并且更加强调了实践、劳动的意义。他说："通过实践创造**对象世界**，即**改造**无机界，**证明**了人是有意识的类存在物"。① 把实

---

① 《马克思恩格斯全集》第42卷，人民出版社1979年版，第96页。

践看作是意识的真正证明者,说明马克思已把实践看作是比意识活动更本质的东西了。

但是马克思在强调劳动实践活动的根本意义时,又特别强调了人的生产活动是一种有意识的自由的活动,以与动物相区别。这是因为当时马克思还没有能科学地肯定劳动只是专属于人的一种活动,而认为动物也有生产。马克思还不能用工具的制造作为劳动的标志来明确划分人和动物。所以,为了区别开人的生产和动物的生产,马克思在这里突出地强调了人的生产的有意识的性质、全面的性质、能自由地对待自己的活动和产品的性质,甚至强调到过分的地步。例如他说:"动物只是在直接的肉体需要的支配下生产,而人甚至不受肉体需要的支配也进行生产,并且只有不受这种需要的支配时才进行真正的生产"。① 后面这句话显然过了头,不正确了。不久后,马克思在《德意志意识形态》中就改正了这种说法,他说,"可以根据意识,宗教或随便别的什么来区别人和**动物**。一当人们自己开始**生产**他们所必需的生活资料的时候(这一步是由他们的肉体组织所决定的),他们就开始把自己和动物区别开来。"还说,生产"是人们仅仅为了能够生活就必须每日每时都要进行的一种历史活动",② 而且还指出,人的意识、语言等等是在人们的社会生产和交往中产生的,然后才反过来起重大作用。

由于马克思在写第一手稿时还没有达到把人的最本质的东西明确地归结为劳动,没有能说明意识的起源和本质,所以他在说人的类本质是"自由的自觉的活动"时,把人通过劳动才能得到自由,说成是由于人有意识才有自觉的活动,才有自由。

---

① 《马克思恩格斯全集》第42卷,人民出版社1979年版,第97页。
② 《马克思恩格斯全集》第3卷,人民出版社1960年版,第24、31—32页。

虽然马克思在这里的表述还有许多缺点和不足,但总的说来,马克思已经把握住了劳动是人最根本的现实的活动,是决定人区别于动物的东西:"正是在改造对象世界中,人才真正地证明自己是**类存在物**。"① 这就是说,作为人类的人,它的存在和本质是由劳动来实际证明的。

既然人的本质是由劳动来实现和确证的,那么,由于劳动变成了异化劳动,从人那里夺走了生产和生活的对象和自然界,从事生产的人就不能再进行发展自身、肯定自身的劳动,人就失去了自己的类生活与类本质。劳动作为类的发展的自由的活动,变成为个人维持生存的手段;各人都为私利为谋生而活动,人"类"就丧失了自己的目的,异化为自私自利的个人之间的战争,或各个人通过它来谋生的手段。劳动异化造成了人类生活的异化和本质的异化。

(4)人与人之间相互关系的异化

异化劳动造成人同自己的类本质相异化,这种异化的直接结果就是人同人相异化。因为人同自己类本质相异化,只有通过一个人与其他人的异化关系才得到实现或表现。在异化劳动的条件下,个人把他自己的劳动以及他人的、类的劳动活动统统都只当着为他自己谋生谋利的手段,而不是把人类本身当作他活动、劳动的目的。个人与类相异化,当然要表现为具体的人与人之间的相互异化、对立。这是异化劳动概念的第四点规定,讲的就是异化劳动必然造成私有财产和阶级的对立。这也是从异化劳动出发,对人的本质的认识的进一步具体化、现实化。

马克思分析说,如果人同自己的产品、他自己的劳动活动是异己的关系,这些产品和活动不再属于他自己,那就一定要属于一个

---

① 《马克思恩格斯全集》第42卷,人民出版社1979年版,第97页。

在他之外的存在物。这个存在物,不是自然界也不是上帝,而只能是人,"只有人本身才能成为统治人的异己力量"。^①这个人是不同于劳动者的人,是劳动者之外的另一个人或另一些人。

马克思强调指出,"人同自身的关系只有通过他同他人的关系,才成为对他说来是**对象性的**、**现实的**关系。"^②例如在宗教中,人同自己的本质和自然界发生异化,他把人类和自然界的本质、力量看作异己的统治自己的力量,当作神灵加以对象化,并对它崇拜;但是实际上,人同神的这种异化关系只有通过俗人与僧侣的关系才能表现出来,成为现实的关系、真正对象性的(具有客观存在形式的)关系。同样,在物质生活中,人同自己的劳动产品发生异化的关系,这种产品如商品、货币、资本等等作为一种实际的异己力量统治着人本身,人们把这种对象化的劳动当作物神来对待,也只有通过那些从劳动的人类本身中分裂出去的另一部分人才能实现。这些人之所以是资本家,只不过是因为有异化的劳动和异化的产品存在;反之,人要使劳动的异化和产品的异化变为现实,必须产生出资本家来。"在实践的、现实的世界中,自我异化只有通过同其他人的实践的、现实的关系才能表现出来。异化借以实现的手段本身就是**实践的**。""劳动者同劳动的关系,生产出资本家同这个劳动的关系。"^③

马克思由此得出了最重要的结论:阶级关系和私有财产是异化劳动的产品和结果。

他明确指出:"劳动者同劳动的关系,生产出资本家同这个劳动的关系。从而,**私有财产**是**外化劳动**即劳动者同自然界和自身

---

① 《马克思恩格斯全集》第42卷,人民出版社1979年版,第99页。
② 《马克思恩格斯全集》第42卷,人民出版社1979年版,第99页。
③ 《马克思恩格斯全集》第42卷,人民出版社1979年版,第99、100页。

的外在关系的产物、结果和必然后果。""我们通过分析，从**外化劳动**这一概念 …… 得出**私有财产**这一概念。"[①] 这样，马克思就解决了开始时所提出的任务 —— 考察资产阶级经济学当作不言而喻的前提（私有财产）的任务。

马克思这里的整个思考线索是：从资产阶级经济学肯定的事实出发，分析了他们所说的劳动其实不过是异化劳动，然后由劳动的自身异化理解了人类的自身异化，理解了阶级关系和私有财产的本质。

这一发现，具有极其重大的意义。关于这一点，后面我们将详细加以说明。

二、马克思的劳动异化概念同
历史上异化理论的关系

关于异化的问题，近几十年来成为理论界的一个热烈讨论的对象，它牵涉到广泛的方面，我们这里不打算去涉及它们。这里只想简略讨论一下异化概念的理论来源，希望能有助于我们理解马克思的异化劳动概念。

异化概念作为一个重要的哲学概念，公认是从黑格尔开始的。有人因此认为它是一种唯心主义的思辨的产物。但是这种看法恐怕是不对的。因为黑格尔虽说是第一个把异化当作重要的哲学概念加以使用的人，却并不是这个思想的发明者创始者。异化概念，应该说，它是一种时代的产物。卢卡契在研究青年黑格尔思

---

① 《马克思恩格斯全集》第42卷，人民出版社1979年版，第100页。

想发展时曾专门探讨过异化概念问题,按照他的研究,德文"异化"(Entfremdung)和"外化"(Entäusserung)严格说来都不是什么新名词,它们不过是英语 alienation 的德文翻译。alienation 这个词在英国经济学里一向被用来表示货物的出售、出让。同时,在几乎一切自然法的社会契约学说里,被用来表示原始自由的丧失,表示人的自然权利向根据契约而成立的社会的转让或出让。苏联的纳尔斯基认为,异化这个范畴,是在十七、十八世纪的唯物主义哲学家和社会契约理论家的著作中,在研究国家和财产这类社会政治问题的基础上形成的。他们这种看法在我看来似较合理,较为合于实际。对于异化规律的思考,先是从资本主义的商品经济关系和政治学说中产生,然后才在德国古典哲学中成为哲学的概念。这一点我们可以从英国资产阶级革命时期的理论家霍布斯和法国大革命的最大思想家卢梭那里得到证实和说明。

霍布斯批判了封建的君权神授说,要求从自然即从人的本性中寻求国家权力的根源。他认为人在自然状态中都具有为自己谋利益和自卫的自然权利,由于在这种状态中人对人像狼一样,这种自然权利没有保障,因而他们订立契约,放弃自己的自然权利,把这些权利授予一个人或一些人的会议,形成国家,通过国家的力量来保证大家的和平与安全。[1] 国家是通过人们转让自己的自然权利而产生的,这里就开始包含着人的自然本性、权力的外化的思想。

卢梭作为法国大革命的伟大思想家,从激进的小资产阶级要求出发,不仅批判了封建制度,而且对资本主义私有制也进行了批

----

[1] 《利维坦》第十七章,参见《十六——十八世纪西欧各国哲学》,商务印书馆1961年版,第98页。

判。他的《论人类不平等的起源》一书,表现了卓越的辩证法思想和天才的洞察力,是探索人类自身历史命运的一部伟大杰作。卢梭提出的社会契约学说,比霍布斯进了一大步。他认为对权利的转让问题不能只像霍布斯等人所说的那样,还需进一步考察。"这里面很有一些名词意义含混,需要解释;我们可以举转让一词为例。转让就是赠送或出售",但是,说人们会无条件地把自己做人的权利即自由也拿去奉送给别人,这"是荒唐到不可思议的"事情。"订立一项约定,使一造具有绝对的权威,使另一造无限制的服从,乃是空洞而且矛盾的",因为"一个人放弃了一切,是不可能有任何东西作补偿的",所以,卢梭认为订立社会契约,仍然必须保证每个人的自由。应该"'找出一种联合的方式,以全部的共同力量来捍卫和保护每一个参加联合者的人身和财产,而通过这种方式,每一个人虽然与所有的人相联合,却只是服从他自己,并且仍然同以前一样自由'。这就是社会契约所解决的基本问题"。而如果"社会公约一旦受到破坏,每一个人就马上恢复了他原有的权利,收回了他的天然的自由"。[①] 卢梭的社会契约论同霍布斯的有质上的重大区别,反映出法国大革命比英国克伦威尔的资产阶级革命有了重大进展。卢梭不满意于只承认国家权力来源于人民的自然权利,而且他认为由于国家权力经常走向反对人民压迫人民,所以明确提出人民必须享有可以收回自己权利的权利,可以反对和推翻这种压迫人民的异己的国家。这种学说,对于彻底地推翻封建专制和建立近代民主的资产阶级国家制度,起了重大的作用。

不仅如此,卢梭还从经济上探寻了人类历史上政治演变的原因。他认为生产的发展使人们相互需要和依赖,产生了私有财产

---

① 《十八世纪法国哲学》,商务印书馆1963年版,第166—171页。

制度和由社会契约而形成的法律国家。在发展中,本来为了保障人们的自由而被选出的那些首领们,为了自己的利益而演变成为奴役人们的专制暴君,这样人类就从平等变成不平等。而到了不平等的顶点,发展又回到了出发点,因为除了暴君而外,一切的人都由于无权、一文不值而彼此平等了。既然专制暴君撕毁了契约,只靠暴力来维持,所以他被暴力所推翻也是完全合法的。"万事万物都是像这样按照自然秩序进行的;……谁也不能抱怨别人不公正"。[①] 恩格斯说卢梭的学说虽然出现在黑格尔诞生近二十年前,却是对否定之否定的辩证法的卓越运用。也就是说,这是一种关于否定、异化和扬弃这种否定、异化的思维方式。卢梭把这种圆圈式的辩证发展称作"万事万物的自然秩序",即普遍的客观规律性,这是很卓越的。不过卢梭的思想主要还是一种资产阶级的政治学说,而没有专门提出或发展为一种哲学的理论。

法国和英国的政治和经济的学说到了德国,就一变而成为主要是哲学的理论了。费希特的哲学开始使用了"外化"一词,能动的"自我"创造了"非我",客体是主体的外化所建立的,是外化的理性。能动性被强调为哲学的基础。费希特和谢林开始用了外化、物化(Bedingen)这些概念,不过在他们那里没有发生决定性的影响。真正把这个概念发展成为一种高度哲学概括的人是黑格尔。

黑格尔深受法国大革命的影响,并且他对经济学、历史、哲学史都进行过深入研究。他把人类理性客观唯心主义化,当作世界的本体。认为世界本体是客观精神、客观思维、客观概念,具有能动性,这种能动性就是自身的否定性,或自身矛盾,自身异化的发展能力。客观思维经过自身逻辑阶段的否定性发展,异化为自然

---

① 《论人类不平等的起源》,《十八世纪法国哲学》,商务印书馆1963年版,第161页。

界和人类社会，又通过人的意识的否定性发展达到自我意识；在人的自我意识的否定性和异化的长期艰难曲折的发展中，人逐渐认识了自然、社会和精神现象的本质，认识到这一切都无非是精神自身的各种异化和扬弃这种异化的种种形式，最后终于达到了对精神自身的绝对性的认识，达到了绝对精神本身。客观的精神经历了如此漫长的否定和异化的发展，终于在绝对精神中扬弃了这全部的异化，回到了自己本身、自己的老家，达到了自我实现，从起初单纯空洞的东西变成了最具体、丰富的绝对精神，完成了客观精神自己全部的发展过程。整个黑格尔哲学就是对于这样一种过程的描述和说明。所以，否定性原则、异化及其扬弃，构成了黑格尔辩证法的本质。

黑格尔的异化概念，可以说是一种"精神的异化论"。在他看来，发展或发生异化的本体，是一种非人的、超人的客观精神，而不是现实的自然界和人，甚至也不是人的思维，因而他的整个哲学和辩证法神秘化了。同时，他也就把异化同对象化混同起来。黑格尔认为只有精神才是本性自由的，而物质则是僵死的，所以物质不配成为本体或主体，精神才是本体。不过精神又必须表现为对象性的存在才能体现它的客观性，所以它要外化、对象化，变成对象的客观的世界以发展自己。这种情况在黑格尔看来既是必要的，又是一种异化：精神在对象性即物质存在的形式中感到不自由，同自己的本性格格不入，因此它必须再扬弃这种异化，即扬弃对象性，才能回到精神自身以取得自由。把异化等同于对象化，这是他的唯心主义所一定要导致的错误。由此黑格尔把异化即各种不合理的社会矛盾及其解决，就仅仅当作是精神发展中的问题，似乎只要思想上扬弃了这种异化，一切问题也就可以解决了。

黑格尔的异化理论虽然是唯心的，仍有巨大功绩，他之所以能对历史做出辩证的理解,实际上是因为他对劳动的本质有所理解。他的最大功绩是把能动的原则发展成为深刻的否定性辩证法。世界和人类都是自我发展的,它们自身中的矛盾或否定性,使它们获得自己发展运动的动力和形式,形成为否定之否定的辩证运动。在黑格尔那里,异化理论是同否定性辩证法同一的。

费尔巴哈批判了宗教和黑格尔的唯心主义,提出了他的异化理论。他认为认识世界,研究哲学和批判宗教的出发点,应是感性的(即可以直接感觉到感受到的、具体的、物质的)自然界和人,特别是人本身。同宗教和黑格尔哲学相反,不是精神、上帝异化出自然界和人来,相反,上帝和黑格尔的绝对精神都无非是人所创造的异化的对象。这个批判有力地恢复了唯物主义的权威。不过费尔巴哈从感性的人出发来谈异化虽然是正确的,可是他所理解的人只是自然属性的人,缺乏劳动和社会实践的深刻内容,实际上他对人的本质的了解是极其贫乏抽象的。因而费尔巴哈并没有能真正说明,人为什么必然要把自己的本质异化为上帝。他不了解人在现实的物质生活中的矛盾,所以他不理解人的真正本质和异化,也找不到解决宗教异化和社会生活中的异化的道路。他批判了宗教,却还想建立什么"爱"的宗教,想用"爱"来作为解决一切异化问题的药方,就暴露出费尔巴哈异化理论虽然企图用唯物主义来取代黑格尔唯心主义,有其合理意义,但在历史观上,对人的看法上仍是唯心主义的。对于费尔巴哈的异化理论,我们可以称之为"抽象的人的本质的异化论"。

但是费尔巴哈从人出发来研究异化,这本身是很对的。这是一个很重要的思想:从人本身来理解人类社会的一切。如霍布斯、卢梭从人的自然权利研究政治和国家的起源和本质,斯密和李嘉图从人类劳动来认识商品价值的本质,费尔巴哈从人的本质来说明宗教的本质,等等,都产生了重要的科学发现与成果。而黑格尔的成就,实际上也是研究人的本质的异化而产生的成果,不过他把人抽象化,变成了精神而已。这并不奇怪,因为无论是宗教、国家、商品,或无论人类社会的什么事物,它们都是人们自己活动的创造物,这些对象性的东西,它们不过是人进行能动活动的结果,是被创造出来的东西,所以它们的本质既不能从其自身得到理解,也不能单从自然界得到理解,而必须从人这个能动的主体方面才能得到理解。费尔巴哈把这种观点确立为人本主义哲学,具有重大的价值。问题只是在于这些思想家们尽管做出了卓越的贡献,他们对人和人性、人的本质的理解,不能不受资本主义的时代和阶级的视野的制约,此外,还要受他们所处的政治环境乃至他们自己的唯心主义幻想或形而上学观点的影响。他们对人的本质做出了许多规定,或说人的本质是理性,或说人的自然本性是自爱、自私,……等等,都不过是一些贫乏抽象的说法,不过是把市民资产者的某种特性或要求加以普遍化。费尔巴哈也是这样,他抓不住真正现实的人和人的本质,他不懂得劳动和实践对人和人的本质的决定意义。所以,尽管这些思想家中不少人也觉察到资本主义关系中某些不合理现象,并认为这些是人的本质的异化,并且有的人企图通过异化及其扬弃的理论来为克服不合理的状况找到一条出路,也始终找不到。问题的根本正在于如何真正理解人本身。

马克思批判地研究了这一切有关人的本性的异化理论,并且找到了克服上述异化理论的错误和缺陷的道路。他的异化理论同以往的不同,是"劳动异化论"。这种异化概念认为决定人的本质的东西,最根本的是劳动实践活动,而劳动是在历史上通过自身异化及其扬弃来发展的,因而为具体的历史地理解人和人性提供了理论基础。这种人的劳动的异化理论,因而也就是具体的历史的人的异化论。这种概念是站在无产阶级的社会主义立场上,力图根本变革资本主义私有制的理论。从科学和哲学的思想发展来说,是批判地综合了古典政治经济学、资产阶级政治革命的理论成果、资产阶级哲学革命的成就,并且从根本上突破它们的结果。它对于包括费尔巴哈在内的一切以往的异化理论,是一种带根本性的革命变革。

三、异化劳动概念的巨大意义

马克思现在得到的"异化劳动"这一概念,给他打开了新世界观的大门。正如马克思自己所说的那样,这一论述"使至今没有解决的各种矛盾立刻得到阐明"。①

具体说来,异化劳动概念主要的意义在于:(1)为批判资产阶级经济学,建立科学的政治经济学提供了钥匙;(2)为研究和理解全部人类历史的发展提供了钥匙,也就是说,为建立唯物主义历史观开辟了道路;(3)为批判各种空想的、改良的社会主义共产主义理论提供了钥匙。这些问题,马克思在第一手稿这里的末尾部分都已经明白指出来了。而马克思的辩证唯物主义哲学,正是在这一生动的过程中建立起来和阐发出来的。

关于异化劳动概念对上面所谈到的几个领域的科学意义,我们只需要在后面简略地叙述一下就可以了。这里我们着重需要理解的,仍然是马克思这一概念的哲学意义。这个问题弄清楚了,其他的问题也就迎刃而解了。

---

① 《马克思恩格斯全集》第42卷,人民出版社1979年版,第100页。

　　上面我们已经初步谈到了马克思劳动异化论的两方面的哲学意义。一、它是彻底批判一切唯心主义（包括黑格尔唯心主义）的。黑格尔用精神、绝对精神作为说明全部世界历史发展的本原、本体和灵魂，现在马克思则是用现实的人的劳动实践作为说明人类历史发展（以及人类产生之后的作为人类生活环境的自然界的变化）的根源和灵魂。"劳动异化论"对"精神异化论"的批判是唯物主义对唯心主义的根本批判；而从马克思对黑格尔来说，更确切地说，是辩证的唯物主义对辩证的唯心主义的批判。二、它是彻底批判旧的资产阶级的人本主义，即资产阶级的对人和人类历史的理解的。包括费尔巴哈在内的以前的社会历史科学和理论，虽然也想抓住人，对人进行科学的理解，但实际上做不到这一点。用他们所理解的抽象的人和人性说明不了社会发展和人间苦难的原因。现在马克思用劳动及其异化来说明人的本质及其异化的发展，就为纠正处于绝境的资产阶级人本主义对人的理解开辟了一条通向光明的道路。马克思同费尔巴哈的异化理论，其出发点和主体都是人，而且他们都力图用唯物主义去理解这个人和人的本质，但费尔巴哈所理解的只是感性存在的人，而马克思所理解的是从事感性活动的即从事劳动和实践的人，在劳动中发展、异化从而形成实际的社会历史的人。所以实际上费尔巴哈对人的理解仍然是抽象、唯心的，只有"劳动异化"概念才真正提供了科学理解人的本质的钥匙。这样，马克思才踏上了创立唯物史观的道路。马克思在《手稿》中虽然还没有采取明确地批判费尔巴哈的形式，但内容上已经同费尔巴哈有了根本原则的区别。但是，除了上述两点而外，马克思的"劳动异化论"还有一个至关重要的哲学意义。对于这一方面，马克思在《手稿》后面的章节中和在以后的许多著作中，一直十分重视，给予了许多论述，可是却没有受到搞马克思主义哲学的人们的足够重视,以致产生了不少问题。对此,我们觉得有必要着重地加以学习和讨论。

问题的这一方面,马克思主要是通过对资产阶级政治经济学的批判来阐述的。而我们今天来学习研究这一问题时,还不得不和当代的一些观点进行商榷。

问题要从马克思在这里得出的结论谈起。马克思反复阐明他的这一最重要的理论发现,即异化劳动揭示了私有财产的本质和根源。他说:

"通过异化劳动,人不仅生产出他同作为异己的敌对的力量的生产对象和生产行为的关系,而且生产出其他人同他的生产和他的产品的关系,以及他同这些人的关系。"他"生产出不生产的人对生产和产品的支配",异化劳动"生产出资本家同这个劳动的关系"。这就是说,生产不仅生产产品,而且生产出社会关系;异化劳动生产出异己的阶级的人和私有财产。私有财产是异化劳动的"产物、结果和必然后果"。①

马克思回顾了第一个手稿的研究全程,加以总结说:"我们通过分析,从**外化劳动**这一概念,即从**外化的人**、异化劳动、异化的生命、**异化的人**这一概念得出**私有财产**这一概念。""诚然,我们从国民经济学得到作为私有财产运动之结果的**外化劳动**(**外化的生命**)这一概念。但是对这一概念的分析表明,与其说私有财产表现为外化劳动的根据和原因,还不如说它是外化劳动的结果,正像神**原先**不是人类理性迷误的原因,而是人类理性迷误的结果一样。后来,这种关系就变成相互作用的关系。"②

---

① 《马克思恩格斯全集》第42卷,人民出版社1979年版,第99—100页。

② 《马克思恩格斯全集》第42卷,人民出版社1979年版,第100页。

　　马克思把私有财产同劳动的关系,比作宗教的上帝同人类理性的关系,这就更清楚地表达了他的意思。私有财产和上帝,都是人类创造的,它们是人类异化了的活动(异化的劳动、迷误的理性)的创造物,然后反过来才又对人类活动的异化起作用。人类活动总是要对象化的,并且只有通过对象化的中介、手段才能实现自己。对象化同异化不同。科学的理性活动,创造的对象是科学而不是宗教神学,自由的劳动活动创造的是保证人的生存和自由发展的物质产品与手段。而自身异化了的活动所能创造的只能是异化的对象:私有财产和宗教的神。所以,私有财产、上帝等等那种支配人奴役人的性质和力量,不能用它们本身来加以说明,也不能通过仅仅废除这个对象的形式来加以消灭,只有通过人本身活动的异化来加以说明,通过人本身活动的异化之扬弃来加以克服。

　　马克思这一发现,具有振聋发聩的力量,带有伟大的革命意义。但是有一些人却不能接受。有些自命为马克思主义者的人也如此。他们对于用人的本质异化理论批判宗教神学还可以理解,但对于马克思用人的劳动异化来说明私有制与阶级的产生、剥削的存在,就觉得不可理解。他们问道:难道私有财产不是现实的物质存在吗? 怎么能从人这方面去理解呢? 有的人更由此指责马克思在《手稿》中犯了"主观唯心主义"的错误。他们说,马克思从人的主体活动,人的本质的异化,推出客观存在的私有财产、阶级对立等等事实,岂不是"主客原则同格"论吗? 这些人自以为坚持了唯物主义,其实他们并没有弄懂马克思的唯物主义即科学的唯物主义。实际上他们至少犯了两方面的错误。

　　先谈第一点。

　　他们认为,劳动者从事异化的劳动,雇佣劳动,乃是由于有私有制、资本、资本家的存在。客观情况迫使人们不得不受剥削,从事异化的劳动,这才是唯物主义。所以,私有财产是因,异化劳动是果。马克思把人们劳动的异化当作因,是搞颠倒了。而且据他们说,就会引出工人受剥削的罪责和根源不是在资本家,反而是在工人自己的荒谬结论。

马克思在《手稿》里果然犯了这么大的错误吗?

我们姑且承认这种看法有理:私有财产和剥削者的存在是劳动者受剥削的原因。那么试问,它们本身又是从何而来的呢? 是从来就有的,或是另有其离开劳动者的劳动、人类的生产活动而存在的根源呢? 这是不可能的,事实上也没有这种根源。并且如果它们是从来就有的,或有其纯粹自然的根据,那么资产阶级经济学就是完全正确的了。而且它们,这些私有制和剥削者的存在也是无法消灭的了。因为一种不知其根源的东西,它自己就是自己的根源的东西,当然是不可能消灭的。然而这样一来,劳动者受剥削,从事异化劳动,也就成为万古长存的了。请问:这就叫作真正的唯物主义吗?

马克思在《手稿》中并没有否认过资本的存在对工人的客观强制作用,没有否认私有财产和地主资本家的存在作为异化劳动存在的原因的意义。因为马克思清楚知道并且明确指出了这两者间的"相互作用"。问题在于马克思认为私有财产、资本、资本家等等虽然是具有客观对象性的存在,却并不是本原的东西,从根本上说,它们都是被人所创造、生产出来的东西。甚至资产阶级经济学的进步,也是在于它逐渐认识到财富、价值的根源不是商品、金子本身的自然属性,而在于劳动。古典经济学的贡献就在于它发现商品、货币、资本等等都不过是人的主体活动 —— 劳动 —— 的凝结和积累。然而他们只注意到这种关系的量的方面(商品的价值量是由社会的必要劳动量来形成和决定的)。他们不注意或掩盖了事情的质的方面。他们没有揭示商品、货币、资本等等私有财产具有同人、同劳动者相对立相异化的性质和根源。因为对于为资产阶级发财致富服务的经济学来说，既无这个必要，而且这样做对他们的利益是危险的。马克思的功绩在于彻底地分析了这些产品（私有财产、阶级关系）同劳动的关系，不仅肯定了这些产品来自劳动，而且探究了这些产品同劳动者的异化关系。私有财产、社会阶级关系的异化性质也是来自劳动的，它们来自劳动的异化性质，或异化劳动。这样就从理论上揭示出了私有财产的起源。

在第一个手稿里马克思只是刚刚发现和提出异化劳动，还没有来得及研究劳动本身是怎样自我异化的，因而还不能具体地说明这个问题。这个问题决不是仅仅靠理论和逻辑的分析可以回答的，需要巨大的历史的经济学的研究工作。但是，马克思既然从理论上已经弄清了劳动异化是私有财产的原因，这也就为他的进一步研究开辟了道路。关于这一点他自己就说得很明白："我们已经承认**劳动的异化**、**外化**这个事实，并对这一事实进行了分析。现在要问，人怎么使他的劳动外化、异化？ …… 我们把**私有财产的起源**问题**变为异化劳动**同人类发展的关系问题，也就为解决这一任务得到了许多东西。因为当人们谈到**私有财产**时，认为他们谈的是人之外的东西。而当人们谈到劳动时，则认为是直接谈到人本身。问题的这种新的提法本身就已包含问题的解决。"[①] 所谓"包含"，就是说还不等于问题已经解决，而是指为问题的解决提供了理论和思考的线索。把私有财产的起源问题变为异化劳动同人类发展的关系问题，就是把研究"物"的问题归结为研究人类活动本身的问题，变为研究人怎样在发展中使自己的劳动异化的问题，即研究

---

① 《马克思恩格斯全集》第42卷，人民出版社1979年版，第102页。

人类的生产劳动发展史的问题。马克思认为，只有这样一种问题的新提法，才能弄清楚问题。

用人类劳动和实践的发展史来说明人类创造出来的一切，创造出来的财产、阶级、制度、关系，创造出来的一切进步和倒退，自由与奴役，等等，这绝不是唯心主义，而是真正的历史唯物主义。而那种貌似的唯物主义企图从私有财产的物的形态本身，寻求出劳动者受苦难的原因，实际上是缘木求鱼。资本货币的金属形态，不能告诉你人间苦难的秘密。宗教里的上帝和政治国家的权力本身，也不能说明人们受上帝精神奴役和政权的压迫的根源。问题的根本和最后的根源，是在人类自身的劳动和实践活动的发展中。只有弄清了根源，才能找到真正克服它的道路。

揭露私有财产的秘密，比起揭露上帝的秘密还要困难得多。金钱和资本，是世俗的上帝，每时每刻在直接支配着资本主义社会中人们的命运，比起天国里的上帝更具现实性和力量。所以，在这种社会里，最普遍的真神乃是物神，最能支配人的思想和信仰的乃是拜物教（拜金主义），而宗教反倒不过是现实生活拜物教的精神形式罢了。但两者实质又都一样：人对自己的创造物加以膜拜。人对自己的产品膜拜，是因为它确实具有一种对象性的异己的力量，不容你不承认不服从，可是这种对象性的异己力量所具有的性质，却原来产生于人的异化劳动活动本身。这就是马克思的科学结论和洞见。

对拜物教的批判，是马克思的唯物主义中十分深刻的方面，是同一切简单的、粗俗的、机械的、形而上学的、宿命论的、消极被动的唯物主义根本相对立的。它具有极其重要的理论价值。从《手稿》直到《资本论》，马克思一贯重视这一问题。《手稿》中一些重要章节，曾集中谈了这一点（参见第三个手稿的第一部分）。

在资本主义社会里,金钱拜物教、资本拜物教是最普遍的意识形态。古典经济学第一次指出了货币、价值的本质乃是劳动,从而批判了早期重商主义经济学对货币的拜物教崇拜。马克思和恩格斯都肯定了他们这一功绩是很大的。因为这样一来,人们的注意力就从货币的物的形态方面转移到了人的主体活动本身,为科学地研究经济现象提供了重要基础。但是,马克思和恩格斯又认为,他们不过是"**经济学中的路德**"。① 古典经济学否定重商主义对金银的崇拜,和路德提出新教的观点反对罗马天主教具有同样的意义。路德否定旧教把上帝当作外在于人的偶像来崇拜,而认为上帝同人心中的本质相关联,信徒依靠内心的信仰,就可以直接和上帝交感,不需要神甫作中介。所以他反对天主教教会对人的外来统治。但是,他的新教仍主张上帝对人的统治,而且是对人们内心的绝对统治。古典经济学反对了对货币的偶像了解而主张劳动是它的本质,但是他们决没有取消对金钱和私有财产的崇拜。因为在他们看来,货币、资本等私有财产的存在及其绝对威力仍然是天经地义的,如同路德的上帝一样;而这些财产的主体本质的发现,有如上帝在人心中被发现了一样,不过是要使人更服从于这些物神和神罢了。那能创造财产价值的劳动,在他们看来,只有在能够为资本提供利润时才有意义,才会被使用,才是现实的劳动,这些劳动本身才能存在。这正像路德新教强调人发自内心的虔诚感情,只不过是为了使人更好地皈依上帝一样。所以马克思说,古典经济学反对货币主义,不过是用一种精致的拜物教信仰代替了粗糙的拜物教信仰罢了。资产阶级经济学虽然看到了财产的主体本

---

① 《马克思恩格斯全集》第42卷,人民出版社1979年版,第112页。又见:《马克思恩格斯全集》第1卷,人民出版社1956年版,第601页,恩格斯语。

质,但是不能看到私有财产的本质。这主要是阶级的原因,因为他们只知道和承认一种财富,即私有财产这种形态的财富。而从认识上理论上看,是由于他们只看到一般劳动而没有看到资本主义下的劳动的异化性质,只有一般的"劳动"概念而没有"异化劳动"的概念。不了解劳动活动的异化,就不能了解私有财产的本性,那么,私有财产同人的异己性质就始终是一个谜,人们就只能对它服从和崇拜。

只有抓住异化劳动才能抓住私有财产的本质;只有研究劳动的异化发展才能知道私有财产的起源,才能找到扬弃劳动异化从而消灭私有财产的道路。这就是马克思发现唯物史观和制定科学共产主义理论的思想线索。

只是简单背诵物质第一性原理的一些人们,忘记了人间存在的一切产品正是由人们自己的活动创造的这个简单的道理。他们不理解主体和客体的辩证法,因而也就不能理解马克思对拜物教批判的意义。他们对马克思的指责,从根本上说是错误的。

第二点。他们不懂得人类劳动这种主体活动本身的客观性质,因而不懂得只有辩证的、实践的唯物主义才是真正的唯物主义。

马克思在《关于费尔巴哈的提纲》第一条中指出:"从前的一切唯物主义的主要缺点是:对事物、现实界即感性世界,只是从客体的或直观的形式去理解,而不是把它们当作人的感性的活动或实践去理解,即不是从主体方面去理解(nicht subjektiv)。因此,活动的方面不是由唯物主义反而是由唯心主义抽象地阐明了,——唯心主义当然不知道真正现实的感性活动本身。"①

我们上面提到的那种看法,恰恰是同旧唯物主义相近的,是马克思所批评的对象。他们不懂得,事物,包括我们生活于其中的自然环境在内,都已经是经过人类长期改造过的了。经过人的活动所改造过的自然界,和人类社会中的一切社会历史事物,当然也客观存在着,我们也要唯物主义地来对待它们。但是这些事物的本质却不在自身之中,至少是不单纯在其自身之中。就拿物质财富来说,即使从使用价值看自然界也只是提供了材料,还须靠人的具体的劳动才能形成。更不用说价值、生产关系、政治等等社会事物的本质,完全是人的历史活动的产物了。而旧唯物主义既然只去抓这些事物的客体方面,当作现成的直观的东西,就无法真正理解他们。结果,真正产生和形成这些事物的人的活动这一个本质的方面,反而被唯心主义夺走了,用来作为理解一切事物的本质的根据。例如黑格尔就是这样,用能动的创造来表述历史的发展。当然,唯心主义所能理解的能动性,只能是抽象的精神的能动性。马克思认为,问题就在于把人的能动的活动这一方面从唯心主义那里夺回来,并给予真正唯物主义的说明。人的活动是纯主观的吗? 不是。人当然有精神的活动,而且极重要。但是根本的活动却是感性的物质的活动,这就是生产劳动、实践活动,而精神的生产活动只是在物质活动的基础上才发展起来,并得到它最终的现实意义的。马克思第一次从劳动中发现和确定了人这个主体本身所进行的活动的客观性质,从而为批判唯心主义,克服旧唯物主义的根本缺陷,为真正科学地说明人类所创造、改造的对象的本质,

---

① 《马克思恩格斯全集》第3卷,人民出版社1960年版,第3页。译文根据德文版作了修改。并请参见朱光潜先生译文,见《社会科学战线》1980年第3期,第36—42页。

说明在这种感性劳动实践活动中人本身及其本质的自我形成和改造，提供了基础。这样，也就把哲学的中心又集中到研究人和人的活动本身上来了。不过这一次不再是唯心主义的抽象的自我意识或精神，也不再是旧唯物主义的单纯直观的人及其抽象本质了，而是一种崭新的唯物主义：以实践为基础的唯物主义。

有些人倒是很会强调从客观出发，可是他们却没有把人的劳动、实践看作客观的活动。一提到主体、能动性，他们就视为主观的东西，把强调人的活动方面当作唯心主义来对待。这是对马克思主义的唯物主义的严重误解、曲解、不理解。

关于马克思在《手稿》中提出的异化劳动概念的哲学意义，我们就先谈到这里（在最后讨论马克思对黑格尔哲学的批判时，我们还要从另外的角度更深入地谈到这个问题）。简单地说，它为研究和创立唯物主义历史观开辟了道路，也为在实践的基础上重新研究认识论和哲学本体论，即创立辩证唯物主义奠定了基础。

下面我们再简述一下异化劳动概念对其他领域的科学意义。

异化劳动概念的提出，为深入批判资产阶级政治经济学，建立科学的政治经济学开辟了研究的道路。

资产阶级经济学既然是建立在私有财产的前提之上的，所以它的全部范畴和规律的体系都是在这个框框之内的。那么，随着它的根本前提的本质发现，它必然要受到根本的改造。所以马克思说：

"正如我们通过**分析**从**异化的、外化的劳动**的概念得出**私有财产**的概念一样，我们也可以借助这两个因素来阐明国民经济学的一切**范畴**，而且我们将发现其中每一个范畴，例如商业、竞争、资本、货币,不过是这两个基本因素的**特定的**、**展开了的表现**而已。"[1]

这条线索开辟了直到《资本论》的全部马克思的政治经济学的批判研究的道路。

异化劳动概念为批判空想的、改良的社会主义和共产主义学说,为建立科学的社会主义和共产主义学说,提供了思考的基础和基本结构。

关于问题的这一方面,我们将在第三章作详尽的讨论。这里只谈谈马克思在第一手稿末尾所提出的一些重要提示。

马克思在这里对蒲鲁东的批判,有重要的意义。不仅蒲鲁东,而且其他那些社会主义共产主义学说,都是从劳动与私有财产的对立出发的。他们认为,既然经济学把劳动作为一切价值的源泉,那么资本就没有理由得到利润,更不用说高额利润了,而劳动者就应该得到自己的全部劳动产品,或叫作全部的工资。蒲鲁东提出"财产就是盗窃"的名言,反对资本这种私有财产,而主张联合的劳动者以平等的小占有形式,通过平等地交换彼此的产品,取得平等的工资。马克思批评蒲鲁东说,他所看到的劳动和私有财产的矛盾,只是表面的矛盾,因为实际上二者是同一的。资本不过是异化劳动的表现,工资也不过是异化劳动的必然结果。所以,如果不从根本上解决劳动异化的问题,而想在仍然是异化的劳动的范围内主张劳动的权利,主张工资的提高或平等,是不会为劳动者争得自己的真正权利的。因为,即使工资提高了,也"无非是**给奴隶以较多报酬**","既不会使劳动者也不会使劳动获得人的身分和尊严"。[2]并且马克思从异化劳动必然会对象化,产生出异己的对

---

① 《马克思恩格斯全集》第42卷,人民出版社1979年版,第101页。
② 《马克思恩格斯全集》第42卷,人民出版社1979年版,第101页。

象这一规律出发,指出即使蒲鲁东的工资平等实现了,没有资本家了,那时那社会本身、那代表社会的组织,也必然要起一种资本家的作用,"这时社会就被理解为抽象的资本家",[①] 来同劳动者相对立。

马克思进一步得出结论说:社会从私有财产和奴役制下解放,是通过工人解放这种政治形式表现出来的。无产阶级的解放包含着全人类的解放,这"是因为整个人类奴役制就包含在劳动者同生产的关系中",[②]包含在劳动的异化中,一切奴役关系只不过是异化劳动的表现、产物与后果。工人的解放是劳动者从异化劳动中获得解放,是异化劳动的扬弃,因而也就是全人类的解放。马克思的这些观点,奠定了他在第三手稿中关于共产主义概念的基石。

---

① 《马克思恩格斯全集》第42卷,人民出版社1979年版,第101页。
② 《马克思恩格斯全集》第42卷,人民出版社1979年版,第101页。

第三章　关于共产主义

马克思在第三个手稿中关于共产主义的论述，是全书的中心部分。在这里他第一次全面探讨和阐发了他刚刚形成的新世界观。马克思认为，共产主义是异化劳动和私有财产的积极的扬弃，是人类自身历史的否定之否定的发展。它是历史之谜的解答，同时也是理论之谜的解答。因此整个论述具有最深刻的唯物主义辩证法的性质。马克思的全部哲学正是在这一探讨中开始形成的。

一、马克思对共产主义问题的看法的发展过程

在第一章里我们已经谈到，反映着并力图克服资本主义大生产所带来的社会矛盾和阶级矛盾的社会主义学说，从十九世纪初起到青年马克思从事革命理论活动时已经盛行起来的情况。当时，在英国有欧文的社会主义和与之相关的反李嘉图的社会主义经济学说。在法国，有从大革命起的工人群众斗争中产生的巴贝夫共产主义，后来的布朗基、蒲鲁东、卡贝和路易·勃朗的共产主义社会主义也迅速流传。十九世纪三十年代，社会主义和共产主义一词开始在报刊上正式出现，表示了一种和历来的资产阶级理论不同的最新社会理论走上了历史舞台。它影响到德国，产生了

魏特林的社会主义和赫斯的社会主义。这些学说在工人中和社会许多阶层中都拥有大批的信徒。

马克思最初接触到共产主义问题是在《莱茵报》时期。1842年10月他刚担任该报主编时,就碰到了这个问题的争论。事情是这样的,9月间《莱茵报》发表了一篇《英国的状况》长文,作者谈到英国工业的发展引起产品销售困难、工人失业贫困,将产生"财产的革命"的情况,要求普鲁士政府采取保护中等阶层,让劳动者得到土地的措施,以避免德国爆发革命。同月该报还发表了赫斯的一篇评论魏特林的文章和另一篇《德意志哲学派别》的文章,文中认为,1789年和1830年的法国革命只有利于资产阶级,当前的任务则是要用消灭贫困和确立社会主义原则的方法来解放全体人民。他说,"人民的贫困直到最近才引起了人们的注意,并使时代的动向有了崭新的、特殊的方向。人们感到,最爱自由的意向到目前为止一直没有足够的力量使大量的人摆脱实际上等于奴隶的处境。"[①]他提出实现平等的基础是:(1)共同劳动;(2)平等享用共同的生产物;(3)共同教育和家庭改革;(4)土地公有。十月间赫斯又在一次科学讨论会上把无产阶级反对私有制的斗争比作资产阶级反封建的斗争,肯定这会引起社会革命。对此,《莱茵报》又作了报道。这些文章,被《奥格斯堡总汇报》用来攻击《莱茵报》有共产主义的倾向。为此,马克思在10月16日《莱茵报》上发表了《共产主义和奥格斯堡总汇报》一文作为回答。这是马克思第一次对这个问题发表意见。

马克思在文中肯定了共产主义的要求是欧洲当前的事实,是

---

① 载1842年9月21日《莱茵报》,转引自科尔纽《马克思恩格斯传》第1卷,三联书店1963年版,第424页注。

一个重大的现实问题和理论问题。"现在一无所有的等级要求占有中等阶级的一部分财产,这是事实,……不论奥格斯堡如何保持沉默,它仍旧是曼彻斯特、巴黎和里昂大街上引人注目的事实。"但马克思申明:"《莱茵报》甚至在理论上都不承认现有形式的共产主义思想的现实性,因此就更不会期望在实际上去实现它,甚至都不认为这种实现是可能的事情。""然而对于像勒鲁、孔西得朗的著作,特别是对于蒲鲁东的智慧的作品,则决不能根据肤浅的,片刻的想象去批判,只有在不断的深入的研究之后才能加以批判"。他强调对这类理论著作要"慎重","我们坚信,真正危险的并不是共产主义思想的实际试验,而是它的理论论证"。①

马克思的这种看法,既肯定共产主义是一个重大问题,又认为关键在于理论上的解决,说明了他对于这个问题的科学态度。一年后,当他去巴黎前夕时,他在一封信里又一次强调指出:"我不主张我们竖起任何教条主义的旗帜。相反地,我们应当尽量帮助教条主义者认清他们自己的原理的意义。例如**共产主义**就尤其是一种教条的抽象观念。"②马克思一贯的思考方式是这样的:不管什么理论如何重要,有意义,如何盛行,当他还没有彻底弄清问题的本质之前,他都对之取严肃慎重的态度,决不轻易接受,也不轻易否定,而要留待研究清楚之后再说。只是到了1844年写作《手稿》的时候,他才认为自己在理论上把握住了问题的实质,才具有了阐明自己的看法和批判以前那些社会主义共产主义学说的能力。

① 《马克思恩格斯全集》第1卷,人民出版社1956年版,第131—136页。
② 《马克思恩格斯全集》第1卷,人民出版社1956年版,第416页。

二、对各种社会主义共产主义学说的批判

共产主义本来是一种关于废除私有财产的学说。由于资本主义大生产所引起的社会矛盾,使废除私有财产的问题更加尖锐地重新提了出来,具有了同历史上的乌托邦主义在性质上迥然不同的意义。但是,马克思以前的那些社会主义共产主义学说虽然反映了这种矛盾,却并不真正清楚这些矛盾的本质和意义,因为他们不了解私有财产的本质。马克思现在由于把握住了私有财产的本质是人的劳动的异化,以及和这种异化相关联的人的一切活动、人本身的本性的异化,所以他对于扬弃这种异化的学说和运动即共产主义就有了一种崭新的观点。这种观点一方面表现为他自己观点的正面阐发,一方面就表现为他对以往这些学说的分析批判。

"自我异化的扬弃同自我异化走的是一条道路。"[①]这是马克思考察共产主义问题时的一个重要的历史观点。这就是说,共产主义的运动和理论,不过是对于异化劳动和私有财产的历史运动过程的反映并与之对立的表现。因而在私有财产发展的不同阶段,反映并反对私有财产的共产主义也必然有不同的表现,形成为种种不同的共产主义运动和学说,只有在私有财产和异化劳动发展到顶点而要扬弃它自身的时候,才可能有真正科学的共产主义理论和运动。对各种共产主义学说,同对资产阶级经济学一样,都必须在私有财产的历史运动中对它作历史的考察,才能知道它们的历史意义和历史局限。

在私有财产的早期阶段,例如在古罗马,就存在着有产者同无产者的最初对立形式。但是那时的这种对立,还不是财产和劳动

---

① 《马克思恩格斯全集》第42卷,人民出版社1979年版,第117页。

之间的对立。在当时,作为社会存在基础的劳动主要是奴隶劳动,而奴隶只是物,奴隶的劳动像牛马拉车耕地一样只被看作是一种物的作用而不具有人的意义。所以奴隶不是社会意义上的无产者。因而,当时社会意义上的有产者(贵族、富商等等奴隶主)同无产者(失去土地和生产资料因而自己无法劳动,又不能像奴隶一样从事劳动的贫苦自由民)之间相对立,就只是贫富状况的对立,没有内在的能动关系。因为有产者的私有财产主要并不是靠这些贫苦自由民的活动来形成的。因而,这种对立是不可能解决的。马克思指出,只有劳动成为私有财产的主体本质,私有财产是由劳动形成时候,财产和劳动的矛盾,才是能够有力地促使有产和无产之间的矛盾对立得到解决的力量。

把私有财产不再看作仅仅是人以外的一种状态,而看作是主体的人的劳动的产物,从而认识到私有财产的主体本质,这是私有财产的运动达到现代资本主义工业时才有可能达到的一种观点。马克思在第二个手稿和第三个手稿的前面部分,分析了这种认识发展的历史原因,分析了资产阶级经济学的发展。资产阶级经济学成为一门科学,是从重农主义开始的。在封建土地所有制解体,过渡到资本主义生产这个阶段上出现的重农学派,把全部财富归结为土地和农业劳动,并认为土地只有通过劳动耕作才对人有存在的意义,因而,财富的本质已经移入主体,即劳动之中。不过在重农学派看来,只有农业劳动才是唯一有生产性的劳动。重农学派的这一进步为古典经济学开辟了道路。到了现代资本主义工业这种私有财产的高度发达的形式中,农业实际上成为不过是工业的一个部门,地产表明自己不过是资本的一种特殊形式,而农业劳动不过是全部生产劳动的一个重要分支。资本的财富明显表现出它不过是劳动的积累,并且完全不必问形成它的究竟是那一种形式的具体的劳动。所以，亚当·斯密发现了私有财产的主体本质，这就是一切生产劳动。因此，劳动便成为古典经济学的原则。但是，他们所说的劳动其实乃是异化的劳动。异化劳动作为私有财产的真正主体本质，在现代工业的高度发展中才充分暴露出来。"私有财产只有发展到最后的、最高的阶段，它的这个秘密才重新暴露出来。"①马克思关于私有财产的本质是异化劳动这一发现，只有到了这个时候才是可能的。

所以，马克思说，"不难看到，整个革命运动必然在**私有财产**的运动中，即在经济中，为自己既找到经验的基础，也找到理论的基础。"②社会主义共产主义的运动和学说，同资产阶级经济学说有一个发展过程一样，也有一个历史过程。在没有认识到私有财产的本质在于劳动的异化之前，是弄不清社会变革问题的，它的形态也不可能是科学的。

社会主义共产主义最初的存在形式是："对**私有财产**只是从它的客体方面来考察，但劳动仍被看成它的本质。"③例如蒲鲁东就从劳动是财产的源泉出发，要求消灭资本这种私有财产。他虽然站在劳动方面，可是仍然把资本、私有财产只当作在劳动者之外的某种东西，只当作客体来看待，而没有认识到资本的异己性质来自主体方面即劳动的异己性质。所以，他反对的只是资本这种私有财产的物的形式，而他所主张的小占有，平等的工资等等，实际上仍然是私有财产和异化劳动的另一些形式。傅立叶、圣西门看到了劳动本身存在着问题，但他们只是批判了劳动的某些特殊方式，如单调划一的、分散的形式，认为这些就是不自由的劳动，是私有

① 《马克思恩格斯全集》第42卷，人民出版社1979年版，第100页。
② 《马克思恩格斯全集》第42卷，人民出版社1979年版，第120—121页。
③ 《马克思恩格斯全集》第42卷，人民出版社1979年版，第117页。

财产的弊病和它同人相对立的根源。他们没有看到问题根本上不在于劳动的特殊方式，而在于这种劳动本身是异化的劳动。所以他们并不主张完全消灭私有制，而认为只要改变了劳动的组织方式，就可以去掉私有财产的有害性，就可以在保存私有财产的条件下去解决平等和社会幸福的问题。同这样的空想社会主义学说不同，从工人中产生出来的共产主义，从一开始就明确地要求否定私有财产，这一点，本身就是重要的。但开始的这种共产主义，同样也把私有财产只当作客体、物来对待，这是一种粗陋的共产主义。

马克思在《手稿》里着重分析批判了这种共产主义。这种共产主义要求否定私有财产，实际上不过是要求私有财产关系的普遍化。它把公有制只看成物质财富在一切社会成员中的平均分配。物质的财产对它的统治那么厉害，以致它注意的只有财富的这种物的形式，"在它看来，物质的直接**占有**是生活和存在的唯一目的"。因而一切不能被所有的人当作私有财产加以占有的东西都应该消灭，人的才能、个性也应该抛弃。与此相应，"**工人**这个范畴并没有被取消，而是被推广到一切人身上"，即每个人都为挣工资，为取得自己的一份财产而去劳动。在这种共产主义里，劳动同资本主义下的劳动并没有本质的不同，它不是人们自由地全面地发展自己的活动，仍然是人们维持生存谋取私利的一种手段。马克思深刻指出，"平均化欲望"正是对私有财产的贪欲的另一种表现形式。忌妒，自己得不到的就不让别人得到，否则宁可大家都贫穷，都过最低限度的生活。所以，马克思认为，这种对私有财产的否定，不过是从私有财产本身出发的一种否定，是还没有能占有私有财产的人对私有财产的忌妒和否定，这只能是一种倒退。"对整个文化和文明的世界的抽象否定，向贫穷的、没有需求的人——他不仅没有超越私有财产的水平，甚至从来没有达到私有财产的水平——的**非自然的**单纯倒退,恰恰证明私有财产的这种扬弃决不是真正的占有。"①

马克思指责粗陋的平均的共产主义由于并没有消灭异化劳动,而不过使它普遍化,因而在他们所主张的共产主义社会中,那社会共同体就代表了资本的力量和普遍性而同一切个人相对立,成为"普遍的资本家"②。

马克思在《手稿》中没有具体指明这种共产主义的代表。后来恩格斯在《反杜林论》的概论中说:"苦修苦炼的、斯巴达式的共产主义,是这个新学说的第一个表现形式"。③恩格斯提到的,包括有农民战争时的闵采尔派,英国资产阶级革命时期的平等派,法国大革命时的巴贝夫等。马克思写作《手稿》时正在法国流行的卡贝的伊加利亚共产主义,也是属于这一类的。我们看到,几乎一切重要的文明国家,在其资本主义经济关系已经产生发展又尚未达到大工业生产水平的时期,都出现过这种共产主义。它是无产阶级及其先驱者最早的阶级要求、社会要求的表现。

除了这一种共产主义而外,马克思还提到另外两种"共产主义(α)按政治性质是民主的或专制的;(β)是废除国家的,但同时是尚未完成的,并且仍然处于私有财产即人的异化的影响下"④。马克思这里说得十分简略,没有明确其具体所指。奥伊则尔曼在其《马克思主义哲学的形成》一书中把这两种共产主义实际上当作粗陋的共产主义混在一起当成了一回事,是说不通的(见该书1964年中译本第295页的引文方式)。从实际情况看,把社会主义共产主义

---

① 《马克思恩格斯全集》第42卷,人民出版社1979年版,第118页。

② 《马克思恩格斯全集》第42卷,人民出版社1979年版,第119页。

③ 恩格斯:《反杜林论》,人民出版社1970年版,第16页。

④ 《马克思恩格斯全集》第42卷,人民出版社1979年版,第120页。

问题同国家相联系,着重谈到政治形式的,当时有路易·勃朗,他强调要通过议会制国家来建立社会主义;主张废除国家的,有蒲鲁东的无政府主义;等等。但马克思是否指它们也还有待研究。因为马克思接下去说:"这两种形式的共产主义都已经把自己理解为人向自身的还原或复归,理解为人的自我异化的扬弃;但是它还没有弄清楚私有财产的积极的本质,也还不理解需要的人的本性,所以它还受私有财产的束缚和感染。它虽然已经理解私有财产这一概念,但是还不理解它的本质。"① 马克思所分析的这种观点,更像是从费尔巴哈出发的那些共产主义,特别是赫斯这样一些人的"真正社会主义"一类的观点。关于这一问题,在没有弄清楚之前我们只能存疑。所以我们这里对马克思的上述论述也就暂不讨论了。

在对上述几种社会主义和共产主义的批判中,马克思的下述几点是值得注意的:

1.共产主义应是对私有财产的积极的扬弃,而绝不应是倒退到私有财产的不发达之前的状态去。所谓积极的扬弃,就是要承认和理解私有财产的异化形式中所包含的积极本质、积极成果。抽象否定是错误的。

2.共产主义作为对私有财产的扬弃,不能只看到物而忽视人本身,不能对私有财产只从客体方面去考察。共产主义从根本上说是人本身的解放,人的主体本质、主体活动的解放,而不是单纯追求物的占有。只有人和人的活动自身的解放,才会有人对于对象世界的真正占有,即占有关系的解放。

3.共产主义作为人的自我异化的扬弃,不应从抽象的人和人性出发,而应从具体的人的需要的本性出发。人的复归不应是空

---

① 《马克思恩格斯全集》第42卷,人民出版社1979年版,第120页。

洞的。只有深入研究在劳动、实践的历史发展中所产生的人的本质的全部丰富性,研究人在私有财产的虽说是异化的形式中却仍然得到了发展的积极的本质,才能真正理解这种复归。

下面在《共产主义(3)》里,马克思就来论述他自己的共产主义观点。

三、马克思共产主义观点的总提要

马克思提出的他对于共产主义的见解,集中于如下一段话之中:

"**共产主义**是**私有财产**即人的自我异化的积极的扬弃,因而是通过人并且为了人而对**人的**本质的真正**占有**;因此,它是人向自身、向**社会的**(**即人的**)人的复归,这种复归是完全的、自觉的而且保存了以往发展的全部财富的。这种共产主义,作为完成了的自然主义,等于人道主义,而作为完成了的人道主义,等于自然主义,它是人和自然界之间、人和人之间的矛盾的**真正**解决,是存在和本质、对象化和自我确证、自由和必然、个体和类之间的斗争的真正解决。它是历史之谜的解答,而且知道自己就是这种解答。"① 这是马克思在《手稿》中关于共产主义的全部论述的一个总提要。我们需要逐句加以简要的讨论,才能抓住马克思观点中的基本之点,把握住后面论述的总联系。

"共产主义是私有财产即人的自我异化的积极的扬弃"。这里,(1)共产主义当然是对私有财产的扬弃;(2)重要的是要把它

---

① 《马克思恩格斯全集》第42卷,人民出版社1979年版,第120页。

认作人的自我异化的积极的扬弃。这是反拜物教的继续。私有财产作为异化于人的对象或物质财富的东西,无非是人和人的劳动的自我异化的表现,它的本质不在物的形态本身里面,而是在主体方面的异化里面。所以扬弃私有财产的共产主义,必须着重抓住本质即它是对主体对人本身的自我异化的积极的扬弃。

因此,共产主义就有如下三点互相联系的基本规定。一、它是通过人并且为了人而对人的本质的真正占有;二、它是人向自身、向社会的(即人的)人的复归;三、这种复归是完全的、自觉的而且保存了以往发展的全部财富的。

第一点。所谓"通过人",就是说,共产主义不是单纯通过物(私有财产这种异化了的物的形态)的扬弃可以获得的,而是要通过对异化了的人本身所具有的异化性质的扬弃才能得到的。"为了人",就是说,不是单纯为了占有物,占有对象形态的财富,而是为了人本身的解放。"对人的本质的真正占有",这是要紧的一句话。在异化劳动和私有财产的统治和支配下,人不仅失去了外部世界(生产和生活的资料,乃至整个的自然界),而且因此失去了他自身,失去了自由,失去了自己的本质;并且追究起来,人正是因为自身的异化,才导致他同物的世界相异化。所以,共产主义的意义,最根本的就是要使人的自己的本质得到重建,真正占有自己作为人的本质。对这句话的含义的展开,构成了马克思关于共产主义的概念的丰富和重要的内容。

第二点比第一点更进一步,不仅指出共产主义是人的本质的真正占有即复归,而且强调了这种复归是"向社会的人的复归",只有向社会的人的复归才是向人自身的复归。这是"对人的本质的真正占有"的基本含义的确定,因而更加重要。马克思的意思是说,人从根本上说,就是人的社会,或社会的人。人的本质就是社会性。在私有制和异化劳动的活动中，人异化了，丧失了他本来应能具有、享有的社会性质，变为孤立的利己的个人而同他人同社会相隔绝相对立。人失去了社会，也就失去了全部的外部世界，也就失去了自己作为人的地位、意义、价值和本质。在这一点上最深刻地表现了人的本质的自我异化。人的异化从根本上说就是人的社会异化或社会的人的异化。马克思在这里着重提出的这一观点，同在第一个手稿里谈的"类"和"类本质"相比，是一个重要的思想进展。而人的社会本质是人自身的活动、劳动的最根本的产物。关于这一点马克思在后面紧接着就进行了论述。

第三点。"这种复归是完全的、自觉的并且保存了以往发展的全部财富的"。共产主义的复归不是倒退，不是对以往全部文化和文明的抽象否定，而是一种人类自身的辩证发展。离开了这种自我发展，就不可能有人对人自己本质的真正占有，就不可能有向社会的人的复归。在马克思看来，异化不仅是消极的、否定的，而且也是必然的，有意义有价值的人类发展阶段。共产主义不是抽象地同私有制对立的，毋宁说正是异化阶段的必然的辩证进展。在私有制和人的异化中得到高度发展的生产力、工业和科学，为丰富具体的共产主义创造了现实的前提。仔细认真地分析异化和私有财产这一方面的意义，是完全地自觉地走向共产主义的基本依据。对此马克思在后面也着重地给予了论述。

以上这段前半部分，构成了马克思的共产主义的基本概念。后半部分马克思简要说明了共产主义的哲学基础和意义：

"这种共产主义，作为完成了的自然主义，等于人道主义，而作为完成了的人道主义，等于自然主义"。这句话的德文原文是：Dieser Kommunismus ist als vollendeter Naturalismus=Humanismus,

als vollendeter Humanismus=Naturalismus.[①] 中文"完成了的"一词
不甚好懂,德文是"vollendet",voll 相当于英文 full,filled,是"充满
的,丰满的,完整的"意思,end 是"完了,结束"的意思,vollendet 是
vollenden(动词)的分词形式,作形容词用。动词意义是"做完,
完成",形容词是"完备的"、"完善的"、"全部实现了的"这样一
种意思。"自然主义"是用自然界及其规律来解释一切的学说,在
十七 —— 十八世纪哲学上的自然主义是同唯灵论作斗争的唯物
主义学说。关于"人道主义"一词,这是《马克思恩格斯全集》中文
版第42卷中的译法,人民出版社的《手稿》中文单行本译为"人本
主义"。原文是 Humanismus,现在通译为"人道主义",而把另一个
词 Anthropologismus 译为"人本主义"。费尔巴哈用 Anthropological
principle 来论述他的哲学,一般都译为"人本主义"。中文对这两个
原文词用两个中文词区分一下,是有意义的。从这个角度看,全集
第42卷的译法符合现在通常的译法似乎较好。不过考究起来,翻
译不仅有一个如何用汉语词区分原文差别的问题,还有一个汉语
词本身如何妥帖地表达原文意义的问题。我有这样一种感觉,提
出供讨论指正。这就是:一般译 Humanismus 为人道主义,人文主
义,表示文艺复兴以来的这种运动和思潮是可以的。但"人道"一
词,中文常偏重于道德方面的意义,用在这里译马克思的这个词,
就容易误解。有的同志认为"道"这个词在中国哲学史上也可以作
本体论的理解(如在老子《道德经》那里),这当然也有道理。不过
"人道"一词现在毕竟已经通用为道德意义,如作本体论理解的话,
就不如"人本"更明白。马克思在这里用 Humanismus 的含义,是
同自然主义相比较的,是强调以人为中心为本位来理解和说明世

---

① 德文版《马克思恩格斯全集》第3卷,柏林,1932年版,第114页。

界的一种哲学本体论观点。按 Humanismus 在外文中本来就是一种强调人本身、强调人的价值和尊严的学说或思想,不只具有道德的意义。其实它就是"人主义"。因为 Human 就是人,加上词尾就是"人主义",同在 Natura（拉丁文:自然）后加词尾是"自然主义"一样。所以,从更好表达马克思的原意来说,我又觉得还是以译为"人本主义"更妥帖。近来朱光潜先生撰文认为,把费尔巴哈的 Anthropological principle 译为"人本主义"是不恰当的,应译为"人类学原则"。[①] 如果朱先生的看法可以成立的话,"人本主义"一词便不必成为专属于费尔巴哈哲学的中文译法了。所以,我现在宁愿用"人本主义"一词来译马克思这里用的 Humanismus。

马克思说,他所说的共产主义,作为一种充分贯彻到底的自然主义就等于人本主义,而作为一种充分贯彻到底的人本主义也就等于自然主义。这是什么意思呢? 我认为,这是马克思用这两个概念的一致,来表达他自己的唯物主义。自然主义把自然界认作世界的唯一真正的本体和基础,人也是自然物之一,这是唯物主义。人本主义强调人是世界的真正主人,人本身具有最高的价值,同时人还是人类社会历史上的一切创造物的主体本质和基础。马克思认为这二者都是重要的,并且应该统一起来。充分发展了的完备的以自然界为基础的唯物主义,应该以人为中心;而充分发展了的完备的人本主义,应该把人本身首先看作是自然界的一部分,与自然主义相一致。因为在马克思看来,人本身是自然物质的感性的存在和力量,并不是单纯唯灵论的存在,人的主体活动的基础是劳动、实践,是物质的感性的活动,是人本身的自然力量同外部自然界之间的能动关系。因此,我们要在自然唯物主义的基础上

---

① 朱光潜:《对〈关于费尔巴哈的提纲〉译文的商榷》,《社会科学战线》1980年第3期。

着重强调人的作用和意义,同时要把人及其活动本身主要理解为自然的物质的感性活动。人是在自然界和对象中实现自己的,而自然界也要成为人化的自然,通过人的活动使自然界自身达到更高的发展阶段。马克思所要肯定的唯物主义不是片面地强调自然或强调人的学说,而是把这两者高度统一的学说。共产主义扬弃了把人和人、人和自然对立起来的异化,因而实现了人和人、人和自然界的统一,所以它是这样的唯物主义的实现。这种唯物主义包括了以往自然主义和人本主义发展的全部丰富成果,并且是它们的高度发展了的统一。

马克思说,这样的共产主义因而"是人和自然界之间、人和人之间的矛盾的真正解决,是存在和本质、对象化和自我确证、自由和必然、个体和类之间斗争的真正解决"。这是因为,从马克思上述的辩证的历史的唯物主义看来,这样一些矛盾着的对立面,它们的本性是统一的,或者说是能够统一的。在异化劳动和私有财产下,人的活动异化了,人自身异化了,因而人同自然界、同别人、同类、同自己生产的对象之间,也统统异化了,因而这一切对立的方面都处于尖锐的无法解决的矛盾之中。共产主义既然扬弃了异化,也就必然会恢复人的社会的本质、恢复人和自然界、人和人、人和物之间的正确关系,使上述种种矛盾得到真正的解决。所以,马克思得出结论说,共产主义,"它是历史之谜的解答"。它掌握了这些矛盾的秘密,理解了这些矛盾的本质和如何解决这些矛盾,所以,"它知道自己就是这种解答"。

马克思的这个纲要,概括了他站在唯物主义的(从自然界和人本身出发,这种人的本质是社会的实践的主体活动)和辩证的(把异化看作是人类社会发展的必由之路,把扬弃这种异化看作是人类自身的必然发展,是保存了以往全部发展成果的否定之否定)立场,去考察历史中发生的一切矛盾(它们无非是人类自我异化的形式)及其解决的成果。马克思认为,共产主义真正说来就是这样一种考察的结果。马克思的共产主义概念,不是抽象的教条,不是浮在空中的理想,不是单纯的社会改革方案,而是对以往社会历史全部实际发展进行的理论研究和哲学总结,这就是马克思思想富有伟大生命力的所在。因此,马克思把自己哲学思想的精华集中于他的共产主义概念之中。通过这一概念,马克思表述、阐发并形成了自己的新世界观。

紧接着这一段,马克思讨论了一些有关共产主义运动和理论形式方面的问题。(1)历史就是共产主义的生成运动,既是现实运动的生成,又是认识运动的生成。所以过去那些共产主义也是这种历史的表现,不过他们(例如卡贝等)只抓住个别环节而没有把握到本质和运动的整体。这里马克思又一次指出了以往那些学说的缺点的原因。(2)马克思指出,经济的异化是现实生活的异化,而宗教、家庭、国家、法、道德、科学、艺术等等不过是生产的一些特殊方式,并受生产的普遍规律所支配,因而这些领域中的异化也是受经济异化所支配的。这是历史唯物主义的重要观点。由此,马克思指出,异化的扬弃也包括两个方面;并且对经济异化现实生活异化的扬弃,也就必然要把对其他一切的异化的扬弃包括在内。马克思用无神论和共产主义这两种扬弃的对比,对此作了说明。无神论是理论上的人的复归,所以最初以单纯的无神论形式出现的批判只能是抽象的,而共产主义从一开始就把无神论包括在内(欧文),因为共产主义要求的人的复归一开始就是现实的,是要解决现实生活的异化的。

马克思的上述论述是很有意义的。这个问题比较明白,我们就不多加讨论了。

四、共产主义是人向自身即社会的人的复归

马克思上面所提到的关于共产主义的三点规定,在后面逐点地相关联地进行了阐发,从而展开了他的共产主义概念。马克思首先论述了关于共产主义是人向自身即向社会的人的复归这一思想,并指出它是人和自然、人和人、个体和类、思维和存在的矛盾的解决。

这里同第一手稿相比,马克思在对人的本质的理解上有了重大的变化和进展。在第一个手稿里,马克思在论及人的本质自我异化时,固然已经把劳动实践及其异化作为根据了,但使用的概念仍然是"类",劳动实践是人的"类生活"、"类本质",人的异化是人同他的"类本质"相异化。但在第三个手稿谈到共产主义作为人的自我异化的扬弃时,用的已经不是"向类本质的复归"这种提法,而是人向自身即向社会的人复归这种提法了。"社会"这一有机的、包括全部丰富的人的活动关系的总和的概念,已经基本上取代了沿自费尔巴哈的"类"概念。这是有重要意义的。几个月之后,马克思在《关于费尔巴哈的提纲》第六条中明确指出,费尔巴哈把人的本质理解为"类"是错误的,这是他撇开历史进程,把人只看成抽象孤立的人性个体,看作是这些个人按自然的方式相联系的共性的存在所形成的概念。马克思说:"但是人的本质并不是某一个人生来固有的抽象的东西。人的本质实际上就是社会关系的总和。"①

为了理解马克思在这里用的"社会的人"的概念,还有一点需要说明的,就是这里使用的"社会"这一概念,同我们一般所指的包

---

① 朱光潜:《对〈关于费尔巴哈的提纲〉译文的商榷》,《社会科学战线》1980年第3期。

括各种社会形态的意义下的"社会"概念,在用法上是不同的。马克思这里用的"社会"一词,主要是专指扬弃了私有财产和异化的条件下的人的关系和本质。在这种用法里,私有制下的人的关系和正好是与"社会"这种人的本质相反的。了解到这个意思,才能把握住马克思所说的向社会的人的复归的含义。否则,书就不好读懂。关于这个意思上的区别,可参看《关于费尔巴哈的提纲》第十条:"旧唯物主义的立脚点是'市民'社会;新唯物主义的立脚点则是人类社会或社会化了的人类。"[①] 这句话的前半句中的市民社会的"社会"一词,是一般的用法,后半句的两个"社会"则是专门的用法,同《手稿》里的"向社会的人的复归"的"社会"是相同的。

现在我们就来谈谈马克思的这部分论述。让我们先详细一点讨论一下这里开头的一段重要叙述。在行文上,它是直接接着上面那段纲要式的话来的。

"我们已经看到,在被积极扬弃的私有财产的前提下,人如何生产人 —— 他自己和别人;直接体现他的个性的对象如何是他自己为别人的存在,同时是这个别人的存在,而且也是这个别人为他

---

① 《马克思恩格斯全集》第1卷,人民出版社1956年版,第5—6页。这句译文还可以推敲。这里"人类社会"原文是 die menschliche Gesellschaft,"社会化了的人类"是 die gesellschaftliche Menschheit。朱光潜先生已经指出,这个"化"字的意思,原文里根本没有,是译者自己加上去的。这里 Mensch 就是人,译者译为"人类",这种用法一般泛指当然可以,但决不是费尔巴哈说的作为"类"的人。menschlich 是"人的"、"人性的",或一般说的"人类的"意思。heit 是德文形成抽象名词的后缀,Menschheit 既可表示 humanity,也可表示 mankind,相当于中文"人性"、"人道"、"人类"。所以,如果避免同费尔巴哈的概念混淆,可径直译为:"新唯物主义的立脚点则是人的社会或社会的人性"。这样就可以明白看出它同《手稿》中的提法完全一致。《手稿》中"人向自身,向社会的(即人的)人的复归"原文是 Rückkehr des Menschen für sich als eines gesellschaftlichen, d.h.menschlichen Menschen。(见德文版《马克思恩格斯全集》第3卷,柏林,1932年版,第114页)

的存在。"① 在私有财产的制度下,人们生产的目的不是为别人,而是为了交换价值,为了得到私有财产,得到自己的谋生的资料,为了得到物的财富。"被积极扬弃了的私有财产"就不再是私有财产,而是共产主义下的对象化生产了。在这种生产的条件下,人对物质财富的生产,同私有制的生产的根本区别就在于,它是为了人的。人们生产物质对象就是生产人,人们彼此互为地生产着。生产就是生产自己和别人:我(甲)生产的直接体现了我的个性的那个对象,是我为了别人(乙)的存在而生产的;乙靠这个产品而存在,这个产品就是乙的存在,而且这个产品也是乙为甲的存在,因为甲的存在的意义,生产的意义就在于为了乙,否则甲就不生产产品了。所以,这个产品既表示了甲为了乙,又表示了甲为了乙而自身存在的意义。当然乙也生产,这样甲和乙,我和别人通过生产产品也就互相生产着对方的存在和意义。任何个人的产品作为这个人个性的对象化,既体现了他自己的存在,又体现了别人的存在,因为它为别人提供了生活、享受、发展的对象、源泉;这个产品既体现了他为别人而存在(为别人劳动),又体现了别人为他而存在(他需要别人对他的产品、对体现他的个性的对象的享受与评价,作为发展他自己的品质、能力的源泉)。在扬弃了私有财产的共产主义生活中,人们的劳动的产品,不再使人与人相隔绝相对立相异化,而是彼此生产着对方和自己的存在和丰富性,生产着人本身。这样的人或人的总和,既不是人与人之间的一场战争,也不是一种单纯的"类"或"物种",而是在生产活动中,在人的一切活动中彼此生产的"社会"。人的本质就是在他们的这种相互生产中形成的,即在社会中形成的。每个人的存在、生命、本质都是在同别人、同社

---

① 《马克思恩格斯全集》第42卷,人民出版社1979年版,第121页。

会的互相生产中生产出来的。社会生产每个人。每个人都生产着别人,生产着社会。

在这样一种社会的生产运动中,劳动材料和主体的人,都既是运动的结果,又是运动的出发点。生产从主体方面看,是从人到人,出发点是人去生产,结果是人被生产出来。劳动的材料(自然界和它提供的物质资料)是中间环节。但是劳动材料不仅是中介,它也是起点和结果。没有自然界提供的物质材料,劳动就无从开始,何况人本身也是自然物之一。"劳动是财富之父,土地是财富之母"(威廉·配第)是正确的。所以,劳动材料、自然界、土地等等,必须是出发点。但它也是结果,在劳动中它变成了被改造过的第二自然,变成人类的产品、人化了的自然。然后,这被生产和改造过了的人本身和劳动材料,又成为新的生产过程的出发点。

马克思在括弧中顺便提到一个重要的思想:私有财产的历史必然性,就在于生产必须以这二者为出发点。这是什么意思呢?它们最初还不是生产的结果。在人刚从自然界分离出来时,二者间只有一种原始的关系。人最初只是原始人即自然人,动物式的人,所以他们只能像动物群落一样去对待自然界,并且这些人群之间也只能彼此把对方当作动物来对待,因而:(1)他们不可能全面占有自然界,只能按动物群式的方式来占有他们生活的那块土地,只能逐步发展出对自然界的某种加工占有方式(建立在性别、年龄等自然基础上的分工以及最初的农业、畜牧业、手工业等等即最初的部门分工)。人的劳动能力、生产力必须从这种原始的状态出发逐步得到发展,因而他们同自然界的关系只能从极其狭隘的局限性中逐步得到发展。(2)人对其他部落当作动物来看待,"非我族类,其心必异",原始部落之间的战斗是不可免的,因而在生产的一定阶段上(有剩余时)就一定会发生奴隶制等等。这些必然会在一定阶段上使劳动异化,产生私有制。马克思的这些思想,是到后来通过研究历史才逐步阐发出来的。这里我们就不能多谈了。

"因此,**社会性质**是整个运动的一般性质;**正象**社会本身生产**作为人的人**一样,人也**生产**社会。"①这是马克思的重要结论。人们通过劳动生产,不仅生产产品,更重要的是生产着别人和自己的存在以及相互的关系,生产着人本身和社会。人就是社会。人和人的本质,都是社会生产出来的。所以,社会性才是人的本质。人的本质不是自然界里动物"物种"或某种抽象的人的共同体"类"的属性,而是人和人彼此相互生产出来的,具有无比丰富的历史发展的特性。

扬弃私有财产就是恢复人的社会本质。在这里,"活动和享受,无论就其内容或就其**存在方式**来说,都是**社会的**,是**社会的**活动和**社会的**享受。"②这就是说,不仅活动和享受的内容实际上都是社会创造的,人们相互创造的,而且,由于消除了劳动和产品的异化性质,消除了私有制下活动和享受似乎只是孤立的、彼此隔绝的、彼此敌对的个人行为的状况,使活动和享受的存在方式也成为社会性的了。人们直接感受到他们的活动和享受都是同其他人一致的,相互创造的,互为的,而不是靠异化的私有财产来进行的了。例如,某餐厅制作的美餐,这一产品在私有制下固然也是要给别人吃、享受、品味的东西,但它决不是为社会的,决不就是社会的别人可以享用的对象,而只是为那些持有货币的人所提供的东西。只有在积极扬弃了私有财产的前提下,这一餐厅的人的劳动和产品才直接为别人为社会,才不仅在内容上而且在存在方式上也是社

① 《马克思恩格斯全集》第42卷,人民出版社1979年版,第121页。
② 《马克思恩格斯全集》第42卷,人民出版社1979年版,第121—122页。

会的,才是真正具有人的性质的劳动和对象。

向"社会的人"的复归,是人和人,人和自然界之间矛盾的解决。

"自然界的**人的**本质只有对**社会的人**说来才是存在的;因为只有在社会中,自然界对人说来才是人与人**联系的纽带**,才是他为别人的存在和别人为他的存在,才是人的现实的生活要素,只有在社会中,自然界才是人自己的人的存在的**基础**。"① 所谓"自然界的人的本质",是指自然界、对象作为人的活动和享受的对象的性质和意义。它"只有对社会的人来说才是存在的",因为在私有财产的形态中,它对劳动者来说实际上已经失去了为人的意义。在共产主义下,它才真正成为人们相互联系的纽带,人们通过对象的生产活动和享受彼此相互生产,相互联系,它才真正成了人自己作为人而存在的基础。自然界本来是人们存在的现实生活要素、基础,但它在私有财产下被抽掉了、夺走了,成为同人相对立相隔绝的东西。

"只有在社会中,人的**自然的**存在对他说来才是他的**人的**存在,而自然界对他说来才成为**人**。"② 人是自然界的一部分,他的存在和生活是一种必须依靠自然的存在和生活,但人不满足于动物式的自然存在和生活,他要通过生产和别人相互联系而过人的生活,达到人的存在。但在私有财产下他达不到这一点,只有在"社会"中即在共产主义里,他的自然存在成为人们相互的创造、社会的创造的结果,所以才成为他的人的存在,具有人的意义的存在。同时,他自己的自然存在,所有别人的自然存在,以及整个外

---

① 《马克思恩格斯全集》第42卷,人民出版社1979年版,第122页。
② 《马克思恩格斯全集》第42卷,人民出版社1979年版,第122页。

部的物的世界,对他说来才不再是一种异己的东西,异己的对象,异己的环境,谋生的手段,同自己的人的本质相对立的物的世界,而是人的世界,这整个的外部世界,物质世界,自然界才具有人的意义。共产主义扬弃了私有财产同人的异化关系,使人和自然界(整个客观世界)统一了起来,"因此,**社会**是人和自然界完成了的(vollendete)本质的统一,是自然界的真正复活,是人的实现了的自然主义和自然界实现了的人本主义。"[①] 人本身的自然和人面对的自然界,在共产主义的社会中都获得了新生。"社会"是自然主义和人本主义的真正实现:自然界真正成为人的基础和对象,人化的自然,自然界通过自己的产物人而把自己发展到一个高级阶段,这是自然界的真正实现或新生;人重新获得了全部自然界,获得了自己感性活动感性生活的全部真正基础,使人本身得到了真正的实现。人和自然界同时都得到了真正的解放。

人向自己社会本质的复归,也是个体和类,意识和现实生活,思维和存在之间矛盾的解决。

马克思指出,人的社会性不能只狭隘理解为他们直接的共同的实际交往活动。即使很少与别人直接交往而进行的个人的科学活动,它也是社会的。因为科学活动的材料,甚至进行这种活动的语言本身,都是作为社会的产品提供给我的,而且我本人的存在和生活就是社会生产的结果、社会存在的表现,所以,我的科学活动必然是社会性的,并且在意识中必然表现这一点。意识活动是社会现实生活的理论形式认识形式,这二者当然是一致的。只是在私有财产下,普遍意识这种活动异化了,成为离开现实的抽象,并

---

① 《马克思恩格斯全集》第42卷,人民出版社1979年版,第122页。"人道主义"即 Humanismus 改译为"人本主义"。前面已有说明。

同现实相对立。这还是因为个人与别人、与社会相异化、相对立的
缘故。因此这种意识和现实的对立,在扬弃私有财产的异化的过
程中也必定会得到扬弃。

马克思着重指出:"应当避免重新把'社会'当作抽象的东西
同个人对立起来。个人**是社会存在物**",[①]他的一切活动是社会生
活的表现和确证;反之,社会也不是抽象的东西,它无非就是一切
个人活动的总和。马克思的这一思想是十分重要的。在共产主义
中,个人和社会是一致的。把社会当作抽象的普遍共同体同个人
对立起来,这是异化劳动所形成的人的自我异化的突出表现,是私
有制下的现象。后来马克思在《德意志意识形态》中曾着重分析过
这一点。在《共产党宣言》中,马克思提出以下著名论点:"代替那
存在着阶级和阶级对立的资产阶级旧社会的,将是这样一个联合
体,在那里,每个人的自由发展是一切人的自由发展的条件。"[②] 这
个"联合体"就是《手稿》中的"社会",它不再是同各个人相敌对的
抽象的东西,本身就是一切人的自由发展,这种一切人的自由发展
正是以各个人的自由发展为条件的。而每个个人,也就在这种同
一切人共同的自由发展中,成为具有真正社会性的个人。

所以,共产主义"社会",是个体和类、意识和生活、思维同存在
的一致。马克思说:"可见,思维和存在虽有**区别**,但同时彼此又处
于**统一**中。"[③] 思维和存在当然是有区别的,但彼此那样尖锐对立,
无非是在私有财产下人和人、人和自然之间尖锐对立的表现。思
维达不到物自身(如康德),把它当作彼岸世界,或在思维本身中自
求满足(如黑格尔的幻想),无非是因为人在现实生活中达不到客

---

① 《马克思恩格斯全集》第42卷,人民出版社1979年版,第122页。
② 《马克思恩格斯选集》第1卷,人民出版社1972年版,第273页。
③ 《马克思恩格斯全集》第42卷,人民出版社1979年版,第123页。

观世界,达不到自己的人的世界和人的自然界。随着上述异化的消除,二者就必然得到真正的一致。马克思考察思维和存在的关系,不是纯逻辑纯哲学式的,而是把它当作人类历史自身发展的问题来对待的,是建立在对劳动的异化及其扬弃的实践基础之上的。因而,马克思对于哲学基本问题的解决,包含着最丰富深刻的历史内容。

向"社会的人"的复归是马克思关于共产主义的最为核心的规定,而其他两点则是对它的进一步阐发和说明。所以关于这一点,马克思放在总提要之后,在《共产主义(3)》中一并加以叙述。它是历史之谜的解答,也是马克思对以往提出的一切理论问题的解答。因为理论之谜无非是现实生活之谜的思想表现。共产主义作为现实生活之谜的现实解决,必将带来理论之谜的解决。马克思的共产主义概念从理论上弄清了历史之谜及其解决,也就解答了哲学之谜。马克思的哲学是在解决历史之谜和理论之谜中诞生和发展起来的。

五、共产主义是人对自己本质的真正占有

在《共产主义(4)》中,马克思深入探讨了共产主义的另两点有关的规定,即:它是人对自己本质的真正占有和它是对私有财产的积极的扬弃的含义。

马克思认为,共产主义的占有同私有制下的占有根本不同,它是"人以一种全面的方式",即"作为一个完整的人,占有自己的全

面的本质"。[①]

马克思探讨这一问题是从这样一种唯物主义的认识论观点出发的,人的本质是在他同对象之间发生的能动和受动的关系中形成和发展起来的。人在劳动和各种生活活动中能动地改变世界,使自己的性质对象化,创造出体现自己本质的对象;又通过享受、消化这些对象,客观地确证和发展自己的人的主体本质,再生产他自己的人的本质。因此,马克思把人的感性本质 —— 感性活动和感性意识等等,当成人的本质中现实的基础的东西,着重给予了考察。并且认为,人的本质是在历史现实中发展的,异化和异化的扬弃对人的本质的发展形成具有最深刻的意义。这种历史的考察,就构成马克思考察人对自己本质的占有的基本线索。

马克思说,"**私有财产**不过是下述情况的感性表现:人变成了对自己说来是**对象性的**,同时变成了异己的和非人的对象;他的生命表现就是他的生命的外化,他的现实化就是他失去现实性,就是**异己的现实**。"[②] 这就是说,私有财产是人的劳动、人的生命活动异化的对象表现,感性表现。在这种状况下,人把人当作对象来对待时,不是把人当作体现自己本质的对象来对待,不是当作人来对待,而是当作一种异己的对象,非人的对象。人们相互之间不是把别人、社会当作人、当作自身、当作目的,而只是把他们当作物,当作同自己对立的对象,当作个人借以谋取私利的手段。因此,人与人的关系变成了人同异己的物的关系,他的劳动和生活活动的对象化就成了失去对象,就是生产出同自己相敌对的对象。体现这种异化的东西,就是同人相对立的私有财产。

---

① 《马克思恩格斯全集》第42卷,人民出版社1979年版,第123页。
② 《马克思恩格斯全集》第42卷,人民出版社1979年版,第123页。

　　所以,在私有财产下,人失去了自己从事活动的材料和对象,失去了进行感性活动、劳动、生活和感性意识的源泉,失去了获得自己的人的感性本质的源泉。私有制使人们变得这样愚蠢片面,以致达到这样的程度,一个对象,只有当它被我拥有的时候,或者作为我的资本,或者作为我正在吃、喝、穿、住的对象的时候,我才把它看作是我自己的对象。人们的一切活动和享受都被限制在这样一种狭隘的范围之内,我有多少钱,有多少私有财产,我的眼睛才能看到多远,我的耳朵才能听到多大范围内的东西,我才能有多大范围的活动和享受。人们的全部肉体的感觉和精神的感觉,都绝对地受私有财产这种异化的权力所支配而贫困化,一切人的感觉因而都异化为一种单纯的感觉,即"拥有"的感觉。追求私有财产的占有这样一种感觉和欲望,便成了他唯一的起决定作用的感觉。马克思认为这种感觉的绝对贫困和非人化将导致它的反面,人将从自身产生出它内在的丰富性。这种转变将由扬弃私有财产来实现。

　　扬弃私有财产,消除了对象的异化,必将"是人的一切感觉和特性的彻底**解放**"。在共产主义下,"为了人并且通过人对人的本质和人的生命、对象性的人和人的**产品**的**感性的**占有,不应当仅仅被理解为**直接的**、片面的**享受**,不应当仅仅被理解为**占有**、拥有。人以一种全面的方式,也就是说,作为一个完整的人,占有自己的全面的本质。""这种扬弃之所以是这种解放,正是因为这些感觉和特性无论在主体上还是在客体上都变成**人的**。"[①] 人和对象都发生了深刻变化:主体,人不再是一种异己的,不被当作人看待的对象,人们相互把对方当作人,因而他自己也和别人一起成为人;对象世

----

① 《马克思恩格斯全集》第42卷,人民出版社1979年版,第123、124页。

界不再是异己的即私有财产这种同人对立的对象世界,它成为"人的"对象,向人展开了它的怀抱,使人的全面丰富的本质、力量得以充分发展和对象化。这样人就成为完整的人,同别人同社会一致而非分裂非异化的人,他所面对的自然界和社会这个对象世界也成为真正的人所应能占有的对象世界;而人就能从对象所具有的、体现了人自身的全面丰富的本质力量中,去确证自己、肯定自己、发展自己的人的本质。接着,马克思就来进一步分析这种占有的内容。

人能占有对象,是因为主体方面有同对象相应的器官,没有音乐感的耳朵,音乐的声音这种对象对于人就没有意义;而人的器官、感觉、思维、活动等等之所以能存在和有意义,又只是因为它有相应的对象。没有音乐,就不会有音乐感,就没有具有音乐感的耳朵。例如,原始人的耳朵就不同于现代人的耳朵。在劳动异化所形成的人的异化和对象的异化的条件下,主体和对象两方面都异化了,成了狭隘的非人的东西。所以,同私有制下不同,共产主义扬弃了异化,就使占有发生了根本变化,因为感觉主体和感觉对象都同时获得了解放。

从主体方面看,真正意义的占有,就表现为人的全部器官同对象发生全面的人的关系。人的全部器官 —— 视、听、嗅、味、触觉、思维、感情、活动、意志等等的器官,打破了私有财产的限制和束缚,得到了自己的对象,得到了运用和发展的天地;并且,人不仅是通过个体的器官同对象发生关系,而且更重要的是通过社会的器官同对象发生关系。本来,在人的对象中,人本身是最重要的对象,他人、社会是他的最重要的对象。这种对象在私有制下同自己相对立,成了异己的对象,因而别人的感觉、本质成为同自己对立的东西,个人就不能运用社会的器官作为自己的器官。在共产主义下,"别人的感觉和享受也成为我**自己的**占有",[①] 别人对于对象的感受,变成了我的财富和感受,不再彼此隔绝对立。所以,我同别人交往中所形成的社会的器官,也成为我的器官,成为每个个人的器官,而且当然是最最重要的器官。因为社会的人的总和的器官对于对象的感受和占有,比起单独的个体器官来说,不仅在丰富性和深刻性上无法比拟,而且有质的根本不同。事实上,只是由于社会器官成了每个个人的器官,每个个人的个体器官才成为真正的人的器官。那种单纯个人肉体器官对外部对象的占有、感受的关系,不可能达到人的水平,而只能是动物式的水平。在资本主义私有制里,人们固然也形成了复杂的交往关系甚至某种发达的社会器官,但由于人和人之间、个人和社会之间的深刻对立,彼此异己地对待,那些社会的器官(各种经济、政治、文化的组织和交往等等)常常带有压迫人的性质,所以个人也没有可能形成真正属于他的社会的器官,更不能通过这种器官来占有、感受全部的对象世界,所以他的个体器官不能真正达到人应有的水平。

同主体方面的改变,即"需要和享受失去了自己的**利己主义性质**"、变成社会的人的需要和享受相一致,"自然界失去了自己的纯粹的**有用性**"。[②] 自然界不再是人们单纯地用以充饥御寒等等满足自己原始的生活需要的对象,也不再是作为私有财产的形式、作为人谋取自己肉体生存的有用的对象,而成了人们借以发展自己的全面本质、供人们从事创造活动和享受的对象。扬弃了异化的社会的人,对自然界加工改造,把自己的全部创造力、本质力量,真善美的本质,都倾注在自然界和对象上。这样,自然界作为社会的人

---

① 《马克思恩格斯全集》第42卷,人民出版社1979年版,第125页。
② 《马克思恩格斯全集》第42卷,人民出版社1979年版,第124—125页。

的活动和本质的对象化,也就具有了深刻的人的本质。我在享受、感受这个自然界中,也就从中客观地感受到人自身的力量,感受到人本身的真、善、美的本质。我不再把自然界仅仅看作我为维持生活所需的对我有用的对象,而是从物中感受到人本身。自然界成了对象化的人的本质。

在这种情况下,"**感觉通过自己的实践直接变成了理论家**(der Theoretiker)"。① 这句话听来似乎很古怪难懂,却包含了深刻的含义。现在我试着解释一下。按照马克思的论述,共产主义的人的感觉,是同原始人的类似动物的原始感觉不同的,也同私有制下狭隘贫困的感觉、异化为单纯"拥有"感的感觉有原则的区别,它成了真正的人的(社会的人的)感觉。这种感觉是经过长期的历史实践发展形成的,是包括了全部的异化和异化的扬弃过程的,因而它本身体现了人对自己以往全部发展的深刻理论认识,体现了人对自己的本质和对象之间的全面丰富关系的认识,并且是这种认识的现实的实现。这种感觉是在实践中人的感性和理性的一致,生活和理论的统一。共产主义不是那种抽象的、同人的感性生活、感性活动、感觉意识无关的理论的表现,它根本上是现实的感性的。所以,它是新的人的感觉的生成。这种感觉不是作为仅仅是生活与认识起点的感觉,单纯的仅仅是感觉的感觉,而是包括了丰富历史实践内容的、包括了科学认识在内的深刻的感觉。并且这种共产主义下的人的感觉本身就直接体现了人类的历史实践和科学理论,是它们的直接现实表现。"人不仅通过思维,而且以**全部**感觉在对象世界中肯定自己"。② 所以,这种感觉,对于对象世界的感性

---

① 《马克思恩格斯全集》第42卷,人民出版社1979年版,第124页。
② 《马克思恩格斯全集》第42卷,人民出版社1979年版,第125页。

占有,也就"直接变成了理论家",它是现实的理论家,感性的理论家,有血有肉的真正的理论家。只有这种对于对象世界的感性占有,感觉,才真正包含和实现了科学的认识。

人的感性的生活和感觉,是人的现实存在的本质。共产主义解放了人的感性和人的对象,使人的本质得到了现实的解放。这里关键在于通过革命的实践,实际地解决劳动的异化、人自身的异化和私有财产的异化,解决人与人的对立,实现社会的人自身,使人占有自己的人的本质。所以,马克思说,"只是在社会状态中",主观主义和客观主义,唯灵主义和唯物主义(这里指旧唯物主义,即对于对象只从客体上去把握,而不从人这个主体方面去把握的片面的唯物主义学说),活动和受动才失去它们彼此的对立,并失去它们作为这样的对立面的存在。因为这种理论的对立,无非是现实感性生活的异化和对立的表现,所以,"**理论的**对立本身的解决,**只有**通过**实践**方式,只有借助于人的实践力量,才是可能的"。[①]理论对立的解决决不只是认识的任务,而是一个现实生活的任务。以往的哲学没有能解决这个任务,正因为它把这仅仅看成是认识的任务。黑格尔、费尔巴哈的哲学也是这样的。只有在实践中,才能解决现实生活的任务,从而才能解决理论的任务。然而这也就需要哲学本身的根本改造。实践的观点,是马克思哲学的根本观点,这一点在这里表述得异常清楚。并且不难看出,马克思在这里所讲的实践,已经有了深刻的内容和极其丰富的规定。

---

① 《马克思恩格斯全集》第42卷,人民出版社1979年版,第127页。

六、资本主义的工业和科学的意义

上面马克思论述了共产主义作为人向自身即社会性的复归，作为对自己本质的真正占有的丰富深刻的内容。那么，实现这种复归或占有的实际根据是什么呢？马克思认为，它就在资本主义的大生产之中，虽说它还完全处于异化的状态里。

马克思说，"为了使人的**感觉**成为**人的**"，"为了创造同人的本质和自然界的本质的全部丰富性相适应的**人的感觉**，无论从理论方面还是从实践方面来说，人的本质的对象化都是必要的。"[①]人的本质只能在对象化的活动和对于对象的占有中，才能实现和发展，这是一个唯物主义的基本命题，是人作为自然存在物的自然规律。这种对象化活动和对象，在私有财产中已经得到了长期的发展，不过是在异化的形态中的发展，在资本主义生产高度发展的时候，它的主要成果就是资本主义工业和科学（主要是自然科学）。马克思高度评价了这种工业和科学的意义，指出，"通过**私有财产**及其富有和贫困 —— 物质的和精神的富有和贫困 —— 的运动，正在产生的社会发现这种**形成**所需的全部材料。"[②]共产主义社会的形成所需的全部材料就在私有财产之中，共产主义的占有，就是要占有经过扬弃了异化的工业和科学，从而占有人自己的全面的本质。共产主义向人自身的复归是完全的、自觉的，保存了以往发展的全部财富的人类进一步发展。它对于异化的扬弃完全是积极的，是一种否定之否定的前进运动。

马克思深入揭示了私有财产下的对象化财富的积极意义。这

---

① 《马克思恩格斯全集》第42卷，人民出版社1979年版，第126页。
② 《马克思恩格斯全集》第42卷，人民出版社1979年版，第126页。

种财富包括了物质的和精神的两方面。

马克思认为,"**工业**的历史和工业的已经产生的**对象性**的存在,是一本**打开了的关于人的本质力量的书**,是感性地摆在我们面前的人的**心理学**"①,即关于人的本质的理论科学的现实表现。人们通常只从外表的"效用"来理解工业和理解与之关联的自然科学的意义,而没有把它们同人的本质联系起来加以理解。这是因为在私有财产的异化范围里活动的人,他们实际上同自己创造的对象相异化,所以在工业中他们就看不到人性,看不到自己的本质,而只能看到它的非人性,那种反对人的性质。这样,人对于对象,对于工业和自然科学,就至多只能把它们看作对自己是有"效用"的东西。由于人在现实的对象里找不到自己的本质,对现实生活的失望和绝望就迫使他们到宗教里去寻找自己的本质和希望,寻求安慰,或者到带有抽象性普遍性的政治、文学艺术等等之中去寻求自己的本质和理想;并把这些活动当作人的本质力量的现实性,当作真正的人的"类活动"来理解。但是实际上,"因为全部人的活动迄今都是劳动,也就是工业,就是自身异化的活动",②所以,虽然可以把工业只当成人类普遍活动的一部分一方面,但是从根本上说,更应该把上述那些抽象的普遍的活动,如宗教的、政治的、文艺的活动,看作是劳动、工业、异化活动的一个特殊部分和表现。"在**通常的、物质的工业中**,人的**对象化的本质力量**以**感性的、异己的、有用的对象**的形式,以异化的形式呈现在我们面前"。"这本书"正是"历史的这个恰恰最容易感知的、最容易理解的部分"。可是在过去恰恰没有被从人的本质力量这个意义上加以研究。在这种情

---

① 《马克思恩格斯全集》第42卷,人民出版社1979年版,第127页。
② 《马克思恩格斯全集》第42卷,人民出版社1979年版,第127页。

况下,关于人的本质的理论和科学"就不能成为内容确实丰富的和**真正的科学**"。① 这就是过去的历史唯心主义:它高傲地撇开人的劳动的这一巨大部分来空谈人的本质。这是根本性的错误。马克思认为,必须研究劳动、生产、工业和它的历史,才能真正理解人的本质和力量。尽管以往它是在异化中发展起来的,毕竟它是人的历史和人的本质的最现实、最有内容、最易感知和理解的成果。共产主义作为人的本质力量的全面占有、全面发展和全面的解放,绝不能脱离这个基础。而科学,只要它想成为真正的科学,也绝不能脱离它的这一基础。

接下去马克思就来探讨科学的问题。资本主义大生产是自然科学巨大发展的现实基础,反之,"自然科学"又"通过工业日益**在实践上**进入人的生活,改造人的生活,并为人的解放做准备,尽管它不得不直接地完成非人化"②。这里马克思明确指出了资本主义下自然科学的二重性,这是它同工业紧密相关的性质。它研究了自然界的秘密,为人全面地利用和改造自然,发展人和自然界之间的全面丰富的关系提供了科学的理解,因而也就为人通过劳动、活动来全面发展和占有自己的本质,提供了科学的理解。所以,它是共产主义的理论条件,并能转化为实际的对象条件,为人的解放做准备。但同时,它在私有财产下所能做的又是不得不直接完成非人化,因为它的每一步发展都只能是私有财产力量的增强,对人的异己统治的加强。并且,由于自然科学的这种异化性质,它就成了只片面研究物质自然界的科学,而与人的科学相分离。这种研究方向,马克思称之为"抽象物质的或者不如说是唯心主义的方向"。

---

① 《马克思恩格斯全集》第42卷,人民出版社1979年版,第127页。
② 《马克思恩格斯全集》第42卷,人民出版社1979年版,第128页。

为什么说这是一种"唯心主义的方向"呢？这当然不是指自然科学的研究从自然界出发这一点而言，而是指它片面地脱离人这一基础来谈自然界这一基础，它丢掉了人这个现实的基础。实际上，经过劳动和工业改造了的自然界、对象，决不仅仅是单独的自然界，而是人同自然界之间的活动的结果，是人自己的本质力量的体现。真正的唯物主义必须从自然界和人的统一这个现实的基础出发，可是，私有财产下的自然科学却不管这一点，把自己看作是同研究人无关的纯粹以自然界为对象的科学，这是它的缺陷。在这种情况下，关于人的科学，历史科学，哲学就同自然科学相疏远而不能结合。哲学和历史学只是顺带提到自然科学，正像自然科学只是顺带谈到人和人文科学一样，两者都是片面的。

马克思认为，"如果把工业看成人的**本质力量**的**公开**的展示，那末，自然界的**人**的本质，或者人的**自然的**本质，也就可以理解了；因此，自然科学将失去它的抽象物质的或者不如说是唯心主义的方向，并且将成为**人的科学**的基础"。[①]生活和科学不应是两个基础，而只能是一个。通过工业、实践形成的自然界，对人来说才是现实的自然界，对人有意义的自然界，它是生活的基础，因而也是一切科学和哲学的基础。建立在这种现实基础之上的自然科学，就成为关于人的科学的基础，并且它本身就将包括人的科学，正像关于人的科学必将包括自然科学在内一样。两者将在异化的扬弃中达到真正的一致和结合。

马克思关于自然科学和人的科学一致的观点，具有深刻的唯物主义哲学的意义。自然科学以自然界为研究对象，但是，自然科学的这个对象正是在人的活动、劳动、工业中，才提供给人的。它

---

① 《马克思恩格斯全集》第42卷，人民出版社1979年版，第128页。

本身就是被人所改造、加工过的自然界。并且,尤其重要的是:人的第一个对象就是人本身,就是感性存在着的自身和另一些人。人之所以成为人,不仅需要自然界的对象,主要需要的是别人、社会、自己和他人的彼此相互生产的交往。所以,离开人来讲自然界,这种自然界是不能使人生存并获得自己作为人的感性存在的,也不能成为自然科学的真正基础。要研究自然界,就应研究同人的活动相联系的自然界,研究同整个自然界密切相关的物质自然的人本身。而以往人文科学对人的研究,又恰恰离开人的自然存在和对象化活动来空谈人性,不是把人和人的发展当作自然存在和自然史过程。所以,必须把人的科学当作自然科学来加以研究,而自然科学也必须研究人本身。只有这样,才有真正的全面的科学,它是在扬弃私有财产和异化的过程中才能实现的科学。马克思关于共产主义的科学,就是建立在这种自然科学和人的科学一致的基础之上的唯物主义学说。这里,马克思又进一步阐述了共产主义是自然主义和人本主义的一致这一思想。

马克思通过对私有制下工业和科学的分析,指出了共产主义赖以形成的物质基础和理论基础,以及如何扬弃、改造它们的途径。马克思主义的共产主义同以往一切粗陋的空想的改良的共产主义根本不同,正是由于它深刻理解了私有财产的本质:它的异化性质和它所包含的以往人类全部发展的成果。所以,马克思的共产主义是对私有财产的真正积极的扬弃,是现实历史的必然辩证发展。这种发展具有深刻的唯物辩证法性质,它是世界和人类本身否定之否定的自我发展自我创造过程。在《共产主义(5)》里,马克思就来专门讨论这个重大的历史哲学问题。

七、辩证唯物主义关于世界和人是自我创造自我发展的基本原理

马克思在这一部分,集中剖析了"创造"这一概念,深刻分析了宗教创世说的根源。

"任何一个**存在物**只有当它用自己的双脚站立的时候,才认为自己是独立的,而且只有当它依靠自己而**存在**的时候,它才是用自己的双脚站立的。靠别人的恩典为生的人,把自己看成一个从属的存在物。但是,如果我不仅靠别人维持我的生活,而且别人还**创造了我的生活**,别人还是我的生活的**泉源**,那末,我就完全靠别人的恩典为生;如果我的生活不是我自己的创造,那末,我的生活就必定在我之外有这样一个根源。所以,**创造**是一个很难从人民意识中排除的观念。"① 人本是通过劳动依靠自身力量而存在的,为什么会有"造物主"的概念,会认为自己是由在人之外的某一个泉源"创造"出来的呢? 这只是因为人的劳动自我异化了,他的创造力量、他所创造的对象变成了脱离自己反过来支配自己的东西。这种颠倒在现实生活中就表现为似乎是别人、是外在的对象创造了自己,而自己反而是靠别人的恩典为生的从属物。所以,在异化和私有财产下,人民很难摆脱"创造"的概念,他们摆脱不了物神的支配、有产阶级的支配,因而精神上就摆脱不了宗教的上帝。要解决这个问题,必须有科学,而且要有实际的共产主义。在此之前,"自然界和人的通过自身的存在,对人民意识来说是**不能理解的**,因为这种存在是同实际生活的一切**明摆着的事实**相矛盾的。"②

---

① 《马克思恩格斯全集》第42卷,人民出版社1979年版,第129页。
② 《马克思恩格斯全集》第42卷,人民出版社1979年版,第129—130页。

自然科学证明,地球和生命的形成是一种物质自然界自我产生的过程,从而给大地创造说(即上帝创造自然界和生命的宗教学说)以致命的打击。这是自然科学的伟大贡献。

人和自然界的创造说,从理论上是由一种无限的追问而产生的,这个问题本身是一种理论的抽象产物,因而是给自己提出了一个无法回答的问题。"既然你提出自然界和人的创造问题,那么你也就把人和自然界抽象掉了。你假定它们是**不存在的**,然后你却希望我向你证明它们是**存在的**。"[①] 因此,这个问题是没有意义的抽象。

"在社会主义的人看来,**整个所谓世界历史**不外是人通过人的劳动而诞生的过程"。[②] 人通过劳动而自我产生和自我创造,这是马克思的深刻洞见。1863年,赫胥黎依据达尔文进化论,在进行了彻底的解剖学研究之后,肯定了人是从某些猿类进化而来的。只是在这之后,通过进一步的大量考古发掘的科学研究,人们才肯定了劳动在从猿到人演变过程中的决定作用。马克思关于人通过自己的劳动而诞生的观点,不仅预示了后来这一重大的科学发现,而且更重要的是提出了这样一种历史观:人类的全部历史是在劳动的基础上通过异化而发展,通过扬弃异化而得到自我解放的过程。这是一种真正现实的、实践的人的自我创造过程。在这种劳动和实践中,人创造了自身,创造了自己丰富的本质,创造了自己的独立和自由。这样,异己的凌驾于自然界和人之上的创造主问题,即否定自然界和人的实在性的观点,就再也没有存在的理由了。因为人以双脚自己站立这件事情,在社会主义或共产主义中,由于扬

---

① 《马克思恩格斯全集》第42卷,人民出版社1979年版,第130页。
② 《马克思恩格斯全集》第42卷,人民出版社1979年版,第131页。

弃了异化变成了一个实践的感性的现实。

马克思进而讨论了无神论和共产主义的历史意义。无神论否定神而肯定人的存在，是有意义的。但是社会主义"是从把人和自然界看作**本质**这种**理论上的和实践上的感性意识**开始的"（第131页），噢^①它已经实际地解决了人和自然界是根本、是基础这样的理论和实践问题，所以它也就不再需要以无神论为中介了。马克思说，正像我们在意识中固然要以扬弃宗教的无神论为中介达到人的自我意识，而在社会主义里由于人已经达到了"积极的自我意识"就不再需要以无神论为中介了一样，人们为了达到自身的解放和复归必须以扬弃私有财产的共产主义作为中介，而在现实生活已经达到了人自身"积极的现实"时，也就无须这种中介了。因此，马克思说，"共产主义是作为否定之否定的肯定，因此它是人的解放和复原的一个**现实的**、对下一段历史发展说来是必然的环节。**共产主义**是最近将来的必然的形式和有效的原则。但是，这样的共产主义并不是人类发展的目标，并不是人类社会的形式。"^②

结尾这句话引起了许多人的迷惑不解和注释家们的头疼。为什么马克思对共产主义作了如此深刻丰富的阐述以后，在末尾来了一句它"并不是人类发展的目标，并不是人类社会的形式"呢？难道它不是目标吗？于是有人就解释说，马克思这里讲的"这样的共产主义"所指的只是粗陋的平均的共产主义。但是这种解释很难使人信服。因为这里"这样的"三字明明是指上文所说的共产主义，而上文根本不是指包括粗陋共产主义在内的那些共产主义学说。

那么，怎样理解这句话呢？我们看到在第139页上马克思有

---

① 《马克思恩格斯全集》第42卷，人民出版社1979年版，第130页。
② 《马克思恩格斯全集》第42卷，人民出版社1979年版，第131页。

这样的观点，他说，"我们把**共产主义**本身称为对人的本质的占有，而这种占有是以否定私有财产作为自己的中介的，因而还不是**真正的**、从自身开始的肯定，而只是从私有财产开始的肯定"。把它同这里的观点联系起来，就比较清楚了。马克思认为，共产主义作为对私有财产和人的异化的扬弃，当然是必要的。但它也只是人类"下一段历史发展的必然的环节"。人们一旦达到了共产主义，达到了对私有财产的扬弃，就开始以自己的双脚牢固地站立起来向前进，进入到真正的人的自由发展的自我创造的时代了。这时人类就无须再以扬弃私有财产作为自身发展的中介了。所以扬弃私有财产的共产主义，只不过是真正人类自身发展的起点，扬弃私有财产并不是人类真正的目标。人类经过异化和异化的扬弃，只不过是结束了人类的前史。一旦这个目的达到，人类就会为自己提出更高的自我发展的目标，这样也就超越了共产主义。马克思从来不承认某种具体的阶段和理想具有终极性质，他总是历史地观察这些阶段和理想的。共产主义既然是作为私有财产的否定和扬弃而存在的，那么，随着私有财产的消失，它也将失去自己的意义。在马克思看来，只有现实生活的实践运动，会为人类指出它自己的目标和发展。一切都是历史必然的，也一定会被历史的进一步发展所扬弃和超越。这一点，正表明了马克思的彻底的辩证世界观。

八、关于人的感觉、实践在唯物主义本体论上的意义

上面我们讨论了马克思关于共产主义的论述。这里，我们还想再研究一下在《货币》一节开头的一段话。马克思简要论述了感

觉、实践对唯物主义本体论的意义,这既是对前面关于共产主义的哲学论述的某种概括,又是对自己的基本哲学观点的一种阐述,具有相当的重要性。所以,我们也一并给以一些讨论。

这一段话包括一个前提和马克思的五点发挥。这个前提是费尔巴哈的基本哲学观点。马克思的五点发挥,赋予了费尔巴哈的唯物主义观点以新的内容,主要是历史的、社会的、实践的内容,从而实际上是提出了马克思自己的关于在感性实践活动基础上的唯物主义本体论观点。

人的感觉、激情等等不仅有人类学的意义,而且是真正本体论的对于本质(Wesen, 似以译为"存在"即英语 Being 的意思为妥。原文括号中注为 Natur 即"自然",就说明了这一点)的肯定。这是费尔巴哈以明确的形式表达出来的唯物主义哲学观点。

古代哲学主要是关于本体论的学说。对于世界的本原、本体、本质是什么的问题,是直接地加以讨论的。那些认为世界是由水、气、原子等等为本体、本原的是唯物主义的学说,认为世界是由数、由抽象概念式的"存在"、由抽象普遍的客观的"理念"(理式,Idea)为本体的是唯心主义的学说;认识论在古代只是从属于本体论的。到了近代,哲学起了一个重大的变化。资本主义生产的发展和社会的发展,把人的活动、人的认识问题的作用突出出来,哲学本体论虽然仍是基本问题,但认识论的问题上升到主要的中心的地位。近代唯物主义,尤其是从培根、洛克开始的经验论唯物主义,都是从感觉开始的。感觉是人同客观世界的直接认识关系,唯物主义的认识论必须从感觉开始。唯物主义的本体论 —— 把自然界当作根本、基础、源泉的唯物主义理论,要论证自己,也必须从承认和研究感觉开始。但他们多数只是从认识论角度来看待感觉,没有着重研究用感觉说明唯物主义本体论本身。这样,唯物主义本体论问题就不能很好地确立。休谟从感觉走向世界本体的不可知论,贝克莱则把感觉只归结为人心的主观作用,又走向唯心主义。费尔巴哈再次肯定了从感觉、感性出发的唯物主义,并且他主要是从本体论上看待感觉和感性的,他认为感性就是人,就是自然;感觉、直观是唯物主义本体论的直接的无可辩驳的证明。从而,他把经验论的认识论直接变成为对于唯物主义的本体论的证明。他批判黑格尔从抽象思维出发否认感性的哲学,是不真实不现实的,因而证明了唯心主义从出发点上就是站不住脚的。我们人的感官直接感受到的有血有肉的现实世界,人和自然,是最真实的东西,是世界的基础、本体,它的本质就在于它们是感性的存在,能为我们直接感觉到。"具有现实性的现实事物或作为现实的东西的现实事物,乃是作为感性对象的现实事物,乃是感性事物。真理性、现实性、感性的意义是相同的。只有一个感性的实体,才是一个真正的、现实的实体。只有通过感觉,一个对象才能在真实的意义之下存在 —— 并不是通过思维本身。""在感觉里面,尤其是在日常的感觉里面,隐藏了最高深的真理。因此爱就是有一个对象在我们头脑之外存在的,真正的本体论证明 —— 除了爱,除了一般感觉之外,再没有别的对存在的证明了。"① 费尔巴哈用感觉不仅证明自然界对象的存在,而且证明了对象性的人的存在,人本身是对象性的感性的存在。他以此立论,批判了黑格尔用抽象思维来证明客观精神本体论的唯心主义。在费尔巴哈那里,感觉和存在就这样直接联系起来,用感觉确证了人和自然是世界的本体和本质。

马克思认为费尔巴哈用感性来证明世界的物质客观存在性的这个观点是对的,但马克思把感性不仅理解为感觉、直观的认识,

---

① 费尔巴哈:《未来哲学原理》,三联书店1955年版,第56、58页。

而且理解为人的实际的活动,感性的活动,理解为生活、劳动、实践,并且显然把后一方面放到主要的地位。当然,这种实践的感性活动之所以叫作感性的,就是说它是同人的感觉不可分的。所以,费尔巴哈的观点是有合理的内核的。但又正如马克思所说:"五官感觉的**形成**是以往全部世界历史的产物。"① 感觉是在实践中产生发展的,所以它才能作为人的现实活动的本质因素起作用。马克思在这里所发挥的五点,就表达了他的新观点。这样,马克思就从费尔巴哈出发,完成了费尔巴哈力图达到却没能达到的唯物主义本体论的论证(因为,实际上单凭感觉、直观并不足以否定唯心主义,并不能真正证实世界的物质客观存在性、它同意识相比的本原性),并且同时也就批判地超出了费尔巴哈的论证。

马克思说,如果人的感觉等等是对于存在、自然界的真正本体论的肯定,具有证明自然是本体的意义的话(因为感觉只是通过对象对它是感性的存在才肯定自己的,所以感觉的存在具有证明外部对象存在的意义),那么:

(1)感性确认自然界和人的存在的方式是多种多样的。这些不同的感性肯定方式构成感觉、感性活动的存在,它的生命的特殊性。感觉和享受的特有方式是由对象对感觉的存在方式来规定的。所以,这些确认或肯定方式,决不只限于认识上的直观方式,它是人的现实感性生活、活动的确认方式,是人的感性存在的生命活动。

(2)进一步用吃、喝、加工对象等感性活动为例,说明上述意思。马克思通过这些活动讲了主客关系的辩证关系,直观就不具有这种辩证的性质。在实际生活的感性活动中,如吃、喝、加工对

---

① 《马克思恩格斯全集》第42卷,人民出版社1979年版,第126页。

象的活动里,扬弃对象的独立性(外在于人的对象性质)的同时,也就肯定了确认了对象的客观存在。黑格尔曾见到这种辩证关系,例如他在《精神现象学》的"感性确定性"一节里,就以吃掉对象为例,说明人甚至动物也扬弃对象的独立性,以此证明主客统一关系。但黑格尔是唯心主义者,他把劳动和享受中人对于对象的加工和扬弃,只看作精神和主观的东西可以改造和扬弃客观的东西,而不是把它看作对于对象独立性的肯定。马克思则强调,人的这种感性活动首先是以对象的存在为前提的,否则吃、喝、加工便失去了对象,这些感性活动也就无法存在。所以,人在实际活动和生产劳动中对于对象的感性扬弃,同时也就是对于对象的感性确认,这二者是同一的。

(3)马克思强调了人的感觉和感性生活的社会性质。在共产主义下人和人是真正社会性的关系,人与人相互创造才使人的感觉真正成为人的,人才占有了社会的人的感性本质。对象为他人所肯定,这同样是我自己的享受,也就是我对于对象的感性肯定。在私有制下,人们享受的对象不同,彼此对立隔绝,所以人的感觉是片面的、狭隘的、异化的,不同的人对于对象的肯定和确认是不同的,甚至达到人们完全失去对象,无法确认对象世界的程度。所以,只有共产主义下的人的感觉,才具有真正证明唯物主义本体论的性质。

(4)人的感性生活、感觉、需要、情欲、活动等等,作为对唯物主义的本体论的肯定,主要不是通过纯主观的意识,而是通过工业这种人的感性劳动实践及其创造物来表现和实现的。工业所代表的生产,是人的感性生活、感觉得到满足和发展的真正基础和根据,是人的感性力量的见证。人本身、人的感觉等等的感性本质、人的本体论本质,只有通过工业才能存在和发展,"关于人的科学本身是人在实践上的自我实现的产物"。[①] 要了解、肯定人本身就必须通过工业,通过生产活动。马克思认为,发达的工业是新唯物主义哲学的本体论的最有权威的论证,证明了人作为自然物具有实践的物质力量和证明了自然界的存在和力量。马克思提出工业作为证明的根据,鲜明地标志出马克思新创立的唯物主义是以实践为基础的,同费尔巴哈抽象地只从认识论上,即只从直观的感觉上来证明物质本体的旧唯物主义,有着原则的区别。

（5）马克思认为,尽管私有财产具有异化的性质,但私有财产即资本主义的工业毕竟带有积极的本质的意义。它的意义就在于它是从活动对象和享受对象这两方面看人的本质的对象,人的本质就在这个对象中发展和凝结。新唯物主义必须抓住它的这种积极的本质。

马克思这里阐述的新思想,后来更明确地表述于《关于费尔巴哈的提纲》之中。在那里,马克思第一次明白地批判了费尔巴哈,批判了他单纯诉诸感觉直观的唯物主义学说。旧唯物主义对于对象、感性只从客体方面去考察,丢掉了人的活动的方面,让它被唯心主义片面唯心地去解释发展了。费尔巴哈把人的活动只看作认识的活动、感觉和直观的活动,而没有把实践当作人的主要的活动。所以旧唯物主义没有真正解决唯物主义本体论的证明。马克思把感性理解为感性的物质活动,理解为实践,从而给人的活动以真正唯物主义的解释,同时克服了唯心主义和旧唯物主义的根本缺陷。实践是马克思主义的唯物主义本体论的基础和证明,因而也是唯物主义认识论的基础和证明。恩格斯在《路德维希·费尔巴哈和德国古典哲学的终结》一书中,用实践作为驳斥不可知论的

---

① 《马克思恩格斯全集》第42卷,人民出版社1979年版,第150页。

决定性证据,也不仅是对于一个认识论问题的解决,而首先是本体论的解决。因为不可知论就是关于世界的本体是不可知的,不能确定和证明的一种理论。唯物主义历来同唯心主义在本体论和认识论上的争论,单用人的感觉直观或抽象思维都不能解决,只有实践才能解决。因为正是实践才是人本身感性存在的基础,也是人所生活于其中的这个对象世界(它不是原始的自然界,而是人改造过的自然界)存在的深刻基础,它是物质自然的人的本体活动,或活动的本体本身。人的实践或实践的人,以及他们在实践之中同自然界所发生的关系,是马克思主义哲学的真正基础。

第四章 对黑格尔辩证法和
整个哲学的批判

　　《手稿》的最后一章是专门分析批判黑格尔哲学的。

　　在《序言》里马克思曾简略地说明了他专门写作这一章的意义。他说,"同当代**批判的神学家**相反,我认为,本著作的最后一章,即对**黑格尔的辩证法**和整个哲学的剖析,是完全必要的,因为这样的工作还没有完成"。[①] 马克思十分清楚地意识到,彻底地剖析黑格尔哲学,对于当时德国的运动具有极大的重要性,但是这个任务,不仅青年黑格尔派不能完成,就是费尔巴哈也没能完成。它历史地落到了自己的肩上。而马克思就极其认真透彻地进行了这一剖析工作,在《手稿》中实现了这一任务。

　　德国的革命运动一直没有离开过理论和哲学的基地,无论鲍威尔那样一些青年黑格尔分子,还是费尔巴哈,或马克思本人,最初都是从黑格尔出发的,黑格尔哲学的伟大和谬误都深刻影响着他们。因而对黑格尔哲学的认识、看法、态度如何,就直接关系着德国运动中各个派别和人物的观点和路线。马克思称鲍威尔等人为"批判的神学家",就是针对着他们同黑格尔的关系的一种讽刺。他们曾经批判过宗教,可是就他们批判的基础始终是黑格尔哲学

[①] 《马克思恩格斯全集》第42卷,人民出版社1979年版,第46页。

而言,他们自己也还是神学家,因为黑格尔的绝对精神的理论无非也是某种神学的理论。例如,鲍威尔在他的《基督教真相》一书中,就把宇宙的运动说成是自我意识进行的自我创造的运动。马克思指出,"这些说法连语言上都和黑格尔的观点毫无区别,而且无宁说是在逐字逐句重述黑格尔的观点。"[1] 他们对黑格尔的这种无批判的态度,甚至在费尔巴哈发表了《哲学改造的临时纲要》和《未来哲学原理》,明确地用唯物主义对黑格尔加以批判之后,也仍然无动于衷,丝毫没有感觉到应该批判地对待自己的母亲 —— 黑格尔辩证法,当然,他们就更谈不上批判地对待自己了。

鲍威尔等人原来起过进步作用,但他们不仅没有批判唯心主义,反而恶性发展了黑格尔的唯心主义。这样,他们在思想和实际的运动中就越来越狂妄自大,脱离甚至反对群众,认为靠他们这些人的自我意识的批判活动就可以改变世界历史。他们鼓吹的这些理论和进行的活动,已经成了运动前进的严重障碍。批判他们已成为迫切任务。这一点,我们从马克思和恩格斯专门写《神圣家族》和《德意志意识形态》等著作对这些人进行全力的批判,就可以看到他们是多么重视这一任务的。

要彻底批判鲍威尔等青年黑格尔派的唯心主义,就必须首先批判它的"原本"、"母亲"黑格尔哲学。这是马克思写作这一章的一个重要目的和背景。

马克思之所以要写这一章的另一个重要理由,是他对费尔巴哈批判黑格尔哲学的工作还不满意。他认为费尔巴哈甚至还没有能够"证明"他自己"关于哲学的本质"的发现。[2] 他没有能够完成

---

[1] 《马克思恩格斯全集》第42卷,人民出版社1979年版,第156页。
[2] 《马克思恩格斯全集》第42卷,人民出版社1979年版,第48页。

对黑格尔哲学的批判。马克思强调指出的这一点是有重要原则意义的,关于这一方面后面我们还要加以说明。

马克思能够完成鲍威尔甚至费尔巴哈所不能完成的批判黑格尔的任务,是因为马克思这时通过剖析资本主义和批判政治经济学,思想上已发生了根本转变,已经开始形成了自己的崭新世界观。在这个时候,由最初也是从黑格尔辩证哲学出发的马克思本人来对黑格尔的哲学进行一次彻底的清算,不能不说是特别有意义的。这一批判构成了哲学发展史上的关键一环。

《手稿》的这一章,实在是欧洲哲学史上从黑格尔辩证法哲学进到马克思辩证法哲学这个革命转变中最要紧的一个文献。在这么简短的篇幅里,像这样全面透彻精深地讨论黑格尔哲学的作品,不仅在资产阶级哲学史家那里找不到,就是在马克思主义经典著作中也是仅见的。关于马克思主义哲学对黑格尔哲学的批判继承关系的问题,大家都知道是一个十分重要的问题。但是,以前许多人们对这个问题的研究和了解,往往只限于恩格斯在《反杜林论》与《费尔巴哈和德国古典哲学的终结》中的有关论述,或加上一些散见于各处的马克思本人的片段,而没有充分重视《手稿》。诚然,上述那些文献对说明问题都有着极为重要的意义,但它们毕竟无法代替马克思本人对这个问题的系统的分析阐述,而马克思最集中系统的阐述,正是在《手稿》的这一章里。《手稿》这一章对于研究马克思同黑格尔哲学的批判继承关系所具有的重要价值,在我看来,至少有两点是不容忽视的。其一是马克思在这里批判的对象与内容的全面性深刻性。在别处马克思恩格斯对黑格尔的批判,常常只针对他的某一著作,某种观点或某些方面,而在这里则明确地是针对黑格尔哲学的总体的,涉及的是他的全部著作和思想体系;并且在这种总体批判的基础上,马克思着重深刻揭示了黑格尔哲学的秘密。这样,就为真正克服黑格尔的唯心主义,批判地继承改造他的哲学中最有价值的合理的本质性成果,为马克思创造出自己的唯物主义辩证法,提供了深刻的依据。其二,马克思在这里的论述,对于我们来说具有最直接的第一手材料的意义。它不同于那些后来回顾这一过程或探讨这一过程的文献。它就是马克思批判继承黑格尔辩证哲学这样一种哲学的历史变革的运动本身,就是这个生动思想过程的记录和最集中的成果。马克思正是通过写作《手稿》特别是这一章,完成他对黑格尔的根本性批判的。从这个意义上看,这一章对研究这段哲学史的重大转变,具有不可取代的意义。所以,我有这样一种看法,不认真研究这一章,就不可能对于黑格尔辩证法和全部哲学有一个深刻全面的马克思主义的观点;对于马克思本人的唯物辩证法观点的本质,也不容易达到真正深刻的认识。我觉得以往这方面论述的种种缺点和不足,不能说同对《手稿》这一章的研究不够没有关系。

这一章虽然如此重要,可是它在难读的《手稿》中又是最难读的。它所批判的对象黑格尔哲学特别是《现象学》本身,就是有名的难读的哲学文献。此外,对于我们中国读者来说,还有一个中德两大民族在思维方式和语言表达方式上存在着的重大差异的问题。即使很能理解原意的学者,也往往难以用我们所习惯的汉语表达方式清楚恰当地翻译过来。何况有的译者本人,有时似乎在理解原意上,还遇到了没能克服的障碍呢。我们在学习研究这一章时将以贺麟先生的译本为基础,主要就是因为他对黑格尔有所研究的缘故。而在有的时候,我们还不得不求助于德文原文或英译本。

因为这一章既重要又难读,所以我们必须有足够的耐心和艰苦精神,才能期望有真正的收获。而这种收获,不仅足以酬答我们

的辛劳,并且可以肯定地说,将使我们在哲学的思想境界上提高一
大步。

一、费尔巴哈对黑格尔批判的功绩及其缺点

在马克思之前,对黑格尔作过带根本性批判的人只有费尔巴
哈。马克思高度评价这一批判,认为:"费尔巴哈是唯一的对黑格
尔的辩证法采取了严肃的批判态度的人,并且曾经在这个领域内
得到真实的发现,他可说是旧哲学的真正克服者。"① 这里所说的
"发现",就是费尔巴哈的自然主义和人本主义,即从感性的人和自
然界出发的唯物主义。在《手稿》序言里,马克思也说过类似的话。
他说,"实证的人本主义的和自然主义的批判,是从费尔巴哈第一
次开始的。费尔巴哈的其中包含着真正理论革命的著作,乃是黑
格尔的'现象学'和'逻辑学'以来的唯一著作","德国人对国民经
济学的实证批判,都是仗赖费尔巴哈的发现作为真实基础的"。②

在这个评价中,说费尔巴哈是"旧哲学的真正克服者"似嫌过
分了。不过其含义同上述"真实的发现"、打下"真实基础"等等是
一样的,就是指费尔巴哈以自然界和感性的人作为基础对黑格尔
进行的批判是带根本性的,它恢复了唯物主义的权威,为批判一切
旧的唯心主义哲学提供了一个唯物主义的基础,为恩格斯、赫斯和
马克思本人所开始的对资本主义社会及国民经济学的批判工作提
供了思考的出发点或开辟了道路。费尔巴哈当时确实起了这样的

---

① 马克思:《黑格尔辩证法和哲学一般的批判》,人民出版社1956年版,第8页。
② 马克思:《黑格尔辩证法和哲学一般的批判》,人民出版社1956年版,第3、2页。

重大作用,马克思对他的批判作高度评价是公正的。

马克思肯定了费尔巴哈对黑格尔的批判有三点功绩。

(一)费尔巴哈证明了黑格尔哲学不过是用思维表达、加工、论证出来的宗教。绝对精神同上帝一样,也不过只是人的本质异化的一种形式。所以,黑格尔的哲学也应该像宗教一样受到谴责和批判。

(二)费尔巴哈从物质的、感性的人和自然界出发,并且"把'人对人'的社会关系当作理论的基本原则",这样,他就"奠定了真正的唯物论和真实科学的基础"。①

马克思恩格斯后来多次明确指出,费尔巴哈的唯物主义实际上只是下半截的唯物主义,上半截的唯心主义。关于"人对人的关系"问题,就是明显的例证和重要的一方面。费尔巴哈在其《未来哲学原理》一书中写道:"观念只是通过传达,通过人与人的谈话而产生的。人们获得概念和一般理性并不是单独做到的,而只是靠你我相互做到的。人是由两个人生的 —— 肉体的人是这样生的,精神的人也是这样生的:人与人的交往,乃是真理性和普遍性最基本的原则和标准。"②他确实提出了并且想用人与人的交往作为理论的基本原则。不过,同样也是确实的,这就是费尔巴哈的这种认识并没有达到从实践上去看待人与人之间社会关系的形成,并没有把这种关系看作是人与人通过劳动的对象化活动而实际地相互生产相互创造,而只是看作自然的肉体的性行为或只是认识上、感情上的彼此交流和生产。所以,费尔巴哈并没有把握住人与人的社会关系的本质。不过,在马克思之前费尔巴哈的这种提法也还

---

① 马克思:《黑格尔辩证法和哲学一般的批判》,人民出版社1956年版,第8页。

② 费尔巴哈:《未来哲学原理》,三联书店1955年版,第64—65页。

是有一定积极意义的,对于马克思从人与人的相互关系中研究人,提供了有益的启发。所以马克思认为这是费尔巴哈的一条重要功绩。但是实在说来,这个功绩与其说是费尔巴哈的,不如说是马克思自己的。马克思关于人们在劳动中、在对象化生产中彼此生产,从而形成现实的社会关系和现实的人本身的观点,恰恰是对于把人只看作自然本质的"类"存在物观点的突破,是唯物主义历史观对费尔巴哈唯心史观的决定性突破。正是马克思本人的这一观点,才"奠定了真正的唯物论和真实科学的基础"。

（三）"他提出那依据自身并积极地基于自身的肯定,去和那被断言为绝对肯定的否定之否定相对立。"[①] 这是指费尔巴哈用唯物主义来同黑格尔的唯心辩证法对立。

费尔巴哈认为,只有自然界和感性的人,才是以自身为依据和基础的东西,真正肯定的东西,真实的东西,而黑格尔当作最真实的、基础的、绝对肯定的东西乃是精神,这种东西,按照黑格尔哲学,是要通过否定之否定才能得到自我实现自我确证自我肯定的。费尔巴哈指出,尽管如此,这也帮不了黑格尔多少忙,因为这种抽象的思维和精神,无论怎么通过否定之否定也还是达不到真正的肯定,而只能是唯心主义者黑格尔自称是绝对肯定的东西。在正常人和唯物主义看来,它依然是个虚无的东西。费尔巴哈用物质自然界和人同黑格尔这种自命为肯定的绝对精神相对立的同时,也就批判了黑格尔的否定之否定的辩证法,这个批判的合理之处就在于它是唯物主义反对唯心主义的斗争。

但是,在这一点上也正暴露出了费尔巴哈的弱点。他以感性直观的直接性作为根据来肯定人和自然界的真实存在,却看不到

---

① 马克思:《黑格尔辩证法和哲学一般的批判》,人民出版社1956年版,第8页。

现实的自然界和人其实都是在运动中、劳动中、辩证的否定之否定中才有其真实存在、才有生命、才实现其自我创造和自我肯定的。他看不到黑格尔的辩证法虽然是唯心主义的,却包含着真实的丰富深刻的发展内容。所以,他在用唯物主义批判唯心主义的时候,就把辩证法也一起抛弃了。从这里开始,马克思表示了他同费尔巴哈截然不同的看法,阐述了他对黑格尔辩证法真正意义的观点。

二、黑格尔的否定之否定是对于历史运动 所作的抽象的、逻辑的、思辨的表达

按照费尔巴哈的意见,黑格尔的辩证法不过是这样的一种过程:黑格尔从抽象的精神出发,就是把物质实体(人和自然)的异化当作出发点,也就是从宗教和神学出发;然后黑格尔扬弃了这种抽象的精神,建立起了现实的、感性的、特殊的东西,这也就是对宗教和神学的扬弃,建立了哲学;最后黑格尔又扬弃这种现实的东西,回到了抽象的绝对精神,这也就是恢复了宗教和神学。因此费尔巴哈把否定之否定仅仅看作是哲学同自身的矛盾,即认为它只是一种肯定神学的哲学。他认为黑格尔之所以需要用否定之否定来肯定自己的绝对精神,正是因为这种绝对精神缺乏自信,它还不是自身确定的东西,所以才需要借助于辩证法来证明自己。费尔巴哈认为,只有他自己提出的基于感觉的自身确定性、自身肯定才是真理,他就以此来同否定之否定所包含的肯定相对立。

费尔巴哈的这种看法虽然是唯物主义的,却比较肤浅。马克思不同意这种看法。他在复述了费尔巴哈上述看法之后指出:

"但是当黑格尔把否定之否定这原则所包含的肯定方面,了解

为真正唯一的肯定,并把这原则所包含的否定方面了解为唯一真正的动作和一切存在自我确证的动作(Selbstbetätigungsakt,英 self-realizing act,似应译为'自我实现的动作'。—— 引者)时,他只是对于历史的运动获得了抽象的、逻辑的、思辨的表达,他所表达的历史还不是作为一个先在的主体的人的现实历史,而仅不过是人的产生和发生史。"[①]

马克思的这段论述是对黑格尔辩证法和整个哲学体系的一个总评价,是马克思对黑格尔哲学进行全面剖析后得出的结论,因此它也是这一章论述的一个总提要。黑格尔的否定之否定是对人类历史运动的"抽象的、逻辑的、思辨的表达",这一论断表明,马克思认为黑格尔辩证哲学的意义,就在于它对人类的历史发展、人的自我创造,做出了哲学的表达,这是天才的、伟大的;同时,黑格尔的这种表达又只是抽象思辨的,现实的历史运动在黑格尔那里变成了一种只是抽象的纯逻辑概念的运动,这是神秘的唯心主义,带来了一系列的错误和幻想。黑格尔辩证法和整个哲学的价值和谬误,基本上都概括在这一论断之中了。

由于这段话很重要,我们需要先给它以一些必要的说明。

"黑格尔把否定之否定这原则所包含的肯定方面,了解为真正唯一的肯定,并把这原则所包含的否定方面了解为唯一真正的动作和一切存在自我实现的动作"。马克思用简练的两句话,把黑格尔否定之否定辩证法中最本质的内容抓住了。

黑格尔把辩证法看作宇宙发展的根本原则和规律。他认为宇宙实体是能动的、自我运动自我形成的主体:精神。它那种自我发展的能动性的源泉就在自身,就在于精神自身不仅是一种肯定的

[①] 马克思:《黑格尔辩证法和哲学一般的批判》,人民出版社1956年版,第9页。

存在,而且具有内在的否定性。因而它不是僵死不动的静止的肯定,它必然要通过否定自身的形式来使自己得到发展。比如在黑格尔哲学中,精神实体在对自身的否定中就外化、异化了,变为对象性的自然界、社会等等;这种否定性的发展使精神摆脱了在开始时、在逻辑学阶段那种抽象性,成了具体的特殊的世界。但是,这还不是精神所蕴含的否定性的生命力的全部实现。自然界和社会等等对象性的世界固然是绝对精神的展现和创造,但又毕竟是它的异化,是同绝对精神的本性,同自由的理性相对立的形态。因此,精神在这里即它的异在里感到不自由,感到丧失了自己,它的固有的否定本性还要继续活动,扬弃这种对象性的异化形态,回到精神本身中来。在否定异化的同时,把通过异化所取得的丰富的客观规定性保留下来,带着这全部发展的成果回到精神中来。这种经历了全部否定之否定过程再回到自身的精神,就不再是开头那种原始直接的东西,也不是那与精神相异的对象形态,而成为无论从内容或形式上说都是最真实最具体的精神,即自我实现了的绝对精神。

所以,黑格尔不赞成形而上学的肯定观,即把肯定看成是同否定不能相容的僵死东西的观点。黑格尔只承认一种肯定,那就是在否定之否定的整个运动过程中所获得的自我肯定。这是一种包含着否定性的,包含着矛盾的,因而是活生生的有生命的自我肯定。只有在否定之否定这个原则里包含着的这种肯定,才称得上是"真正唯一的肯定"。

同时,黑格尔也不赞成形而上学的否定观,即把否定看作是同肯定不能相容的单纯破坏或绝对虚无的观点。黑格尔认为,否定乃是宇宙间一切有生命的东西的内在生命力,发展的灵魂,一切能动性的源泉;它不仅是破坏,更重要的是建设;它从本质上说是有

生命的东西发展自身、建立自身的活动。它通过否定之否定过程
把自己的这种本性充分表现出来。所以，在否定之否定这个原则
中所包含的这个否定方面，是比肯定更深刻的方面，它是真正形成
自我肯定的基础。它就是活动本身，是"唯一真正的动作和一切存
在自我实现的动作"。

马克思认为，黑格尔上面所表达的，其实就是历史，人类的历
史运动。黑格尔所谓的绝对精神当然是没有的，虚构的，但是他
所描述的精神的能动的自我实现的运动，精神通过否定之否定所
实现的自我发展，又决不是单纯的胡说、捏造、儿戏，而是对人类
历史的一种贯穿的把握和深刻的理解。不过这种对历史的理解
和陈述，又完全是唯心的，只是一种抽象的、思辨的、纯逻辑概念的
推演运动。物质的人在黑格尔哲学里只被看作是精神和意识的存
在 —— 自我意识，人的历史活动也就被说成只是精神的运动。精
神的否定、否定之否定的动作，就是这种抽象的最根本的表现。

"他所表达的历史还不是作为一个先在的主体的人的现实历
史，而仅不过是人的产生和发生史"。这后半段话单看译文不大
容易弄明白。我们现在引一下德文原文和英译文，意思就比较清
楚了。

"...die noch nicht wirkliche Geschichte des Menschen als
eines vorausgesetzten Subjekts, sondern erst Erzeugungsakt,
Entstehungsgeschichte des Menschenist ist." [1]

英译为："...which is not yet the real history of man as a given subject,
but only the act of creation, the history of the origin of man." [2]

---

[1]　德文版《马克思恩格斯全集》第3卷，柏林，1932年版，第153页。

[2]　英文版《马克思恩格斯全集》第3卷，莫斯科进步出版社1975年版，第329页。

这里，"先在的"一词译得使人不容易懂。这里没有什么时间先后的含义。德文 vorausgesetzten 和英文 given 的意思，都是"既与的"、"既定的"、"摆在我们面前的"意思，也就是"现实的"意思。所谓"一个先在的主体的人的现实历史"，也就是"一个实际存在着的主体的人的现实历史"。

整个这后半句话是对前面意思的补充说明。马克思说，黑格尔用否定之否定对历史运动作了一种抽象思辨的表达。因而，在这个表达中，历史的运动不是作为现实的主体的人的一部现实的历史，而只是一种"创造动作的历史，或人的发生的历史"。（注意这个"动作"二字，即 Akt（德文），act（英文），也就是前面说"否定"是"唯一真正的动作"的那个"动作"。）马克思的意思是说，黑格尔既然只是抽象思辨地仅仅靠纯概念逻辑来表达历史运动，因而他所表达的就不是现实的历史，而只是在表达那种创造的动作，现实的主体——人反而看不见了。人不是黑格尔哲学的主体，一种抽象的创造活动、否定性动作成了主体，而这种抽象活动的绝对抽象就是绝对精神。这样，历史就不是物质的人的自我创造，相反，人和整个实际的世界不过是抽象的创造活动的创造物。正因为主体只是纯抽象的创造动作，所以，人的创造活动在黑格尔那里就成了纯抽象的、思辨的逻辑的运动、精神的动作，只是否定，否定之否定。

马克思从对黑格尔这一总看法出发，给自己提出了如下任务：

1.要"说明黑格尔所了解的这种运动的抽象形式"，[①]即黑格尔为什么能够表达人类历史的发展，又为什么采取了抽象唯心主义的形式。只有弄清了这一点，才能弄清整个黑格尔哲学，真正批判

[①]　马克思：《黑格尔辩证法和哲学一般的批判》，人民出版社 1956 年版，第 9 页。

他的辩证法。

2. 要说明黑格尔所了解的历史过程"与近代批判相对立、与费尔巴哈《基督教的本质》一书中同一过程的区别"。① 马克思在这里所说的"近代批判"（moderne Kritik）不是指青年黑格尔分子鲍威尔等人的所谓批判,因为马克思一直把他们看作黑格尔思辨唯心主义的继续和恶性发展。这里的"近代批判"举费尔巴哈为代表,大概是指那些力图用费尔巴哈唯物主义来论述异化及其消除的批判活动,包括赫斯以至马克思自己在内。所以,马克思这句话的意思是:要说明黑格尔所讲的抽象的历史运动同费尔巴哈这样一些唯物主义者力图发现的真实历史运动之间的区别和对立。这实际上也就是说,马克思表明,他要在批判黑格尔唯心主义辩证法的同时,阐明他自己从费尔巴哈唯物主义基地上发展和发挥出来的对历史的见解。

3. 这"毋宁是说明这个在黑格尔还是非批判的运动之批判的形式"。② 马克思认为,黑格尔对历史的抽象唯心主义理解,使它成为"非批判的",但是马克思又认为黑格尔辩证法中蕴藏着一切批判的因素。因此,批判黑格尔的抽象形式这一缺点,阐明同它对立的唯物主义观点,就能发挥出辩证法本来的批判意义,使它成为真正批判的形式。而说明这一点,实际上也就是马克思提出自己的唯物辩证法了。

马克思毕生对辩证法的革命的批判的意义都极端重视（参阅《资本论》跋）。他对黑格尔辩证法的高度评价和深入批判,以及在唯物主义基础上给以改造,主要就是为此。

---

① 马克思:《黑格尔辩证法和哲学一般的批判》,人民出版社1956年版,第9页。

② 马克思:《黑格尔辩证法和哲学一般的批判》,人民出版社1956年版,第9页。

下面马克思就来完成这些任务。

三、黑格尔体系的概略分析。它所包含 的批判成分和非批判性质

对于上述黑格尔哲学的本质,即黑格尔通过他的辩证法对历史作了抽象思辨的表达这一点,马克思首先通过黑格尔的整个体系来加以说明。黑格尔的体系在其《哲学全书》中得到了概略的表现。不过马克思认为要剖析黑格尔的整个体系,不仅要考察《哲学全书》,而且要特别注重研究他的《精神现象学》。他深刻指出《现象学》乃是黑格尔哲学的真正诞生地和秘密。为了深入揭示黑格尔哲学的秘密,必须着重批判《现象学》。

通过对《哲学全书》及其中表现出来的黑格尔体系的概述,马克思首先强调指出黑格尔哲学的极端抽象性的特点。《哲学全书》从逻辑学开始,就是从黑格尔纯粹思辨的抽象概念的思维开始。马克思用"精神的货币"来形容它的抽象性。如同货币可以抽象地(普遍地)表示一切商品因而也就不具体地(特殊地)表示任何一个商品那样,黑格尔逻辑学里的那些范畴及其运动,乃是"精神的货币,人和自然的思辨的、思想的价值"。[①] 这就是说,它抽象到同一切现实的规定无关,同自然和人完全脱离,成为"纯思想",因而它也就表示了体现了一切现实东西的"思辨的价值",即从精神上加以把握的本质。黑格尔自己也曾这样形容过他的逻辑学:"逻辑的体系是阴影的王国,是单纯本质性的世界,摆脱了一切感性的具

---

① 马克思:《黑格尔辩证法和哲学一般的批判》,人民出版社1956年版,第11页。

体性。"①

这种抽象思维不停留在自身中,它要外化,要对象化,成为对象性的东西,这就是自然界。于是哲学就从逻辑学进到自然哲学。但是在黑格尔哲学中的自然界,同普通人眼中的真正现实的自然界不同,它乃是由抽象思维外化而来的,因而它只是"像这种抽象思维所看来的那样的自然"。②这就是说,黑格尔把自然界只看成是一些自然形式的抽象范畴、概念。所以,黑格尔的自然哲学虽然讲的似乎是自然界,同抽象思维相反的东西,实际上还是极端抽象思辨的东西。它是思辨的自然界,或自然界的纯粹思辨的价值。

并且,在黑格尔看来,尽管把自然思辨化了,它还是外在于精神的东西,是精神自己的丧失和异化。所以精神不停留于自然界。它认识到自然只不过是自己的异化和丧失,因而就要扬弃这种异化以复归于精神。这样,《哲学全书》进展到最后一部《精神哲学》了。抽象思维在人身上逐渐返回于自身。它通过人类一系列的历史必然的精神发展环节和阶段,直到最后达到了绝对知识,才算完全回到了自身。这又一次突出表明了黑格尔哲学本质的绝对抽象性。所谓绝对知识,就是绝对抽象的知识,它是不同于一切人类学的、现象学的、伦理的、政治的、艺术的乃至于宗教的精神,是不同于一切还带有不同程度的人的感性生活感性活动感性知识的精神。这是一种纯粹思辨的精神、绝对抽象的精神,只是精神的精神。它是只以这种精神本身为对象的知识,黑格尔哲学就是这样的哲学精神的知识,这种精神或知识叫作"绝对"的,因为它只同自己相关,只是抽象性。黑格尔从逻辑学开始的精神的发展,只是到

① 黑格尔:《逻辑学》上卷,商务印书馆1974年版,第42页。
② 马克思:《黑格尔辩证法和哲学一般的批判》,人民出版社1956年版,第11页。

了这里才算走完了全程,回到了老家。

所以,马克思指出,"整部《哲学全书》不是别的,只是哲学精神的展开了的本质,只是哲学精神的自我对象化;正如哲学精神不是别的,只是在它的自我异化过程中思维着,亦即抽象地认识其'自身异化'的世界精神。"黑格尔哲学的全部体系就是抽象思维的自我异化和认识自身异化的过程和所达到的结果。黑格尔哲学中的世界本体("实体 — 主体")是精神,而这种"精神的现实的定在就是抽象性"。①

马克思所概括指出的黑格尔哲学精神的"抽象性",具有重要含义。这里马克思所指的"抽象",一个主要含义就是非现实性,同现实的人和自然相脱离的纯思辨性。黑格尔的唯心主义与这种抽象性有深刻的联系:他的哲学是脱离物质感性现实的纯思维运动体系。但这"抽象"也有抽取本质的意义。黑格尔哲学中的纯思维范畴及其运动,虽然摆脱了、脱离了物质的感性的实在,却在思想中保存了,甚至发现了人和自然的本质和价值。最后,我们还可以见到,黑格尔正是借助于这种"抽象",把人的实际活动变为抽象的"创造动作",表现了只有人才具有的自我对象化和异化的活动、人的历史的运动。我们在研读时有必要细心注意黑格尔"抽象"的多方面的作用和含义,才能防止片面性。

由于黑格尔对于人的异化所作的表达只是抽象思辨的,所以马克思指出它必然要发生错误。

例如,黑格尔在《现象学》里也曾考察过私有财产、国家权力这样一些人的异化的存在。但是他是怎样考察的呢? "只是在它们

---

① 马克思:《黑格尔辩证法和哲学一般的批判》,人民出版社1956年版,第11页。

的思想形式里来加以考察",①即只把它们当作精神发展的环节、概念、范畴来加以考察,这样,现实的异化存在如私有财产等等就成为只是"思想物"（Gedankenwesen,英 thought-entities,思想性存在,思想实体),只是一种纯粹思维的抽象的异化了。这样一些异化的东西是从抽象思维来的,它们 —— 私有财产,国家等等 —— 虽然以客观现实性自居来同思维对立,其实它们这种对象性的资格正是抽象思维给予它们的。这样,整个现实的人的本质和力量的外化历史及其扬弃,就变成了抽象的思维范畴的运动史、生产史。实际生活的异化,就被看作仅仅是在思想本身之内的主体和对象、自在与自为、抽象思维和感性实在之间的对立。所以一切对立,归根到底无非是思维自身中的对立,思维自身的异化,抽象思维同自己异化出来的那些对象、感性东西之间的对立。由于全部对立都归结为只是思维自身的对立,所以异化在黑格尔那里就有着这样的意义:它不是指人的本质外化为同人相对立的东西(非人的,违反人本身的本质、意愿和利益的),而是指人的抽象本质(自我意识)自身客观化为不同于并且相反于抽象思维的东西。

马克思在这里指出,黑格尔由于他的抽象思辨的唯心主义,他把异化与对象化完全混同了。在黑格尔哲学里,只有纯粹的思维、精神才是主体、本体、目的、正常的状况、自由 …… 等等,所以一切的对象化,一切不同于抽象思维的形式、状态等等,就都被看作是应予扬弃的异化。马克思认为这是不能同意的混淆,必须把二者严格区别开来。在马克思的唯物主义立场看来,对象化是人的一种客观必然的、完全正常的事情,决不是异化。因为人本身就是物质对象性的存在,他的本质和力量也是客观对象性的。人的存在

---

① 马克思:《黑格尔辩证法和哲学一般的批判》,人民出版社1956年版,第12页。

与活动必须靠外部自然对象来实现,他通过劳动与实践把自己的力量外化到外部对象上面去,从而产生出一个符合自己需要的对象来,这是一件很自然的事。人正是在对象化的生产中创造自己并取得自由的。所以应当扬弃的并不是一般的对象化,而只是那种同人的本性相反的异化。异化固然要表现为对象化,表现为主体产生一个异化的对象,但并非一切对象化都是异化。只有那种"非人的",即由人们创造出来反过来却奴役创造它的人(劳动者)的那种活动和对象化产品才是异化,才是应予批判和扬弃的。马克思认为只有弄清这种区别,才能有现实的唯物主义的批判。而黑格尔由于他的唯心主义,把异化等同于对象化,也就一定要掩盖、冲淡真正的异化,甚至为这种真正的异化进行辩护。这是黑格尔哲学中的非批判性的根源。

马克思指出,在《精神现象学》里已经潜伏着黑格尔后来著作中的"无批判的实证主义和同样无批判的唯心论",[1]其原因就在于此。由于黑格尔把异化等同于对象化,而对象化虽说在黑格尔看来是同思维不同、因而应予否定的,但另一方面,对象化也是思维自身发展的必要环节,思想在这种对象化中取得了自身的客观对象性,所以对象化又有了肯定的意义,这样一来,真正的异化(私有财产等等)也就被黑格尔一并当作思想对象化给予了一定程度的肯定,从而实际上为这些异化的存在作了辩护。这就是他的"无批判的实证主义"。关于他的"无批判的唯心论"是这样的:因为异化被黑格尔理解为只是思维异化为不同于抽象思维的对象,所以扬弃这种异化,就只是一种使异己的对象回到思维中来的活动,这是一种在意识之内,在纯思维的范围内,即只是在抽象性里进行的扬

---

① 马克思:《黑格尔辩证法和哲学一般的批判》,人民出版社1956年版,第13页。

弃和重新占有的活动,只是一种思想运动。这样,现实的革命的批判活动,使现实的异化在实际上得到克服的运动,在黑格尔那里就被他的哲学消解为一种纯粹思辨的思想活动。它不触动实际的现状,却以为只要思想上扬弃了异化,现实问题就得到了解决。在这一点上更深刻地暴露出黑格尔异化辩证法的抽象唯心主义的致命错误。后来的青年黑格尔派鲍威尔等人的主要错误正在于此,并且表现得更加突出和恶劣。

在上述分析中,马克思揭露了黑格尔辩证法的抽象唯心主义性质,揭露了他的非批判性的理论根源。但这还只说了问题的一半。黑格尔辩证法还有另一方面,这就是:它在抽象的形式下还是深刻地表现了人的历史和异化,包含了批判的一切成分。

马克思说,为什么黑格尔要把感性、宗教、国家权力等等看作是精神的存在呢? 因为黑格尔认为只有精神才是人的真正本质。所以,如果要为了人来寻求恢复或重新占有他们失去了的、异化了的对象世界,占有自然界或从历史里创造出来的自然界,就必须把这些对象视为精神的产物。马克思揭示了黑格尔抽象形式下实质上的人本主义,并给予了极高的评价,他说:"把自然人本化,把从历史里创造出来的自然,把人的产物人本化,就在于把它们认作抽象精神的产物,从而就把它们当作精神的环节、思想物。因此,精神现象学乃是潜蕴着的、自身还不明白的和神秘化的批判;但是,只要精神现象学坚持人的异化,纵使人只表现为精神的形态 —— 则在它里面便潜伏着批判的一切成分,并且常常就会准备着并发挥出远超过黑格尔观点的方式。"[1]

---

[1] 马克思:《黑格尔辩证法和哲学一般的批判》,人民出版社1956年版,第13页。个别地方据德文原文作了校改,见德文版《马克思恩格斯全集》第3卷,柏林,1932年版,第155—156页。

　　马克思认为,黑格尔借精神的异化表达了人的异化;借精神要扬弃对象的异化使之复归于精神,表达了人收回自己所创造的对象世界、克服对象同自己相背离的异化的权利。所以黑格尔的异化理论尽管是唯心的,抽象的,把人只看作精神,它里面却潜伏着一切批判的成分,具有极其重要的价值和意义。

　　马克思的上述分析与某些流行的说法不同,他不是把黑格尔的体系与方法简单加以割裂和对立来加以反对和肯定,也不是简单地去指摘黑格尔的"客观精神"的唯心主义和神秘性,而是深入发掘了黑格尔所说的"精神"实际上是对人进行的抽象,指出了黑格尔在这种唯心主义的抽象形式中表达出人的历史的深刻本质。在黑格尔那里,体系和方法是同一的。如果说他的体系是唯心主义的,那么他的方法也是唯心主义的;如果说他的方法是辩证法的,那么他的体系也是辩证法构成的体系。纯思维的抽象运动,既构成为他的方法,又构成为他的体系,这里全都是唯心的,辩证的。所以问题不在于体系和方法的对立,而在于抓住黑格尔哲学的真正实质:它是对历史运动的抽象思辨的表达。我们从上面马克思的分析来看,这个看法确实是深刻有力的。

　　但是,黑格尔为什么要用精神,并且能够借助于抽象精神的运动来表现历史,表达人对恢复自己的对象世界即扬弃异化的要求呢? 精神的这种能动的辩证本性究竟来自何处? 黑格尔的伟大和错误究竟根源何在? 这就必须更进一步去揭示黑格尔的"精神活动"的源泉或秘密。马克思在下面就来谈这个最重要的问题。

四、黑格尔哲学的秘密

"黑格尔精神现象学和它的最后成果 —— 作为推动原则和创造原则的否定性的辩证法 —— 的伟大的地方,因此首先在于黑格尔把人的自我创造认作一种过程,把人的对象化(实现或客观化)认作对立化(Entgegenständlichung),认作外在化和对这种外在化的扬弃,在于他认识到劳动的本质,把对象化的人 —— 现实的、所以是真实的人 —— 了解为他自己的劳动的结果。"①

马克思的这一论断,抓住并揭示了黑格尔哲学中最根本的秘密所在。它甚至揭示出了黑格尔自己都不能明白理解和表述出来的东西,所以具有极为重要的理论价值。

这里明确指出了以下几点:

1. 黑格尔辩证法的主要成果,是作为推动原则和创造原则的否定性的辩证法,即否定之否定。

2. 这种否定性的辩证法的伟大之处,就在于把人看作是一个自我创造的过程。这个过程之所以叫作人的自我创造,是因为它是人把自己的力量和本质对象化、外化,亦即人创造出自己的外部对象世界;同时,这就产生了人同自己的对象之间的对立,主客体之间对立,产生了人对于这种对立的扬弃活动,占有对象,把自己外化了的本质力量重新收归己有。这样,人就通过了自己的活动创造出了对象化了的即现实的人本身。

3. 上面所说的这一切是什么呢? 无非就是人的劳动过程。所以马克思深刻指出,黑格尔之所以能提出否定性的辩证法,把人看作是一种自我创造过程,是因为黑格尔认识到了劳动的本质,或

---

① 马克思:《黑格尔辩证法和哲学一般的批判》,人民出版社1956年版,第14页。

者说,是因为黑格尔对劳动进行了哲学的本质的考察。例如,为什么在黑格尔哲学里,否定性成了推动原则创造原则,而不是像以前人们所理解的那样只是单纯消极的否定、破坏或虚无呢? 这就是因为黑格尔是用劳动来理解否定的,所以"否定"这个古老的单纯概念,这个被形而上学片面理解的概念,获得了真实的内容和生命。又如,为什么否定性辩证法就是否定之否定呢? 因为否定性就是劳作的活动,是人的主体力量的外化对象化,而这种对象化所造成的客体,同主体又必定发生矛盾对立(它独立于人,或者甚至反过来统治人,奴役人,反对人),所以否定性就不仅要表现为外化,还要表现为扬弃这种外化的活动,使外化的对象重新回到人本身来,使主体得到自我实现。这就显出一种否定之否定的过程来了。

4. 因此,黑格尔在某种意义上能够深刻理解现实的人、历史。因为他把人理解为他自己的劳动的结果,理解为人在劳动中经历了漫长的对象化、外化和异化,并且扬弃这种外化的自我形成。在这一点上,费尔巴哈反而远远落后于黑格尔。费尔巴哈虽然主张物质的、现实的、感性的人而反对抽象,批判了黑格尔的"绝对精神"是神学(这是完全正确的),但是他没有看到黑格尔所说的"精神"的深义,所以他没有吸取到黑格尔哲学中那些深刻的东西。他不懂得黑格尔用精神的抽象动作来表现实际的劳动,表现人的自我创造的历史活动的意义。费尔巴哈把人只看作感性直观的存在物,而没有把人看作是感性活动的自我创造物,所以他不理解真正的历史,也不能理解真正现实的人。尽管他极力想抓住人,但这一点在他那里却始终只是一句空话。所以结果竟成了这样:唯心主义者黑格尔虽然用抽象的神秘化的思维代替了人,却能相当深刻地理解真实的历史,理解现实的人的生成;而唯物主义者费尔巴哈虽然用感性的物质的人和自然批判和取代了黑格尔的绝对精神，他对人和历史的理解却是极端抽象空洞的。

黑格尔"认识到劳动的本质"一语，是马克思科学地发掘黑格尔辩证法积极本质的真正关键。过去有的人不甚注意这一点，所以往往弄不清黑格尔哲学这个谜。有些人每每惊异于黑格尔辩证法的深刻，但对于黑格尔所谈的绝对精神及其运动，又把它单纯地只看作是一种神秘的捏造与胡说，而不去认真作些分析，就是没能理解这一点的表现之一。

但是难道像黑格尔这样一个唯心主义者也能认识或抓住劳动的本质吗？ 马克思这样说是否有充分的根据？

我们不妨先举个例子来说明这一点。在《精神现象学》的"主奴关系"一节中，黑格尔就曾直接谈到了劳动在人的自我形成中的意义。黑格尔认为，人类的原始状态是一切人之间的生死斗争（同霍布斯类似），人必须在同别人的生死搏斗中得到统治对方的权力来肯定他自己。那在斗争中取得胜利因而赢得了尊严的人成为主人，那失败者便只能为别人所奴役而成为奴隶。前者是"独立的意识"，后者只是为对方而存在的"依赖的意识"。奴隶不是人而降为物，完全异化了。但是因为主人只让奴隶去同物打交道从事劳动，自己只顾享受劳动果实，事情就发生了相反的转化：主人变成为对奴隶依赖的意识，而奴隶却在劳动的陶冶下重新意识到他自己作为人的力量、本质和尊严，意识到自己的独立本性。"因此正是在劳动里（虽说在劳动里似乎仅仅体现异己者的意向），奴隶通过自己再重新发现自己的过程，才意识到他自己固有的意向。"[①]

黑格尔由于认识到劳动的本质，因而他在论述中常常会迸发

---

① 黑格尔：《精神现象学》上卷，商务印书馆1979年版，第131页。

出耀眼的智慧的火花,产生许多深邃的论断。例如在《逻辑学》中他关于实践高于认识的观点,就是大家熟悉的。在他的《法哲学》、《美学》等著作中也有不少有关论述。而从根本上说来,黑格尔之所以能提出一种宏伟的历史观,以及贯穿其中的否定性辩证法,其真谛就在于他对劳动和人类的能动活动进行了相当深刻的哲学思考。不过黑格尔本人还不能真正承认这一点。作为一个唯心主义者,他不能承认作为人类物质活动的劳动的本来意义,而只能对它作唯心主义的解释。马克思进而分析了黑格尔对劳动的看法,因而也就揭示了黑格尔辩证法的神秘唯心主义的根源。

马克思指出:

1. 黑格尔站在近代国民经济学的立场上。他把劳动看作是人的本质,是人的自我证实的本质;

2. 他只看见劳动的积极的一面,而没有看见劳动的消极的一面;

3. 黑格尔所认识和承认的劳动乃是抽象的精神的劳动。所以那种纯思维的活动,哲学的劳作,才是劳动的最本质的东西。[①]

马克思所说的这几点,对于深刻理解和批判黑格尔实在太重要了。因为黑格尔哲学的批判意义和它的唯心主义、非批判的性质,都是从这几点上发源的。

马克思这些论断主要是根据《现象学》作出的。但是在《现象学》中,黑格尔自己并没有明确表示出这些意思。马克思之所以独具慧眼,能从中洞见到这些本质,完全是因为他自己这时已经在经济学和哲学方面攀上了一个比黑格尔更高的境界的缘故。所以,他能从黑格尔的整个水平上来作出上述判断。在此之后过了将近

---

① 参见《黑格尔辩证法和哲学一般的批判》,人民出版社1956年版,第15页。

一个世纪，人们在重新探讨黑格尔的思想发展时，发现了他在青年时期的一些有重要意义的作品，其中对劳动确实作过哲学的考察，有不少深刻见解。它证实了马克思早已作出的上述分析，是何等惊人深刻的洞见。

黑格尔青年时期在寻求自己的哲学观点的历程中，在社会政治思想方面受法国大革命的影响十分巨大。同时，他还研究过詹姆斯·斯图亚特和亚当·斯密的经济学说和英国产业革命的情况。可以说，在德国古典哲学的主要几位人物中，只有黑格尔是对经济学问题作过认真探讨的人。他吸取了古典经济学最重要的成果，抓住了劳动这个中心概念进行了哲学的历史的分析。他认为人和动物的区别就在于人能进行有意识的劳动。人和自然界之间的分离必须借助于劳动这个中介来克服，人通过劳动把自然界变成他自身发展的手段。劳动是人对于对象的否定性活动，它不是单纯的破坏，而是一种积极的否定："我做成了某个东西，我就实现了外化：这种否定是积极的，外化也就是获取。"[1] 马克思认为黑格尔站到了近代政治经济学的立场上，就是指的他赞成、吸取了他们的劳动价值学说这一科学成果，并给以哲学的把握而言的。上述材料充分证明了马克思的这一论断。这一论断不仅深刻揭示了黑格尔辩证法的本质和来源，而且还指明了黑格尔哲学的时代的特征。

从发现的材料看，黑格尔不仅看到了劳动的积极方面，而且对消极方面也有不少深刻的认识。例如他看到了资本主义工业劳动中的异化现象，对于劳动者来说，"他越是征服自然界，他自己也就

---

[1] 黑格尔：《实在哲学》。转引自汝信：《青年黑格尔关于劳动和异化的思想》，《哲学研究》1978年第8期。

变得越加卑微”,“大量的人被判定要过多苦多难的生活,在劳动和贫困中变得麻木愚钝,而使别人能够积累起财富,并且有可能从前者手里夺走财富”。① 由于马克思当时未能看到黑格尔的这些早年著作 —— 这些著作中的批判成分比后期要鲜明得多 —— 因而,马克思的第二点论断显得不完全恰当。但若从马克思上述论断所包含的一个根本意思来看,它还是符合黑格尔的状况,并且在对黑格尔哲学的考察上有重要意义。黑格尔生活在资本主义上升时期,作为一个资产阶级的思想家,他能看到资本主义劳动的不少苦难方面、消极方面、异化方面,已经十分难得。但是他毕竟没有达到把资本主义劳动整个地认作异化劳动的程度,更不可能得出革命的批判结论来。他也只看到资本主义劳动的某些消极面,而从没有想到过消灭私有财产和异化劳动的问题,而只是认为通过精神和自我意识的发展、国家调节的作用,就可以解决这些消极的方面。归根到底,黑格尔只有劳动的概念,还没有异化劳动概念,他终归不能超出资产阶级及其经济学的眼界。这是黑格尔辩证法不彻底的基本原因之一。

为什么黑格尔认识到劳动的本质,他的哲学却是神秘的、以精神为本原的呢? 原因就在于黑格尔所承认和理解的劳动只是抽象的精神劳动。他是一个唯心主义者,不能承认物质的劳动活动有根本意义。在他看来,只有精神、思维才具有最本原的能动性和创造性。因而只有抽象的思维活动和精神的劳作,才是推动一切创造一切的源泉和基础。而人之所以为人就因为他有思想,有精神的能动活动。至于实际的、物质的、感性的劳动,在他看来只不过

---

① 黑格尔:《实在哲学》。转引自汝信:《青年黑格尔关于劳动和异化的思想》,《哲学研究》1978 年第 8 期。

是能动的理性、精神借以实现自身的一种方式而已。不是物质的劳动产生精神的活动，而是精神的劳动才产生出实际的劳动。所以，黑格尔称劳动为"精神的样式"。"人制造工具，因为他是有理性的，而这就是他的意志的最初的表现。"①

抓住了劳动来理解人和现实世界，把劳动理解为外化、对象化、异化和它的扬弃，理解为人的自我生成；但同时，又把劳动看作从根本上说来只是理性的活动、思维的活动、精神的动作，这就是黑格尔的天才和他的唯心主义谬误的真正根源。黑格尔哲学为什么要以精神作为创造者，为什么这个精神具有客观的普遍的又是能动的性质，为什么它会外化异化为对象世界又能回到自身来，为什么黑格尔能用精神的发展来表述历史和人的自我生成，等等，如果离开上述黑格尔关于劳动的观点，就都是不可理解的，而一旦把握住这一点，黑格尔哲学的种种疑谜也就可以迎刃而解了。

由于黑格尔认识到劳动的本质，又把劳动的本质只理解为抽象思维的辩证活动，所以，那最能表示这种本质的，就只能是抽象的哲学精神，即那最纯粹的思辨思维的运动。一切其他的人的实际活动或一切其他的精神活动，便被看作只是哲学精神外化的不同形态。它们的秘密和真理只存在于哲学中，只有思辨哲学才能把它揭示出来。并且，哲学精神本身的必然发展也经历了自己的历史 —— 哲学史。所以，黑格尔作为已经把握住了精神劳作的全体、总结、总和的人，他能够把在他之前的那些哲学家所做过的一切事情，统统都当作精神在自我发展自我认识中的不同发展环节来对待，并且把这些环节用精神运动的辩证法联系起来总括起来，

---

① 黑格尔：《实在哲学》。转引自汝信：《青年黑格尔关于劳动和异化的思想》，《哲学研究》1978年第8期。

构成黑格尔自己的哲学体系本身。而由于黑格尔本人的哲学思维就是绝对精神这种发展的全体的表现和陈述本身，所以他的哲学就是唯一绝对的科学。

马克思关于黑格尔哲学秘密的本质发现——他的精神现象学和其中否定性辩证法的根据乃是古典经济学所理解的劳动（还不是异化劳动概念），而且是抽象化了的精神劳动——不仅对彻底批判地研究黑格尔是个关键，并且对马克思本人新哲学观点的形成有重要意义。它构成了马克思批判继承黑格尔哲学的整个链条上的决定性环节。马克思就是从批判改造黑格尔哲学的这一本质开始提出自己的基本哲学观点的。问题的这两方面，我们在后边将会较详细地讨论到。

这里我们只讨论一下马克思在揭示黑格尔秘密后继续发挥的一段包含着重要的辩证历史观的论述，"人同作为类存在物（als Gattungswesen 贺麟本译作'作为类族本质'，但这里 wesen 似以译为'存在'为好。英译本在这里把 Gattungswesen 和 menschlichen Wesen 都译为 a species being 和 a human being，可参照。——引者）的自身发生**现实的**、**能动的**关系，或者说，人使自身作为现实的类存在物即作为人的存在物实际表现出来，只有通过下述途径才是可能的：人实际上把自己的类的力量统统发挥出来（这又是只有通过人类的全部活动、只有作为历史的结果才有可能），并且把这些力量当作对象来对待，而这首先又是只有通过异化的形式才有可能。"①

黑格尔认识到劳动的本质，已经把人看作在对象化活动中自

---

① 《马克思恩格斯全集》第42卷，人民出版社1979年版，第163页。贺译本第14页可作参考。

我创造的过程,而对象化就包含着对立化和对它的扬弃。马克思认为从这里应引出重要的历史观结论,即人的真正现实的自我创造应当是这样的:人必须在实际上把自己的全部力量统统发挥出来,使之变成实际的对象性的现实(例如大工业等等),才能完成这一任务。而人要全部发挥出自己的力量、潜力,这绝不是个人的个别行为,它必定是全部人类的全部历史活动;并且必定是这全部历史活动的对象化,即成为客观对象性的成果才行。所以人的自我创造,就必须把人自己的力量当作对象来对待。而要把人自己的力量当作客观存在的对象来对待,也就是人把自己的主体方面当作客体去对待,在人类发展的一定阶段,这就包含着异化并且必然会产生异化。所以,人的对象化的自我创造,"首先又是只有通过异化的形式才有可能"。对象化不等于异化,但它在一定条件下又必然形成着异化。在人类发展过程中,为了取得生产力和人类全部能力的发展,人曾不得不把人类自己的主体力量仅仅当作一个外在的对象去对待,去使用,如同使用一个物、一个牲畜那样,如同对待一个商品那样,这就是奴役制,就是异化。人必须通过这种从总体上说来是自我异化的行为(具体地说,则是一部分人同另一部分人的异化、分裂与对立)来发展和创造人类自己,这乃是历史的必然性。马克思后来关于生产力的发展是阶级和私有制产生和存在的原因的观点,在这里已经包含着了。异化、私有制、阶级存在的必然性和它们在历史上的意义,都是同人类的自我发展自我实现紧密相连的,也只有从这个角度才能得到合理的理解。

五、对《精神现象学》末章的详细剖析。
两种对立的关于对象化的观点。
马克思的哲学实践观点的基本形成

为了阐明马克思上面所发现的黑格尔秘密的意义,彻底批判黑格尔的唯心主义,并发挥他自己的见解,马克思不满足于前面对黑格尔体系所作的初步分析,决定要以《精神现象学》的最后一章作为对象进行一番深入仔细的分析。他说:"我们将以《现象学》的最后一章 —— 绝对知识 —— 来详细说明黑格尔的片面性和局限性。这一章既概括地阐述了《现象学》的精神、它同思辨的辩证法的关系,也概括地阐述了黑格尔对这二者及其相互关系的**理解**。"①

马克思这里扼要说明,他为什么选定这一章来剖析的理由。为了有助于理解下边马克思的论述,我们需略加解释。黑格尔自己曾把《精神现象学》称作他的"科学体系"的第一部分,具有准备和导言的性质。这是因为黑格尔的哲学的本体 — 主体是逻辑的精神和思维,它在《逻辑学》才正式出现,所以他的哲学体系正式始于《逻辑学》。但是人们不能"一开始就直接与绝对知识打交道"。因为人虽然是精神,但又不自知自己是精神。最初,人只是直接的感性的意识,是没有精神的精神。"为了成为真正的知识,或者说,为了产生科学的因素,产生科学的纯粹概念,最初的知识必须经历一段艰苦而漫长的道路。"②《精神现象学》就是黑格尔研究这整个人类历史上漫长的、从感性意识一直到最后达到认识自己是精神的道路的著作。所以它的意义就在于为人们提供达到他的科学体

① 《马克思恩格斯全集》第42卷,人民出版社1979年版,第163页。
② 黑格尔:《精神现象学》上卷,商务印书馆1979年版,第17页。

系的立足点（即"精神"）的梯子,并且告诉人们,这种立足点就在他
（人）自身。人的意识通过一系列意识形态（精神现象）的发展,最
后在《绝对知识》这一章里终于达到了它的终点:精神或绝对知识。
这才从现象进入本质。然后才可以正式进入黑格尔的哲学本身:
绝对精神自身的发展。所以,《现象学》也就是一部"精神"自我产
生的历史。要理解黑格尔的"精神",必须研究《精神现象学》。因此
马克思称它是"黑格尔哲学的真正诞生地和秘密"。黑格尔在这书
的最后一章里,回顾并概括了"精神"的产生,以及这种产生的辩证
法,所以马克思认为抓住这一章对剖析黑格尔哲学是极为重要的。

黑格尔在《现象学》中所表述的"精神"的自我产生的辩证法是
什么呢? 那就是意识和它的对象的矛盾过程,否定之否定过程。
从最初的感性确定性这种最直接的意识开始,意识就同它的对象
打交道,双方在整个过程中都不断扬弃和否定对方,从而扬弃和否
定自己,取得了发展的种种形态,最后,意识终于扬弃了它同对象
之间的全部对立,完全克服了对象而达到了对自己的绝对知识,它
知道了全部对象世界无非都是精神自身的异化、外化,从而认识到
精神是绝对的本质,而自己乃是精神。这就是全部《现象学》的根
本内容。

马克思正是从这一点来展开他对《现象学》最后一章的批判
的。他指出:"主要之点在于意识的对象不是别的,只是自我意识,
或者说,对象只是对象化了的自我意识,作为对象的自我意识（人
的建立等于自我意识）。"[①]（按:"人的建立等于自我意识",Setzen
des Menschen=Selbstbewuβtsein,意即:把人没定为与自我意识等同）

黑格尔哲学的主要问题,是要在意识和对象的关系中确定意

---

① 马克思:《黑格尔辩证法和哲学一般的批判》,人民出版社1956年版,第15页。

识的本原、本体的地位。对象是独立于意识之外真正客观的东西
吗？ 黑格尔认为不是。在他看来，对象只不过是意识为了认识和
实现自身的一种手段。意识要认识自己，必须把自己先外化为对
象，才能在对象中反过来认识自己。所以，对象只不过是自我意识
的外化物，是自我意识自身发展中的环节，一个被产生而且一定要
消逝的环节。它从根本上说来没有独立自存的性质，它本质上就
是自我意识，或者可称之为对象形态的自我意识，对象化了的自我
意识。这就是黑格尔对于哲学基本问题的唯心主义解决。

说对象只不过是意识的创造，它就是意识，这当然是错误的。
不过它也包含着被歪曲了的真理，就是唯心主义所表达的人的能
动性。黑格尔之所以有这种观点，是因为他把现实的人等同于自
我意识。所以，人的一切对象化、外化自己的力量和本质的活动，
就统统变为只是自我意识的对象化和外化；人生产产品变成自我
意识生产对象，而在产品中凝结的劳动、人的外化了的实际力量和
本质，就变成为自我意识，或对象化了的自我意识，作为对象的自
我意识。

因此，黑格尔把人收回自己产品的必要，说成是意识必须克服
对象，克服同自我意识不相适应的异化。在黑格尔这一思想中，当
然也把人必须扬弃真正的异化和异化的对象性存在（例如私有财
产等等）的意思包括在内了。不过在黑格尔看来这二者是没有区
别的。因为对于自我意识说来，一切对象化都是自我意识的异化，
所以黑格尔所说的扬弃异化同克服对象成了一回事，它不仅包括
了扬弃真正的异化（非人化），而且也包括了扬弃一切的对象化。
只有使对象复归于自我意识，在黑格尔看来才算复归于人。由此

可见,在黑格尔那里,"人便被认作一个非对象的、精神的存在"。①

在黑格尔的异化 — 对象化理论的结构中,主体 —— 人 —— 就等于自我意识,这是一个重要之点。这一点在他的"克服对象的运动"中表现得很清楚。当黑格尔把人占有对象说成是"对象回复到自我"时,他所说的"自我"即人乃是一种抽象的东西。"人被认作和自己等同。但自己只是抽象地被认识的并由于抽象作用而产生的人。"②现实的具有自为性质的人,在黑格尔那里只是一种抽象的作用,精神性的自为活动,或自我意识。马克思说,"人是自己的(刘译本译作'自私的',似不妥。因为这里讲的根本不是什么自私还是为公的问题。下文中的'唯我主义'刘译为'利己主义'亦属同样情况 —— 引者)。他的眼睛、耳朵等是他自己的;人的每一种性能(Wesenskraft,或译为'本质力量'亦可。—— 引者)都有其自己性的特征。"③这是人的特点,人作为有生命的有机体,作为社会性的生命,他有自我的生活活动,有自我意识,能意识到自己(包括他个人和人类全体)的力量、利益、尊严和价值,并为此而努力,这是自然的。可是黑格尔却把这样的人抽象化为一个仅仅的自我意识,从而荒唐地把人的实际存在、人的自然,人的眼耳等器官,人的力量,都看作只不过是自我意识所具有的一种质,即自我意识的一些表现形式。马克思指出这是完全错误的,正确的说法只能是这样:自我意识乃是人的自然、人的眼耳等器官(即实际的人)的一种质,而决不是相反。

黑格尔把对象归于自我意识,是一种唯心主义化了的人本主义观点。马克思认为黑格尔的扬弃异化使之回复于人的思想包含

① 马克思:《黑格尔辩证法和哲学一般的批判》,人民出版社1956年版,第16页。
② 马克思:《黑格尔辩证法和哲学一般的批判》,人民出版社1956年版,第16页。
③ 马克思:《黑格尔辩证法和哲学一般的批判》,人民出版社1956年版,第16页。

合理的批判因素,而根本不赞成他把人加以唯心主义化。

由于黑格尔把人等同于自我意识,所以人的一切异化只是自我意识的异化,整部人类历史也只是自我意识的异化史。他不是把意识中的即反映在人的知识和思维中的异化,当作人的实际异化的表现。相反,那实际的真实的异化反倒不过只是自我意识异化的表现。它们只是一些现象,这些现象的内在隐秘的本质,只有靠哲学去加以研究才能揭示出来。所以,掌握这种知识的科学就叫作精神现象学。而一切对于异化的克服,就成为一切异化的对象被合并于自我意识,返回和消解为自我意识。

下面马克思就来详细分析黑格尔所说的"意识的对象的克服过程"。马克思引述了《现象学》末章《绝对知识》中一段概括性的文字(见《精神现象学》下卷第258—259页),把它标为八点,以便具体分析。

关于第一点前面已作了说明与分析。对于第二点,马克思作了极其重要的分析和批判。

"自我意识的外在化建立了事物性。"①(die Dingheit,刘译作"物相",颇得其精神)人可以外化自己的客观本质与力量来创造产品这件事情,在黑格尔这里,成为抽象的自我意识在外化中建立事物性、物相。

马克思说,"一个有生命的、自然的、具备着和秉赋着对象的或物质的性能的存在,既有着他的本质之实际的自然的对象,同时他的自我外在化复建立起一个实际的(不过在外在性的形式下,因此不隶属于并且不优越于他的本质)对象的世界, —— 这是很自

---

① 马克思:《黑格尔辩证法和哲学一般的批判》,人民出版社1956年版,第17页。

然的。这里面并没有什么不可捉摸和神秘莫测的地方。"① 这就是我们通常进行着的、可以看到摸到的实际劳动过程。在这里,主体的人是一种物质的存在和力量,他从不离开对象性的自然界,并且他能在自己的劳动中把自己的力量外化,建立起一个实际的被加工了的对象世界。但是黑格尔却把人变成了只是一个自我意识,一个抽象的主体,那么它的外化也就只能建立一个抽象的东西,一个抽象的对象,一个不是对象的对象,"只能建立事物性",也是显然的。所以马克思说,"这也是很明显的,即[那建立起来的]事物性因此对自我意识说来完全不是独立的、本质的东西,而仅仅是一种被产生的、被自我意识建立的东西,而被建立者并不证实自己,而只是证实建立的动作,这动作一瞬间把它的力量固定作为产物,并且在假象中赋予它[被建立者]一个独立的实际存在的角色(die Rolle 亦即'作用'。引者)—— 但只是在一瞬间。"②

马克思在这里用实际劳动过程的对象化来同黑格尔的这种对象化加以比较,深刻批判了黑格尔的唯心主义。首先,黑格尔把对象化的主体实际的人,唯心主义地说成只是自我意识;其二,人的实际的对象化活动必须有"实际的自然的对象"存在作为前提,这个明白的事实被黑格尔抹掉了。也就是说,对象化变成为只是主体自己的孤立的活动,而不是人对于自然对象的加工活动。实际的生产总是两方面的过程,土地(自然界)是母,劳动是父,劳动必须有自然作对象才能进行。产品无非是人的劳动在自然对象上面的凝结,因此产品固然是人的主体本质和力量的外化,它能证实人的活动,同时它也具有独立地存在于人之外的客观性,它是一个实

---

① 马克思:《黑格尔辩证法和哲学一般的批判》,人民出版社1956年版,第18页。
② 马克思:《黑格尔辩证法和哲学一般的批判》,人民出版社1956年版,第18页。

实在在的客观对象。但是,现在黑格尔把对象化只看作孤立存在的精神主体的无对象的一种外化动作,那么这种外化所能建立的对象当然也就成为一种完全是幽灵式的对象,一种非对象的对象,一种仅仅是"事物性"或"物相"的纯抽象的对象。它没有物质性的基质,只不过是自我意识的抽象创造动作的凝结。所以,它作为对象只不过是一种假象,它没有独立的存在,它的存在只不过是证实自我意识的动作,证实自我意识。所以,它作为一种独立存在的角色只在一瞬间,即自我意识把它建立起来的一瞬间,承认这一瞬间也只是为了证实自我意识的动作的存在。它是转瞬即逝、自我消逝的东西。

"事物性"一词表现并暴露了黑格尔的对象化理论的唯心主义实质的另一方面,即在对象化所产生的结果、产物方面的唯心主义理解。这是黑格尔把对象化活动或劳动活动加以神秘化的另一个重要之点。

在揭露和批判黑格尔的对象化理论上述两方面的抽象唯心主义错误的基础上,马克思进而批判了黑格尔所说的"对象化"即这种"建立"的"动作"本身的唯心主义,同时提出了他自己的最重要的观点,即唯物主义的对象化理论的观点,也就是马克思哲学中最根本的观点 —— 关于实践的观点。

"当那实际的、肉体的、站立在坚实稳固的地球上的、呼吸着一切自然力量的人,通过他的外在化,建立他的实际的客观的性能作为异己的对象时,则这种建立并不是主体;这种建立乃是客观的性能的主观性(die Subjektivität 应译为'主体性'),因而它的动作也必然是一种客观的动作。"① 这就是说,人本来是地地道道的实际的存

---

① 马克思:《黑格尔辩证法和哲学一般的批判》,人民出版社1956年版,第18—19页。

在,是自然界的一部分,是同周围的自然界、自然力量不可分离的存在物。因此,只有承认自然主义(唯物主义)这一基础,才能理解人的真正的对象化,这就是:人把自己实际的客观的性能(本质力量)外化到在人之外的自然对象上,加工这些对象,"建立"既是人化了的又是独立于人的对象。那么很清楚,这种"建立"的动作本身不能是主体。它只是人的客观本质力量的一种主体能动性。并且,因此这种建立的动作即劳动活动等等,也必然是一种客观的动作,物质感性的活动,而不是一种单纯的抽象的"动作",不是一种纯精神性的行为。"那客观的存在就能发生客观的效力;如果它的本质规定里没有包含着客观的性能,则它将不能发生客观的效力。客观的存在能创造、建立对象,只因为它是被对象建立起来的,因为它原来就是自然。这样,在建立的动作里,客观的存在能并不是从它的'纯粹活动'去创造对象,而乃只是它的客观的产物只证实了它的客观的活动,证实了它的活动乃是一个客观的自然存在的活动。"[①] 人的对象化活动决不是什么"纯粹的活动",抽象的"建立"对象的"动作",纯逻辑的思维活动,而是客观实在的人对于客观实在的自然界所进行的一种客观实在的能动活动。所以,它才能发挥客观的效力,建立起客观的对象(产品)来。而这种客观的产物本身也就证实着人本身是客观的存在,证实着人的本质和力量是客观的存在,证实着人的活动是一种客观的自然存在的活动。马克思在这里所分析表述的客观的活动,客观的能动性,客观的主体性,讲的就是实践。马克思对于实践概念所作的唯物主义辩证法的分析,在这里已经奠定了基础。这里所阐述的观点,后来以更简洁的形式,表述在《关于费尔巴哈的提纲》的第一条之中。在《资

---

① 马克思:《黑格尔辩证法和哲学一般的批判》,人民出版社1956年版,第19页。

本论》关于"劳动"概念的规定中,也同样贯彻着这一分析,并且是以更明白的语言表述出来的。[①] 为了节省篇幅,关于这些最重要最基本的提法,我们这里就不复述了。

为了进一步阐明这一观点,马克思再一次提出他的哲学是"彻底的自然主义或人本主义",它"既不同于唯心论,又不同于唯物论,而它同时是它们两者的统一的真理"。[②]

"不同于唯心论",就是因为唯心主义虽然强调了人的能动性,但他们完全否认了这种能动性是建筑在承认自然界客观存在的基础之上的,他们否认了对象化活动的主体和对象都首先是自然的物质的存在。对此,马克思明确指出"人直接地是自然物"。"他有着实际的、感性的对象作为他的存在的对象,作为他的生命表现的对象,或者说,他只能借实际的、感性的对象表现他的生命。"[③] 实际上,正是由于有外部的自然界,人自身才是存在的。"一个存在,如果在它自身之外没有对象,就不是一个客观的存在",人自身也是自然界其他对象的对象,是整个自然界的产物。而在黑格尔那里,人只是自我意识,"这样一种存在首先将是唯一的存在,在它之外没有东西存在着,它独自孤零零地存在着。""但是一个没有对象的存在就是一个不真实的、非感性的、只是空想的或虚构的存在,一个抽象性的存在。"[④] 黑格尔把人视为唯一者,只是精神,那么人就必定会成为只是一种虚构的存在。而这样一种抽象的存在(自我意识)的对象化活动就只能是一种纯抽象的自我动作,不会产生任何真实的产物、对象来。

---

① 见《资本论》第1卷,人民出版社1975年版,第201—202页。
② 马克思:《黑格尔辩证法和哲学一般的批判》,人民出版社1956年版,第19页。
③ 马克思:《黑格尔辩证法和哲学一般的批判》,人民出版社1956年版,第19页。
④ 马克思:《黑格尔辩证法和哲学一般的批判》,人民出版社1956年版,第20页。

可见,黑格尔的全部唯心主义,最根本的是他否认了自然主义,否认了自然界和作为自然物的人,否认了感性的客观存在。所以黑格尔尽管深刻研究了人的能动性,人的对象化活动的辩证法,他也不能真正理解和表述现实的人本身及其现实的历史。这说明,真正的人本主义必须以自然主义为基础。离开了自然主义,就不能真正建立关于人本身的科学,也就没有真正的人本主义,而只能是神秘的以精神活动为本体 – 主体的唯心主义哲学。

"不同于唯物论",前面我们已曾谈到过马克思这类说法的含义。马克思在这里则更清楚地表达了对旧唯物主义的不满和批判。过去的唯物主义在反对唯心主义的斗争中,肯定了自然界的客观存在性,以及物质对意识的本原的意义,这无疑是完全正确的。但它们对物质自然界只能作机械的形而上学的了解,尤其是他们看不到人所特有的能动作用,人的实践活动、对象化活动的创造意义。所以,他们不能把人和人类所创造的一切对象从人本身的活动或实践方面加以理解,不能把这些对象的产物归结到人本身(人本身的实践)来加以理解。他们不懂得人类所创造的一切对象、产物,人所改造了的自然,人的历史,人的意识以至现实的人本身,主要是人自己创造的,是人的实践的结果。因而往往陷于机械论、宿命论甚至拜物教等等机械、庸俗的唯物主义之中。所以,马克思在强调人本身直接是自然存在物之后,接着强调说,"但是人并不仅是自然物,他乃是具有人性的自然物"。[①] 并且指出:"正像人的对象不是直接呈现出来的自然对象一样,直接地客观**存在着**的**人的感觉**,也不是**人的**感性、人的对象性。"[②] 这就是说,人和人的

---

① 马克思:《黑格尔辩证法和哲学一般的批判》,人民出版社1956年版,第21页。

② 《马克思恩格斯全集》第42卷,人民出版社1979年版,第169页。

对象都不仅是自然物,直接的自然物,而是经过了人自己改造过了的人的对象。"直接地客观存在着的人的感觉",原始的或纯直观的感觉,也不是真正的人的感觉。人的感觉不是纯自然的、纯直观的。真正的"人的感性、人的对象性"乃是人的实践,人的感性的活动,人的对象性的活动及其产物。只有在这种人自己的改造活动中,才会有真正的人的感觉和对象性的人本身。马克思的这些深刻看法,实际上也是对费尔巴哈唯物主义的一种批判。费尔巴哈虽然自称是人本主义,其实他并没有抓住能动的实践的人本身,他抓住的只是作为自然物的人。费尔巴哈的人本主义,还比不上黑格尔的抽象精神化的人本主义深刻,他对人的理解只是自然主义的。他不懂得实践的意义。他只抓住直观的感性、感觉,不知道感性的对象性的人的活动,所以他还没有抓住人本身。马克思认为,必须在自然主义的基础上强调实践的人本主义本身,才能真正理解历史和人,真正理解为人所改造过的自然界。

人有自己的产生活动即历史,并且人的历史是有意识的行为,在对象化、异化及其扬弃的整个历史都伴有意识。但是历史并不是一部意识史。马克思在这段分析的末尾强调指出:"历史是人的真正的自然史"。[①] 这个论点极其重要,它是上述全部分析的某种概括。历史是人自己创造自己的历史,但是无论它的主体(人)、它的对象(自然对象),以及人的实践活动本身,都是从自然来的,并且永远也脱离不了自然这个基础。因此,必须把人类发展史始终当作一种自然历史的过程去加以研究。这是马克思的唯物史观的至关重要的根本观点。这一看法,一直贯穿于马克思后来所写的全部哲学的、历史的、经济学的著作之中。

---

① 马克思:《黑格尔辩证法和哲学一般的批判》,人民出版社1956年版,第21页。

马克思在批判黑格尔的对象化理论的唯心主义错误的过程中所发挥的唯物主义的对象化即实践的观点,为不久后写作《关于费尔巴哈的提纲》和《德意志意识形态》准备了最核心的思想因素。它使我们能够较为深入正确地理解马克思主义哲学的基本观点 —— 实践观点。这一方面直至今日仍然具有极大的理论价值。

这里我们可以顺便讨论一下近来出现的一些有关的哲学思潮。例如有一些研究《手稿》和马克思早期思想的学者,他们对于长期以来某些马克思主义者在宣传唯物主义时只强调物和客观存在方面,而忽视了人本身的价值和人的能动创造性方面,深为不满,因而他们突出强调了马克思的人本主义,强调高度重视能动的实践。这是很对的。但是他们在强调实践的观点是马克思哲学的中心点的时候,却忽视了马克思关于人本主义同自然主义相统一的基本思想,因而表现出这样一种倾向,即离开自然界来谈人,把人这个"中心"变成一种唯一的存在;离开自然的基础来谈"实践",把实践变成为独立的本体或实体。他们认为,马克思关心的只是人而不是自然,他只承认人的实践的辩证法,而不赞成有什么自然辩证法;甚至认为恩格斯提出并专门论述了自然辩证法,是对马克思的某种背离。对此我们不能赞同。我们觉得这种看法是片面的,并不符合马克思的原来思想,而且毋宁说是违背了马克思。马克思在批判黑格尔时明确指出,决不应把人看作一种孤零零的存在。人在自然界中固然处于中心的地位,但他原来正是自然界的产物和一部分,自然界始终是人类的母亲。尤其重要的是,决不应该离开自然的基础来谈实践的意义和创造作用。马克思指出,"这种建立并不是主体",就是反对把人的创造活动(即对象化活动,"建立"的动作)离开自然的基础加以抽象化。马克思提出的"实践"概念,是自然存在的人发挥自身中的自然力来改造外部自然对象的一种客观的活动,它是同抽象化的谈人的能动作用的黑格尔唯心主义根本对立的。因此,如果我们从实践概念中抽掉它的自然基础,那它就不再是马克思的实践概念而是回到黑格尔去了。事实上实践本身首先也是自然界本身的产物和一种物质的运动形态(因为人及其活动本身,本来就是自然的),然后反过来,它才对于自然界,外部对象和人本身起一种改造的作用(这种改造在一定的意义上也是创造),才成为我们理解历史、理解历史的人、理解在历史中变化了的自然界的最深刻的基础,只有在这种了解的基础上,我们才可以谈论人的实践对于历史事物的本体论意义。所以人的实践或实践的人所具有的本体论意义,永远不可以离开承认自然界第一性、承认自然物质客观存在性、承认自然界本身具有运动能力这一基础。自然界才是最根本的本原、本体,然后才有人和人的实践产生,才有它的全部伟大意义。可见,离开自然界来谈实践的本体论意义,也就是离开自然主义来谈人本主义,就会走偏方向,不能不产生唯心主义的倾向。马克思对黑格尔批判所得出的重要结论,我们任何时候都不能忽视和忘记。

马克思关于人本主义和自然主义相统一,人的科学(历史科学)同自然科学本质上是一门科学的观点,包含着极其丰富深刻的哲学科学思想,是我们正确理解马克思主义哲学及其科学体系的根本出发点。关于这个问题,我们这里不能详谈,只能留到另外的机会加以讨论了。

马克思在着重批判了黑格尔对象化理论的根本唯心主义性质之后,就来进一步剖析黑格尔的对象化理论在辩证运动过程中的意义,从而更进一步揭露了它的非批判主义和唯心主义。对于上述黑格尔论述中的(3)(4)(5)(6)各点的评论构成了它的内容。关于第(7)(8)两点,由于是一些总的说法,各处均已涉及,就没有专门标出来加以讨论了。

黑格尔这段原文,是讲意识外化的意义的,关系到黑格尔对外化和扬弃外化的根本理解。在这里辩证法同思辨幻想紧紧交织在一起,所以非常晦涩。

在第(2)点里黑格尔提出意识的外化建立了事物性。这种事物性既是意识建立的,又是同自我意识(意识的自我性)相反因而应予扬弃的。因此,对象对于自我意识便是一种否定的自我扬弃的东西,一种虚无。对象要在自己的运动中表明自己本来就是意识,它那种独立于意识的对象性是假的,站不住的,只是一种假象。这样,(3)意识的这种外在化就不仅有否定的意义而且有肯定的意义了。(4)这种肯定的意义不仅对于我们(人)或其自身(对象)存在着(即指外化对人来说是有肯定意义的行为,因为它建立起了我们的对象,对对象本身当然也有肯定的意义,即肯定了对象的产生和存在),而且对于意识来说也有肯定的意义。这种肯定的意义是什么呢? 这就是第(5)(6)两点所说的,一个是:意识知道对象是自己建立的,它本身是虚无,对象无非就是意识本身,所以它建立对象无非就是建立意识自身的行为;另一个就是:意识扬弃了外化或对象化回到自身,因而意识知道,它在它的他在(对象)中也就是在它自身本身。

黑格尔这种玄而又玄的"对象"究竟是什么呢? 它不是真正具有客观独立性的物质对象,只是"知识"。并且,黑格尔所谓的"知识",不是我们通常理解的来自客观对象的知识,而只是精神外化自身所产生的知识。马克思指出,在黑格尔看来,"知识是意识的唯一的动作。因此,只要意识知道某物(etwas,即某种东西),某物就成为它的对象。知识就是意识唯一的对象的关系(Verhalten关系、表现、行为。—— 引者)。"这就是说,意识的活动和它所建立的对象,唯一的就是知识。"意识现在知道对象的虚无性","知道对象与它是没有区别的,对象从意识看来是'非存在',因为(贺本译'因此'有误,从第42卷改。——引者)它知道对象是它自身的外在化,这就是说,意识知道自身——作为对象的知识——,知道对象只是一个对象的假设,一个伪造的烟幕"。"对象,按照它的本质,只是知识本身"。① 这就是黑格尔的意识的对象化所建立的唯一对象:世上没有什么真正同意识相独立的客观对象,有的只是意识所建立的表现它自身的对象——关于意识和精神自身的知识。从另一方面来说,意识也就通过这种对象——知识,使自己获得了对象性。它在这种对象中也就是在它自身。

马克思说,这里"汇集了思辨的一切幻想"。②

第一,黑格尔妄想通过知识来使意识获得现实的内容,"意识、自我意识在它的他在时即是在它的自身"。"这里面便包含着:意识——就其为知识本身、思维本身而言——直接假托为它自身的对方,感性、现实、生命"。③ 黑格尔想通过知识,通过这种"对象"来把"感性、现实、生命"即客观的物质的存在偷运到自己的哲学里来。这是一种不可能做到的幻想,是一种妄想"在思维中超越自身的思维"。费尔巴哈在《未来哲学原理》第30节中就曾批判过这一点。他在谈到黑格尔的"具体概念"时指出,"他(黑格尔)想要掌握事物本身,但是却在事物的思想中去掌握;他想要站在思维之外,但是却在思维本身之中——因此便产生了理解'具体'概念的困难。"④ 黑格尔想达到事物本身,达到具体,却又不要作为客观存

---

① 马克思:《黑格尔辩证法和哲学一般的批判》,人民出版社1956年版,第22页。
② 马克思:《黑格尔辩证法和哲学一般的批判》,人民出版社1956年版,第23页。
③ 马克思:《黑格尔辩证法和哲学一般的批判》,人民出版社1956年版,第23页。
④ 费尔巴哈:《未来哲学原理》,三联书店1955年版,第53页。

在物的事物本身,而只要关于事物的概念,因而就想把意识、知识直接冒充为现实的事物本身。这种超越是不合法的,不能允许的。马克思完全同意费尔巴哈对黑格尔的这一批判。

马克思指出,黑格尔之所以要把意识直接冒充为自己的对方(感性、现实、生命等等),"乃由于那作为仅仅意识的意识所感到妨碍的并不是异化了的对象性,而是对象性的本身"。[①]"异化了的对象性",指的是前面说过的那种意识在外化中所建立的"物相"或"事物性"。"对象性本身"即对象那种独立于、外在于意识的性质。在黑格尔看来,意识并不感到"物相"、"事物性"是自己的妨碍,恰恰相反,意识正需要通过这种假象的"事物性"把自己冒充为感性、现实和生命,冒充为有血有肉的东西,使自己的虚无缥缈的幽灵式的存在得到具体的内容。但是,那种在意识之外并独立于意识的"对象性本身",却是不能容忍的,因为它威胁并否定精神的第一性和至高无上的绝对地位。马克思在这里指出的,是黑格尔把意识直接假托为对方的含义。黑格尔需要的是一种能够包容于思维本身之内的对象性,这种对象性可以由思维产生又可以由思维给予扬弃。这种对象性本身就是意识的他在,同时又能给意识带来对象性。这就是黑格尔自鸣得意的对象性。在唯物主义看来,这完全是不合法的,不能允许的,是一种假象的对象性。

第二,正因如此,外化的世界(在黑格尔哲学中它只是精神所掌握的外化世界、精神世界,或世界的某种精神的定在)在被有自我意识的人扬弃的同时,又被黑格尔肯定和证实了。因为按黑格尔上面的说法,自我意识是在它的他在里假托为在他自身的,所以这外化的世界无非就是自我意识真正存在的方式。意识和自我

---

① 马克思:《黑格尔辩证法和哲学一般的批判》,人民出版社1956年版,第23页。

意识正要通过这种他在(外在世界)来实现它自身。例如,究竟什么才是真正的自我意识的人呢？ 那就是在宗教生活、国家生活中生活着的人。因为自我意识正是要在宗教、国家等意识的异化或他在的对象化形式中才能实现它自己,所以人也正是在他的宗教生活国家生活中才是在过他的真正的人的生活。异化生活成为人的真正现实的生活。这就是他所说的外化不仅有否定的意义,而且对意识来说也具有肯定意义的表现。黑格尔的唯心主义,使他把对象化当作异化而主张加以扬弃(其中也包含有批判成分),同时也使他把真正的异化当作对象化而给予了肯定。马克思指出,"这就是黑格尔的虚假的实证主义或他的只是假象的批判主义的根源"。①

所以马克思说:"关于黑格尔对于宗教、国家等的适应不能有更多的话可说,因为这种谎话是他的原则的谎话。"② 这就是说,黑格尔对于宗教、国家等等的某些顺应的非批判态度,乃是从他的抽象唯心主义原则中必然得出的结论。黑格尔的抽象精神的对象化、外化理论,把意识和知识直接冒充、假托为感性现实的存在,是一种虚假的实在论或实证主义;同时,也就把异化当作了对象化加以证实(肯定),使他的辩证法中扬弃异化的批判精神受到削弱歪曲,成为似是而非的批判主义。这些都是黑格尔唯心主义的必然表现,不足为怪的。

按理来说,如果宗教是异化的人的自我意识,那么在宗教中所

---

① 马克思:《黑格尔辩证法和哲学一般的批判》,人民出版社1956年版,第24页。

② 马克思:《黑格尔辩证法和哲学一般的批判》,人民出版社1956年版,第24页。关于"原则"一词的译法,参见贺先生所写的该页脚注和其他中外新版本。贺先生原译作"进步"(Progress)根据的是1932年德文版本,可能当时德文版编者在对马克思原稿文字辨认方面有错误,故我们这里从1956年俄文新版改为"原则"。

能确证的便不会是我的自我意识,而只能是我的异化了的自我意识。因此,我的自我意识,我的本质就不能在宗教里得到说明,相反只能在消灭宗教,扬弃了的宗教(即无神论)中才能得到说明。可是,按黑格尔就不同了。他不是通过否定假象(如否定宗教等等异化)来说明真正的人的本质,而是在否定假象的同时为假象作论证。他对假象、异化的否定不过是否定它的独立于意识的这种假象而已,并没有集中去否定这种假象的同人对立的异己性质。相反,却把它变成主体即自我意识自身发展的环节和必然表现。

而这就表现出黑格尔的否定之否定的另一含义。"因此扬弃起了一种独特的作用,在这里否定与保持即肯定便结合起来了。"① 我们读马克思的这一看法时不可误解,以为这是在说同我们唯物辩证法所讲的"扬弃"、"辩证的否定"一样的东西。不是的,这是在指明黑格尔辩证法中的唯心的非批判性质。黑格尔的扬弃当然有辩证的否定这方面的含义,不过从根本上说,黑格尔的否定性就是精神变成对象,对象实质仍是精神,所以它是在否定精神的同时又保持了精神;然后,对象自身又被否定,对象表明自己作为对象乃是虚无,所以回到精神,但这个作为成果的精神,同时又保持住了它在作为对象、异化、假象时所获得的内容,所以成为最丰富具体的精神。黑格尔就是通过精神的这种否定性,把全部的现实都变成范畴的运动,囊括归结于精神本身之中来。同时,在使精神获得实在的内容的时候,也就把一切真正的异化宣布为精神自身的环节而加以证实。所以黑格尔辩证法具有同异化相调和的性质。并且,在纯思维的运动中,既扬弃一切的对象化和异化(只是在思想中或知识中),同时又让现实的异化继续存在下去。"这种思维

---

① 马克思:《黑格尔辩证法和哲学一般的批判》,人民出版社1956年版,第24页。

的扬弃,虽让它的对象仍然在现实界里保持其存在,却相信实际上
已克服了这对象"。① 只要纯思维的扬弃,而不去解决实际的异化,
甚至还要求人实际上去过这些异化的生活。这就是黑格尔的非批
判的唯心主义。马克思在这里描述了黑格尔全部哲学体系的展开
和推移的运动,目的在于说明他的这一本质的特点。对此我们就
不必一一加以讨论了。

六、对黑格尔辩证法的简要小结

在完成了上述批判以后,马克思认为还有必要强调黑格尔辩
证法所具有的积极意义。"现在我们还须了解黑格尔辩证法 ——
在异化这一规定之内 —— 诸积极的因素。"② 所谓"在异化这一规
定之内",也就是在纯思维、精神的规定之内。黑格尔的辩证法只
是一种精神的辩证法。按马克思所同意的费尔巴哈观点,黑格尔
的精神无非就是人的本质的一种异化。马克思的这句话是说,尽
管黑格尔的辩证法只是一种精神的辩证法,在异化规定之中来谈
世界异化发展的辩证法,我们还是必须看到它的积极因素。马克
思在指出这种积极因素后,又总结了它的抽象唯心主义性质,因而
形成了对黑格尔辩证法的简要小结。

黑格尔辩证法的积极因素是什么呢? 是"扬弃,作为使外在
化回复到自身的、对象的运动",是"通过扬弃对象存在的异化过
程,使对象存在成为自己所有的一种洞见","是关于人的现实的

---

① 马克思:《黑格尔辩证法和哲学一般的批判》,人民出版社1956年版,第26页。

② 马克思:《黑格尔辩证法和哲学一般的批判》,人民出版社1956年版,第26页。die positiven Momente,原译作"诸积极的环节",Moment 这里译作"因素"要更好些。

对象化的过程,关于通过否定对象世界的异化性质,通过对于它的异化存在的扬弃而达到使人的客观存在成为现实的自己所有"的观点。①

黑格尔作为一个资产阶级上升时期的哲学家,对封建制度是不满的,是要批判的。同时他也是软弱的德国资产阶级的思想家,无力也不敢从事实际的批判。所以他把理想深藏于纯思维的辩证运动中,用精神对于异化的扬弃来表现他对于现实异化的批判态度。这当然会产生一系列的错误。但他毕竟表示出了这样一点:扬弃异化的对象使之成为人自己所有,才能实现人自己的解放,"达到使人的客观存在成为现实的自己所有"。这是一种深刻正确的见解,具有极大的革命批判意义。

马克思指出,按照这种观点,就应得出无神论和共产主义的结论。无神论就是扬弃异化的神而使人的本质返回他自身,这就是在理论上、意识上主张人自身的伟大、价值和权利,它"是理论的人本主义(Humanismus,贺译本这里不知为何忽改译为'人文主义',我仍照前译为'人本主义'。——引者)的生成"。而"扬弃了私有财产的共产主义,要求恢复作为自己财产的现实的人的生活,是实践的人本主义的生成"。神、私有财产这些异己的东西,是人自己的异化的创造,它曾是人类自身发展的必然产物,现在则必须给以扬弃。只有扬弃了这种"中介"(Vermittelung,异化是人类发展的中介,中间环节),"才达到积极地从自身开始的、积极的人本主义。"②人类只有通过这全部的否定之否定过程(不是单纯地从宗教、私有财产等等倒退,回到未发展的单纯的贫困状态),才能使人

① 马克思:《黑格尔辩证法和哲学一般的批判》,人民出版社1956年版,第27页。
② 马克思:《黑格尔辩证法和哲学一般的批判》,人民出版社1956年版,第27页。

实际地实现成为人。

从这个意义上看,费尔巴哈对宗教的批判和马克思对私有财产的批判,正是黑格尔辩证法积极因素的继承和进一步的发展。历史本身已经证明,黑格尔辩证法中确实具有这种有价值的因素。

黑格尔为什么提出"自身否定"呢?否定为何有积极意义呢?这是因为,"他把人的自我异化、本质的外在化、对立化和发展,理解为人的自我赢得、本质的变化、对象化和现实化。"① 人就是通过自身否定来发展和实现自己的,否定就是外化、对象化,也是异化、对立化,而且,又是对这种外化、对象化和异化的扬弃,使那些对象化的产物或异化了的对象重新由人自己来支配。而这一切所描述的是什么呢?无非就是人自己的活动——劳动和人的社会实践活动。黑格尔"在抽象范围内,他把劳动理解为人的自我创造的动作、把对自身的关系理解为对异己的存在的关系",即把人发展自身理解为人同异己的存在(异己的人和异己的物,如私有财产、国家等等)的关系;"并且把由作为一异己的存在而证实(Betätigen,应译为实现。——引者)其自身的过程理解为在生成中的类族意识和类族生活。"② 即人是通过劳动或异化实现自己的,这种过程就是人类意识和生活的生成。

但是这个辩证法在黑格尔那里从根本上就是颠倒的。因为这种辩证法的主体——抽象的精神本身就是人的本质的异化,就是一种颠倒。所以黑格尔辩证法有以下特点或根本错误:

一、实际的人的活动,在黑格尔那里"显得只是一个形式的动作",它是抽象的,因为人的本质本身就被抽象化为自我意识。

---

① 马克思:《黑格尔辩证法和哲学一般的批判》,人民出版社1956年版,第27页。
② 马克思:《黑格尔辩证法和哲学一般的批判》,人民出版社1956年版,第27页。

二、因此,人的真实的生命,真正的人的历史过程,便成为纯思维的活动,一种"神性的过程"。人的历史便成为一种与人不同的意识自身的过程。

三、它离开了现实的人这个历史的现实承担者或主体,而它又"必须有一个承担者、一个主体",那么,这个主体"因此就是神,绝对精神",它也是开端,但只有到运动的终点,作为结果才认识自己实现自己,所以它是"自己知道自己和自己确证自己的理念"。实际的人和实际的自然现在变成了这个神、绝对精神的表现、谓语、符号。主语、谓语就这样完全颠倒了。在黑格尔那里,绝对精神统摄着人与自然这样的客体,形成为一种精神的运动。它是"神秘的主客同一体或统摄客体的主体性"。这种主体是在辩证运动中自我实现的,"作为过程,作为自身外在化并由外在化而回复到自身的绝对主体",就成为"一个纯粹的、不息的内在的圆圈"。①

因为现实的人的自我发展的全部历史变成为抽象,所以现实的外化、对象化和异化就变成只是一个抽象的否定性,它们的扬弃也就变成只是一个抽象的对否定的再否定,即否定之否定。它把丰富的、有生命的、感性的、具体的活动的内容都抽象掉了,"因此它的内容也只能是一种形式的,抽掉了一切内容而产生出来的内容",即纯粹思辨的逻辑发展的内容。但是,也正因为这样一些动作的概念,如否定,否定之否定"是普遍的、抽象的、属于任何内容的东西,从而也就既是超然于一切内容,复同样适用于任何内容的抽象形式"。②

这样马克思就全面分析了黑格尔的辩证法的意义。一方面他

---

① 马克思:《黑格尔辩证法和哲学一般的批判》,人民出版社1956年版,第28页。

② 马克思:《黑格尔辩证法和哲学一般的批判》,人民出版社1956年版,第29页。

的抽象使他的否定之否定的辩证法脱离了一切现实,成为绝对精神的神性的过程,成为颠倒的理论。另一方面,他正是通过这种抽象,在他的思辨逻辑里完成了积极的东西的创造。"那独立于自然和精神的、确定的概念、普遍固定的思维形式,是人的本质之普遍的异化(因此也是人的思维)的必然结果;并且黑格尔因而把它们作为抽象过程的诸环节表达出来并联贯起来。"[1]马克思充分肯定了黑格尔这一杰出贡献,认为他提出的那些思维形式,实际上正是人的本质,人的思维之普遍异化的必然结果和表现。黑格尔的深刻洞见就在于此。他有一种宏伟的历史观,并且用了一种明确的抽象的形式把它有机地连贯地表达了出来。这是黑格尔的抽象的另一种意义。

七、黑格尔的自然观 —— 他的唯心主义谬误的根本点及其暴露

在第五节中我们已经论及马克思对黑格尔对象化理论的批判。这个批判的基本点,就在于指出黑格尔脱离了作为自然物的人和自然界这个基础来看待人的对象化活动,因而把它变成为一种纯抽象的动作。黑格尔唯心主义的根本所在就是否认自然界的客观存在,否认它对于人和人的活动的本原意义。因此,马克思把自己对黑格尔全部哲学的批判,最后归结到对黑格尔自然观的批判。

在黑格尔全部体系中,从逻辑学转入自然哲学,从纯粹思维的

---

[1] 马克思:《黑格尔辩证法和哲学一般的批判》,人民出版社1956年版,第29页。

逻辑运动转入感性的自然界,是一个最为关键的关口。因为只有转入到自然界,黑格尔的精神才能从抽象进到具体特殊的东西,纯思维才能取得实际的内容。它是黑格尔整个精神异化发展的决定性的转折点,只有转入自然界,精神才算真正进入了异化,然后才能继续进到有机界,生命和人类历史、人类精神的发展,才能实现绝对精神自身。但是,这种转变,从纯思维中异化出、创造出一个自然界出来,实际上就同上帝从无中创造出世界这样一个宗教神学问题一样,完全是一个唯心主义自己制造出来的根本不可能解决的课题,一个真正的幻想。所以,看看黑格尔到底是如何解决这个难题的,是一件饶有兴味的事情。

黑格尔在《哲学全书》的《小逻辑》结尾,来到了这个关口。他说:"自为的理念"(指逻辑学发展终点的最高范畴,即绝对理念,抽象理念。—— 引者)"按照它同它自己的统一性来看,就是直观,而直观着的理念就是自然"。"在它自身的绝对真理性里,它自己决定让它的特殊性环节,或它最初的规定和它的异在的环节,直接性的理念,作为它的反映,自由地外化为自然。"①大家知道,黑格尔的范畴转化,有许多是深刻天才的。但是大量的又是牵强附会生拉硬扯的。而这里所讲的,则全然是一种没有道理、也不可能讲出任何道理的强制性过渡。拿第一句引文看,无非是一种武断的断言罢了:绝对理念就是直观,而直观就是自然。彼此毫无内在的逻辑联系。第二句引文说,绝对理念现在决定要把它自身的环节(特殊性、直接性、异在的环节等等)从自己里面放出去了,让它自由了,这就是自然界了。听起来,似乎自然界真的早就作为胎儿在绝对理念里存在着,只待决定它的出世。但是这种生育完全是虚幻的。

---

① 黑格尔:《小逻辑》,商务印书馆1980年版,第427、428页。

不错,黑格尔是把绝对理念作为纯概念发展的一个总结来看待,因而它包含着许多环节。但是按黑格尔自己的话来说,逻辑学乃是一个纯思维的阴影的王国,是一个摆脱了一切感性的世界。既然如此,它又怎能孕育出感性直观的自然界来呢? 不管黑格尔如何搬弄"特殊性"、"直接性"、"异在环节"这些概念,也还是无济于事,因为在纯思维概念中是找不出一个感性的原子来的。黑格尔的说法是如此奇异怪诞,使他的信奉者在理解和说明这一点上大伤脑筋。其实这完全是白费劲。黑格尔这里所讲的"道理"是不可能弄清的,因为他的"道理"就是没有道理。想从精神里产生出物质世界,实在比骆驼穿针眼还难。其实,黑格尔说的绝对理念"决定"让自己成为自然这句话,倒是说出了某种真情。马克思揭露说,"从逻辑学到自然哲学的这整个过渡,无非就是对抽象思维者说来如此难以达到,因而由他作了如此牵强附会的描述的从**抽象**到**直观**的过渡。有一种**神秘**的感觉驱使哲学家从抽象思维进入直观,那就是**厌烦**,就是对内容的渴望"。[①]黑格尔对抽象思维在逻辑学中自己认识自己的把戏,已感到无限的厌烦,于是,那无眼无耳无牙无人身的思维,在黑格尔那里,就表现为决心要扬弃自己的抽象性而承认自然界才是本质,并使自己转入直观的感性世界。

马克思指出,"因此全部逻辑学在于证明:抽象的思维本身是虚无,绝对理念本身是虚无,只有自然才确是某种东西。"[②]黑格尔决心让抽象的思维转入自然界,这本身就表明黑格尔抽象唯心主义的致命缺陷和自我否定。

但是转入自然并不等于真正承认自然界。"一个决心进到直

---

① 《马克思恩格斯全集》第42卷,人民出版社1979年版,第178页。

② 马克思:《黑格尔辩证法和哲学一般的批判》,人民出版社1956年版,第30页。

观的抽象的思维者,会抽象地直观自然,这是自明的事。"黑格尔在
对自然的直观里发现的是什么呢,"不是别的而只是自然诸规定的
抽象概念"。"因此整个自然对于他只是在感性的外在形式下重复
一遍逻辑的抽象概念罢了"。[①] 即是说,黑格尔的自然观,不过是在
自然的感性形式中分析出它们的抽象本质、抽象规定、抽象概念来
罢了。所以在黑格尔的自然哲学里,时间等于在自然形式中的自
我关联的否定性,光是自然形式的在自身内的反射……等等。而
自然本身,与这种神秘的抽象意义相区别的感性的自然界,在黑格
尔看来,反倒是虚无。在黑格尔的自然哲学里,只有自然界的抽象
的逻辑的本质才是真的(虽然也是低级的),而现实的、感性的、外
在于人的、独立于意识、精神或思维的抽象作用的自然界本身,则
"只有被扬弃了的外在性的意义",[②] "自然归结为在他在形式中的
理念。"[③]

　　自然于是被黑格尔仍然抽象地视为精神、理念,不过它不是作
为理念的理念,而是在他在形式中的理念,是外在于思维的思想,
非精神的精神。"外在性在这里不可了解为表现其自身的、并显示
给光和有感觉的人的感觉世界。这种外在性在这里乃是外在化的
意思,不应有的一种错误、一种过失的意思。"所以自然乃是"一个
有缺陷的存在",它的本质不在它自身,所以自然必须扬弃它自身。
于是精神也就从自己的外化中回到精神自身。[④]

　　这就是唯心主义者黑格尔对待自然所持的根本态度和观点。

---

① 马克思:《黑格尔辩证法和哲学一般的批判》,人民出版社1956年版,第32页。

② 马克思:《黑格尔辩证法和哲学一般的批判》,人民出版社1956年版,第33页。

③ 黑格尔:《哲学全书》第247节,转引自《黑格尔辩证法和哲学一般的批判》,人民出
版社1956年版,第33页。

④ 马克思:《黑格尔辩证法和哲学一般的批判》,人民出版社1956年版,第33页。

在这种完全违反自然科学的基础上，当然不可能有真正科学的历史观和辩证法。没有彻底的自然主义就不会有彻底的人本主义，人的历史科学与自然科学必须一致，唯物主义和辩证法必须一致，这是马克思的基本观点。这是我们不应忘记的。

结束语

本篇在一开头的地方就讨论过对《手稿》的评价问题。当时我曾许诺读者说,"我们将在论述整个内容中表明:《手稿》是马克思形成自己世界观时期的一部关键性作品;它是马克思哲学的真正起源地和秘密;是哲学中革命变革的起源;是马克思对历史之谜和理论之谜作出科学解答的开端。"同时我也指出了问题的另一方面,即《手稿》的不成熟性,"它只是马克思形成自己世界观的开端,开端还不是丰硕的果实"。我们强调既不能因为《手稿》的深刻意义而否认它的不成熟性,更不应因为它的不成熟而抹煞它的极其重大的价值。读者不难看出,实际上我们在内容的全部探讨中随时随地都对于上述评价进行了说明。不过,我想,在完成了对《手稿》全部主要内容的具体分析之后,如果现在加以归纳总结,再次回到对《手稿》的总的评价上来进行一些讨论,将会是适当的有益的。这样,我们就可以对《手稿》有一个更加明确、具体而全面的概念。因为开头时我们的说法对读者来说总不免是空洞抽象的,在过程中涉及它时又不免是零碎的,现在则有可能获得一个包含着丰富具体内容的明确的看法了。由于人们对《手稿》的解释众说纷纭,对它的概念的各种运用与引申又如此广泛流行,我觉得集中地讨论一下就更有必要了。我仍认为,对于《手稿》和其中的概念进行某种解释,甚至赋予它以某种新的含义,给以发展和运用,这不仅是可以的,甚至是有意义的,并且也是每个人的权利。但是尽力把马克思的本来思想弄清楚,把自己的解释发挥同马克思本来的思想区别开来,把二者的关系说清楚,总是科学态度科学良心所应具备的起码条件。本书的目的是弄清《手稿》本身,我不敢奢望自己在本书中已经把这一任务都完成了,但是提出这目标,并希望就此向其他研究者求教,总是有益的。

为了科学地评定《手稿》的意义和价值,当然不仅需要理解《手稿》本身,还须把它放到马克思哲学观点的整个形成中去考察。要详细说明问题的这一方面,就会大大超出本书范围,而需要一部更大的著作才能完成。因此,在这里我只想简略地谈一谈自己的一些看法。根据马克思本人在《〈政治经济学批判〉序言》一文中自述的思想发展过程,和恩格斯在《费尔巴哈和德国古典哲学的终结》一书特别是该书序言中的论述,我认为似乎可以把《手稿》、《关于费尔巴哈的提纲》和《德意志意识形态》这三个作品作为马克思哲学观点形成中最重要的标志(《德意志意识形态》也是恩格斯哲学观点的形成)。这三个著作按其成熟性来考察是不同的,十一条《提纲》第一次明确提出了马克思哲学的基本观点即实践的观点,《德意志意识形态》第一次形成和基本上完整地表述了接近于科学形态的唯物史观,所以它们可以作为马克思(以及恩格斯)哲学形成的标志;与此相比,《手稿》是不成熟的。但是,《提纲》和《德意志意识形态》的核心思想,又恰恰是来自《手稿》的,是《手稿》所准备起来和提供的。《手稿》中探讨的劳动对象化以及劳动异化的理论,为《提纲》准备了基本思想,而《提纲》则以批判费尔巴哈的形式,把革命的科学的实践概念加以明确的形成,《德意志意识形态》则把《手稿》与《提纲》的哲学观点变成了历史科学本身,产生了比较完整系统的唯物主义历史观。所以《手稿》是马克思哲学的真正起源地和秘密。

我们的简略的小结，就是想联系这一整个形成过程来考察《手稿》本身，给它一个科学上恰当的地位。

一

《手稿》的中心概念是异化劳动概念。它是马克思这个时候所达到的主要成果，又成为马克思考察政治经济学、哲学和共产主义问题的基本理论根据或支柱。马克思在《手稿》中力图阐明的自己的新世界观，也是在异化劳动概念的基础上构成的。

马克思形成异化劳动概念经历了一个艰苦过程。他最初从黑格尔哲学出发，也就是从精神的异化理论出发。这时他是一个唯心主义者，精神和自我意识的发展被他看作是改革现实社会历史的根本原因和动力，因此要在精神的能动活动中去探求德国解放的道路。参加实际政治斗争，使马克思发现政治异化的根源并不在精神，而在经济生活之中，因此马克思转向批判黑格尔的法哲学，走上了唯物主义的道路。这时，费尔巴哈从批判宗教进而批判了黑格尔唯心主义，批判了黑格尔的精神本身无非是感性的人的本质的一种异化，提出了在唯物主义自然观基础上的新的异化理论，即以感性的人为基础的人本主义异化论。费尔巴哈这一发现给马克思以很大鼓舞、启发和支持。不过马克思是沿着他自己的道路来接受费尔巴哈影响的，他重视的不仅是自然界和感性的人，而主要的是作为感性的人他所过的现实的社会物质生活。所以，马克思就从探讨政治异化的根源进而集中研究人的经济异化。他认为经济异化才是决定人们政治异化思想异化的东西，只有弄清经济生活中人的自我异化,才能真正说明一切异化,并找到使人们摆脱一切异化、实现人类解放的道路。

经济异化的主要表现是私有财产的存在。工人阶级和各种社会主义共产主义学说这时已经直接向私有财产提出了挑战。马克思肯定了这种要求的意义,但认为那些共产主义学说并没有弄清私有财产的本质,认为要弄清这种本质只能靠政治经济学的研究。他集中研究政治经济学时看到,古典经济学对于私有财产的本质已经有了重要的科学发现。这就是它的劳动价值学说。古典经济学第一次明确提出并论证了形成财富(他们所说的"财富"或"国民财富",其实是资本主义的财富即私有财产)的唯一源泉是劳动,这样,就把财产这种物的本质归之于人的主体本质,把研究方向从单纯注意财富的物的形态转到能动的人这个主体方面来了。马克思十分重视这种科学的发现。但是资产阶级经济学包括古典经济学之所以肯定劳动是价值的源泉,只不过是为了资本即私有财产本身,只不过是为了使活劳动更好更多更"科学"地成为资本积累即资本家发财致富的源泉,劳动价值论在他们那里没有成为揭示私有财产真正本质的武器,相反,他们掩盖私有财产敌视劳动者的异化性质,把私有财产当作人类经济生活的自然前提。马克思揭露了这个矛盾。他从人的主体本质即能动方面是决定私有财产及其性质的基本观点出发,指出只有不仅把创造私有财产的能动活动看作劳动,而且要把它看作是异化劳动,才能解决这个矛盾,真正科学地说明私有财产的本质。这是对劳动价值学说的彻底发挥,同时也就是对古典经济学的劳动价值学说的根本突破和批判。异化劳动概念不仅指出对象性财富来自人的对象性活动,而且揭示了私有财产这种对象性财富的异己性质,来自创造这种财富的劳动自身的异化性质。

因此马克思认为,扬弃私有财产就不仅仅是扬弃它的物的形态所能完成的任务,必须扬弃那形成私有财产的异化劳动本身。从而,马克思批判了以前社会主义共产主义学说的表面性、不彻底性和改良主义的性质。马克思从辩证法观点看异化劳动,认为它是人类自身发展的必然阶段,在否定形式中包含着人类劳动的历史巨大成就,所以他批判了粗陋共产主义的历史倒退性,提出了积极扬弃劳动异化的共产主义新概念。马克思在探讨共产主义作为对异化劳动的积极扬弃的意义时,深入考察了人的本质在劳动中的形成,在劳动异化中的发展,在扬弃异化劳动中的重新获得的丰富内容;指出人的本质是在劳动中形成社会和历史,从而阐明了人的社会性、历史性,以及工业和科学这种对象化活动的结晶对人类发展和解放的伟大意义。

马克思用劳动异化论理解了全部人类历史发展的基本辩证过程。然后回过头来考察黑格尔哲学,深刻揭示了黑格尔辩证法作为精神异化理论的意义和秘密。他指出,黑格尔的精神异化论无非是对人在劳动中自我形成的历史所作的抽象唯心主义表达。马克思高度评价和发掘了黑格尔辩证法的这种表达中的合理含义、深刻内容和批判因素,同时彻底批判了它的抽象思辨性中所包含的唯心主义谬说和非批判性质。在这一批判性剖析中,马克思深刻阐发了他自己的唯物主义的关于对象化的原理。他认为以人的能动活动为中心的人本主义,必须以自然主义为基础,对象化活动、劳动决不是什么抽象精神主体的活动,而是感性自然的人对于自然界的实际的能动关系。同时,马克思也批评了费尔巴哈不懂辩证法,不理解黑格尔精神异化说中包含的深刻内容,实际上,也就是批评了费尔巴哈不理解人的感性活动的意义。黑格尔深刻认识到人的本质是劳动,但他把人的本质只看作精神,从唯心主义方面把人的本质抽象化。费尔巴哈正确地把人的本质归结为感性物质的存在,但他看不到人不仅是感性的存在,更重要的,是感性的能动活动着的存在物,所以他对人的本质只能从感性直观上加以把握,丢掉了现实的人本身,这是从另一方面对人的抽象化,即抽象唯物主义,或形而上学的唯物主义。所以他们都没有抓住现实的人的本质,马克思的这种分析和阐发,为马克思形成自己的哲学实践概念,准备了深刻的辩证思考和丰富的内容。很清楚,不久后马克思在《提纲》中写的第一条,就是《手稿》中这一唯物辩证的对象化理论思考的结晶。

因此,我们可以概括地说,《手稿》及其中心概念劳动异化论,是马克思从德国古典哲学优秀成果出发的巨大发展,又是对它的根本突破和批判。同时也是马克思对古典经济学和以往各种社会主义共产主义学说的优秀成果的继承和根本批判。一句话,是对它的三大理论来源进行综合性的根本的批判继承所取得的伟大成果,是马克思思想发展的决定性转折点。

《手稿》中许多基本概念都体现着这一点。这里,我们想着重讨论一下关于人本主义的问题。

在我看来,马克思在《手稿》中所讲的人本主义,主要的不是什么一般道德意义或文学意义上的人本主义或人道主义,而是作为一种科学或哲学意义上的人本主义。这种人本主义观点,就是把人类的一切历史、一切社会产物,包括私有财产(经济方面)、国家权力(政治方面)、宗教(意识方面)等等,都看作是人自己的能动的创造活动的产物。因此,它认为对于这一切对象性的东西,只有从人的主体本质上去加以研究,才能得到真正的理解。例如,古典经济学就批判了重商主义只从货币的金属形态上去考察财富的本质的货币拜物教,把财富的本质归于人的劳动;黑格尔的辩证法把人类历史上的一切都归于人本身 —— 不过只看作精神 —— 的抽象活动,从而第一次产生了一种宏伟的有机的历史观;费尔巴哈批判宗教和黑格尔的绝对精神,认为它们不过是人自己的异化的创造物,等等。他们在科学或哲学上能够做出贡献的秘密,都在于他们认为历史的对象,其本质并不在对象本身,而在创造出这些对象的人这一方面。马克思在《手稿》中高度赞扬了他们这些成就中所包含的这种科学的观点和方法,称之为人本主义。可见,马克思是把人本主义当作考察一切历史问题,历史事物的一种带根本性的观点和方法。并且,既然按照这种人本主义观点,这些对象性事物的本质在人自身,因此,克服这种对象,把它们重新占有,扬弃这种东西的异己性质的方法也就找到了,它就在人自身。所以,人本主义就成为人从这种异己对象的奴役下获得解放的理论。卢梭的、黑格尔的、费尔巴哈的这些理论,都具有这种性质,他们认为自己的人本主义可以为人获得自由和解放找到道路。尽管他们的理论有着不同的种种根本缺陷,总体说来还是不科学的,但是,他们的这种思考又确实包含着重大的科学价值,具有极其重要的批判性因素。因此,马克思给予了高度赞扬、重视,进行了深刻的批判继承工作。《手稿》中马克思自己主张的人本主义,就是对上述这些科学的批判的成分进行改造的结果,包含了马克思本人对历史进行科学考察的根本观点和方法。

但是,马克思继承的决不是上述那些人本主义中的资产阶级内容,以及其中的唯心主义、形而上学成分。上述那些人本主义虽然包含着深刻的科学的成分,但在根本点上它们都是错误的。这就是它们所能够理解的人本身,只是市民资产者的人。资产阶级社会历史理论中的人的本质,以资产阶级经济学的观点为最根本。在它看来,一切经济活动由以出发的人,是孤立的个人;自私和贪

婪是这些个人的真正天性,是推动着人们进行一切经济的历史的
活动的真正原动力。因此在它看来,人的劳动活动天然的就只是
一种为自己谋取私利的活动,劳动本身只不过是人的天然的能动
的私有财产,这样,劳动产生私有财产,产生人与人的对抗,就是一
件不言而喻的十分自然的事情了。这种资产阶级的人性论是一切
资产阶级社会历史理论和哲学理论的根本点。所以这些理论决不
能真正理解人类的异化及其扬弃。只有到了马克思,站在劳动者
和无产阶级的立场来考察人的本质,才能突破这种局限。马克思
第一次把人的本质理解为劳动,理解为实践批判活动,从而从根本
上批判了以往人性论的资产阶级本质,为科学地理解现实的社会
的历史的人的本质及其发展,为革命地改造社会取得劳动者和人
类解放,指出了道路。马克思还坚决批判了黑格尔把人的本质归
结为自我意识的唯心主义,反对了费尔巴哈把人的本质只看作感
性存在的形而上学,指出在劳动和革命实践中形成的现实的人的
本质,只有用唯物主义和辩证法才能真正加以理解。这就是马克
思在《手稿》中反复阐述的他自己的人本主义。它已经是一种无产
阶级的、唯物辩证法的关于人及其历史的科学观点与方法。因此,
那种把马克思在《手稿》中所主张的人本主义等同于资产阶级人性
论和资产阶级人道主义的说法,如果不是无知和误解,就只能说是
一种有意的歪曲。

二

　　我们肯定《手稿》及其中劳动异化概念和人本主义理论的科学
的革命的意义,但是我们也认为这些概念毕竟还是不成熟的,是有

重大缺陷的。看不到问题的这一方面也是不对的,将会导致另一种错误。不过这种不成熟性究竟是什么,我们同有些人的看法依然有原则区别。因此,我们认为对问题的这一方面也有必要作科学的全面分析。

那么,这种不成熟性究竟何在呢? 我们认为,《手稿》本身以及后来马克思自己对这种不成熟性的扬弃,可以为我们的理解提供一个基本的线索。

我们已经看到《手稿》中异化劳动概念的深刻内容和巨大意义。但是如我们在前面已经指出的那样,马克思提出这个概念时,主要还只是一种逻辑上的必然论证。他从劳动者同自己产品异化的事实出发,指出产品的异化性质只是结果,而形成这种结果的是劳动过程或生产行为本身,因此这种生产行为自身必定是异化的。这种论证是完全合乎逻辑的。马克思的这种思考,是他对政治经济学基本事实的批判思考,所以也是有科学根据的。并且马克思运用了劳动异化概念来说明各方面重大问题也卓有成效。但是,这个概念本身毕竟还没有由科学本身加以说明。它只是哲学对于经济学事实进行分析所得出的概念,还不是经济科学或历史科学本身的概念。马克思本人充分意识到了这一点,因而他在第一个手稿提出和论述了异化劳动概念之后,立刻就给自己提出了更进一步的根本任务。他说:"我们已经承认**劳动的异化**、**外化**这个事实,并对这一事实进行了分析。现在要问,人怎么使他的**劳动外化**、**异化**? 这种异化又怎么以人类发展的本质为根据?"[①] 马克思认为只有从人类历史发展中弄清异化劳动的起源,才算真正弄清了私有财产的本质和起源。所以他并没有以提出异化劳动概念为

---

① 《马克思恩格斯全集》第42卷,人民出版社1979年版,第102页。

满足,只是认为这样一种新的提法本身"包含问题的解决"。所谓"包含"着问题的解决,就是说,它为问题的解决提供了研究的方向和指导研究的观点和方法,它本身还不等于问题的解决。

马克思清楚认识到要解决他向自己提出的这一根本任务,即说明劳动异化在人类发展史上的产生和本质,绝不是一个单纯的哲学任务,而毋宁说是一种历史科学和经济学的任务。必须从政治经济学的事实出发,必须大力研究人类物质生产史以及在生产史基础上的全部历史事实,才能得到科学的答案。因此,马克思在得到异化劳动概念之后,就开始了这种努力。这一点,我们从第三个手稿论分工这一节,以及这个时期所写的《穆勒〈政治经济学原理〉一书摘要》里,就可以看到它的开端了(请认真地阅读一下《马克思恩格斯全集》第42卷第144-149页,第24-30页)。但是真正给予了比较系统的科学说明的,主要是在《德意志意识形态》一书中。并且可以说,这种研究实际上是马克思毕生的工作,在《资本论》中才得到了科学的完成。这一研究产生了唯物史观和剩余价值学说这两大科学发现。这两大科学成就才完全确凿地说明了人类历史,劳动的异化、私有财产、阶级等等的起源和本质,指明了扬弃资本主义异化的科学的道路。

所以经过是这样的:马克思对资本主义的经济事实(通过批判古典经济学)进行了哲学的分析和思考,使他得到了异化劳动的概念,为他的进一步研究开辟了道路,提供了指导线索和方法;然后他以异化劳动概念为指导,又回到人类历史和资本主义经济的事实本身进行科学的研究,使他得到了唯物史观和剩余价值理论,完成了他的根本任务:科学地解答了历史之谜。

但是这样一来,他原来在《手稿》中获得的作为经济学-哲学的概念即异化劳动理论,在取得了科学形态之后,自身也就扬弃了它那种还比较抽象的哲学形式了。当马克思以异化劳动概念为指导探索历史,分析了历史上各种劳动生产的发展形态,社会关系形态,并且确切地找出了它们之间的联系,以及它们的确切的辩证发展关系之后,他也就不必再一般地老是用"异化"一词来说明历史了。这就是为什么马克思在后来的成熟的著作中,"异化"一词不再常常出现的基本原因。但是,从另一方面看,那种对异化的探索和分析,又始终贯串于马克思的唯物史观和剩余价值学说的论述之中。这不过是因为马克思往后的科学研究,正是以他的劳动异化概念,或者说,是以他对于人的劳动活动所进行的唯物辩证法的哲学分析,作为指导线索的。表面看问题的人常常迷惑不解:他们或者因为马克思后来不用或极少使用异化概念,而认为这是马克思把《手稿》的劳动异化概念当作没有科学价值的东西,当作只是费尔巴哈人本主义的遗迹,加以抛弃了;或者由于在1857-1858年《政治经济学批判大纲》和《资本论》中还是找到了"异化"等词的使用,而认为"异化"是马克思始终完全肯定的科学概念。虽然这两种解释从某种角度看似乎都有些道理,但是在我们看来,好像都还没有抓到马克思本人思想的深化过程,因而都还不能很好地说明问题。

实际思想斗争的需要,是马克思后来基本上放弃"异化"和"人本主义"提法的又一重要因素。当时德国思想界中空谈"人"的异化和"人"的解放的观点相当盛行。马克思认为从施特劳斯直到施蒂纳的整个德国哲学在黑格尔之后的发展,甚至费尔巴哈也在内,始终都没有离开德国古典唯心主义哲学的基地,始终都没有真正站在现实的基础上,所以他们所讲的"人",始终都只是一种抽象的只存在于哲学太空中的"人"。即使费尔巴哈也不能例外,"费尔巴哈谈到的是'人自身',而不是'现实的历史的人'。"①马克思认为,真正的历史科学中作为出发点和前提的人,必须同这种唯心主义所想象的"人"区别清楚。"我们不是从人们所说的、所想象的、所设想的东西出发,也不是从只存在于口头上所说的、思考出来的、想象出来的、设想出来的人出发,去理解真正的人。我们的出发点是从事实际活动的人","是处在一定条件下进行的、现实的、可以通过经验观察到的发展过程中的人。"②因此,马克思尖锐地批判了这种唯心史观,指出:"他们用这个'人'来代替过去每一历史时代中所存在的个人,并把他描绘成历史的动力。这样,整个历史过程被看成是'人'的自我异化过程,……由于这种本末倒置的做法,即由于公然舍弃实际条件,于是就可以把整个历史变成意识发展的过程了。"③

由于空谈"人"及其异化是德国唯心主义历史观的主要表现形式,必须给以批判;由于马克思的劳动异化概念和人本主义概念实质上完全不同于上述那些唯心史观,但用语上又十分相近,容易混为一谈;由于马克思这时已经把自己的劳动异化概念和对人的本质的唯物辩证法观点变成为科学形态的唯物史观,因此马克思就明确地在用语上抛弃以前的那种提法,以便划清界限和开展思想斗争,宣传自己的科学世界观。在《德意志意识形态》中,马克思自己是这样说的:"根据经验去研究现实的物质前提","这一道路已在《德法年鉴》中,即在《黑格尔法哲学批判导言》和《论犹太人问题》这两篇文章中指出了。但当时由于这一切还是用哲学词句来表达的,所以那里所见到的一些习惯用的哲学术语,如'人的本

---

① 《马克思恩格斯全集》第3卷,人民出版社1960年版,第48页。
② 《马克思恩格斯全集》第3卷,人民出版社1960年版,第30页。
③ 《马克思恩格斯全集》第3卷,人民出版社1960年版,第77页。

质'，'类'等等，给了德国理论家们以可乘之机去不正确地理解真实的思想过程并以为这里的一切都不过是他们的穿旧了的理论外衣的翻新"，因此，"须要'把哲学搁在一旁'，须要跳出哲学的圈子并作为一个普通的人去研究现实。"[①]

马克思的这一叙述，既清楚地表明他为什么放弃"异化"、"人本主义"词句的理由，同时也清楚说明他原来使用这些词句所包含的内容，同包括费尔巴哈在内的那些唯心史观是根本不同的。这对于我们正确认识《手稿》的不成熟性，并且避免把这种不成熟性同资产阶级人性论，同费尔巴哈的唯心史观相混同，具有重要的意义。

因此，我们的结论是：应该弄清用语，但更重要的是应该正确地理解马克思"真实的思想过程"，深入学习和研究《手稿》中马克思的科学的哲学创造。谁如果只注重词句，那就不会有多少收获，并且无论对之批评或利用都容易走偏方向。对于真正想学到一点东西的科学工作者来说，《手稿》永远是人类思想成就的一个巨大宝藏，是理解马克思哲学真正深刻丰富的内容与本质的一把钥匙。

[①] 《马克思恩格斯全集》第3卷，人民出版社1960年版，第261—262页。

中西人论的冲突

—— 文化比较的一种新探求

序　一

　　这是杨适教授的一本关于中西人论的书,也可以说是一部在更深的层次上对中西文化进行比较研究的作品。

　　自从中国的大门向世界打开以来,百余年间,中西文化的交流和冲突迄未停止。于是,人们也不断有关于中西文化的比较研究和讨论。远者且不说,自20世纪60年代开始,台湾、香港学者曾在这一方面作了很多的研究和讨论,70年代后期以来的十余年间,在大陆上也出现了一股文化研讨热。

　　中国人为什么会热衷于文化的比较研究和讨论? 看来其中有一种根本的动因,就是中国人渴望自己的国家成为世界上先进的发达国家,渴望中国文化与时俱进而自立于世界先进文化之林。可是,一到具体问题上,人们的意见就分歧了。怎样估价中国传统文化? 怎样看待当代西方文化? 能否找到二者的结合点? 又怎样使二者结合起来? 凡此等等问题,无不聚讼纷纭,难衷一是。

　　因此,我们看到中国历史上有过这样的现象:一次文化探讨热达到相当高潮之后,各方相持不下,问题总是那一些,意见大体也总是那一些;于是人们渐渐感到疲劳,讨论也就渐归沉寂。可是,中国人需要反省的问题依然存在,文化研讨的前提并未消失。于是,到了一定的时间和条件之下,文化的研讨又重新热烈起来。从前讨论的问题,从前曾经出现过的不同论点,往往又以不同的形式或者在不同的程度上重新展现一次,而其结果自然也不会比前一次有更多的进展。这样的文化研讨及其成果,当然不符合参加讨论者本来的希望和要求。

上述情况发生的原因,看来不止一端。不过,从学术本身的角度看,未能找到对问题的新突破点并从而进入一个更深的探讨层次,这无疑是一个重要症结。

杨适教授考虑到前述文化讨论中的经验和教训,决定从中西人论的比较的角度来对中西文化的异同作一番新的研讨和说明。人论的研讨,已经不是一般的文化研讨,而是进入了文化研讨的一个专门领域,自是一门学术。但是,人论的研讨又是文化的研讨,是对文化问题的中心问题的研讨。杨先生说:"文化的中心是人"本身,"文化理论的中心是人论"。对于这种说法,我是很赞成的。

因此,我愿就人和文化以及人论和文化理论的关系问题谈一点个人想法,以此说明我是怎样从自己所理解的角度来赞成杨先生的。

人,就其整个历史来看,是这样一种特殊的动物:他来自自然,又逐渐超越自然,战胜自然,而成为万物之灵。人的既定命运是:永远要同自然作斗争,同时又永远不能离开自然。人总是要同自然打交道,人在与自然的永恒交往中,当然要把自然当作客体,而把自己当作主体。可是,人又不可能随心所欲地超越自然,战胜自然。人对自然的每一步超越与战胜,都必须以对自身的超越和战胜为前提。因此,作为主体的人,又必须同时以自身为客体,以自己为超越和战胜的对象。人对自然超越、战胜的过程和人对自身超越、战胜的过程,就是人类的文化过程。大家都知道,现在西方文字中表示"文化"的词都来自拉丁文的 cultura,而 cultura 恰好有着双重的涵义:一是对土地的耕耘与对作物的栽培,一是对人本身的开化与修养。所以,文化的本来涵义就是对于自然与自身的双重的开发和培植。在这个世界上,只有人才有文化的过程;换言之,也只是由于文化的过程使人得以实现对自然和自身的超越,人才有可能成其为人。因此,我们可以说,一方面,人是文化过程的主体和中心,另一方面,文化则是人的必不可少的本质属性。

在历史上,人和文化的产生和存在是一回事,而对人和文化的反省以及由反省而达到的自觉,则是另一回事。考古学家可以凭一把旧石器时代的手斧断言当时人的存在和文化的存在。可是那种手斧的制造者和使用者,远未能有对于人和文化的反省。我们知道,这种反省,不仅未能出现于原始时代,而且也未能出现于青铜时代的早期诸文明中。只是到了公元前一千年代(约公元前800—前200年),也就是雅斯贝斯所说的轴心时代(Axial Age),在中国、印度、希腊等处才开始出现了人类历史上的第一批哲学家,才有了人对于人自身及其文化的反省,从而也开始有了关于人的理论,即人论。人论,是人把自身当作对象来自觉思考的结果,是人类精神觉醒的显示。如果说,先前人对自身和自然的超越只是一种客观存在的不自觉的过程,那么,从轴心时代起,人就开始有了一种自觉的精神的自我超越。以上我曾说,人对自然和自身超越的客观过程为文化过程,那么,由人论显示出的人的精神的自我超越,就应该算是对于文化的文化过程了。当然,这只是一种比方的说法。我们不会把人论称为文化的文化。因为文化的涵义已经包括人对人自身超越的方面,人论最终也是人的自我超越。所以,我们仍认为人论是文化,不过是文化的中心部分,或者是文化的更深层次。如果我的这一认识尚不为荒谬,那么,杨适教授从人论的角度来论文化,显然是把文化的研讨引进一个更为深入本质的层次了。

　　人论是人类对于自身的文化或精神反省的结果,因而在理论上自然属于一个更高的抽象层次。不过,我们从历史上所看到的人论又都是具体的。既然人类的文化过程离不开时空两个坐标,从而不能没有其历史的和地区的特点,那么每一种人论作为人对于自身文化反省的结果,也就不能没有其具体的历史的和地区的特点。为什么呢? 因为,从事这种反省的主体是生活在具体历史时期和地理区域的人,他本身就是在这个具体文化中培植起来的,因而他的反省就不能不在主观上有其具体的历史的和地区的规定性亦即限定性;同时,他所反省的对象也是具体的历史的和地区的限度以内的人的文化,因而他的反省又不能不在客观上有其具体的历史的和地区的规定性亦即限定性。

　　杨适教授的这本书,一方面把文化研究深入到人论的层次,另一方面又不是以纯哲学的抽象分析方法来谈人论,而是以近乎哲学史的方式比较地论述了中西人论的发展。这样,我们就可以具体地看到中西人论的异同,而不致因其高度抽象而感到难于理解。他又不以说明人论作为思想史的过程为满足,而是把具体的人论放在具体时空的历史条件下去解释。这样,他的人论研讨就又从高度抽象的理论层次还原到具体的文化史中。我以为,这不但符合人们理解的需要,也符合研究本身从抽象进一步上升到具体的需要。

　　我个人从事的专业是史学,通常总运作在形而下者之谓器的领域中,可是对这本书并不觉得难解,反而觉得兴趣很浓。为什么会这样呢? 我以为原因不外有以下两个方面:第一,这本书研讨人论,即关于人的理论,自然是属于形而上的道之领域的,但是此书并未离器言道,而是即器言道,给人以便于接受的形式,使人易于思考其中提出的问题,便于参加讨论;而对于我来说,书中提出的大量的史的论证,自然更能引起兴趣。第二,文化问题毕竟是我们中国人的一个无可回避的必须思考的问题;此书以一种冷静(而非冷漠)的关怀(而非偏执)的态度,来推阐中西文化的异同及其根源,自然适于人们严肃思考我们的文化的需要。

承杨适教授的好意,使我有机会读了此书的手稿。我读了以后,觉得颇受启发。但愿此书的读者能在与我有同感之余,进一步就此书中所提出的许多问题提出自己的见解,从而使对文化的研讨不断走向深入。为了深入认识我们自己,这种文化研究的深入是十分必要的。

刘家和

1990年2月

序　二

　　我对中国近代史上中西文化问题的论争，长期以来抱有一种偏见，认为此种争论只是关于中国政治问题争论的一种方式，而且对此问题的回答又都出于不同时期政治派别斗争的需要，或者借文化问题的争论为自己的政见作掩饰，因而此类言论和著述，谈不上学术研究，只是充当不同时期政治气候变化的晴雨表而已。即使各派的观点，涉及一些学术问题或理论问题，也只是某种政论的装饰品，很少有深入分析和论证的。读了杨适先生的《中西人论的冲突》，纠正了我这一偏见。使我感到中西文化优劣之辩，虽同政治有关，但确乎有学术研究的价值。它所提出的问题，涉及哲学和社会科学的许多领域，有其特定的内容和可以揭示的规律。此书在这方面做出了可喜的成绩，可以说是将近年来流行的中西文化问题的讨论，从政论或时论引向了科学研究的道路，这是值得庆幸的事。

　　关于中西文化的比较研究，可以从多方面入手。由于文化这一概念，其外延十分广泛，泛谈其性质和内容，或者罗列一些表面现象，加以比较，是不会见成效的。此书以中西人论为主线，以人伦和自由这对范畴为纲要，探讨了中西文化的差异及其根源，可谓抓住要害，触及本根。此问题，说到底，是如何看待群体和个人的关系。人类不同于动物，要生存，必须进行生产。人类的生产活动,一方面具有社会性,从而形成了人的群体生活;另一方面其生产实践又是通过群体中的个人劳动来实现的。群体和个人,既相反又相成,乃一对立统一体。任何民族、国家和社会,都是在这一统一体的基础上形成和发展起来的,虽然因其所经历的生产方式的不同又各有自己的特征。如何处理好群体和个人的关系,从而顺利地和有效地进行社会生产,以维持和提高人类的生活水准,成为一切社会问题、政治问题以及文化问题的核心。历来的思想家、哲学家和政治家,无论古今中外,都为解决此问题,耗费了心血,寻找其对策,从而提出不同的价值观、人生观、伦理观,甚至世界观。杨先生于此书中,以人伦和自由概括群体和个人的特质,进而探讨中西人论的差异,认为中国传统的人论重人伦,而西方传统的人论重自由,各有偏重,从而构成了不同的文化传统。并且依据人类学、社会学、经济史、政治史和哲学史提供的大量资料做了论证,其结论具有鲜明的实证的性质。这在方法论上是一种突破,虽然有些论点,如关于中国古代社会的性质,道家人论的评估,尚可进一步研讨。值得注意的是,作者还运用异化的学说,剖析了在私有制基础上形成的中西传统人论的时代特征。指出中国的人伦传统具有封建的宗法性质,西方的自由传统又具有商品交易的性格。这两种传统,在历史上对人类文明的建设虽然各自做出了贡献,但对社会的向前发展,又各有其局限性。历史的辩证法,本来如此。作者揭示出这一规律,对"全盘西化论"和"国粹论"的思维方式的片面性,可以说是各击一掌,对近年来中西文化问题的讨论,无疑是一付清凉剂。

此篇也可以称之为"中西文化探源"。但任何历史的研究,都不可能回避现实问题。探源总是为了疏流。作者从中西人论的比较研究中,讨论了人类和中国的前途。其所提出的远景,虽然理论的色彩较为浓厚,但令人深思和反省。如果说,在生产过程中形成的群体和个人的关系,规定着人的本质,那么一个理想的社会,一方面应在消灭剥削和压迫中使个人的自由得到充分的发展,激发其才能和智慧;另一方面个人又应自觉地为整体的利益而工作,彼此爱护,谐调一致,使群体生活产生巨大的凝聚力,从而为创造高度的文明开辟广阔的园地。作者称这一远景为"扬弃异化"或人性的觉醒。这一远景称作什么,如何解释它,是次要的事。问题的实质在于使群体和个人这一对立统一体得到发展和完善。如果人们不抱有某些成见,这在理论上是无可非议的。令人高兴的是,作者不只是依据欧洲的人论和历史,应该说,更为突出的是受到中国传统人论的启发,从而引出这一结论。这对欧洲文化中心论者是一次严峻的挑战。

关于中国的未来,读者也可以从中得到某种启发。近代的中国作为工业落后的国家,如何赶上西方先进的工业发达国家的生产水平,此是中西文化论争产生的社会根源。一个历史悠久的农业社会向近代工业社会转变,既不能因袭传统,也不能抛弃传统,只能走推陈致新的道路。就人论来说,如果肯于吸取西方之长,以补自己之短,进而发扬自己的优良传统,处理好群体和个人的关系,我想,中华民族作为东方的巨龙,定会在现代化的道路上腾飞,再次焕发出青春活力,为人类文明做出新的贡献。

最后,借此机会,向我国中年及青年哲学和社会科学工作者表白一下我的心愿。杨适先生是研究西方哲学史的,而且成绩昭著。可是,他却选择了中西人论研究这一课题,认真钻研了中国历史和中国哲学的有关资料,并且提出自己的见解,力求有所突破,这种中西不偏废的治学态度,是值得倡导的。作为一个中国学者,既要熟悉西方,又要了解中国,其科学研究方能有所前进,有所创新,这是时代赋予我们的使命。愿以此共勉，迎接学术上新局面的到来。

　　以上是我读杨适先生《中西人论的冲突》后的一些感想，聊充序言，供读者评议。

朱伯崑

1990年2月于北京大学

前　言

　　本篇写作,意在对先前的文化讨论作一番反思,并尝试开始一种新的探求。

　　文化研讨是从现实需要提出来的一个课题。因为,如何认识处理传统与现代化的关系以及中国与西方文化的关系,对于坚持四项基本原则和改革开放、建设具有中国特色的社会主义新文化的伟大事业之成败,影响非常深刻重大。不过,要想达到现实的目的,关键还在我们对中西文化这对象本身求得一种比较清醒与切实的理解认识。那些只讲或实际上只从现实的某种需要出发的讨论,容易出现主观片面的毛病,而且争论往往停留在某些比较表面的层面上,反而会干扰真正的研究进程,得不出可作切实凭据的成果。所以我以为文化研讨是一种严肃的科学的学术性工作,它的这种性质应当受到尊重。

　　就它是一种学术研讨而言,本书想强调的一个基本观点是:文化的中心在人,文化理论的中心在人论,而人和人论都是历史的、具体的。因而在方法论上我以为,文化讨论虽然谈的多属思想方面的问题,却不宜停留在思想形态本身,而应把它同人的实际生活、同历史上具体的人和人论形态联系起来研究,并以后者为重心和突破处。另外,在涉及中西文化的历史特点时,不宜照搬西方框架来看中国,而应从中国传统文化与历史的本来实际状况出发,借鉴西方。"借鉴"就先要对西方历史文化作一番深入具体的认识和理解，然后比较中国实际，才能找出相关点，才可能有较恰当的运用。

为什么说文化的中心在人？因为在历史上，人和文化的产生、发展，原是同步的、不可分的一回事。文化是人创造的，它包括人对自然界的利用、改造活动和成果，也包括人对他人、群体的利用改造的相互活动及其成果。在这个创造文化的过程中，人便逐步走出了动物状态，并且不断超越他原来所达到的那些水平和状态；这样，也就创造了人本身，创造出人的历史发展，创造出人自己的存在和本质及其变动的历史。可见，文化和人是密切一致的。不过在这一过程中，人总是能动的源泉，并且总是文化得以产生和发展的出发点和归宿，即人是文化过程的主宰者或主体。所以，人还是中心。

因此人对自己的自觉特别重要。人论，是人在自己的文化创造中反过来认识自身的思想形式，它借理论的反省思考把人的自我意识或自我认识加以提炼，使之高度自觉，便能反过来给人和文化的发展改造提供精神的指导和推动力。因而人论在各种文化和思想中居于一个更高的层次和中心的地位。这就是我们认为文化理论的中心在人论的理由。

人论有抽象性，不过无论哪种人论又都是具体的。因为人类及其文化过程总是发生于一定的时空条件下，总是一定时代和民族的实际的人和文化；那提出某种人论的人，无论他本人还是他思考的对象都是具体的历史的人，所以他提出的人论也不能不是具体的历史的，其抽象也就只能是对这种具体的历史的人的抽象。不管他自己或信奉他的学说的人怎么想，怎么认为该人论可以普遍适用，一旦时代变迁，或很不相同的民族发生重大接触时，其适用性的历史的民族的具体限定性就会暴露出来。

因此,我们说以人和人论作文化研讨的中心,其涵义不仅在于抽象,尤其在于要对人、人论、文化作具体的研究,特殊性的研究:要研究各种人论所作的抽象里实际包含着的历史具体性,看它究竟有多少合乎科学成分的抽象,哪些并不具有其自诩的普遍适用性。我们并不否认抽象,但是只有从特殊和具体入手,才有可能获得比较科学比较恰如其分的抽象。

笔者以为这一点是很应当注意的。以前讨论文化问题站得高些的人,早已重视人和人论了,他们强调文化中的人道主义研讨就是一个标志。但一到论及中西古今文化的实际问题时,官司还是打不清,其原因当然不止一端,恐怕其中重要一条还是未对中西古今文化与人论中的"人道"作特殊性的研究。许多人只抽象谈论"人道主义",可各人心目中的"人道主义"又不同,还是具体的,或中国传统的或当代西方的,这样彼此的争论就相持不下,原无共同语言又如何能有结果。例如,"五四"时的一些人在宣传西方的"德先生"(Democracy,民主)和"赛先生"(Science,科学)时,就认为西方的人道主义更根本,是普遍的关于人性解放的真理,因而大声疾呼,抨击传统礼教"吃人",主张必须"打倒孔家店"。站在中国传统文化立场的人则认为西方的人道主义是伪善,那里到处是战争、杀人、奴役和罪恶,还不如中国文化讲人道。近十多年来人们又一次讨论了人道主义问题,虽加上了些新内容新说法,却仍然说不拢,争执不休,大体仍是以前讨论的重演。

其实"人道"一词中西文化中原来都有。西方叫 Humanism,中译为"人道主义"。单就词义言,它同中国古人说的"人道"一词并没有什么区别,因为 Human 指人,"-ism"是思想、主义,也即是道理,合起来就指关于人和人事的道理,"人道"。中国古人没有"主义"这个词,爱用"道"这个词,实际上已经够了,"道"字再加个"主义",从语文上说有点画蛇添足,只因"人道主义"译法已经通用,我们也就这样说好了。可见,"人道"与"人道主义",单从字面上讲并没有区别,不过表明中西文化里都有注重人与人事道理的传统,如此而已。这也可说是普遍适用于中西文化的抽象意义。但二者所讲的这种道理即人道,无论在内容、方法和形态上都大不相同,各有自己的结构,各有自己的特殊发展过程,也就各有自己的优劣点,这些都是无法用"人道"的上述抽象词义来加以说明和概括的。所以我们不能满足于笼统地谈论人道主义,以致混淆实质的差别。拿西方人道主义之长指责中国文化之短,或反过来以中国人道之长指责西方文化之短,说唯有一方合乎人道主义而对方不合人道,这类争论尽管也能揭示一些值得人思考的方面,总难以使人心服,难以从根本上搞清问题。因此我们应该改变一下研讨的方法,把重点放到中西文化和人论中对"人"和"人道"的具体看法上来。

按照这一想法和思路,本书将首先着重研讨中西文化、人论和中西历史中实际存在的人的状况,它们各自的基本特点和结构,力求给以比较恰当的理解和概括;然后,进而探讨中西分异的历史条件和根源,包括起源和演进的具体规律性;最后,从上述全部研讨中展望未来可能的发展,和我们可以努力的方向。

我们从公认的基本事实出发,在研讨的分析与概括进程中,会逐步提出一些新的问题和看法来。这些看法当然是学术商讨性的,而笔者的想法也正是希望抛砖引玉,拿个靶子供大家批评讨论,以促使共同研讨深入一步。《诗》云:"嘤其鸣矣,求其友声。"作为当代的中国人和中国知识分子,我同读者都有同样的或相近的困扰和痛苦,都衷心希望祖国日益昌盛,人民幸福,使中国文化重新进入世界先进文化之林而毫无愧色。所以我们应该多多交流思想，做彼此切磋的朋友。这也是本书写作的一个旨趣所在。

作者识

1990年1月于北京大学承泽园

第一章　略论中国传统文化与人论的特点及其真实基础

　　如前言所说,本篇将从分别研讨中西文化的特点入手。这里所说的"特点",不是泛指从各式各样对比中提出些可注意之点或形容词之类,而是把中西文化都看作系统的有机生命体,考察其中那形成它们,因而能说明它们各是其所是的东西,即各自的特殊本质。抓住这样的特点,也就能实实在在地帮助我们理解中西文化之间的真实差别和关联,并使二者形成本质性的对照。对于认真的讨论来说,找出和确定这样的特点,是不可缺少的基础工作,是给二者定性。因此,这种工作所需要的不是才子气十足的惊人之笔,而是切实的研讨和反复的检查;那些难以用史实检验的宏论不在我们的讨论之列。

　　我们先从中国文化传统的特点讨论起。不过从盘古到如今,不好讨论,需要限定一下。我们将以"中国传统文化"作为对象,用这个词,我们指从西周直到清末这三千年的中国文化。在周以前的传说时代和殷商文化是中国历史文化的渊源和周文化借以变革产生的前提;而后限亦只是它大体告一段落的标志。对于本书的研讨目的而言,把"中国传统文化"作为考察的对象是合适的,也不会有很大争议。

　　中国传统文化有若干发展阶段,需作具体研究,不过由于存在着巨大的连续性或同一性,因而这些差别、演进的阶段性考察,非但不会妨碍我们对全体全程作分析概括,还会使之更加具体丰富和显明确定起来。我们认为,认识中国文化中造成它那种特有的稳定与连续性的东西,非常要紧,因为这正是中国文化大异于西方文化和其他文化的一个重要特征。在世界上存在过的许多文化中,有的早已泯灭、中断了,有的虽被继承流传下来,可是却更换了它的主人。唯有中国的文化,它不仅是从远古就在中国土地上由中华民族所创造,而且历尽沧桑,未被外来势力所中断,一直同创造和发展这文化的主体 —— 中华民族,共同持存到今天。这种文化连续和文化主体连续的合一相关性质,本身就引人思考,对理解中国传统文化的特点有启发。现在就来谈正题。

一、中国传统文化的重人精神

在中国人的生活和各种文化中,对人的命运,即对自己家、国、民族以至个人的兴衰荣辱、悲欢离合的关怀,永远是中心的主题。中国人在自己的文化与人论中时时表现出这样一种高度的自觉:人们的一切生活言行和思想文化创造,只有在为了人的时候才有意义;而一切事情也只有通过人、依靠人才能实现。

中国文化里的这种重人精神渗透在各方面,贯穿在历史中,但它有一个起始处,就是西周,到了孔子和春秋战国的百家争鸣中,更加突出得到发扬。我们就从这里起对它作些考察。

大家知道,夏商周三代是我们中华民族进入文明的时期。到西周以后至春秋战国的时期,中国文化获得巨大发展,奠定了它往后发展的基础。夏商周的文化既连续又有变动,而以殷周之交的变革为最重要。王国维指出："中国政治与文化之变革,莫剧于殷周之际"(《观堂集林·殷周制度论》)。这已成为史学界之定论。讲中国传统文化的特征,必须从这场变革谈起。

殷墟卜辞表明,在商代,人们对天神上帝的崇拜几乎支配着一切思想和重大行为。商王在遇到问题时,都要通过巫的卜筮得到鬼神的指导才敢行动。《尚书·洪范篇》据说是周史官记录箕子所讲的殷政治文化的纲要,其中就说到:

> 汝则有大疑,谋及乃心,谋及卿士,谋及庶人,谋及卜筮。(你[王]有大疑难事,自己先想一想,再和卿士[高级贵族]商量,和庶人商量,和卜筮商量。)

和卜筮商量,就是通过占卜看天意如何。它在议事和决断中的重要性,可以从下面几种情况看到:

> 汝则从,龟从,筮从,[①]卿士从,庶民从,是谓之大同;身其康彊,子孙其逢吉。
> 汝则从,龟从,筮从,卿士逆,庶民逆;吉。
> 卿士从,龟从,筮从,汝则逆,庶民逆;吉。
> 庶民从,龟从,筮从,汝则逆,卿士逆;吉。
> 汝则从,龟从,筮逆,卿士逆,庶民逆;作内吉,作外凶。
> 龟筮共违于人,用静吉,用作凶。

这里讲了六种情况。天人一致同意的事,是最吉利的第一种。值得注意的是,在发生天意与人意之争时,如果龟筮一致赞同,即使王、贵族、庶民这三种人之中两者都反对,事情仍被认为吉利可

---

① "龟"指用龟甲占卜吉凶,"筮"指用筮草占卜,这是两种不同的占卜方法。

行(第二、三、四种)。而如果这三种人都赞同的事,只要龟筮一致反对,也不可行动(第六种)。可见龟筮所表示的天意在表决权上远胜于人。只有在龟与筮不一致时比较麻烦,龟卜比筮卜在权威性上更大些,但也要打折扣,所以对内的事仍吉,不能对外行动(第五种)。

这是殷人的天神崇拜宗教意识。征之于大量甲骨卜辞,可以证实《洪范》上述说法之精神:重天(这里的"天"指天神"上帝",不指单纯的自然界)而不重人。

代殷而起的周,虽然继承了殷的宗教观念,仍把天置于至高无上地位,却明显地进行了重大改造:天已不再是孤立绝对的存在,它本身就要听人民的意志。武王伐纣时作《泰誓》①,认为"民之所欲,天必从之"(《左传》襄公三十一年,昭公元年,《国语·郑语》引)。又说,"天视自我民视,天听自我民听"(《孟子·万章上》引)。西周兴起的这种新思想,为周取代殷的天命正统地位,提供了理论依据,也是周人为维护与巩固自己的统治所提出的基本指导思想。他们从殷的强大迅速走向瓦解灭亡中总结了很深刻的经验教训,意识到只靠天命和暴力专制不足以维持统治,必须特别注意和尊重民心所向。因此他们的思想转变到重人民和人事的研究上来,对殷人的天神宗教观作了新的解释。天成为民的欲望与意志的集中表现,它先要听民的,然后才决定一切。这虽然还是天神崇拜,却同上引《洪范》中的天意不同,它本身已人化了,取决于民意了,那么天意的决定实质上已经变成人意决定的一种形式。起决定作用的方面,就转移到人这边来了。《泰誓》还说:"天降下民,

---

① 古文尚书中的《泰誓》虽系伪作,但先秦可靠文献中引用《泰誓》之处仍属可信。

作之君,作之师"。① 这就是说,天神是为了人民才设君师的,因此作君者必须有德,保民才算敬天,才能享有天命给予的统治权力。中国人直到辛亥革命前一直有君权神授的观念,但同时又有"民为贵,社稷次之,君为轻"的观念,二者并行而不悖(孟子讲了以上两方面),其所以能一致,关键就在于对"天"作了上述新解释。

由周人创始的这场中国思想史上极为重大的革新和变化,深刻显示出殷周之际实际历史变动的本质需要。周人由于强调"以德配天",把重点转向了人事,就在继承改造殷商文化时,创造出了一整套礼乐德治的典章制度;这是一种新文化,其基本形式是规范全部人事的周礼。表现这种新文化的诗、书、礼、乐等典籍后经孔子及其门徒整理加工,成为中国传统文化的基本经典和往后全部发展的源泉。孔子说:"周监于二代,郁郁乎文哉!吾从周。"这个"文"就是起自西周的重人事的"人文"文化。

从文武周公到孔子所进行的宗教改革和文化改革,就其虽仍保持天神至高权威,却又力图使之接近人、人化,把重点转向人本身这一方面而言,同西方马丁·路德的宗教改革和文艺复兴的人文思潮有颇为类似处。尽管二者的时代和民族特点非常不同,其所表现的人的自觉都有划时代的意义,对于思想的解放和文化的发展都发生了深远的影响。

把这场变革从思想理论上提炼升华,从而成为中国传统文化主要奠基者的,是孔子。他提出"仁"的概念作为周礼和全部西周文化的思想核心,使之成为有深刻思想体系的文化学术。"仁学"就是孔子的人论,也是他的哲学,在其中孔子非常明确地表达了他

---

① 见《孟子·梁惠王下》。孟子这里只说"书曰",但从上下文可判定是武王伐纣之语。故在此当《泰誓》残篇引用。

的重人态度：

> 樊迟问仁。子曰："爱人。"(《论语·颜渊》)
> 厩焚。子退朝,曰："伤人乎?"不问马。(《论语·乡党》)
> 季路问事鬼神。子曰："未能事人,焉能事鬼?"敢问死。子
> 曰："未知生,焉知死?"(《论语·先进》)
> 樊迟问知。子曰："务民之义,敬鬼神而远之,可谓知矣。"
> (《论语·雍也》)
> 子不语怪、力、乱、神。(《论语·述而》)

在孔子看来,人应知与能知的是人自己,爱人、事人才是人的本分,不应去追寻那些关于鬼神和自然中怪异之事。这不仅同殷商文化唯鬼神之命是从的观念极不相同,对比西方古代文化也大不相同,他们一直重视宗教,又很重视自然的研究,后来便发展出系统的宗教神学体系和自然科学知识。其开端在古希腊。古希腊人的知识和智慧,照亚里士多德所说,乃起源于"惊异",即对日月星辰运行之类自然现象产生疑问,知道自己无知,就力求寻根究底(见他的《形而上学·A卷》)。他们对于人的认识,除了有些自然哲学家强调从自然原因来了解人之外,主流则是从"不朽的灵魂"来研究人的本质。而从孔子起的以儒家为主流的中国传统文化,则一上来就紧紧抓住现实生活中的人事和人生本身。

孔子把重人的思想贯彻到道德、政治、知识论、方法论中,观点也非常鲜明：

> 为仁由己而由人乎哉!(《论语·颜渊》)
> 仁远乎哉? 我欲仁,斯仁至矣。(《论语·述而》)
> 夫仁者,己欲立而立人,己欲达而达人。能近取譬,可谓仁之

方也已。(《论语·雍也》)

这就是说,"仁"即是做人的道理,也包含知人的方法。它不在远处,只在最切近的人生日用,其中心为返求诸己,推己及人。西方文化是主张在探求自然和灵魂之理中来认识人的,但中国儒家却主张对这些事情敬而远之,认为多讲这些不仅劳而无功,反而会使人忘记、忽视甚至搅乱了知识的中心问题:知人与事人。他们讲的求知就是从人们实际生活中和自身体验中"能近取譬",而且必须同"爱人"、"事人"的实践结合,知行合一。所以许多人以为它最平易近"人"。

除居正统地位的儒家外,墨、道、法家和后来中国化了的佛家,都对中国传统文化做出了重要贡献并成为它的有机部分。它们同儒家有许多分歧对立,有些还相当尖锐,但在重人这点上则仍是同儒家相近而不是印度或西方式的。墨家法家重人事的生活与政治是显然的。就是老庄大讲其"天道",也仍然是讲人世间的生活、欲望、情感、理想怎样才算合乎自然的道理,决不是印度或西方那样的神灵之天,也不是西方那样的对自然界事物的科学研究。中国土产的道教不讲什么灵魂不死,其幻想在人的长生不死和现世享福。就连中国化了的佛教禅宗也重在讲人人皆有佛性,砍柴担水无非妙道,佛即在人生日用之中。中国民间的习俗文化也具有同样特点,有了难事才"临事抱佛脚",只重现实人生,平时过得去,对神鬼就抱无所谓的态度。

可见,中国传统文化确是贯穿了重人精神。由于它直接地、紧紧地抓住人事人生,不大注重灵魂神鬼之事和对自然界事物的研究,这种重人的特点甚至比西方文化更为明白和突出。

二、中国传统人论中的"人"主要是"人伦"的人

但是,光说中国传统文化有重人精神还是不够的,我们还要问:它所重视的"人"究竟是怎样的人? 它所主张的爱人、事人的"人道",究竟是怎样的内容的"人道"?

我们要研究中西文化与人论的特殊本质,尤其应注意这后一方面。它表现在中西人论中关于人之为人的观念和道理,重点是很不相同的。中国文化传统所强调的,是人具有"人伦"的关系和本性,因此中国人传统中的一切思想、学术、言行和文化形态,几乎无不同人的人伦性相关。

关于这一特点,孟子最早作了明确的概括说明。他已经有了逻辑上分类的概念。"凡同类者,举相似也,何独至于人而疑之?"(《孟子·告子上》)。所谓类,指这一类中的所有个体都有相近相似的性质与本性,举出来就说明了类。"人"也是一个类,孟子认为这是不应有任何疑问的。问题在于如何确立人之为人的类概念。他同告子就人性问题作了一番辩论。告子说:"生之谓性","食色性也",人性是生就的,本来没有什么仁义。孟子反驳说:"然则犬之性犹牛之性,牛之性犹人之性与?"(同上)这是揭露告子用人和动物共同都有的生就的食色之性,混淆了类的区别。狗与牛尚不应等同,人性怎能同狗、牛之性混同? 在孟子看来,人最重要的亦即使人区别动物的东西,在人有仁义,而仁义实质即是人伦之道,所以唯有人能用仁义约束其食色之性而动物则不能。他说:

> 人之所以异于禽兽者几希? 庶民去之,君子存之;舜明于庶物,察于人伦,由仁义行,非行仁义也。(《孟子·离娄下》)

> 人之有道也,饱食暖衣,逸居而无教,则近于禽兽。圣人有忧
> 之,使契为司徒,教以人伦:父子有亲,君臣有义,夫妇有别,长幼有
> 序,朋友有信。(《孟子·滕文公上》)

这两段话讲出了几点重要的意思。第一,"人之所以异于禽兽者",在于人有"人伦"并能"察于人伦"。仁义不是为行而行的,它不过是人对人伦的自觉;自觉到人伦之道,行为自然合乎仁义。这是说,人道(一切人事道理和人的本性)是以人伦之道为根本的。

第二,"人伦"虽凡人皆有,但关键在能否对它有自觉。"行之而不著焉,习矣而不察焉,终身由之而不知其道者,众也"(《孟子·尽心上》)。这是说,一般人生活在人伦中习以为常,并不明白它的道理,就会丢掉它而"近于禽兽",失去自己作为人的木质。君子与庶民之别就在于此。这就要靠先知先觉的圣人来教导。何谓圣人? 孟子说:"规矩,方圆之至也;圣人,人伦之至也"(《孟子·离娄上》)。圣人当然包括多方面的功德智慧,但在中国人的文化传统里,最根本的一条还是看他做人如何,他必是"人伦之至",如舜那样,尽管其父瞽叟与异母弟象多次谋杀他,舜始终尽孝尽友。这样的人,是人伦的典范,深察人之为人的道理,并以此教化人民,就像工匠以规矩使物成方圆一样,使人按人伦之道成为人,成为高于禽兽的人类,所以就称作圣人。

这种对人伦的自觉,在中国文化中,就是人对自己作为人的自觉。它是文化的结果,因为在中国人的传统观念中,文化就是圣人的教化。中国文化作为中国圣人的教化,中心是要人自觉其人伦之道。

第三,孟子指出,人伦之道的教诲由来已久,在舜命契做司徒之时。《史记》记述传说:"舜举八恺,使主后土,以揆百事,莫不时

序;举八元,使布五教于四方,父义、母慈、兄友、弟恭、子孝,内平外成。"契为八元之一,"舜曰:契!百姓不亲,五品不驯,汝为司徒而敬敷五教,在宽"。这样做的结果,"契主司徒,百姓亲和。"(《史记·五帝本纪》)

"百姓",上古原指众多的氏族或家族。"五品",郑玄注,指父、母、兄、弟、子五种人。这段记述是说,舜委任契做司徒,让他针对氏族家族不亲、五品不和的情况,推行"父义、母慈、兄友、弟恭、子孝"这五教,造成各族人民亲密和睦相安局面。孟子与司马迁都讲了这段故事,必有所据。细考司马迁所述"五教"与孟子所述"五伦"还有些差异,前者似更近于上古实际状况,而后者是孟子自己对人伦诸方面的要目概括,他把它说成是舜与契的教导。但不管这些差别的发展如何,中国人从远古已注意人伦亲和是可信的,这说明,重人伦之道,在中国有非常悠久深厚的渊源与传统。

第四,但是把人伦之道越来越加以重视,终于明确为人之所以是人的本质,明确置于中国人伦与文化的首位,还是西周新文化、尤其是春秋战国时的孔孟荀儒家的贡献。孟子相当明确系统地从理论上表述和论证了人伦之道的意义和内容,后来的传统的人伦概念,大抵均以孟子这里所说的"五伦"为准,延续了两千多年。

重人伦不仅是儒家传统,墨家和中国民间文化也重人伦,就是道家、法家也不在外,如《老子》主张"民复孝慈",韩非也讲人有伦常规范。当然他们的讲法是很不同的,有分歧和尖锐对立斗争。但他们的争论常常正是围绕人伦问题来进行的这一事实本身,正表明中国文化重视人伦问题的改善与解决。

与孟子主要从人的心性立论不同,荀子讲人之为人在于人伦之道,主要是从社会实际生活方面立论的。他说:

> 水火有气而无生,草木有生而无知,禽兽有知而无义。人有气有生有知亦且有义,故最为天下贵也。力不若牛,走不若马,而牛马为用,何也? 曰:人能群,彼不能群也。人何以能群? 曰:分。分何以能行? 曰:义。
>
> 故义以分则和,和则一,一则多力,多力则强,强则胜物;故宫室可得而居也。故序四时,裁万物,兼利天下,无它故焉,得之分义也。
>
> 故人生不能无群,群而无分则争,争则乱,乱则离,离则弱,弱则不能胜物;故宫室不可得而居也,不可少顷舍礼义之谓也。
>
> 能以事亲谓之孝,能以事兄谓之弟,能以事上谓之顺,能以使下谓之君。君者,善群也。群道当,则万物皆得其宜,六畜皆得其长,群生皆得其命。(《荀子·王制》)

荀子在这段话里,把万物层层分类,指出"人最为天下贵"。人异于禽兽又能制服禽兽的原因在人能合群,而人能合群在于按义来分,这一切在荀子看来都在于人有孝、悌、顺、君之道。他还说:

> 人之所以为人者,何已也? 曰:以其有辨也。饥而欲食,寒而欲暖,劳而欲息,好利而恶害,是人之所生而有也,是无待而然者也,是禹、桀之所同也。然则人之所以为人者,非特以二足而无毛也,以其有辨也。今夫狌狌形笑,亦二足而无毛也,……夫禽兽有父子而无父子之亲,有牝牡而无男女之别。故人道莫不有辨。辨莫大于分,分莫大于礼,礼莫大于圣王。(《荀子·非相》)

荀子此说,从人不仅有知识且能合群,说明人能优胜于其他动物的原因或本质,与古希腊智者中的大哲普罗泰哥拉的观点颇为类似。然而,作为古希腊人,他们眼中的群体是雅典之类的民主制城邦社会,维系此人群的人道,则为凡公民皆有的"正义",即公民有参与公共事务和处理其私人事务的独立与平等的权利义务;而荀况所讲的群体和维系它的人道则与之大不同,这就显示出中西人类的真实生活、人论与文化的差异。

在中国传统的实际生活里,在思想文化里,"人"指的几乎全是,或主要是由人伦(核心是亲属血缘人伦关系)来形成的家族、民族、国家这类整体,和在这种人伦之网中被分别规定下来的一切个人。中国人及其文化,极少把人视作"原子"状的孤立个人。在中国人普遍的观念里,孤独个人绝不是什么正常的情况,只是一种不幸或偶尔发生的状况,如家国离乱、天灾人祸造成的人的潦倒与飘零。此外,唯有少数知识阶层的人于愤世嫉俗之时,才会有隐逸山林之志。所以,在常态下,中国人是"人伦的人",其人性、人道主要指的便是人伦之性,人伦之道。

三、两种人伦的对立:天道自然
人伦与宗法等级人伦

人伦之"伦"指道理、次序,"人伦"即人与人的关系中的次序与道理。泛泛言之,也可指一切人际关系。但按孟子"五伦"说所指,主要是家庭、家族中的亲子、夫妇、兄弟关系;其特别一项为君臣关系,主要是国家政治生活中统治者与服从者间的关系;再加上一个社会往来中的朋友关系。任何人都是父母所生,都是男或女,长或幼,因而总有亲子、兄弟、长幼关系,成人后有夫妇关系,并且还会同别人有亲戚和朋友关系,这原是极其自然的事,或者说是自有人类以来中外古今永远都会有的关系。但是说人必须分君臣,这就不像上述几伦那样自然;进一步说,把父与子、夫与妇、兄与弟之间的关系,也搞成如同君臣一般的主宰者与顺从者的关系,那就更是一件可疑的事。孔子主张"君君臣臣父父子子",孟子主张五伦,秦汉以降的"三纲五常",是真正合乎人道、合乎人之本然的人伦之道的吗?

这个问题,古代早已有人明确提出来了。老子说:

> 大道废,有仁义;智慧出,有大伪;六亲不和有孝慈,国家昏乱有忠臣。(《老子》十八章)
>
> 夫礼者,忠信之薄而乱之首。(《老子》三十八章)

所谓人伦,原是讲六亲和睦忠信的。儒家说讲仁义礼智才能维护人伦,老子批评揭露说,这些正是造成六亲不和、天下大乱的祸首。理由是,它破坏了"大道",即天道自然人伦:

> 天之道,其犹张弓与? 高者抑之,下者举之,有余者损之,不足者补之。天之道损有余而补不足,人之道则不然,损不足以奉有余。(《老子》七十七章)

同周孔儒家所主张的"人之道"相对立,老子提出了"天道"的概念。天道即自然之道理,人也应符合天道,有余者要去帮助天下不足之人,这是人与人亲密和谐平等的状态。他认为儒家的主张与之相反,是一种勉强的人为,这种"人之道"矫揉造作,其目的是要让已经很穷的人去供养侍奉有余者,增添他们的权势和财富。后者在人伦的形式下干着剥削与压迫的勾当,自然就造出种种纷争不和。

司马迁说老子是"周守藏室之史"官。现在老子其人其书都有争议。无论如何,《老子》书的整个思想表明,它具有深远博大的历史知识与见地,是没有疑问的,否则就不可能产生那样深刻尖锐的批判思想。《老子》把理想的天道人伦寄托在远古时淳朴无知无欲的小国寡民状态,固然是一种取消文化的倒退幻想,但他正是从这一对比中看出周孔所立的新文化中人伦的虚伪性和根本缺陷,又是很了不起的洞见,表明他的历史视野甚广甚深,高于绝大多数同时代人。

其实孔子何尝不知道这个问题。他也是历史知识和识见最博大精深的思想家。这一点,我们从孔子不时流露出来的看法和思古之幽情,便不难看到。《论语》中有不少这样的线索,如:

> 子贡曰:"如有博施于民而能济众,何如? 可谓仁乎?"子曰:"何事于仁! 必也圣乎! 尧舜其犹病诸!"(《论语·雍也》)

谁都知道,"仁"是孔子思想的核心。他从不轻许某人为仁人,"我未见好仁者恶不仁者,好仁者无以尚之"(《论语·里仁》),连他最忠实和心爱的弟子颜回,他也只许以"三月不违仁"作为高度评价,"其余则日月至焉而已矣"(《论语·雍也》),能做到几天几个月不违仁就不错了;因此,人们通常都把"仁"作为孔子的最高理想。但这看法实在说来并不完全正确,因为孔子心里明白地还有另一层次、另一比较。他认为那"博施于民而能济众"的境界才是最高的,它不同于"仁",比之更高,尧舜才能谈得上,也不能完全做到了。为什么呢? 因为"博施于民而能济众",说的是平等博爱的人伦世界,即"大同"之世的境界,它只在远古的氏族制时代才有过踪迹形相;而"仁"所要求的只是维护"君君臣臣父父子子"的上下尊卑人伦关系,它不再是平等博爱的,乃属损不足以奉有余的时代的道德状态。不过孔子是"圣之时者",所以他只能以讲"仁"作为对他那个时代的人的最高要求,不能再要求人们达到更高的境界了。

因此,尽管儒家经典全力以赴讲仁与礼,有时也透露出与上述孔子与老子类似的历史见解。《礼记·礼运篇》里提供了一个非常经典性的论述。《礼记》是战国到汉初儒家讲礼的论文集,成书较晚,其中既汇编了先秦儒家的作品,也有秦汉之际的儒家的一些文章。因此,各篇所出时间不一,不易确定,有些可依其内容作估计。张岱年先生认为《礼运》首段宣扬大同思想,称述孔子与子游的问答,可能是"子游氏之儒"的作品①,应属先秦作品。

《礼运》篇,按汉郑玄注:"礼运者,以其记五帝三王相变易及阴阳转旋之道。"唐孔颖达疏:"子游所问唯论礼之运转之事,故以礼运为标目耳"。这就是说,它是记录和论述自五帝以至三代表现中国古代人伦之道的礼制的变迁的作品。这是同我们现在讨论的主题直接相关的。开篇说:

> 昔者仲尼与于蜡宾(参与祭祀),事毕,出游于观之上,喟然而叹。……言偃(即孔子弟子子游)在侧,曰:君子何叹? 孔子曰:大道之行也,与三代之英,丘未之逮也,而有志焉。

这是说,作者记述了一段过去的故事:孔子在参加祭礼后有所感叹,认为"大道之行"即黄帝以至唐尧虞舜时的情景,以及夏商西周三代,自己没有赶上,但仍有志于此,非常憧憬。接着记述了孔子(也可能是托孔子之名)的一段关于"大同"与"小康"的重要论述:

---

① 张岱年:《中国哲学史史料学》,三联书店1982年版,第83页。

大道之行也，天下为公。选贤与（同"举"）能，讲信修睦。故人不独亲其亲，不独子其子，使老有所终，壮有所用，幼有所长，矜寡孤独废疾者，皆有所养。男有分（分职），女有归。货恶其弃于地也，不必藏于己；力恶其不出于身也，不必为己。是故谋闭而不兴，盗窃乱贼而不作。故外户而不闭，是谓大同。

今大道既隐，天下为家。各亲其亲，各子其子，货力为己。大人世及（父子相传为"世"，兄弟相传为"及"）以为礼，城郭沟池以为固，礼义以为纪，以正君臣，以笃父子，以睦兄弟，以和夫妇。以设制度，以正田里；以贤勇知，以功为己。故谋用是作，而兵由此起。禹、汤、文、武、成王、周公，由此其选也。此六君子者，未有不谨于礼者也。以著其义，以考其信，著（明）有过，刑仁（以仁德为法则）讲让，示民有常。如有不由此者，在势者去，众以为殃。是谓小康。

这一段概述是一份极为珍贵的文献，具有很高的哲学与人类学的理论价值。它究竟是否孔子本人的话，已难考证。这并不十分重要，重要的是它是古代哲人的一篇相当深刻的历史研究成果，其中所表述的观念不仅同上引老子、孔子的观点一致，而且要系统明确得多。我们在往后研讨中会常常回到它来，所以这里全文抄录如上。

这里我们想以此指明："大同"之世的人伦，是"天道"（"大道"或"博施于民而能济众"）的人伦，即人类本来意义上的人伦。虽说这种人伦在远古氏族制时代只有其相当原始的、几乎没有得到分化发展的形态，但它毕竟是中国人历史上曾经存在过的具有某种和谐与平等的人伦状态。所以尽管在后来形成的中国传统文化的现实性里，它不是实在的东西而只是一种回忆的印迹，却让老孔憧憬，并成为对现实的重大思想批判因素，一直被珍贵地保持下来，影响到康有为、孙中山直至今天。由它作对比，人们便能清楚地看到，夏禹以后的中国的人伦和文化发生了根本性质的变化：那合于"天道"的人伦"隐"、"废"了，代之而起的，是以"礼"、"仁"为标志的，"货力为己"、"天下为家"的人伦，即家天下私有制的人伦。它是"禹、汤、文、武、成王、周公六君子"的创造或发展出新文化的结果。而由孔子和儒家所奠定的中国传统文化的主流或基本形态，乃是总结此六君子的成就并加以发展的形态。

所以，我们认为有理由判定，把中国传统文化与人论的特点归结为人伦，虽然有意义却需作具体了解，人伦在中国历史与文化上有巨大的演变，不可用笼统的词义混淆对立的人伦，相反倒是应从其对立差别中考察人伦关系自身发展的规律性。从西周直到清末中国历史上实际存在的人伦，乃是一种特定的人伦形态，把它称作"宗法人伦"或"宗法等级人伦"，要更恰当些。由于中国传统文化的真实基础是宗法人伦，所以传统文化的思想形态，就有维护、改善、发挥、发展宗法人伦的，是为正统、主流或补充正统的成分，也有反对、批评宗法人伦的其他各家各派，有种种不同的倾向的研讨与争论，但无论如何，都离不开宗法人伦这个真实基础及其引发的各种问题，都离不开这个中心来开展人们对人伦之道和人论的研究讨论。

这是我们对中国传统文化之特点的更进一步的规定。抓住宗法人伦及其产生的种种矛盾，才算抓住了中国传统文化之所以如此的特殊本质规定，这样来讲它是人伦性的文化，也就有了真实具体的内容。

四、关于中国历史观的一点看法

要研究中国的文化,尤其是像它的实质和如何为之定性这类关键性问题,当然绝不能离开中国的历史,因为大家都公认文化是由历史造成的。这就涉及对中国历史该怎样看待和研究的问题。

在近代由于西学的传入,中国人在历史观和史学上发生了重大变化。西方史学的新观点新概念给我们许多深刻启发教益,中国学者里就产生了用这些新观点重新研究中国历史的局面。这一发展有很大的意义,因为中国要走向世界和全人类的共同的未来,实际的历史要这样发展,中国的史学当然也要这样去发展,不能再闭关自守。参照其他民族的历史和史学,重新认识和改造自己历史发展的路向和史学,是理所当然,势在必行的。不过这并非容易的事。以前在这些引进和运用中,我认为产生了许多照搬照抄的毛病。它包括两方面的不实事求是。其一是我们对西方的历史和史学观点本身研究不够。就以影响最大的马克思主义历史理论来说,人们在引用马克思的某些论点时,往往没有认真注意他本人对其适用范围所加上的严格限定。五种生产方式说就是其中突出的一例,它只是马克思研究西方各民族相关联地错综发展所构成的大线索时所作的"历史概述",他本人一再申明,即使他的关于资本主义历史阶段的规律性说明,也只限于西欧各国适用,连俄国都不能适用,需作新的研究。因此,更不必说不可照搬到中国、东方等地的民族了。正因为这一点,他在晚年开始了新的关于人类学的研究。但是以前许多人却没有去注意马克思历史观的这种具体性和发展。其二是许多人在引进新观点时对中国自己历史的特点没有做到充分尊重,作有根据的独立自主的研究,却常常强使中国历史去适合他们从西方历史和史观中得到的某种结论和方法。

由此产生的影响最大的后果之一,就是许多人非要在中国古代史上找出和确定有一个类似古希腊罗马的奴隶制社会形态,然后又要找出和确定有一个类似西方封建制的社会形态。这是很困难的事,于是就千方百计地采取了各种加以变通的说法,搜罗些他们认为可证明的资料和证据。几十年来,什么是中国的奴隶社会,什么是中国的封建社会,什么是区分二者的依据,这些该定在什么时代,等等,官司打不清,便出现了诸如西周封建论,春秋战国之交封建论,直至魏晋封建论等各派无休止的争论。不必说,由于这样的思想框架,各派对于中国传统文化的由来、变革和本质的见解,也就当然不同,争论不休。

这些争论和研究也有不少成果,不可一概抹煞,但是从整体上看,我认为都有削足适履的大毛病。因此我不大赞成这类看法和研究方法,甚至认为卷入这样的争论,将无助于真正搞清中国历史问题。

那么,在尚未弄清这些关于历史观和中国古代史划分的种种争论之前,我们还能不能研究讨论中国传统文化的本质的问题,或能否搞清这个问题呢? 读者不免会提出这样的疑问。对此,我的回答是:这只是一个似是而非的难题,并不足以阻碍我们研讨中国文化问题。因为,广义的文化史本来就是历史,它们并不是两个东西。事实上,当我们讨论中国历史上的文化与人的问题时,已经是在谈论中国的历史本身,只不过没有用时下通行的那些诸如"奴隶制"、"封建制"的概念和术语罢了。① 我以为暂且避开这类从西方历史和史学里来的概念,以及由此而来的对中国史看法上的争

_____

① 我们在谈中国古代史时也要用"封建"这个词,但那是西周以来这个词的中国本义含义,与西方的"封建制"不是一回事。

论是有好处的;如此,我们就可以专注于中国文化与历史的事实本身。然后我们再来作中西比较,进一步讨论历史问题,岂不更顺理成章吗?

所以,下面我就径直来讨论中国传统文化的实质和表现形式。如前所述,从周孔开始的中国传统文化的真实基础是宗法等级人伦,已不是原始的自然的人伦,前者是从后者发展和变革而来的。这是一个基本的事实。既然要谈文化和历史的关系,那么,就让我们从这一个大家无可争议的历史事实出发,来考察一下这个宗法等级人伦文化的特点和结构吧。

五、宗法人伦的二重性及其对立统一结构

学术界一般认为,中国古代的宗法制度创建于西周初年,到春秋末年就全面瓦解了。这种看法,仅就其强调西周建立的宗法制度有特别的历史意义而言,尚有可取,但它把西周的宗法制视为中国宗法制度的唯一形态,则是片面和过于狭隘的。事实上,它有更早的历史渊源,并且在秦汉以后仍然存在,只不过在某些方面有了重大的改造变化,直至清末。毛泽东在《湖南农民运动考察报告》中,曾把"族权"作为"束缚中国人民特别是农民的四条极大的绳索"之一。可见以宗族组织为基础的宗法制度,一直存在到新中国建立之前。本书附录将以实际资料的分析表明这一点,并且使人注意它直到如今尚存的存在与影响。

宗法制度,是中国传统文明的基本历史特点。忽视它,将解不开中国历史上的许多谜结。但宗法制本身有一种特别的结构与奥妙,那就是:它同人伦有难解难分的联系。弄不清楚这种联系的结

构,中国传统文化的方方面面及其变动发展的曲折,也是难于解剖清楚的。所以,本书往后的论述,将时时与宗法人伦特别结构的问题息息相关。

为了具体剖析宗法制及其人伦的基本结构,我们还应从西周谈起。王国维在其《殷周制度论》中说:

> 殷周间之大变革,自其表言之,不过一姓一家之兴亡与都邑之转移,自其里言之,则旧制度废而新制度兴,旧文化废而新文化兴。
>
> 周人制度大异于商者,一曰立子立嫡之制,由是而生宗法及丧服之制,并由是而有封建子弟之制,君天下臣诸侯之制。二曰庙数之制。三曰同姓不婚之制。此数者皆周之所以纲纪天下,其旨则在纳上下于道德,而合天子诸侯卿大夫庶民以成一道德之团体。

王氏这一见解,点出了周人新制度新文化的特点在宗法制。他讲的有几点不确切:(1)我们现在知道,同姓不婚之制是人类形成氏族制度就必须具有的基本依据和标志。因此,它必定早已存在了;(2)前两种制度在夏商二代也已不同程度实行过了,"殷因于夏礼","周因于殷礼"(《论语·为政》),主要就指父子兄弟世及制度和宗庙制度;(3)说"一姓一家之兴亡"只是表面现象,那是不妥的,因为宗法制等正是"家天下"制度的规定形式;而"家天下"无非是"天下为家",即由氏族制公有制转变为家族私有制的产物。

实际上周人创制的特别重大意义只在于:他们站在建立和巩固自己一姓一家统治的立场上,认真总结了夏商二代兴亡的经验教训,深知欲达到目的,必须从盲目崇拜天帝与武力转到自觉重视人事德治上来,下大功夫使上述三种制度系统、严密和完备起来,成为"纲纪天下"的大法。此种高度自觉的创造,确实在各方面开始了中国历史和文化的一种新局面。

这三条制度的作用是:用立子立嫡之制建立统治世系,区分大宗小宗的支配从属关系,规定各级统治权力的分配,确立君臣上下的名分和等级。用庙数之制安排与上述制度相符的祖宗神的地位和祭祀次序,使祖先崇拜为巩固地上的统治秩序服务。用同姓不婚之制保持与改造氏族制、父权家族制以来的传统,保证周的姬姓宗族系统有条不紊和它在全中国的最高统治地位,并同异姓贵族联姻为甥舅来维系整个统治阶层的政治联盟,以加强周王朝的权力及其稳固性。

在三条中,显然第一条是核心和根本,"宗法"就来于此。它支配着后两条和其他一切方面,由此周人创制出一整套包括政治、道德、宗教、礼仪、经济和日常生活的规矩习俗在内的文化和国家制度,其详尽、系统和严密的规定即是周礼。所以周礼,就其本质来说,是西周宗法制度、宗法文化的形式规定;而要认识周礼或宗法制的本质,必须首先抓住这第一条。

第一条的特点,是把人在社会政治和经济上的等级隶属关系建筑在宗族等级隶属关系之上,两位一体,互为表里。前一种关系,是把人分为"君臣"隶属的等级层次,后者则是把宗族成员按嫡长子继承制的要求和准则,区分为大宗小宗和亲疏等差,搞成"宗法"隶属的等级层次。宗法制的实质在于把人与人的关系确立为统治服从的君臣关系;但这些君臣关系却主要借宗族的血亲、世系、长幼等关系来形成、建立、维系和巩固。所以中国古代的阶级压迫剥削制度与宗族关系有不解之缘,与宗法制度不可分,可以就把它称之为"宗法制社会"。

例如在西周,统治阶级主要是姬姓家族,辅以与之结盟的异姓贵族(如封于齐的姜尚之后等)。周朝便是姬姓王族之一姓一家的天下。其统治主要靠姬姓分封诸侯去控制、统治各地各族。为了维系自己的统治权力,实行嫡长子继承制,形成大宗,是为周王世系,它是中心;而王的叔伯与诸弟便是小宗;小宗在宗族上隶属、围绕大宗,政治上就成为周王的臣属,形成诸侯拱卫周王的局面。按此办法,诸侯在其所封国内又建宗庙社稷(姬姓诸侯对周室而言是分支),再分大小宗,诸侯世系是大宗,他的叔伯诸弟又是他的小宗,做他的卿大夫即臣下,以维系其地位和对国内土地与人民的统治权力。其下卿大夫与其家臣的关系亦复如此。这样,周天下就靠此宗族上的层层从属关系,建立起从天子到诸侯,到卿大夫、士、庶人等许多层次的统治服从关系,组成一个金字塔式的等级社会秩序。可见,宗法制即等级制,它既包括了把贵族组织成为统治阶级的方式与制度,也包括了这层层统治者都在政治上压迫、经济上剥削庶民的制度。

它当然也是一种阶级压迫的社会制度,不过中国古人发明的这种制度却有很不同于西方古代奴隶制度的特点。例如中国古代社会也有各种奴婢,其所受待遇之残酷并不亚于古希腊罗马的奴隶,但性质却有所不同。这是因为中国古代的阶级对立,主要是靠家族的对立来建立和实施,靠宗法的亲疏差别来形成贵贱的形态。奴隶主要是些被征服的异族成员和因种种原因家族没落丧失其保护的人们。他们成为奴婢,是由于失去了家族、家庭的纽带依托,一旦这方面有变化,其地位也就随之变化,可以逐步上升。如直到解放前彝族社会仍是这种情形:"呷西"之所以成为最底层的奴隶等级,是因为他们不仅完全同统治者黑彝没有任何根骨关系,而且只是孤单的被掳来买来的个人;一旦他们结婚成家,就可上升到"阿加"等级,阿加虽仍是黑彝、曲诺两个等级的奴隶,却能有个体家庭经济,也能占有呷西。在这里,奴役制度同人的血缘和家族关系是密切相连的。中国古代奴役奴隶的形式，只是从属于家族宗法制度的一个表现形态或方面、成分。这种成分固然不可忽视，却不是中国传统的压迫剥削制度的基本形态，它包含在宗法制之内，而宗法制所包含的逐层奴役制（等级君臣关系）实在远比简单的奴隶制更广泛、更复杂、更深刻。

这种复杂深刻的奴役制的秘密，就在宗法人伦之中。在家族中，本来有父子兄弟间的血缘亲属自然人伦关系，有夫妻婚配自然结合的人伦关系，他们之间有相互的关怀和义务，即父慈子孝、兄友弟恭、夫妇和睦等等。现在为了保证周王族和贵族的统治，实行嫡长子继承制，就要强调父权、兄权，即孝道、悌道。宗法人伦的特点，是在讲父慈子孝、兄友弟恭、夫妇和睦之中，实际上着重突出子对父孝，弟恭于兄，妻顺从夫的方面。看来不过是稍稍强调其一面，并不脱离相互的关心和义务，依然是很自然的人伦，实际上就变成了严格的宗法等级，在亲亲之中实现了尊尊，使父子兄弟夫妇关系都变成了上下尊卑的关系、支配顺从的关系，等级的关系，一句话，"君臣"的关系。

"宗法等级"同"人伦"，原来是不同的概念，指的是不同的东西，因为前者是人与人之间的不平等，是支配和服从的关系，其中有压迫与剥削，而后者本是人与人之间的自然亲密关系，如夫妇亲子结合共同生活，彼此养育互助关怀，其本义是没有压迫剥削的，至少绝不是必定会有剥削压迫性的。在氏族制时代人们也尊老敬贤，那是因为老者长者在维护集体生存发展上有功或有过功劳，且富有生活经验的缘故，十分自然，并非强制，如果不贤，后辈仍可不赞成。可是，在宗法制下，这两个有差别有对立的东西结合成为一个东西——宗法人伦。它是一个新东西，与原先天道人伦不同而且相反的人伦。它把宗法性和人伦性这二者包括在自身内并加以统一,所以是一个对立统一物。这种宗法人伦有一种特殊的对立统一结构,值得我们予以特殊的注意。

分析一下就能发现:

(1)宗法制度本身里就包含着人伦,并且始终离不开人伦。因为宗法制本身就是借人伦关系来建立和划分的,如借父家长与嫡庶诸子的关系,夫与妻、兄与弟等,来区别大小宗正支旁系,建立家族中上下尊卑等级名分关系,支配屈从关系。

(2)但是也就明白,这种人伦已经不再是原本自然的人伦,而是经统治者人为加工过后的特定人伦即宗法人伦了。它成为维护权力和财富不平等的分配,维护统治者对其他人的剥削压迫并要求他们顺从的形式。这一点在把君臣关系奉为人伦之首上表现得最清楚,原来人伦关系是无所谓君臣的,现在列入而且如此突出,并使夫妇、父子、兄弟之间的关系也实际上成为君臣关系(即支配者与顺从者的关系),不就显示出人伦中的质变吗?

(3)人伦既已变为宗法人伦,就不再是原先那样单纯的东西,而是把人为的等级统治秩序同自然的血缘和亲属关系糅合为一的东西。所以宗法人伦自身就带有二重性:既是自然的又是人为的,既是等级森严的又是讲团结和睦的,既把人按尊卑上下名分分离对立起来又要人按亲爱感情联系结合起来。这分明是对立的方面,然而,由于等级名分是用人伦关系作基础和依据来建立和确定,就要受人伦自然的情理维护制约,反之,那人伦情理又渗透了支配顺从意识与规矩,于是二者又统一起来了。宗法人伦的这种双重性和既对立又统一的性质与结构,经过历史上长期的演进和文化上的加工,搞得非常精微细致,在实际社会生活中便产生出各种非常错综复杂的制度和文化。

要揭示这种二重性很不容易。在古代,老庄道家在批判宗法人伦文化上有重要功绩,但离剖析清楚它尚远。孔子和儒家是精研宗法人伦及其文化的最有贡献的人们,但他们主要任务在维护宗法人伦,所以他们虽有的(如孔子本人)很明白根本问题所在,却不取揭露与批判态度。近现代中国人才对它作根本性的批判,但如果不深入研究宗法人伦的对立统一关系,就一定会发生认识上的片面性,有时痛斥其等级压迫的一方面,另一时又觉得其人伦情理一面很有"人道主义精神";而其实这两方面在宗法人伦中是二而一、一而二的,互相渗透结合的,所以片面性不能解决问题。我们认为,中国传统文化中的种种争论、学术以及其中复杂曲折扑朔迷离现象,几乎都同其现实生活中的宗法人伦基础相关,都同它的对立统一的特殊结构有不解之缘。这里先略举数端作为思考的启示,例如:

在宗法等级社会里,不平等、压迫和剥削虽然深重,却常常较易于为人们所接受或容忍,并能说成是最自然不过的天经地义。这不过是因为种种的支配与服从、压迫与剥削,就存在于重重温情脉脉的人伦情感之中,并由无数人伦日用的经验而得到支持和维护;国家是由统治者家族的宗法关系为主干(周)或核心(秦汉直到清)来建立的,国就是家,家也就是国。家天下便成为中国传统文化中的国家形式。

政治与道德合一。因为政治和国家制度是靠宗法人伦建立的,那么管住家族里宗法人伦之道的道德,自然就成为政治管理的根本大法了;这种不平等的政治压迫和经济剥削,因为是靠家族宗法人伦建立,也就必然受其制约。尽管家长和国君至尊无上,他终究必须关照到整个家族和国人的生存和利益,否则他的统治理由就不复存在和维持。他得按照宗法人伦规矩像个家长的样子,对子民们讲慈爱恩惠,不管他是真心的还是仅仅做个姿态;而在下者也可以用宗法人伦之道对他有所要求、劝谏乃至批评。所以宗法人伦统治就有了一个好坏的评价标准,它所能进行的压迫剥削有一个天然的限度。在这个限度以内,家国便能安定太平,有一种团结兴旺的外观,而超出这限度就不稳定,过分就会导致危机、重新改组甚或被他人所取代,等等。

周人创制的宗法人伦制度和文化,还有两点是值得专门说一说的。

第一点:周人的宗法制度不仅是周人自己宗族的法宝,也推行于异姓各族;不仅推行于与之结盟的异姓贵族,也推行于包括被征服的殷商旧族在内的一切人民。这种推行,就是在各族原有的父权氏族制、家族制和贵族制基础上,用周礼所表现的宗法人伦之道教诲他们,加以提高。

《左传·定公四年》记载:"分鲁公以 …… 殷民六族,条氏、徐氏、萧氏、索氏、长勺氏、尾勺氏,使帅其宗氏,辑其分族,将其类丑,以法则周公,用即命于周。是使之职事于周,以昭周公之明德。"即是说,把殷民六族分封给鲁公伯禽,要六族头领带其本宗,聚其分支,率其原有奴隶,一起去鲁国照周公的法则服从周人的统治,让他们为周从事职务,显示周公的大德。还记述,分康叔以"殷民七族",分唐叔以"怀姓九宗"。周人对被统治者的宗族势力,尤其是殷民,非常警惕,当然有强调武力的一面,实际上也镇压过他们的叛乱,但只要他们表示顺从,重点就在推行宗法人伦文化。《尚书·康诰》是周公辅成王分封康叔时对康叔如何治理殷民的一番训示。其中说:"汝惟小子,乃服惟弘王,应保殷民。亦惟助王,宅天命,作新民"(你小子应弘大王道,安抚殷民,辅助周王接受天命,把殷民改造成新民)。如何做到这一点呢?

王曰:封(康叔)!元恶大憝,矧惟不孝不友。子弗祗服厥父事,

大伤厥考心；于父不能字厥子，乃疾厥子。于弟弗念天显，乃弗克
恭厥兄；兄亦不念鞠子哀，大不友于弟。惟吊兹，不于我政人得罪，
天惟与我民彝大泯乱。曰：乃其速由文王作罚，刑兹无赦。

"彝"，法则。"民彝"，人民通用的法则，即宗法人伦的道德和
礼制。这段话的大意是：最大的恶莫过于不孝不友。子不孝则伤
父心，父不慈则疾恶其子；弟不念天之明道则对兄不恭，兄不念弟
幼可悯则对弟不友爱。如此，我执政之人就有罪过，天给我人民的
伦常大法就被废弃而天下大乱。所以对这种事要用文王所定之法
速加惩罚，不能宽赦。

周公认为，宗法人伦的道德不仅统治阶级内部适用，被统治者
的人民也适用。这是因为在周公看来，宗法人伦道德能使像殷民
之类的"顽民"层层服从其宗族尊长，这样，周人只需对其头领恩
威并用，使之臣服，其余的人就都不再会犯上作乱反对周人的统治
了。而且由于这对殷民宗族头领维护其在族内的特权地位有利，
他们也乐于接受。《尚书·多方》里就记述了周人训导从属于自己
的殷民和其他部族的头领，让他们为周事奔走效劳，要他们保持家
族和睦，治理好所属居邑，保住自己的职位的情形。

这种做法，使周的宗法人伦之道推行于一切所能达到的地方，
普及于中国各族人民。宗法人伦文化成为中国普天之下的文化，
始于周，其影响是深远的。后来，自西汉王朝起的历朝也都大力进
行类似的工作。事实证明，这种办法是维护统治稳定的最好办法，
因为它最易于被生活在家族制里的人群接受，从而形成最利于维
护宗法等级统治的深厚基础。

第二点，是西周宗法制度中很突出的，而后来又被瓦解、废弃，
终于未能持存的一个方面，即宗法分封制。封子弟、建诸侯之制，

是从嫡长子继承制和大宗小宗划分之制中直接引出来的,本意在维护周王室的天下共主一统局面,在西周初年,它也是当时周室可以控制全中国的土地和人民的一种有效方式。但在春秋时"封建"制的崩溃已经表明,它并不像周人原先所想的那样,是使家天下长治久安的可靠办法,相反,还会毁掉它自身。经过数百年的历史反复争议实践,直到西汉前期发生动乱的经验教训,证明"封建"行不通,从而中央集权的、以任免官吏来行使并控制权力的郡县制的国家制度,才牢固确立下来。这无疑是中国历史和文化的又一重大变动。不过我们能否认为,这就是废除了宗法制度呢?不能。理由是,这场变动并没有废除或改变中国的以家族或宗族为本位的实际生活基础,各种宗法制度如嫡长继承制度、大小宗支划分制度、宗族的上下尊卑等级名分制度,以及宗法人伦的文化等等并没有因为取消"封建"变为中央集权制的皇朝就被否定,相反,是更加强化和发展了。从封建到郡县之制,只是宗法制的一种特定形式的改变,或者说,是宗法制本身的一种发展。

所以,我们认为应该肯定,从西周到清末的中国社会,是宗法制社会;其现实生活基础是宗法人伦的制度和文化;它在各种历史条件和因素的作用下,通过宗法人伦及其统治形式自身的演进发展,经历了"封建"和"郡县"制的两个大阶段。因为宗法制统治主要是借宗法人伦来建立的,那么,认真理解和分析宗法人伦的双重性格及其对立统一结构,就成为我们理解传统的中国人、中国历史和中国文化的一把钥匙。而且这对我们进行中西文化比较也是极其关键的所在。西方的古代和中古文明,主要不是宗法制的,也主要不是靠宗法性人伦的,另有其形式和结构,因此,他们的人和文化也就同中国的不一样。我们研究历史和文化时,当然要借鉴西方,但如不充分注意到这个基本差别,就一定会造成牵强的毛病。

第二章　以宗法人伦问题为中心的 文化争鸣和历史变动

我们已论述了中国传统文化和人论的特点,它最重人伦之道,而它的现实基础,从西周起已形成明确系统的宗法人伦制度,并且一直保持到近代之前。本章拟把中国传统文化思想的各种表现形式和历史变动,同宗法人伦的问题联系起来作些概略的考察,进一步阐明中国传统文化的总的特点。

一、儒家的"礼"文化和"仁"文化

周公制礼作乐,礼乐文化是西周已经建立了的。孔子以继承周公的事业为己任,他说自己是"述而不作",就是强调这种继承。但他还是有"作"的,即有发展、发挥,尤其在他提出了"仁"。此"仁"是同"礼"深刻联系的,故是述中之作,作正是为了继承发扬西周创始的正统,即宗法人伦的制度和文化。可见,在先秦诸子百家中,孔门儒家是同统治阶级及其社会真实基础宗法人伦制关系最紧密的一派。

中国传统文化与制度,从西周算起,它的第一个形态便是

"礼"。从周礼开始,历代都讲礼。"礼"把宗法人伦的实质用制度和文化的形式正式规定下来,如一面大网,包罗了政治、经济、道德、文艺、宗教、习俗等在内,即要把一切人和人事包罗在内。所以从周礼开始的"礼"文化,就成为三千多年中国传统文化一个主要形式。

关于周礼直接就是宗法人伦制的规定,上章已经讲过,不再多说。

"礼"文化也就是"礼乐"文化。这在西周已经如此。为什么"礼"要表现为礼乐两方面及其结合呢? 这也是由宗法人伦中的对立统一性格所决定的;或者说,"乐"的产生、并与"礼"相配,同宗法人伦本身的二重性有关。范文澜先生说得好:

> 礼用以辨异,分别贵贱的等级;乐用以求同,缓和上下的矛盾。礼使人尊敬,乐要人亲爱。…… 礼有乐作配,礼的作用更增强了。[①]

不过范老仅以中庸之道来讲礼乐相配之理似嫌不够,因为中庸作为一种思想,同礼、乐一样也是宗法人伦的一种思想文化形式。我们用宗法人伦本身就能说明礼乐的差别和相配的道理,因为宗法人伦本身就有等级森严和讲究人伦情感的两方面。"礼"中也有人情,不过它由于主要强调等级贵贱,人情一面得不到突出,那么等级贵贱一面也很难使人愿意接受。于是早在西周时已感到有相应地突出一下另一面的必要。这就是强调"德"与"乐"。在宗庙祭祀、君臣上下的行为里,在宗族的共同生活里,一面行"礼",一面唱诗奏乐,这"礼"就显得洋溢着人伦亲密友善的情味,不那么令

---

① 范文澜:《中国通史简编》修订本第一编,人民出版社1955年版,第306页。

人反感压抑了。"乐"作为人的情感表现,原有更古老的渊源,但在与"礼"相配之中的"乐",不能不是为"礼"所节制、限定的东西,其情感的宣泄凝聚也贯注了宗法等级精神。

人们常说中国传统文学艺术富于人性人情,此语诚然不谬,但若不论及此人性人情,或为使宗法人伦美化的性情,或为反抗此宗法人伦之性情,就显得空疏了。后者如庄子一类,犹如《红楼梦》一类;前者则是以儒家为主的正统美学思想基干,屈原、杜甫一类。二者都有伟大成就,都同中国人民生活和历史命运深刻相连,正因为此,也就都同宗法人伦有本质的联系。

中国的"乐"文化始于《诗》。孔子说:"《诗》三百,一言以蔽之,曰:思无邪。"(《论语·为政》)这里辨别正邪的标准还是礼,即宗法人伦。所以他提倡"乐而不邪,哀而不伤。"(《论语·八佾》)对于情感强烈的郑声,主张加以排斥禁绝。中国传统文学艺术里充满缠绵悱恻的哀怨之情,人伦之爱,是极深沉细腻、委婉曲折的。但这些人伦情爱是否均为人类自然情性的表达,实在还是个值得思索推敲的问题。它难得有豪放的激情,无所顾忌的炽烈抗争精神,却总是那么含蓄凝重,温柔敦厚,时时流露出在重重羁绊重负之下无可奈何的心声。唯有《庄子》之类给人的天然性情以某种自由想象驰骋的天地,却仍带有一种迫不得已而逃避现实的意味,并非真实的自由之美。可见这人伦情爱是有扭曲的,它同"礼"一样,都有正负两面,其复杂的对立统一性质之根源也在宗法人伦的矛盾结构里。在儒家和中国传统文化的正统里,"乐"是配礼,为礼治德政服务的,所以礼乐文化也可简称之为"礼"文化。

儒家发展西周文化最突出的贡献,是提出了"仁"学。西周以礼乐文化建立起宗法分封制的王朝,开辟了中国历史的新局面,但那种井然有序的局面未能维持长久,西周时已有一些动乱;平王东迁后,王室已不再能保持其天下宗主的地位而衰微下来,以此为标志的东周即春秋的历史特点就是"礼崩乐坏"。检讨起来,它有许多深刻的经济政治原因,也有分封制这种体制性的重大缺陷,后者是中国宗法制度的西周形态的特殊问题。关于这种变动,我将在以后探讨历史根源时再详加分析讨论。这里只谈它的另一原因,即思想方面的原因,深刻认识到这一原因,力图予以匡正补救的是孔子,为此他开创了比礼乐更深层的"仁"文化。

孔子当然高度重视礼乐,但他深刻意识到光讲礼乐还不行。他自己说得明白:

> 礼云礼云,玉帛云乎哉? 乐云乐云,钟鼓云乎哉? (《论语·阳货》)
>
> 人而不仁如礼何? 人而不仁如乐何? (《论语·八佾》)

礼乐作为社会政治制度形式和与之相应的情感表达形式,实质在宗法人伦,所以它原有一种精神贯穿在这些形式之中,表现为孝、友、德治等道德因素;但是还不深刻。孔子认为,如果缺乏深刻的思想道理加以论证申说,这些道德因素不能深入人心,礼乐就会流于单纯表面的形式,脱离它的宗法人伦本质,而这即是造成礼崩乐坏天下大乱的根本原因。因此,孔子想用一种能够更准确地提炼过的思想学说,来把握这种精神实质,把它重新灌注到礼乐之中,使之名实相符更有生气,达到恢复天下平治的目的。于是他从以往诸多德目中深思熟虑,提出了以"仁"为核心的一整套学说。

"仁"的概念和学说,自孔子提出之后两千多年来,人们对它不知作过多少研究讨论。因为它对中国文化思想实在太重要了,有人把它比作思想上的日出,否则中国的历史和文化就会"万古长如夜"。可以说孔子以后的全部中国传统文化和思想学术,都是围绕着这个"仁"字在旋转和发展。它甚至比礼乐还要高,或者不如说,由于它,礼乐文化才富有生命力而得以长期存在发展,共同构建了中国传统文化的主流。

近现代学者对孔子的"仁"的评价探讨带有更多的批判性,意见纷纭,争论迭起。人们多批判它是一种唯心主义学说,主张"生而知之"的先验论;但也有人强调孔子特重人生实际经验,他自己申明"我非生而知之者,好古敏以求之者也",是个注重历史经验知识的人。"五四"迄今的激进者多批判孔子和儒教的"爱人"为伪善;但也有很多人不以为然,认为"仁者爱人"的提法是真诚的,而且是"相当高度的人道主义"和"人的发现"。[①] 还有人说,由此可见中国文化比起西方"倒是更为富有人文精神的"。[②] 关于它是进步的还是反动的争论就更多,不仅同上述两方面有关,还涉及对中国古代历史的看法和孔子在此历史变动中的地位与立场等等。在持春秋战国之交封建论的学者中,郭沫若认为孔子是顺社会变革潮流而动的伟人,说孔子讲的"仁者爱人"中的"人",是人民大众,孔子主张"奴隶解放",奴隶也是人。[③] 杨荣国则正好相反,认为孔子是旧的贵族奴隶主的代表,"仁"乍看起来仿佛是很漂亮的,把一切的人都包括在内,实际并不如此,它只包括了当时王公大人和士大夫,团结他们,"在骨子里维护殷商西周以来的奴隶族有的统

---

① 郭沫若语,见《十批判书·孔墨的批判》,科学出版社1960年版,第86页。其他学者类似提法甚多,兹不一一列举。

② 庞朴:《中国文化的人文精神》,《光明日报》1986年1月6日。

③ 郭沫若语,见《十批判书·孔墨的批判》,科学出版社1960年版,第86页。其他学者类似提法甚多,兹不一一列举。

治。"[1] 持西周封建论的范文澜、吕振羽等在观点和分析上要平和些,其差异对立不像郭、杨之争那么尖锐。

对于是否应该用西方历史和史学中的"奴隶制"、"封建制"概念来看待中国古代史及其分期的问题,我以为是需要谨慎的,这一点我在上一章第四节里已经谈到。所以我想在如何认识孔子提出的"仁"的问题上,还不如从中国本身的史实来谈为好。

首先,孔子讲"仁者爱人",确是把人、人事、人与人的关系等等,用一个"仁"字提到很高的思想水平上加以讨论,提出了中国最早的关于"人"的理论。因此我认为说它是一种"相当高度的人道主义"是有道理的,是对的。当然,它不仅仅是抽象的,这抽象本身是有具体内容的。

现在来谈孔子的"仁"的具体内容。马厩失火,孔子问伤人否,不问马,这"人"应包括像马夫一类劳动人民,或者也指"奴隶";孔子反对"苛政猛于虎",可见他是关心一般庶人平民的。从这方面讲,郭说似有理而杨说似无理。可是若从另一方面讲,孔子的"仁"极端强调"君君臣臣父父子子",强调上下尊卑名分的礼制丝毫不容逾越,分明在维护贵族等级统治,杨说又似很有理而郭说又似空泛无理。这是怎么回事,又该如何解释?

在我看来,问题在于实际上孔子所说的两方面本是都有的,而且能够把这对立的两方面用一个东西把它们调和统一起来。中国传统文化的微妙奥秘正在于此,孔子尤其精深地阐述了这个道理。这秘密不在别处,就在宗法人伦本身的结构里。不研究这一点而拿西方史学和文化的框架来看它,对立的双方就好像非此即彼不能并容,争论就不会有结论。

---

[1] 杨国荣:《中国古代思想史》,人民出版社1973年版,第101、114页。

"仁"同"礼乐"一样,都是表现和维护宗法人伦的文化,区别只在"礼"是制度的形式规定,"乐"是其情感审美表现,而"仁"是贯穿这一切的精神实质或思想原理。孔子要维护宗法人伦,而宗法人伦的特点是:(1)它作为维系家族生存和利益的纽带,自然必须顾及家与国(就"国"是统治家族的放大言)的整体及其中个人的生存和利益;(2)它又是宗法等级性的纽带,家国中的人们是分为上下尊卑等级的,所以他们的利益和权利义务分配又是不平等的,有贵贱,其中就有压迫剥削。这两点固然不同,有对立,却又是调和与合一的,这就是说,(3)当说到宗法人伦必须顾及整体和所有成员利益时,其义就指按上下尊卑名分"各得其所",各安其分,并不排斥支配与服从,压迫与剥削;(4)而当强调宗法人伦的等级森严时,又以保持家国整体及其所有成员的必要利益,能维持其整体的团结共同对外为限度;(5)这里,使对立得以调和合一的基本依据还在宗法人伦本身:a. 宗法人伦以家族(或家天下之国)为单位,凡在家国人伦纽带之内的一切人都是自己人,就此而言,不分贵贱程度都因有亲属纽带而是"人",而对同自家对立的异族异姓则不必如是看。即是说,人是人伦的人,凡在家族人伦中的都是"人",都要讲"仁爱",都要彼此关心扶持,这是宗法人伦的人道主义。b. 这种人道主义是以五伦来维系确立的,其中就有贵贱等级;不过这贵贱等级主要是按家族血缘中的亲疏远近来定的,所以人与人间的差别和分离,一是不让它过分,它的差别区分形式即是人伦的联系形式,二是人为的支配服从、压迫剥削也即成为天然的情理,因为亲疏远近的关系和感情原是自然造成。因此,在宗法人伦里,人与人始终有差别对立,又始终有一种整体感和一致。

读者不妨从这个角度再来读一下《论语》、《孟子》和其他儒家经典,看看这样说是否有理。我从小读过四书,后来接受新思想,对它批判来批判去,发现根本症结就在宗法人伦自身里,用这个认识再来看孔孟儒家所说的各种矛盾统一说法,就觉得均可迎刃而解了。比如《论语·学而》说:"礼之用,和为贵。先王之道,斯为美。小大由之,有所不行,知和而和,不以礼节之,亦不可行也。"讲的是重人和,人与人要和谐才算美;但又说小事大事只顾人和也不行,必以"礼"节之。礼是讲人与人上下森严的,上压下,下必有气,怎么和谐? "礼"与"和"本是对立,怎能一致? 又如,儒家最崇"中庸",反对走极端,但是强调等级森严和强调爱民如子岂非两个极端,如何中庸呢? 孟子最讲要施仁政,甚至说"民为贵,社稷次之,君为轻",真够得上带人民性的人道主义;但他却大骂"无父无君,是禽兽也",把充满剥削压迫的宗法等级统治看作绝不可违背的天经地义,又处于另一极端,而且这两端都说得很厉害,是不能打折扣的,试问,这如何能调和,达到中庸? 问题就在于他们所讲的每一端的本身就包含着另一端:在宗法人伦里的"和"就包含"礼","礼"就包含"和","民贵君轻"之中就包含着君是民之父母尊长,而作为君父至尊者的意义职责就包含着要照顾到民的生存,这是他作为君父权威的根据与前提。这种对立面的转化的依据和途径,就是宗法人伦的网络和结构。

一部《论语》讲"仁"的条目非常多,涉及许多方面,所以人们认为很难给一个定义。这不奇怪,因为《论语》作为孔子一生同他几个大弟子的主要言行录,所谈的问题自然包罗了几乎社会生活和文化的一切方面,从天命、人性等哲学大道理,直到日常言听视动察言观色的细节,中间涉及为政之道,为学之道,各种德目,待人接物和处世的态度方法,等等,难以尽列。由于这里面都贯穿一个"仁"字,与"仁"相关,也为"仁"所浸染改造,自然,讲"仁"也就有各种讲法了。

于是研究者就设法抓主要的条目,不过这也有不少,如有的认为既然"夫子之道,忠恕而已矣",那么"仁"必可定义为"忠恕"二字;有人认为"礼"是最确定的东西,因此抓住"克己复礼为仁"这一条最重要,就确定地抓住中心了。这些说法可以说都很有道理,但是由于"仁"涉及的德目和古代经典文化和其他方面还多得很,都不能排除,我们还是不知道是否抓住了中心。还有,"仁"同"礼"无疑关联特别紧密,但只以"礼"来释"仁","仁"的本质及其特别重要性还是显不出来。看来,把孔子讲"仁"处逐条列出,用统计或择其要者的方法,是抓不住它的实质的,用思想、文化和某些制度之类的概念来讲,也讲不清它的实质。问题在于这些范畴概念和"仁"本身一样,都不过是对宗法人伦的表达,只是层次不同罢了。"仁"是最深层的核心的表达,所以它能统摄其余,而其他的却不易充分表达"仁"的意思。

《论语》的第二条讲"仁之本":

> 有子曰:其为人也孝弟,而好犯上者,鲜矣;不好犯上,而好作乱者,未之有也。君子务本,本立而道生。孝弟也者,其为仁之本与? (《论语·学而》)

我以为这一条可说是名符其实地抓住了孔子讲仁的本质,从这里才可突破。显然,在宗法制的社会里,无论一家一国,统治者和尊长者以及所有赞同宗法制的人,最不愿意见到和最要防范的事,莫过于在下者犯上作乱。一部周礼,作为维护宗法等级制的法典,也就是防范犯上作乱的一切言行举止的规定。但是怎样才能使在下者乐意接受这不平等的现实,遵守这个礼呢? 这可是件不容易办到的事,礼法之治和武功固然强有力,但并不能使人"心悦诚服"，最难治理的还在人心，那是比强制力和形式规定更要紧的，否则防不胜防。其实夏商尤其西周已注意"德治"，讲"忠孝"，还用"乐"来缓和上下的对立了，但是还不够，还是出现了礼崩乐坏。孔子认为礼乐固然要紧，人心尤其要紧，造成礼崩乐坏的根本原因是以前的思想方面的工作做得还不深不透，所以治本之法是：必须讲出一番深入人心的大道理，这道理还必须有深厚的经验基础和感染人的情感的力量才能奏效。这番道理就是仁。

这篇关于"仁"的大道理大文章要从何着手？用什么办法才能把宗法制度讲得合情合理？在孔门儒家看来，还得靠与之相关的人伦这一方面，而且要靠其中最显得自然并同宗法等级制联系得最紧密的方面。宗法人伦概略分为五个方面，即"五伦"，但在孔子看来这可以搞成一个有机的系统，借亲疏远近之别的层次来论证上下尊卑的等级关系；在这系统中亲子关系被当作核心和基础。远古以来的氏族制早已演变为父权家长的家族制度了，然后又变为贵族的宗法统治制度，所以父子一系原是其枢纽所在。从父子关系讲人伦就可以把这一系列的发展联系结合起来，使这些深厚的历史造成的传统习俗都调和起来，为论证宗法制提供基本的依据。百行孝为先。父子之道是"孝"，抓住它，家庭、家族内尊敬父与祖宗的权威就立住了，加以引申，既然宗法制的国家与政治是贵族的家天下，它就能为天子要求诸侯，诸侯要求卿大夫，直到士、庶民之间的一系列层次的上下统治服从关系提供主要依据，因而也就为论证君臣关系提供了主要的自然的情理依据。再者兄弟之道为"悌"，弟要尊敬兄长，这也有自然的性质，又能为宗法制里嫡长子为继承者大宗，别子为旁系小宗，大小宗间为君臣关系，提供论证。我们知道，"君臣"关系是宗法制中实质性的东西，它说的是统治与服从、尊与卑的关系；但"君臣"关系就其本身而言，不必非是家族内的关系不可,所以它本身不是自然性质的。因此,它虽然在宗法人伦中实际上列在首位,却不可从它讲起,从它讲起是讲不出合乎自然情理的道理来的;办法是:从父子兄弟之道这一头讲起,把家庭家族里的父子兄弟关系这一最亲密切近自然性的血缘人伦关系,讲成要重顺从,它本身里就有君臣关系的意味,那么"君臣"之道也就显得天然合理了。

此外还有夫妇之道,由于在非常久远的父权制得到确立以来,早已确立了男子优于女子的权力,只要加以重申就比较容易维护。

最后还有"朋友有信",指朋友之间要相互信任,每个人对朋友要做到讲信用。这带有互助和相互尊重的平等义,是中国传统文化的五伦中最少宗法等级隶从性质的一伦。不过它在实际生活中只处于随附地位,并且也受到家族宗法制和君臣关系等等的影响和感染。

所以,"孝悌"就成为"仁之本"。在这上面下功夫做好文章,其他各种宗法人伦之道就能贯通,"礼"的合理性也就能得到深入的阐释。这就是所谓"本立而道生"。

孔孟儒家讲孝悌,不是很简单的形式的方法。首先总是讲相互的态度:父慈子孝,兄友弟恭(与之相应,讲君臣、夫妇、朋友关系等也先讲相互之爱)。彼此关怀爱护,这就调和了对立,显得自然亲善。然后,在其中突出子弟对父兄的孝悌,其中包含的顺从就显得比较自然而不勉强了。这情理孔子已讲得相当细致。例如他的弟子宰予问他:为父母守丧三年太长了,既影响生产生活,又影响了为礼作乐,一年还不够吗?孔子便反问宰予,那你穿锦衣吃稻米,觉得心安吗?宰予答:安。孔子气愤地说:你心安,那你就这么做好了。君子居丧,吃美食不甘,闻音乐不乐,居住在哪里心中都悲伤不安。而你却觉得心安,你就不守丧好了。宰予碰了钉子走

出去后,孔子发了一通很恼火的评论:

> 予之不仁也!子生三年,然后免于父母之怀。夫三年之丧,天
> 下之通丧也。予也有三年之爱于其父母乎?(《论语·阳货》)

这段话论证了三年之丧的礼的合理性。孔子用仁爱来讲是何等富于自然之情!父母对子女的爱心至深至厚,养育子女多么辛劳,这是做子女的都知道和应该体贴到的。一个人生下来到三岁,是父母最辛苦的时候,以后还不必说。那么,当子女的难道对父母之死连三年的哀痛情感都没有吗? 这点爱心都没有,你宰予还有人性吗?

显然,这番道理比只就事论事地维护礼制,更深入多了,也不同于只讲礼乐二者(这段话正表明讲礼乐是不够的)。孔子抓的是人心里安与不安,有没有爱心的问题,子女对父母的慈爱有没有相应的孝敬之爱的回报心的问题。这一点有谁能反驳呢?

孟子是发挥孔子及其亲炙弟子的仁学这一方面最有力的一位大思想家。他提出"人皆有不忍人之心"的良知良能说,以此为据论述宗法制度的先王之道,并称之"仁政"。他说:"人之所不学而能者,其良能也;所不虑而知者,其良知也。孩提之童,无不知爱其亲也;及其长也,无不知敬其兄也。亲亲,仁也;敬长,义也;无他,达之天下也。"(《孟子·尽心上》)朱熹综合历来解释,训"良"为"本然之善"。程子注,"良知良能皆无所由,乃出于天,不系于人"。这比较符合孟子的原意。指的是人最自然的、本能的情感,对父母兄长的爱敬之心和态度。孟子认为只要发挥此自然之善心,无须人为的强求,治理天下就如运用自己的掌上之物一样顺利。在这基础上下功夫,即谓之"诚"。他说:"诚者天之道也,思诚者人之道

也。至诚而不动者未之有也，不诚未有能动者也。"(《孟子·离娄上》)"诚"是天道，因为人性善是自然本能，生来就有；自我反省即"思诚"，是在自然本能之善上自觉下功夫，与天道相应的人为。所以宗法制的人道是符合自然本能的，或是自然人伦情感的自觉深入发挥。它使人能动地趋于宗法人伦制度及其要求。孟子的这些思想，合乎孔子讲孝悌之道的精神。

因此，"仁"首先是在自然的孝悌之心的前提和基础上下功夫。孔子已论到种种加深加强它的要求，在"孝道"上如：

孟懿子问孝，子曰："无违。"

孟武伯问孝，子曰："父母，唯其疾之忧。"

子游问孝，子曰："今之孝者，是谓能养。至于犬马，皆能有养。不敬，何以别乎？"

子夏问孝，子曰："色难。"

子曰："事父母几谏（委婉劝说）。见志不从，又敬不违，劳而无怨。"

子曰："父母之年，不可不知也。一则以喜，一则以惧。"

子曰："三年无改于父之道，可谓孝矣。"

曾子曰："吾闻诸夫子：孟庄子之孝也，其他可能也，其不改父之臣与父之政，是难能也。"

子曰："孝哉闵子骞！人不间于其父母昆弟之言。"（人们对他父母兄弟赞许他的话没有什么可挑剔的）（以上均见《论语》各篇）

从这个"孝"字出发，抓根本下功夫，其深度是无限的：不能停留在物质生活的供养上，人异于禽兽在于还要"敬"父母；这"孝敬"不只是一般的言行，要表现在脸色上，那是极细腻的，要察言观色以便有相应的爱敬容颜；要表现在随时关心父母的身体康健与否和年事，充满喜忧交织的爱心；要表现在当父母有不对处时劝说必须十分委婉，父母不乐意听取还得尊敬服从，任劳任怨；甚至在父母死后，至少三年要无改于父之道，对父之政父之臣，也继续维持不变。一个人要做到父母昆弟都满意而没有意见，才称得上是孝子。

这还决定了、改变了对其他道德以及知识的看法。如《论语》还记载了这样一段对话：

> 叶公语孔子曰："吾党有直躬者，其父攘羊而子证之。"孔子曰："吾党之直者异于是，父为子隐，子为父隐，直在其中矣。"（《论语·子路》）

"直"原指在道德上公正无私，在认识上思想要符合实际，讲真话。但孔子从父子之情尤其是孝道出发，却把"隐"说成是"直"，而且认为这才是真正的直。在中国宗法制文化中，为亲者讳、为尊者讳，成为一条规矩。难道孔子和儒家不明白"隐"与"直"正好是对立的吗？问题在"本"，此"本"实即宗法人伦制度，它通过孝悌之道被称作自然的人情，所以"直"德也必须据此来改造。

其实宗法私有制下的人伦，整个就是天道自然人伦的改造和颠倒。但孔子和儒家却借宗法中的人伦情理，把这颠倒了的、不平等不公正的人伦说成是天经地义，一片似乎是纯天然的至情至理。

一个人在家纯孝，出来为官从政自然就成为忠臣；由于旧的传统中国文化的政治和国家是家天下制度，所以其道理根本上相通。深通此理的后代帝王和儒家都特别崇尚这个孝字，就是这个缘故。

"仁"的实质还是宗法人伦。说"仁"是"人道主义"，可以；说"仁"是人伦之道，可以，而且进了一步；但在骨子里只是宗法性的人伦之道，这才真正说出了它的实质所在。

"仁"比礼乐还高,因为仁是对宗法人伦最本质的精神所作的精深研究、提炼概括,讲出了一篇似相当合情合理的根本道理,因而能贯穿全部其他的宗法人伦文化形式,囊括它们,赋予它们以新的精神活力。于是"仁"文化就比原先主要以礼乐制度为形态的"礼"文化高,同时又把礼文化包含在自身之内。"仁"是宗法人伦文化的最中心的原理。

明了这一点,我们就可以评判孔子在中国传统文化和人论中的地位。他是在西周宗法制度发生"礼崩乐坏"危机的历史条件下提出"仁"学的,我们要评判他的思想就要结合宗法人伦的实际基础及其历史变动来考察。有几点是可以明确的:

(1)孔子虽然深通历史和典籍,对尧舜之治极为赞美,但他明白那种大同之世是倒退不回去的,三代以来已是小康之世了,所以他实际上最尊崇的还是文王周公之治的制度和新文化。也就是说,他讲的人和人道是宗法人伦中的人和人道,虽说这种人伦有其远古的根源和传统,毕竟已有了质的根本区别。

(2)周初创建的礼乐文化,后来崩坏了,在孔子时已经相当严重。也就是说,在一定意义上已成为陈旧过时的东西,所以我们认为春秋战国的礼崩乐坏具有进步意义。那么,孔子想挽狂澜于既倒,使历史回到西周状态去,岂不是倒退反动的主张吗? 仅此而论,我认为这种对他的批判也有其正确方面。从史实来看,西周形态的宗法制有一个特点,就是封建诸侯之制;经过长期的演变和动荡争斗,到秦汉终于从根本上否定了这种宗法分封制,建立起了郡县制的大一统制度,这是历史的发展潮流。孔子的大一统观点还是西周式的即分封制形态的,不是秦汉大一统思想的先行者。

(3)但是,我以为更应该指明的是:上述历史大变动并没有否定中国文化的宗法人伦性质这个根本,所否定的只是它的一种形态,或更确切些说,它并没有否定西周制度与文化中的宗法人伦本身,只是革除了它在早期发育中的特定形式和弊病,即分封制造成的尾大不掉危及家天下中央集权的一面。而其中的实质即宗法家族人伦制度本身不仅没有过时,还有长久的生命力。所以,我们若从直到近代之前的几千年中国历史与文化的整个行程来观察问题,就可断定在孔子当时及其后的相当长时间里,宗法人伦制度以及维护它的礼乐文化、仁文化不仅远未过时,毋宁说还是一种相当新的文化,离真正需要全部否定崩坏的时代还遥远得很。

从这个角度看,还能否断言孔子的主张在当时是反动倒退的呢? 我想不行,应该得出的毋宁是恰恰相反的结论。当然,孔子还不能分辨清楚西周文化的这两个方面,而是基本上全盘歌颂继承,所以我们也许可以说他既有过时的一面又有进步的一面。不过从整个中国文化史来说,他的进步方面应该说是主要的。只要宗法人伦制度基本上仍能适合中国社会历史发展,孔子的思想就适合中国国情,他就是人们心目中的圣人。中国人里有一种彻底批判孔子的态度,是到近代才兴起的,这只不过表明宗法人伦制终于到了该被彻底否定的时候了。但需要否定是一回事,怎样才能使批判否定搞得科学和恰当是另一回事,只有后者才真正有效。

实事求是的态度,就该承认孔子是两千多年前的文化伟人,因为他在宗法人伦文化创建的时期对它作出了最深入重大的贡献。他是宗法人伦制度的维护者。说他是主张奴隶解放的,站在人民大众立场上的,等等,未免离谱太远;说他是反动人物,也不合事实;这些议论听来虽然似乎鲜明或痛快,都离开了孔子思想所维护的中国宗法人伦制度的事实及其历史命运,我们难以赞同。

孟子是孔子仁学的忠实继承发扬者,后代儒家尊之为"亚圣"是合乎实际的。荀子在战国末年,做了一位大学问家,在讲仁的同时主要又强调礼,那是有原因的,表现出儒家思想与法家的结合趋向,以便为更新宗法制、创建新型的中央集权大一统社会制度与文化服务。

大体说来,儒家是中国传统文化的正统派或主流派。这"正统"或"主流",就是指:它是代表和维护在实际生活中占支配地位的宗法人伦制度的派别。

下面我们概略谈谈中国传统文化中的其他派别和民间文化,以及它们同儒家的关系。

二、墨家、农家以及民间文化
同儒家与宗法人伦的关系

中国传统文化从其奠基时期即先秦起,除儒家外,墨、道、法等各家就已兴起并起着重要作用,尔后又相互作用发展,成为后世两千多年里传统文化的有机部分。研究中国文化与人论不能只谈正统儒家,也必须注意其他成分及其相互关系。

首先,它们都是同儒家对立的,否则就不会有那么多激烈的辩论。然而它们又有被儒家吸取、互补的关系。这些情形,主要也是围绕着宗法人伦的问题而发生的。

这一节我们先来看看墨家、农家和中国民间文化的性质和特点。墨家最初是与儒家并立的显学,后来衰亡了;农家则影响显得很小。不过这两派虽因不容于上层社会而似乎后来销声匿迹,由于代表着手工业农业劳动者的利益和愿望,实际上流入民间而成为民间文化的思想因素,以后者的形态保持着某种影响,所以我们可以将它们同民间文化结合起来观察。

墨子和他创立的墨家紧接着孔子及其创立的儒家而起,是正统思想文化的最早的反对派。墨子不重西周文化而崇尚大禹就显示了这个趋向,他主张"节用"、"非乐",反对厚葬久丧,是不赞成周礼的。主张"尚贤",认为"虽在农与工肆之人,有能则举之","故官无常贵,民无终贱,有能则举之,无能则下之"(《墨子·尚贤上》),是反对宗法制规定人生来就有上下贵贱之分的。墨子也用"仁"字宣传自己的主要思想,但赋予的含义不同,是所谓"兼相爱,交相利"。"仁人"的奋斗目标为"兴天下之利,除天下之害"(《墨子·兼爱中》)。又说,"利人乎即为,不利人乎即止"(《墨子·非乐上》),认为仁爱同人民的实际利益不可分,同儒家"重义轻利"之说对立。而且同儒家主张爱有亲疏贵贱之差等说相反,"兼爱"之义是"君臣惠忠,父子慈孝"的相互行为,应"强不执弱,众不劫寡,富不侮贫,贵不傲贱,诈不欺愚"(《墨子·兼爱中》),是讲平等的。

从这些我们可以看出墨家同儒家有重大对立,它涉及对宗法人伦等级制度的基本特征的批判,即,主张人与人的平等互利之爱,反对宗法等级的不平等和所谓贵贱远近差等之爱(认为这有虚假和压迫对立)。大家知道,墨家基本上是代表"农与工肆之人"即中下层的劳动者说话的,他们深感宗法制中尊卑贵贱之分的剥削压迫之苦,认为这是造成种种罪恶与纷争的原因,所以,力主平等之爱,反对宗法不平等。

这种平等之爱的观念是以劳动作依据的。在人兽区别问题上,墨子提出人依赖劳动而生存的观点,与孟子提出唯有人具有道德,荀子提出人能群能分的观点不同。三者各有独到之处,但只有墨子看到劳动对于人的生存的基本重要性,这是他的人论最有意义的一个地方。他认为禽兽依赖自身的羽毛蹄爪和自然界现成条件便能生存,而人的生存基础则必须靠劳动,"赖其力者生,不赖其力者不生"(《墨子·非乐上》)。因此,他指出"不与其劳,获其食,已(同'以')非其所有取之故",是不合理的,是不仁不义的行为;对于入人之园取人之桃李瓜姜的人,人们都要指责,何况征战抢夺、压榨欺凌人民这类严重得多的不劳而获的事情呢(见《墨子·天志下》)? 不难看到,墨家上述种种主张以及同儒家的对立,无不与其对劳动和劳动者利益的尊重相关。劳动者全靠自己的劳动吃饭,对于掠夺其劳动成果的一切言行自然反对,因而对贵族借宗法等级制不劳而获安享尊荣富贵和奢侈争战,要进行抨击。

墨家的人伦观是"兼爱",包括"有力者疾以助人,有财者勉以分人,有道者劝以教人"(《墨子·尚贤下》),"老而无妻者有所侍养以终其寿,幼弱孤童之无父母者有所放依以长其身"(《墨子·兼爱下》),等等。所谓"兼爱"指的是"爱无差等"(墨者夷之对孟子语),不分等级贵贱或宗法制的轻重厚薄,"视人之国若视其国,视人之家若视其家,视人之身若视其身"(《墨子·兼爱中》)。《孟子》中记载有墨者夷之同孟子的辩论,"夷子曰:'儒者之道,古之人若保赤子,此言何谓也? 之则以为爱无差等,施由亲始。'"夷之是借儒家之言("若保赤子"为《周书·康诰》篇的话)来讲墨家的主张。孟子反驳道,"夫夷子信以为人之亲其兄之子,为若亲其邻之赤子乎?"(《孟子·滕文公上》),认为人爱其兄的儿子自然要超过爱其邻人的小孩。他作为儒家的代表人物,坚持爱有差等,并攻击"墨氏兼爱,是无父也"(《孟子·滕文公下》),意即视他人之父若己之父,一样地爱,也就失去了对己之父的特别的亲爱了。这种争论,从表面上看意义不大,墨家主张爱无差等时,也讲"施由亲始",还是先从最亲近者爱起,但爱己之亲也要爱人之亲;孟子也讲"老吾老以及人之老,幼吾幼以及人之幼",要"善推其所为"(《孟子·梁惠王上》),并称之为仁政,但这里实质上却有重大对立,其所以争论激烈,根本乃在于墨家主张以劳动者的劳动作基础的平等互利的人与人关系,所以在人伦上强调爱不应有差等之分;而孟子主张的是以贵族为主导的宗法等级制度,所以维护宗法性人伦,强调爱必有差等,所谓"推"是等级递减的爱,其中也就包含着等级的支配屈从关系。这才是实质所在。儒家不能容忍墨家学说是必然的。

但是墨家是否根本否定宗法人伦这个基础呢？ 这还是值得考察的。墨子虽反对"君臣不惠忠,父子不慈孝"的"大害",要求"强不执弱,众不劫寡,富不侮贫,贵不傲贱",却并没有否定君臣贵贱区分的本身,也没有反对君臣父子的统治服从关系本身,只是主张虽有区别也要互利互爱;他没有废除王公大人在上的等级制度的思想,只是要求他们"贤"些,应按"尚贤"来选拔,并且正以此为理由要求有王公大人的统治。他说,"尚同为政之本而治要也"(《墨子·尚同下》);由于人民百姓"一人一义、十人十义、百人百义,其所谓义者亦兹众,是以人是其义而非人之义,故相交非也"。人人各为其利,各以己为是以他人为非,至于"父子兄弟作怨雠",这样"天下之乱也至于禽兽然。无君臣上下长幼之节,父子兄弟之礼,是以天下乱焉"。其原因都由于"无正长以一同天下之义",因此社会便有国君、三公、诸侯、大夫,直至乡里之长的设立,"一同天下之义",天下才能得到治理(《墨子·尚同中》)。于是我们看到颇有些讲平等的墨子,在政治和道德观上又一口一个"王公大人"的矛盾现象。他把平治天下的理想完全寄托在贤者的王公大人和"正长"的身上,在人伦观上仍主张"君臣上下长幼之节,父子兄弟之礼",并没有否定宗法人伦的根本结构。

墨家的这种思想矛盾,即既要求平等,又肯定宗法等级不平等的政治和伦理,不过是表现着中国的小农和小手工业者的本性和要求罢了。他们是劳动者，就要反对宗法人伦制的等级剥削压迫这一方面，但他们本身又是一盘散沙，不能形成与贵族统治者相对立的政治经济力量，所以还要王公大人来统治自己。更深层地说，在中国古代除了宗法人伦制度而外，并没有别的什么关系和组织可以团聚人民，形成社会的秩序，所以墨家的平治天下主张也不能不靠宗法人伦；而且，这些农民和小手工业者自身就是较小较低的宗法家族家庭的人们或其家长，他们维系自己的生存也得靠宗法性的人伦关系，自然不可能根本否定宗法人伦制度。墨家的仁爱学说同孔孟仁爱学说的对立，不过是整个中国古代宗法人伦制度中的不同层次的要求彼此对立的反映，儒家代表的是统治阶层的利益和观点，墨家则代表着下层劳动者的观点，希望在宗法人伦制度下较多照顾到下层群众的利益。墨家对宗法人伦的反对是有限的，只涉及不平等的现象，不能触动这种不平等的基础即宗法人伦本身。

先秦农家中也有类似墨者的思想。《孟子》记载"有为神农之言者许行"就是一个代表。许行领导一个团体有数十人，穿着劳动人民的衣服（"衣褐"），以编制草鞋、织席维持生活（"捆屦织席以为食"），他们到滕国以后，还有陈相与其弟陈辛带着农具从宋国到滕国来，与许行的团体会合，都以许行为师。他们批评滕国的君主，说："贤者与民并耕而食，饔飧（自己做饭）而治。今也滕有仓廪府库，则是厉民而以自养也，恶得贤？"（《孟子·滕文公上》）这一派主张每个人都应以自己的劳动维持自己的生活，就是国君也应如此，不应"厉民而以自养"，即剥削他人的劳动为生。这显然是一种小农的思想。

《吕氏春秋》也记载有这类主张，如："神农之教曰：士有当年而不耕者，则天下或受其饥矣；女有当年而不织者，则天下或受其寒矣。故身亲耕,妻亲织,所以见致民利也"(《开春论·爱类》)。《淮南子》也有相同言论:"故神农之法曰:丈夫丁壮而不耕,天下有受其饥者;妇人当年而不织,天下有受其寒者。故身自耕,妻自织,以为天下先。其导民也,不贵难得之货,不器无用之物。…… 有余不足,各归其身。衣食饶溢,奸邪不生,安乐无事而天下均平"(《齐俗训》)。这里讲的"神农之教"或"神农之法",都是假托神农氏来表达小农生产者的生活和理想,即每个人都应从事直接的生产,享受自己的劳动果实,有余归己,不足也得自己负责,这样人人都努力生产,衣食就丰饶,奸邪不生了。按照农民的理想,当国君的也要"身自耕,妻自织",并且作天下的表率,天下就能安乐无事,实现"均平"之治。

概括起来说,墨家和上述农家的主张,都强调劳动对人类生活的决定性意义,强调劳动者的利益,即自食其力,反对剥削,实现平等。中国劳动人民中的平等要求是一种巨大的革命力量,但是,因为在古代和中古他们只是小农和小手工业者,而且本身就是宗法家族结构中的人们,所以他们的平等要求又是不可能实现的,并且只是一种粗陋的平均主义幻想。它不能否定宗法等级制度,只表示劳动者对宗法等级制压迫他们的坚决反抗精神。他们的"均平"观,不仅同无产阶级的平等观不同,而且同西方文化中实现于商品交换的基础上的自由平等观也有原则的差别。

墨家和上述农家的思想不可能成为中国传统的上层文化,不久就被排斥,但它们所表现的劳动者的要求却一再地出现于古代民间。人们在研究文化问题时往往只注重所谓精英文化,但社会的真实基础仍在民间文化;上层文化虽然在理论上体系精深,归根到底却离不开民间文化,而且是在它的基础上才得以生根和发生影响的。民间文化的这种重要性,要求我们至少要对它作些扼要的考察。

中国古代和中古的人民群众,包括各民族中的士、农、工、商,所以广义的民间文化,涉及一切非官方的士农工商的文化,这四民各有特色,士的文化大体属于上层,商人的市井文化则带有不同程度的商品经济生活特点。我们通常所指的民间文化,主要是农村中的农民、小手工业者的习俗文化。这里我们谈的主要也指后者。

农民、手工业者,乃至其他人民,在中国古代和中古,有一个基本特点,就是他们都是以家族为本位,来从事体脑劳动和其他活动过活的。以家族为本位,他们同别族异姓相区别,或交往或对立,或者凭家族来抗御外侮,对抗官吏,或者借家族人多势众欺凌其他小家小姓。这些家族靠什么来维护自身的团结统一以形成势力?靠父权制,靠宗法人伦。这是一个普遍的、具有悠久历史的基本事实。[①]我们说中国传统文化是宗法人伦文化,最主要的依据就在这里。

每个家族,即使是那些因事变衰落和被打散了的小家庭,都是一个个具体而微的小宗法王朝。家长、父权、夫权至上,同时,这些权威又都是靠家族和家庭里的人伦关系与情感来维护的。家长的天然职责就是使家族、家庭人丁兴旺,过上温饱太平的日子,他必须关照、爱护家中的一切成员,使大家按其名分各得其所,从而赢得家人的尊敬顺从,建立自己的绝对权威。在一切大小不等的家族家庭里,都有种种上下亲疏贵贱的层次和细致区别。

这种情况使得中国传统民间习俗和种种文化,无一不具宗法人伦的特点和色彩。例如,在士阶层和各种手工业、商业行业里,乃至武艺里盛行的师徒关系,本是一些教育上的制度,并不一定有血缘亲属关系,却也以父子兄弟相称,如师父徒弟、师兄弟等等,结

---

① 这个基本事实屡见于历代史籍,并一直延续到现代。参见本书附录。

成类似家族的团体。好朋友也要拜个把兄弟才算亲密。与此相关，连官僚之间也要结成各种类似家族和姻亲的关系制度来形成势力。人们形成一种牢不可破的心理：一切人与人的关系只有纳入宗法人伦关系，或与之类似的准家族宗法人伦关系，才觉得落到了实处，才算是可靠的、井然有序的关系。又如一个地方官，必得以"爱民如子"的名声（不论真假），才算得上是个好"父母官"。各种门第观念，光宗耀祖思想，均由此起。贯穿其中的根本思路还是"孝悌"之道，它以各种变形的形态出现 —— 这是同儒家的基本思想一致的。

农民起义是中国古代史上最具反抗性、革命性的民间运动。但是，为什么如此激烈的反抗斗争，即使艰难地成功了，它所建立起来的社会仍旧还是宗法制王朝？其最深的根源在于中国古代的农民也是宗法人伦的人，而且正是他们，才是中国人生活和一切活动的真正深厚根基。以农民起义的组织方式而言，无非是种种会、道、帮、门的民间结社形式。他们也常常打着宗教旗帜，用教义联络和发动民众，但仔细去看，其基本思想与组织还是家族制的。民间会党的头领是些"老头子"，在他之下，按照同他的亲疏之别和在此关系中照顾势力大小，排座次、讲辈分、安排上下等级的隶属秩序。这些亲疏关系，有直接的血缘或姻亲关系，也有仿此的师父门徒、师兄弟以及结拜的义父子、把兄弟等关系。因此，它原本就是一个宗法人伦性的小型王朝，一旦在反官方和对其他集团的斗争中取得成功，它所建立起来的自然又是一个宗法王朝，何足为怪。其实，民间平日就有着无数家族团体搞起来的武装组织，各保自己家族，并与别的家族械斗，同官方明争暗斗，一旦有事，就可以揭竿而起，拉出队伍来。

从这里我们可以得出一个明确无误的结论，那就是：中国传统的民间生活与文化,尽管同上层有极大的分别和对立,但在宗法人伦这个基点上又是一致的、相通的;官方是一家一姓要统治天下,民间则要争各自家族的生存和发展,因此有斗争,又可以结合与转化。所以,正统的儒家的"礼"与"仁"的文化,本质上也适用于下层,属于下层,而且"仁"学中也有调和官方与民间利益和要求的主张。不过在正常情况下儒家主要强调了"君君臣臣"的上层利益,而下层社会则主要强调百姓家族的利益;而在官方暴虐过甚时,儒家也可以转向百姓方面,支持改朝换代,重建较能调节官民利益一致的新宗法王朝。从这里,我们可以见到儒家思想对中国宗法人伦的深切把握及其正统地位的深厚根源。

中国人民和劳动者的革命的平等要求,只有在新时代、无产阶级的领导下,才能获得深刻的改造和发挥,成为变革旧社会建立新社会的伟大力量。这里最中心的问题,就是对宗法人伦关系及其思想文化的彻底改造。在这方面已经有了伟大的进步,但尚远未完成。

三、道家的"天道自然无为"
思想及其同儒家的关系

在中国传统思想史上,道家可说是唯一能够在思想体系的博大精深方面同儒家相匹敌的派别,并且能够以相对独立的姿态一直延续下来。这是它特别值得注意和研究之处。我以为造成这种情况的原因主要是:唯有道家对宗法人伦作了根本性的全盘的批判,因而它是各种学派中最深刻的一家;同时,它在实际运用其思想中又有同宗法人伦制度文化相反相成即互补的一面。考察老庄道家,同样离不开宗法人伦这一真实的基础和中心,尽管它采取了否定性的态度。

道家思想主要是由老子和庄子建立的,他们基本一致,也有相当的分别。老庄都是历史文化知识与见地宏大深刻文采过人的卓越思想家,能从历史和思想对比中,对三代以来的现实宗法人伦制度和文化,作出入木三分的批判分析。但是他们终究是些从统治阶层里分化出来的,或因没落,或因不得志,而有与当权派不同的社会政治见解的贵族思想家代表,所以实际上并没有脱离他们赖以存在和思想的宗法人伦基地,是宗法人伦制的统治阶层里的反对派。

前面我们已说过老子的观点,再略作些补充说明。《老子》一书,矛头直指周礼和宗法性的仁义之道,并提出了"天道"来同这种宗法人伦的"人道"相对立,主张"绝仁弃义,民复孝慈",可谓鲜明,抓到了自然人伦与宗法人伦的对立这个根本点。这在中国传统的思想史上可以说是绝无仅有的绝唱,有着振聋发聩的启示人的思想的力量。

但是他的"反璞归真"主张只是一种倒退的空想,他自己也明白"天下莫能知莫能行",那种小国寡民结绳而治的世界是回不来的。既然如此,他为什么还要宣扬这种主张呢? 是仅仅发表些愤懑的心情言论吗? 不然。从《老子》书中,我们可以见到这位作者是很关心现实事务的人,有许多政治、经济、军事、文化的深入和实际的看法。他可是一位绝顶聪明的大智慧者,人们称《老子》是兵家权谋之书的说法是有道理的。那么,《老子》思想的实际意义何在呢? 我以为,说穿了,他那样尖锐地批判"礼"与"仁",还是因为在他看来,儒家这一套有漏洞,说得还不够自然,因而他要从历史上、根本上来谈天道自然的治民之道。

礼与仁,是贵族统治者"有为"而创立的制度和文化。既讲仁义礼智,上下利害有明确规定,就把人与人间的矛盾对立暴露出来,争夺与罪恶就成为不可避免的事情了,因此老子批判它是祸首。并认为,最好的办法是效法远古时代的圣人之治。"民之难治,以其智多","古之善为道者,非以明民,将以愚之。"让人民浑浑噩噩,处于全然天人不分的状态,还有什么纷扰? 垂拱"无为"的氏族首领更受人民尊敬,岂不比当今之世容易治理得多?

这"无为",在老子那里其实并非真正要统治者什么都不干的意思,它不过是实现其"有为"的更好办法。这即是那个奥秘莫测的"无为而无不为",他认为这要比直通通地讲"有为"好得多 ——这是老子比通常的统治者和儒家更有心计之所在。《老子》里许多辩证法都具有这样的意义,以柔克刚,以退为进,在他看来要比以刚对刚、直接主进,更容易成功。这里面总结了贵族统治者长期复杂的、微妙曲折的无数经验教训。老子并非真正主张空想的倒退者,而是极现实和精明的,他认为当时统治者还不能很好领略这个微妙的道理,所以为之出谋献策。而这是从高度哲理水平上的出谋献策,不是一般水平上的。

所以,我们固然要高度评价《老子》对宗法人伦的批判,同时又不能天真,以为只是如此;它有两重性,它的现实立场还是要维护贵族统治,维护其根基宗法人伦制,不过要他们别过于暴露而引起争乱毁掉自身。在老子看来,只有让"有为"取"无为"的形式,让智谋取愚钝的形式,让宗法等级人伦之道取天道自然的形式,才能从根本上显得天衣无缝,达到维护统治的目的。所以他虽说他的话"天下莫能知莫能行",又说"吾言甚易知甚易行"。所谓"甚易知甚易行",表明他是讲现实的,认为他的学说是能为统治者现实地运用的。这里关键在于懂得相反相成这个对立面转化的辩证法,懂了它就一通百通,奥妙无穷。所以这句话的另一面就是"天下莫能知莫能行",它不全是对自己主张社会倒退到原始状态难以行得通的叹息,恐怕最主要的还是指当时的统治者们和思想家们未能悉心领会其辩证法的奥秘。

《史记·老子韩非列传》说孔子适周问礼于老子。又说也可能是与孔子同时或后来一百多年的别人,被人们认作老子,"世莫知其然否"。近代人从流传的《老子》文句中考证其中涉及的争论和名词术语,许多人认为该书成文当在孔子之后乃至孟子之后(如冯友兰),也有人不同意,老子其人其书便成为一个争论不清的问题。我倾向于这样的看法,即,《老子》中的一些思想争论和术语表明它成书较晚,但尽管如此,它的根本观点仍可能是早于孔子或同时。因为,这种根本观点是唯有对古代历史典籍有精深知识见解的人才能提出来的,所以司马迁虽然也弄不清楚究竟是谁,主要仍倾向于他是周守藏室之史,是孔子问礼的对象。我想这是有道理的,从中也可以理解老孔或儒道相通的缘故。老孔的观点固然大有不同,或尖锐对立,但都出于对天下大乱的忧虑思考,都致力于使现实的统治秩序归于安定,并且都从人伦的自然合理性入手讲出大道理来,这又是共同的。区别只在孔子直接执着于宗法的人伦,而老子则以退为进,用思想理论上批判礼与仁的方式,追求达到实际上无为而无不为的目的。因此并不足怪,《老子》虽然反对儒家,后来却能给儒家和法家以极深的启发和补充的营养,通过曲折的道路彼此互补。韩非的法家思想,西汉的黄老之学,儒家《易传》中的阴阳辩证法,兵家的韬略,魏晋的玄学,都从《老子》得到了各自需要的重要东西。

庄子接着老子来讲,同而异趣。他对当时的现实社会生活,包括政治、道德以至宗法人伦的情感等等,都似乎已经看透,认为他们不会给人以自己的价值和自由。人们讲着仁义道德,实际上追名逐利,尔虞我诈,但名利仁义都是一些羁绊。那种无止境地疲于奔命的争夺努力,到头来都是一场空,甚至连自己的性命也难以保全。因而,在他看来,这一切对人都是无意义的,便寻求个人如何才能摆脱这些羁绊而得到自由。《史记·老子韩非列传》上记载了他的故事说,楚庄王派人以厚礼迎请他去做大官,他笑着回答说:千金是重利,卿相是尊位。但你没看见祭祀时作牺牲的牛吗? 人们养它好几年,给它披金挂银装饰起来,送到大庙里去宰杀。当这个时候,它虽然想我还不如是一口小猪,便可活命,又怎么能办到呢? 你快快去吧,别用这些名利来玷污我。我宁愿游戏于污泥水沟之中,自己得到快乐,不为有国者所羁索,一辈子不当官,以快我的志趣。这个故事生动地表现了他的思想主旨。

庄子批判仁义礼智这一套违反了人的天性:

> 彼民有常性,织而衣,耕而食,是谓同德;一而不党("党"即偏),命曰天放。
> 夫至德之世,同与禽兽居,族与万物并,恶乎知君子小人哉!同乎无知,其德不离;同乎无欲,是谓素朴。素朴而民性得矣。
> 夫残朴以为器,工匠之罪也;毁道德以为仁义,圣人之过也。
> (《庄子·马蹄》)

这就是说,人民的本性在耕织衣食,当人民无知无欲,与自然浑然不分,人与人也不分时,就保持此自然素朴的人性,合乎天道而有道,这是"天放",即自然的自由。所谓仁义,就是人为地使天人分离,人与人分离,它毁了"道德",造成了种种歪曲和罪过,给人性加上了枷锁。这些说法,与老子主张是一致的。但庄子更突出地表现出身为贵族成员却不愿同当权者合流的知识阶层的人们的内心心态。这些个人深刻感受到宗法礼教的束缚和宗法性人伦关系与情感的虚伪性,非常反感不满又没有可能加以改变,就力求摆脱现实,转而在自己内心世界中寻求一种精神上的自由。《庄子》中的《天地》、《让王》篇里,把"至德之世"不仅看作生活上无争扰,而且看作是诗一般美的精神享受境界。《让王》中说了一个寓言故事:舜以天下让善卷,善卷说:

> 余立于宇宙之中,冬日衣皮毛,夏日衣葛絺,春耕种形足以劳动,秋收敛身足以休息。日出而作,日入而息,逍遥于天地之间而心意自得。吾何以天下为哉?

因此庄子对宗法制的社会现实中的一切,采取不屑一顾或玩世不恭的态度,这可叫作高级的精神胜利法。他说的一篇大道理是:齐生死,同寿夭,无是非,无善恶,把各种对立的相对性,都加以绝对化,达到避世与混世的目的,在精神上复归于现实中人们早已失去了的"天放"。

但也正因为如此,庄子对宗法制和宗法人伦的批判,并不去在实际上触动它的一根毫毛。它为统治阶层及其知识分子中不可避免总会产生的不得志者或不同意见者,随时准备着一种个人精神解脱剂,一个思想言行上的安全阀门。你有气就到精神世界作逍遥游罢,你有不同政见得不到施展就隐逸山林,去与鸟兽居吧。这不会危及现实的宗法统治和礼教,统治者也能容许。《庄子》给这些人提供了心灵上的慰藉,其文学上的奇特瑰丽的丰富想象力,能赋予这类心境以诗情画意。它对中国传统文化的特殊贡献是在哲学、文学和审美情趣的方面。

许多朋友特别喜爱庄子,推崇他提出了中国文化中的自由观。我认为中国传统文化太重宗法人伦了,很少讲自由,更少个人自由。所以庄子的确有其可爱处。只是庄子所讲的自由乃是逃避现实的精神自由,他对宗法人伦的批判和厌恶并没有现实的战斗性,这是我们也必须指出的。

四、法家的历史意义和它同宗法人伦的关系

法家在中国传统思想史上起着一种特殊的作用。在先秦历史大变动中,儒法之争十分尖锐,也最具有现实意义。它力主革新变法,富国强兵,用法术取代礼治仁政,终于导致秦统一六国,建立起中国历史上第一个中央集权的专制统一大帝国。为此法家猛烈抨击以维护周礼和鼓吹仁义为宗旨的儒家为迂腐保守,而孔孟之徒则激烈反对法家主张严刑峻法最不人道,两家势不两立。到了西汉武帝时统治阶层思想来了一个大变化,转而独尊儒术,法家思想不再成为主导。然而仔细去看就知道,在统治阶级的骨子里还是崇尚法术的,是儒法并用与结合。有一例证很能说明这一点。汉元帝为太子时"柔仁好儒",对其父宣帝重刑名有看法,曾委婉劝谏说:"陛下持刑太深,宜用儒生。"宣帝是史称"中兴"之主、很有政绩的一位皇帝,听此言很不高兴,便严肃教训元帝说:"汉家自有制度,本以霸王道杂之,奈何纯仁德教,用周政乎?"并叹道:"乱我家者,太子也!"后元帝即位,果然只委儒生以政,"孝宣之业衰焉"。(《汉书·元帝纪》)统治者反复总结经验教训,在往后的中国传统政治中,儒法并用成为一贯的基本传统。我们应该弄清楚的是,为什么曾同儒家水火不容的法家,终于能与之合作互补。他们之间

的对立究竟属于何种性质,有无共通之处?

先从对立说起。法家起于春秋战国诸侯争雄称霸、富国强兵的趋势和需要。他们深刻见到,西周以来宗法分封制统治没落瓦解的根本原因是很实际现实的,这就是私有制的发展和人有私利贪欲,并自觉地以此作为自己理论的基本依据和出发点,这就是所谓人性恶。他们认为,只有根据这一基本事实,因势利导,才能使诸侯在称霸的斗争中取得胜利,建立起一种新型的强有力的国家统治制度。这种人论撕破了宗法制中人伦情爱的虚伪性方面,把其中的利害关系赤裸裸地揭示出来,以此为据,重建和加强统治者的权力和等级秩序。例如韩非就说,子女都出于父母之怀,照儒家说法都是充满仁爱之情的,但为什么产男则贺,产女则杀呢? 这表明,即使在这样的问题上人们也是从利益上打算的。"故父母之于子也,犹用计算之心以相待也,而况无父母之泽乎。"(《韩非子·六反》)这就是说,连最亲密的父母子女关系尚且以利害计算为主,那么没有这种关系的君臣之间,就更纯属利害关系了。他指出,君用臣,是为了巩固和增强自己的权力;臣为君效力卖命,是为了从君那里谋得自己的权力爵禄。君主有土地、政权、爵禄、财富在手,便可通过赏罚予夺,直至置臣民于死地的力量,让臣民为他效劳并加以控制;而臣也可以运用一切可能的手段为自己私利而同君主斗争,包括媚上压下直至篡弑君主。因此,这是一种"上下一日百战"(《韩非子·扬权》)的局面。为君者只有明白于此,才能懂得如何凭借法、术、势加强和扩张自己的统治。下面一句话鲜明表示了法家这种看法同儒家思想的对立:

> 吾是以明仁义爱惠之不足用,而严刑重罚之可以治国也。
> (《韩非子·奸劫弑臣》)

这种思想,在当时的变革中曾起过非常革命的作用。由于注重功利刑赏,否定人伦情爱的意义和作用,法家无情地举起改革的砍刀,斩断了许多陈旧过时的旧关系旧制度,为诸侯国的生产力发展和统治势力的加强开辟道路。如取消了君主以外各级故旧贵族的世卿世禄制,建立起以军功为标准的新爵禄制度,鼓励了臣民耕战积极性;取消分封制,设郡县,加强了中央集权,君主可以随时考核臣下文治武功的业绩,任免官吏,把国家权力集中在自己手中,这都是对西周以来旧制度的重大改革。在法家思想指导下建立起来的秦王朝,其面貌同西周以来的统治制度大不相同,开始了往后两千多年中国政治社会制度发展的新进程,为它奠定了基本的形态。

无疑,法家的这些思想主张,同儒家有深刻冲突。但是这种对立并不是绝对的,而是有限度的。因为法家还是为贵族家天下统治的发展服务的。他们非但绝不根本否定宗法等级制度,包括社会人民生活中的家族宗法关系和统治者的家天下政治制度在内,相反,正是在社会普遍存在的家族私有制基础上,为了使统治者家天下制度变得更强大,才提出自己的主张的。先秦法家的作用,仅以变西周分封型的宗法统治为秦汉中央集权型的宗法统治制度为度。后世继承法家思想、主张某种变法革新的人,更属于局部兴利除弊性质,从未提出根本否定中央集权宗法家天下制度的主张。

在这个根本点上,它同儒家是可以趋于一致的。法家并不反对宗法人伦关系和制度本身,相反,它同儒家一样是要竭力加以维护的。韩非明确说过这样的话:

> 臣事君,子事父,妻事夫,三者顺而天下治,三者逆则天下乱。此天下之常道也。(《韩非子·忠孝》)

对比后来董仲舒以"君臣、父子、夫妇之义"为"王道之三纲"（《春秋繁露·基义》），就可以明白，这两种提法在内容上完全一致，甚至语言也完全一致。这种情况绝非偶然或无足轻重，大家知道，韩非是法家的最大代表和思想顶峰，而董仲舒是西汉第一大儒，开了后来两千余年中国文化中独尊儒术的正统，两人的基本思想如此一致，证明了法家仍是维护宗法人伦制度的派别。

法家同儒家的分歧，是如何才能维护和发展中国宗法人伦制度之争。其目标从根本上说一致，但在出发点上、重点上不同，方法途径不同。如韩非所说："天下皆以孝悌忠顺之道为是也，而莫知察孝悌忠顺之道而审行之，是以天下乱。"（《韩非子·忠孝》）孝悌忠顺，儒、法都赞成。但儒家强调必须从人伦情感一面着手，才能使人心顺从，达到维护宗法等级制的目的；而法家则认为，人是讲利益的有私欲的，想凭情感要人忠孝顺从是靠不住的，只有造成一定的情势，使人心中的利欲和人的行为不能不就范，才能既发挥出人们的耕战积极性，又不得不孝悌忠顺以事君父，接受统治。这种分歧，从维护宗法人伦制度上说，是各抓住了一个方面，但并非不能并容。

因为，如我们上一章已分析过的那样，宗法人伦本是一种对立统一物。宗法等级是私有制的不平等关系在家族内的浸透和表现，但它又是凭借家族的亲密人伦关系来实现的，而这种人伦因此就贯注了不平等的利害关系，既自然又很不自然。所以要维护宗法人伦，不能没有强制一面，也不能没有情感一面。儒家把人伦情感一面突出，使强制一面显得自然合乎情理；法家把强制一面突出，让情感服从宗法统治的需要。

当着历史发展迫切需要变革的时候，强调利害关系和严刑峻法等强制一面的法家，虽有其片面性，却有利于破除宗法制中陈旧过时的东西,如西周以来的分封制等。与之对比,重点放在人伦情爱一面的儒家就显得保守迂腐,不能适应形势的需要。然而,法家在片面性中赢得胜利时,终于走向它自己的反面。秦王朝的迅速覆灭,就表明专任法术也不可恃,统治很不稳固。所以当新的西汉王朝建立起来并致力于稳定其统治时,就总结了这段经验教训,认识到必须重新调整其指导思想和意识形态,使之同社会生活中的宗法人伦基础全面相适应。他们认识到只有从人们的宗法人伦情感上下功夫,才能长治久安;同时刑赏也绝不可少。以往的儒法之争各有建树又各有片面弊端,必须都加以改造,并使之互相补充。所以西汉终于采取了独尊儒术又实际上"杂霸王而用之"的统治思想和策略,取得了长期稳定的统治局面。

历史曾经需要法家,历史也否定了它的片面性,让它返回到中国宗法人伦社会这个基础的全面性或对立统一性上来。与之相应,儒家也发展了自己的思想和形态,以适应新形势的需要。

与墨、道不同,儒、法两家都是为宗法人伦制度和与之相关的统治制度服务的派别。他们的争论是宗法人伦文化的内部之争,而墨家道家则对宗法人伦制度有不同程度的重要批判因素。

五、一个概略的小结

我们不打算详述中国思想文化的所有发展和流派,只以上述考察,加上本书附录中有关的传统文化在民间的最近表现为限。这对于我们的目的已经大体够用了。我们的目的,是要通过中国固有文化思想的产生发展的分析,弄清它的实质和基础,以便进一步为中国传统文化定性;然后才能从事中西文化的比较工作。我

想,对以上各家和民间文化的概略分析,可以说明以下几点:

第一,从西周开始,经过历史变动到秦汉,然后一直到近代清末,中国传统文化的真实基础始终是宗法人伦。

第二,这就决定了,中国传统文化的主要形态是宗法人伦性的,而比较全面深刻地把握住它的实质,并从维护其长治久安出发的儒家思想文化,就成为它的正统。

第三,法家从一个片面反映了宗法人伦制度与文化的实质,并从推动其发展的立场上起过重要的历史作用。但从维护其稳定与长治久安上说,它的片面性是不利的,不如儒家。因而它在完成其主要的历史作用之后,把主导地位重新让给了儒家。儒家吸取了法家有用方面,与之互补,形成了牢固的正统统治思想。

第四,然而中国传统文化决不只是宗法人伦性的,更明确地说,决不只是为维护它服务的。有宗法等级压迫就有反抗,有异议,因此中国文化中还有反宗法人伦的传统或其因素。墨家农家有代表劳动人民要求"均平"的思想,这是同宗法等级不平等相对立的;老庄道家则从人类历史整体观的高度,从个人要求摆脱宗法羁绊以求得自由解脱的角度,对宗法人伦有根本批判。这是非常可贵的一种传统,其意义并不下于儒家正统。

第五,这两种传统,即正统的以维护宗法人伦为己任的,和对它进行批判抗议的,虽然彼此对立,却都是在现实的宗法人伦生活的基地上发生的,因而也就都要受到它的制约。这真实基础的最深厚处在人民中间,在于广大农民和劳动者是在家族宗法制中生活与活动的人,因而在传统的中国社会中,一切人及其思想文化无不在宗法人伦文化的制约之下。民间文化和墨家农家思想,从根本上并没有摆脱宗法人伦,相反,在它的基础上总会不断再生产出宗法统治来。因此他们的均平要求虽有反剥削压迫、反宗法等级统治的革命意义,终究是一种不可能实现的空想。老庄道家对宗法人伦的批判虽然更深刻,但其返璞归真的主张也不可能实现,或只能实现为个人消极避世的精神自由,而在现实中却表现为同正统思想互补的作用。要使上述批判因素成为现实的科学的成分,还必须有一番根本的改造。

第六,在各派争论中,法家为了发展宗法等级统治制度,在批判儒家时有过头之处,甚至否认了人伦情爱的意义,只赤裸裸地要求孝悌忠顺即统治顺从;庄子在批判宗法人伦时也有只重个人自由、要求摆脱一切人伦羁绊的倾向。但是整个说来,儒、墨、老子都是重人伦的,而法家批评仁爱也是为了从另一途径维护宗法人伦关系,庄子的个人内心自由只是对宗法的人伦的一种极端抗议。所以中国传统文化,虽然有维护和批判宗法人伦的两条路线,有诸多具体主张和派别,总起来看,都没有离开人伦文化这个基础。宗法人伦和天道人伦之争,是中国传统文化内在矛盾的焦点或最高概括。中国文化是人伦性的文化。

第三章　略说中国传统"天人合一"的宇宙观和智慧观

现在我们简要讨论一下中国传统文化和哲学中论天和天道以及天人关系的宇宙观、智慧观，研究一下它有怎样的特点和实质。这是文化里最玄远抽象的部分，却无处不在地渗透在中国人的日常生活、思想方式和言论行为里，影响至为深远。

一、对中西天人观该如何辨异

讲中国哲学与智慧的学者们，几乎都把天人合一作为其特色的首要一条，这是很有道理的。它影响到我们对中西文化的比较认识，值得认真研究。

多数学者讲这个问题比较实在，有分析。例如张岱年先生非常重视中国哲学天人合一的优良传统；同时在分析各家各派观点时比较具体，注意到天人合一和天人之别的联系；认为同西方相比，中西天人观的差异各有其优缺点。以他讲荀子为例，他指出，荀子"不赞成（老庄）使人合于天，而主张使天合于人"；这就指明，荀子和老庄都讲天人合一，却持对立的观点；因此，荀子在讲天人合一时，着重讲了天人之分的意义。进一步，张先生指出，荀子的天人之分和人应宰制自然利用万物的思想，虽然很正确，并且同西方科学兴起时追求的理想类似，却又大有不同。西方科学的倡导者认为，了解自然才是征服自然的途径，如英国人弗·培根的"知识即力量"的看法即如此，但荀子却主张"唯圣人为不求知天"（《天论》），完全忽视了求自然知识的这个问题，而主张人能群即能战胜自然，并认为人是靠"礼"和"义"结合为群体的，因而把思想放到礼与义的阐述上去了。荀子主张的似"群体即力量"，凭此人能参天地，宰制自然，以达到天人之调谐。[①]这些论述和治学的态度方法，我以为是比较妥当有说服力的。

可是有某些学者的论点论述比较奇怪，他们在强调中国有天人合一的文化特点时，把天人之分的思想全撇到了一边，视为西方文化的特点；进而以这一分别，作为中国文化优于西方之关键。其种种说法，颇有让人不得其解之处。试举庞朴先生的若干议论来看看：

其一，他说："一个特点是中国文化不仅不把人从人际关系中孤立出来，而且也不把人同自然对立起来。……天中有人、人中有天、主客互溶的天人合一思想，构成了中国文化的显著特色。"[②]

试问，中国文化里有没有讲人和自然的对立和区分的思想呢？像荀子提出的"明于天人之分，则可谓至人矣"（《荀子·天论》），这类重要的思想，是否应予考察呢？它同天人合一有没有关系呢？

其二，"天人合一还表现为人之于天，不是把它当作仅供认知

---

① 张岱年：《中国哲学史大纲》，中国社会科学出版社1982年版，第308—315页。
② 庞朴：《中国文化的人文精神（论纲）》，《光明日报》1986年1月6日。

的对象物,不去追求纯自然的知识体系。荀子《天论》说:'大天而思之,孰与物畜而制;从天而颂之,孰与制天命而用之'。大天而思,从天而颂,可以理解成为了认识自然而认识自然。这种纯认知的冷漠理性态度,同中国文化主流是格格不入的。苏格拉底相信'知识就是道德';中国的《夏书》却说'正德、利用、厚生',把道德和开发自然、改善民生连在一起。…… 这一特点,正表现了中国文化的人文精神。"①

这段话有几点怪处。

据我们所知,荀子批评的"大天而思"、"从天而颂"的对象,乃是老子尤其是庄子那种"蔽于天而不知人"(《荀子·解蔽》)的看法,即把一切都归于天道无为的极端看法。但是庞文却说"可以理解成"批评西方的"为了认识自然而认识自然"的"纯认知的冷漠理性态度",是匪夷所思。这样,老庄的崇天道思想,就拉扯到西方的思想,并"同中国文化主流格格不入"了!

"苏格拉底相信'知识就是道德'"。他不关心人而只关心对自然"纯认知"么? !这也同我们对苏格拉底的了解正好相反(据克塞诺封《回忆录》或柏拉图《斐多篇》记述,苏格拉底所关心的不是自然,而是人事,他的这种言论比比皆是)。②

还有,关心"开发自然、改善民生",就不该认识自然么? 培根说,人"要支配自然就须服从自然"(即认识自然、按自然规律办事),"通向人类权力和通向人类知识的两条路途是紧相邻接,并且几乎合而为一",这种观点难道不对,并且不也是一种天人关系统一的思想吗? 实际上在西方文化中,注重科学知识的主流仍是为

---

① 庞朴:《中国文化的人文精神(论纲)》,《光明日报》1986年1月6日。
② 《西方哲学原著选读》上卷,商务印书馆1981年版,第60—65页。

了改善民生,为了人的发展,二者确实是紧密相关的。培根还赞同
"人是人的上帝"的说法,他重自然科学同他是一位人文主义者并
不矛盾,恰好是他关心人的幸福和发挥能力的思想的贯彻体现。[①]
庞文说,重自然科学必是"纯认知"的、"冷漠"人的,必与中国文化
主流格格不入,岂不是说,要重视人文和发扬中国传统文化,就必
须继续反对研究自然科学知识吗? 这种看法,如何能叫人赞同?

其三,庞文说:"放眼世界,拿希腊、印度、中国这三大古老文明
作比较,人们会承认,以伦理、政治作轴心、不甚追求自然之所以、
缺乏神学宗教体系的中国文化,倒是更为富有人文精神的"。[②]

这一段概述了庞文的基本立论。说中国传统文化有"以伦理、
政治作轴心","不甚追求自然之所以","缺乏神学宗教体系",这
样三条特征,我认为大体是对的。问题在于应如何分析和评价。
庞文说这证明了中国文化的精神是人文主义的,并且比西方和印
度"更为富有人文精神",可见庞文对这三点都是肯定赞许的,并认
为与之不同的西方文化是"冷漠"人的"自然主义和僧侣主义"。[③]
如以上所讨论的,这种论证疑点甚多,实难苟同。公平地说,中西
文化原各有其优缺点,对此需具体分析。但问题首先在于:我们应
该弄清天人关系本身,以及中西的真实差别所在。

"天人合一"与"天人之别",当然是不同的思想倾向,但决不是
彼此孤立的绝对的,从理论和实际情况考察,二者是相互依存不可
分离的天人关系的两个方面。所以,中国人诚然特别注重天人合
一,决非不重视天人之分;反之,西方虽特别注重天人之别,并常常

---

① 培根:《新工具》,商务印书馆1984年版,一卷第三条、二卷第四条、一卷第
一二八条。

② 庞朴:《中国文化的人文精神(论纲)》,《光明日报》1986年1月6日。

③ 庞朴:《中国文化的人文精神(论纲)》,《光明日报》1986年1月6日。

搞得极端对立,却也有很深刻的关于天人之间要保持和不断重建和谐统一的思想,这在他们的辩证法哲学和宗教思想中都有重要表现。因此,我们不好说天人合一是中国文化的专利,正如天人之分的思想并非唯西方所有一样。

从一切民族的文化发展上看,也可知道天人关系的这两方面不是孤立自存的。凡人总有天人关系。中国人讲"天",从实体上说有两种含义,其一是自然的总称,即自然之天,其二指宗教神学意义之天,如殷周以来的"天帝",民间所说的"天老爷"。前者为天的本义,后者是前者即自然的神化,或即人把自己的特性投射于自然使之拟人化,因而自然之天成为神,它有了意识("天意")、情感(如"天怒"),并能下命令("天命")和制定规律法则("天理")。西方人或其他民族也有同样的看法和观念,并无不同。人不能离开自然,因此必定都有天人关系。所谓神灵之天,本身就是体现了天人关系的一种幻想的形态,其本质仍在人离不开自然界。

我们应注意的一点是:作为一种思想或理论的天人合一,必定是以某种程度的天人之分的认识作为前提,否则是不会发生的。在原始时代,人几乎还没有同禽兽区别开来,可以说是处在一种天人浑然无别的状态,但是正因如此,他们也就谈不上提出什么"天人合一"的问题和要求来思考。这里,人类历史与文化发展的首要一步,是要进行天人之间的区分。人逐渐摆脱自然状态,知道自己高于禽兽和其余自然物,并把它们作为自己利用、改造和认识的对象,把自己同禽兽等自然物划分开来、对立起来,才获得了自己是人类的一种自我意识。各民族在进入文明时,都以不同的方式和程度产生出这种自我意识,这种意识的自觉正是文明最重要的标志之一。然后,人们在进一步发展中才发现,这种天人的区别和对立也不应该是过分的,人终究仍是自然的一部分,并且永远离不开这个自己安身立命的基地；过分的对立不合实际，而且弊端无穷，这才特别关注到天人合一的问题，加以深研，以便恢复和保持自己同自然的和谐一致。可见，在天人合一的思想理论本身里，已包含着天人有别的认识和人的自我意识觉醒的成分，作为内在的前提与环节，当然，它所突出的是要扬弃把天人之别搞得过分、扬弃由此带来的弊病的新自觉。这也是中外共同的发展过程。

所以，无论从理论上和中西文化的实际发展上看，都不可把天人的区别与合一这二者绝对分开，认为某一民族有此无彼而另一民族有彼无此。过于简单绝对的说法不利于澄清中西文化差异的真实所在，也不利于弄清双方各自的文化自身。其实中西天人观的差异乃是上述共性下的差异，同中之异。这是一个必须注意的基本点。然后，我们当然要研究中西差异的所在和原因，那是一个重点。

这一节谈的是我们在认识中国文化中天人合一特点和中西天人观差异时的一般方法论前提。有没有这种观点和方法，研究过程和结果大不相同。

二、中国传统思想的"天人合一"的特点和实质

中国文化同西方相比，都有注意天人关系两方面的因素，为什么又大不相同，以致侧重面和表现形式各有特点？我们在对比中，先来着重研究一下中国文化的特点，关于西方特点的具体分析，留待下一章专论。

大体说来，古希腊人在进入文明时，对于人和自然的区别方面特别地得到了发展，搞得很突出，并一再致力于把二者严格地划分

清楚。由此，他们产生了一种把自然看作完全独立于人的纯客观存在的观点，认为要真正认识自然的原因和规律，就不应像神话宇宙观那样把自然拟人化，而只应从自然本身去了解。这种排除人的主观成分所形成的自然观，导致了一种客观性的思想态度和方法，产生了比较严格意义的自然哲学和自然科学知识。与此相关，他们在认识人自己时，也就力图排除自然的因素，从而导致把人看作唯灵魂是其本质的唯心论观点，以及宗教成为文化中的主导因素的局面。然后，他们在这种极端的对立中又感到困惑不安，便寻求二者的一致，或者想用自然哲学与科学解释人事，或者想用上帝来统一人和自然，然而由于已形成唯物主义与唯心主义、科学与宗教对立的格局，统一就不容易了；而且，某种建立起来的统一观，又不断地被天人之间进一步的区别和对立所打破。这样，西方文化中的天人之别方面，就显得十分突出了。

中国古人则与之不同。我们的哲人很少有兴趣专注于天（自然与天帝）本身，其兴趣和注意的中心，自殷周之际变革以后，始终偏于人和人事一面。我们有天人之分的明确意识，如"天道远，人道迩"就是划分天人，强调人应关心自身的事情，不必追求对天的了解，故以远近别之。孟子荀子都论述过人异于禽兽的特点，这是更明确的天人之分，但也都偏重在人，没有像西方的古希腊人那样，把自然同人分开来对它作专门的研究。即使像荀子那样鲜明提出"明于天人之分"重要命题的大思想家，如果同亚里士多德比较，就可见到其间的重大差别。荀子不曾像亚里士多德那样去专门研究自然本身，他的《天论》同后者的《物理学》全不一样，没有多少自然哲学和自然科学本身的讨论，其思考只在人事或礼治方面。中国思想中最重自然天道的老庄道家，也没有注意什么自然科学，其"纯自然"指的乃是人的纯真素朴状态（包括生活和心性在内）。

所以,中国古人没有产生严格意义上的自然科学研究和理论,同样,也没有产生西方那样严格意义上的宗教体系。①

由此可见,中西文化在天人关系上的差别,同他们在天人之分的严格程度上有重大联系。中国古人在天人之分与合一的思想发展中,一直是以重点转移的方式来进行的,不取断然对立的方式。殷周之际思想有从天(上帝)到人事的转变,这是人的自觉,也是对天人有别的一种认识,但它并没有否定天的至高无上地位,因而人事虽得到高度重视却仍处于天命之下,并未从思想理论上分离独立出来。孔子把人的自觉推向一个高峰,但态度和方法仍然类似,只在强调天人有远近之别,他只重人道,不去讲自然神鬼之事,却仍保留天命的最终决定权力。后来中国思想又从人转移到天,从人道转移到天道来研讨,而这个"天"也未独立于人。诸子百家中,墨子的"天志"之天是神学意义之天,老庄"天道无为"之天是自然之天,儒家所说的"天"兼有两方面的意义,但都与人事紧密相关,不是西方所具有的那种纯粹外部客观自然之天。

因此,"天"虽然从实体上说指自然,或天神,但在中国文化和中国哲学中,经老庄道家和荀子的思考研讨,特别发展了它的功能意义。天人之分主要指自然而然无为而为同人工而然有为而为的区别。《庄子·秋水》说:

---

① 古代中国有许多重大科学技术成就,天文学和医学方面尤为突出,也有同天人合一和阴阳辩证法相关的某种自然理论。不过由于对自然的研究一直从属于伦理、政治等人事方面,没有独立的地位,就难于形成真正客观的知识和独立系统的自然理论,总被人事和天人关系所影响,因此我们还得承认中国古代缺少严格意义上的自然科学。与此相关,中国人的宗教神学,也具天人合一的特点,如董仲舒的天人感应神学,道教的出世思想也未能真正离开实际人生,缺乏西方人那种唯灵论的和把尘世天国严格分开的神学与宗教。

何谓天,何谓人? 北海若曰:牛马四足是谓天,落(同"络")马首、穿牛鼻是谓人。故曰无以人灭天,无以故(有心而为)灭命,无以得殉名,谨守而勿失,是谓反其真。

庄子认为自然是完善的,如果人为加以改变,就损害了事物的本性。如:马有蹄生来可以践霜雪,皮毛生来可以御风寒,马吃草饮水,在野地上奔跑,这就是马的本性。可是,所谓善于治马的人削其蹄,剪其毛,给它备上鞍子,拴上绳索,还用鞭子抽打,这样,马就很少有不死的了(《庄子·马蹄》)。"是故凫胫虽短,续之则忧。鹤胫虽长,断之则悲。故性长非所断,性短非所续"(《庄子·骈拇》)。这些议论,是用以反对人间的各种人为的制度和文化如"礼"与"仁"的,也即是反对宗法制度和批判儒家的。他认为儒家主张仁义礼智,是把人为的东西强加于人的天性,扭曲损害了人自身的自然。为此,庄子把人的性、命归之于"天",把人的文化制度叫作"人"。他还提出"天在内、人在外"(《庄子·秋水》)的观点,人的内在与外加也是天人关系。

荀子讲天人,其概念含义亦为天然与人为,他说:"生之所以然者,谓之性。…… 心虑而能为之动,谓之伪"(《荀子·正名》,"伪"即"人为")。"凡性,天之就也,不可学,不可事。礼义者,圣人之所生也,人之所学而能,所事而成也。不可学、不可事而在天者,谓之性。可学而能、可事而成之在人者,谓之伪。是性伪之分也"(《荀子·性恶》)。这与庄子一致。但在立场上,荀子同庄子正好相反,认为人的天性好利恶害,顺此发展,必生争夺和犯分乱理的不道德行为。所以人性是恶的,必须靠礼义等人为,来对人的天性进行加工,才能使人为善,这就像工人用加工泥土木材做成陶器木器一样。"化性起伪",人才成合礼义的君子,国家社会才能得到治理。

荀子是强调人对天有所作为的。

从天人关系后来主要指天然与人为，尤其是人本身的天然与人为、内与外的关系来看，中国传统文化有偏于重人事的特点。其主流儒家是在偏重人事的基点上讲天人合一的。这同西方分别研究自然与人，然后讨论天人关系的情形不同。

这种特点的真正原因何在？我以为若再深究一步便可发现，中国文化着重关注人自身的天然与人为的关系问题，并强调天人合一，同中国古代的人是宗法人伦的人有深刻关系。宗法人伦关系是中国传统文化重天人合一的真实根源。

人伦，中国人常称之为"天伦"，意思就是说它是人的最自然不过的本性与本质关系。氏族制和家庭中的父子夫妇兄弟关系，原是人的自然血缘、婚配和长幼等亲属关系，是人与人间的自然纽带，其情感与相互扶持的权利义务关系，也是自然的。但后来建立了宗法等级制度和"礼"与"仁"的文化，这是人为的即人的文化创造，同时又带强制性，改变了天然人伦，使之成为宗法人伦。所以宗法人伦是人为对天然的改造。对此，老庄道家是不满意的，故强调这种天人之分不合天道。而儒家是赞同和维护宗法人伦的，故强调这种天人之分是进步的，孟、荀虽然观点有对立，但站在儒家的共同立场，都强调人异于禽兽在人有仁义礼智文化道德的方面，便是证明。然而，宗法等级制度及其"礼"与"仁"文化，虽属人为，又是凭借人伦方面的自然情理与关系来建立和维护的，所以儒家在论证其合理性时，又得从人伦自然一面入手，把宗法的人伦说成是最自然不过的。对此，老庄道家虽有所揭露批判，但由于人民生活在宗法人伦之中，久之习以为常，不能辨别清楚宗法人伦同天然人伦的原则区别，便认为这也是自然的天经地义，因此，儒家的观念倒更与社会和人民生活一致，而老庄的进一步分析，只能为士阶层所理解。孟子把宗法人伦的道德说成是最自然不过的人的本性,也就把人为的宗法制度天然合理化,这是一种天人合一方式;荀子把礼义等人为方面看作进步的善的东西,把人的自然本性看作会导向恶的东西,主张"化性起伪",用礼义来改造人的天性使之为善,这也是一种天人合一方式。他们的差异是各从宗法人伦的自然一面和人为一面说起,加以论证,目的都在论证宗法人伦是合理的、善的,所以都主张天人虽有分别,终究是合一的,或应该与必须合一。

由此可见,中国传统哲学中的天人合一特征,其秘密和根源,仍是宗法人伦的真实存在及其特有的对立统一结构。

子思、孟子已论及天人合一。《中庸》说:

> 天命之谓性,率性之谓教,修教之谓道。

这是从"天"讲到"人",用天命天道论证宗法人伦之人道教化的合理性。人道来自人性,人性来自天授,便成为人之天性,所以归根到底,天道乃是人道的本原。

此语若按西方人的思想方式和逻辑来看,既然人道原之于天,那么要了解人,岂不是应先去认真研究一番与人有别的自然事物及其规律本身吗?然而在儒家看来,并不是这样一回事。因为所谓"自然"("天")主要指的就是人本身的天然性命及其道理,而作为实体意义上的"天"即外部自然界或天帝神灵,离人过远难以弄清,不可追求("天道远,人道迩",或"唯圣人为不求知天"),所以,所谓研究天或天道,就从人本身来研究好了,并且这才是认识"天"的最可靠和基本的方法。孟子就是这样做的,所以他说:

尽其心者,知其性也;知其性,则知天矣。(《孟子·尽心上》)

他说人皆有恻隐、羞恶、辞让、是非之心,此乃天授天生,凡人都天然固有,尽此心就能明白人皆有仁义礼智之性,明白此心此性,也就知道了天,天即是如此这般的存在和道理。因此,儒家之天,是义理之天,实即宗法人伦之天。它是自然或天帝,也是主张和维护宗法人伦的自然和天帝。

于是儒家的人论,就上升为"极高明"的哲学宇宙观和智慧观,它赋予宗法人伦的人道以神圣的光彩。这种天人相通合一的哲学,比只讲宗法人伦的人道方面更适合维护宗法制度的需要,也比只讲自然天道或只讲天帝的宗教神学更适合维护宗法人伦的需要。

三、中国传统的辩证智慧

与上述天人关系上的对立统一观点相联系,中华民族在历史上发展了一种很有特色的辩证智慧。它贯穿渗透在传统文化的各个实践和理论领域,在道德、政治、军事、经济方面,在农学、工艺学、天文气象学和医学思想方面,在衣食住行和风俗习惯方面,极为丰富多彩,凝聚着民族历史中无数实际的经验和创造思维,是一个伟大的文化宝库,并上升为宇宙观和智慧观。它在同诸如西方文化中的智慧相比,各有特长,当然又各有自己之不足与限定。我们对它也应有一个概略的考察。

这种辩证的宇宙观和智慧,有其远古的来源,但就文献记载来看,也应以西周为其较明确的开端,到春秋战国的历史变动和诸子百家的争鸣创造中达到高潮,形成深刻丰富和体系化的理论形态。其理论形式的集中点是天道阴阳的辩证法哲学,主要经典为《老子》和《易传》。

为简要起见,我们集中谈谈"阴阳"对立统一的变易的观念和"中和"观念,并以《周易》和《易传》中的思想为主,以阐明其特征和根源。

"阴阳"的观念,较早的包含在《周易》本经之中。《经》包括六十四卦及卦辞爻辞。传说伏羲作八卦,六十四卦,或说伏羲自重,或说文王所重。卦爻辞,或说卦辞文王作,爻辞周公作。这些传说已无从考证。从《左传》庄公二十二年(公元前672年)记载"周史有以《周易》见陈侯者",并引用了卦爻辞原文,可见周易本经在此之前早已正式成文并使用。它是周史所掌握的占吉凶的书。一种占卜吉凶的方法,发生成长,以至于使人相信它能预告人以吉凶,形成经典,这需要很长久的时间历程。所以《周易》的出现,必远远早于公元前672年。《易传·系辞》说:"易之兴也,其当殷之末世,周之盛德邪? 当文王与纣之事邪? "这话应属可信。传说文王被纣幽囚而演周易。《周易》的卦象和卦爻辞包含有许多经验知识与事件,其产生和积累应有更加久远的起源,但文王加以归纳和重大发展,使之系统起来是可能的。这同《周易》的特点有关。

《易经》作为周人用筮草占卜人事吉凶的典籍,同殷人的龟卜和筮占有一个不同之处,就是它强调天意所显示的人事吉凶,并非天意的任性盲目决定,而与人的品德和言行审慎有重要关系。因此,人可以一方面用观察自然现象来比拟人事变化的办法,窥测天意;另一方面,人又可以而且应该用提高自己伦理政治品德和尽人事努力的办法,仿效自然变化以符合天意,达到趋吉避凶,使吉凶按人的意愿与行为转化。所以,它包含着注重人事的天人合一的宗教和道德观念。这同周作为殷的邦国长期处于它的威慑之下，必须尽自己的人事努力以保全自身，进而争取发展，以至代殷而起的历史处境和谋虑有关。文王时，面临的问题最严重尖锐，所以他特别重视人事努力和德治方面，争取民心。他是周兴起并终于灭殷而代之的事业的真正奠基者。为了用德治作为代殷的正统"天命"的根本办法，在思想上必须对天意作出新的解释。《系辞》认为文王为抗殷代殷而演《周易》，"是故其辞危，危者使平，易者使倾，其道甚大，百物不废，惧以终始，其要无咎。此之谓易之道也。"就是说，易经的卦爻辞充满危机感和忧患意识，是为了转危为安，讲究变易之道，把一切事物考虑周到，谨慎从事，避免错咎；此即《周易》所要说的精神和道理。这段话相当深刻地道出《周易》里那种由人事道德求天意配合的本义，以及贯穿其中的天人相感相应相通的最初观点。

照《左传·庄公二十二年》所记载，那位周史已经说，"乾为天，坤为地，巽为风"。《国语·晋语》记载晋文公筮回国的吉凶（公元前636年），已说，"震为长男，坤为母。"因而虽然晚出的《易传·说卦》中的一段话，对八卦的基本含义说明是可信的：

> 乾，天也，故称乎父。坤，地也，故称乎母。震一索而得男，故谓之长男。巽一索而得女，故谓之长女。坎再索而得男，故谓之中男。离再索而得女，故谓之中女。艮三索而得男，故谓之少男。兑三索而得女，故谓之少女。

这段话的解释是这样的：乾卦☰，是天的象征，坤卦☷，是地的象征。二者如人间的父母，彼此有关系，就生出三男三女，是为其他六卦。乾卦中的第一爻进到坤卦里面，占了坤卦第一爻的位置，就生出震卦☳，它是雷的象征。坤卦的第一爻进到乾卦里，占了乾卦第一爻的位置，就成为巽卦☴，是风的象征。然后，再变第二爻，成为坎卦☵，是水和月亮的象征；成为离卦☲，是火与太阳的象征。再变第三爻，成为艮卦☶，是山的象征；成为兑卦☱，是泽的象征。

这就是说，天地如父母，生出六个子女，这八卦分别代表中国古人所认为是自然界中八种重要的自然现象。照这样的理解，包括天地在内的全部自然界，就是一个血肉相连的大家庭。这是一种神话式的宇宙观，即拟人化的宇宙观。象征天的乾卦和象征地的坤卦可以互相交往，其中的爻（表示天地父母的因素）可以互相交换位置、互相转化，从而产生万物。这种万物相互联系转化的认识，有辩证法的因素。它固然来自人的实践和观察自然的经验，但这系统的框架和彼此联系转化的性质，又分明是人从自己的男女婚配和家庭血缘关系中得来。

在周易里，相反的卦，在排列次序上总是紧靠在一起，如乾䷀和坤䷁，泰䷊和否䷋，剥䷖和复䷗，这里可能包含有"物极必反"的变易观念。这种观念从卦的爻辞排列上是有反映的。如乾卦是一个大吉的卦，从初九到九五都不错，不断发展，最吉的一爻是九五，但到上九（第六爻）就不好了，过度就成了"亢龙有悔"。中国人常说的"否极泰来"，就是与易的卦象有关的一种相反转化的意识。

《易经》的卦爻辞中，还没有出现阴阳这名词，但照后来的解释，乾坤（天地）即是阴阳；应该说这解释是合理的。从文献记载看，至迟到西周末年，阴阳已被视为宇宙间两种最原始的物质或力量。周幽王三年（公元前779年）有地震，当时伯阳父说："周将亡矣。夫天地之气不失其序。若过其序，民乱之也。阳伏而不能出，阴迫而不能蒸，于是有地震"（《国语·周语》）。阴阳是"天地之气"，有一定的秩序，如果失序，那是人弄乱的，弄乱了就发生地震。

这里阴阳的关系是天人感应的,伯阳父认为地震是不祥之兆,由此推断周将灭亡。

西周末年的史伯,还提出"和"的观念,并区别了"和"与"同"。《国语·郑语》记载史伯对郑桓公说:周室恐怕要衰败了!《泰誓》说过,"民之所欲,天必从之。"现在周幽王脱离明智有德的人而喜欢进谗言搞阴谋的人,"去和而取同。""夫和实生物,同则不继。以他平他谓之和,故能丰长而物归之;若以同裨同,尽乃弃矣。"所谓"以他平他谓之和",是说事物之间有差别对立,对每一事物言,其对立物就是他的"他";一物有了他的"他"互相作用,才能生育成长。如果尽同,那就糟了。史伯接着举"以土与金、木、水、火杂,以成百物"、"和五味以调口"、"和六律以聪耳"等经验以证明这个道理,进而论述政治治理也必须如此,选择臣下应取能进谏不同意见的人。"王(即周幽王)将弃是类也,而与剸同(即专同,全无差异的相同意见),天夺之明,欲无弊,得乎?"

春秋时的晏婴发挥了这个思想。他也着重区别了"和"与"同"。"同"是简单的同一,"和"是集合许多不同的对立物以形成一个新的统一,二者非常不同。他说,比如厨师做汤,其中有各种原料、作料,有水火的配合。音乐也如此,必须有清浊、大小、疾徐、哀乐、刚柔、迟速、高下、出入、周疏等声音相成相济,才能形成动听的乐章。"若以水济水,谁能食之?若琴瑟之专壹,谁能听之?"因此,在政治上君应听取不同的意见,如果君说可,臣也同样说可,君说否,臣也同样说否,这只是"同"而不是"和",结果是很糟糕的。君臣之间应该"和":"君所谓可,而有否焉,臣献其否,以成其可。君所谓否,而有可焉,臣献其可,以去其否。是以致平而不干,民无争心。"这才是选择忠臣搞好政治的道理(《左传·昭公二十年》)。

这种"和"的观念,后来儒家发展为"中和"的思想。"中"就是不偏不倚、无过无不及;"和"是使不同、对立结合,使之合乎节度。这里面包含着对立统一的辩证智慧。

我们看到,古希腊哲学家毕达哥拉斯和赫拉克利特也有类似的对立面和谐和统一的思想,许多例证也同上述史伯与晏婴所说的相近。在这里,相比之下,虽然都引用了经验,但毕达哥拉斯较重数的抽象,而赫拉克利特则突出强调了对立统一中的斗争性方面,又和我们颇不相同。在中国人的对立统一观念中,强调的是其中的统一性方面:通过对立面的调谐,达到统一,是它的重点。追根溯源,还是同中西历史发展有所不同相关,中国人的辩证智慧,同其宗法人伦制度及其道德、政治关系密切。

《老子》一书,言简意赅,提出了关于自然、人事和思想文化各方面的重要对立关系,尤其发挥了相反相成的道理,讲了许多深刻的(或深谋远虑的)辩证法道理,成为中国文化与智慧的重要源泉之一。其中有"万物负阴而抱阳,冲气以为和"的提法,不过它还没有把阴阳之道明确为宇宙最根本的规律。把这一点上升到最高的哲学范畴并形成体系的,是发挥周易本经内涵的《易传》。

《易传》是儒家的哲学经典,它以儒家思想为主干,在发挥《周易》本经的阴阳对立统一观念中,吸取了《老子》和各家的精华,加以消化改造,构筑起完整的包罗天地人一切事物、道理和思想在内的哲理体系,形成了中国哲学的许多基本范畴;其中,阴阳范畴及其道理,是其最高的范畴和原理。中国传统的智慧,如果用一个概念来表达,可以总称之为阴阳辩证法。这种宇宙观和方法论,主要是接着《易传》发展下来的。

孔子以后的儒家,面对以"天道"攻击宗法人伦的"人道"的道家思想,和各家纷纷谈天道的思想环境,修正了孔子只强调人道之不足,也着重谈天道,强调天人一致、合一。其实,孔子虽只强调人道,仍保留天的至上性,讲天命,非常重视《周易》;而他讲宗法的人伦是自然情理时,也为后世儒家论天和天人关系提供了主要的思想依据。如上所述,文王演《周易》,原是从人事的忧患与进取出发而求与天意天道的配合,并且把天地万物同人间家庭亲属关系相类比,因此,《周易》本经中已包含着与宗法人伦之道相关联的天道观和天人相通合一的基本思想。生活在新的历史大变动时期的儒家,有类似的忧患与进取意识,他们积极地要用人事努力恢复周礼实现仁政,就要发扬文王演易的精神,搞出一套更加系统的哲学理论来。《易传》继承《周易》本经的基本精神,给予了发扬光大。

《周易》八卦和各爻的排列组合,都是由阴阳两种势力及其卦爻形式(乾☰或☰,坤☷或☷两卦,"—""– –"两爻)的错综、结合、配伍而成。《易传》以此作为核心,发挥成一大套思想体系,这即是阴阳之道。

《系辞》说:"天地之大德曰生","生生之谓易"。这生生之道就是阴阳之道,即所谓"一阴一阳之谓道"。《说卦》云:"昔者圣人之作易也,将以顺性命之理,是以立天之道曰阴与阳,立地之道曰柔与刚,立人之道曰仁与义。"天、地、人的生生之道,其根据都在阴阳的两种对立势力之间发生相互的激荡、交感、配伍、结合和彼此推移的变易之中。

这里阐发的阴阳之道,概括综合了以往的中国文化和历史经验和各家在辩证智慧上的贡献,成为中国传统的宇宙观和智慧观的最高概括。它能运用于解释一切自然、人事和思维的现象,具有很高的理论价值。许多人称它为对立统一的辩证法学说,是很对的。

但是我认为,它终究是一种中国文化传统所特有的辩证法智慧,因为它同西方人所讲的辩证法虽有共同点,也有重要的差别。

西方人讲的辩证法首重区别对立,尤其认为对立双方各有其独立平等的性格和地位,这种性格使对立常常达到彼此分离割裂和尖锐冲突的地步,然后再去寻求二者的统一;这样想要达到和谐统一,就不那么容易了。但中国的阴阳辩证法却无须经过那么多的困扰艰苦,因为阴和阳虽是基本区分和对立,但由于阴阳这种势力的双方,从不具有独立自存的性格,如父子、夫妇那样,原本具有自然的不可分离的性质,也不是平等的,有如宗法人伦中的上下尊卑关系那样,所以,这种区别对立,正是为了说明阴要顺从阳之合,才是真理。所以常常说些"天尊地卑"之类的话。自然界只有客观的关系和规律,何尝有什么尊卑之分和合的关系呢? 但是中国传统文化里却视为真理。

这就可以明白,《易传》所说的天道阴阳,不过是宗法人伦的最高抽象理论概括,"天"不过是宗法人伦的人间关系的精神外化。中国传统思想的所谓"天人合一",并不是抽象的"天"和抽象的"人"之间的抽象的"合一"。其实质和秘密在宗法人伦之中:宗法是人为的,人伦是自然的,宗法人伦就是"天人合一"体。但因此,"天"或"天道"本身也就改造过了,就像宗法人伦已是自然人伦的改造过了的形态一样。这样的天道或天理,就是宗法人伦化的天道天理。

宋代理学家程颢说:"只心便是天,尽之便知性,知性即知天。当下便认取,更不可外求。"(《语录》卷二上)这讲的与孟子同,即应由宗法人伦之心性去看天,由人道知天道。

程颐说:"安有知人道而不知天道者乎? 道一也,岂人道自是一道,天道自是一道? …… 天地人只一道也,才通其一,则余相通。"(《语录》卷十八)此语干脆说天人之道不必分、不可分,就是一个道。知道人道,就等于知道了天道。

钱穆先生有这样的总结性的看法,他说:

> 通天人合内外六字,是中国思想的大总纲,是归本回源的大问题。[①]

这个看法诚然是符合中国传统思想和文化的事实的。只是他并没有指明这个思想总纲的宗法人伦实质,更没有给以剖析批评,仅作为一个事实来加以颂扬。我并不否定其中包含许多深刻的合理之处和优点,但我也不认为其中就没有非常值得批判之处;不过,问题首先不在于褒贬它,而在于理解它本身。这就是我对这类议论感到不满足的地方。

中国传统所谓天道,乃是人伦之道和宗法人伦之道的另一种形式。它比单纯讲宗法人伦的人道说得更加圆通:用宗法人伦的人道来讲阴阳天道,反过来又用阴阳的天道来讲人道,理论上就显得更加完备了。但这不过是循环的论证。中国儒家文化不注重对独立于人的自然作客观深入的科学研究,与此是大有关系的。西方人则不是从这种宗法人伦和更古老的人伦眼光(前者为儒家,后者为道家)看待天道和人道的,所以他们的世界观和文化同我们的传统很不相同。

---

① 钱穆:《从中国历史来看中国民族性及中国文化》,香港中文大学出版社1979年版。

第四章　西方文化与人论的特征：对"自由"的追求和自我批判

一、西方人重自由的特征

如果说中国人的显著特征是重人伦的话，那么西方人的显著特征就是重自由。一部西方文化的历史是从古希腊开始的，古希腊人就骄傲地把自己称作"自由人"，直到今天西方人仍然处处以自己的国家和社会是"自由世界"自诩，可见他们最珍视的就是自由。在他们看来，人之为人的最本质的东西就在人有自由，能独立自主，不受外物和他人的支配和奴役。在"不自由，毋宁死"这个口号里就表达了这些意思。所以我们要认识西方的文化和人论，必须从这里入手并始终抓住它来研究讨论。

二、对西方人追求的"自由"也要作具体的了解

作为中国人，我们在作中西对比时，会很自然地提出如下许多问题：

人伦和自由难道不都是人的根本特性和需要吗？难道重自由的西方人可以不要人伦，而重人伦的中国人可以不要自由

吗？——显然不能这样说，那么，如果说二者不是根本对立的，它们能否统一？

这是些重大的原则问题，不仅我们，今天的西方人和世界各个民族也都在思考。但是我们首先还是要问：如果说人伦和自由都是人类的必需，中西文化和历史为什么会如此不同？我们今天面对的是两种文化的对立和冲突，不过，这并不是抽象的人伦和抽象的自由在冲突，而是中国传统的宗法人伦文化和西方资本主义的自由在冲突。同中国人讲的人伦是具体的一样，西方人所说的自由也是历史的具体的东西。

我们这里所讨论的西方人的自由，是他们进入文明之后的产物。它发端于古希腊，是氏族制变为私有制和奴隶制社会时兴起的，因而同原始公有制的氏族社会里的自由断然不同。经过长期演进，到近现代资本主义时代，这种自由达到了它的空前繁荣，但同时也就遭到西方人自己的批判，尤其是从社会主义立场上的根本批判，被认为是同人类的真正的自由不能并容的东西。可见这种自由并不是抽象的，而是很具体的应该界定的东西。

所以，我们对人伦和自由不能只作抽象的思考。同我们必须明确中国传统文化中的人伦实际上只是宗法性的人伦一样，我们对西方文化传统中的自由也要作具体的历史的研究。只有在这样做了之后，我们才有可能去探求中西文化及各自珍视的原则——人伦与自由——是否能够统一和如何可能统一这个重大问题该怎样解答的途径。

一般说来，西方文明的历史轮廓和线索比较清楚，没有太多的争议，所以我们不必专门讨论它。但把他们的历史同他们的自由联系起来考察，会使史实生动起来，也会使他们的自由得到切实的理解，因此我们得随时在某些关节之处谈到历史，特别是在通常还

没给予足够注意之处多给予一些讨论。下面我们先从西方文化和
人论的一些形式上的特征谈起。

三、西方人认识自己的特点之一：人和自然的分离。人论和科学的关系

西方文化和人论的特点首先表现在他们特别重"天人之别"。
他们认为人同自然的划分是知识和智慧的起点，是人自觉其为人
的起点，并且一再地进行这种划分。这种划分搞得比我们严格细
致明确得多，所以再讲天人的联系和统一也就同我们的大不相
同了。

《圣经》创世记说，当初亚当和夏娃吃了伊甸园里上帝禁止他
们吃的智慧果，才发现原来赤身裸体是可羞的，便用树叶来遮掩自
己的身体。这意思就是说，智慧起于人走出同自然浑然无别的原
始状态，知道自己不同于一般动物，不该把自己的自然肉体裸露在
外。但这也就犯了原罪，因为这样一"分"就使人失去了淳朴天真，
从此走上了堕落和痛苦的道路。然而《圣经》又接着说道："上帝
说，看哪，亚当也成为同我们相似的了，他知道了什么是善和恶。"
这表明他们认为划分人和自然的知识虽使人堕落，又终究还是神
圣的，不是不该有的东西，它会重新引导人从罪恶走向善，通过分
裂还将走向统一，这是知识和智慧的本质和过程。《圣经》说的虽
是神话，却包含了西方文化、智慧和人论的基本精神。

古希腊的即西方历史上的第一位哲学家泰勒斯，提出的哲学
命题是："水是万物的本原"。这似乎是非常简单幼稚的或没有多
少称得上是智慧的论点，但为什么却被视为西方哲学智慧的开端

呢？它的划时代意义,是因为它改变了希腊远古以来原始神话形式的宇宙观。这种宇宙观的特点是把自然拟人化,例如像把水神或海神夫妇当作创世的父母之类。泰勒斯实际上否定了这种拟人化观点,径直以自然本身(如水)作为自然现象的原因,从而把人和自然严格分开了。通过区分排除人的主观因素,西方人从此就走上了对自然采取客观研究的道路,发展了科学的态度和方法以及他们特有的哲学(或知识与智慧)。所以西方人尊重泰勒斯为第一位哲学家。

古希腊人按照这种方式发展学术,所以最先发展的是自然学术(physics,或称自然哲学),到智者和苏格拉底才进一步发展出独立于自然学术并与之对立的关于人本身的学术;因为他们发现单用自然的道理还不足以说明人事问题,人之为人应当用比前者更深刻的本原才能解释。

不少人常爱把孔子同苏格拉底作对比,认为两者在重人事上并给后世以巨大影响上类似,这诚然是不错的;但对两者的区别不注意阐明,类比就容易混同。孔子是在天人关系并未明确分开(只是重点转移)、没有独立于人的自然学术及其纯客观态度的情况下谈人和人事问题的,而苏格拉底则与此相反,所以二者所建立的人论在内容和方法上就大不相同。孔子可以直接谈人,认为用宗法人伦的道德原理就能直接抓住人的本性。但苏格拉底就必须先论证为什么人的本质不能单凭自然本原来解释;他也把人性看作道德的东西,但所用的方法却是源于自然学术的那种客观的探索态度与严格的论证方式,不过因为人事比自然事物情况更复杂深刻,运用时需要有所发展罢了。这差异归根到底,是由中西在天人之分上的严格明确程度大不相同引起的。

某些崇尚中国传统文化的人,如李泽厚和庞朴先生,虽也承认西方重科学的传统比我们强,却又指责它是一种"对自然的纯认知态度"或"冷漠理性态度",不如我们那种"天中有人、人中有天、主客互溶"的境界"更为富有人文精神"。这是自相矛盾的说法,我以为是缺乏分析的。不错,西方在区别人和自然时有时过分,搞得割裂分离。但正因如此,他们也取得了一些比我们深入的成就,自然科学便是其中硕果之一。现在要问:借天人分离产生的自然科学和所谓"纯认知"的理性即一般科学精神,真的与人无关、"冷漠"了人吗? 事实并非如此。因为人既然是自然的一部分,那么不真正客观地认识自然本身,也就不大可能真正客观地认识人本身;而不严格区分开人和自然,科学就无法开始,人论也缺乏严格的科学基础。再则,西方的自然观、自然哲学和科学也并非仅是"纯认知"的"冷漠理性态度",当培根说"知识即力量"时,他就在强调科学同人的力量与幸福的一致性。科学能造福人类的伟大意义是今天谁都明白的,这一点在今天中国现代化事业中尤其突出。因此任何讲人文精神的人都不能轻视自然科学及其客观的科学精神,更不应以缺乏它来自夸。有些人看到现在西方空前地强调要恢复与重建人与自然的协调和谐,就以为还是中国"天人合一"的老传统最好。但是前者是以科学高度发展作基础的,而后者却基本上不重视独立的自然科学研究,怎么好混为一谈呢? 中西文化各有长短,但总该老老实实为宜。

四、西方人认识自己的特点之二:灵魂和肉体相分离。人论和宗教的关系

在西方人看来,人同自然的划分不仅表现在他同外部自然有

别,更重要的是人同自身的自然也有区别。这是更深一层的划分。他们认为人的自我意识的真正起点,在于发现自己的本质是灵魂;这是通过把人分为"不死的灵魂"和"有死的肉体"来实现的。这比前一种划分更深刻更痛苦。灵肉分裂使古希腊原始宗教演变为文明时代的宗教,并导致把世界划分为尘世和彼岸的分裂,终于发展成有一整套神学体系的伟大宗教,如基督教之类。这一过程在我们有些人看来只是些糟粕缺点,远不如不大相信鬼神的中国传统文化好。理由是:它引导人脱离现实人生,去追求些虚幻不实的东西,岂非反人文主义的? 何况西方人自己也这样看,文艺复兴时兴起的人文主义就是以反对"神文"作标志的,等等。

作为中国人,尤其是尊重科学的现代人,我和大多数同仁一样,是不信鬼神的,不赞成灵肉分裂成两个独立的东西和有什么彼岸世界。但是我也不赞成对西方人的灵魂观和宗教取简单否定态度,相反,我认为他们的这种发展自有他们的道理,其中有着深刻的值得我们借鉴思考的东西。只知其一不知其二的中西对比,除了产生浅薄的自夸,不会给我们带来什么教益。

西方那种同人的肉体相分裂的灵魂观念,最初的起源可以追溯到公元前六世纪希腊民间的奥尔菲(Orphic)神秘教派,后来经毕达哥拉斯派加以研究改造,成为希腊思想文化里的重要成分,到苏格拉底和柏拉图手中就成了哲学研究的一个基本和中心的课题。后来在晚期希腊和罗马世界,通过斯多亚派和新柏拉图主义的发展,同基督教从犹太教中分离出来的运动相结合,成为基督教教义的基本内容。上帝(圣父)、耶稣(圣子)、圣灵(道)同人的灵魂相联系,它拯救人类主要指的就是拯救人的灵魂。这一发展同科学精神并立,成为西方文化另一个最重要的传统。

那么,这种与肉体分离的"灵魂"观念究竟是怎么来的? 我们知道,古希腊人原先的"灵魂"一词只指呼气,不过是表示生命的活动,并不同肉体分离,同中国古人说魂魄乃精气所生的观念类似。希腊早期哲学家如阿那克西美尼、阿波洛尼亚的第欧根尼也用"气"作万物的本原,用"气"来解释生命和灵魂。后来的原子论者也用精细的原子讲灵魂。但后来出现了独立于物质的灵魂观念,这是为什么呢?这个问题,只能用古希腊人在进入文明时经历了比我们鲜明的分化、分裂和痛苦的过程来说明。不同的过程以不同的方式改造了原先氏族制时代人们的道德观,从而产生了对灵魂的不同看法。

古希腊人在氏族制时代维护和表现其古老人伦中平等自由关系的道德观念,是"正义",它的人格化是"正义之神",在人民中有深厚根基。他们进入文明,也经历了从氏族制到贵族制的阶段,不过希腊人的私有制和商品经济发展得非常迅猛相当普遍,不久就导致了贵族制及其根基氏族制的彻底分化瓦解。贵族与平民,富人和穷人之间的利害对立,破坏了原始人伦中人与人间的平等自由的亲善关系,出现了无数的纷争罪恶。例如在雅典梭伦改革前夕,贵族们为了掠夺财富,不惜把氏族中大批平民变为他们的债务奴隶,对抗的尖锐程度达到了爆发内战的边缘。在这种情况下,人们为反抗压迫剥削和解决纷争,在思想上就很自然地要诉诸古老的正义观念,称这些罪恶为不义,进行抗议谴责。这就引起"正义"观念本身的发展。但各社会阶级阶层的看法是不同的。那种与肉体分离的灵魂观念是多种新的正义观的表现形式之一,最初只是从最下层里提出来,后来才流传到其他各阶层中去并获得了多种解释。

为了说明这一点,我们先来谈谈梭伦改革的思想依据。大家知道,梭伦改革限制了贵族对平民的盘剥压迫,其中突出的一条是

颁布"释负令",禁止以本邦的贫苦平民为奴隶。他的改革就是以正义观作依据的,在《诗篇》中他写道:

> "人们总想用不正当的行为来发财致富;他们彼此明抢暗偷,甚至对神圣的或公共的财产也不放过,并且没有防备给正义女神找到可怕的把柄,她对于一切正在发生和已经发生的罪行总是默默地加以注意,并且及时地丝毫不爽地加以报应。那时整个城邦就会遭到一种不治之症的降临,不久就会丧失自由,诱发战争和自相残杀的斗争,使许许多多的人毁灭于他们的青春时代。"①

梭伦出身贵族门第,但在财富和地位上属于中等阶层,倾向于新兴工商势力。在当时情况下,他要求建立一种既有利于社会进步又能有利于城邦安宁的秩序,所以他的正义观就强调节制或中和之道:贵族不要过分侵夺平民,平民反抗贵族也不要过分,双方都要节制,正义必须高于对财富的追求和争夺。这种正义观虽承继了古老的传统思想,但显然已有了重大改变。

与之不同,那直接来自民间的人们则有另一种正义观。与梭伦大致同时,起于色雷斯而后广泛传播于希腊各地的一种民间宗教运动奥尔菲派,发明了与肉体相分离的"灵魂"观,通过这种灵魂来讲正义。他们认为,人的肉体和现世生活总是充满罪恶的,肉体不过是灵魂的坟墓,只有通过死亡,灵魂才有可能得救;那时一切人的灵魂都要在正义之神面前接受审判,如果它已被肉体腐化得无可救药,就要送到地狱里去受永恒的惩罚,而尚可救治的灵魂在加以清洗使之洁净之后,便可开始新的生活,如果灵魂在世上经历三世都不受肉体与尘世的玷污,就能从此与天上的快乐神灵同

---

① 《梭伦残篇》3, 11—20。

游。①可见在他们看来,人最重要的是灵魂,人必须为自己的灵魂的洁净和合乎正义而斗争。

　　这也是一种正义观,但它为什么要采取关于灵魂的宗教唯心主义形式? 英国的古希腊史学家乔治·汤姆逊在其《古代哲学家》(古希腊社会研究,第二卷)中,搜集了许多历史文献资料探讨过这个问题。他指出,那时的贫苦平民的绝望处境和反抗意识,是理解上述奥尔菲教义的一把钥匙。在矿井的地下深处当雇工的平民和已成为奴隶的人,在监工的皮鞭下不见天日地不停劳动,其情景犹如生活在地狱中。他们是氏族制瓦解过程里被抛出来的贫苦成员,失去了土地和原来氏族制对他们的保护,不得不去当矿工或过类似的生活。这些陷于奴隶境地的人们,当然不会像正在发财致富的那些贵族和新兴工商业主那样对现世生活感到乐趣,而是在苦难中把人生看作牢狱。他们既然丧失了现实的一切,甚至丧失了支配自己人身肉体的能力,在鞭打苦刑下度日如年,就很自然地对现实产生了一种彻底否定和批判的态度,并转向了一个幻想的世界,希望在那里能恢复其做人的权利。②残酷的现实,使他们把心中唯一的活力和希望变成了一种对于"灵魂"的意识:因为这是他们仅存的、不可能被任何人剥夺的东西,是他们作为人而存在的最后一点根据和证明。所以,他们就发现了自己纵然失去了一切,包括自己的人身在内,毕竟还是有"灵魂"的;他们仍然可以依靠它来进行正义的斗争。

　　可见,同肉体相分裂的"灵魂"观念尽管是唯心的幻想,又决不

---

①　这是我们从柏拉图著作中所了解到的奥尔菲教义。参见柏拉图的《高尔吉亚篇》492—493;《斐多篇》62 d、70 c、107 c—114 c;《斐德罗篇》248 c—d。

②　以上是对汤姆逊《古代哲学家》(三联书店 1963 年版)第 262—276 页论述的扼要概述。

是单纯的幻想。它是现实生活和人世发生分裂的结果在人民思想上的表现,是社会最底层的贫苦人在近乎绝望的现实里仍在为自己做人的权利而斗争所赢得的最初自我意识觉醒。这种觉醒具有极其深刻的意义。

新的灵魂说从心灵深处震撼了正在纷争罪恶中向前发展的希腊人,引起各阶层的反省、思考、畏惧与期待,给人们开辟了一条认识自己的新路;同时由于各阶层把利益、愿望和文化的差异带到对灵魂的理解里来,又使它获得不同的不断加工发展。毕达哥拉斯派和苏格拉底、柏拉图把它演化为一套深刻细致的关于人的本质的学说。他们都强调:人之为人在他有灵魂;通过灵魂的净化人才能得救、认识真理和达到神圣的境界;肉体和尘世使人纷扰堕落,所以它应受灵魂支配,而决不可让灵魂受肉体的摆布;自觉到这一点的才能算作人,与动物真正有别的人,人间的正义才有可能达到。西方人往后对人的本质和道德的研究一直离不开的这种灵魂观念,就是这样来的。

我们不赞成宗教神学和与物质自然相分离的上帝、灵魂等唯心主义观念,因为这种思想即使是最善良的,它所说的灵魂和上帝也没有实际的物质力量,不能使现世得到实际的改造。但是应当明白的是,我们也只有在这一高度上才能谈论它的谬误性。只有实际地改造现实,消除人类的分裂与罪恶及其根源,使人们都获得做人的权利并得到和谐与全面的发展,那时,它才会成为不必要的东西而归于消亡。在此之前,它不仅是一种历史里的必然存在,还是人类的需要,表现着人民对压迫剥削制度的反抗和批判精神。西方人在罗马帝国时代兴起的基督教,最初也是各被压迫民族下层穷苦人的革命运动。后来的新教对天主教会统治的反抗,即宗教改革和德国农民战争,也有类似的性质。

所以我们不能像有些人所说的那样,把宗教只当作谬误看待。的确,文艺复兴时和西方近代初期有许多启蒙思想家,尤其是十八世纪的法国唯物论者,曾激烈批判过宗教神学,在这种批判中他们抬高了人,把人从虚幻的追求中引回到现实的自然和人生,这是一大功绩。但问题并不是能这样简单解决的,它的根源很深。因此,更多的思想家,包括非常重要的启蒙学者甚至唯物论者在内,都不赞成把"神文"简单地同"人文"对立起来,而主张深入地作具体分析。例如卢梭就是如此。他反对法国唯物论者把人只看作一种自然物、只服从自然因果律的观点,认为这是对人的本质的极大贬抑和根本歪曲,使人降到一般动物的水准。因为人如果只是肉体自然物,他就永远只能屈服于物质环境和统治者所掌握的经济、政治力量之下,成为外物的奴隶。他坚决主张人是具有自我完善能力的主动者,尤其是具有反抗不合理的现实的道德自由意志的存在者,有"良心",有灵魂,因而人才是高尚的、伟大的,能够革命地改造世界、社会和完善他自身。所以,他认为应当肯定人有灵魂;并假定灵魂能够不死,假定有上帝,来支持人民的正义斗争;主张建立与压迫人的天主教不同的人民宗教。康德这位伟大的哲学家、人道主义者也持类似观点,并给以系统的理论论证。我们再来看看费尔巴哈这位坚决批判宗教的唯物论者的见解。他相当深刻地揭示了宗教的本质和它压迫人的性质。但宗教为什么能如此呢?这只是因为宗教是人的本质的异化:人把自身的本质 —— 理智、意志和情感 —— 集中起来,变成一个在人之外之上的对象即上帝来加以崇拜,而人在自己创造的这个对象面前反而变得渺小低微,只能匍匐在它的脚下。费尔巴哈认为在揭穿了宗教的这个秘密以后,就应该克服这种颠倒和异化,认识到人才是人的真正的上帝,把对上帝的崇拜返回到对人本身及其本质的爱和崇拜。显然,这种批判是人本主义的和唯物主义的,同时他深入到宗教的本质之中,克服了把"神文"同"人文"简单对立的浅薄见解。从这个观点看,宗教也是人认识自身的一种方式,一面镜子,在宗教里上帝的本质就反映着创造它的人本身的本质,不过它是人的本质的异化形式,在异化形态里集中表现了人本性中真善美的品质、追求与力量。所以他认为把宗教颠倒过来,人就认识了他自身。

自周孔以来的中国传统文化,由于始终紧紧抓住现实的人生,注重天人合一,不作灵肉分裂①,因而没有发展出西方那样的宗教。秦汉以前只有方士求仙药追求长生不死之类的东西,汉代有董仲舒那种宗教化的儒学,那是讲天人感应、相类相符的。东汉以后佛教由印度传来,中国人才知道有精微细致的宗教。但在它的刺激下生长起来的中国土产的宗教——道教,也还是把追求人的现世享福和长生不老作为宗旨,不作灵与肉、彼岸与尘世的严格划分。直接抓住人和重天人合一的传统,使中国人避免了上述分裂所带来的巨大和众多的谬误,但也使中国人缺乏西方那种同现实生活相对立的深刻批判意识。

五、自由与分裂的关系和它的实际历史基础

从上述两个特点我们就可以发现,西方人对自己作为人和他有自由的认识,是同划分密切相连的。把自己同外部自然界划分开来,人就意识到自己的独立性,高于动物了;把灵魂同肉体分开,

---

① 中国人也有鬼魂概念,但与物质的精气观念相连相通,同肉体的作用相关,不像西方那样划分得清楚。

人的精神就独立了,意识到自己不应只受肉体物欲的摆布,可以自主地支配自身,改造世界上不合理的事情。这就是自由的意识。西方人的自我觉醒或自由意识,是循着一条不断深入划分的道路来赢得发展的。上面两种划分是它的基础性的部分,并不只限于此。

现在要问,他们为什么要走这样的同我们以及好多民族不同的路? 这就不能只用他们的思想本身来说明。思想里的划分和自由,不过是现实生活里的划分和自由在精神上的能动表现罢了。西方的"自由"发端于古希腊,我们就来略为考察一下希腊的自由的实际情形。

即使在希腊的自由达到顶峰的时期,能够称得上"自由人"的,也只是指诸如雅典这样的独立城邦里的享有公民权的一小部分人,不包括妇女、外邦来的被保护民,更不用说奴隶了。这样的自由人本身就是以一系列的划分和对立作为条件和依据的:

首先,希腊人的自由是同异民族对立的。例如他们击败了波斯的入侵,解放了小亚细亚一带许多受其奴役的希腊城邦,才争得了希腊民族的独立和自由。与之同时,他们也尽力扩张自己,掠夺和奴役别的民族,这被认为是希腊人的自由事业。

其次,希腊人的自由是在城邦独立的条件下才能实现的东西。他们划分成许多彼此独立的城邦,在彼此对立的斗争中保持各自的主权和相互平等关系。所以划分、对立和斗争也是城邦自由的基础。一旦对立的平衡遭到破坏,就会丧失这种自由,这里就包含着有些城邦力图控制与剥削其他城邦和后者的反抗斗争。

再者,希腊人的自由是建立在奴隶劳动这根支柱上的。"自由人"和奴隶的分裂和对立,是希腊人作为自由人、他有自由的一个基本条件。奴隶只被看作物而不是人,就对比反衬出希腊人是自由的人。所以希腊人的自由本身就包含着对奴隶的奴役。

此外,从唯有男子才能具有公民权和自由地从事各种公共与私人的事务而言,希腊人的自由是以排斥妇女、压制和奴役她们作条件的。

通过这种种分裂和对立,才产生了那高踞于其他人之上的"自由人":城邦的自由公民。

最后,即使在这很少数的自由人里,也存在着由地位、财富和势力的不平等所形成的种种划分与对立:贵族和平民、富人和穷人的对立。雅典由于民主改革推翻了贵族统治,建立了城邦民主制度,它的公民赢得了较多的同等参与政治和公共事务的自由权利。而在斯巴达这类城邦里,平民的自由是很少的,他们还处在贵族的支配之下。

雅典最繁荣的时期,在总人口40万里,奴隶达20万人,外邦被保护民3万多人,自由民16万多人。在自由民里,按财富划分,第一、二等级只有4千人,第三等级10万人,第四等级(贫民)6万4千人。按公民权划分,公民只有4万人。可见,即使在希腊世界里最自由的雅典这样的地方,真正享有自由的不过十分之一。一系列的深刻分离、分裂、对立,造就了自由的希腊人和他们的自由事业与自由意识。

如此说来,这自由岂不就是奴役的代名词吗? 不错。但是这里还是出现了历史里最值得注意的崭新东西,并且同其他民族进入文明时的情形大不相同。这主要表现在自由民内部产生的某种个人之间的平等独立的关系上,它造成了某种个人的自由。城邦内部的自由是建立在这种自由个人的相互关系之上的,这就是城邦民主制度。

就拿雅典来说,在希腊对波斯的战争胜利后,它靠着奴隶的劳动、外邦人和自己人民中占多数的劳动者与工商业者的商品生产贸易活动,加上同盟各邦的贡款,使自己的财富和实力迅速增长起来。雅典有了这样丰裕的财力,就把它用在维持军队和各种有报酬的公职和公共事业上,发展自己所赢得的帝国。面临城邦和同盟内外日益增多的事务,雅典不是通过贵族制或行政官僚机构来履行其职能,而是靠发展自己的城邦民主制来处理的。例如,为了使公民中收入少的阶层能参与国家政事,设置了陪审员津贴,当时雅典法庭管辖范围遍及同盟诸邦和各邦间争议,每次开庭都有许多陪审员参加,整个雅典当时担任陪审员的经常在6千人左右,占公民中一个很大的比例。这使中下层公民受到了极好的政治教育。雅典民主制不流于形式,广大公民对国家事务有清楚的了解,掌握城邦最高权力的公民大会确实能起到作用,同这类切实的参与活动是分不开的。另一项有报酬的重要公职是议事会,凡"双牛级"(中农)以上阶层的公民都可选入,并规定不得连选连任。按史学家计算,雅典公民三分之一在一生中都有机会被选入担任其成员。他们同陪审员一样都是以抽签或拈阄的方式选出的,目的使公民都有可能轮流担任。在500人议事会里,分组轮流主持日常政务,这样,在一年任期中,每个成员都有一次成为主持政务的五议长之一的机会。最后,雅典的执政官和十将军也是由公民选举产生的。为了防止有人阴谋篡夺公共权力,还实行陶片放逐法,每年召集公民大会,表决是否有人危害公民自由必须加以放逐,如果认定有,就由公民在陶片或贝壳上写出他认为需加以放逐的人的名字,凡被多数公民投票判决有此危险的人,就要离开雅典十年才能返回并恢复其雅典公民的权利。这些就是雅典人的自由在政治上的表现形式。在这种民主制下,公民们有相当充分的从事各种实际活动和思想活动的自由,可以在集会上和各种场合公开发表自己的意见,进行自由的辩论。他们甚至规定了"戏剧津贴"的制度,鼓励公民们参加一年一度的戏剧节,作家和演员在剧中可以指名道姓地评论现实的政治和道德问题,像伯利克里这样倍受尊敬的政治领袖也可成为剧中讽嘲的对象,因而文艺繁荣,成为公民教育和社会生活的重要部分。雅典的民主制鼓舞和支持了它的公民积极参与各种政治、经济、文化的活动,使他们成长为希腊最自由的人们。

六、希腊人平等自由的由来与实质:氏族制的彻底瓦解和商品经济的作用

希腊城邦民主制也许可以追溯到他们在氏族制时代就有的民主制度,那时有氏族全体男女的人民大会、氏族首领的议事会,和由此选出的军事首长。但这里有本质上的区别。古老的民主制,是以氏族内血缘自然的人伦关系和公有制作基础的天然的平等和民主。它在财富和私有因素的增长中早已向贵族制演化了,同中国和其他许多民族步入文明之初一样。可是贵族尽管已高踞于其他氏族成员之上,他还得靠天然尊长的氏族人伦关系来建立和维护自己的特殊地位,以公有制代表的身份来谋取私利,因而他虽破坏了氏族制,又必须维护氏族制。这就把氏族里的平等和民主实际上变为不平等和专制。它遭到了平民即大多数氏族成员的反抗。希腊文明前期的主要社会内部矛盾就是贵族和平民的斗争,这同中国和其他许多地方也大体相同。但是斗争的结果却大不一样。

在梭伦限制了贵族权力的改革之后,克利斯梯尼改革是一个

决定性的转变,其最根本的一条,是用划分地区的原则取代了氏族制的原则。雅典公民按地区划分为十个基层组织进行一切政治的宗教的活动,摧毁了按氏族进行活动的旧传统。这样一来,就从根基上消灭了贵族统治赖以存在的条件。雅典民主制是在这样的新基础上发展起来的。可见它不是氏族民主制的直接继续和简单再现,恰恰相反,是以瓦解和扫除氏族制为基本条件的新东西。

为什么大致相似的情况会导致非常不同的结果呢? 例如中国古代是变为宗法人伦制度,而希腊却变为城邦民主制度? 这个历史之谜我们到后面再详加研讨,因为有许多条件和关节问题相当错综复杂。在这里只谈一个基本的要点,那就是中西文明初期在商品经济方面的发展颇不相同。希腊人在政治上和思想上的民主与自由,同他们在经济上的商品生产与交换得到了相当普遍深入的发展不可分。这对我们理解希腊乃至后来西方人的"自由",甚至是更本质的所在。

不同民族的氏族和部落,彼此进行商品交换,代表氏族和部落的贵族之间进行商品交换,在历史上是各处早就发生了的。不过只有在这种商品交换也渗透到氏族内部各个成员之间并且得到比较普遍的发展时,它才能引起氏族制本身的深刻变化。古希腊就发生了这种情形。这种深刻变化的主要之点在于,它使氏族制及其贵族制下的氏族成员分化为有独立性的个人:这些个人凭借商品的私有和交换获得了一种新型的彼此独立平等的地位和关系,因而从氏族制和贵族制的关系中分离和解放出来,成为"自由人"。这种发展的结果,就颠覆了氏族制和氏族贵族统治,建立起城邦民主制的新社会和国家。

让我们对此稍加说明。商品关系为什么同氏族制及其贵族制不相并容? 这个问题最根本的回答是:它同人类的天然人伦不能并容。让我们举一个浅显的大家都时时看到的例子为证。大家知道，即使是在今天的小家庭里，夫妻和未成年子女及老人之间也不能讲什么商品交换，他们之间的自然人伦关系必定是一种共产的关系，否则就不能维持下去。因为商品关系是私有者之间的分离和对立的原则。在这一点上，家庭与氏族有一致之处。氏族制是人类世代相继的组织，自然的血缘人伦关系和共产是它的原则。而氏族贵族制虽然实际上已改变了上述关系里的天然平等性质，却仍须保持它的形式和外貌，否则贵族本身也无法存在。所以它们都不能同商品经济关系并容。

不过我们用家庭来类比只能到此为止，超出这点就错了。个体家庭同氏族或大家族非常不同，不仅其人伦关系在原则上不同，社会作用也不同。氏族和大家族是按血缘系统建立的，能够聚集和组织大量人群构成社会组织；家庭则主要是一对男女的婚配关系和生产自己子女的关系，不能组织社会。前者可以消亡，而家庭作为人类自身生产的形式却会长存，尽管它也在历史上不断发生深刻的改变。注意到这种区别，对我们研究天然人伦在私有制和商品经济的冲击下发生的改变过程和中西差别，是有重要关系的。不同的冲突导致了不同的改变。同中国古代不同，在古希腊，商品经济摧毁了氏族贵族制以至氏族制本身，天然人伦被逼到个体家庭的小范围里去，而在城邦和民族的范围里，它受到了根本的改造，建立了新的伦理原则，整个社会的面貌就改变了。

商品交换进入氏族内部，创造出同原来完全不同的人际关系和个人。因为在商品交换里，双方各有自己的个人利益和目的，都把对方作为实现自己目的的手段，不能讲什么温情脉脉的人伦之情，这样人们就彼此分离成为私有者的个人，互相对立。然而这种对立又与凭武力或宗法制形成的对立不一样，由于交换要按价值法则行事,进入交换的人必须尊重对方的商品所有权和商品里形成价值的劳动,并且反过来他也受到对方同等的尊重,这样,双方就在产品和劳动的客观标准上承认了彼此独立和平等的地位,建立起同人伦之爱一类全然不同的平等关系,它是冷冰冰的、精于计算的。并且,交换必须有双方的自愿才能正常进行,所以双方也就相互承认了各自独立自主的自由意志,形成社会公认的契约关系。

就人人都把别人当作实现自己私利的手段而言,商品关系无疑带来了无数的纷争和罪恶,它破坏了氏族公有制下人伦的亲密和谐和利益一致,造成贫富不均的实际不平等,使人们分崩离析,变为原子式的个人。但是,就它是平等的价值交换而言,又使这些个人必须尊重别人的利益、劳动和同自己一样的独立自由权利,造成另一种平等。这种平等能否定贵族制假公济私的虚伪平等即实际的不平等,因而是历史的一大进步。当然与之同时也否定了氏族制靠天然人伦来建立的原始平等,又导致人类的堕落。不过无论如何,它使个人的能力得以从旧的束缚下解放出来,形成历史发展的新动力,终究是最重要的一个历史事实。古希腊人和后来的西方人是沿着这条道路走进文明,一直发展到今天的。

希腊和西方的"自由",当然决不只指这种经济关系,还包括思想的、道德的、一般社会交往的,最后集中表现为政治上的自由平等关系。没有这些,单纯的商品经济关系本身是不能得到正常发展的。它们在许多场合常常起更重要的或关键性的作用。但是,一旦在某些条件下商品交换关系能够普遍地在个人之间逐步发展起来,它也就会在政治上、思想上和其他关系上为自己开辟道路。

如前所述,希腊世界里的许多划分和对立并不具有平等的性质,单靠那些划分他们就不会产生民主制和个人与城邦的自由。这种自由归根到底是由商品经济造成的,所以希腊人的"自由"虽然包含着无数的奴役和压迫，毕竟有了一个新内容。不过这种"自由"是很具体的，它自身就存在着对立和人与人之间的分离。

七、西方人认识自己的特点之三：个人和整体的分离。经验与理性

　　前面我们讲过西方人把自己从自然中分离出来的两个特点。但是把个人同整体分离开来也是一种天人之别，我们甚至可以说这是一种更重要的或基本的区分。因为如上节所分析的，氏族制及其贵族制凭借的是天然人伦来保持其整体性的，商品关系却是否定它的人类新活动，所以这种经济和与之相应的政治等活动所产生的个人，从原来整体中分离出来，取得独立自由，也是天人之别：人的自然性同人为性的区别。实际上西方人认识自己及其自由的前两种分离，都是同这一点相关，在这基础上才发生和建立的。所谓人同自然相分离是痛苦和罪恶，根子就在商品关系里个人从氏族制关系的整体中分离出来。

　　但是在如此分离之后，个人还是少不了整体，不过不能再简单回到老的整体里去了。西方人非常珍视个人的自由，同时也力图重建这些个人之间的新关系，建立新的整体。这是一个最困难和崇高的人论主题，以后我们将反复地重点地研讨它；因为它对于西方人类的命运和前途，对西方人论中的其他问题和全部发展，都有根本意义。并且，对我们批判地认识中国的传统人论和寻求新人论，也是最重要的参照。现在我们先来谈谈古希腊人的研究。

　　古希腊最早的人论理论，是由智者和苏格拉底提出来的。

　　智者普罗泰哥拉的主要倾向是重个人，重个人的感觉意见，重

经验。他是希腊第一个专门研究人本身的哲学家,提出了"人是万物的尺度"这一著名的命题。他认为人和动物的根本区别是:(1)尽管各种动物都装备着自存自保的自然器官,常常比人要优越,但人有智慧和技术,能够生产出自存自保的产品,所以人还是优于其他动物;(2)更重要的,是人还能结成城邦和社会来形成强大的力量,而动物不能,这就保证了人足以战胜一切动物,远远高于它们。但要结成社会不免有人们之间的相互对立冲突,需要建立社会的治理与秩序,这就要有一种比生产技术更高的智慧即关于政治和道德的智慧才行。他认为人是可以获得这种智慧的,这才是人区别于物的最紧要所在。他的人论主要就在于讨论人的这种本质。

这就接触到了个人与整体的关系问题。在讨论这个问题时,他坚持了公民每个人都分有政治智慧的平等原则。

这种智慧就是"正义"。普罗泰哥拉明确认为它不是少数人的专利。他借宙斯之口说,"正义"这个东西:

> "要分给所有的人,我愿意他们所有的人都有一份;因为如果只有少数人享有,像那些技术一样,城邦就无法生存下去。"①

他还用雅典人的实际生活来证明这一点。他说,人们在技艺方面有长有短,应当遵从少数有专长的人的意见,但在公民的知识方面,人人都应以正义和好意见作指导,这些原则必须为大家所同意,并听取所有人的意见,是互相学习的。比方吹笛子,有人吹得好而另一人吹得不好,这无可非议;但是在正义和公民美德方面却不同,无论各人做到的程度如何,每个人都有权利和义务具备它,

---

① 这句话和上面意思转述,引自柏拉图《普罗泰哥拉篇》,320 d—322 d。

如果有谁承认自己不正义,就一定会被看成是疯子。所以在一个好的城邦里,没有一个人对政治和道德是门外汉,他们无一例外都以某种方式分有这种智慧,在这一点上公民们都是平等的。

显然,这种观点是对雅典这类希腊城邦中的民主制度的写照和概括,它肯定公民都有权参与公共的事务,并把这种平等的权利当作人的本性。这种"人"其实就是自由的城邦公民,这样的"人"才是"万物的尺度"。

普罗泰哥拉和其他智者都把人的感觉作为衡量一切的标准,他们的哲学是感觉主义、经验主义的,一切凭个人感觉来下判断,导致了个人主义、主观主义、相对主义的泛滥,因而后人对它多有强烈的抨击。不过人们在注意到它的弊端时却往往忽视了它的积极意义,不大全面和公正。智者心目中的人,原是雅典城邦民主制上升繁荣时期的公民,即有个人独立自由和特殊利益与见解的、并且彼此对立的众多个人,而雅典的繁荣正是靠这些矛盾着的自由个人在彼此对立中结合的产物。智者既然表现的是这些个人与社会的关系,在强调人人都有权参与公共事务、发表意见和坚持己见、通过争论来求得一致时,就必须为它找出根据,而凡是人皆有自己的感觉和特殊的利欲正是这种根据。

苏格拉底的人论是智者的对立物。如果说个人之间的矛盾、争论在雅典兴旺时期是它的正常繁荣的表现,那么到了雅典和它的民主制的衰落时期,就成为弊病了,被看作是造成它衰落的原因。苏格拉底激烈地批判雅典人在道德上的堕落和智者的哲学。他认为人的本质决不在于他有感觉、利欲和意见;而在于灵魂,人有灵魂就能追求那普遍的绝对的善。前者使人腐败,污染灵魂,毁灭了城邦的团结,唯有抛弃这些东西,人才能净化自己的灵魂来追求善,城邦才能复兴。因此,人最重要的事在于为自己灵魂的善而斗争,这场斗争当人在世时还有肉体物欲的纠缠不能完全解决,只有死亡,追求正义的灵魂才能完全摆脱它们,自由地进入绝对的善,同神在一起。这种善,苏格拉底的弟子柏拉图认为是一种"理念"[①],即普遍的东西。他们把人的最高理想和自由,看成是只存在于一个同现实世界相分离和对立的理念世界中的实在。

这是一种唯心的宗教神学的人论和哲学。它是人对自身的一种深刻反省。在这种反省的思考里,我们看到人论的重点从个人转回到整体,从纷争转向统一,因而在哲学上从重特殊的经验返转回来追求一种能够加以统一的、用普遍理性来把握的东西。

近代西方哲学里突出了经验主义和理性主义的对立和争论。这仍然是个人和社会整体之间对立分离的思想表现,它发端于希腊,到资本主义时代更加深化和系统化了。

八、在二元格局中求统一的不断探求

西方人认识自己既然是在不断划分和分离的基础上进行的,所以很早就形成了二元的格局和发展道路。一种是把人看作自然的存在物,用物质本原(水、气、火、四根、原子等)和自然性质来解释人及其感觉、欲望、思想、行为、社会生活乃至灵魂,这是唯物主义的。另一种则是把人的本质只看作灵魂、精神,认为肉体和尘世不过是灵魂暂寄的旅店,只有摆脱它人才能有善、有真正的自由,这是唯心主义的和宗教的人论。与此相关,有自然科学同宗教神

---

① 柏拉图所用的"ἰδέα"或"εἶδος",译作"理念"是不妥的。见陈康《柏拉图巴门尼得斯篇》注35。我在《哲学的童年》第492—493页也着重说明了这一点。因为人们通常译作"理念",这里也不是讨论这个问题的地方,所以仍暂时按此不妥的译法。

学之争,经验主义同理性主义之争。这些对立的争论从古希腊起直到今天还在进行,还在发展,呈现出同中国传统人论和文化非常不同的面貌。我们比较稳定;他们总在不安定中寻求,永无宁日,也就老有变革前进。

为什么如此呢? 归根到底是他们现实历史和生活里发生了深刻的分裂。自从氏族制的天伦被破坏和彻底摧毁以后,西方人就再难找到安定的老家了,一切都在分离和对立中发展,人们重新建立的统一总是只能繁荣一时,不久又被深刻的矛盾纷争所瓦解,因为这些统一体本身就是靠矛盾对立来建立和维护的,有如希腊的城邦、罗马帝国和近现代资本主义世界各国里的情况。中国人却有所不同,我们虽也进入了私有制文明,却是借变原来天伦为宗法制人伦来实现的,人们之间的区分有了它作维系的纽带,没有达到分裂的程度,所以人们还有一个看起来是比较安定的老家。

这反映到中西人论之中就形成不同的研究态度和方法。中国传统思想总比较自信,认为自己已经把握住了人和天人关系的根本道理。孔子虽自谦地说"述而不作",但这句话正表明他认为自己已经从前人那里抓住了真理,只需加以损益改造就可以了。西方人就很少有这样稳定的自信,苏格拉底在把"认识人自己"作为中心任务时,强调的是"自知其无知",他并不认为希腊人和他自己已经搞清楚了人及其本质,只是应当努力去寻求再寻求。这一方面是更富于批判性的探索态度,同时也是因为在他看来,纷争罪恶的人世本身不会有什么真理,真理只在神那里才有,因此人不能不承认自己无知,而孔子则不必如此。

大体说来,中国传统人论的发展是"损益"式的演进,不同见解虽彼此对立争论又容易形成互补;西方人论则是在"否定"中变革,不同的观点营垒分明,后人总是否定前人的错误,各人各派也常作自我批判,在鲜明对立中去旧图新。他们也力求解决矛盾达到统一,道路却要曲折得多。黑格尔在他的哲学和哲学史里,把"否定性"和"否定之否定"作为精神和宇宙的根本法则,是对西方人认识自己和世界的全部经历的一个恰当的高度理论总结。有人想用它来研究中国思想史,就不一定完全合适。

中西人论各有自己的成果和真理发现,但又都有各自的缺陷。这根子是很深的。在我们讨论各自优缺点或吸取双方所长克服所短的时候,不能只停留在现象上和理论本身上,还需要深入研究各自的历史和实际的人本身,理由就在于此。否则我们将难以达到我们的目的。

第五章 近现代西方人论的发展：
主体性原理和人类学

一、近现代西方人论里的新东西

西方人论至今仍在探求自由的传统中发展，但近代以后，这个探求同他们以往人论有了很不相同的新面貌。它在前进和自我批判中出现了新曙光，有了解决困扰的希望。如果说古代和中古时期的中西人论是各有千秋的话，那么他们的近现代人论就出现了明显优于我们传统人论的新东西，因而更值得我们借鉴。这里我想强调"借鉴"二字，意思就是切不可因为他们有优长之处就以为我们能够拿来照搬。为了借鉴有效，我们首先应认真学习、分析和理解它本身；但这还不够，还要做更困难的事，就是研究如何重新认识自己，剖析中国的历史与现状的实际和传统人论本身，二者缺一不可，否则还会是照搬，或根本就抓不住要点。

就拿近十余年来某些中国学者倡导主体性原则来说，我以为就有这种情形。这原则是应该提倡的，但有些人学来后把它变成时髦的术语，满天飞，毫不在意地把"主体性"一词到处运用，来讲中西古人的各种文化和哲学思想，似乎古人早已发现和使用过这个原则。这样一来，实际上使它失去了时代的和西方的特色和本来含义,成了一个没有批判性的概念,反而搞乱了我们自己的头脑。这种态度和治学方法,我觉得是不足取的。为了认清这个原则,应当采取的恰恰是相反的方法,即首先应当明白界定和弄清它的本义,然后再来思考如何使它在不同的对象上得到恰当的运用。

在我看来,西方近现代人论里有两个最大的成果:其一是哲学的人学方面的,即主体性原理,它的最高成就是关于人类自我异化与扬弃异化的学说;其二是经验实证的人类学,它通过重点研究人类史前史和民族学,对人类的全部发展作重新思考,极大地扩展了人们的眼界。下面我们先来说第一个方面。

二、主体性原理的要点之一:人作为主体是能动的

以文艺复兴和宗教改革作序幕,西方思想开始向近代转变。人们不满意于中世纪天主教割裂灵魂与肉体、天堂与尘世并用上帝来统一对立的虚幻教条,要求回到现实的人生和自然中来,重新确立人作为自身和世界的主宰的世界观。新教虽然仍肯定上帝的存在,但认为人只有通过自己的内心才能认识上帝、同它相联系。这就是一种人道主义的新觉醒,或以人自身为本位、中心和出发点的人本主义思潮。于是人们重新研究自然、人和上帝。原先的天人之分的种种对立还存在,但带上了新色彩,并且进一步发展了新的划分:思维与存在、自由与必然、主体和客体,等等,进行了新的研究,而贯穿其中的是一种新观念,那就是力图通过人的能动性来解答上述种种分离对立的形成和如何加以统一的大问题。

近代的主体性原则首先是西方资本主义生产迅速发展的思想表现。人们产生了一种新的观念,认为人可以通过认识自然来利

用和改造它,为自己谋取越来越多的福利。西方古代的自然哲学、自然科学虽然有重要成就,但多带有静观的玄学特点。一个突出的例子就是亚里士多德在他的《物理学》和《形而上学》中,把本来只属于人的能动性和目的性,变为所谓自然本身是有目的的。他说自然是四因(质料因、形式因、动力因、目的因)或二因(后面三个原因或本原是相关联的,即同被动的质料因相对立的能动因,可简括为形式因,其最高者是目的因)构成,但归根到底,根本原因还是"形式"即"目的"因,这就是第一推动者,也就是神。这样,人的有目的的能动性反而降为渺小不足道的了。这个观点到了基督教的中世纪,成为证明上帝存在及其伟大的主要论据之一(如托马斯·阿奎那),人反而匍匐在它面前,对自然和现实生活无能为力。近代初期的弗兰西斯·培根彻底批判了这种学说,认为"目的"是唯有人类才有的东西,自然决没有什么目的,它只有客观的规律(培根常常也称之以"形式")。他把"目的"这个能动的本质从自然和上帝那里夺回来还给了人本身,这是有重大意义的一步。由于清除了自然目的因这种仍属把自然拟人化的错误观念,培根进一步分清了人同自然,为发挥人对自然的能动作用开辟了科学的道路。他强调指出:"由于形式(这里指自然的规律性 —— 引者)的发现,我们就可以在思想上得到真理,在行动上得到自由。"① 这些看法既指出人对自然必须采取客观的科学态度,又鲜明地表现了人对自然有能动性和自由。他还强调实验比静止地观察优越得多,因为自然的真相常常要在人的主动干预时才会显露出来,而实验又只有在思想和假设的指导和推动下,在周密的计划安排和反复验证下,才能获得切实的收获,不能盲目被动地进行,从而提出

---

① 培根:《新工具》,第二卷,第3条。

了近代的实验方法和科学归纳法的基本思想。这里都贯穿着对于人的能动性的强调。

与培根主要从经验上讲人的能动性不同,笛卡儿提出了人的理性思维的主体性原理,奠定了近代唯理论的基础。他是哲学史上明确划分思维和存在并把二者对立起来的第一个人,这是划时代的贡献。以前西方人虽重视人与自然的分别,但却把自然、人和人的思想统统都包括在"存在"这个范畴之中,连柏拉图、亚里士多德也如此,这样人的主体能动性就不能从中划分出来得到明白和集中的研究。现在笛卡儿把思维从存在里划分出来了,也就提出了一系列的极其重大而深刻的理论新问题。笛卡儿作为一位伟大的数学家和自然科学家,在自然观上是很讲唯物主义的,但是由于他更重视人的能动性,认为人的主体能动作用是人类所有的知识、活动和存在的中心,而人的能动性的最高抽象的形式是思维活动,他就把思维看作是比存在更具本原性的东西,至少是并列的世界本原。他的哲学的第一原理,叫作"我思故我在":我在认识一切时都可以怀疑它们是否存在,怀疑我对它们的知识是不是幻觉,是否正确,包括我对自己的身体在内也无法确认。但是,我却能肯定我在思维,因为我能够怀疑这件事本身就是一种思维活动,所以他说,从我怀疑一切中就得到了一个最无可怀疑的结论:我的思维必定是存在的。这头一条无可怀疑的真理,就成为笛卡儿哲学的出发点。他把思维的存在看作是比其他一切存在都要更可靠的本原,从而把"思维"同"存在"分别开来对立起来。这当然是唯心主义的观点,但正是通过这种划分,他对人的主体能动性作了高度理论抽象的表达和肯定,其影响甚至比培根的更鲜明巨大。

西方近代的人的能动性原则,不仅表现在思想家们对人同物质自然的关系的考察上,更重要的还表现在对人与人的社会关系,如国家、经济、宗教和道德等等这些问题的考察上。在西方资本主义革命和社会关系不断变革中,他们运用人的主体能动原则进行研讨,产生了许多科学成果,并且上升到哲学的人学高度作了深入的反思,产生了关于异化的学说,使主体性原理成为一种精深的理论。因而,我们还要在更高的层次上去了解他们所说的人的能动原则。

三、主体性原理的另一要点:人是目的。
人作为目的或手段的划分

康德哲学在近现代思想发展中起着非常重大的作用。他搞了一场哲学中的"哥白尼式的革命"。他认为以前人们一直把认识看作主观应当符合对象的观点是不对的,相反,对象只是在人所固有的先天感性、知性和理性形式里,才能够被人所接纳、整理、理解和思考以形成知识,我们所能知道和认识的对象本身(不是物自身)也是由此形成的,因此他得出了对象必须符合人的主观条件的结论。这是一种唯心主义的观点,但里面包含着非常深刻和正确的道理,远远优于以往的唯物论和唯心论、经验论和唯理论观点,把主体性原理发展到一个新的高度。

康德所阐明的主体性原理有一些严格的层次,在认识过程里分为感性、知性和理性,但更重要的是他把人的整个主体能动性划分为认识理性和实践理性两大层次。认识最多只能把握自然的规律性即必然性,达不到自由;因为自然的必然性是同人的自由等等对立的。但是人在道德上却可以不受外物和自己肉体物欲的摆布而按照自己的自由意志来思想和行动,威武不能屈,贫贱不能移,

成为能反抗邪恶坚持正义的人。康德认为这就表明认识理性中达不到的自由，在实践理性中人是可以达到的。这才是人之为人，人高于一切动物，并能使自己变得崇高起来的根本所在。人的主体性的最高点就是道德实践理性的自由意志。与之相比，认识理性还是较低的层次。

这种"自由意志"当然不是任意的，而是有规律的，但不是由外物或肉体等自然规律来决定的"他律"（即对人的自由意志而言的外在规律），而是由道德意志自己来决定自己的"自律"。它有普遍性的特点。这个自由的"自律"最核心的内容是什么呢？ 就是应把人看作目的：

"要这样行动，无论是对你自己或对别的人，在任何情况下把人当作目的，决不只当作工具。"①

他认为这是一条普遍有效的道德实践原理，从这里就能引出并说明人的自由意志的原则。所以"人是目的"是他提出的关于实践理性的三条道德律令中最核心的一条，也是他全部哲学中的最高点。

康德认为，只是作为手段的人，是他人或自己内外自然的奴隶，没有真正意义上的自主和自由，也就不会有根本意义上的主体能动性。世上没有任何人会心甘情愿地做他人和自然的奴隶，这就证明人终究是以人本身作为目的的，他决不会放弃这一本质。自觉理解到这一点的人就有了自我意识，才是按人的本性思想和行动的人，才成为人。人当然有作为手段的一面，但人作为手段必

---

① 康德：《道德形而上学基础》，斯图加特，1984年版，第二章。

须服从自己作为目的的存在与活动，人不应该变为仅仅是个手段，这就是人作为自由的存在物的真义。

这种"人是目的"的自由观，具有极深刻的批判意义。从抽象的意义上看，它是反对一切奴役人的思想行为和社会制度的，不仅具有批判封建奴役的意义，也可以批判资本主义奴役，包括商品经济下人作为目的与手段的分离对立，和用金钱、资本等物来支配人本身的现象。康德本人虽没有去作这些具体的分析批判，但在他的这个最高抽象原理里却包含着所有这些批判的因素。

康德把人是目的、人的自律和自由意志看作人的最高本质、绝对的善、世上的最高原理，充分体现了他的人本主义精神。同这种自由观相比较，仅仅是商品关系及其基础上的自由就不仅显得渺小，而且成为应当批判的东西。同这种人的最高能动性相比较，单纯讲人对自然的认识和改造的能动性，只是较低级的东西。所以，康德的这个学说在思想史上有极其重要的意义，哲学上的异化学说同它有深刻关系。

四、主体性原理的要点之三：人类通过 异化和扬弃异化来实现主体的自由

西方近代主体性原则不仅表现在哲学里，还在国家学说和经济学的研究里，在宗教与道德等诸多重大问题的研究里，得到了发展。这些研究彼此推动，又汇聚到哲学和人学里得到概括提炼和深入研讨，产生出关于异化的学说和理论。不了解这种具体、深刻而错综的过程，就不能对它获得科学和真切的认识。

在资产阶级反封建和建立近代国家的革命时期，国家的本质

是什么成为一个极端重要的问题。表现英国革命前期发展的霍布斯首先提出了国家是人的产物的观点，他批判了封建的君权神授说，从人的本性出发解释国家权力的来源。他认为人人都有为自己谋利益和进行自卫的自然本性和权利；但在自然状态下，由于人对人像狼一样，每个人的自然权利反而没有保障，因而人们就订立契约，放弃各自的自然权利，把它转交给一个人（君主）或一些人的会议，这就产生了国家，由它来保证大家的和平与安全。① 这是从人出发的新国家观，包含着对人的本性及其政治能动性的肯定。但霍布斯认为人们一旦通过社会契约把自己的权利交给了国家，也就只应服从这个国家的统治。这种观点不能适合英国资产阶级革命深入发展的需要。所以霍布斯的学说不仅遭到保皇党的攻击，也受到革命方面的激烈批评。

处在英国革命屡经反复终于取得胜利时期的洛克，和荷兰的斯宾诺莎，尤其是法国大革命准备时期的卢梭，总结和思索了革命曲折发展的丰富经验，进一步发展了霍布斯的国家学说。他们都赞同国家是通过社会契约由人民的自然权利中产生的观点，但决不同意那种认为建立起国家以后人民就丧失了权利的意见。他们认为，既然国家权力来自人民，而且只是为了保障所有个人的人身安全和财产而设置的，那么人民就不应由于建立了国家就使自己处于完全无权的地位，他们只不过是把自己的自然权利变成了约定的权利，否则国家就会变成对人民实行专制的工具。所以在他们看来，正确的国家学说必须始终以人的自由权利作为基础，一旦社会公约受到破坏，国家违背人民的意志转而压迫人民时，人民就有权起来反对它，推翻它，重建它，直至采取人民起义的方式，这都

---

① 霍布斯：《利维坦》，商务印书馆1985年版，第17章。

是完全正当的。当然更合适的办法还是以定期选举的方式不断改进它,防止它蜕化,保证它始终是人民的即每个个人实现其自由的工具。卢梭在他的《社会契约论》中对国家问题作了如下表述:

> "'找出一种联合的方式,以全部的共同力量来捍卫和保护每一个参加联合者的人身和财产,而通过这种方式,每一个人虽然与所有的人相联合,却只是服从他自己,并且仍然同以前一样自由。'这就是社会契约所解决的基本问题。"①

简言之,国家是人的政治能动性的创造物(所有个人通过社会契约,把自己的自然权利转化为整体即国家权力)。但它可能转化为同自己的创造者相对立的东西并奴役人。因此人的更高的更重要的能动性还必须表现为要去支配、占有自己的这个产物,克服它转而奴役创造它的人本身的"异化"。尽管洛克、卢梭等人还没有正式形成哲学上的"异化"概念,在学说思想上已经提出了这个重大而基本的问题。

在经济、宗教和道德学说里也发生了与此类似的认识过程。

在英国产业革命前后产生的古典经济学,批判了以前重商主义经济学认为财富就是金银的观点,提出了财富的价值本质和源泉只是劳动的新认识,使经济学有了科学的基础。它发现了商品、金钱和资本的本质不在物而在人,在人的劳动这种主体能动活动本身。不过包括古典经济学在内的资产阶级经济学又把金钱、资本看作理应支配劳动者及其劳动的至高无上的东西,同霍布斯国家学说的那种水平相似。卢梭和黑格尔开始指出这里也有异化,但都未能搞清问题,马克思才透彻地分析了人的经济异化和如何

---

① 霍布斯:《利维坦》,商务印书馆1985年版,第17章。

克服这个异化的问题。

当卢梭、康德把道德的本质归于人的道德自由意志，并否定它来自外物（不论是指自然及自然律，还是在人之外的上帝）时，他们都明确揭示了道德的主体性。

在宗教观上，宗教改革批判了天主教旧教只讲上帝的外在权威的观点，强调了人的内心宗教情感具有本质意义。新教已具有人本主义的因素，不过它仍主张上帝有支配人的绝对权威，其情况同霍布斯的国家学说、古典经济学的财富学说有类似之处。卢梭和康德的道德宗教观给宗教批判提供了重要启发，黑格尔青年时期曾专门批判研究了基督教的异化。对宗教的本质作系统研究，揭示其异化并强调扬弃宗教异化的最有贡献的思想家之一是费尔巴哈。

上述各方面彼此有联系，都有从人的主体及其能动性出发的特点，但发展水平不同。只有那些把人本身当作目的的思想家，才能发现异化并思考怎样克服异化。因为人产生国家、财富、宗教、道德等等已经是能动性的表现了，不过这些东西在资本主义社会里具有奴役人的异化性质，如果不从人本身才是目的这一高度去观察还是揭示不出来的，相反会被掩盖起来说成就是自由。新的自由观从"人是目的"的原则出发，揭示了以往私有制和资本主义里的所谓"自由"其实还是把大多数人只当作手段来奴役，从而开始了新的自由追求，即克服异化所达到的自由。异化学说的全面提出和发展，可以用卢梭、黑格尔与费尔巴哈、马克思为标志加以说明。

卢梭作为法国大革命的伟大思想家，从激进的小资产阶级的要求出发，不仅批判了封建的政治制度及其宗教和道德，而且对资本主义和整个私有制也持批判的态度，他还有很高的哲学素养和新哲学观点,他写的《论人类不平等的起源和基础》一书,是从人的本性出发探索人类自身历史命运的一部杰作,表现了卓越的辩证法思想和天才的洞察力。他认为人的最本质的特点是具有"自我完善化"的能力,这种能力使人能够从事生产活动和结成社会关系,并且产生私有制。私有制使人类丧失了天然的平等和自由,从此文明每前进一步,人类的不平等和堕落也前进一步,进步与退步按照同一步骤和比例发展。在这个过程中,原先是为了保障大家的自由而通过社会契约选出的国家首领,为了私利就演变为奴役人们的专制暴君。他强调指出,在这种不平等发展到顶点时,人类又将回到出发点即平等状态,因为这时除了暴君,一切人都由于无权和一文不值而变得彼此平等了。既然专制暴君已撕毁契约只凭暴力来维持,那么他被暴力推翻就是完全自然的、合法的。"万事万物都是像这样按照自然秩序进行的;⋯⋯ 谁也不能抱怨别人不公正。"[1] 他把解决人类不平等的问题主要寄希望于人的道德自由意志及其政治革命上,对于私有制问题没有作进一步的批判研究;另外,他也还没有明确形成"异化"的概念。但显然,他已对这些问题的进一步探讨提供了一种宏大的眼光和许多生动丰富的元素。

在德国古典哲学家里,黑格尔是一位最有历史眼光的人,他不仅批判地研究了政治、宗教和道德等等问题,而且对古典经济学、历史和哲学史作过深入研究。不过他是一位客观唯心论者,所以他把人的能动性所造成的一切发展,包括人的自然界、人类社会和人的思想在内,都说成是由一种客观精神所造成的。这种客观精神能动地把自己发展成自然界、人类社会以及国家、财富、伦理精

---

[1] 卢梭:《论人类不平等的起源和基础》,第二部分。商务印书馆译本1962年版,第146页。

神和宗教等等形式,这是异化;然后精神又不满意于这种种异化,又表现为人类克服这些异化的精神和实践,最后通过扬弃异化终于实现了精神本身的全部发展。所以黑格尔的全部哲学可以称作"精神异化论",他的唯心主义错误和卓越深刻的辩证法都是由这里来的;而精神异化论不过是对人类的自我异化和扬弃异化的发展过程所作的唯心思辨的表达。

费尔巴哈不赞成黑格尔用抽象的精神作为本原来讲异化问题。他认为这种"精神"同宗教里的上帝一样,也是人所创造的东西,而且同实际的人和自然相对立,所以本身就是一种异化了的东西,对它们本身就应当加以批判。这样,他就从实际的有血有肉的人及其自然出发,从唯物主义出发,提出了一种关于宗教和唯心论的异化学说。他指出必须克服宗教和唯心论的异化而复归于人本身,才能找到真理。费尔巴哈把黑格尔的异化理论矫正到唯物主义方面来,可是他只限于宗教的批判和思辨范围的批判,不但未能把异化学说运用到研究实际的人和历史里去,甚至连黑格尔在神秘形式里对历史和人的深入探讨也未加充分注意。

异化理论到马克思这里才达到了一个新水平,进入科学的发展阶段。这位从唯物主义立场上深刻研究过黑格尔哲学的伟大思想家,对异化理论的精神实质有精深的了解,他站在受资本剥削压迫的劳动者方面,认为在现实的一切异化中,经济的异化是基础,所以他特别致力于经济学的批判研究。他发现英国古典经济学的劳动价值理论的科学性,在于把人的劳动这个主体能动活动当作了财富的本质。但是在资本主义下,财富(资本)却反而统治和奴役着劳动者本身,这是异化的财富;进一步考察,这里的劳动本身也是异化了的劳动;劳动者和所有的人,人们的社会关系,也是异化的人和异化的关系。国家、宗教等等的异化,归根到底都能从劳动异化和经济异化中找到根源。所以马克思得出结论说，整个资本主义的异化，进而，人类自进入私有制文明直到现在的历史发展，都应到人类的劳动是怎样异化的研究中去寻求答案；扬弃异化是否可能和如何可能的基本问题，就看这种研究是否深入彻底和科学而定。这个理论的思想基础是在马克思青年时代的著作《1844年经济学 — 哲学手稿》里奠定的，后来发展到《资本论》的系统剖析和唯物历史观的建立。

概括起来说，异化和扬弃异化的学说是这样一种关于人的主体性原理：人世间的一切，无论是人的外部自然界（它是经过人的历史活动加工改造过的），还是人自身的自然，还是国家、财产、宗教、道德等等，都是人这个主体的能动活动的产物；因此，人有权占有、支配和不断改造这一切，保证它们属于人本身、适合人的需要和人的发展，或者说，人有权反对一切异化，也终究有能力克服这一切异化，因为所有这些产物及其异化发展的最终根源就是人本身。这是一个漫长而艰难的曲折痛苦过程，自由是在这种过程里发展成长的。

与此相连，人的能动性和自由有两种水平。人类通过劳动和其他活动使自己从动物状态提升为人，是主体能动性的表现，已经包含了自由。但私有制和异化又使人受奴役，变成单纯的手段，使人丧失把自身当作目的的本性和权利，所以这里的"自由"还是低级的、包含着奴役的，甚至就是奴役的同义语，是一种异化的自由。只有回到人自身是目的这个出发点和中心上来，人才能真正实现其主体性，成为真正的人，不再是单纯的工具或受奴役的物一样的存在。所以，扬弃异化才是人的更高能动性的表现，才是真正的自由。

于是我们看到，在西方人论艰苦的自我批判中，一种崭新的自由观和对人自身的理论诞生了。

五、现代西方哲学中的人学思潮:对个人的
非理性存在和自由的特别呼喊

与马克思及其继承者对以往哲学和文化发动一场根本的革命变革的同时,从19世纪以来到现在,西方的其他许多哲学家和流派也向传统提出了根本性的挑战。如果说马克思主义力图为社会历史和文化的变革提供一种科学的世界观的话,现代西方哲学的那些派别则以尖锐地提出许多重大问题而引人注目。他们在解决问题上并不总是那么成功的,问题丛生,争执不休,观点和新派别层出不穷,许多东西是我们不能赞同的,不过他们提出的问题仍然非常值得我们注意和思考。

在这里,我们只谈谈现代西方哲学中的人学思潮方面。它在关注现代人的命运时,特别强调与群众或集体相区别和对立的个人的存在和个人自由,强调了内心中每个人独一无二的生存经验感受,即非理性的方面,认为科学对此是无能为力的,传统的理性主义所强调的那些普遍性的规律,社会生活里的那些普遍性的规范,不但不足以表达个人的存在状态和自由,恰恰是对它的威胁、抹杀、否定或异化。阐发这类思想的哲学家们,有力地揭示了人或个人存在的深层东西,为之呼喊,但对如何解决这类问题,又总是感到迷惘,常常陷于绝望的困惑之中。下面,我们扼要地举出若干方面加以分析,谈谈它们的意义。

被视为现代存在主义哲学最早奠基人的索伦·克尔凯戈尔很厌恶黑格尔哲学,认为他建立了解释一切事物的体系,却完全忘记了各个个人有其独特的内心主观性。克尔凯戈尔批评他那个时代是一个重视群众意见而忽视个人特殊性的时代,认为在工

业化的城市里,在靠群众投票来作决定的社会生活里,一个真实存在的人被视若尘埃、微不足道,"迷失"在人群中。现代人是灵魂空虚的,默默无闻的,不能独立自主的人,既无法掌握自己的命运,也无法与众不同地采取行动。如果一个人想成为真正的人,就必须进行自我反省,深入探究自己的生活。他反复声称,"'群众'就是虚妄":"即使每一个人在私下里都具有真理,然而一旦他们聚集在一起,成了一个群众——一个具备应该属之于它的每种确断意义、会投票的、喧闹的、有声有响的群众——虚妄就立即明显可见。""假如一个集会,即使只有十个人——假如他们要用投票的方式来解决真理,即是说,假如这个集会被视为权威,并且是以群众来决定天平的高低——那么,这就是虚妄"。"群众在它的基本概念之中就是虚妄,因而它使得个人成为完全不知悔改和不负责任的东西"。与之对立,"真理的沟通唯有单独的个人能承当。其次,真理的沟通也只能伸向个人;因为真理正是包含于仅被个人才能表现出来的生命概念之中。""'个人',……是这个时代,一切历史以及人类全体必须通过的范畴。……如果我能要求在我的坟墓上有一个墓志铭,我唯一的希望乃是'那个个人'(That Iadividual)——如果这个词现在不被了解,将来总会。"[①]

他认为,那些体系化的哲学是脱离现实的,因为,在哲学家们所关心的所谓普遍本质和每一个人的特殊存在之间,有着一条不可逾越的鸿沟。他在肯定个人的主观性和独立性时,已把人类经验中的一些方面呈现在人们面前加以讨论,如恐惧、战栗、绝望等等,认为人是有感情的特殊的活人,其特殊问题是不可能给予普遍的永恒的回答的;所以他认为对于人的存在不能有理性的指导。

---

① Soren Kierkegaard, *Two" Notes" Concerning My Works as an Author*, 1859.

存在是非理性的。

19世纪的叔本华、尼采、柏格森哲学,都以不同的方式,强调人的意志和生命的内在世界具有决定意义。

弗洛伊德是20世纪初影响重大的一位人物。他原是一名医生,在给精神失调的患者治疗时,发现催眠疗法不能抓住根本,往往消除了此一症状,又显出另一些症状,便想出了一种新疗法而获得成功,使自己的声名大振。这办法就是让病人尽情谈出自己想到的任何事情,无论所说是多么杂乱、条理不通或使人反感,有如梦幻,这样,医生就能通过分析解释,从中揭示病人被长期压抑的意愿、记忆、痛苦等等深层的心理机制。这些机制由于被长期压抑,连病人自己也不知道了,却是造成他神经病的根源。一旦医生和病人发现了这个原因,便能有意识地加以消除和驾驭,使精神松弛下来得到康复。这种疗法不同于以前流行的催眠疗法,同样有效并且没有流弊。弗洛伊德和其他人受此鼓舞,便开始了一种更广泛的研究,认为精神分析的方法可运用到对于道德、宗教、艺术和人类文明的种种方面。他想治疗的已不是几个精神病人,而是想治疗社会,治疗相当普遍的社会精神官能症。

弗洛伊德"精神分析"的基本发现是在人的"无意识"方面。它是被遗忘的经验、人的基本冲动、内驱力等等所形成的巨流,这巨流左右人的行为,而人的意识觉察不到它。他发现,我们经验到的有意识思考和觉知,实在只是人的精神生活的很小一部分,好像露在海洋面上的冰山的小小尖顶,而无意识正如洋面底下看不见的那块巨大的冰块。问题在于破入意识经验的表层,去发现底下人的生命深处的实际状况。

弗洛伊德的这个见解,对于认识研究人是十分有启发的,虽说他主要只着眼于人的生理心理状态,特别是性冲动与本能方面,有其很大的局限性和片面性。例如,他从其病人身上看到的性压抑,施暴狂与受虐狂等变态,实际上同西方资本主义文明中的冲突,尤其同第一次世界大战中的残酷现实有关,而他却归结为人人都有潜在的"乱伦"、"自恋"欲,有恶毒的进攻性和自我破坏的冲动等等。他本人主张用文明的升华来解决这些非理性的冲动问题,并不赞同非理性的泛滥。但在这个范围内兜圈子,并不能为问题的真正解决提供根本的途径。不过,无论如何,他所发现和提出的关于精神生活的无意识方面是左右人的力量的学说,对于现代西方改变人是以理性为主的动物的观点,起了重大的作用。

在20世纪里,以"存在主义"为标志的许多哲学家在发展个人的非理性存在和自由的观点上,达到了一个高潮。他们认为,以前谈人的问题的各种传统哲学,都说人有某些本质或人性,尽管说法不一,然而实际上并没有这么回事。因为每个人都是独特的,都必须为自己选择他所希望的那种生活,他首先存在,才创造自己的本质,并只要他存在,总有可能或必定总在选择、改变自己的生活和本质。人,或者说,作为个人,他总是处于自由之中,并且一旦被抛到这个世界中来,就不得不自由。

海德格尔第一个明确提出要建立一种同以往哲学都不同的"新"的本体论,其根本范畴就是"存在"。他认为以往哲学的缺陷和错误在于,总是从"世界"方面而不是从"存在"方面进行哲学探讨,因而其本体论是"无根的"。他把世界统一性归结为"存在",说只有从它出发才能建立"有根的本体论"。他说了一套玄学,其中心是说世界上一切东西之所以存在,并且可能成为什么样子,纯粹是由于我是我自身,以"我的存在"为条件。人的存在先于一切其他存在。人的特征是,人首先存在,然后才规定自己。人在有任何规定性之前,或当我成为什么样的人还不清楚之前,我的"在"已经明明白白地显示出来。人的存在的基本状态是烦恼、畏惧、死亡的状态，个人只有处于这种状态，才能真正体会到自己的存在。

"烦"总是为自己同他人的关系而烦，有区别、有对立、有竞争，每个人同他人或世界打交道时，要显示自己的存在，避免沉沦于世界而失去自己，这就是烦恼。这还不够，要到"畏"的状态，才能领会"此在"本身。畏惧是感到孤独的个人被抛入虚无的世界而产生的一种茫然失措的情绪，感到环境和无形的、不可名状的力量对个人造成的威胁。而真正领悟到威胁和自己存在的是"死亡"。"死亡"是非存在、虚无，并且是任何别人所不能代替的，所以一个人只有在面临死亡时，才能真正把自己同他人、社会、集体分开，懂得自己的存在与他人不同，生与死的不同，懂得个人存在的意义。

但是，在20世纪里影响最大的存在主义哲学家，还得数让—保罗·萨特。萨特从青年时期起，受叔本华、尼采、柏格森等人反理性主义思想的影响很大，同时也研究过马克思的著作，同情工人运动，后来在胡塞尔门下，攻读了克尔凯戈尔、海德格尔和雅斯贝斯的著作，奠定了他的存在主义思想。在第二次世界大战中，他积极参加反法西斯的运动，战后又支持阿尔及利亚反法国殖民主义的斗争，表现出进步倾向。他还谴责苏联出兵捷克、阿富汗，在法国人民群众中享有很高的荣誉，1980年4月因病去世时，巴黎有数万群众自发为他送葬。他是一位具有进步倾向的小资产阶级知识分子的思想代表。

萨特说，"存在主义是一种人道主义"，"是使人生成为可能的一种学说：这种学说宣称任何真理和行为都包含着环境和人的主观性"。并宣称："只有这个学说才和人的尊严相容，它是唯一的一个不使人成为物的学说。"他强调人的主体性原则，把它称作"存在主义的第一个原则"或出发点，用"存在先于本质"这个命题加以阐述：

> "我们说存在先于本质，是什么意思呢？意思就是说：人首先存在着，首先碰到各种际遇，首先活动于这世界，然后才能规定自己。如果说存在主义者心目中的人是无法下定义的，那是因为人在开始的时候还没有成为什么。只是到后来，他才成为某种东西，他才把自己造成他所要成为的那种人。因此，就无所谓人的本性……人赤裸裸地存在着，他之赤裸裸并不是他自己所想象的，而是他自己所意欲的，他跃进存在之后，他才意欲自己成为什么人。人除了自我塑造之外，什么都不是。这是存在主义的第一个原则，也就是人们所说的它的主体性。" [①]

从这点出发，他认为"人就是自由"。因为人并没有什么固定的现成的人性来说明他的行动，他总要为自己的行为作出选择，塑造自己，所以就不是用决定论可以限定的。人要从道德选择中塑造自己。无论现实环境和群众是怎样的，每个人永远要自己作出决定，并承担行为后果的责任。"我们提醒人，除了他自己以外别无立法者。" [②]

从以上简要介绍可以看出，萨特的以及其他现代西方人学哲学，都有一种重主体性、重个人，重人的自由意志选择的观点，并且都不满意于仅仅把人视作理性生物的见解，要求深入到人的存在的深层感受和能动性的冲动本原中去。它虽然同西方文化和哲学以往传统中重科学、重理性的特点不一样，但在重主体、个人、自由

---

① 萨特：《存在主义是一种人道主义》。参见《分析的时代》，商务印书馆1981年版，第121页。

② 萨特：《存在主义是一种人道主义》。参见《分析的时代》，商务印书馆1981年版，第121页。

上仍然是以往传统的一贯发展。

在这种人学中,异化问题仍然是一个中心,并且以新的形式表现出来。它突出强调了个人同社会集体、同他人、同客观状态的对立,强调个人在其中的异化感和抗议。考卜勒斯通(F·Copleston)在其《当代哲学》中评论说:"一般说来,我们可以说,存在主义是在一特别的历史时期里,自由人对抗一切威胁着或看来威胁着他作为存在主体之独特地位所采取的形式。""由于存在主义之强调个体,强调自由主体,所以,存在主义也是对现代文明中把个体变为像纳税人、投票者……等社会机能的一般趋势的反抗。"人们发现现代社会是一个被撕裂了的社会,一个分裂而骚乱的社会,看到一些威胁着作为自由主体个人的他并尽力使他屈服的暴虐势力。在这时,人觉得他自己失落了,便强烈要求回到自己。但是现代西方人对基督教的信仰已经衰落,而科学所揭示的自然规律和理性也不能解决人的理想、希望和奋斗的问题,所以存在主义就以一种新的方式来重新肯定人、个人、主体,对个人深感异化之苦的根本问题进行新的探求。

这种探求,是西方人对现代资本主义的种种异化现实的抗议。同时,我们也看到由于西方现代资本主义本身是畸形的,它既建立在个人主义的基础上,又以种种貌似集体的东西否定广大人民的个人的自由发展,所以,哲学家的抗议和探求,固然深刻地反映出人们要求克服这种异化的强烈欲望,它本身也带有这种文明的畸形性质。孤立、绝对地深入个人,深入内心的主观性,是不能解决人的存在、发展并真正获得自由的。萨特后期企图把自己的学说同马克思主义互相结合补充,并认为马克思关于个人的自由与他人、社会的自由相一致的人学,是比他更高的和不可超越的,就表明了这种情形。个人和集体的自由的关系问题,在现代西方哲学人学中,以一种特殊的形态,即比较片面地突出个人的形态,再次提到人论中的中心地位上来。这是值得我们注意的。

六、人类学的兴起:超出西方的狭隘眼界,
开始从人类的全部发展进行探索

现在我们来谈西方现代对人的另一种研究即人类学。从古希腊起,他们对人的本质除了作理论的哲学的探讨,也非常重视经验的历史的了解,这主要是历史学,其中不仅记述了希腊人自己的历史活动,对周围的乃至相当遥远的其他民族的生活和文化也作了许多具体记述,希罗多德的《历史》就是如此。近代西方人的活动范围遍布全球,接触到同西方极不相同的众多民族和文化类型,随着经济、军事、政治、传教活动的日益频繁深入,实践引起了研究的大兴趣,累积起丰富的资料。在这个基础上,自19世纪中后期以来,就产生了一门崭新的科学 —— 人类学,并得到了非常迅速的发展。它是西方近代尤其是现代的产物。

从前,包括中西在内,人们认识自己主要是通过哲学和历史学来进行的。新起的人类学有不同于这二者的特点和优越性。它同以往史学的不同是打破了以本民族为中心的局限和以文明史为主要对象的局限,着重研究各民族的和人类史前的文化,充分估计和尊重各个民族之间、各种文化之间的差别性及其复杂性,在对比中寻求人类发展的具体规律性。其中,由史前史向文明的转变机制,很自然地成为一个关键和重点。因此人类学(主要是文化人类学、民族学)极大地扩展了人们的眼界,并为西方人重新反省自己,认识人类的全部发展、人的本性和异化给予了重大启示。例如摩尔

根的《古代社会》这部著作,就在许多关键之处得出了同马克思的唯物史观极其类似的结论。人类学同以往哲学形态的人学不同之处,是打破了后者的抽象思辨性,它通过具体的对比揭示了一个重要真理:以前哲学家们常常自以为已经抓住了人之为人的本质,但实际上大多只是对本民族某一文明发展阶段的一种抽象,并没有真正达到对人类本性的普遍深刻的科学抽象。人类学以人类各民族的全部发展史为研究对象,以实证性的经验知识作基础,既吸取了以往哲学人学和历史学的成果,又大大超过了它们原来的成果,推动了它们的各自改造和发展。它成为现代人理解人类本身的一种最重要的研究形式。

我在这里不打算详述和讨论人类学的发展和种种成就。我只想说明它那种对西方人论的意义,对我们中国人也有同样的启发作用。另外,我认为也应指出,它毕竟刚产生不久,到现在为止还主要是西方人的科学,因而还不免有西方人观点的局限性。中国人搞人类学是从西方学的,在运用到中国史和民族研究中时,就不免有西方那种框架的影响,其中有正确的也有扞格之处,这是应该注意的。在我看来,只有当它不仅是西方的,而且由世界各民族加以发展作出各自独立的贡献的时候,只有当它所包含的各个环节在它里面以新的意义获得充分发展的时候,特别是只有当它确实能为各民族的未来提供可靠的科学指导的时候,它才能完成自身的发展而成长为一门完整的新科学,并显示出它所包含的全部伟大意义。在这里面,我们中国人占有非常重大的一部分,这个任务已经开始,还远未完成,我们有光荣艰巨的责任。

正是在这一点上,马克思给予我们以关键性的提示。可是以前我们中搞人类学的和搞马克思主义的人都没有认真地加以注意。

马克思在晚年以极大的精力投入人类学的研究,思想上发生了新的转变。他在青年时期就在批判资本主义中提出了人的自我异化理论,后来通过长期的科学工作系统地解剖了资本主义社会,建立起剩余价值学说、唯物史观和科学共产主义。但在到了晚年,在俄国面临革命时,他转而研究俄国和东方其他民族的问题,这时他发现自己原来提出的理论是决不可照搬的。他一再提醒和警告人们,千万不要教条式地对待他本人在《资本论》等著作里的历史学说。

他批评一位名叫米海洛夫斯基的人说:

"他一定要把我关于西欧资本主义起源的历史概述彻底变成一般发展道路的历史理论,一切民族,不管他们所处的历史环境如何,都注定要走这条路 …… 他这样做,会给我过多的荣誉,同时也会给我过多的侮辱。" [①]

什么叫"过多的荣誉"也即"过多的侮辱"? 这就是不实事求是,强使马克思的只限于西欧历史的论断变成普遍适用的历史哲学理论,去为与之不同的俄国和其他民族的问题作解答。看上去抬高了马克思主义,实际上正是使它威信扫地的做法。马克思本人完全不赞成这种做法,为此他明确声明:

"我明确地把这一运动(即《资本论》中所阐述的西方资本主义发展 —— 引者)的'历史必然性'限于西欧各国。" [②]

---

① 马克思:1877年11月《给〈祖国纪事〉杂志编辑部的信》,《马克思恩格斯全集》第19卷,人民出版社1963年版,第130页。

② 马克思:1881年3月《致维·伊·查苏利奇的信》及其三个初稿,《马克思恩格斯全集》第19卷,人民出版社1963年版,第268页,以及第430、442、447页。

说得斩钉截铁,没有任何含混之处。只有划清原先理论的适用界限,才谈得上认真地研究与之不同的其他民族的历史规律性的问题。不同的问题必须用不同的理论来回答,搬用是反科学的。而这些新问题的研究,就推动了马克思去钻研人类学。

这当然不是说马克思先前的理论成果就失去了普遍意义,只是说它终究是从具体分析西方历史里得来的,所以严格说来它是有适用范围的,如果要加以推广就必须研究与西欧不同的民族本身的状况和条件。这原是一切科学都如此的。与西欧很不同的民族也许会走资本主义或社会主义的路,但也必定同西欧有所不同。这类结论不能从原先的理论中推论出来,得凭研究这些民族本身的特点和他们同西方的相互关系去作推断。

> "极为相似的事情,但在不同的历史环境中出现就引起了完全不同的结果。如果把这些发展过程中的每一个都分别加以研究,然后再把它们加以比较,我们就会很容易地找到理解这种现象的钥匙;但是使用一般历史哲学理论这一把万能钥匙,那是永远达不到目的的,这种历史哲学理论的最大长处就在于它是超历史的。"①

"超历史的"就是脱离实际的,与之对立,马克思从人类学里总结出正确的方法论:分别的研究,然后,比较的研究。

马克思的人类学研究是非常初步的,后来人类学家前进很多,自然成果更大。不过许多人虽然占有大量材料,在理论的概括和洞察力方面还应向马克思学习借鉴。这就是我们为什么谈他较多的原因,后面我们还会再具体些地谈人类学问题和马克思的有关意见。

---

① 马克思:《给〈祖国纪事〉杂志编辑部的信》,《马克思恩格斯全集》第19卷,人民出版社1963年版,第131页。

第六章　中西传统人论的差异是由人类异化发展侧重不同造成的

一、一个需要思考的问题

上面我们分别地通过中西人论的研讨,说明了中西文化的不同的基本特征。为了深入一步,我们还要问这种差异是如何来的,在理论和历史根源上应如何加以说明。这就牵涉到一系列的重要问题。其中的一个就是:中国文化里有没有类似西方的情况,即也有自己的异化,或异化理论是否也能适用于对中国历史和文化的研究? 如果也适用的话,那么接着的问题则是:它所指的是什么,能在何种意义上适用?

我曾在一些年里下功夫钻研过西方哲学与人论里的异化学说,还发表过一些论文和一本论述马克思异化理论的专著。[①] 但是在后来关于异化问题的讨论里我没有发表什么意见,因为那场讨论涉及异化学说同中国国情的关系,而我对中国的历史和文化当时还很少研究和深入思考,因而我对这种源于西方的学说究竟能

---

① 杨适:《马克思〈经济学 — 哲学手稿〉述评》,人民出版社1982年版。论文有《关于否定之否定的根据问题》、《对象化与异化》、《卢梭哲学是近代辩证法的开端》、《费尔巴哈哲学的基本特征》等等。

在何种意义与程度上应用于中国，还难以有中肯的见解。好些年过去了，我陆续作了些新的努力，逐渐有了某些看法，虽然还是很粗浅不成熟的，现在愿意提出来向大家求教。

我的认识是，中国传统的文化和历史是在私有制里产生和发展起来的，因而它不可避免地具有异化性质；不过同西方那种类型又很不相同，具有自己的特色，因而对它又必须作独立的研究。

有一些混淆和误解，我想有必要澄清。例如许多人一听到异化一词，就认为必定是恶，是坏事，是想全盘否定某事物的攻击。诚然，异化学说是一种批判性的思想理论，不过它是有界限有分析的辩证法理论。就西方的异化学说而言，是针对封建主义和资本主义以及各种压迫剥削的，针对私有制和它所带来的种种罪恶的，马克思的理论尤其明确，具有科学性质，引导人们扬弃异化以便实现社会主义共产主义。可见，"异化"针对的批判对象是分明的，不可混淆。其二，对我们确定为异化的东西，如私有制及其文化，也不能简单地说成是恶而全盘否定，相反，它在人类发展史上起过伟大的作用，给我们带来巨大的文化成果，决不是单纯消极的东西。它们是双重性的，即使到了必须扬弃它们的今天仍然具有双重性，否则就谈不到"既克服又保留"和建设新社会。异化学说原是一种非常深刻具体的理论和历史分析方法，不是简单粗暴的东西，这一点我在上一章里已简要说过。因此我想，一切愿意改革前进的人们，尤其是真心实意搞社会主义的人们，都会从异化学说中得到启发和教益，而不会认为它会损害一切有价值的文化成果，会损害社会主义，因为异化学说的提出就是为了使一切有价值的文化要素从已经过时的异化形态中解放出来得到新发展，就是为了实现按其本性说来正是扬弃异化的社会主义。

当然，任何理论，即使是最科学深刻的，如果我们在运用时不具体研究我们企图加以应用的对象本身,那还是会出大毛病的:它就可能粗暴地毁坏事物的正常发展。这虽不应由这个理论本身负责,但只讲理论而未能切实研究实际的人却有责任。一般说来,由于异化学说原是西方人从他们的实际中研究得来,所以中国人要真正理解不大容易,拿来应用于中国实际就更不容易,稍有不慎还是会出现粗暴的情形和后果。

因此,在我看来,把异化理论应用到中国问题的研究中来是一件困难的事。既有重大意义,又必须以"战战兢兢,如临深渊、如履薄冰"的态度来尝试着去做,才有可能找到光明。这也是我自己从事这一研究的态度。

二、宗法人伦是一种异化的人伦

同西方人对自己以往的自由进行过相当深入的批判,从而揭示其为异化的情形相比,中国人对自己以往的人伦文化没有明确说过它是异化。不过如前所述,先秦时老子就曾批判过周孔为代表的人伦文化,指出它已不是天道自然的人伦,儒家的"大同"、"小康"之说也包含着类似的批判意识。这些批判或批判因素是从中国的历史文化特点和人的本性的高度提出来的,有深刻性质,成为中国传统文化内在的对立成分,因而在我看来同异化学说有相通类似之处,只是在理论水准上和时代水准上很不相同。那时的批判只能同远古时代作比较,因而带有向后看的性质,同近现代批判异化是向人类未来更高级文化形态前进的性质不一样。但由于人类未来的发展将再现远古的某些基本特征,所以先秦的那种批判又可以具有新的意义,如"大同"理想即是如此,这也是可以同异化学说联系的。

这是以往认识的一方面。但是由于以往的批判未能提到异化理论这种历史辩证法水准上来深入考察传统文化，因而批判还有许多过于简单片面和不足的地方。这些缺点在近代思想史发展里表现得尤为突出。许多人对此做了检讨工作，我想检讨是有必要的，它将使我们自觉到用异化理论重新研究我们的传统文化的意义，有助于克服那些缺点。

中国自进入近代以来，对旧文化的批判是极猛烈的，它是新旧之争，是向前看为了中国的民族独立和人民解放的。但由于它主要是在西方的刺激和对比下发生的，人们批判中国旧文化的武器主要取自西方文化，因而利弊都发生了。这个利是大利，因为若没有强烈的中西对比，中国人就会像从前一样盲目陶醉于自己的固有文明而不知道已落后很远了，不知道世上还有资本主义和社会主义这样的东西，不知道如何自新进步。可是当我们在强烈刺激下急忙改革和鞭挞自己旧文化时，往往只拿西方的思想和历史经验模式来套，未能深入思考自己旧文化的内在辩证结构，因而也就产生了形式主义的倾向，弊病也不小。

例如，在把中国旧文化认作封建主义文化上，就有上述情况在起作用。"五四"以来的反封建口号无疑对中国革命起到了极其巨大的作用，但我们在提出这一口号时，主要取自西方的历史经验和思想模式。中国旧社会的制度文化有同西方封建制文化相近类似的东西，西方反封建的民主革命使他们富强进步了，中国应当仿效。但二者是不是一回事呢，我们只用西方反封建的模式能否真正克服自己的旧文化呢？这就值得反思了。比方说，我们从戊戌、辛亥以来，民主革命已经搞过快一个世纪之久了，新民主主义革命胜利都四十多年了，但人们还看到到处都还有"封建"的东西在作崇,它还根深蒂固,这是为什么呢? 有人说我们的民主革命还不够彻底,有人则说"残余"总难免会长期存在,我想这也许有道理,却总是觉得这些解释还没能说清问题。何谓"彻底"? 何谓"残余"? 我们的新民主主义革命在规模和深度上、在猛烈程度上都是前所未有的。问题在于中国本非西方,其旧制度旧文化同西欧型的封建制度文化并不尽同,差别甚大。我们有一整套自文明以来一直在宗法人伦中演进的、非常系统深厚的特有文化,而西欧封建制里虽然也有温情脉脉的人身依附关系,但主要是靠领主与农奴的对立、经济关系与政治暴力、罗马天主教会及其神权来建立和维护的。西方反封建的思想和做法,对他们的民主革命是适当的够用的,但拿到中国来就不见得够用。我们打倒了皇帝、地主和恶霸,农民分到了土地,还搞了许多反封建斗争,这是巨大的变革,但这些斗争再彻底,只要还没有达到宗法人伦文化的深处,就没有挖到根子,旧东西就仍能以种种方式持存下来或重新滋长。直到如今,人们还看到的种种旧社会毛病就是这些东西,可是人们却一概地用一个"封建"来概括,我以为是不足以揭示它们的本质和它们得以持存的根源的(所以本书有一个附录)。

这是说单用西方反封建的认识来批判中国旧文化黑暗面不够用,另一方面,我认为这样的批判又容易对中国传统文化产生全盘否定的毛病。在西欧封建社会里,资本主义的成分和萌芽有其相对独立的存在,容易分别,反封建正可发展资本主义的文化因素。在中国旧制度文化里,这些资本主义的因素不仅弱小而且难以有明确独立的存在,区分就困难得多。中国传统文化的精华更加内在,即深刻存在于被人们称作"封建"的宗法人伦形态的核心里面。如果按西方的封建的模式,把传统文化都纳入"封建"的范畴,如何吸取精华呢? 它就不免在反封建的口号下一起挨打了。"五四"

时的"打倒孔家店"和反对国粹,"文革"时的"批孔",都有这种片面简单的毛病。一旦翻转过来,又常常成为一片赞颂,似乎传统又全成精华国宝了。这两种倾向轮流出现,都不能使人满意。为了改变这类简单化毛病,人们提出了许多办法,如区别封建性的糟粕和人民性、民主性的精华等等,但实际上却不大有效,因为思想上和实践上很难划分清楚这类界限。例如"仁"本是同一个东西,能说"克己复礼"是维护等级森严的不平等,就是封建糟粕,而"仁者爱人"是主张平等的人际关系、情感道德,就是民主性精华吗? 又如中国人的家族观念传统,作为旧统治秩序的基础就是糟粕,而作为维系人群和国家的团结纽带就是精华,这样的分别能说清楚吗? 它们在实际上和传统文化观念上,原来都是同一个东西,其不同方面原是从同一内在结构上发生的,因而靠上述办法或只加上些褒贬之词并不能使人真正划分开,常常仅能给人以一种似是而非的满足。

所以我想,我们既要学习和借鉴西方的思想和历史经验,更应尊重和认真分析我们中国自己的旧传统这个对象本身。为此我在前三章里讨论了它的实质和内在对立统一结构与表现,并认为把它确定为"宗法人伦文化"比其他概念更适当。它有比西方文化发展更为一贯的连续性,[①] 因而它自身的发展尽管也有重大变革和阶段性,同西方文化的三阶段(奴隶制社会、封建制社会、资本主义社会)相比却有重大差异。所以,当我们今天面临巨大改革任务时,不能忽视自己固有文化的这种特质,中国的新文化必然要以对宗法人伦文化的扬弃作基础(当然还要加上对西方文化的吸取批

---

① 这里所说的"宗法人伦文化"不仅指古文献所说的西周的宗法制,也指一直延续到秦汉后两千年来中国社会与国家中普遍存在的家族宗法文化,这是人们都承认的实际情形。当然形态已同西周时大不一样,文献也常用别的词来表示。

判），这是事实上存在的规律性要求。只有充分注意这一点，新文化才会有生命力和中国的民族特色。

从这个考虑来看，异化学说不仅从本质上适用于中国旧文化，而且能有助于加深对它的认识和观察它的未来前途。

中国传统的宗法人伦是从天道自然的原始人伦转变而来的，又与之对立，原先的平等和谐变成了宗法制的不平等与对立，这可以说正是人伦的自我异化。用"人是目的"这个原理来考察，更能揭示这种异化，不过这种异化由于是借人伦的异化来实现的，也就同西方很不一样，要复杂曲折得多。

宗法人伦代替原始人伦有经济上的基础，用《礼记·礼运》的说法即是"天下为家"代替了"天下为公"，换言之，以家族的私有制代替了氏族部落的公有制。家族所有制与西方个体所有制的性质和后果不同之处是，虽然都破坏瓦解了氏族部落的平等一致关系，但代之而起的却是家族财产和各家族之间的利益对立与地位不等。在每一个家族内部情况就比较复杂了，一个家族要存在发展，必须保持自身内部的凝聚力，就必须强调血缘人伦的亲密关系，因而其成员共同占有本家族的公产、互相扶持照顾，便成为不可少的一个基本条件。从这方面说，似乎家族这个整体和其中每个成员都是目的，没有人是纯粹的手段。但是私有制因素和贪欲仍在起作用，虽主要形式是一致对外，不好公开露骨地进入家族内部，却仍不可遏止地要渗进来，它采取什么形式渗进来呢？就是借人伦自然中有亲疏长幼之别的形式。家族宗法制是用亲疏长幼的极天然的差别来确立内部成员地位财富差别的形式。这是中国古代文明的一大发明，搞得极为精致。于是家族内也确立了一种特殊的私有制和不平等的压迫关系，其实质是要求卑贱者永远为尊长服务，不犯上作乱。从这方面说，卑贱者只是尊长者的手段，不能有自己的独立性和目的,尊长者的利益才是真正的目的。一家如此,由家族扩大而建立的国家也如此。

进一步说,由于宗法人伦中的尊卑上下等级层次非常多和彼此交错,因而人作为目的与手段的划分也非常多和复杂。例如每一个人总是对某些人是手段又对另些人是目的,自天子以至庶民都不能例外;又如每个人在复杂的人伦网络里,其地位总在不断发生着变动,媳妇也能熬成婆;还有,一切贵贱不等又借人伦自然的长幼亲疏形式和感情来保持等等。所以,这里的不平等和剥削压迫尽管实际上严重存在,在许多情况下卑贱者又不得不容忍,或常抱有能从宗法人伦本身里改善自己处境的希望,甚至为此也要去维护这种不平等。宗法的贵贱与人伦的亲疏融合为一所产生的双重性,通过精细的关系、制度和文化,织成密如蛛网的一层层天罗地网,使它的异化本质难于揭露清楚,难于冲破。

在这密密重重的宗法人伦之网里,生长出两个明显的结果:第一,在一定意义上,唯有那最高的统治者个人才是整个社会的目的,其余所有的臣民都不过是他的工具;第二,在不同程度上,所有的家族的尊长和统治某一地方的长官,在他们各自支配的范围内,都是一些土皇帝,成为其下属为之服务的目的,其余人成为他的手段。这二者又汇而为一,即专制主义,国家和民族、地方的一整套专制主义体系。这样的专制体系使绝大多数人都在不同程度上(大体是递减的)失去了自己的目的与自主性,其精神的和物质的生产力必然很难发展,反过来整体也萎靡不振,难以得到生动蓬勃的发展。这是宗法人伦文化的异化性质非常突出的显现,因而也是它受到进步思想家猛烈抨击之所在。

不过话说回来,中国历史上的专制主义还是同西方的或其他地方的情形不大一样。像古埃及、印度和西欧中世纪的专制主义,主要靠的是神权,古罗马等靠暴力。中国自然也少不了神权和暴力,但自周取代殷商以后,现实的宗法人伦文化成为最重要的东西,它经过高度加工成为精致的思想道德政治的文化形态,即所谓德治仁政,与之相比,暴力和神权倒成为辅助的手段,而且它们也是以宗法人伦文化作基础的东西。凡在德治仁政能奏效时,专制取最重人伦之情的宗法道德形式而一般不取暴力形式,后者只作为后盾在起威慑作用。

另外,中国的宗法专制还有一种特有的机制和依据,并能借此调节和缓解其专制的严酷性。例如,它的建立总是以君主和家长有德有功于家国整体作基础与前提。传说中的大禹治水三过家门而不入,堪称“大公无私”的圣贤典范,有大功于中国人民,因而他才有资格代表整体做君主,他的儿子启才有条件通过世袭建立夏王朝。历代开国君王、名相贤臣大多做了些有益于民族国家的事,才有理由掌权和占有玉帛子女即人民和财富。《红楼梦》宁荣二府的家业是由宁荣二公创立的,所以配得上吃冷猪肉,供为开业之祖,接下去的子孙虽然世袭其位,也得继续这种功业道德。这是由宗法人伦规定的,不这样就是不肖子孙。所以中国的专制主义有一个天然的界限:一旦君王家长的统治不再能够维护其成员和整体的利益时,就要受到谴责,如果压迫剥削过甚达到普遍民不聊生的地步时,他们就会丧失威望,要被另一些人所取代。这从宗法人伦文化的立场上看,原则上是合理合法的。所以儒家也有“革命”的理论,甚至常说“民贵君轻”这类的话,赞成“汤武革命”,认为桀纣之君不过独夫而已。所谓“独夫”,也就是说这些专制暴虐之君脱离了宗法人伦整体利益和其中绝大多数人的利益,与之对立。所以,站在维护宗法人伦的立场,也必须认为推翻他们是合理的,是“顺天理合民心”的事情。

可见,中国的宗法专制君主和尊长,固然几乎是全体臣民的唯一目的,他本身又终究还是宗法人伦整体的一个手段,他也具有作为目的和手段的双重性。在中国传统里,异化没有达到绝对的分离分裂的程度,由不平等和压迫所造成的对立面之间,既非常对立又始终保持着人伦(宗法性的)的统一或一致,并且在宗法人伦关系中,所有的人作为目的和手段,既有严格划分又不断联系转化,不像西方社会中的阶级分裂那样鲜明和把专制搞得那样绝对。这些都同宗法人伦相关。宗法人伦既是异化,又限制这异化不要走极端;但正因如此,它又更有利于维护这种异化的存在。

的确,在中国传统的历史和思想里,人作为目的与手段虽有划分又从未分清过。它好像是一个管着一个的连环套。每个人都是别人的手段,同时又似乎也是另一些人的目的;似乎没有人是纯粹的手段,又终究没有任何人有自己独立的目的和自由意志,连君主也不能完全例外。黄仁宇先生在所著《万历十五年》中刻画过这种情形,从嘉靖皇帝到宰相名臣,谁都冲不破这宗法人伦的罗网,不能有自己个性的真正发挥。这是一个窒息着几乎一切人自主发展的社会文化形态。其异化是非常细致深刻的。《红楼梦》的伟大,就在于它洞察了这些深刻细腻,并且以最生动的典型形式和笔触将它完整地再现出来,它是中国人通过自己的传统文化认识中国人自己的一面镜子。

这种宗法人伦社会的经常情形是,只有尊长和君主是目的,绝大多数人是手段。在常态下人们安分守己,虽然难得有下层人民积极性的重大发挥,社会总还大体安宁,至于能好到什么程度,就只能看君父的优劣和恩赐如何了。到了实在活不下去,发生改朝换代的大变动时,下层百姓和某些思变的知识分子里才会爆发出某些自主的积极性和思想来,但这又是短暂的,而且由于不免造成战乱和巨大破坏,就被人们普遍地视为反常,不久又重新安定下来,在新王朝的专制下再建太平。这样的治与乱,只要还是在宗法人伦的制度和文化的大框架里运转,生产力和社会关系的进步都只能是很有局限的,短期的,不可能有根本的突破。

因此,从中国必须近现代化的立场上看,这种传统的宗法人伦文化,包括在其内部进行调节乃至"革命"(即改朝换代)的学说在内,都已过时了,必须革除才能有大的进步。但是要革除它是件既需猛烈冲击更需细致深入的工作,因为它比西方的封建制度文化要细致,因为它有复杂精微的双重性,因为它是在历史上通过异化发展的高度文化产物,尤其因为它是对家族人伦进行异化深加工的产物。它同西方文化尤其是资本主义文化借商品经济的自由来异化虽然实质上有一致处,但形态大不同。因而我们也要肯定它是一种异化,并且,如果说我们对西方的异化自由要作具体分析,那么我们对自己传统的异化人伦就更应多作具体分析。这件工作也只有我们中国人自己才能完成。

所谓中国旧传统是异化人伦的文化,这个提法本身就引导我们从整个历史的角度来观察人伦的发展规律,即这一人类本性原来是怎样的,后来如何通过异化得到发展,这发展如何既赢得社会与文化的巨大进步又带来深重罪恶与退步,近现代以来和今后它将如何被扬弃,等等。我们最关心的无疑是如何扬弃它的问题,看来片面简单的否定是不妥的,也没有深刻的效力,"异化人伦"的概念将使我们注意它的全面本质,因为这概念本身就表明,人伦本身不是抽象的人性或文化,它是历史具体的人性,经过异化的人伦是变质的人伦,唯有扬弃异化,对它进行本质的改造,人伦这种人类本性才能恢复和重新明确它自身的意义,获得新的更伟大的发展。离开异化和扬弃异化,来讲发扬中国传统人文精神,或简单斥责其为反人道主义,都是片面的,因为中国传统里的"人道"(仁爱等等)和宗法"专制"原是一个东西,即异化了的人伦关系、制度与文化。我认为这就是应该提出异化人伦概念的意义。

三、中西异化出于一源侧重有别

在确定了中国传统文化是异化人伦的之后,我们作中西对照比较就有了对等的基点了。一是异化的自由文化,一是异化的人伦文化。那么这二者从本性上说有无共同或相通之处呢?

中西文化乍看起来像是在两股道上跑的车,一个总奔向自由的追求,一个总奔向人伦的改善,似乎没有什么联系,但稍微仔细些观察,就可以见到并非简单如此。

西方人并非不重人伦,他们也非常重视家庭伦理,尤重城邦、国家和社会公共关系中的伦理,即种种人际关系中的规范和原则原理。他们的伦理观念不仅存在于各种思想理论里,还集中表现在基督教的宗教神学形式里。

同样,中国各民族人民也是酷爱自由的,总在为自己的国家、民族、家族的独立和不受外来奴役而奋斗,为反抗各种不平等而战斗,有这样的光荣传统,包括无数可歌可泣的事迹和文化表现。

不过,西方人的伦理是同他们的自由追求及其异化相关联的,两者有冲突却以后者为基点,使其伦理受到深刻影响与改造,因而同我们的宗法人伦文化还是不同,有些不如我们,也有胜过我们之处。而中国人为自由而斗争的实践和文化则是同宗法人伦相关联的,也受到它的改造或与之冲突,有不及西方的自由之处,也有胜于他们之处。所以,从总的对比考察角度,仍然可以用求自由和人伦来分别标志中西文化的基本特征。只是我们必须看到人伦和自由这二者并非根本无关的,而是有内在联系的。

这是一点。但是,要说明自由与人伦的真正深刻关联,还得从人类本性中理解,从它们的同源性中去寻求。

中西思想家里那些最卓越的、最有深刻历史眼光的,都从各自对自家文化的批判里,寻求过本原。卢梭说,人是生来自由的,在原始形态里,人曾有过自然平等的自由。这个基调是许多思想家都同意的。马克思说,人类在原始氏族制时代还没有异化,那时人是目的,人作为目的与手段没有分裂;在未来扬弃异化中人类将得到真正解放和自由,实现目的与手段的重新统一,人类将获得全面发展。我们的老子也指出天道自然的人伦是人的本性,他说的小国寡民结绳而治的状态固然是原始愚昧落后的状态,但没有罪恶纷争和不平等。儒家的"大同"理想,以"博施于民而能济众"为追求目标,也透露出他们认为宗法人伦是有缺陷的认识,透露出克服它的异化才能更符合人的本性与要求的想法。

我们可以说,人类追求自由和人伦的进步和改善本来是一致的,二者缺一不可。缺乏自由平等的人伦,即是宗法人伦或异化人伦;而缺乏人与人间亲密和谐关系的自由,就是商品关系里的平等自由或异化自由。可见,宗法人伦和商品自由都不是人类本性中本然的人伦和自由。而把人类本性中的人伦和自由分离开来,就造成了二者各自的异化。换言之,唯有异化的人伦和异化的自由才是彼此分离的,并使人伦和自由对立起来。在人类的原始氏族制时代,由于实行的是公产,那时的人伦和自由虽然极端原始低下,却尚未分离,二者甚至原是一个东西:天然平等的人伦即是天然平等的自由,反之亦是。因而当人们终于能扬弃以往的异化的时候,即从现在起的未来,我们也可以预期这二者能够重新统一起来,实现和推进人类自身的解放。

这是人民发自本性的愿望,伟大哲人的追求。但以往人们只诉诸愿望和抽象人性的议论是不中用的,异化学说是一种历史的、具体的、辩证的关于人和人性的理论,唯有它才给人类指明前进的路。因为它首先指明了人类如何认清自己的本质在历史上真实演变的面貌和内在根源,引导我们切实地认识自己。我们中国人要认识自己认识世界,就须认识中西文化以往的异化,尤其须研究自己传统的人伦异化。对异化学说不能只作理论的思辨,必须同实证的科学结合和一致才能深入,落到实处。这要靠许多东西,其中人类学尤具重要意义。

摩尔根说过这样的话:

"单纯追求财富不是人类的最终的命运。自从文明时代开始以来所经过的时间,只是人类已经经历过的生存时间的一小部分(而且是很小的一部分),只是人类将要经历的生存时间的一小部分。社会的瓦解,即将成为以财富为唯一的最终目的的那个历程的终结,因为这一历程包括着自我消灭的因素 …… 这将是古代氏族的自由、平等和博爱的复活,但却是在更高级形式上的复活。"[1]

这是摩尔根作为西方人从人类学研究中得到的对西方文化极富批判意义的论断。中国自文明以来也是以追求财富作动力的,不过我们采取的是家族财富的形态和宗法人伦的形态,同西方在形式上有别罢了。从人类的生存和本性上看,从历史长河上看,异化只是发展中必经的很短的阶段,因而我们应当有更高的眼界,以

---

[1] 马克思:《摩尔根(古代社会)一书摘要》,《马克思恩格斯全集》第45卷,人民出版社1985年版,第397—398页。参见摩尔根:《古代社会》中译本,商务印书馆1971年版,第969页。

此去反思它们批判它们。这样，就能在充分尊重这段文化的成果的同时，又不致受它们的过分束缚。

下面我想从人类学（包括史学与民族学）提供的知识和人类自身发展的异化规律性出发，探讨有关中西文明差异的由来和演变的一些问题。这会涉及许多重大的疑难，我只能作某些分析理解，供讨论指正。

第七章　探源:中西文明史的
不同道路及其原因

一、进入文明的漫长之路和所谓"轴心期"

人类学家特别注意史前向文明转变的具体情况和规律性是很有道理的,因为它深刻影响到各民族往后的文明史直到如今。许多最复杂深奥的文化现象的秘密都根源于这里,我们要弄清中西文化对比中的种种疑谜,也要从这里开始。

人们常说人类是由氏族公有制瓦解进入文明的,这虽然对,却太笼统不确切。没有任何民族能从原始的"大同"之世即血缘共产制及其自然的平等自由关系一步跨入文明,各民族对氏族制的改变情况也极不相同。这是一个非常漫长的有许多不同演化的过程。大体上说,各民族的这种过程越往上溯类似之处越多,越往后就差别越大。

根据人类学的大量资料,我们可以判定一切民族在向文明演进中有如下几点基本相同:

(1)起初在他们的氏族制里都悄悄地发生着相当自然的变化和分化,导致了父权氏族制的产生。在父权氏族部落里,男子已凌驾于妇女之上,出现了专事公共事务和宗教一类精神活动的少数人,氏族部落首领的权力日益增长,标志着氏族中一部分人开始脱颖而出对历史起主导作用,其能动作用超出了大多数成员。

(2)同时,在父权氏族部落里出现了父权家族制。父权家族的家长拥有支配自己的妻室儿女和后辈、少量奴隶与全部家产的权力,并能承继给自己的子女,形成家族公社。它同原先氏族公有制不同,因为不同家族在财富上的不等使氏族部落进一步分化对立;但在并存中,有些氏族首领或显要家族可以利用和改造氏族部落制使之成为自己家族的从属物。于是氏族部落就日益变为以家族所有制为主或就是家族制的形式了。

(3)于是氏族制度在进一步发展过程里就演变为氏族贵族制度。某些家族及其首领由于在氏族部落里权力和财富越来越显赫重要,成为特权阶层即贵族。这时他们就要在氏族与部落内外划出种种界限来建立不同的隶属关系,有些是血缘较近的、自愿或半自愿的依附结合,有的则是在利诱威迫的强制之下的依附结合,从而形成以贵族为核心的大小势力集团,同其他外部势力相对抗,防御侵略奴役又竭力扩张和掠夺奴役别人。这情形在我国直到解放前夕的彝族社会仍有其典型的表现形式,古罗马共和国初建与扩张时期也如此。在古代传说记述里,中国的黄帝时代就开始明显地表现出上述特征。古埃及、美索不达米亚、印度、希腊、罗马、日耳曼人和斯拉夫人,也都有类似经历。各民族都有自己的"英雄时期",指的就是氏族贵族们建功立业时期。它是向文明过渡的准备时期。

最早的文明都是氏族贵族制文明,有的达到了相当繁荣的发展。我国的夏商到西周,古希腊文明的前期,以及古埃及文明等都如此,在这个时期,氏族贵族制得到高度发展,建立了明确的国家制度,它在人类走向文明之路上起过重大的历史作用。

但是往后各民族的发展就日益明显地出现了巨大差异。像古埃及等几乎没有多大的变动。而在希腊,氏族贵族制及其基础氏族制被彻底颠覆了,建立起城邦民主制的国家和社会;在中国的春秋战国时期,礼崩乐坏,西周贵族宗法制也发生了瓦解改组过程,直到秦和西汉才完成。中国先秦和希腊发生的新的历史大变动,为中西文明史奠定了深刻基础,二者有类似之处,又有极大区别。

考虑到以上过程,我想我们在研究中西文明史的差异时,可以首先抓住它们文明的奠基时期的同异,然后上下求索就容易有一条比较清晰的线索。我所指的文明奠基时期,在中国指从西周直到西汉的社会大变动时期,在西方,文明原是希腊、罗马和日耳曼人各自发展又彼此冲突联系的过程,但有先后相继,希腊便可以在时间上作为最早的源头,所以我们为简要计,用希腊文明作标志来讨论。这个时期,借用雅斯贝斯的话来说,就是所谓"轴心期"。

雅斯贝斯在《历史的起源和目标》中提出一个看法。他把人类迄今为止的发展分为四个阶段:(1)史前时期。语言的产生,工具的制造,火的应用,使人开始成为人。(2)古代文明。最早有三个文明在地球上不同地区兴起,即埃及、苏美尔、巴比伦和爱琴海地区;前雅利安印度文明;古代中国。这时有了文字、农耕和国家组织,然而还几乎没有精神的运动。(3)轴心期。他认为在公元前8至2世纪时,中国、印度和西方这三个地区几乎同时独立地出现了精神发展的繁荣,许多伟大哲人首次涌现,表现了人类意识的觉醒:人对历史有了认识,从思想上自觉到自己超出其他存在,并以精神作原动力不断超越自身,产生了一直影响到我们至今仍在思考的种种根本哲学思想和文化。雅斯贝斯认为这时期才是人类历史的真正起点或轴心。(4)近代开始的科学技术时期。它虽使欧洲成为世界文化的中心,但在重要性上不能同轴心期比拟,在他看来只是一种间歇期,而轴心期才是人类历史文化的突破期。他期待人类将从目前时期发展到第二个轴心期,它将总结以往历史经验,取得思想上的新飞跃,达到人类统一的伟大目标。

雅斯贝斯的上述历史观里有许多我们不能赞同之处,在此不便多加讨论,但他高度重视轴心期的价值对我们的研究是有启发的。照我们从人类学得到的知识来看,他说的第一时期属史前原始人群和氏族制的前期;第二时期相当于父权氏族制并向贵族制演进时期;第三时期则是氏族贵族制由鼎盛转向崩坏瓦解和社会关系重建的历史大变动时期,正是这种变动造成了他所珍视的人的历史意识觉醒,也正是这种变动的差异造成了我们这里需加探讨的中国与西方(以及印度)之间文明的基本差异。

在前四章里我们已经讨论过中西文明差别的特点:希腊人发展了以"自由"即商品关系为基础的自由文化,它的基本因素是个体私有制、商品经济和城邦民主制度;中国人发展了以"人伦"实即宗法人伦为基础的文化,它的基本因素是家族私有制和宗法人伦社会国家制度的演进。现在我们为了弄清根源,就要从历史的动态角度对它作进一步的探讨。大体说来希腊史的动因较清晰,我们可以概述作为对照中国研究时的参考点,随后我们将着重讨论中国历史上的几个重要的疑点。

二、希腊人进入文明的特点

首先,希腊人向文明过渡,同他们的部落经历过比其他民族要动荡得多的历史生活和遭遇,有密切关系。

考古表明,在爱琴海地区最早存在过的重要文明是克里特文明。其人种与埃及相近,文化也受到埃及的重要影响,从它那些巨大建筑物遗存的风格,统治者的豪华和一身兼任祭司和军政首脑等情况看,这个海上帝国的文明同西亚和埃及的类似。约当公元前2200年以后,有一批印欧民族即希腊语人侵入希腊,成为这一地区最早的希腊语人。他们由北方南下,沿爱琴海西岸展开了大规模的民族迁徙,建立了许多聚居点或小国,其中希腊半岛上在公元前15世纪建立的迈锡尼王国居于某种中心地位。迈锡尼文明就取代了不久即毁灭的克里特文明的地位。迈锡尼王阿伽门农被荷马史诗称作"万民之王",他不仅直接统辖迈锡尼大城堡的军队,还能调遣20多个国家的船舶和军队进行远征。希腊血统的亚该亚人的迈锡尼宫殿和陵墓表明它还有类似东方王国的许多特征,不过它同其他亚该亚人的国家只有一种松散的关系。这表明希腊历史的初期本来与其他民族相似。但是他们还有更多的历史变动因素。

希腊人早已有了在海上殖民、贸易和进行海盗劫掠的历史,他们在爱琴海两岸和诸岛屿之间,在东地中海沿岸和非洲之间的海上交往中进行扩张,势头很猛烈。荷马史诗《伊利亚特》所描写的特洛伊之役,就是亚该亚人在迈锡尼王率领下开辟小亚细亚西北部殖民地和通向黑海的道路。就在这时,另一支希腊人多立斯人又大举迁徙南下,占领了迈锡尼和其他原属亚该亚人居住的地区,建立起自己的许多城邦。在此前后,帖萨利亚人也占领了帖萨利亚地区,建立起爱俄利斯诸邦。多立斯人的入侵,变一部分原亚该亚人为奴隶(如在斯巴达),迫使大部分经雅典向小亚西亚一带加速移民;多立斯人自己也向海外扩张。这些变动使希腊本土分化为三大集团和众多独立相对的城邦,大大推动了早已开始的海上移民运动,创造出繁星般的希腊城邦国家。自迈锡尼王国覆灭后再也没有一个中心的王国足以维系和驾驭这些各具独立自主性格的城邦和人民。同时还创造出贸易的繁荣往来,创造出同原先氏族制传统十分不同的社会环境和个人,有力地改造着希腊人的社会和历史。到公元前8世纪时,这些城邦中的王权就消亡或变成只是象征性的了,政权归贵族,这些贵族同新的工商业活动有许多方面的联系,其统治形式一般不取寡头制而是贵族议事会体制,即贵族内部的民主的统治制度。它虽然还不是自由民的民主制,但已同东方王国的统治制度有了重要区别。在当时希腊世界里最发达的小亚西亚诸邦开始建立起城邦制度的雏形。

可见,希腊人是在历史充满动荡中走向文明的,最初他们的氏族部落制和贵族制度起过重大的历史作用。上述民族大迁徙、海上殖民、建立城邦体制等等,都是在贵族率领下靠氏族部落力量实现的。同时,在这些历史变动里又产生了新的重要因素,这些因素的发展终于导致贵族统治及其氏族制根基的全盘覆灭。

第二,这种新的历史因素就是个体私有制和商品经济关系。

先说希腊人的私有制的产生。在他们的"英雄时代"即在氏族制里,很早就已出现了属于氏族成员个人的私有土地,同公社公有土地有明白的划分。这是同其他民族在类似发展阶段显著不同的,一般说来在氏族制和父权大家族制下,其成员个人和个体家庭只能使用公有土地,轮换分配进行耕种,没有私有土地。个人在公社公有土地和血缘纽带里没有独立经济,人身也归氏族和家族所有。但在希腊的这个时期,"公社成员的身份在这里依旧是占有土地的前提,但作为公社社员,每一个单个的人又是私有者。"[1] 这是如何可能的呢? 马克思认为这也是由"原始部落更为动荡的历史生活、

---

[1] 马克思:《政治经济学批判(1857—1858年手稿)》,《马克思恩格斯全集》第46卷(下),人民出版社1979年版,第474页。

各种遭遇以及变化"①造成:

> "单个人的财产在事实上只靠共同的劳动来利用(例如,像东
> 方的灌溉渠道那样)的可能性越少,纯粹自然形成的部落性质由
> 于历史的运动、迁徙而受到的破坏越大,部落越是远离自己原来住
> 地而占领异乡的土地,因而进入新的劳动条件并使每个人的能力
> 得到更大的发展, …… 那末,单个人变成归他和他的家庭独立耕
> 作的那块土地 —— 特殊的小块土地 —— 的私有者的条件就越是
> 具备。"②

这就是说,由于希腊人有那样长期重大的历史变化,使他们的
个人活动和能力得到较大发展,并同种种变化了的自然的与历史
的条件相结合,产生了个体私有制的土地关系。这些个人一旦有
了自己的土地,就开始从氏族制的脐带上独立出来,同只作为共同
体附属物的那些氏族或家族的成员大不相同了。他们的个体能力
的发展有了一个可靠的支柱。这两种类型的公社成员的差别是带
本质性的。赫西阿德在《工作与时令》的诗篇里,就描述了这种人
们,他们是自由的小农,从事农耕畜牧劳动,有一两个买来的奴隶,
还经营些商业;氏族部落和城邦已经以这些自由民小农及其经济
作基础,公社共同体成为这些独立私有者成员的相互关系以及对
抗外部的联合与保障;社会也已产生专门的手工匠和商人,他们也
是独立的自由私有者。

在土地私有基础上,另一重大历史因素商品经济在希腊得到

---

① 马克思:《政治经济学批判(1857—1858年手稿)》,《马克思恩格斯全集》第46卷
（ 下),人民出版社1979年版,第475页,
② 马克思:《政治经济学批判(1857—1858年手稿)》,《马克思恩格斯全集》第46卷
（ 下),人民出版社1979年版,第476页。

了迅速普遍的发展。它反过来使个人私有制得到了社会的普遍公认，使个人追求财富的行为成为公开明白的客观性活动，刺激贪欲，推动希腊人从事更广泛的海上殖民贸易和劫掠事业，以及其他种种政治的战争的活动，使城邦和个人的自主创造力得到蓬勃发展。这种商品经济所形成的私有制，同氏族贵族制里少数贵族以公有的名义实际占有人民的人身与劳动的情况全然不同。前者是表里如一、形式与内容相符的私有制，后者是包裹在公有外衣里得不到明确形式和发展的私有制；前者使个人借私有制得到独立的发展发挥，后者则不能容许人民的各个个人独立发展，只让少数贵族在代表集体的资格下得到特别的发展。

个体私有制和商品经济原是希腊人在氏族贵族领导下逐步创造出来的，当它发展起来之后就要消灭氏族贵族制本身了。希腊人这样做是有充分的理由和根据的：因为贵族们不仅实际上早已篡改了氏族公有制，而且他们在对财富的无穷贪婪追求中变得对本氏族的平民也如此凶狠，甚至以高利贷盘剥使他们大批地变为卖身奴隶，从而无情地毁坏了贵族自己赖以生存的基础，即原先他们同平民间尚存的亲密自然的血缘人伦关系，给自己掘了坟墓；同时在商品私有制的作用之下，平民们早已获得了某种程度的自主性，还产生了自由民中的新的工商业阶层，为自己培育了掘墓人。这些平民和工商阶层在斗争中有了越来越强大的经济和政治力量，再也不能忍受氏族贵族制的统治，就起来推翻它，用明确的私有制和自由独立个人的新的政治联合体来取代它。这就是希腊人走向文明的一个更显著的阶段和因素 —— 城邦民主制。

第三，城邦民主制度。它推翻了氏族贵族统治，同时也就废除了氏族制度。它用政治和法律形式明确宣告承认和保障自由民私有财产的合法性和公民权利，就为这些个人和城邦的物质与精神创造力开辟了更为广阔的自由发展天地。这时,希腊人才达到了对自身的精神觉醒,进到它的古典文化繁荣时代。

概括地说,希腊文明的发展有这样三个历史因素和特点,这是同其他许多民族有所不同或极不相同的。

所以希腊典型毕竟只是特定的"这一个"。这从它在古代早期文明的世界中犹如孤岛,尽管成就巨大却难以长期持存,也可以看出。例如,尽管城邦民主制度在希腊多数城邦不同程度存在,但真正说来集中完备的典型只是雅典,不仅希腊之外的世界是贵族专制制度的汪洋大海(埃及、波斯等等),就在希腊内部的那个强大的斯巴达,也长期坚持着贵族制和公民的军事共产制,它同雅典相对抗。在各城邦里民主派与贵族派斗争一直不断。所以雅典和希腊各邦的民主制虽兴盛一时,不久就在伯罗奔尼撒战争中走向衰落,接着不久整个希腊沦为马其顿人和罗马人的属国,再也未能恢复其自由。在古代世界的漫长岁月里,希腊文明犹如昙花一现,除了外部压力也有自身原因,因为它的实质在于摧毁了贵族制和氏族制,而新型文明里又包含着比原先要多得多的纷争与对抗,所以它既伟大,又有脆弱不稳定性。相形之下,其他民族由于处在氏族贵族制下,能利用血缘的和公产的形式,就能比较容易地克服内争,结成稳定而强大的势力。因此,后来的马其顿人、罗马人以及日耳曼人在相继扩张建立自己的统治时,虽然在不同程度上都继承了希腊文化成分,却都不搬用雅典人那种非常民主的制度,各自保留着自己原来的氏族制和贵族制传统的某些成分。一部西方文明史并不是希腊模式的直线式的演进,而是诸多民族的文明先后冲突、相互吸取和改造的曲折发展过程。这是我们不应忽视的。

最后,我们还应注意希腊文明特殊魅力的一个方面,即它的伦理精神。它涉及人伦和自由的关系问题。我们强调希腊文明具有否定血缘公有制,代之以个人私有制和个人独立自由的特点,但这并不是希腊文明的全部精神。一个明显的证据是,如果仅仅如此,那么在这方面得到更充分发展的近现代西方人,就不会对希腊文化至今仍怀有那样深厚的倾慕之情。事实是,在希腊各城邦尤其在雅典,尽管发展了商品私有制以及自由个人间的对立,也仍然一直保持着以城邦整体为基础的同胞关系,个人的发展和对立通常都以维护促进城邦整体的生存繁荣为目标,保持在这个范围之内。他们崇尚的"正义"里包含着无数伦理的原则和精神,它来自远古氏族人伦传统。希腊人用它对抗文明的罪恶,使伦理精神得到重大发展和改造。他们珍视城邦自由,高度重视城邦整体的光荣,并使之同每个公民自由发展相一致。对比起来,近现代西方人可以批判希腊的奴隶制,但在商品、金钱和资本关系的彻底发展中,虽然个人私有制的自由比那时更多,人们却发现生活在无处不在的冷酷对立中,个人极为孤独,失落了人的整体感。因而,在近现代西方人的心目中,希腊人那种整体自由和个人自由的和谐就成为崇高的精神典范。

我认为把上述各方面都置于我们的视野之内,才能比较恰当地估价希腊文明的意义和价值,并对我们比较地考察其他民族的发展有益。

三、中国人进入文明的大体经过和"轴心期"的特点

中国人历来注重自己的历史。有确切文字可考的时代,以甲骨文作标志可以从殷商算起,已属氏族贵族制统治,有相当强大的

国家机器的时代了。在这之前,留下了大量传说,可以征之以考古资料和人类学、民族学知识,加以重新认识。本节拟先谈一些争议不大的重要事实,确定中国人走向文明的大致经历轮廓,着重讨论其轴心期的特点;然后在下面几节里从轴心期特点出发探讨若干在此之前的根源或历史因素问题。

在传说时代,有巢氏、燧人氏无疑属最遥远的初民时代,后来神农氏出,"教民耕农",氏族部落定居下来从事农耕畜牧。这是早期氏族制时代。

黄帝轩辕氏"乃习用干戈,以征不享,诸侯咸来宾从"。用武力征服各部落,打败炎帝,擒杀蚩尤,这同以前比是个很大变化,可以看作父权氏族部落联盟和最初国家雏形的形成时期。黄帝和他的后继者尧、舜是部落联盟的首领,被氏族部落的元老们如"八恺"、"八元"、"四岳"推选出来,同他们共同议政执政,用氏族制和父权制的伦理,教化、征服内外为乱不从的部落,在广大范围内树立起一种中心的地位,"中国"这个观念和说法在这时期开始形成。夏禹是这种制度的最后一位领袖,到他儿子启世袭其位否定禅让制,建立夏王朝一家一氏的天下,中国就开始确立了氏族贵族制的统治。① 我们可以推断,在从黄帝到禹这一阶段里,父权家族制必定已悄悄发生发展,贵族也逐渐形成,改变了原先氏族部落制的内涵,不过贵族制在政治上和全盘文化上还没占统治地位。夏王朝的建立才明白宣告了这一转变。所以《礼记·礼运篇》把禹以前称作大同之世,从禹起进入小康之世。这是中国步入文明的一个非常重要深刻的转变。

《礼运篇》对所有制和人伦文化这两方面的变化上都作了扼要

---

① 以上记述材料见《史记·五帝本纪》。

的论述,指明了这两方面的关联。大同小康在所有制上一是"天下为公",一是"天下为家",即氏族部落公有制变为家族私有、"货力为己"的制度。与之相关,大同之世的人伦关系是"人不独亲其亲,不独子其子"即不以家族关系为限的关系,因而能对氏族部落所有成员一律爱护关怀,平等亲近,使老有所终,壮有所用,幼有所长,丧失劳动能力的鳏寡孤独残疾者皆有所养。这种平等人伦之上的政治原则就是"选贤与能,讲信修睦",如史书所记述尧与诸元老选用舜,舜与诸元老选用禹的情形。我们可以分明地看到这是一幅氏族共产制仍占支配地位时人们各得其所、平等和谐的人伦生活图画。小康之世由于家族财产制占了支配地位,人伦就变为"各亲其亲,各子其子",不再关怀家族之外的人了,同时有了种种上下不平等的划分,有了贵族和君王。为了维护贵族的家产权力并加以世袭,政治上就要用"礼义"为纲纪,正君臣、笃父子、和夫妇、设制度,立田里,发展文明时代私有制的智谋和征战事业。从夏到商再到西周,这一套新的人伦文化制度日益完善、严密,成为周礼所规范的宗法人伦制度。

这里从天下为公到天下为家的变化是一个关键之点,其他变化都是随之而起的。并且往后中国传统的历史和文化一直离不开这个"家"字,值得认真注意。

"家"字在甲骨文和金文中写法相同,都是房屋里有一口猪(豕)的象形,如"⿱宀豕"(《甲骨文前编》4、15、4)或"⿱宀豕"(前7、28、1)。长期以来学者对这个字考释纷纭,他们觉得难以理解,为什么作为人类生活基本单位的"家"不从人而从豕? 段玉裁在《说文解字》注中说,"此字为一大疑案,…… 窃谓此篆本义乃豕之居也,引申假借以为人之居。"他并没有说明何以能作此引申假借,解释不清。

西方人也有这个问题。人类学家摩尔根曾专门讨论过 family（"家"）这个词的意义，他指出，拉丁词 familia 和 famulus 的词根相同。公元二、三世纪的罗马语法学家费斯图斯（Festus，Sextus Pompeius）在《字义解》中说过 famulus（仆役）一词源于阿斯堪语，阿斯堪人称奴隶为 famuli。摩尔根认为，familia 一词本源意义是指在家族之父的权力下从事劳役的奴隶和仆役的集团，同后人用"家"即 familia 或 family 表示夫妻婚姻关系和与子女的亲子关系的家庭概念完全不同。[①] 可见，西方的"家"字原义是一种家族财产和奴役制的概念。

今人罗琨、张永山二先生在此启发下，以我国大汶口文化考古中发现以猪作为私有财产的象征这一资料为据，对"家"字作了新解，认为它是具有私有财产的家族这种新社会机体的象形，不是指一夫一妻制的家庭。其旁证，有甲骨文中"家"字的用法，一作宗庙义，表示祭祀家族先祖先王的庙号，一则径指家族及其统治，如"邦"、"家"二字连用。[②] 我认为这种解释是一大进步，同《礼运篇》的论述和中国历史文化的基本情况比较符合，有助于我们澄清中国文明得以开始的私有制度的特点。

以家族私有制为基础的氏族贵族统治制度，经夏、商二代的发展演进，到西周达到了它的鼎盛时期，一整套包括政治、道德和生活习俗的宗法人伦文化制度的确立是其标志。然后到春秋战国就走向崩溃瓦解了。这场社会历史变动历时数百年，产生了许多影响后世的重大成果，包括诸子百家兴起所表现的中国人精神上的

---

① 摩尔根：《古代社会》。商务印书馆1971年中译本第816—817页译文。马克思非常注意摩尔根的这一诠释，还发表了自己的极重要见解，见《马克思恩格斯全集》第45卷，人民出版社1985年版，第366页。

② 罗琨、张永山：《从大汶口文化看氏族制度的演变》，《中国史研究》1979年第2期。

巨大觉醒,各种文化的创造和繁荣,最后,战国和秦汉的大一统中央集权国家制度,以及由"天下车同轨、书同文、行同伦"的共同文化生活和心理状态所形成的"汉民族"本身。可以说,中国文明之所以能超出许多其他古代文明民族,成为具有轴心期的世界三大文明之一,都是因这段历史所赐。但是它的情况和结果同希腊又是何等不同!

在我们先秦的氏族贵族制瓦解过程里,也有平民反抗贵族的斗争,也有商品经济起作用,但这些都没有起独立的决定性的作用。这种瓦解主要表现为西周宗法贵族内部分化、纷争和权力重心下移的过程:天子权力衰微,诸侯强大起来;与之类似,许多诸侯又被他们的卿大夫僭越凌替,卿大夫又被家臣僭越凌替;各个新起势力又彼此攘夺侵吞。一部春秋战国史充满了贵族内部篡弑争霸的记述。这种特点,固然瓦解着西周以来的宗法人伦制度,但却并不能也没有摧毁宗法人伦这个基础,即氏族贵族赖以存在的宗法家族制度本身,只是改变了它的某种形态:西周封建制(按"封建"一词的中国本义)演变为中央集权的郡县制。

西周封建作为宗法贵族制统治形式,初建时是一个进步,却有其内在的严重缺陷。它用严格区分嫡长一系为大宗、侧室旁支为小宗的办法,确立周王中央世袭王权的至上地位,又形成有血缘和姻亲关系的诸侯分别统治各地、共同拱卫周王的一统局面,比夏商时期诸侯部落邦国林立以万千计却缺乏宗法人伦纽带来维护中央王室的状况,大有改进。但这种宗法人伦纽带还没有同权力财产的中央严格控制结合好,单靠宗法道德礼仪抵抗不了私有贪欲的分化力量。就天下而言,周王和诸侯固然是大小宗之间的统治服从关系,但分封出去的诸侯在自己的家族和领地里又是大宗,有自己的宗族势力和土地、人民、财富。诸侯最初虽封自周王,但在世代继承中其土地人民和爵位就各各来自自己的祖先,有时请周王承认一下也只是礼仪而已,于是逐渐在实际上独立起来,同周室日益疏远分离。周朝就这样衰落下去,天子真正有权管辖的只是王畿这一小块地方。柳宗元在《封建论》里说出了问题的症结所在:"周有天下,裂土田而分之,……余以为周之丧久矣,徒建空名于公侯之上耳,得非诸侯之强盛,末大不掉之咎欤?"周贵族制统治瓦解的原因主要在此,所以要解决的问题也主要在此。这是同希腊大不相同的。

这种瓦解是在贵族宗法家族内部发展的。不仅涉及周王和诸侯,也涉及往下各级贵族的大小宗关系。它部分是由于世代的自然繁衍造成,权力以及土地、人民、财富的一再分配、彼此分离、不均和相互争夺不可避免;部分是由于各诸侯卿大夫所占地区的自然条件和人口、经济的发展条件不同,造成了各自在财力和军力上很不平衡;因而,原先统一的周室贵族瓦解为无数大小不等的贵族宗族私有集团。彼此倾轧,还使许多贵族没落灭亡;使下层贵族如"士"大批地降到与平民庶人相近的地位;最后,那些本来隶属于某些贵族家族的庶民、工商和奴隶也由于主子没落养活不起,被抛出来自谋生路,成为民间的有某种独立经济的私有者,即下层人民。我们看到,这种分化瓦解使私有制在中国得到了发展,商品经济也得到了发展,还出现了具有某种独立性的士、农、工、商的人们。

在这种变动里,我们的先秦时代也出现了某种类似希腊的局面。它产生了许多富于个性的人们,产生了新思想新文化,产生了中国人对历史和自我的巨大深刻反思与精神觉醒,百家争鸣造成学术空前繁荣的局面。但是它又非常不同于希腊,因为它并没有彻底摧毁贵族制和它的氏族制传统,而是在贵族的争权夺利的框架内进行的瓦解和重建。下面几点是很清楚的:

第一，在这过程里，起主导和支配作用的是贵族宗族势力，是这些对立割据的贵族集团为了维护、扩张自己私利而进行的争夺。这一点在先秦思想学术的发展上表现得很明白，诸子百家尽管都是对当时状况作历史的反思，但只有在他们的主张能为诸侯采纳时才有实际意义和作用，而在诸侯争夺中，唯有能使之富国强兵的才是可以采纳的道理。这就规定了先秦思想同希腊的"自由"学术有极大分别。儒家讲仁义礼治维护西周的老一套被视为迂腐，墨家讲兼爱非攻更不合贵族的利益口味，老庄里的天道人伦尤其是消极的个人自由放任也同征战夺取的贵族利益背道而驰，所以唯有法家思想才受到高度重视。诸侯在这时代多讲尊士求贤，为的是让各家为其出谋献策，挑来选去看中的主要是法家。但儒家也还是有用的，因为宗法人伦这东西毕竟还是一切贵族需要的；少了它就维护不了贵族的家族制度，只是必须大力加以改造才行。战国末年的荀子就是一位把儒家学术给以重大改造的人。韩非和李斯都出自他的门下，已表现出儒法是可以互补的。

法家明确集中地表现了争战时期的贵族私有制的利益趋向。秦孝公召集三大夫讨论变法大计，其目的是"虑世事之变，讨正法之本，求使民之道"。孝公开宗明义说："代立不忘社稷，君之道也，错法务明主长，臣之行也。"三位大夫的辩论都是为了适合秦君的宗族社稷之利而求使民之道，可见是服务于贵族统治制度及其改进的利益的。辩论结果，商鞅主张变法和奖励农民耕战的富国强兵之道获胜，因为它最符合这种需要。[①]

法家深刻见到社会变动的根本原因在人有私利贪欲，可谓表达私有制主张的学术。他们把人性恶作为理论基础。韩非甚至揭

---

① 见《商君书·更法》。

露了宗法人伦关系中充满私利对立，人情都非常虚假。他说，子女皆出于父母之怀，为什么产男则贺，产女则杀？这都是从利益上打算造成。父母子女尚且如此，非骨肉之亲的君臣关系就更只是利害计算关系。但法家所主张的私有制绝不是像希腊那样的自由个人的平等交换的私有制，只是贵族的所有制。因为法家肯定人人都有私心私利，全是为了君主着想，认为君主看透了这一点，才能调动和严密控制臣下为自己服务。对农民也如此。商鞅变法的最基础的内容之一就是规定耕战有功的农民可以受爵和得到私有土地。然而这绝不是从农民的利益出发的，相反，是把农民的利益和私有欲当作君主可以利用的手段，以便达到君主家天下富国强兵的目的。法家强调法、术、势，就是要把臣民的私利与活动都置于君王的严密监视之下为自己效力。

第二，因此，在先秦的社会大变动里虽然私有制得到了许多发展，出现了散在民间的许多士农工商的体脑劳动者个人，他们甚至具有某种独立自由性，但是却没有自身的坚实基础。例如"士"在争霸的诸侯之间游说，此处不用可到彼处，显得有些自由，但终究得靠某一个或某一些贵族做靠山，充当谋士食客，才能生存和发挥作用。在贵族诸侯的变法过程里，有些农民甚至获得了土地私有权，但也并非人民中个体私有制的真正确立，因为它是诸侯富国强兵的政策的产物，即君权私有制（它又称为"国有"或"公有"）的从属物，而政策总是随统治者的利益和意志可放可收、可松可紧的东西；何况握有全部政权和巨大经济力的君主、官吏和贵族手中有数不清的手段，要掠夺和吞并这些农民和中小地主的土地易如反掌。所以先秦私有制的发展，并没有确立劳动人民中的个体私有制，真正确立的是在贵族相互争夺中发展起来的强大诸侯国的所有制，最后是秦和西汉王朝的皇权所有制。与之相应，个人虽不同程度地从氏族贵族制里分离解放出来,又仍然不同程度地隶属于贵族势力,并没有实现平等自由的独立个人。他们还是家族及其势力中的个人。唯有贵族各个集团的领袖个人即君王们和为之服务有功的少数个人,才能显示出历史作用。

第三,因此,这场社会大变动的结果不是消灭贵族宗法制而是重建新的贵族宗法制,即皇族大一统中央集权专制制度。贵族制赖以建立的宗法人伦也没有瓦解消灭,只不过改变了西周那种分封制的简单形态,成为皇族及其下的各级官僚、新贵族(如汉、魏、晋的门阀世家大族)、豪强地主直至民间的中小地主和农民的家族宗法制度。后者更适应帝王家天下中央集权统治的需要,所以宗法性的人伦不仅没有消灭,在新形态中更加得到了强化。这是通过一次大曲折才逐步实现的。

秦国的崛起到秦始皇统一中国,靠的是法家思想。法家代表了瓦解西周封建制和建立中央集权制的历史趋势,为了打击旧贵族势力,它无情地撕破了宗法人伦中虚伪的方面,纯粹强调利害关系和严刑峻法。这在变革时期固然起了巨大历史作用,但它破坏了宗法人伦本身,就造成了新统治自身的危机。秦的功业何等辉煌,然而覆灭又何等迅速!就暴露出这一基本缺陷。因为,从本质上说,秦王朝仍然是一种贵族统治制度,社会从基层直到顶端仍是家族宗法制度,秦皇族本身仍是一个贵族家族,秦始皇本人的一世、二世以至于万世的一系长存的统治妄想,也反映出这种贵族家族统治制度的意识,可是厉行法家思想制度又破坏了它自己借以存在的这个基础,赤裸裸的利害计算损害了宗法人伦联系,使上下和统治集团内部乃至皇族内部,都人人自危,各怀异心,在生死荣辱线上彼此作生死斗争。因而秦始皇一死,全部上层建筑就立即土崩瓦解。

西汉以秦为鉴,经过自己的反复实践,终于认识到既要继承秦制又要加以改进求得稳定的必要性,办法就是回到承认宗法人伦这个基础上来。再搞分封诸侯的办法被证实是绝对不行的,但从统治集团直到人民生活里的宗法家族制则必须维护。因此,董仲舒提出的"三纲"人伦之道原出于天、天不变道亦不变的主张,受到武帝青睐,认为是汉家天下长治久安的保证。于是儒家被捧到定于一尊的高度,使骨子里的法家专制得到维护。汉代最强调一个"孝"字,高祖以后的皇帝称号都先冠以"孝"字,选拔人才亦以"孝廉"为准。宣帝的"汉家制度杂王霸而用之"一语,就道出儒法互补,共同维护宗法人伦及其统治制度的重要性。

经过秦和西汉前期的曲折,新的统治制度终于稳定地建立起来了。西汉的强盛标志着中国轴心期的历史大变动终于完成,它开创了往后两千年中国社会与文化的基本模式。秦汉以后的中国历史文化,到近代之前,还是宗法人伦性的,是比西周更进一步异化了的形态。

四、中国商品经济发展的特点

现在要问,中国先秦和希腊的轴心期都有氏族贵族制的瓦解,为什么性质和结果如此不同? 根源何在?

首先来考察一下商品经济的发展和作用。中国人在走向文明之初已有了商品交换,《易·系辞》说,神农氏时,"日中为市,致天下之民,聚天下之货,交易而退,各得其所。"在春秋战国时,商品经济已有较大发展。如弦高、子贡、陶朱公等都是著名的大商人,来往于诸侯之间。卫文公"通商惠工"(《左传·闵公二年》),使卫国富庶。齐桓公用管仲之法，"通齐国之鱼盐于东莱，使关市讥而不征，以为诸侯利"（《国语·齐语》）。晋文公创霸业时，亦"轻关易道、通商宽农"（《国语·晋语》）。都是例证。汉代工商业尤其兴旺繁荣。

但是为什么它未能创造出希腊那样的商品经济平等自由关系和自由公民的个人来呢？有人说中国毕竟是以自然经济为主，但是这还不足以说明问题，因为即使在希腊商品经济普遍得到发展，农业自然经济也还是占主要地位，这是古代乃至中古的通例。问题在于中国先秦时的商品经济在性质上同希腊不一样。

中国商品经济的发生发展，就其主要特征来说，是掌握在贵族手中的，不是民间经济发展的结果。上引资料就表明，春秋战国时的商品经济繁荣，主要是贵族诸侯用来富国的手段。民间的个体农民、中小地主和工商业者的贸易，是在贵族统治者的控制下，为其增辟的财源，不能发展为独立自主的市场经济。

贵族家族私有制在一定程度和范围内也需要商品经济，这对它有利。我们看到在中国每当社会生产力凋敝，迫切需要恢复发展时，统治者总要实行某些开放的政策措施，以便调动农民和生产者的积极性，给予某种私有权，鼓励民间工商业发展；但结果都以贵族财富和权势的膨胀、重新限制和打击民间工商业私有制的发展而告终。周而复始。他们决不能允许后者壮大起来，更不允许形成独立的经济、政治和思想文化力量，认为这会危及他们的利益，特别是会危及政权的巩固。

这种情形在西汉时有过一次典型的表演。汉初统治者强调休养生息。所谓生息，在经济上就是开放一切致富的门路让民间去经营，政府不加干涉限制。《史记》中《货殖列传》与《平准书》中云："汉兴、海内为一，开关梁、弛山泽之禁，是以富商大贾周流天下,交易之物莫不通,得其所欲",七十余年间,"民则人给家足,都鄙廪庾皆满而府库余货财",富足到钱堆积过多过久绳朽而不可数,粮食腐败而不可食,众庶都有马而只骑乘公马的地步。这同汉初连天子都找不到四匹同色的驾车马,将相只好乘牛车的寒酸窘迫相比,真是极大变化。如司马迁所说,这都是由"网疏而民富"造成。

民间工商的这种发展,在统治者看来固然有利,也带来了危险:它逐渐成为一个巨大的而又独立于官家的势力。"若至力农畜,工虞商贾,为权利以成富,大者倾郡,中者倾县,下者倾乡里者,不可胜数"。这些人冶铸煮盐,囤积居奇,财势壮大,连"封君皆低首仰给",便造成两重矛盾:一是"不佐国家之急",不再听命于国家即官僚贵族,反而渗入政权使各级政权受制于这批民间富豪;另一是造成民间分化,"役贫"而使"黎民重困"。相应的,是人们之间利害对立和贪欲的加剧,使宗法人伦的道德沦丧。这种种情形,本是私有制和商品经济的本性使然,在古希腊也如此的,但古代文明唯有彻底地经历过这番痛苦,才能根除贵族制和氏族制、家族制,个人才能独立为"自由人"。梭伦和克利斯梯尼改革中也批判过商品经济带来的罪恶纷争,但把矛头指向了贵族,从而帮助和推动了民间工商业的较健康的发展。但在中国则相反,是贵族统治者为了自己的利益来处理问题的,他们利用贫民对工商暴发户的抗议和义愤,以国家需要稳定为理由,把这种发展加以扼制。汉代发展起来的民间富豪虽然势力已经相当大,但在大一统专制王朝权力之下,在自民间基层起的社会宗法人伦制根深蒂固的势力下,还是不堪一击就以失败而告终。通过"告缗"(告发检举清算),这些富豪纷纷破产入狱。进而盐铁收归官家专营,"崇本抑末",以淳朴民风即宗法人伦道德抑制打击商品经济及其意识。这一切在中国传统文化和历史中都显得非常合理。

看来,中国贵族宗法势力的强大,是造成中国商品经济发展大不同于希腊和西方的原因。但是我们也可以说,正是由于商品经济未能得到充分的自由发展,才使贵族势力得以长期持存和保持其强大的力量。这二者是互为因果彼长此消的。所以它们都必有更深的根源或动因。

五、中国土地私有制的发展特点

商品经济能大大推动私有制的发展,但它本身却需以私有制作为前提。即使原始时期部落或氏族之间的商品交易,也是以承认各自部落或氏族对自己的财产具有所有权作基础的。要在家族间进行交换,就必须有家族财产制;要在个人或个体家庭间交换,就必须有个体所有制。所以中西商品经济的不同,进一步追溯原因,就要研究它们在所有制上的差别。

上面说过,希腊人早在氏族公社里产生了氏族一般成员的小块土地私有制,这是他们的氏族和家族里的财产分化特点。在中国则不一样,氏族制演进到家族制以后,家族财产制就成了一种非常牢固和稳定的形态,虽然早已有了"公田"、"私田"之分,氏族或家族的一般成员也有劳动工具和农畜产品的个体财富,也有些商品交换活动,但其基础"私田"却不是个体的土地私有制,这是值得注意的。

在《诗经》的《雅》、《颂》中,对西周初年的描述就是如此。周原是农业氏族部落,代商之初仍保留着早期氏族贵族领导下比较和谐的氏族生活画面。《小雅·大田》说:"雨及公田,遂及我私。"

这私田是同公田分开的,由个体农户实际使用的小块土地。照《孟子滕文公·上》言,"公事毕,然后敢治私事",农民种田要先公后私,公田是归氏族或家族的,实际上归贵族支配,是贵族的收入来源,贵族代表公社,所以农民应该先公后私。在成王时,他不仅要关心农民种公田,也要关心他们种私田。《周颂·噫嘻》云:"噫嘻成王,既昭假(至)尔;率时农夫,播厥百谷;骏(疾)发尔私①,终三十里;亦服尔耕,十千维耦。"意译为,成王功德昭著,率领农夫按时耕种百谷,赶快开发私田,万耦齐耕广大土地。当时在农民耕种公私田地中,成王还带着自己的妻和子与酒食,亲自下地慰劳田吏和农夫勉力农事,如《甫田》所云:"曾孙来止,以其妇子;馌彼南亩,田畯至喜;攘其左右,尝其旨否。"农民们也有妻儿送饭,吃自己的饭,高高兴兴种公私田地的情景(如《载芟》:"有嗿其馌,以媚其妇,有依其士(子)。"《良耜》:"或来瞻汝,载筐及筥,其饟伊黍。")。收获以后让寡妇拾穗以助其生活(《大田》:"彼有遗秉,此有滞穗,伊寡妇之利。")。上述情形,说明到成王时,周氏族贵族虽然已经称王拥有天下,但同本族平民劳动者成员间仍保留着氏族时代的遗风,与后来在《国风》之《伐檀》、《硕鼠》中所描写的对立情形大不相同。那些诗里讲贵族是"不稼不穑,胡取禾三百廛兮;不狩不猎,胡瞻尔庭有悬貆兮",同大老鼠一般。这时公田私田的性质便进一步发生变化。

但问题在于,原来的私田只是氏族家族里个体农民家庭的土地使用权,决非所有权,所以,这种家族制度很容易转化为日益严重的贵族剥削平民的制度。平民只能对此讥刺而不能形成有力的反抗,因为他们原本没有获得自己私有的独立出来的土地,不

---

① 《诗经·毛传》:"私,民田也。言上欲富其民而让于下,欲民之大发其私田耳。"

能从氏族公有制里分离,也不能从演化为宗法制的家族血缘关系中分离。

为了弄清西周公田私田的性质,必须注意西周土地制度同宗法分封制的不可分割的关系,这一点我国史学家曾反复研究过,并得出基本一致的看法。我愿扼要地加以概述,以便从中得出对我们这里最有关系的一些结论。首先从范文澜先生的重要概述[①]谈起:在西周,天子是全中国人民和土地的最高统治者,但他无法靠个人和直系宗族来控制全部臣民和土地,当时的办法只能靠宗法分封制。他直接控制王畿,此外的则分封给同姓和异姓的诸侯,除了王畿内公田的收入,他就靠诸侯的朝贡,后者还表示他享有全国的最高权力。王畿内分封为许多卿大夫的采邑;同样,各诸侯在其国内也分封;卿大夫在其采邑内再立侧室贰宗,继续分封。这样就建立起一整套宗法统治体系。

周天子是天下姬姓人的大宗,受封姬姓诸侯对他来说是小宗。姬姓和非姬姓诸侯在其国内是大宗,受封的同姓卿大夫对他们是小宗。以下依次进行这种大小宗的划分。凡小宗都受大宗约束。宗的成立由于受封的土地,最先受封者死后,子孙奉他为始祖,立庙曰宗。有宗有土,即是社稷。他的嫡长子长孙世代承袭封土,称为宗子。一般来说,天子、诸侯的国法和卿大夫的家法,仅施行于本宗族的范围,宗子对同族人有直接处置裁判权,是为宗法。

宗法制度的基本精神是以宗子为中心,按血统关系的远近来区别亲疏贵贱,规定出人生而具有的等级制度。世袭土地的天子、诸侯、卿大夫就成为贵族,疏者也就成为贱者,即隶属于前者的农

---

① 范文澜:《中国通史简编》修订本第一编,人民出版社1955年版,第37—39页。我们在转述中自然有所增减。

民或其他平民。后者无权获得土地所有权,但可以通过"受田"形式获得"私田"的使用权而有个体的经济。这种受田也照宗法分封办法实行,农夫从宗族宗子受田耕种,其长子长孙亦可在贵族的允诺下世代承袭为户主,成为受田范围内的家族。非长子的余夫如果能从贵族得到另受的私田,亦可承袭,另立门户为家族,不得受田的余夫则称为闲民,只能助别人耕作或从事工商别业。农户的宗子当然不能有贵族宗子的那种权力,但对其家族家庭也有宗法约束力,尊祖敬宗的观念也相同。

农民的"私田"尽管有类似分封的情形,实际上同贵族的"公田"有原则区别。西周土地所有制的根本形态是"公田",它从氏族公有制演进而来,故称作公田,但实际上通过血缘亲疏的宗法人伦关系已成为贵族宗子的支配物,即贵族所有的土地。而私田只是疏贱成员使用土地的一种方式,把它划出来是为了适应当时土地便于个体农户耕种的生产力状况,可以养活这些宗族成员,使他们为公田服劳役出贡赋。它不具有土地所有制的性质,而是贵族使役剥削其平民成员的方式。

私田的这种性质还可以由其使用方式来说明。起初它是氏族公有土地上个体成员的土地轮换耕作制。徐中舒先生说,在中国古代有一年耕百亩休百亩或二百亩的爰田制(即换田制)。[1]何休《公羊传·宣公十五年》注云:"司空谨别田之高下善恶分为三品,上田一岁一垦,中田二岁一垦,下田三岁一垦。肥饶不得独乐,硗确不得独苦,故三年一换土易居,财均力平。"这是以土地公有为基础的制度,轮换耕作的农户所耕之田显然不是私产,只是轮流均平的使用权。后来就逐渐变为另一种田制,如《汉书·食货志》所记,

---

[1]　徐中舒:《试论周代井田制及其社会性质》,《四川大学学报》1955年第2期。

"民受田：上田，夫（一个农夫）百亩；中田，夫二百亩；下田，夫三百亩。岁耕种者为不易上田，休一岁者为一易中田，休二岁者为再易下田，三岁更耕之。自爱其处。"所谓"自爱其处"，就是农户在自己使用的土地上实行轮换休耕。

上述"三年一换土易居"的和"自爱其处"的土地，都是所谓"私田"，只是在耕种方式上的变化。徐先生说这是向私有制社会过渡的形态，但韩连琪先生在详细的讨论中，从同样的史料得到的结论虽不一定与徐先生意见绝不相容，倾向却是正相反的。他认为，从"换土易居"到"自爱其处"（鲁僖公十五年晋国"作爰田"）和"初税亩"（鲁宣公十五年）之间的变化，"还只是村社公社本身土地分配和剥削方式的变化，并不意味着公社的最后解体。这时，公社农民对土地依然只有享有权而没有所有权，村社土地国有制性质并没有发生变化。村社土地所有制在法令上的最终废止和土地私有制的正式形成，乃是在战国时代商鞅变法的'废井田、开阡陌'以后。"①

我赞同韩先生之说。用我以为更确切些的语言来讲，西周以来的"私田"只是氏族或家族成员耕作公有土地的一种分式，它随生产力和贵族宗法制而形成发展，又是一种剥削方式，不是农民的土地私有制。所谓"享有权"应说是"使用权"，所谓"村社土地国有制"实即各级贵族的宗族宗法所有制。至于"土地私有制"，实际上早已产生了，那是指家族所有制和以"公田"为名的贵族土地所有制，不是农民个体土地私有制。后者是从商鞅变法后才产生的。

因此，中国先秦时代的商品经济发展为什么在性质上和希腊非常不同就可以明白了。一般氏族成员一直处在氏族、家族和宗

---

① 韩连琪：《西周的土地所有制和剥削形态》，《中华文史论丛》1979年第1期。

法贵族制下,没有得到自己所有的土地,所以这些个人的私有制和他们之间的平等自由的商品经济不能得到发展。这是中国轴心期文明的特点的更深一层的根源。

六、中西文明差异的最终根源问题 —— 兼评 "亚细亚生产方式"和"五种生产方式"说

再往前追溯中西文明借以产生的氏族制演变和私有制发生为何不同的原因,就要涉及中西民族的历史经历、环境、变迁以及同地理因素的相互作用等问题了。对此人们作过许多研究讨论。在这个问题上有两派长期争论尚未解决。其一坚持认为中国和世界一切民族在根本上都得经历"五种生产方式"或"五种社会形态",在这一点上中西并无原则的不同;另一派认为中国是异于西方的东方民族典型,属"亚细亚社会"或"亚细亚生产方式",同西欧型的有根本不同,不能照搬五种生产方式说来解释。这两派对最终根源的看法彼此对立。这种争论是可以促进思考的,但更重要的是要做大量细致的切实工作,从事实里作理论分析。想急于作出结论,就容易损害这种严肃而又相当复杂的学术研究本身。

我个人不赞成用西方历史模式来看中国,不过我认为把中国文明划到所谓"亚细亚方式"范畴下,同诸如古埃及、巴比伦一类文明同等看待,也不妥当。中国有先秦的辉煌轴心期而绝大多数东方民族未曾有过,就表明彼此也有重大区别。中国文明固然不同于西方,更有不同于其他民族之处。

以古埃及为例,可以作一比较。古埃及人很早就建立了法老贵族专制王朝,但在几千年里除王朝周期更迭和强大外族入侵所

引起的动乱,它的整个社会结构内部几乎毫无变动地停滞着,没有如同中国先秦那样的巨大发展。这同他们极少有自身的历史变动因素有关:他们生活在狭长的尼罗河中下游河谷平原里,全凭河水的定期泛滥和灌溉以农为生,除了入海口,周围是难以逾越的无垠沙漠,这是一块几乎完全处于内外封闭状态下的小天地。

中国则不然。四周虽有高山大洋阻拦同外界交往,但中国本身就是一大片对古代人说来极其辽阔的活动天地,有众多山川河流湖泊、平原丘陵和漫长的海岸线,气候与天然物产极为丰富。考古表明,中国远古时代就有许多民族的氏族部落广泛散布在各个地区,或以农耕为生,或以畜牧和渔猎为生,即以农耕部落而言,也大多靠天然降水而很少靠灌溉,因而虽有定居却并不过死,时常发生或大或小的部落民族迁徙移民的活动(历史记载着不少大规模长时期的民族迁移的事实),各族人民之间有和平的相处融合,物产贸易和文化交往相当发展,也有许多经战争和征服的改组结合。这些历史的变动因素是很多的,同埃及之类地方的情况非常不同。在这个方面中国与其说类似其他东方民族,倒不如说更类似于古代的希腊罗马,只是一个偏重于陆上一个偏重于海上活动而已。

这里涉及《河殇》所谓大陆文明与海洋文明的论点。但是,第一,显然大陆文明并非千篇一律,只有一个模式。第二,同样显然的是海上民族的发展也极悬殊。世界上许多民族是生活在岛屿、半岛和海洋沿岸的,例如东南亚一带的印尼、菲律宾是千岛之国,马来西亚和越南泰国与之不远,地理环境同爱琴海、地中海地区相似,但那里的古代民族的氏族部落文明并没有获得如同古希腊那样的发展,他们也不曾独立地获得如同中国大陆文明那样的发展。可见,单以大陆和海洋这类地理环境立论来解释文明差异的根源是不够的、不中用的。在人和自然环境相互作用中,主体是人;而地理环境也不好用简单的说法来讲,它的情况和作用是很具体复杂的。所以,我们要以人类的活动为主线,具体了解人的历史以及它同自然环境的相互作用过程。

希腊人的历史变动已经说过,现在从这一角度再略加分析。爱琴海地区岛陆相连,天然的优良港湾星罗棋布,各地点间既易于分割又易于海上往来,此外它又处于地中海东部,与中东各国和埃及相距不远,小亚、非洲沿岸和远西各有富饶多样的物产和人民,这些对希腊文明的孕育发展都有重要意义。但是,如果不是有埃及和中东的各民族更早得多地进入了文明,对希腊人有重要影响;如果不是古希腊人作为同一民族又分为各支部落,分别地先后南下占领爱琴海地区,并因移民扩张和种种经济的、文化的、政治的需要而保持着频繁的内部交往,又与外部世界广泛联系;那么,这种地理环境就不会产生多少作用,更不会产生我们已知的那些使古希腊人走向文明的实际促进作用。

在上述特殊的人的历史作用和地理环境的结合下,希腊人:(1)形成了众多的彼此松散的联合与分离,即氏族部落聚居点,使许多独立平等相待的城邦有可能逐步产生发展出来;(2)氏族公社内部有可能相当早地产生氏族成员个人的自主活动,和归这些个人所有的私有土地;(3)然后,在独立的城邦之间,小私有者之间,就产生了商品经济等新的历史活动。它使地理环境获得新的历史意义;(4)上述因素终于导致自由民个人的产生和城邦民主制的创立。这是历史活动和地理条件的长期交互综合作用造成的。仅以外部条件言,在古代,如果没有人口不多的独立小城邦长期持存的条件,要想实行什么文明的民主国家制度是不能想象的。

对比一下,古代中国的各氏族部落,也曾在长时间里处于分别聚居、而后形成众多小邦的状态,也相当松散地或联合或彼此分离。这里同希腊有别之处是在大陆上彼此接壤,各部落的经济文化不平衡、移民扩张、相互交流以及需结成较大联合来彼此对抗的活动,使这些部落小邦国较难保持彼此平等和独立的划分。有些民族迫于压力,为逃避被吞并隶从的命运,只得远远地离开中原到边远地区去,这就是至今尚存的某些少数民族,而大多数的部落和民族则在彼此接触中像滚雪球式地形成了越来越大的民族和国家,如汉族和某些较强大的少数民族。在这种过程里,各部落民族能够靠什么保持自身的存在,或抵御异族外力的侵犯奴役,或扩张自己呢? 他们需要有一定的组织自身的方式才能形成集团力,这要有各种条件和形式,而其中最核心和深层的方式不是别的,就是源于古代氏族部落制度的血缘人伦关系和族内共产关系,这是一种人与人间在氏族内部最深厚的休戚与共的关系,于是这种血缘共产制就得到了保持、改造和加固,变为家族所有制、贵族所有制和宗法人伦制。随之而来,那些滚雪球般不断壮大的大民族大国家,就成为众多小邦小家族的综合组织体:在居支配地位的主宰部落或家族宗族下,有一层层隶属关系,统治者派出自己的宗族成员去加以统治监督。西周灭殷后,把殷民六族和鲁地分封给周公世子伯禽(代周公旦本人),把殷民七族和殷墟故地分封给康叔,"皆启以商政,疆以周索";把怀姓九宗和原夏地封给唐叔,"启以夏政,疆以戎索"(《左传·定公四年》),情形就是如此。所谓启以商政、夏政,是指要顾及各被征服的和隶属的人民原先部族宗族的制度和习俗,而疆以周索或略变提法的戎索,即指要以周的政治制度和利益为准绳,对他们统治监视,不容反叛。

在这种情形下,中国没有希腊式独立小邦长期独立持存的条件,但却有深厚厂泛存在于各处的各个家族、宗族、部落、民族和地区性的相对独立与割据,其核心便是家族所有制和其中的人伦关系制度。各相对分离的集团可以交往,有商品经济关系和其他关系,但土地个人所有制和家族内部的商品关系难以产生和发展。因此中国进入文明的前斯就同希腊不同,到轴心期更显著地表现出来,成为另一种独特的文明体系。

对于中国文明的这种发展特点,我以为并不能算作是什么特别遗憾的事情,或古人犯了什么错误。从古代至中古的几千年全过程看,中国文明比西方并非不幸,倒不如说在保持强大、统一和相对稳定上还优胜些,当它处于能够强大、统一和稳定的时候,也有很大的开放性和多样性的巨大活力,如汉唐盛时。只是在近代,它的缺陷才在西方强点的对比下,突出出来。不过即便如此,它也有自己的优点,不可妄自菲薄。中西各有自己的优点和缺点。因为二者都是人类通过自我异化得到伟大发展的重要典型,都需要加以继承和彻底改造。

从这里我认为也可以得到另一个看法,就是既不应套用所谓"亚细亚方式"的模式,也不应套用所谓"五种生产方式"的模式。如我们上面所论述过的许多方面所表明的那样,中国文明的财产关系(包括所有制和商品经济在内)、国家关系等等,都同西方不一样,因而人与人的划分和相互关系以及人本身也大不一样,何必非要套用西方文明史的那些阶段来削足适履呢?

其实五阶段说即使对西方的任何一个单独的民族来说也不适用,它只是对西欧史的全过程的一种概述。我们知道,西欧史是由希腊、闪族、罗马和日耳曼人诸民族各自在不同的历史环境下进入文明,又先后相互冲突取代而连结综合发展造成。所以说西欧社会经历"五种生产方式"的论点,决不是指某一民族必须经过这些阶段的每一个。例如日耳曼人就不曾经历过奴隶社会的发展阶段;反之,要说古希腊罗马社会如果没有日耳曼人的入侵的作用也会自己发展到封建社会,我们也没有看到它的充分根据。实际上西欧那种封建制社会是他们冲突融合的产物。

我想,中国文明的历史应该依据自己的固有本质特点来重新规定和划分阶段。直到近代之前,它一直是在家族所有制及其人伦关系制度中演进的。夏商周是氏族贵族制时代,到西周宗法制社会的建立是一大阶段,其形式是宗法分封制即中国本义的封建制;经过春秋战国和秦的兴亡的历史大变动,到西汉和以后为另一大阶段,其形式是中央集权郡县制的宗法社会制度。近代以来,宗法制才在西方力量的刺激下,在生产力和社会变革下发生了带根本性的变动,进入了一个新阶段。中国以往历史中是存在奴隶和农奴一类的人的,但同西方那种划分也仍然不同,都同家族、血缘、宗法等等的亲疏上下划分有关。因此,抓住某些现象就判定某个时期是像西方那样的奴隶社会阶段或封建社会阶段,总不大像那么一回事。① 我衷心期望我们的史学家能早日得出一种比较实事求是的结论来。

---

① 郭沫若等人以"人殉"作为中国奴隶制社会的标志,以革除人殉和"初税亩"为封建制开始的标志,均属这种办法。最近电视《孔丘的青少年时代》把当时社会写成奴隶社会的情形,让孔子说"奴隶也是人",让奴隶到处高喊这个口号,也属于这种观点,使人感到非常牵强。

第八章　中西传统文化的历史地位

一、人类自我异化的必然性与历史作用

以上我们从事实里探讨了中西文明的特点,追溯了它们的起源,现在我想再分析一下它们在人类发展史上的作用,包括其正负两面。我觉得这对评价它们和观察我们的现实和未来,都是有益的。在这样做时,如前所述,异化理论能给我们提供一种相当深刻的历史辩证观点和方法。所以我想首先再扼要说说这个理论的一些要点,或许并不是多余的。

马克思在探究人类命运时,从人的自我创造原理得到一个很重要的结论,这就是:人为了实际地发挥和发展自身的本质和力量,必须首先通过异化,然后在异化获得充分发展的基础上才能扬弃自己的异化,实现人类向更高阶段的发展,获得自我解放和全面发展。异化是人类的历史与文化发展的必经阶段。

下面一段话相当集中地谈到了这一点:

"黑格尔精神现象学和它的最后成果 —— 作为推动原则和创造原则的否定性的辩证法 —— 的伟大的地方,因而首先在于黑格尔把人的自我创造认作一种过程,把人的对象化(Vergegenständlichung)认作对立化(Entgegenständlichung),认作

外化（Entäusserung）和对这种外化的扬弃；在于他认识到劳动的本质，把对象化的人，即现实的因而是真实的人，理解为他自己劳动的结果。现实的能动的人对自己类本质的关系，或他的作为现实的类本质即人的本质的实现，只是由于他实际地发挥出他所有的类潜力——这又只能通过人的全部活动，作为历史的结果才有可能——并将这些力量当作对象来对待才有可能，而这首先又只是在异化的形式中才有可能。"①

这段话读者读来会感到很不好理解，不仅在文字，更困难处在这里运用了许多精深的哲学概念。但恰恰是这些概念对我们理解人的本性、历史和文化创造、人类自身的命运有最深刻的意义，对理解为什么人类必须先经历异化才能发展有最重要的意义。所以我们借解释这段话来阐述历史和异化的规律性。

马克思认为黑格尔哲学尽管是唯心的、以神秘晦涩的形式出现的，但他的辩证法有极其深刻和伟大之处，因为他从人的劳动中理解到人的历史是人自己创造的过程，人创造历史和文化根本说来就是人通过劳动创造人自己的过程。黑格尔用唯心思辨的方式认真研究过人的劳动和种种活动，指出：所谓劳动，就是人把自己的力量和本质发挥出来，创造出外部的对象，所以劳动是一种对象化的外化的活动，这样就有人和对象的对立关系，所以对象化的活动又是对立化的活动；然而，人创造出外部对象总是为了自己，要加以占有或收归己有，所以外化还要扬弃。我们可以注意的是，无论马克思还是黑格尔在这里所说的劳动，都不只是指最狭义的物质生产劳动，而是包括了人类的各种实践的和文化、精神的创造活

---

① 马克思：《1844年经济学—哲学手稿》（Karl Marx, Ökonomish-philosophische Manuskripte aus dem Jahre 1844, MEGA Bd. 3, Berlin, 1932, S. 156）。参见《马克思恩格斯全集》第42卷，人民出版社1979年版，第163页。

动在内的,它们都具有对象化、外化、对立化和扬弃这些对象、外化与对立的特点。对劳动所作的这些分析,使我们能深入到人类全部活动的内在辩证关系和运动中,探求它们的秘密。

从这种辩证法过程看,人要实现自己的本质,必须实际地发挥人类的全部力量,展现他的能动的丰富本质。这只能通过人的全部历史活动,并且表现为对象性的历史文化成果才能做到,包括财产和所有制、国家和政治关系、道德和宗教等人们的思想关系,以及其他文化制度等对象性的东西;人类创造这些对象表明他自己的潜力得到了何等程度的发挥和发展,同时又从这些对象的创造中,创造了现实的人本身。

马克思说,上述过程"首先又只是在异化的形式中才有可能"。这是为什么呢? 异化有什么意义,又是从何而来的呢?

首先,我们要区别对象化和异化。人的劳动和全部实践的精神的活动,都必须对象化才算实现了这些活动。例如制造一件瓷器,必须把这对象做成成品,这活动才有意义;又如选举,只有在选出议会或总统来时才算完成。这种对象化的特点是人的一切活动都具有的,或者说是永远如此的。与之相关,人同自己产品的对立以及扬弃对象的外在性把它收归己有的统一,也是人类一切活动的本性,但是异化活动只是人的一种特殊的对象化活动,因为它创造出来的对象有一种同人及其创造者特殊的对立关系,他能反过来奴役人。例如资本是人的劳动创造的,却能转而剥削人的劳动力或劳动活动;某种政权是人的政治活动创造的,却能压迫人,压制人民的政治自由活动;某种权威或宗教里的神是人民精神活动的产物,却反过来让人民在精神上跪倒在它的脚下。这都是同人们创造这类产品的初衷和目的相反的,人创造生产手段、政府和种种精神产品,原是为了提高自己的物质生活精神生活,获得自己人身和财产的安全保障和表现自己的力量才能,就像种粮是为了人吃,绘画是为了表现和丰富自己的美感一样,但是人们发现结果却完全不同:有一种对象化活动的产品提高和发展了人本身,另一种产品对象却贬低和扼杀了人本身。后一种对象具有同人对抗的异己性质,人创造了一种不能由自己支配的异化对象,他难以把这些对象收归己有使之成为自己的所有物,要收归己有必须采取对抗的办法才能办到。

人类自进入文明以来,一方面是物质产品精神产品大大丰富提高了,文化发展了,标志着人类潜在性能的巨大发挥,另一方面又日益陷入困境和危机之中,因为文明所创造的种种对象,从财产、政权、宗教到种种文化和制度,无不打上异化的烙印。哲学家和深刻的思想家的伟大,就在于要探究这些异化的根源,从种种实际的对象具有奴役人的性质里,从社会无休止的纷争罪恶的对抗事实里,反省到人本身及其活动具有异化性。这是因为,异化产物里的异化性质,同产品一样都是人自己创造出来的,所以人自身及其对象化活动本身必定是异化的:人的自我异化创造出产品的异化。因此,唯有在改造世界的同时也改造人及其活动本身,克服自我异化,才能从根源中消除对象的异化,使人类重新恢复和发展自己的本质力量,赢得自由的发展。

其次,现在要问,人的正当的对象化活动为什么会变成异化的活动呢? 这是因为人类发挥其潜力是一个历史的过程,它有种种内外条件,因而首先必定要表现为异化的形式和阶段。让我们作些具体的理论分析。

人的一切活动都是对象化、外化的活动,但不只是人同自然界的关系,更重要的是人类自身内部有相互的关系。人不仅把外部自然界作为自己加工改造的对象,各个集团和各个个人,也把其他集团和个人作为对象,利用、改造和创造着别人又被别人所利用、改造和创造。比方说,父母生育子女,教育陶铸人,家长支配家族及其成员,工人通过劳动创造资本和资本家而资本家又通过购买劳动力创造出雇佣工人,等等。人的对象最重要的是人,常常是通过他人、家族、社会才能同自然界打交道,所以人的对象化活动包括人对人、人对自然这两方面,在交错中人对人的对象化活动居于核心地位,而人对自然的对象化活动是基础,两者不能分开。单纯的人同自然的关系不会产生异化;而人如果都把别人看作同自己一样是人的话,也不会产生异化。但是如果人只把自己的集团和个人当作人,而把别的集团和个人当作像自然物或动物一样的对象,那就必定会产生异化。这种情况,发生在人类历史的一个特定阶段。

最原始的人类虽然会制造工具、从事劳动,因而同动物有了分别,但他们在自然力面前还极其渺小,智力十分低下,所以缺乏人的自觉,而把自己同自然物看作浑然无别的东西,崇拜动植物和以它们作为自己的祖先的图腾意识就表明了这一点。他们还没有把自己同自然对立起来区分开来,内部也很少分化。氏族的血缘关系和公产关系把氏族成员结合为整体,这些关系也是自然性质的。所以在这里,人有一种原始的以自身为目的的特点,尚未异化;同时又因为彼此都还处于动物式的水平,在互相以人相待中实际上又是以动物相待,或者干脆说,还没有区别彼此究竟是人还是动物,把别人看作是人还是动物的问题还没有发生。

随着人的潜力的逐渐发挥,就开始了人自身的分化,这是一个开始是极其自然的过程,例如男子在获取财富和加以保护上作用突出出来,就上升为主要的人了,于是男女在地位上区别开来,原来人和动物浑然无别的状态,变成男子越来越成为主宰者的人,而妇女则变为越来越像只是动物的人了。这种情况特别明显地表现在氏族部落之间,原始部落之间原来相互不大发生多少关系,偶尔的冲突也如动物群间的冲突那样,俘来的异族人可以收养为本部落的成员或义子,也可以杀掉吃掉。到了某些部落的财富和力量日益增长时,他们就把异族当作动物群一样来加以利用,学会了把异族及其成员作为奴隶来对待,就像对牛马羊群一样,只是人比牛羊在某种程度上更有用,因为他还能耕种畜牧,是一种更高的动物。奴隶制就是这样很自然地发生的:它来自人类的一部分开始凌驾于他人之上使自己成为人,而把其余部分仍当作自然物来利用。这是一种同直接利用改造自然物的对象化活动不同的新活动,然而它本来也是利用改造自然物的对象化活动的一种形式,因为人本来也是自然物的一种,在原始时代就是这样。

于是我们看到,在人类发展其能力的最早的重要时代,父权制、家族制、奴隶制因素都在氏族部落里发生了。少数人、某些集团从人群里分化出来,他们通过把其余人当作动物或自然对象来对待,开展了他们的对象化活动,使自己的人类潜能发挥出来,创造了种种新文化。这就是异化的开端。

异化使人类潜力得以一步一步发展,使人一步一步地脱离动物状态赢得了文明,因为它使人一步一步地同自然分离对立,推动了人的对象化活动向前推进。这里所谓人同自然的分离对立,最核心的所在就是人与人之间的分离对立:人把自己的同类当作自然物去对待支配,使一部分人成为自主的并主宰他人和自然的人。

这种情况只是到后来才越来越成为人类自身的枷锁。因为那些被当作单纯自然物、动物、工具的人,毕竟同其他动物不同,他们也会劳动会思想,也有主宰自己命运的本性和意志,在强烈对比中他们日益意识到自己也应成为人,应当恢复自己作为人的权利,而不应只是一种手段,一个奴隶,于是他们要反抗。当着社会发展到必须解放这些人才能进一步发挥人类潜力时,人们就意识到现状是不合理的,是反常的,异化的,需要克服。

所谓扬弃异化,就是要把所有的人当作人看待,承认人是目的而不仅仅是手段,承认他是人而不是单纯的自然物或动物。

这样说来,人类在发挥自己类的潜力中,经历了三个阶段:第一阶段人都是动物状态的自然的人,这是原始时代;第二阶段是一部分人借把他人当作自然物来对待,从而发挥自己的本质和力量,创造文明使自己成为人。这是必经阶段。它的伟大意义就在于使人类通过这种创造提升到动物水平之上,越来越高地达到人的水平。然而它正是以大多数人仍然处于动物状态,并陷入悲惨的被奴役境地为代价的;第三阶段,是借着第二阶段的成果和矛盾,使全人类意识到必须摆脱把人当作物的状态,才能充分发挥所有的人的潜力使人类真正成为人,从而赢得人类自由发展。第一阶段是尚未异化的阶段,第二阶段是人类在异化中发展,第三阶段是扬弃这一切异化的真正人类的自我产生。

异化是人类本性和潜力的发展的极其重要的阶段,迄今为止的文明都是靠这种活动创造的,所以我们固然要批判异化,首先又必须承认它的伟大历史功绩,才是实事求是的态度。只有这样去作分析批判,才能帮助我们前进,而不致倒退到还不如它的水准上去。这对我们观察中西传统文化都是必要的、适用的。

二、中西传统文化的历史功过和正负面

人们谈论中西文化的优劣长短已经很多了。现在我们只想从

异化的观点上讨论一些基本情况,并对公私观、整体与个人的关系作些分析。

我们根据什么说中西传统文化都是异化的,又彼此大不相同? 这就是二者都是在私有制基础上并随着它的发生发展而来的,而中国传统的私有制主要取家族为本位的形态,西方则很早就发展了个人为本位的形态。

这两种类型的私有制都在历史上起了巨大的积极作用,可以用它们创造的无数成果为证。其最主要的标志是它们分别打破了原始的和谐包括原始的平等、自由和人伦在内,发展了人类内在潜力;这种潜力的发挥虽说是一部分人的发挥,以牺牲众多的其他人为代价,终究使人类历史前进到一个前所未有的水平。为了建立这种新关系,人从原始状态走出来,改造了原始的人伦使之成为宗法家族制的人伦,改造了原始的平等自由使之成为一种只按商品价值为标准的私有个人之间的对立的平等自由,并在这种基础上建立起国家等等新的社会关系与制度,以及相应的(包括与之相应对立的)思想与文化。这些巨大的文明成果,没有私有制作动力和基础是不可能发生的。

同时,由于中西在私有制形态上有所不同,所导致的上述文明成果就大相径庭。人们在讨论中西文化时常说,中国传统重整体性而西方则重个人与个性,就是上述区别的重要标志。但是在这样的比较中,许多人又忽视或忘记了中西文化是在私有制的发展中形成的,都具有异化性质,这样上述看法说法就会变成抽象的判断,就会导出许多片面的意见。第一,难道中国人就不重个人与个性,西方人就不重他们自己的整体或社会吗? 显然不能这样说,唐尧虞舜、孔孟老庄,圣贤豪杰不是中国人一直极为尊重的个人,诸葛亮等人的个性不是非常突出的吗? 反之,西方人不是非常珍视自己的城邦和国家整体,在政治经济军事各方面也表现出很高的组织力吗? 人本来既是整体也是个人,不过中西的整体性和个体性各有不同的性格和相互关系罢了。第二,进一步,我们就看到,由于中国传统所重的整体乃是宗法人伦整体,因而也得重视在宗法人伦之中有其一定地位和作用的个人,不过这种个人与西方的很有区别。西方所重的个人乃是个体私有者,他们之间靠商品交往等形成的社会联结和政治国家,也同中国人的那种整体有别。只是在这个意义上我们可以说,他们更重个人而我们更重整体。第三,于是我们应当认定,无论以往的中国文明的整体性或西方的个性,都不是什么抽象的可以简单说成是好或坏的东西,不过一个是建立在家族私有制上而另一个是建立在个体私有制上的,都具有双重性或异化性。不作这样的分析,对比就一定会简单化和片面。有些人在看到西方个人主义泛滥,战争和罪恶严重突出时,就颂中非西,说中国文化传统重整体凝聚怎样崇高;而在另一场合,看到西方重个性自由解放使生产、科技和社会飞速进步,大大超过中国时,又说些颂西非中的话,认为中国人的强调整体性是扼杀了个性发展,甚至这些矛盾的话常常出自同一人之口。其实这些话都对又都不全对,停在现象上作对比,不免自相矛盾。问题在中西的传统文化里,这些整体性、个体性等等都本来是具体的、异化的,只有从本质上理解它们,才能作出较为恰当的对比说明。

说到宗法等级制度和家长制贵族制,现在人们多以为不好听,其实它们在中国历史上有过极大的功勋,是我们不应当忘记和轻视的。灿烂的中国古代历史和文明,虽说主要是人民的创造,但如果我们不是抽象地看问题,就应该承认那领导、组织和推动人民从事与实现这些创造的,正是那些贵族和家族首长们,即被称作圣贤君王一类的人;他们用以领导、组织和推动人民去创造文化的基础与方式，正是宗法人伦制度和与之相应的政策方针措施。例如中国的辽阔疆土、众多人口的繁衍、诸民族的融合，文字和风俗习惯以及制度的统一、宏伟壮丽的城池宫殿、万里长城与大运河，等等，哪一样不是这样创造出来的呢？宗法人伦制度是异化，但没有这种异化也就没有这种种文明的创造和发展，也就没有中国的今天。它有很强大的生命力、组织凝聚力，而且有很强的适应力和变通力，基本上适应了中国以往历史的发展需要。作为炎黄子孙的今天中国人，是不能否定我们祖先的这种历史功绩的。

但是它在创造功绩的同时确实也带来严重的黑暗和罪孽，这还是因为它是宗法人伦性的。曹雪芹笔下的《红楼梦》就深刻揭露了这些宗法人伦文化的整体荣耀下有多少苦难，是多么压抑人，那些真假变幻缠绵悱恻的刻画，表现了宗法人伦文化的正负双重性是何等紧密相连。中国的这类黑暗较难揭露，因为它总包藏在家国整体利益之中和血缘姻亲人伦之中，宗法等级的森严划分是借家族整体里亲疏之别和对整体利益的作用高低大小来进行的，因而显得天然合理，甚至比只讲商品关系的区别和平等更近人情；另外它还有一种天然的界限，就是一般说来，只要是家族的成员，总有起码的生活保障，享有家族成员的身份权利，要受到家族和家长的庇护，所以即使其低贱者如不到万不得已时，都不敢轻易地公然起来反抗或从家族里分离独立出去。这情形同西方社会很不相同。巴尔扎克的《人间喜剧》和狄更斯小说中刻画的资本主义下的苦难，同《红楼梦》一样深刻细致，却大为异趣，前者比后者鲜明，是因为那是私有者个人之间的直接生存竞争。

与之相关的一个重要方面是中西公私观很不一样。西方以明确的个人私利作标准，所谓公利一般便是各个私利个人间的社会结合方式，他们的统治阶级政府也标榜公利，自称是全体公民利益和意志的代表,但因为有明确的私利划分,在冲突中这种虚伪性就比较容易暴露出来。在中国传统中则不然。统治者以家族和国家的整体利益的代表资格出现,并且确实也只有在给整体和各个成员谋得切实生存和发展的利益时才能充当这种代表,因而他是家国整体的"公"利的维护者和标志;但同时他又借整体内部的宗法结构(这又是靠血缘亲疏、对整体的功劳大小等规定的)把自己变为高踞于其他成员之上的特权者,有自己的特殊私利。所以在他们身上公与私就融合为一互为表里,难解难分了。他要求大家都为家国之公效力,自己也得作表率;他要求一切都为整体并各得其所,同时自己也就有理由攫取最大最多的一份,甚而以公为名全据为己有。对此,个别人是很难反抗的,只有到绝大多数人无法生活,矛盾极其明显尖锐时,才有可能改变。在中国历史上,标榜公而营私,先为公后为私,阳为公阴为私,立功做好事而后专制做恶事,真是不可胜数,这原是他们一般行为和思想的准则。历代开国的君王将相多为"圣贤",统治一稳就逐渐停滞腐败;他们是些"君子",又常常是"伪君子";这都不是奇怪现象,而是中国"公"、"私"难解难分的应有之义。

这种双重性有时体现在同一个人身上,有时则比例不均地分布在不同的人身上。例如在家国处于危难之际,总会有人挺身而出,以无私的英雄气概努力奋斗,艰苦创业,他们在客观上和主观思想上都突出一个"公"字,轻视和仇视各种腐败的现象和人物。这些人是很伟大高尚的。可是由于他们为之奋斗的家国大业还是宗法人伦的,所用的方式和手段是宗法人伦的组织和制度,因而这种伟大形象与功绩,又总在为重建不平等和少数人营私创造着条件。所以,这个阶层中的个人虽优劣悬隔,不可一概而论,却又彼此联结不断转化。

中国传统文化中公私关系的种种扑朔迷离,根源在于家族所有制和宗法人伦制的统一。家族对外是个私有单位和血缘集团单位;对内部成员而言则是个公有的集体,又是家长为首的宗法等级结构,权力财富的等级分配同以家长为核心的血缘亲疏相配伍而"各得其所","各有本分",从而在"公"的形式中实际上灌注了不平等的私有,又以"公"维护了这种不平等。所谓国家所有制,在贵族的诸侯国和大一统王朝里都是家族所有制的扩大形态,实质相同。所以所谓"公"决非"天下为公"之公,乃是"天下为家"的私有制的公。这是"公"的异化,同西方文明里的"公"(如他们的政府、公司之类)一样,都是私有制的变形,不过西方的容易看出些,中国的更复杂些,在宗法人伦中难以揭露罢了。有些人不研究其中的曲折联系,看不到异化,见"公"就赞颂,就失之毫厘谬以千里了。同时他们又以此对比西方的私,颂此而贬彼,这也是只看表面(其实二者都是私有制)并且包含着严重的错误,因为如果我们承认私有制是文明时代的历史动力,对发挥人类潜力有巨大意义,就该承认以"家"为本位的私有虽较多发挥了家族集体和家长个人的作用,却阻碍了其中多数个人的发挥。而以个人为本位,以商品关系而不以血缘宗法关系来建立的社会关系的私有制,在以往历史上更有利于个人潜力的发挥。西方个人私有制虽然纷争罪恶鲜明突出,又为个人发展其力量创造了条件。未来的社会主义共产主义公有制,当然要以消灭私有制为条件,但这种公有制不是抽象地高踞于个人之上脱离个人的东西,恰恰相反,它是以所有个人的能力发挥和以同样资格共同切实占有公共财富为基本条件的。从这种观点看,西方的私有制又在异化形态里包含着较多可以批判改造的未来要素:应当批判消除实际上只是少数人有财产而大多数个人沦为无产的状况,消除个人之间财产和活动的生死对立,改造、救出和发展个人得以发挥其个性与潜力的文化。

大体说来,所谓中国传统文化"重整体轻个人",实际上是只承认贵族统治者和家族尊长所支配的宗法人伦整体和代表这种整体的贵族和家长个人,不承认摆脱和反抗宗法人伦整体的大多数个人和由这些人组合成新的社会。所谓西方文化传统"重个人轻整体",确切地说是只承认以财富为标准、以个人私有为本位的商品关系及其契约联合的社会机体,和在其中由彼此斗争所形成的发财致富的少数个人,不承认超出这一标准的人的全面社会关系和个人。它们都在历史上起过重大的进步作用,又都扭曲了人类本性中整体与个人之间的关系,也就既扭曲了人的集体性也扭曲了人的个性,并且随着它们的历史作用的实现,其弊病方面也日益突出,成为人类进一步发展的障碍。因此从人类的未来考虑,都需要进行深刻的改造。

三、传统与未来

那么,人类的未来和中国人的未来应该如何呢?

中国传统思想里的自我批判意识提出来的未来理想是"大同",西方的自我批判提出来的理想是共产主义。前者偏重于人的人伦集体性的根本改造和发扬,要求否定贵贱等级差别的宗法人伦,否定"天下为家"的私有对立,尊重和爱护所有个人的生存和发展,使集体和个人重新恢复和谐关系,实现"天下为公"的境界。后者偏重于人的自由个性的根本改造和发扬,要求否定仅以私有财产作标准的资本主义自由和个人间冷酷的对立,在公有制基础上恢复人与人之间的团结一致,建立新的共产主义人类集体,以便更充分地发扬劳动者和一切人的自由,达到个人与人类整体的统一与协调发展。这两种未来理想尽管有所不同,在否定异化,要求人类整体和所有个人恢复其和谐一致上是相同的。它们有相通之处。所以有些崇尚中国传统文化的人指责社会主义不合中国的国情和文化传统①,是只知其一不知其二,因而是不对的。

本书不是具体讨论和检讨社会主义实践成败得失的地方,而是把社会主义作为一种人类努力地面向未来的新文化来谈论的。所以我们谈的是学理,是从历史的总发展的规律性上研究人的自我认识。这也要具体,不过是思想上的具体,即力图弄清思想本身。不注重思想的具体而只重经验的具体,人们就跳不出混乱和误解,讨论不清楚问题,实践也难于成功,所以这样做是必要的。

马克思在阐述他的新世界观时非常强调:

"首先应当避免重新把'社会'当作抽象的东西同个人对立起来。"②

这是什么意思呢? 所谓"抽象的东西",Abstraktion,就是把某个东西的某一方面从它所属的有机整体和关系中分离出来,加以孤立的看待。社会原是脱离不了组成它的个人的,它是人群的联合或公共的侧面,同群体中个人的个性侧面有别,又不能分离。但是在私有制文明里,这两方面分裂了,因为少数人能借财富和与之相应的权势变人群的公共组织为压制占人口大多数劳动者的工具,于是像国家一类"社会"代表就同个人对立,成为君临人们的

---

① 如钱穆先生即为其中一例,参见所著《从中国历史看中国民族性和中国文化》。
② 马克思:《1844年经济学 — 哲学手稿》,《马克思恩格斯全集》第42卷,人民出版社1979年版,第122页。

"抽象"物。这正是异化的一种集中表现形式,人自己的相互关系的创造物疏远了人自己,压制了人自己。在马克思看来扬弃异化就必须克服这种分裂和抽象,使社会和所有个人重新统一起来,从而这社会就不再是旧社会,而是新的社会主义共产主义的人与人关系,这些个人也不再是私有制下的个人,而是新社会关系里自由发展的劳动者个人。为此,他警告人们不要再用旧文化制度的观点来看未来的社会,把"社会"当作抽象物来对待。当然,这也包含着不要再把个人当作抽象孤立的东西对待的意思。

在《共产党宣言》里他更明确地指出:

> "代替那存在着阶级和阶级对立的资产阶级旧社会的,将是这样一个联合体,在那里,每个人的自由发展是一切人自由发展的条件。"①

这里,"一切人自由发展"即"联合体"指的是未来社会的人类整体性(集体性)社会性方面,"每个人的自由发展"指的是其中的人的个性方面,二者必须高度一致,互为条件。马克思这里尤其强调了每个人自由发展的意义,否则联合体将不能生动发展,也不能成为真正的"一切人自由发展"的联合体本身。

就今天人类发展的水准而论,无论世界还是中国,离这种理想境界还相当遥远。故而不少人对马克思的这一提法不以为然,以为只是一种空想、乌托邦。这虽难怪,不过这究竟是空想,还是一个纵然艰难却终究是可能实现的理想,仍然需要我们讨论清楚。无论如何,马克思是从人类自我异化的发展和它已面临扬弃的时代所提出的看法,所以人们也应从历史和文化的总体高度来加以

---

① 《马克思恩格斯选集》第1卷,人民出版社1972年版,第273页。

评判,而不应只在枝节上争论纠缠。

我以为马克思的上述提法是深刻正确的,因为它不仅涉及所有制,而且抓住了人这个主体本身作出了深入的批判规定。从人本身讲问题,所有制方面的问题才能深入理解,虽说这二者当然是相关联的。这个提法,包含着一个新人论新文化的纲要。

从文化上看,新的人类整体与个人的正常全面丰富关系,将有可能建立,是有传统文化作依据的,这依据包括传统文化的正负两方面。例如西方文化中特重个人个性的自由发展和在此基础上建立相互关系的社会集体性,有其巨大成就和丰富内容,而中国文化中特重人与人间的人伦联系的整体性和在此基础上建立个人个性,也有其巨大成就和丰富内容,这些文化成果来之不易,表现了人类本性和潜力的发展,未来社会的人们不会舍弃它,新文化必须借助于这些要素来建立和发展自身。但是,这些成果或有价值的正面东西本身又是有其负面的:西方的个体自由和所谓自由社会是在私有财产彼此冲突的框架里发展的,所以又是扭曲的;中国的人伦社会和人伦性个人是在宗法家族私有制的框架里发展的,也是扭曲的,结果它们又导致人类本性和潜力发挥的严重阻碍。然而这负面正促使中西人类的新的自我觉醒,新文化靠这些自我批判获得自己的前进动力。

近代以来的中国,除了自己的传统又加上了西方文化,这二者的冲突使我们更易于认识它们各自的正负面及其实质。从正面说,我们眼界开阔了,可以继承吸取的比古人丰富多了,而且在对比中西各自有价值之处相得益彰。从反面说,对比不仅使中国旧文化的腐朽面暴露得如此突出,使人们很容易看出它的落后过时,激起革命性的批判;而且站在中国传统文化优秀成果的立场,对西方文化中的腐朽残暴一面也比较容易揭示出来;最后,由于中西文化中负面也会在一定方式下勾结,形成最凶恶反动的东西,也就激起了中国人对二者都必须加以批判的自觉和变革活动。

就中国的现实和未来而论,西方的异化自由和中国传统的异化人伦仍在彼此冲突中各显其自身的优缺点。双重的优点给我们光明和希望,双重的缺点会严重阻碍我们。所以我们的未来道路,仍将是长时间在痛苦和光明之间的反复斗争。

痛苦与曲折常使人失望,因而不少人以为社会主义共产主义是不能实现的乌托邦空想。这是有原因的,然而却是一种近视的即不正确的意见。因为人伦和自由终究是人类最深刻的本性,并且在历史中和现实中有其深刻的存在和根据,尽管它在以往是异化的;所以种种痛苦与曲折又不可能完全压倒我们。相反,它还会激发我们更自觉的探索,使我们对历史和现实获得日益深化的真切认识,懂得现有的中西异化终将扬弃,而且扬弃它们的条件会日益发展起来。我们相信,人类必将为扬弃异化而奋斗。从这方面看,扬弃异化和建立新文化,是不是乌托邦式的空想呢? 不是。这是历史和现实中存在的不可遏止的洪流。

扬弃这双重的异化,是中西人类的共同任务。历史规定了中国人必须同时肩负这双重任务,其中扬弃人伦的异化尤其是我们的责任。中国人虽然现在还落后于西方,但通过这场伟大的斗争,反而可能为世界作出特殊的贡献。

附录

有关我国人民生活中迄今尚存的宗法
人伦文化深厚根基的若干材料

在今天的中国,生活在城市里的人受到外来文化和新文化的影响较多,但只要到乡村和边远村寨去同那里的人民一起生活一段时间,就会深切感受到古老的宗法人伦文化仍然广泛深厚地存在着。对此我们应当了解和再认识。

这里我愿以一个典型的民族学材料为例来说明问题。新近发表的《彝族氏族和汉族宗族》一文,以作者亲身调查的浙江富阳县龙门地区至今犹存的系谱与械斗两大现象的材料,同川滇大小凉山彝族的类似现象作对比,进而对汉族宗族制与彝族氏族制作对比,提出了发人深思的问题。这两个典型涉及汉族和许多少数民族,也就涉及最广大地区最广大人民的生活与文化的基本特征。我就从该文 [①] 谈起,间或补充一些别的资料 [②],谈谈我的一些分析意见。

---

① 指王小丁的《彝族文化和汉族宗族》,见云南社会科学院楚雄彝族文化研究所编《彝族文化》,1987年年刊。

② 如《彝族文化》1984年年刊;《凉山彝族热柯氏首领热柯阿鲁子回忆录》;宋恩常的《云南少数民族研究文集》,云南人民出版社1986年版;等等。

作者称之为龙门地区的是以新近定名为龙门古镇为中心的富阳县境内的一片地区,共十个乡。这里有比较集中和明显的家族聚居形态,定居时间长久,且为历来宗族械斗严重的地方。

龙门古镇现有人口5756人,1747户,孙姓大族人口占90%左右。它历史悠久,据考系三国孙权的第58世后裔。按宗谱所载,现龙门孙氏成员的始祖孙劺,生于后梁开平二年即公元908年,其长子孙忠迁居龙门至今已一千余年。该镇古建筑现已调查到有52座厅堂。一座厅堂即一房的祠堂,以它作主体环以住宅,筑成围墙,成为一房家族的聚落点。以孙氏支七派聚居的建筑群为例,自南往北有咸正堂、光裕堂、瑞徽堂、素怀堂、道丰堂、填修堂、神主堂。以此为中轴线有这些厅堂及其过厅、天井,彼此连接,又与左右两条轴线上的建筑相通,这左右轴线上就是各房家族的住宅。每一厅堂的住宅均分为三进,每进有天井和墙垣相隔,彼此又设小门可通出入,其第二进与中轴线上的过厅相通,有边门出入。在三条纵轴线的前沿建有面阔九间的长廊,把它们连成一个整体。长廊前面是本房族的公共活动场所。每一厅堂建筑群外面都围以高墙,形成一个封闭式的院落。其他支派也大体如此,随着子孙繁衍,最后形成今天的龙门村。除此而外,这个村子还有由各房族组成的孙氏大族共有的新老祠堂各一座,子孙厅各一座。这个孙氏大族就是这样聚居在一起的。

其他乡也大多有一至二个较其他姓氏历史更长人口更众的大族。常安乡李姓大族以李家村为聚居中心,为唐中主李璟曾孙李昭度的后裔。常禄乡的章氏为大章村的大姓,其祖为宋嘉祐二年进士第一的章子衡,至今也有八百年历史。又如环山乡的裘氏,新桐乡的包氏,王洲乡的孙氏与何氏(东汉牧亭侯何腾迁居来此)、凌氏,窈口乡的沣氏,都是当地大姓,家族人口都在千人以上,有多至四千人的。除这些大姓外，就连一些人口较少的小姓，也建有相当规模的祠堂。即使到现在只要踏进龙门地区，大小宗族的祠堂仍到处可见。

龙门汉族的宗族，同凉山彝族的氏族当然有重大的历史差别，但有非常类似的社会文化现象。其一就是重系谱。

凉山彝族社会生活的鲜明特点之一，是人们按父系血缘联结起来的父子联名制。凉山彝族是用父子联名这条血缘纽带按氏族圈居在一个范围内的，每个氏族按父系血缘的亲疏聚居。表明一个人属于血缘集团的一个重要行为，是熟知本支血缘的系谱，它是凉山黑彝男子立足于世的基本条件之一。热柯氏族首领阿鲁子回忆说，"我满十岁以后，母亲和二叔他们就教我背系谱了。……我们热柯氏族的系谱基本上我已滔滔不绝地会背诵下来。"不同的系谱，在凉山便是不同的氏族的分界线。每个父系氏族都拥有自己的系谱。

龙门汉族宗族的一个鲜明特征也是系谱，俗称"瓜藤图"。宗族是由享有共同祖产的关系的人们组成的、有世系来维持的集团。表明一个人属于本宗族的标志是入谱挂图，即将自己的名字按族规纳入瓜藤图中。族规规定："谱牒所载，不拘远近，随支随派，一一备书。上遗一祖非孝也，下失一孙非仁也。"并规定凡削发为僧者不得入谱，凡有违教令而怙恶不悛者"生不齿于族，死不列于祠，名不入于谱"，这是极为严重的处置。由于系谱延续是家族成员生活中的一件大事，每个成年男子必知其宗族祖先及本房的直接祖先。一些士绅受尊重的原因之一是会背诵系谱，这也是族长们的职责。

可见凉山彝族和龙门汉族家族，都以血缘系谱作为社会生活极重要的内容，这是他们联结为氏族和宗族的纽带。以此为空间限制,所属成员按归属的系谱聚居为村落或村寨。只有在系谱中的成员才享有氏族和宗族所赋予的各种权利和义务。这些在谱的成员,在凉山和龙门的总人口中都占有约75%的比例。因此在社会基层组织中血缘纽带起着重大作用。由于地域性村落划分和血缘聚居在空间范围上大体一致,彼此排斥并不明显。

与血缘系谱和聚居相伴随的一个重要社会现象,是械斗。

据史书记载统计,凉山彝族在明代发生过较大规模的冤家械斗有17起,并一直延续下来,次数不断增多。解放后以1951至1954年计,人民政府调解处理的新旧大小冤家纠纷和械斗,就有12000余次。阿鲁子在口述的回忆中对这类冤家械斗的具体过程有翔实生动的叙述。其原因通常是一些直接的经济利益问题,即争夺土地、财产和奴隶(阿加、呷西和汉人娃子),也有氏族部落间的婚姻纠纷,还可以由一些风俗习惯的细致琐事引起。

龙门地区汉族的宗族械斗也一直不断。当地谚语云:"同姓同族一条心,泥土也能变成金","胳膊往里弯,拳头朝外打"。许多大姓结成冤家对头已达数百年之久。解放前这里一般的大姓宗祠都放置枪炮,练武普遍,同时帮会活动猖獗,有同年会,三十六兄弟,七十二兄弟等名目,统一武器服装,成为械斗的骨干力量。解放后经政府调解,械斗大为减少,但只要有条件就死灰复燃。如"文革"期间,地方派性斗争激烈,在龙门地区其实就是宗族对立,如鸿丰的凌姓全属"联总",而清江口的何家则统归"红暴",这样的"政治"斗争,如当地干部所说,实际上是"宗族政治"、"血缘政治"。进到20世纪80年代,仍是当地的一大问题,据统计在1980年下半年到1982年上半年,就发生械斗133起,其中规模较大的40起。1983年6月一个月内有24起。富阳县委县府为了解决这个问题,于9月28日抽调干部105名前往龙门地区,收缴了子弹、土枪、檀树炮、麦叶枪和刀鞭等凶器近千件。械斗的发生,常以宗族的名义在祠堂开会誓师,解放后则变为以大队的名义召集村民开会,如1981年5月一次较为严重的械斗,凌氏带头人便召集八个生产队队长及有关人员开会,以成立"治丧委员会"组织的名义来进行。发生这些宗族和村落械斗的主要原因也是经济上的利害关系,如争夺山林、水源和一块沙滩等等,也有婚姻纠纷和风俗习惯的分歧。为了械斗,各宗姓利用各种手段,到政界、军界、商界寻求权势支持。械斗要花费大量人力财力,宗族的公产便是经济支柱。龙门地区的"公产"极为发达,据土改时统计,公产有宗族田、祠堂田、义田、义渡田、学田、修谱田等等,最高的乡占土地亩数的59.8%,最低的也占27.31%,龙门地区平均占39.22%。这种情况,在解放后则表现为少数人动用公款为械斗服务。在常安东风村与王洲华家的械斗中,华氏公开提出被打死的族人要享受烈士待遇,打伤的则作为荣誉军人,被判刑者的家属要作为军属等要求。

从系谱和械斗现象深入下去,就可以发现它们都有深厚的根源,即彝族的氏族制度和汉族的宗法家族制度。从凉山和龙门的情况看,两者有如下类似的特征:

(一)这些氏族和宗族作为相对独立的血缘单位,都有一个相对稳定的地界,即拥有一个相对封闭的聚落形态。历史悠久,外来人一般很难插足。

(二)都有公产。凉山彝族土地虽已由个体家庭占有,但森林、牧场和许多荒地仍属氏族公有,可经氏族集体出租给阿加或曲诺耕种,收入租粮由氏族内各家庭共享。谚语说,"曲诺的财产,黑彝看管;黑彝的财产,氏族看管"。氏族财产共有观念还保存着。龙门地区宗族财产分为族田和宗族建筑两类,均为不动产,祠堂从精神上、族田从物质上团聚宗族,敬宗收族,形成聚族而居的组织形式。

（三）都有神圣隆重的敬祖设施和仪礼。

（四）都具备同一血缘集团的议事会和头领。凉山彝族部落氏族会议有"吉尔吉铁"和"蒙格"两种,前者是小型会议,后者是全体大会,负责商议一些关系到全部落的重大问题。头人分"德古"和"苏易"两种,德古意为善于辞令办事公道的人,苏易意为能替大家办事调解纠纷的人。龙门宗族也有宗族聚会,一般在祠堂里举行,没有大事不轻易召集。头领有"族长"和"董事"两种,族长一般严格按辈分排行来认定,董事是族内有学问和有钱财的人,协助族长处理事务。

（五）凉山彝族有氏族部落的习惯法:"祖上留下的规矩,诺伙（黑彝）的儿孙要遵守,曲伙（曲诺）的儿孙也要服从。"龙门汉人宗族有成文的族规,祖宗制定,族人一律恪守,包括族规、家训、祠规、谱例等等。这都是按父系传下来的法规律令。

（六）都有严格按父系来继承祖产的制度。

（七）都有严格的族外婚制。彝族还附加有同一等级通婚制。借族外婚制,氏族间和几大宗姓间结成联姻关系。

这些说明,凉山彝族和龙门汉族都具有父权家长制这一基本特点,一切权力都集中在男系父权手中。氏族和宗族的所有成员,包括首领自己的妻妾儿女,儿子们的妻妾儿女,以及奴婢,都在氏族和宗族族长的权力支配之下。包括经济的、法的、宗教的以至婚配等人身的权利在内都集中于一人之手形成一种在其范围内统治一切的专制组织力量。氏族和宗族对外有强烈的排外性或封闭性,用一切手段维护"同根"、"同胞"的集团性原则。这种排外性使宗族或氏族靠自身关系维系运转,很少受外部影响,就产生明显的停滞性。如凉山彝族和龙门宗族的成员都认为,祖宗之法不可不依,尽管朝代可变,社会形态可变,但血缘亲属的原则不可变,它可以适应新情况保持变中之不变。

这种父权制可以发展成一整套的内外奴役制度。凉山彝族就有等级奴隶制,其社会以阶级属性划分为黑彝奴隶主、曲诺隶属民、阿加奴隶和呷西奴隶四个等级。它同血缘关系有关,按血缘系谱划分,有诺伙(黑彝)、曲伙(曲诺)、麻邀(阿加)、龙节(呷西)四个层次。诺伙即黑彝,被认为是凉山彝族中血缘最纯最高贵的,因而自然地是贵族奴隶主。曲伙包括全部曲诺和由曲诺下降为阿加和呷西的一部分,由于被认为仍属彝族的根骨,有自己的氏族组织可以保护本氏族成员的某些权利,所以虽整个地位低于黑彝并需为之效劳,仍高于后两个等级。麻邀指非彝族根骨的阿加,所以成为黑彝和曲诺的奴隶,但已在凉山生活了几代,有自己的家庭,故优于呷西,可以有一些半独立的个体经济并占有呷西。龙节指刚掳入或买来的外族(以汉人为主)单身呷西,毫无血缘关系力量可以依靠,便成为最低的奴隶;一旦呷西结婚,就上升到阿加等级。可见彝族社会中的等级隶属奴隶制同血缘关系层次有极紧密的联系,互为表里,相辅相成。这是氏族部落制在财富作用下自然形成的血缘层次划分关系的奴隶制,同诸如希腊那样同商品经济的重大发展相关的奴隶制不一样。

龙门地区的汉族当然同凉山彝族情形不同,但家族制也是一定范围内的小独立王国。如族规规定,凡本姓成员遇有田地争执等必须先明告族长处置,如擅自告地方政权长官则以越级上告论罪。国家行政机构必须尊重和依靠宗族势力才能有效地行使职能,所以二者既有分别,又互相渗透、调节。

我国汉族地区的反封建土地改革和少数民族地区的民主改革,消灭了封建地主制和农奴制,这对扫除旧社会黑暗面起了伟大作用。与之相关,宗法人伦制也受到冲击破坏。在全国广大范围内,大家族制大体已变为以个体家庭为主,宗法族权也遭到摧毁性的打击。但是,也应看到它还有更深的根基。由于农民家庭仍是父权制的,在村落中同姓同宗的各个家庭还聚居在一起,古老的家族关系就仍能保持其影响,诸如重系谱之类的习俗和道德观念和人们相互联系的形式便广泛持存着,因而宗法性的或准家族宗法性的关系就总能以各种变形再生,并表现在社会生活与文化里,经济和政治的关系上。那些由长期历史生活铸就的文化传统,不是几次急风暴雨式的斗争所能改造得了的。这些文化,尤其是汉族文化,因为具有高级细致的形态和悠久性,形成了伦理道德、审美情趣、精深的哲学智慧、经世致用的学问、待人处世的生活方式等等一整套相对独立的巨大存在,更不是轻易就能得到清理改造的。所以,同人民生活中仍然保持的基础就能相互作用,使传统的宗法人伦文化至今仍然是一种活着的力量。它的正负面就仍然能对现实起重大制约和影响作用。

人的解放

——重读马克思

写在前面的话

　　十多年前,我写了一本关于评述马克思《1844年经济学哲学手稿》的书。它虽是献给读者的,但首先还是为自己搞清问题而作的一番研究。因为在以前我也念过不少关于马克思和其他马克思主义的书,却在收获之余总还有不少疑点和隔阂,觉得不够透彻。《手稿》的研究对我来说好像是一个突破口,不仅使我感到马克思讲道理亲切和深刻,而且开始了一种内心深处的对话,在这种同他的对话中,也就发生了自己口问心、心问口的以及新的理解同自己以前思想之间的对话。所以这个研究也是一种自我反思,它帮助我觉察到以前的隔阂也有着自己方面的原因,其中有许多属于知识不足,也有些属于原来不易自觉到的障碍,特别是在文化上的"洞穴"。这种反省促使我钻研有关的问题,一方面大力研究西方哲学的历史和其他思想学说和文化精神,另一方面大力从事中国和西方文化比较研究。我的专业原是哲学史,马克思对我作西方哲学和中西文化比较研究有重要帮助。反之,这些研究也极大地帮助我进一步认识了马克思。这样我就不断地得到了一些新收获,陆续写了几本书和不少文章。

　　但是以前我对自己的这些涉及马克思的新认识还没有作什么整理。1995年上半年,四川人民出版社李远杰同志到北京来为新丛书组稿,诚恳地到我这里来同我交谈,希望我能从人学的角度写其中的一本关于马克思的书,供青年读者和有兴趣的朋友一读。

我知道写好这种书很不容易,不过深感他的热情,就答应试试。这本小书就是这样来的。

从我自己的体验来说,我觉得马克思离我们其实最近。他是一个西方人,但与那些比较傲慢的西方人完全不同,马克思是被压迫民族的真正朋友。这一点我们中国人从历史经验中知道的最深刻。当我们备受西方列强侵略压迫面临亡国灭种危险时,既要抗击,又不得不努力向西方学习,心情是何等矛盾! 学生总是受老师的侵略和歧视,那么究竟谁能真正帮助我们,谁才能配得上当我们真正的老师? 许多革命先驱,包括我们的孙中山先生在内,以西方为师,但是得到的却是侵略,最好的情况也不过是他们从本身利益出发而对我们的半心半意的支持,那时的中国处境是何等困难,革命总不能成功,在这个时候列宁的俄国革命的成功和向中国伸出的友谊之手,使孙先生在绝望中发现西方也有一种人对被压迫民族的人民怀有真正的同情,"以平等待我之民族",并且能给予真实有力的支援,产生了希望和信心。于是列宁的老师马克思开始被中国人所知,从此我们知道西方也有一位真正心怀博大的真正为人类解放而奋斗的理论家马克思,对他的学习开始了一种新的中国革命实践,思想上也发生了一场伟大的转变。

马克思是人类历史上最伟大的一位人道主义者。他出生在西方,他的思想学说本来植根于西方的人道主义。西方的人道主义和东方的人道主义有所不同,其特点是强调人的自由。但是西方的自由原是在历史中发生发展的,经历过种种不同的阶段,每一发展包含着新意,这就需要不断地在批判和自我批判中前进。马克思在西方资本主义时代把这种自由性的人道主义发展到一个全新阶段。他关怀的不再是抽象的一般人的命运,因为他发现,如果不能给工人、劳动者、妇女这些占绝大多数的受压抑的人以真实的利益和自由,所谓人的自由就是空话,就会沦为一种欺骗。人的自由是通过斗争得来的,可是在以往的社会革命和发展中为自由而进行的斗争,并没有真的为人类解放事业作出多大贡献,得到利益和自由的还是少数,并且这少数人总是形成了新的压迫阶级,使人类处于新的枷锁之中。马克思更发现,人类真正的力量和前途原来就在人的生产劳动(包括物质的和精神的活动在内)之中。所以他在自由文化中通过不断地进行批判超越,达到了一种既有现代理论高度又非常务实的新人道主义,他称之为共产主义。

后来马克思又关注东方各民族的解放问题,研究了东方社会的历史和这些民族如何得到解放的条件和前途。在这一过程中,他的思想和学说进一步批判地超出了西方的眼界。东方人虽然在文化上与西方不同,没有那么重视人的自由发展,却同样有着自己的以人本身为目的的社会生活结构与文化,因而将按照东方人自身的规律,在吸取西方自由文化成果的同时找到自身解放的道路。世界各民族各文化有区别,也有相通之处。西方资本主义下的工人阶级和劳动人民同东方被压迫民族的劳动人民有共同的命运和使命,他们会联合起来赢得世界历史的进步和共同的解放。

这些内容就构成了马克思所特有的现代人道主义。虽然马克思本人后来为了同其他种种西方人道主义划清界限而不大喜欢用人道主义一词,而采取了他那个时代最先进的社会解放思潮的名称"共产主义",并且给予了批判和科学的新阐述论证,但是无论在出发点和目的上都是人道主义。马克思学说的特别价值在于它在人道主义的出发点和目的之间架起了由此达彼的桥梁,切实研究了它所应有的基本广度深度和各种条件及中间环节,这是一种最重要的人道主义学说。直到现在仍然没有其他学说可以取代它的这种地位。因为后来出现的许多学说虽然在不少地方超过了它,有些也非常深刻，但从总体上说还是没有达到它那样的高度广度，眼界胸怀，也缺少那样的哲学深度，因而只有补充的意义。例如萨特这位当代最有创见的重要哲学家就坦白地承认过这一点。

当然，马克思能提供给人的也只是一种理论的轮廓，他自己甚至都没能完成他的研究。时代在发展，问题正层出不穷，新的挑战摆在我们面前，这更不是马克思所能看到想到的。他不过开辟了一条通向人类解放的大路，其中还有许多新问题新环节远未弄清楚，等待着我们去研究。另外，马克思也是有错误和不足的，有待我们去发现、批评、改正。问题只是我们应该明白这中间仍然是联结着的。那种抓住某些问题就全面攻击否定的轻率态度和把他奉为神圣教条的貌似的忠诚，都不符合为人类解放事业而奋斗的需要，因而都不足取。只要我们今天和未来仍然需要为人的解放工作，就应该对马克思和他的学说采取负责的实事求是的态度。

多谢四川人民出版社和李远杰同志给我这个机会，使我能把自己这些年来的某些思考成果整理成书。这套丛书强调"'重读'思想大师的意义不在全面、完整、客观地介绍其思想体系，而旨在挖掘其人学思想及其现代意义"。我赞成这一思路，因为这样做不仅对于较小篇幅的书是必需的，也使我能较为方便地谈论自己的认识和人们可能关心的一些重点。这样做难免挂一漏万，何况研究马克思的人很多，成就也很多。我的这点见解，自知疏漏和错误一定不会少，谨请指正。我衷心期望这本小书对于促进新的思考研究能起一点抛砖引玉的作用，那对我来说也就是很大的满足了。

杨　适

一九九五年十月二十八日

于北大承泽园

上篇 马克思人学思想阐释

第一章 一颗自由心灵的
        诞生和人生选择

　　本不打算在此多谈马克思的生平。但是要了解他的思想和学说的基本特征,不能不知道他所植根的土壤。所以需要简略地说说他的童年到大学时期对他影响重大的几个源泉和因素。

一、家庭、父亲和岳父

　　1818年5月5日,卡尔·马克思(Karl Marx)出生在德国莱茵省特利尔市的一个犹太人家庭。其父希尔舍·马克思是一位有教养的开明人士,很早就摆脱了狭隘的限制重重的犹太教束缚,为此竟同他那犹太律法学家的父亲和家庭决裂,在艰难穷困的生活中靠自己的努力成为一名律师,在特利尔市受到人们尊敬,取得了法律顾问的荣誉称号,并当选为律师公会的主席。他深受启蒙精神的影响,非常喜爱伏尔泰、卢梭和莱辛的著作。由于这种精神,以及为了继续当律师和避免家庭和子女受到反犹迫害的实际考虑,他于1824年接受了基督教洗礼,那时他的卡尔正当入学年龄。改宗基督教是那个时期犹太人中的自由思想者在文化上向前迈进一步的表现。他把一种新的人文主义自由思想作为一笔宝贵遗产传给了他的儿子。卡尔·马克思在故乡度过了幸福的童年。家庭虽非富有也还算宽裕,有一所漂亮的住宅,过着勤劳朴素而有些单调的生活。

这样的家庭环境和父亲的关怀引导,给马克思以最初的精神影响。他父亲的启蒙主义思想和宗教上政治上的自由主义倾向,给他的心灵播下了自由思想的种子。

路德维希·冯·威斯特华伦,那位后来成为他岳父的人,是除了他父亲以外在童年时期对他影响最大和最深的人。这位老人,虽然是一位在家世和地位上非常显赫的贵族人物,却具有难能可贵的崇高开明的精神品质,并有着优秀的教养。他的英语讲得和德语一样好,并能自如地阅读古希腊和古罗马作家的作品,特别喜爱荷马和莎士比亚,能够大量背诵他们的史诗和剧作。他还非常关心社会问题,对圣西门的社会主义思想和人格事业相当尊重。马克思从很小的时候就常到他家,成为老人所钟爱的孩子,从他那里得到了自己父母家中所不能给他而学校更不能给他的精神食粮。小马克思爱上了燕妮,在他18岁时两人悄悄地私下订婚,给他的父亲带来极大的担忧,因为这种平民同贵族之间不门当户对的婚姻,在当时被认为是根本不可能的,但是老人却同意了这桩婚事。他爱马克思,马克思也尊敬这位男爵,把他看成是第二个父亲。他受到这位老人的影响是非常之深的。几年之后他写的第一部学术著作即他的博士论文就是献给这位他"敬爱的父亲般的朋友"的,在献词中他写道:"我希望一切怀疑观念的人,都能像我一样幸运地颂扬一位充满青春活力的老人。这老人用真理所固有的热情和严肃性来欢迎时代的每一进步;他深怀着令人坚信不疑的、光明灿烂的理想主义,唯有这种理想主义才知道那能唤起世界上一切心灵的真理;他从不在倒退着的幽灵所投下的阴影前面畏缩,也不被时代上空常见的浓云迷雾所吓倒,相反的,他永远以神一般的精力和刚毅坚定的目光,透过一切风云变幻,看到那在世人心中燃烧着的九重天。……"①

二、中学毕业时的一篇论文

一颗自由的心灵很早就在这种环境和影响下萌芽成长,在他中学毕业考试时所写的文章《青年在选择职业时的考虑》里,已经开始显露自己的光芒。文章是从这样一个在他看来不言而喻的前提出发的:能够对自己的生活道路进行"选择","是人比其他生物远为优越的地方",而这也就意味着可能的不幸,意味着必须"认真地考虑这种选择"和自己的"责任"。熟悉西方文化的人不难看出,这个观点正是出于古希腊和文艺复兴以来的基本观点——"自由"。少年马克思从这里开始自己的思考。按照这种文化传统,自由就意味着选择,而自由的选择绝非指任意放纵,相反,它要求人在环境中的自律,每个人要对环境和自己的思想言行高度负责。一个刚满17岁的少年能谈什么自由选择呢? 他想的是很切实的自己的未来。他就要中学毕业了,家庭能够送他上大学,而上大学学什么就意味着一个人要选择自己的未来生活走向。家庭和父亲关注他的未来,他也要进行自己的选择。

---

① 《马克思恩格斯全集》第40卷,人民出版社1982年版,第187页。

这篇文章写得还比较幼稚笼统,却已经表现了这个年轻人对自己未来所作选择的最初的严肃考虑。他认为靠灵感、幻想的感情是不可靠的;所谓伟大、光辉、能鼓舞人的目标,也可能是虚荣心名利心在起着作用;仅凭理智又容易离开经验和实际的观察。这时父母能帮助我们,因为他们走过漫长的人生道路,有深刻体验,但是他认为最重要的还在于自己对社会的认识。"我们并不总是能够选择我们自认为适合的职业;我们在社会上的关系,还在我们有能力对它起决定性影响以前就已经在某种程度上开始确立了。"所以个人的自由选择最重要的就在于我们的社会状况,它对我们的制约和我们个人可能对它的作用。这是一种双向的过程,要求个人认识社会也认识自我。

少年马克思已经注意到自由选择给自己的责任,而主观愿望需要同社会和自己的实际条件相一致。这些认识虽然最初还只能是笼统的,但是已经理解了在个人选择和社会需要之间的张力,马克思为自己选择了那具有最大可能空间和张力的前景。他说,如果我们的条件容许我们自由选择,我们就应当"选择一种使我们最有尊严的职业;选择一种建立在我们深信其正确的思想上的职业;选择一种能给我们提供广阔场所来为人类进行活动、接近共同目标(对于这个目标来说,一切职业只不过是手段)即完美境地的职业"。他认为那"能给人以尊严的只有这样的职业,在从事这种职业时我们不是作为一个奴隶般的工具,而是在自己领域内独立地进行创造",这种职业"并不一定是最高的职业,但总是最可取的职业"。

我们可以清楚地看到,他在这里所采用的"深信其正确的思想",正是伟大哲学家康德提出来的核心观念:"人是目的,决不仅仅是手段。"而这也就是那个时代西方人及其文化中"自由"的最

高最本质的含义。马克思是用这个思想来指导自己的未来和选择
的。他在文章结束时写下了如下感人的话：

> "如果我们选择了最能为人类福利而劳动的职业，那么，重担
> 就不能把我们压倒，因为这是为大家而献身；那么我们所感到的就
> 不是可怜的、有限的、自私的乐趣，我们的幸福将属于千百万人，我
> 们的事业将默默地、但是永恒发挥作用地存在下去，而面对我们的
> 骨灰，高尚的人将洒下热泪。"①

这个选择从精神上和方向上决定了他自己的一生。一个刚17
岁的青年，好像已经写下了自己的墓志铭。这是一种自由的选择，
高尚的选择。他极其认真负责地使用了一个人所可能有的最有尊
严的自由权利。

三、柏林大学的学习生活：黑格尔和"博士俱乐部"

1835年秋天他进了波恩大学，他父亲希望他在那里研究法
学。起初他学习劲头很大，但是并没有持久，就和同学们一起过起
年轻人喜爱的无忧无虑放浪不羁的生活，还欠下了债。这原因可
能是多方面的。其中突出的一个是他对燕妮的感情和思念。第二
年他回特利尔时就向她求婚，虽然那时还没敢向燕妮的父母提出，
但得到了燕妮的允诺，总算是一件大心事有了结果，使他此后的学
习上增加了巨大的推动力。另外，还在订婚之前，他的父亲已经

---

① 《青年在选择职业时的考虑》，《马克思恩格斯全集》第40卷，人民出版社1982年
版，第7页。前面的转述见第3—7页。

决定让他到柏林大学去继续求学,而订婚只能更加加强他父亲这一决定的决心。他认为儿子必须比以前更加努力学习才行,这对婚姻的成功是重要的,而这时到首都去学习几年,离开爱人远些对他有益,并且由于柏林大学是当时德国一所最高的和严肃的学府,"比起这里的学府,其他的大学简直就是酒店。"[1] 它没有其他大学生活中的那种寻欢作乐的习气,而在他父亲看来他在波恩已经沾染了这种习气,所以让他到柏林是非常必要的。于是马克思就在1836年到柏林去了。后来证明这对他果然是一个非常正确而重要的决定。

在柏林大学期间,他把自己的全部身心投身于学习和追求真理的斗争。

那时候的德国仍然处在革命的思想酝酿阶段,但已经越来越走近了它的来临。柏林大学仍然是黑格尔哲学的大本营,他去世不久,后继者已经分化。马克思到这里来,本是研究法学的,后来才深入到哲学中去。对他最初有影响的是一位当时很有名的法律系教授爱德华·甘斯。甘斯在哲学和法哲学上是黑格尔的忠实的学生,但是政治观点则是自由主义民主主义的。他反对中世纪的反动势力,希望把法国1830年革命的思想转播于德国,争取实现一个代议制的国家。同时他也很关心劳动人民的利益,他接近了社会主义,这明显地表现在他对圣西门主义的研究著作中。他努力从黑格尔辩证法中得出有利于历史进步的结论。在当时普鲁士政府严格控制言论自由的情况下,他在大学讲坛上评述了当代最重要的问题和事件,吸引了学生和大量拥来听课的人们。马克思本

---

[1] 费尔巴哈的话。见 L.Feuerbach in seinem Briefwechsel und Nachlass, Leipzig, 1874, p. 183(《费尔巴哈书信及遗著》)。

来有民主自由主义的初步认识,甘斯加强了他的这种情绪,加深了他的认识,同时也促使他转向了黑格尔哲学。

从1837年起他开始研究哲学。他说,在研究了法学之后,"这又一次使我明白了,没有哲学我就不能前进。""在患病期间,我从头到尾读了黑格尔的著作,也读了他大部分弟子的著作。由于在施特拉劳常和朋友们见面,我接触到一个'博士俱乐部'……这里在争论中反映了很多相互对立的观点,而我同我想避开的现代世界哲学的联系却越来越紧密了"。①这个"现代世界哲学"指的就是黑格尔哲学,马克思原来不喜欢它,后来发现不仅讨论各种问题都避不开它,而且越来越发现它原本具有那么深刻的意义。

从此他全力转向了哲学研究。在这个过程中,"博士俱乐部"对他起了极为重大的作用。俱乐部是由几个大学讲师、中学教师和文学家组成的,经常在一家咖啡店聚会讨论他们感兴趣的各种哲学和政治问题,而主要是讨论在他们世界观中占统治地位的黑格尔哲学。它的精神领袖是神学讲师布鲁诺·鲍威尔(1809—1882)。鲍威尔不仅学识渊博,而且思想深刻大胆,文笔犀利,善于讽刺。马克思同他和俱乐部另一主要成员鲁滕堡成为最好的朋友。虽然他比那些年轻博士还要年轻10岁,却以自己突出的个性和见解博得了他们所有人的尊重。鲍威尔、卢格和马克思很快就成了对当时德国思想界起着重大影响,后来被称作"青年黑格尔派"的领袖人物。

在批判的潮流中他深入钻研了黑格尔哲学,这给他往后的思想发展打下了坚实的哲学基础。这种作用,只是到后来通过批判

① 马克思:1837年11月10日《给父亲的信》,《马克思恩格斯全集》第40卷,人民出版社1982年版,第13、16页。

黑格尔的反思才逐步显现出来。他在大学期间没有写关于黑格尔的专门文章。这表现出马克思的一种思想特点:他从不以接受某种思想学说为满足,只有通过自己的批判思考,化为自己的东西时,他才去谈论那种学说。我们知道,到了1843年即他在大学毕业后两年的时候,通过担当《莱茵报》主编参与实际斗争,他获得了新思想的要素和推动力,就开始了对黑格尔法哲学的严肃批判工作;接着他又写出了《黑格尔法哲学批判导言》那篇激动人心的文章,而到了1844年他就在《经济学哲学手稿》中对黑格尔哲学进行了全面深刻的批判,同时形成了他自己的新世界观。从这些著作中我们可以清楚地知道,他原先在大学时期对黑格尔哲学的研究多么深入。如果没有这样的基础,接着而来的那些批判是根本不可能的;反之也一样,如果没有他后来进行的批判,黑格尔哲学对他,对人类解放所可能具有的意义,也不会显现出来。这一事实表明了他作为一位伟大思想家的一大基本特征:学习固然重要,批判尤为重要。批判才显示一种学说的意义。批判就是对话,就是结合现实的思考,就是发展,从而也就是新思想学说的诞生。

所以,虽然马克思在大学期间没有直接写出论黑格尔的文章,我们仍然应当足够地估量他在钻研黑格尔方面所打下的基础的价值。黑格尔是康德以来德国古典哲学成就的顶峰,康德已经把自由理解为"人是目的",并且把这一命题当作哲学的最高点和拱心石。德国古典哲学的伟大和深刻,就在于它一直是围绕着自由的主题,围绕着使人真正成为目的而不仅仅是手段来展开的。

黑格尔不仅在哲学思辨上是绝顶的天才人物,而且这种哲学天才是同他对时代的深刻观察、思考和批判不可分的。他对法国大革命、英国产业革命都进行了极其认真的研究(例如他对当时资本主义各国的经济变动和政治经济学的研究,在所有的德国古典哲学家中,是独一无二的),对当时德国现状也有深入的考察。不仅如此,他还有一种深刻的历史感,认为现实是由历史发展来的,所以他对于西方的全部历史和哲学史,对于历史和现实中的政治、经济和宗教都下了艰苦的功夫,有精深的批判研究。他的哲学天才在于用一种深刻的思想和历史感把所有这些知识贯穿和统一起来构筑为一个巨大的体系,因而他就成了当时的甚至是西方思想史上空前未有的伟大哲学家。在他看来,整个人类历史乃是一部自由精神发展和自我实现的历史,而一切哲学工作 —— 包括本体论、认识论、哲学史和宗教哲学、法哲学等等在内 —— 都是对这个自由精神的发现、发掘、展现、阐述和规定。他认为康德和费希特把自由看作只是属于人的思维的东西,因而缺乏现实性,应当把它看作是一种客观的精神,才能使之具有现实性并能实现。因此他反对主观唯心论,赞同客观唯心论,并沿着这条哲学路线把自由说成是"精神",这个"精神"是宇宙的本体,一个独立而客观存在并且能够自我发展的东西。靠这个"精神",他建立了一个哲学史上最庞大的客观唯心论体系。这个"客观精神"当然显得神秘,然而它的内容却来自人类历史和现实的深处。

马克思对黑格尔哲学下了硬功夫,是同他对于现实的关怀、历史的研究和哲学思辨上的卓越能力分不开的。在这里,追求、思考和批判地理解什么是人类最不可少的"自由",把他同黑格尔紧密联系起来。他发现黑格尔哲学才是理解自由的思想顶峰,是一个最伟大的宝藏。在大学期间和毕业之后的几年间,他是一个黑格尔主义者。

"博士俱乐部"是青年黑格尔运动的中心。这批年轻人力图从黑格尔哲学中得到革命的结论。当时德国革命思想还没有条件直接触及政治,为普鲁士政治和社会制度祝福效劳的宗教就成了先进人士批判的首要目标。费尔巴哈和鲍威尔是发起这场批判的主要人物,在批判中,哲学向前迈进了重要的一步。马克思通过博士俱乐部同这个运动建立起来的深刻联系,对于他的思想发展和研究黑格尔的方向无疑有重大的影响。

四、博士论文与为什么研究伊壁鸠鲁

钻研黑格尔是马克思在大学期间的主要收获。但是非常有意思的一点是,标志着他在大学时期学习研究的成果,即他的那篇博士论文,却不是对黑格尔的研究也不是同黑格尔有关的主题,而是对伊壁鸠鲁的研究。

这是为什么呢? 马克思传记家们说这是因为他要研究希腊的"自我意识的哲学",而青年黑格尔派正力图从黑格尔哲学体系中把它的"自我意识"环节发展为一种哲学的运动。我在这里不能也不想详细评述这一论点,因为它至少过于哲学思辨。我以为这种解释虽然并没有错,却不足以阐明青年马克思那时的思想范围和发展的本质,对于关心这位思想家的中国学者和青年读者,这种解释更显得遥远和陌生。

我自己在长时间也不大理解这个问题,虽说我学习研究马克思已经很久,而且下过大功夫。只是在对于西方哲学特别是希腊哲学的发展线索作过研究,对于中西文化作过比较研究之后,回过来再看伊壁鸠鲁和马克思,才觉得有了一些领悟。我专门研究了伊壁鸠鲁,发现了自己以前为什么对于马克思研究伊壁鸠鲁总隔着一层的原因,并且找到了解开这个谜团的钥匙。

虽然人们几乎都知道伊壁鸠鲁,但一般只把他当作一个德谟克里特原子论唯物主义的继承者、阐发者来看待。实际上，他们两人之间有着非常重大的原则区别。研究这种区别，才能认识伊壁鸠鲁哲学的特殊意义。可以说马克思是哲学史上作这种研究的第一人。

希腊人的自由精神贯穿在他们的哲学发展中，不过那是城邦时代的产物，那种自由到了城邦灭亡以后也就遭到了几乎覆灭的命运。在这个时候，伊壁鸠鲁提出了一种新的适合于希腊人在新的时期生活下去的哲学。这个哲学以原子论的形式总结了以往希腊哲学的全部发展，其核心是人的快乐和自由；但已经和原先希腊人及其哲学中所要发挥的不同，是经过了适当改造的个人的快乐和自由。因为：（1）原来的城邦自由已经取消，希腊人还可能保留的仅仅是属于个人的自由；（2）这种个人的自由由于失去了城邦的保障，在新的马其顿帝国的秩序下没有什么真实的保障，个人就只能在力所能及的条件下保持其自由，于是主要集中到个人心灵的自由：在保持个人心灵自由的前提下，通过审慎的思想言行，通过各种能够尽量保持个人安全和生活幸福的实际条件（如个人财产、离群索居的和合乎正义的生活之类）以及友谊等等，来维护个人生活中尽可能的自由和幸福；（3）它也修改了原先希腊人自由中的骄傲成分，如自以为高人一等，视其他民族为野蛮人、奴隶胚子之类的观念，具有了平等看待各民族各种人（包括妇女和奴隶在内）的新观念。个人自由的意识在他那里第一次具有了普遍的、适用于所有人的形态。

人们把伊壁鸠鲁哲学称作快乐主义，但实质上他的快乐主义是以自由为核心的，所以不同于昔勒尼派的享乐主义。因为他认为后者追求的物质享乐实际上不易得到，反而会使人陷于受外界支配和奴役的境地，导致无穷的烦恼，而自然必要的生活需求是容易满足的,它已经能保证人的物质生活快乐,并有利于使人赢得自由和心灵的平静。在他看来,人的生活要没有精神的痛苦,而肉体痛苦能够减少到最大限度,也就是真快乐。

另一方面,伊壁鸠鲁所说的自由也离不开个人的实际生活的安全、快乐和宁静。斯多亚派也讲自由,但是他们认为人的生活只应以宇宙之神或抽象的逻辑为标准,个人只有顺从它才会得到自由。所以伊壁鸠鲁派同斯多亚派的自由观是非常对立的。伊壁鸠鲁哲学强调经验和经验基础上的理性,肯定人的感情和感觉是生活和认识的准则,平易近人。他强调自然中不仅有必然性,也有偶然性,也有可以不受必然性制约的自由。因此人不必奴隶般地顺从外部世界或所谓神灵,个人至少可以掌握他自己的命运。所以在本体论上,他的原子不仅能在虚空中作直线运动,而且具有略微偏斜的本性。这些都是同先前的希腊哲学,同德谟克里特非常不同之处。

简言之,伊壁鸠鲁以新的哲学形态总结了希腊哲学,坚持了人的自由。他才是把希腊人及其自由哲学的文化遗产传给西方后世的关键人物。在这个意义上,他的重要性甚至超过了柏拉图和亚里士多德。因此,谁要想明白希腊和西方文化的根本精神,就必须从他入手。马克思正是这样做的。在这里我愿特别向中国读者指出,研究伊壁鸠鲁对我们弄清西方文化精神有特殊的重要性,因为我们自己的传统缺乏西方文化中那种高度强调自由特别是个人自由精神的传统,甚至将其视为一种不祥之物。伊壁鸠鲁能够帮助我们改变这种看法。

注意到伊壁鸠鲁的本质,我们也就能够更好地理解马克思对他的特殊喜爱和研究。

在博士论文中,马克思深刻地发现了伊壁鸠鲁同德谟克里特的差别,针对历来名人对伊壁鸠鲁的嘲笑,如说他不过是对德谟克里特的抄袭,而且凡是有所修改的地方都搞糟了等等,他揭示了伊壁鸠鲁同德谟克里特的原则分歧和优胜之处。例如他明确指出:"当德谟克里特把感性世界变成主观假象时,伊壁鸠鲁却把它变成客观现象"①(这是指明伊壁鸠鲁承认感性世界和感觉,而德谟克里特则认为除了原子和虚空外,一切都是主体方面产生的假象,从而否认了感性世界的真实性)。又说,"德谟克里特注重必然性,伊壁鸠鲁注重偶然性"②。他特别阐述了伊壁鸠鲁的原子偏斜学说的意义:

> "卢克莱修很正确地断言,偏斜运动打破了'命运的束缚',并且正如他立即把这个思想运用于意识方面那样,关于原子也可以这样说,偏斜运动正是它胸中能进行斗争和对抗的某种东西。"③
> "这就是说,原子偏斜并不是特殊的、偶然出现在伊壁鸠鲁物理学中的规定。相反,偏斜所表现的规律贯穿于整个伊壁鸠鲁哲学,因此,不言而喻,这一规律出现时的规定性,取决于它被应用的范围。"④

这里所说的原子偏斜学说"被应用的范围"所指的,主要正是人、个人胸中的那个自由的意志,它使人有可能打破命运的束缚,同一切束缚他的自由的力量进行抗争。马克思在论文中引述了伊壁鸠鲁如下的话:

---

① 《马克思恩格斯全集》第40卷,人民出版社1982年版,第200页。
② 《马克思恩格斯全集》第40卷,人民出版社1982年版,第205页。
③ 《马克思恩格斯全集》第40卷,人民出版社1982年版,第213页。
④ 《马克思恩格斯全集》第40卷,人民出版社1982年版,第214页。

"在必然性中生活,是不幸的事,但是在必然性中生活并不是一个必然性。通向自由的道路到处都开放着,这种道路很多,它们是短而易走的。因此,谢天谢地,在生活中谁也不会被束缚住,而对必然性本身加以制约倒是许可的。"①

正因为伊壁鸠鲁的哲学宗旨在于论证人即便在困境中仍然能够保持其自由,所以马克思给予它高度评价。他在序言中激动地宣称:

"哲学,只要它还有一滴血在它那个要征服世界的、绝对自由的心脏里跳动着,它就将永远用伊壁鸠鲁的话向它的反对者宣称:

'渎神的并不是那抛弃众人所崇拜的众神的人,而是同意众人关于众神的意见的人。'

哲学并不隐瞒这一点。普罗米修斯承认道:

'老实说,我痛恨所有的神。'

这是哲学的自白,它自己的格言……

对于那些以为哲学在社会中的地位似乎已经恶化因而感到欢欣鼓舞的懦夫们,哲学再度以普罗米修斯对众神的侍者海尔梅斯所说的话来回答他们:

你好好听着,我绝不会用自己的痛苦

去换取奴隶的服役;

我宁肯被缚在崖石上,

也不愿作宙斯的忠顺奴仆。

普罗米修斯是哲学日历中最高尚的圣者和殉道者。"②

这篇序言甚至使那位当时也号称勇猛的人物,马克思的好友

---

① 《马克思恩格斯全集》第40卷,人民出版社1982年版,第204页。马克思此处引文来自塞涅卡《书信集》的转述。

② 《马克思恩格斯全集》第40卷,人民出版社1982年版,第189—190页。

鲍威尔也大为吃惊,说他"火气过旺"。但是,这被看作是"火气过旺"的地方,正是在自己的斗争和苦难中注定要成为另一个普罗米修斯的人的自白。它和几年前马克思在中学毕业论文中为自己选择的为人类造福的志愿是完全一致的,而且越来越斗志昂扬了。

以上我们简要地就马克思在童年和大学时期经历的几个主要方面,说明了马克思在投身于实际社会斗争之前所打下的思想和精神基础。这是一个自由心灵的诞生过程,是他获得西方自由文化源流和哲学深厚传承的过程,也是他循此道路立志要为人类的自由和解放而斗争的准备过程。

就像一艘即将远航的巨轮已经建造和安装好并加足了油那样,现在就等着起锚驶向广阔的海洋,向着它的伟大目的地进发了。

第二章 追求自由如何能导致共产主义

一、西方文化一直是在追求自由中发展的

照现在流行的见解,共产主义好像同强调自由是完全对立的。西方那些反对马克思学说的人有这种看法,而不少中国人和东方人以及一些马克思主义者也这样看;只是各自站在一边批判对方,但在认定"自由"和"共产"不能并容上倒是一致的。

但是真正说来,这二者从西方文化和历史上说,原是对立统一和贯通一致的东西。自由是人的本性的一个基本方面,西方人特别发展了这个方面,希腊人就骄傲地自称为"自由人",今天的西方也以"自由世界"而自诩,他们认为人之为人就在于唯有人有自由,所以追求和发展自由成为西方文化的一般特点。他们的一切优秀的成就和理念都不会离开这一基点,包括他们自古以来的社会主义共产主义理想直到马克思的共产主义在内都是如此。正如人伦是人的本性的另一个基本方面,中国人把它当作人之为人的本质,把"人伦"作为文化的基础,因而中国文化中的共产主义观念如"大同"、"大道之行也,天下为公"也总是同人伦相关联(即所谓天道自然的人伦)那样。我们的文化同西方侧重不同,有很大的区别,因此中国人在理解西方精神的时候,也同他们理解我们一样,是有一定困难的,需要在不断地深入的对话中才能彼此认识,得到相互

理解和互补促进。

　　但是,也正如中国的人伦文化包含着多种多样的形态,天道自然人伦只是其中的一种那样,西方的社会主义共产主义根植于自由文化,却也只是其中的一种形态。他们认为真理是对"自由"及其概念的不断批判的追求。可是他们的实际生活本身就充满着对立和矛盾,因而在长期的历史和文化中不断发展变化,在思想学说上也就有一个复杂和深刻的自我批判和不断转变过程。所以对于自由,无论从理论还是从实践上看,都必须作具体的历史的理解。西方的自由和中国人的人伦都不是像天真的青年从书本和某些哲学概念中所接受的那样,只是一种很单纯和抽象的东西。

　　马克思为什么能够从一个自由主义战士发展为共产主义者,是因为他经历了这样的批判和具体历史理解的过程。这个过程是切实而深刻的,他能告诉我们"自由"和"共产"之间的思想和历史实际的关联,以及二者各自深层的内涵。这对于我们认识马克思是极其关键的。

　　在我们同马克思思想的对话中,首先需要注意我们同他的西方文化背景有着相当深刻的差异,它常常会干扰我们对他的正确理解。除此而外,照我的体会,还有一个多年来几乎成为定见的思想阻碍,这就是对所谓"不成熟"的马克思的轻视甚至拒斥的态度。不分析问题的这一方面,我们对马克思也不可能得到真实的理解。

二、略说所谓"成熟"与"不成熟"的马克思

　　长期以来,人们学习和研究马克思都只在他的所谓"成熟"时期的著作上,对他的早期作品知道很少,对他的晚年也很少研究。

其原因是不少传统的马克思主义者总习惯于认为成熟时期的马克思著作才是正确的科学的,而那些"不成熟"的不可靠,有错误。这种区别当然是有的,但是如果搞得过分,认为可以对"不成熟"的马克思弃置不顾,就有问题了。因为它一定会产生许多毛病,事实上很多对他的不理解、误解乃至僵化的认识,就是与此相关的。我认为这对认识他的思想本质是很不利的,为了还我们一个真正生动的马克思,同他进行真实而深入的对话,需要认真地改变一下以往的做法和想法。这种看法在以前有一定的合理性,可以谅解。因为成熟时期的马克思著作比较严密准确,更具科学论证的形态。当我们需要把他的思想运用到实践时,成熟的著作总是更加稳妥可靠的理论依据,而不成熟的作品则达不到这种标准。何况,在革命和战争年代,人们也没有条件坐下来详细琢磨他的思想深处的发展和来龙去脉。——但是,对于真正认识马克思来说,这终究是一个缺陷。

这个缺陷本来是应当逐步得到改进的。可是,当西方"新马克思主义者"出来,特别强调马克思早期思想是多么正确深刻,并把它同后来的马克思对立起来,又把马克思同恩格斯、列宁等对立起来时,引起了人们的高度警惕和批判。

批判这类错误是对的。但是只有当我们也克服了自己的不足即以往的片面性时,批判才能真正有力有效。真正说来,这种挑战本应激发我们前进一步,更全面地去研究马克思。可是情况并非都是如此,有些人在这类刺激下并没有自省,却更加强调"不成熟"的不值得重视,以为这样就能维护住他们心目中的真正的"成熟"的马克思主义。这样他们的批判就缺乏说服力,也没有能推动研究的深入和前进。以一种片面批判另一种片面当然不会有多大效力,反而容易使人反感。我们在研究马克思青年时代和晚年的著作上迄今进展有限,不能不说同这种情况有很大关系。其实,如果我们能够深入到这些地方,对所谓"成熟"和"不成熟"作具体分析和统一的理解,本来是会有极其重大的收益和新的开拓的。

十多年前我在评论马克思的《1844年经济学 — 哲学手稿》时,就遇到了这个相当尖锐的问题。《手稿》本是他形成自己世界观时期的一部关键性著作。但是,西方某些"新马克思主义者"在"发现了一个真正的马克思"这样一种耸人听闻的评价下,把它变成了贬低成熟时期的马克思和攻击恩格斯、列宁的工具,而那时的苏联官方哲学家及其追随者(如东德科学院中央哲学研究所所长 M. 布尔之流),在以捍卫马克思主义的姿态批判这些错误时,却以《手稿》不成熟为理由,胡乱攻击它是"不成系统的"一堆"没有联系的思想",是单纯接受前人学说的"混合"大杂烩,一笔抹杀了它的价值。这样,我在研究《手稿》时就不得不面对这种混战中的两种都令我无法接受的见解。我不得不郑重指出:"既不能因为《手稿》的深刻意义而否认它的不成熟性,更不应因为它的不成熟而抹杀它的极其重大的价值。"因为它是马克思形成自己世界观的开端,"开端还不是丰硕的果实。但是开端却又有它的特殊的重要性,因为它为后来的全部发展提供了出发点和源泉,开辟了道路,从而为我们理解马克思思想的全部发展提供了钥匙和线索。在这个意义上它有不可取代的价值和深刻的含义。特别是因为马克思世界观的开端本身是他对以往全部历史和理论提出的种种问题进行总解决的起点,就更加重要。并且,马克思在开端时的深刻思考后来虽然有巨大发展,但在某些方面还有待于发挥,这些思想源泉至今对我们仍有很大的意义。如果我们按照布尔之流的观点来贬低《手稿》的价值,将它抛弃,我们也就丢掉了生动的富有创造力的马克思主义真正源头,而只能背诵某些结论。不要有思考能力的马克思主义,只要一些死记硬背的结论,这对于那些随心所欲地利用和解释马克思主义为其所用的人来说,当然是比较有利的。但是我们最好是不要去效法他们。"① 我的上述看法得到了许多朋友和大学生研究生的赞同和鼓励,说明它还是有些道理的。

事实上,"成熟"和"不成熟"虽然有区别,但这区别只是相对的。第一,成熟的正是从不成熟来的。第二,成熟的东西里也包含着不成熟的、不充分的甚至是错误的成分。第三,在进一步发展遇到新问题进行新研究中,又不可能一下子成熟,例如马克思对俄国和东方的研究就决不能说是成熟的,毋宁说直到晚年他在这方面的努力仍然是极不成熟的。所以,这中间没有绝对的界限。

另外,最生动的恰恰就在探索的过程之中,而这种过程在没有全部完成之前永远属于"不成熟"的范围之内。更不必说,世界上本就没有什么绝对成熟的东西,否则辩证法就失效了。

对于马克思这样的深刻而有着巨大综合力的思想家来说,他的思想学说的发展尤其是这样,因为他的思想总是在不断批判世界和批判自己中发展着。并不是说他的学说没有稳固的东西,只是对此也不可形而上学地加以绝对化教条化。如果把他的成熟时期著作看成绝对和孤立的东西,把它同不成熟时期的思想全然割裂,就会出现认识上的重大盲点,研究上的严重失误。

所以我认为今天有必要强调对他的"不成熟"方面给予足够的尊重和研讨,使我们同马克思的对话大大深入一步。这包括马克思的早期思想,也包括他晚年的文化人类学研究,还包括他成熟时期的某些成分。我们不是要解放思想反对教条主义吗? 但是为什么理论上成效不显著? 我想重要原因之一就是把这些不成熟的东

---

① 杨适:《马克思〈经济学 — 哲学手稿〉述评》,人民出版社1982年版,第9页。

西放到视野之外造成的。是的,我们也要反对各种机会主义,但是马克思的不成熟时期的思想作品并没有机会主义。如果有人要利用不成熟作品中的某些表述来加以引申歪曲,那么最好的对付办法,就应是我们比他们研究得更好。

维护不成熟的权利,是一切思想和学说得以生动自由发展的必要条件。马克思本人是维护这种权利的战士。我们不妨引用他在早年争取出版自由时所说的一段话供诚实的有心人作一参考,虽然那段话所针对的对象同我们的马克思主义朋友们非常不同,道理却是相通的。这段话是:

> "如果人类不成熟成为反对出版自由的神秘论据,那么,无论如何,书报检查制度就是反对人类成熟的一种最现实的工具。
>
> 一切发展中的事物都是不完善的,而发展只有在死亡时才结束。这样,把人弄死以求摆脱这种不完善状态应该是最合情理的了。至少辩论人在企图扼杀出版自由的时候是这样推断的。在他看来,真正的教育在于使人终身处于襁褓之中,因为人要学会走路,也得学会摔跤,而且只能经过摔跤他才能学会走路。但是,如果我们都成了襁褓儿,那么谁来包扎我们呢? 如果我们都躺在摇篮中,那么谁来摇我们呢? 如果我们都成了囚犯,那么谁来做看守呢?
>
> 无论是单独的人或是群众中的一分子,生来都是不完善的。…… 可见只要有任何一种活动范围由于这种不完善而不应当存在,那就是说,其中没有一种活动范围是有权存在的,就是说,人根本没有生存权利。……
>
> 不完善的东西需要教育。但是,难道教育就不是人类的事情,因而不也是不完善的事情吗? 难道教育本身就不需要教育吗?"①

---

① 马克思:《第六届莱茵省议会的辩论(第一篇论文)》,《马克思恩格斯全集》第1卷,人民出版社1956年版,第60—61页。

他在这里讲的是真正的辩证法。关于"教育本身需要受教育"的观点就是相当突出的一条,表明他对法国唯物论如爱尔维修的超越,并明确写在不久之后他那个"天才的"《关于费尔巴哈的提纲》中。在他看来,人和人的一切活动、思想的不完善、不成熟,才是普遍的绝对的状况,而成熟、完善倒只是非常相对的。为了人和人的一切得到自由的生存和发展,就必须承认不成熟有其存在的权利。相反,那些所谓成熟的东西倒是要承认自己的不足比较明智。就像《老子》所说:"人之生也柔弱,其死也坚强。万物草木之生也柔脆,其死也枯槁。故坚强者死之徒,柔弱者生之徒。"他把柔弱、不成熟看作生命的原则,而认为成熟就意味着枯槁和向死亡的接近。所以《老子》强调"柔弱胜刚强",和马克思一样主张人要学会尊重不成熟的东西。"物壮则老,是谓不道,不道早已",不要"自是"、"自伐",自逞"成熟"。

我想,这些观点值得我们有些朋友思考。他们总以为强调"成熟的"马克思最要紧,殊不知这样也就把马克思置于一个很不好的位置上,使他的学说很容易变为僵化的东西。这种思想方式实在有改变一下的必要。

三、在实际斗争中批判地具体地理解自由

马克思在大学毕业时,头脑中装备着从希腊起直到黑格尔所总结提炼的自由观念和哲学,但是那时他对实际生活中的自由和时代所面临的自由新追求,只有一种模糊的极不具体的了解。不错,他的目标 —— 为人类解放而斗争 —— 已经确定,这是崇高的,但是在这个目标和他那时所具备的知识之间的距离犹如天地

之隔。黑格尔哲学虽然包含着对人类自由解放的深刻认识,却有着根本的缺陷和错误,不能成为理解现实和为人类解放所需的真实的精神武器。而那时他还深深处于黑格尔的影响之下,以为那就是最好的武器。因此,他首先需要从黑格尔那里使自己解放出来,这已经是一种艰难的思想过程。而更加重要的是,只有对历史和当时的时代要求有真实的理解,才能弄清他所要确立的人类解放目标的真实含义。

所以他无论在理论上还是在实践上都必须走一条漫长的路。它不仅需要知识,更需要实践;不仅需要学习钻研,更需要批判和对自己的思想的自我批判。这种学习和批判不仅需要跨越某些界限,而且由于一定要弄清目标,就需要连续的大量的多方面多层次多阶段的批判和自我批判。马克思的伟大和天才,就在于他仅仅只用了三四年的时间就走完了这个对于其他人来说几乎一生都难以走完的路程。这可以说是一个奇迹。

对于这样一个生动而紧张的批判和自我批判的经历,我们只能作一点扼要说明。

(一)投身于实际的政治自由斗争

在德国当时的情况下,一般先进思想家为自由而进行的斗争的主要目标,是争取达到像法国人那样的政治解放,与之相关的是要批判为反动政治效劳的宗教势力。青年黑格尔派的主要人物鲍威尔以及费尔巴哈在宗教批判上做了重要的贡献,他们心中的主要关怀也还在政治。青年马克思也对宗教作过批判,而他更愿意直接投入政治的批判斗争。

大学毕业时他的最初想法是当一名教授,但这时德国各大学由于鲍威尔批判福音书而对他进行的攻击和排斥,使马克思没有可能插足波恩大学,也就放弃了这个念头。于是马克思便以一个自由撰稿人的身份开始了他的实际活动。

第一个动作是对普鲁士刚颁布的书报检查令开展的批判,争取出版自由。这是当时争取政治自由的重要一环。

1841年12月新国王弗里德利希·威廉四世颁布了书报检查令。它比1819年实际上完全取消出版自由的法令多了一层自由主义的色彩。它声称,"陛下坚决反对加于写作活动的各种无理的限制,……承认公正而善意的政论是重要的而且必需的","书报检查不得阻挠人们严肃和谦逊地探讨真理",所要禁止的只是"在出版物中传播错误的和破坏性的理论",等等。这个检查令在当时引起了自由主义知识分子的一片欢呼,他们相信这会导致批评自由、为精神的自由和进步开辟了道路。

马克思一开始就识破了它的伪自由的实质,撰写出《评普鲁士最近的书报检查令》一文(1842年1月,即检查令刚颁布一个月的时候),对它进行了揭露批判。他生动而尖锐地指出,要求探讨真理时"严肃和谦逊","这些规定一开始就使探讨脱离了真理"。"真理像光一样,它很难谦逊;而且要它对谁谦逊呢? 对它本身吗? 真理是它自己和虚伪的试金石。那么,对虚伪谦逊吗?"真理"就是要用事物本身的语言来说话,来表达这种事物的本质的特征"。"难道探讨的方式不应当随着对象改变吗? 当对象欢笑的时候,探讨难道应该严肃吗? 当对象悲痛的时候,探讨难道应当谦逊吗?因此,你们就像损害主体的权利那样,也损害了客体的权利。"因此所谓"谦逊"的要求,不过是"上司加于探讨的一种对结论的恐惧,是一种对付真理的预防剂"。[①]

他的这些鲜明犀利的批判，比起那些自由主义的庸人，包括大多数青年黑格尔分子在内，整整高出一头。后来的事实发展很快就证实了他的批判是完全正确的：在书报检查令颁布后的德国实际上仍然完全没有什么出版自由。不过在这时他的批判所能够作为依据的武器，还只是抽象的自由观和真理观。

这只是一个开端，1842年3月他开始为《莱茵报》撰稿，后来成为该报主编，从此他才直接投入实际的政治斗争。这份报纸是莱茵工商业主为了自己的利益创办的，原来只关心经济方面的问题，在政治方面则非常胆小地顺从普鲁士政府的要求。由于青年黑格尔派人和马克思参与了该报编辑部的工作，它转向了政治。马克思担任该报主编后，必须在政府的书报检查和青年黑格尔派许多人胡闹的内外压力下，使它成为一份有战斗力而又尽可能为当时情况所许可的有重大影响的报纸，为此他经历了艰苦的斗争，赢得了很大成功，也获得了实际斗争的经验。更重要的则是：通过对实际政治问题的批判研究，他自己在思想上发生了重要转变。这在他的分析莱茵省议会的辩论论文中明显地表现出来。

第一篇论文还是关于出版自由的。他在分析莱茵省议会关于出版自由的辩论中，对于不同等级的态度有了比较具体的认识。莱茵省虽然由于历史原因（它被法国占领过，受过较多的法国革命影响）比德国其他省份先进，但是就是在这里，它的议会也仍然是一个地主的议会。因为拥有地产是当选议员的一个必要条件。莱茵省议会的议员半数是贵族地主，1/3是拥有地产的城市居民，1/6是农民。由于决议必须有全体议员2/3的多数才能通过，而贵族议

---

① 《马克思恩格斯全集》第1卷，人民出版社1956年版，第6—9页。

员控制着至少1/3以上的票数,所以若违反贵族意志就什么也做不成。马克思意识到:"在关于出版的辩论中,特殊等级精神表现得无比明确而完备。出版自由的反对派更是如此。通常,一般自由的反对派也是这样,某个集团的精神、一定等级的个体利益、先天的片面性都表现得极其强烈、凶狠,露出一副狰狞的面孔。"①

贵族代表的立场是根本不容许任何出版自由。他们颂扬书报检查制度是"真实而高尚的精神发展"和优秀出版物的基础,并且攻击英国、法国、瑞士、荷兰的出版自由的状况以及维护这种自由的各种理由。马克思愤怒指出,这些领主王公的信念就是:"农奴身份是某些人的本性;拷问这种外科手术最能证明真理"。② 它使整个德意志在没有精神食粮的情况下过了20年以上,"当时著作界唯一还有生命跳动的领域 —— 哲学思想的领域,已不再说德国话 …… 所用的语言是一种无法理解的神秘的语言,因为被禁止理解的事物已不能用明白的言语来表达了。"③ 从康德到黑格尔,自由的精神只能在穿上无法让人明白的语言的外衣时才能够生存和跳动。这就是否定出版自由、思想自由的书报检查制度为德国人的"真实而高尚的精神发展"所做的事情!贵族们还以人民没有成熟到可以给予自由的程度来为书报检查辩护,马克思对这一观点的批驳,我在前面已经引述过了一些。他的基本观点是,唯有通过出版自由,人民才能培养和发展他们的理性和自由,而书报检查制度只能使人民和政府道德败坏,使民族遭受奴役,陷入迷信或有时什么都不信,成为只顾自己私人生活而对国家和社会毫不关心的人。

市民等级的意见,许多属于庸人见解,例如有些代表认为,"出

① 《马克思恩格斯全集》第1卷,人民出版社1956年版,第42页。
② 《马克思恩格斯全集》第1卷,人民出版社1956年版,第42页。
③ 《马克思恩格斯全集》第1卷,人民出版社1956年版,第45页。

版自由只要没有坏人参与就是美妙的东西",但是没有防止的办法,所以只好服从书报检查了。但是也有代表维护出版自由,在当时也算难能可贵了,不过这种主张的理由只是,出版业也是一种行业,所以应当有它的行业的自由:"可以设想,与行会存在的同时也存在着出版自由,因为用脑工作,这种行业要求更高的技艺;它要求和七种古老的自由艺术有同样的地位。但是,与行业自由存在的同时却继续存在着出版不自由,这种情况是一种违背神圣精神的罪行。"

马克思决不赞成把出版自由和企业经营的自由相提并论。他指出:后者不过是获利的手段,而"作家绝不可以把自己的作品看作手段。作品就是目的本身;……所以在必要时作家可以为了作品的生存而牺牲自己个人的生存"。"作家当然必须挣钱才能生活,写作,但是他决不应该为了挣钱而生活,写作。"所以把出版当作一种行业,这样的出版物绝不是自由的。"出版的最主要的自由就在于不要成为一种行业。"①

但是非常值得注意的是,马克思从这里看到了对他很有启发的、和那些关于"自由"的抽象议论非常不同的内容:

> "无论辩论人的观点乍一看来是多么独特,我们仍然应当无条件地承认,这种观点比德国自由主义派那种内容空洞、含糊其词、模棱两可的议论来得高明。这些自由主义者以为,把自由从现实的坚实土地上移到幻想的太空就是尊重自由。……对我们德国人说来,自由之所以直到现在仍然只是一种幻想和伤感的愿望,一部分责任是要由他们来负责的。"②

---

① 《马克思恩格斯全集》第1卷,人民出版社1956年版,第83—87页。
② 《马克思恩格斯全集》第1卷,人民出版社1956年版,第83—84页。

这显示出马克思比以前对实际有了更多的认识,自由不再只是抽象的空洞的真理,而是和不同的人的实际利益相关的。他已经讨厌空话,所以即使这种只讲行业自由的不正确的议论,他也认为远远优于空谈的自由。

只有几个农民等级的议员勇敢地站出来为自由辩护。认为"在人民以及个人的生活中面临着这样一个时机:过分长期监督的桎梏使人难以容忍,人们渴求独立,每一个人都希望自己对自己的行动负责。""从此,检查制度过时了;在它还继续存在的地方,它被看做是一种妨碍人们论述公开谈论的事物的令人痛恨的羁绊。"

马克思引用了农民代表的那些非常精彩的论点,立场鲜明地称颂了它们。他看到这种观点在省议会中的孤立,从中对莱茵省议会作出了自己的评价:"第六届莱茵省议会宣判出版自由有罪也就是宣判它自己有罪。"①

(二)开始接触到"自由"同"利益"的关系

另一篇发在《莱茵报》上的连载文章,是评论关于"林木盗窃法"的辩论。和讨论出版自由不同,这是马克思第一次遇到要对所谓物质利益发表意见的难事,是促使他去研究经济问题的最初的动因。②马克思的人类自由解放的观念原先只是从哲学的抽象中和历史学、法学观念中得来的,用在政治和宗教方面的批判似乎还可以,一旦进入实际的物质利益问题,就显得很不中用而感到"为

---

① 《马克思恩格斯全集》第1卷,人民出版社1956年版,第93—95页。
② 马克思:《政治经济学批判导言》,《马克思恩格斯选集》第2卷,人民出版社1972年版,第81页。

难"了。

这里的问题是上升时期的资本主义和公社土地所有制最后残余之间的斗争。在这场斗争中,土地所有者以法律的形式,无情地否定了人民群众历来享有的从历史上流传下来的习惯权利,即在原先公共土地上放牧、捡树枝和狩猎等的权利,把这些都当作盗窃和犯法加以严惩。马克思这时还不能从经济发展的规律上来认识和处理这个问题,所以他在这篇文章中只能从法律和道德的角度来评论。

在贵族和土地占有者看来,农民和穷人捡枯树枝这类事件必须被认定是"盗窃"的行为,即侵犯了土地所有者权利的违法行为。而从人民群众看来,这决不是什么盗窃,乃是他们自古以来的自然的权利,用法律用语来说即所谓习惯的权利。双方为自己的利益而斗争。莱茵省议会在这个问题上的辩论当然不会对穷人有利。贵族代表认为,"正因为偷取林木不算盗窃,所以这种行为才经常发生",因此回避"盗窃"这个词是"危险"的。而在这个问题上,市民代表也是支持贵族的意见的,只不过有的主张"偷枯树捡枯枝只应该受普通的违警处分",而另一位市民代表则认为"常常有人先把幼树砍伤,等它枯死后,就把它当作枯树",所以不能宽容。显然,在这个资本主义私有制不断明确划分产权,并要求用法律的严格形式加以确定和维护的时代,那种诉诸古代遗留下来的、完全是自然形成的、极不明确的占有权利的主张只能在斗争中归于失败。马克思在省议会的辩论记录中甚至找不到有为穷人的这种习惯权利辩护的明确言论。

但是,他的彻底的人道主义使他明确地站在人民群众这一边。他写道:

　　　　"这种为了幼树的权利而牺牲人的权利的做法真是最巧妙最
　　　　干脆不过了。如果法案的这一条被通过，那么就必然会把许多不
　　　　是存心犯罪的人从活生生的道德之树上砍下来，而把他们当做枯
　　　　树抛入犯罪、耻辱和贫困的地狱。"①

　　这时他还只能从法哲学的角度来讨论问题，认为"事物的
法的本质不应该去迁就法律，法律倒应该去适应事物的法的本
质。"②"我们为穷人要求习惯权利"。③"日耳曼人的法典可以算是
这些习惯权利的最丰富的泉源"。④马克思在这里开始看出一些最
深刻的问题，并且开始对近代西方的"自由"产生批判的见解：

　　　　"各种最自由的立法在处理私权方面，只限于把已有的权利固
　　　　定起来并把它们提升为某种具有普遍意义的东西。……这些立法
　　　　对于那些既有权利而又受习惯保护的人是处理得当的，但是对于
　　　　那些没有权利而只受习惯保护的人却处理不当。"⑤
　　　　"在自然力的这一作用中，贫民感到一种仁慈的、比人类力量
　　　　还要人道的力量。……贫民在自己的活动中发现了自己的权利。"
　　　　"在贫民阶级的这些习惯中存在着本能的权利感，这些习惯的
　　　　根源是肯定的和合法的，而习惯权利的形式在这里更是自然的。"⑥

　　一位城市代表反对把采集林中的野果和草莓当作盗窃。这主
要是为贫民的孩子辩护，他们采集野果帮父母挣几个零钱，这是从

① 《马克思恩格斯全集》第1卷，人民出版社1956年版，第137页。
② 《马克思恩格斯全集》第1卷，人民出版社1956年版，第141页。
③ 《马克思恩格斯全集》第1卷，人民出版社1956年版，第142页。
④ 《马克思恩格斯全集》第1卷，人民出版社1956年版，第144页。指5—9世纪所谓
　　《野蛮人的法典》（Leges barbarorum），是各种日耳曼部落的习惯权利的记录。
⑤ 《马克思恩格斯全集》第1卷，人民出版社1956年版，第144页。
⑥ 《马克思恩格斯全集》第1卷，人民出版社1956年版，第147页。

古以来被许可的孩童的习惯权利。然而另一个代表反驳说,这些野果已经成为商品,成桶地运往荷兰去卖了。马克思评论说:这就是把穷人的习惯权利变成了富人的独占权。"事物的本质要求独占,因为私有制的利益想出了这种独占。"①利益才是决定人们思想和法的观念与法律的力量。穷人的利益,在富人眼中是"危险"和有"危害"的。所以他评论说:在林木占有者看来,

> "整个世界对它说来是眼中钉,这个世界之所以充满危险,是因为世界并不是某一独特利益的天下,而是许许多多利益的天下。"②

自由是同利益相关的。"林木占有者的意志要求给予它自由,使它能以最方便、最经济而又最合意的办法对付森林条例违反者",谁要限制这种自由怎么行呢!③

但是马克思恰恰要对此挑战。他要维护穷人的利益。虽然在这时他还只能诉诸习惯权利的法的观念,却已经是从人对他们的自然赋予的天然权利着眼。人类原来是拥有他们所居住于其中的自然界的,所以人类的最终权利,包括穷人在内的一切人原来具有占有自然界事物的权利和利益,这才是真正的人道主义,真正的人的自由。后来他批判私有制和主张共产主义的观念,在这里已经以萌芽状态潜存了。他对"自由"理解得比较具体了,开始懂得需要批判它才能理解什么是能使"许许多多利益"而不是"某一独特利益"得到实现的人类自由。

---

① 《马克思恩格斯全集》第1卷,人民出版社1956年版,第147—148页。
② 《马克思恩格斯全集》第1卷,人民出版社1956年版,第164—165页。
③ 《马克思恩格斯全集》第1卷,人民出版社1956年版,第159页。

几十年后,恩格斯在一封给友人的信中说:"我曾不止一次地听到马克思说,正是他对林木盗窃法和摩塞尔河地区农民处境的研究,推动他由纯政治转向研究经济关系,并从而走向社会主义。"① 我们知道,他在《莱茵报》时期的一篇文章中虽然对当时盛行的共产主义思潮已经注意,但是强调的是"《莱茵报》甚至在理论上都不承认现有形式的共产主义思想的现实性,因此,就更不会期望在实际上去实现它",需要的态度是"在不断的、深入的研究之后才能加以批判"的"慎重"的态度。② 所以恩格斯所说的马克思"走向社会主义"还是后来的事。但是确实从思想上说,对"林木盗窃法"等的研究,已经使他对人的自由和解放问题的看法有了重大的改变,从而为他后来转向共产主义提供了最初的重大动力。

我觉得马克思在这个问题上的思想发展,对历史上的直到今天的自由主义者都有一种批判的意义,对于我们一些喜爱"自由"的抽象观念的青年也具有启发的意义。事实上,谈论自由的人有谁不考虑利益问题呢? 自由因利益不同而有不同的含义。有一种自由只为少数人侵害大多数人的利益服务;另一些自由则只顾个人的利益,它有时也会侵害别人;而真正符合多数人及其个人的利益的自由是非常难得的。所以自由是很具体的,各种利益都需要为自己辩护,把符合自己私利的自由及其观念说成是真正的人的需要,或人类的普遍需要和真理。因此,如果我们不想受骗,就不能满足于抽象的自由空谈,而应当研究各种利益和自由观念的真实内容,并且特别应当关心和尊重历来被人忽视、践踏的那些人的

---

① 1895年4月5日恩格斯给查理·费舍的信,《马克思恩格斯全集》第39卷,人民出版社1974年版,第446页。

② 马克思:《共产主义和奥格斯堡〈总汇报〉》,《马克思恩格斯全集》第1卷,人民出版社1956年版,第133页。

利益和他们所需要的自由,即穷苦人、劳动者、妇女和受压迫民族的人民的利益,以及他们的自由生存和发展的权利与意志。要为人类解放的利益即真正的自由而斗争,就必须同侵害大多数人的利益和自由的势力作斗争。关于人的自由的真理,只能在揭露、否定那些虚伪的自由口号和说教中才能确立它自身的真实含义。

四、找出弄清自由和人类解放问题的研究道路

马克思投身实际政治斗争只不过不到两年的时间(包括他作为自由撰稿人和当《莱茵报》主编在内,即从1841年夏到1843年春),但是他已经发现为了朝着人类解放目标前进,原先认为只要抓住政治自由的斗争就能够解决问题的想法是不实际的,绝对不够的。在政治的背后是人们的物质利益问题。因此,对于什么是人的根本,什么是人的自由和解放的根本及其出路,需要重新加以研究。

这种研究是从他退出《莱茵报》之后开始的。到1844年初就搞清了问题的基本环节,大约只用了一年。这是极其紧张的批判和自我批判的一年。马克思在《莱茵报》工作中的谨慎灵活只是为了更好地斗争,而这种斗争终于使普鲁士政府不能再容忍下去。当时柏林警察机构的一个文件认为"马克思的极端民主观点是根本不符合普鲁士国家的基本原则的",[①]结果就导致了在1843年初决定查封《莱茵报》。这个决定遭到了几千人的签名反对,股东们也派代表到柏林请愿,但是没有用。于是股东们就指望用降低调

---

① 转引自梅林:《马克思传》,人民出版社1972年版,第68页。

门的方法来维护报纸的生存。在这种情况下,马克思决定辞去主编职务。他认为这是书报检查令和德国当时政治状态的必然结果,早就在预料之中。而且这也使他看到,他在德国已经不能再有所作为了。在去荷兰亲戚家的旅行之后,他回到故乡,结婚后在克罗茨纳赫住到是年的10月,就去巴黎了。

在克罗茨纳赫,他做的一件重要工作就是写下了一个长篇的《黑格尔法哲学批判》的手稿。这是他在《莱茵报》时期获得重要启示之后,对于以前一直支配着他的思想的黑格尔开展的一次清算。因此他对黑格尔法哲学的批判也就是他的自我批判。

选择黑格尔法哲学作为他的批判靶子,还有许多深刻的含义。因为德国当时在政治上比英国、美国、特别是大革命发源地和心脏的法国落后整整一个时代,在经济发展上落后于英国更远,还要走很长的路才有可能跟上它们。在这些先进的国家,人们对于什么是自由,什么是人类的解放,有着许多比德国当时要先进得多、切实得多的实际经验和理论。这是马克思感到特别需要学习研究的。不过,马克思并不认为德国只是落后而已,它也有着自己的特殊优长。德国人在社会政治经济落后的条件下,在反动的普鲁士高压下,仍然保持着从宗教改革以来的精神传统,它在哲学的活动中以一种思辨的隐晦的语言呼喊着革命和进步,力图以此跟上法国大革命的前进步伐,并且在思考的深度上比法国人要远为优胜。这一点马克思早已看得明白,1842年他在一篇文章中就指出"康德的哲学是法国革命的德国理论"[1]。而在一年后所写的《黑格尔法哲学批判导言》中说,"我们德意志人是在思想中、哲学中经历自己的

---

[1] 马克思:《法的历史学派的哲学宣言》,《马克思恩格斯全集》第1卷,人民出版社1956年版,第100页。

未来历史的。我们是本世纪的哲学同时代人，而不是本世纪的历史同时代人"，"德国的法哲学和国家哲学是唯一站在正统的当代现实上的德国历史"，"即使从历史的观点来看，理论的解放对德国也有特别实际的意义。德国的革命的过去就是理论性的，这就是宗教改革。正像当时的革命是从僧侣的头脑开始一样，现在的革命则从哲学家的头脑开始。"①

黑格尔本人也特别清楚地谈到过这一点，对于我们理解上述马克思的话很有帮助。所以我愿把它引出来供读者参照：

> "康德哲学所包含的真理在于把思维理解为本身具体的，自己规定自己的东西；因而它承认了自由。卢梭已经把自由提出来当作绝对的东西了。康德提出了同样的原则，不过主要是从理论方面提出来的；法国则从意志方面来掌握这个原则。…… 法国人具有现实感、实践的意志、把事情办成的决心，—— 在他们那里观念立刻就能转变成行动。因此人们都很实际地注重现实世界的事务。尽管自由本身是具体的，但自由在被他们应用到现实世界时却仍是未经发展的，带着抽象性的。要想把抽象的观念生硬地应用于现实，那就是破坏了现实。人民群众把自由抓到手里，所表现出来的狂诞情形实在可怕。在德国，同一个自由原则占据了意识的兴趣；但只是在理论方面得到了发挥。我们在头脑里和头脑上面发生了各式各样的骚动；但是德国人的头脑，却仍然可以很安静地戴着睡帽，坐在那里，让思维自由地在内部进行活动。…… 一切事物都应该为之而存在的就是人，自我意识，但却是作为一般的人。对于这种行为的意识，在抽象的方式下，就是康德哲学。"②

在同法国的比较中，黑格尔生动刻画出德国人只是从思维、从

① 《马克思恩格斯全集》第1卷，人民出版社1956年版，第458、461页。
② 黑格尔：《哲学史讲演录》第四卷，商务印书馆1978年版，第256页。

哲学的方面进行它的"革命"的特点。它只是在理论上研究什么是"人"、什么是"自由":一方面,羡慕法国人实践了自由,自己却不敢行动而只能想想;另一方面,又认为法国人虽然对自由进行了具体实践,却在理解上还非常笼统"抽象",因而力图在自己的哲学思维中把自由引向"具体"。这是真实的情形。德国古典哲学的历史就是这样的一部在抽象思维中把握关于自由的具体概念的历史。这是它的致命弱点,也是它优于法国人和其他民族的突出优点。

马克思是沿着这条道路走向人类解放目标的。在他经历了《莱茵报》的斗争之后,对直到黑格尔为止的德国哲学的优点和错误都有了更深切的体会。因此,他必须对黑格尔哲学,首先是他的法哲学进行批判。但是,这对于他来说,并不是什么单纯的理论上的工作,而只是为了弄清人类解放的目标和真实道路。

为了能够使德国人也能真正站到历史的前列来考虑这个目标该如何确定,他在批判黑格尔法哲学的同时,大量阅读和研究了法国大革命的历史材料,英国和法国的各种最新发展和学说。当时巴黎正是学习这些新知识的最好地方,所以他在去巴黎之前兴奋地写道:"那末,到巴黎去吧,到这个古老的哲学大学和新世界的首府去吧!"[①] 实际上他对黑格尔的批判和学习研究各种新知识正是在巴黎时期(1843年末到1847年间)实现的。

另外,这时费尔巴哈发表的《哲学改造的临时纲要》(1842)和《未来哲学原理》(1843)也给马克思以重要影响。这两篇文章从批判宗教的角度,提出了"将神学转变为人本学"的任务,并向黑格尔的唯心主义(实际上黑格尔的理念也就是神)发起了猛烈的批判。他的唯物主义是一种人本主义的新唯物主义,中心也是人的解放。

---

① 《马克思恩格斯全集》第1卷,人民出版社1956年版,第415页。

他甚至已提出了如下论点:"一切关于法律、关于意志、关于自由、关于没有人的、在人以外甚至在人之上的人格的思辨,都是一种没有统一性、没有必然性、没有实体、没有根据、没有实在性的思辨。人是自由的存在,人格的存在,法律的存在。"这些话虽然还比较空泛,但是在黑格尔哲学统治多年之后,有人出来第一次在哲学上宣告要以感性的自然的人作为考虑一切问题的基础和中心,否定了神、绝对精神及其国家观念的至高无上地位,确实是一个伟大的进步。马克思对此非常欢迎和关注是很自然的。

他在实际斗争切身经验所提示的批判道路上,钻研法国革命史和费尔巴哈的哲学,为他的黑格尔批判提供了重大的动力和依据。

短短一年中,他写了《黑格尔法哲学批判》的长篇手稿,之后到巴黎又写了并发表了两篇论文:《黑格尔法哲学批判导言》和《论犹太人问题》。这些都是他批判黑格尔法哲学的重要成果。

这一批判对他的思想转变发展具有十分关键的意义。后来他总结回顾自己的历程时写道:

> "为了解决使我苦恼的疑问,我写的第一部著作是对黑格尔法哲学的批判性分析,这部著作的导言曾发表在1844年巴黎出版的《德法年鉴》上。我的研究得出这样一个结果:法的关系正像国家的形式一样,既不能从它们本身来理解,也不能从所谓人类精神的一般发展来理解,相反,他们根源于物质的生活关系,这种物质生活关系的总和,黑格尔按照十八世纪英国人和法国人的先例,称之为'市民社会',而对市民社会的解剖应该到政治经济学中去

寻求。"①

这就说明他借着批判黑格尔法哲学的方式,找到了弄清问题的研究道路。现在我就来简要地谈谈这种进展的几个要点。

第一,他批判了黑格尔对国家和市民社会的关系上的根本颠倒。

这是最核心的一点。黑格尔在他的法哲学中,把国家和国家理念看成是宇宙精神在人间的体现,认为人的自由、自由精神和社会的发展,归根到底无非就是国家理念的发展和实现。所以市民社会的经济活动等,在他看来不过是国家和国家所代表的理念内部的一些成分和结构,是派生的随国家而存在和发展的第二位的东西。而现在的马克思已经认识到实际利益和市民社会在国家中的作用 —— 这在英国、法国要比在德国明确得多,马克思清楚地看到黑格尔的观点颠倒了事实。他批判道:

> "理念成了独立的主体,而家庭和市民社会对国家的现实关系变成了理念所具有的想象的内部活动。实际上,家庭和市民社会是国家的前提,它们才是真正的活动者,而思辨的思维却把这一切头足倒置。"

> "家庭和市民社会本身把自己变成国家。它们才是原动力。可是在黑格尔看来却刚好相反,它们是由现实的理念产生的。"②

第二,由此而来的一个结论就是:在考察人的自由和人类解放

---

① 马克思:《政治经济学批判序言》,《马克思恩格斯选集》第2卷,人民出版社1972年版,第82页。

② 马克思:《黑格尔法哲学批判》,《马克思恩格斯全集》第1卷,人民出版社1956年版,第250—251页。

问题时，就必须首先从人的实际生活、物质利益出发，从研究市民社会出发。换言之，批判地研究市民社会和经济学，是搞清楚一切有关人和社会问题的基础。

马克思从1843年末就开始的经济学的研究，次年春夏间就着手的批判（《经济学哲学手稿》），后来更以毕生主要精力从事的政治经济学批判工作（最后以《资本论》为其主要成果），都是以从批判黑格尔法哲学中所得到的这个结论来作为指导的。

第三，另一个结论就是：应该从这里开始，对国家、法、宗教以及全部思想和理论问题作一番新的批判研究。

在马克思看来，要弄清这些问题同批判市民社会不再是可以分开的事情了。但是正如单纯批判法、国家、宗教和哲学是错误的一样，也不应当孤立地去批判政治经济学。为了人的解放，为了弄清人的解放所必须面对的现实条件和途径，这两方面都需要同时给予注意。

批判黑格尔法哲学自然直接涉及对国家、法和哲学的批判。在《论犹太人问题》中，马克思同鲍威尔进行争论，还必须首先涉及宗教问题。因为鲍威尔认为犹太人的解放问题就是要他们放弃犹太教，并认为只有消灭宗教，一切人才能成为公民而得到解放。鲍威尔的这个提法本身，说明他把人的解放问题只看成是人的宗教解放和政治解放的问题。

黑格尔把国家神圣化，变成至上的理念东西，实际上不过是把一般德国人的国家崇拜，以及把自由寄希望于统一的普鲁士王国及其改善的愿望，变成了哲学上的原则。就连鲍威尔这样的青年黑格尔派也仍然跳不出这个窠臼。更普遍地说，就是在英法这些先进的国家里，人们也常常把政治自由当作他们最根本的追求。马克思认为，不破除这类迷信，就不可能搞清人类自由解放的根本目标,而这种迷信的根源就在于市民社会本身。

> "鲍威尔 …… 没有探讨政治解放和人类解放的关系, …… 只能说明他毫无批判地把政治解放和全人类解放混淆了起来。"①

> "在我们看来,宗教不是世俗狭隘性的原因,而只是它的表现。因此,我们用自由公民的世俗桎梏来说明他们的宗教桎梏。我们并不认为:公民要消灭他们的世俗桎梏,必须首先消灭他们的宗教狭隘性。我们认为:他们只有消灭了世俗桎梏,才能克服宗教狭隘性。我们不把世俗问题化为神学问题。我们要把神学问题化为世俗问题。相当长时期以来,人们一直用迷信来说明历史,而我们现在是用历史来说明迷信。在我们看来,政治解放和宗教的关系问题已经成了政治解放和人类解放的关系问题。"②

政治国家好像同人的物质生活正好相反,成为人的"类生活",一个抽象的普遍的关于人的精神的东西。"物质生活这种自私生活的一切前提正是作为市民社会的特性继续存在于国家范围以外,存在于市民社会。在政治国家最发达的地方,人不仅在思想中,在意识中,而且在现实中,在生活中,都过着双重的生活——天国的生活和尘世的生活。前一种是政治共同体的生活,在这个共同体中,人把自己看作社会存在物;后一种是市民社会中的生活,在这个社会中,人作为私人进行活动,把别人当作工具,自己也降为工具,成为外力随意摆布的玩物。"正是这种情况,使人以为国

---

① 马克思:《论犹太人问题》,《马克思恩格斯全集》第1卷,人民出版社1956年版,第424页。
② 马克思:《论犹太人问题》,《马克思恩格斯全集》第1卷,人民出版社1956年版,第425页。

家才是神圣的,是目的。但是,"正像宗教对待世俗一样,国家不得
不重新承认市民社会,……服从它的统治。"① 马克思根据法国革
命所宣布的宪法即《人权和公民权宣言》指出,这种政治解放所承
认的人权"无非是市民社会的权利,即脱离了人的本质和共同体的
利己主义的人的权利","自由这一人权的实际应用就是私有财产
这一人权。"②

因此,政治解放虽然是一大进步,"在迄今为止的世界制度的
范围内,它是人类解放的最后形式",却"不是一般人类解放的最后
形式"。③

马克思的这些话表明,他高度重视和承认资产阶级政治革命
在以往历史上的意义。但同时指出,这种政治革命的意义就在于
使国家、政治揭开了它自己的神圣面纱,说明它原来是以市民社会
为基础并为之服务的手段。它本身并不是能使人类解放的形式。

马克思根据资本主义革命的历史回答了这个"谜":"为什么
致力于政治解放的人本末倒置,把目的当作手段,把手段当作目
的?"谜底在于,资本主义的"政治革命是市民社会的革命",它
使封建主义旧社会解体。在旧社会中,国家同市民社会生活的各
种要素直接统一在一起。政治革命打倒了专制势力,使市民生活
从政治国家中得到解放,确立了由市民社会来支配的新的政治国
家。于是,国家和市民社会就明白地分离开来。这种明白的分离,

---

① 马克思:《论犹太人问题》,《马克思恩格斯全集》第1卷,人民出版社1956年版,第
428页。

② 马克思:《论犹太人问题》,《马克思恩格斯全集》第1卷,人民出版社1956年版,第
437—438页。

③ 马克思:《论犹太人问题》,《马克思恩格斯全集》第1卷,人民出版社1956年版,第
440—441页。

表明国家和政治"只是一种手段,而这种手段的目的是市民社会的生活"。①

所以,对国家和政治解放的迷信,以为这就是人类解放的形式,主要是封建时代的实际状况所造成的思想意识。一旦资本主义革命得到成功,国家就显示出它那种维护人性人权的普遍性质,其实只是维护市民社会的私有财产和个人利益。神圣的光环就消失了。不是国家决定人,而是实际的人及其利益决定国家。政治和国家对人的生活当然有重大作用,但是根本的还在人的实际的经济生活和人本身。问题在于,市民社会的生活是否就是人的真正自由、人类的解放? 从此马克思开始了对于市民社会 —— 后来更明确地称之为资本主义社会 —— 的解剖。这花费了他毕生的主要精力。要不要对市民社会进行批判,是他同资产阶级思想家的原则分别所在,问题的根本所在。在这个问题没有搞清楚之前,就谈不上为"人的自由"、"人类解放"的斗争。

因此,他在《黑格尔法哲学批判导言》中提出了超越现有政治革命的"彻底革命"问题。他从法国大革命充满戏剧性的运动中各阶级都轮流担任解放者角色的历史中,认识到每个阶级若想扮演这个角色,就必须哪怕只是在短期内被整个社会看作是他们的普遍代表。但是,实际上只有一个因为自己的苦难达到"人的完全丧失"的阶级,才会为"人的完全恢复"而斗争,才有资格充当人类真正解放的利益的代表者。因为只要人类不能得到彻底的解放,这个阶级就不可能解放自己。这个阶级乃是市民社会中的非市民阶级,即无产阶级。所以他在这篇文章中得出了无产阶级才是人

---

① 马克思:《论犹太人问题》,《马克思恩格斯全集》第1卷,人民出版社1956年版,第440页。

类解放的物质力量的结论。并且得出了哲学本身改造的最重要的结论：

> "哲学把无产阶级当做自己的物质武器,同样地,无产阶级也把哲学当做自己的精神武器。"

可见,他的阶级斗争学说乃是同人的解放相关的,为之服务的学说。并不是为了某个阶级的私利而主张的,更不是为了斗争而斗争。这个思想集中表现在如下宣告上：

> "批判的武器当然不能代替武器的批判,物质力量只能用物质力量来摧毁;但是理论一经掌握群众,也会变成物质力量。理论只要说服人,就能掌握群众;而理论只要彻底,就能说服人。所谓彻底,就是抓住事物的根本。但人的根本就是人本身。"①
>
> "德国唯一实际可能的解放是从宣布人本身是人的最高本质这个理论出发的解放。"②

五、小结："人类解放"目标基本轮廓的确立

从1841年大学毕业后投身实际政治斗争,经过上述理论批判到1844年在《德法年鉴》上发表两篇重要论文止,马克思在思想上

---

① 马克思:《论犹太人问题》,《马克思恩格斯全集》第1卷,人民出版社1956年版,第460页。

② 马克思:《论犹太人问题》,《马克思恩格斯全集》第1卷,人民出版社1956年版,第467页。

经历了一个最为重要的发展转变过程。如果说他在中学毕业时就已经立下为人类的幸福献身的志愿,那虽然善良却是极为朦胧的;如果说他在大学毕业时的博士论文中宣告自己要从事的事业是为人类解放而当普罗米修斯,那虽然已经有了相当深入的哲学知识作基础,但究竟什么是"人的自由"和"人类解放",对他来说还是模糊不清的。只是到了这个阶段,他才明白了问题的复杂性深刻性:资产阶级的政治革命虽然是重大历史进步,却只是市民社会的解放,还远非人的解放。因为市民社会,用霍布斯的话来说,乃是一场"人对人是狼"的战争,所以市民社会从封建国家中得到的解放,只不过是这场一切人对一切人的战争的公开化和合法化。陷于这场利益斗争中的人,因利益的不同和对立划分为阶级,真正得到利益的只是资产阶级。但是还有无产阶级和广大的劳动人民,还有在殖民主义统治压榨下的无数被压迫民族,既然这些占着世界人口的大多数的人还远未解放,所以市民社会的解放绝不是人类的解放。

但是市民社会确实带来了某种"自由",因此需要分析。

"自由"这个词,在西方语言里和"解放"是一样的,例如,源于拉丁语 liberalis 的英语词 liberal,及其衍生词 liberate、liberation、liberty 等,我们既可以译为"自由"也可以译为"解放"。而另一个现代英语词 free 及其衍生词 freedom,同 liberal 在含义上是相通相同的,只是语源不同,它来自古希腊语的 prays(哥特语的 freis,古德语的 fri 和古英语的 fre)。但是中国文化同西方有重大差异。中国古代很少用"自由"一词,偶尔使用又带有贬义,"五四"以来才把它作为对我们很有价值的观念从西方引入。却又因为西方的"自由"有两重性,有严重问题的方面,我们并不都喜欢,因而我们常常更愿意用"解放"一词来翻译为我们所赞同的那种"自由"的含义。所以在现代中国,这两个词又有着某种微妙而深刻的差异;我们有时译为"自由"才清楚,有时译为"解放"比较容易避免误解,有时则可以连用,这要看情况而定。但是我们必须明白,在西方人的头脑中本来并没有这种差别。①

市民社会或资本主义社会在自己的革命和发展中,一直以人的自由为旗帜,也确实在它所到之处带来了"自由"。这样它所说的自由就具有了某种"普遍性",使人容易认为这种社会已经实现了人的自由和解放。

现在的问题就在于揭露市民社会中这种所谓的人的自由的普遍性是假象,确立关于人的自由和解放的真实含义。无产者和劳动人民的实际生活状况,已经暴露出市民社会所谓的人的自由不是抽象的而是具体的,因阶级利益对立而对立的。并且他们已经提出了自己的关于自由解放的新观念 —— 这就是在当时欧洲大陆上早已盛行的社会主义和共产主义思潮:法国的无产者在大革命中已经提出了自己的共产主义主张,还有圣西门和傅立叶的学说,在英国则有工人运动的发展和欧文的社会主义改造主张和试

① 中文翻译这两个英文词时,都可以既译为"自由"又译为"解放"。但是中国人自己对"自由"和"解放"却常常相当严格地区别使用。我们喜欢讲"解放",而用"自由"一词就多有忌讳。这是因为按照中国人的文化和思维方式,"解放"总是好的,它可以指称国家的或某种集体(如党和阶级)的自由,能同中国的传统人伦文化并容;而"自由"常常意味着许多不好的事情,如指称个人的随意行为、个人的解放之类,与我们的人伦文化有冲突。这里有一层文化的隔阂。所以我认为需要指出,在西方人和马克思那里,自由和解放原是相同或相通的。
    如果进一步从词源学上研究 free 和 liberal 这两个英语词的不同来源,那是很有兴味的事情。希腊语的 prays 原指"亲爱者",如家人,朋友,属于自己的家族和氏族的人,因而不是奴隶。而拉丁语的 liberalis 则指自由的技艺,或属于某种社会等级因而是自由的、高贵的人。它告诉我们,"自由"的观念原是人类由氏族时代进入文明的产物,具有两方面的关系和联结,而且希腊人的理解同罗马人也不尽相同。

457

验。马克思虽然对于这些社会主义思潮一直持批判的态度,但是认为它们显示出来的社会意义却是真实的。他还从法国历史学家那里得到了阶级和阶级斗争的概念。批判地考察和吸取上述共产主义学说和阶级斗争学说,用以观察市民社会,为无产者的真正自由解放而斗争,这种思考就使他能够得出资本主义社会也将被否定,而只有否定了资本主义人类才能获得真正解放的结论。而这 —— 也就是他所理解的共产主义。至此,他才把握住了自己立志为之献身的事业的目标。

这是在1844年初达到的。于是从大学毕业时的那种还相当模糊的对于"人类解放"的概念,就明朗了。他要为之奋斗终生的目标,已经以清晰的轮廓,出现在他面前。

第三章　马克思全部思想学说的宗旨：人类的解放

　　在马克思批判地弄清楚了"人类解放"或"人的自由"应当具有怎样的含义之后，主要的工作就该是从理论上系统地论证和阐明这个目标本身。

　　这是一系列的"在批判旧世界中发现新世界"的工作，它是从1844年开始的，其第一个成果就是在这一年4—8月间写下的《经济学 — 哲学手稿》，接着是他同恩格斯一起撰写的《神圣家族》和《德意志意识形态》（1845—1846年）和《共产党宣言》（1848年2月）。《共产党宣言》标志着马克思的共产主义世界观已经成熟到可以公开问世，实际地指导无产阶级运动的程度，即它的完全确立。而这种工作的最成熟严密的成果还要推《资本论》，它用去了马克思几乎毕生的主要精力。另外，随着实践的发展，他还写了许多著作和文章，体现着他不断使自己的学说得到补充、修正和发展。

　　我们所说的同马克思进行对话，主要指的就是同1844年以后的他的思想和著作展开讨论。今天我们所处的世界形势和中国的状况与几十年前大不相同，和马克思当时所面对的情况更有世纪之别。我们是从今天的情况和新问题出发，来同他对话的，因此我们不可能满足于他那时向人们提供的解答,而且还会发现他的学说有许多不足以至错误。这都是毫不足怪的;相反,如果他能够对我们今天的问题也都提供答案,倒是非常奇怪的。

但是,由于他的学说是以人类解放为目的的,因而他对人类解放(或"自由")这个根本目标及其内涵、结构和发展的规律性作了深刻的探索研究。这种研究,不仅他的前人无法与之相比,就是在他之后的这一个多世纪里,也很难找到在总的眼光上,对人和历史的研究的深度和广度上能够同他完全相提并论的。在人类解放的事业上,今天的世界虽然比上个世纪,比本世纪的前大半有了新的重要进展,但是总的说来依然处在它的开端时期。因此,马克思提出的总问题完全没有过时。所以我们仍然认为重读他、同他对话十分必要,有极大意义。他的学说有些方面不足,应当发展;有些有缺点和错误,可以批评修正。这是在对话中我们应当做的事情或应有之义。没有差别就没有对话;但只强调差别而看不见总的探求的一致,也没有对话。对人类解放究竟应当如何认识、如何实践,就是我们和他进行对话的根本基础。

大体说来,马克思的人类解放概念(或者共产主义概念也一样),是通过哲学的、历史的、政治经济学这几方面的研究,得到论证、确立和不断深化的。这几个方面不能截然分开,总是彼此联系着。不过不同时期总要以某一方面为主,因此我们仍然可以大体地区别开来加以说明。

(1)马克思始终认为,哲学是人类解放的头脑。头脑不清,就不可能确立人类解放的含义,所有关于斗争的目的和途径的研究就全是空话。因此,联系到政治经济学和全部人类历史,主要从哲学上探讨人类真正解放的含义,就成为他的首要工作。

马克思系统地批判以往哲学和阐明自己新哲学的工作,开始于1844年所写的《经济学哲学手稿》,接着就是《关于费尔巴哈的提纲》和《德意志意识形态》(特别是它的第一章《费尔巴哈》)。这些研究奠定了他的关于人、人的自由和人类社会发展的理论基础,即马克思的新唯物主义和辩证法的哲学,其核心是唯物历史观。

（2）最坚实的论证是他的政治经济学批判工作,即系统地解剖资本主义的经济结构的工作。它也始于《1844年经济学哲学手稿》,后来有《政治经济学批判》的《导言》(1857年发表)和第一分册(1859年发表),《经济学手稿》(写于1857—1858年),《剩余价值学说史》(1862—1863年写出),等等,这些大多是为写《资本论》所作的准备工作。从1863年起他着手撰写《资本论》(1867年出版了它的第一卷,第2、3卷是在他逝世后由恩格斯帮助整理于1885年、1894年出版的),这占用了马克思除指导实际的斗争和为了生活而进行的报刊写作之外的毕生主要精力。

（3）作为国际工人运动的领袖,他在巴黎公社的伟大起义时写了著名的《法兰西内战》(1871),热情颂扬了巴黎工人和人民的历史首创精神,总结了"无产阶级专政"第一次伟大实践的经验。后来在《哥达纲领批判》中又进一步谈到一些有关的重要看法。

（4）在从上述各个方面深入研究人类解放和共产主义问题时,他在历史方面作出了大量的深刻的研究成果。例如,他在哲学研究中考察的"历史之谜"和"理论之谜",就是立足现实社会矛盾的分析,从整个人类历史来提出问题和解答问题的。在政治经济学研究中,为了弄清资本主义社会结构的由来,他非常仔细认真地研究了希腊、罗马、日耳曼和东方民族的从原始状态向文明过渡的历史情形,探讨了它们的差异和发展规律性。他完全不是那种西方中心主义者,在他看来,西欧人民的命运和西方历史的未来固然重要,暂时还比较落后的各个民族的命运和未来(如对印度和中国写过不少文章)也同样重要。这不仅是人道主义情感使然,也是人类解放本身的应有之义。没有全人类的解放,任何局部的彻底解放都是不可能实现的。

在巴黎公社之后,西欧的国际工人运动暂时告一段落,而俄国正酝酿着革命。这些革命者从《资本论》和马克思其他著作中得到了巨大鼓舞,据此对俄国的未来和革命道路问题展开争论,并希望马克思本人给予直接的解答和指导。马克思从俄国看到了人类解放事业的新的希望,为了回答新问题,从此又以巨大的精力投入俄国的历史和现状的研究,并且进而对东方和西方的历史文化发展作人类学研究。他特别强调,《资本论》所阐述的历史运动规律性"限于西欧各国",不能不分情况地无条件地普遍地适用于其他地方。这显示出他对于西欧以外各个民族的历史和文化所抱有的尊重事实的态度。

马克思和他的战友恩格斯写过大量的历史方面的文章和重要著作。《1848—1849年法兰西阶级斗争》、《路易·波拿巴的雾月十八日》和《德国农民战争》等,都是脍炙人口的历史学杰作。其中《家庭、私有制和国家的起源》一书尤其具有重大意义,是唯物历史观对于人类文明起源的研究的里程碑。恩格斯明确声明,这部著作的基本思想,是依据马克思对人类学家摩尔根的研读笔记和其中阐明的见解来的,他自己的研究当然也提供了资料和自己的见解。

马克思晚年的人类学研究虽然不可能是成熟的,但是其中提出的一系列对于人类文明起源的重大问题和具体分析的态度方法,仍然对我们今天有启示。特别是在今天我们面临着深入探讨中国和西方历史文化差异的问题的时候,更加如此。他的这些研究,进一步向我们展示了他的人类解放概念具有怎样的广度和思考的深度。

　　下面我就分别从哲学、政治经济学和历史文化人类学几个方面，扼要讨论一下他的学说。只是不要忘记，这些方面的学说都是围绕着人类解放这一核心的，并从各个方面使之具体深入的。因此，我们也只能具体深入这些方面之中，才能对他的人类解放概念获得一个更加真切的认识。

第四章　在批判现实和历史中认识人自身 —— 马克思对哲学进行改造的出发点和核心

一、哲学的中心任务是认识人本身

　　哲学是人类通过自己的经验和理性来认识世界的总结概括。但是同认识别的对象相比,人要认识自己却是最难的,而认识人自身又总是哲学关怀的中心和最伟大崇高的主题。在中国,老子早就说过:"自知曰明",而在西方,古希腊人同样早已高度重视对人自身的认识,据传在德尔菲神庙中就铭刻了这样一句箴言或命令:"认识你自己!"苏格拉底用这句话指导了他的全部哲学活动,影响到柏拉图和亚里士多德,使希腊哲学发展登上了古典高峰。近代西方以"重新发现人"为中心开始了文艺复兴时代,从此人文主义、人道主义一直是西欧思想文化发展的一个主要潮流。"认识你自己"的名言,成为卢梭、康德和费尔巴哈的指导思想,鼓舞他们去研究人、人的本性和人类社会。可以说,在整个近代和现代,政治、经济、文艺、哲学以及自然科学的发展,无一不是在这种人文主义思潮中孕育而生的。

以人的自由和人类解放作为奋斗目标的马克思,其学说正是上述精神和哲学的一贯发展和它的新的里程碑。它集中体现于他刚刚弄清这个目标时所说的一句话:

> "理论只要彻底,就能说服人。所谓彻底,就是抓住事物的根本。但人的根本就是人本身。"①

一切文化和哲学的中心在人论。所谓人论,就是对人之为人和对人类社会一切事物的研究和学说。

人论,或对于人类自身的研究,涉及一切人文学科,不过归根到底只有两门是关乎全局的,一门是哲学,特别是哲学的人学或人论,它的特点是从高度抽象概括的角度来考察人;而另一门就是人类学,它的特点是对从远古以来各民族的历史文化的经验事实材料作具体的比较研究。但是同前者自古以来就有不同,人类学是19世纪才兴起的一门新学科(尽管它的某些材料从古代起就不断有所积累,可是人们意识到必须系统地重新收集、发掘、整理这些材料并从比较研究中得出关于整个人类发展的某些规律性的结论,还是现代才成为可能和感到必要的事情)。

虽然有两门不同的学科都研究人,但哲学的研究和历史经验事实的研究两方面各有其极端重要的意义,并且需要结合,缺一不可。哲学中对于人的抽象研究必须建立在具体的历史事实及其具体分析之上,而经验事实如果缺少抽象的概括分析就没有意义。

现在我们首先来讨论马克思对人类解放所作的哲学论证和研究,即他的哲学人论方面。在本书的后面我们会谈到他的人类学研究。

---

① 马克思:《黑格尔法哲学批判导言》,《马克思恩格斯全集》第1卷,人民出版社1956年版,第460页。

二、略说人道主义的抽象和抽象人道主义的区别

马克思是批判资产阶级人道主义的。由于资产阶级总把抽象的人道主义当作它的旗帜,他也就确实反对了抽象的人道主义。但是有些人就因此认为在马克思那里出现了"人的空场",似乎他不关心"人";而另一些人则认为按照马克思的学说,就根本不应该对于人进行抽象的研究,可以不要抽象。这两种看法都是不合事实的。因为情况恰恰相反,马克思不仅研究了人,而且比历史上的其他各种人道主义学说研究得更透彻;更不是不要抽象,他对人的研究可以说达到了最深刻层次的抽象。

人们有时把抽象看成是坏东西,但是一切科学都是抽象,哲学更是最高的抽象,没有抽象就不会有什么哲学和科学。问题不在于否定抽象,只在于我们应当如何抽象。作怎样的抽象能使我们走向真理、接近真理。我们应当排斥和拒绝的是那些否认事实和具体的抽象,必须坚持的是从实际出发和进行具体分析的抽象,即人们称之为科学的抽象。

我们已经知道,马克思是通过参加现实斗争,对市民社会有了本质的认识,对现实的人已经有了深入的具体了解,在这个基础上再回过头来,在批判黑格尔和费尔巴哈中确立自己的哲学与人论的。所以他的哲学人论并不是脱离实际的抽象。这一点,我们在下面的讨论中就会看得十分明白。对人的抽象研究决不是抽象的人道主义。我们不应笼统地见"人"就批,否认他所做的抽象人论研究工作。

三、人学角度的批判研究

1844年写的《经济学哲学手稿》是他的第一部哲学著作,半年之后他又写下了《关于费尔巴哈的提纲》,他的全部学说都以极其凝缩和高度抽象的形式系统地包含在其中了。

《手稿》是从政治经济学的批判入手,来讨论人和历史的哲学,进而讨论整个哲学问题的。他依据了亚当·斯密和李嘉图为代表的英国古典政治经济学的成果,并向它提出了关于人的基本问题。

古典经济学的最大贡献是提出了劳动价值学说,肯定劳动是一切财富的价值源泉。这给政治经济学成为科学奠定了重要的基础。但是它又认为私有财产是人类生活的最自然的状态。从这里出发,它把资本、土地和劳动三者的分离当作不言而喻的前提,来研究这三者的相互关系和运动。这三者通过商品交换,即把工人的劳动力作为商品由资本家购买进来,同资本和土地结合,来从事社会的生产。政治经济学从这里出发研究了社会中三大阶级 —— 资本家、工人和土地所有者 —— 在生产和分配中的经济关系的规律性。它论证了资本家用资本推动了劳动进行生产、工人用劳动生产出财富,二者是生产的阶级,而土地所有者既无资本又不劳动,其地租收入只是从租地的资本家和工人的产品中得到的一份掠夺物。他们以此攻击封建地主即土地所有者阶级,却把资本家的收入 —— 利润视为理所当然。至于工人的收入 —— 工资,那是他们出卖自己的劳动力得来的,其最低限度是他在劳动期间的生活费用加上养家活口所必需的费用。由于劳动力市场中商品竞争的规律,失业和工资下降在许多情况下都是不可避免的,而劳动者除了劳动力之外别无所有,就不得不服从这种客观的规律。

在马克思以前的社会主义者已经发现了这种政治经济学本身是有矛盾的。因为它既然肯定了劳动是形成价值的唯一源泉,那么结论就应当是工人有权获得他劳动所生产的全部产品。所以工人陷于贫困是没有道理的。于是这些社会主义者中有些人就主张"工人应当得到他全部的工资",并提出了这样的口号。

马克思从这种经济学所表述的事实和"规律"出发,站在人学的立场向上述两种学说提出了质问。他说:

> "现在让我们超出国民经济学的水平,试从前面几乎是用国民经济学家的原话所作的论述中来回答以下两个问题:
>
> (1)把人类的最大部分归结为抽象劳动,这在人类发展中具有什么意义?
>
> (2)主张细小改革的人不是希望提高工资并以此来改善工人阶级的状况,就是(像蒲鲁东那样)把工资的平等看作社会革命的目标,他们究竟犯了什么错误?"①

在他看来,问题首先不在于古典政治经济学所表述的资本主义经济规律,而在于这种规律所依据的前提。这前提就是劳动和土地、资本的分离,也就是私有制。关于马克思对"私有制"这个概念的理解运用,我们以后还会多有讨论。在这个方面有许多问题需要分析,人们对马克思的大量误解常常由此发生。让我们记住:马克思用这个词的时候,指的首先就是或根本意思就是人类生产中的三要素的彼此分离:土地所有者"私有"土地,资本家"私有"资本,而工人所能"私有"的只是他自己主体的劳动力(=毫无"私

---

① 马克思:《1844年经济学哲学手稿》,人民出版社1985年版,第16页。引用这个译本时,个别地方的翻译我略有改动。

有",彻底的"无所有"即"无产者")。因此,私有制同三分离是同义词。这是他对私有制的根本看法,并且这也正是古典经济学的根本看法。不同之处只在于,后者认为这是当然的、自然的人类状态,因而是不言而喻的,研究一切经济规律都得从这一前提开始;而马克思则认为这决不是人类的自然状态。因为人本来是同自然界联系在一起的,他的劳动本来是同土地和由人的劳动加工自然所产生的一切产品(包括一切生产资料和资本在内)结合在一起的。因此,三分离或私有制只是后起的,正是需要研究和说明的一种现象。

> "国民经济学从私有财产的事实出发,但是,它没有给我们说明这个事实。……没有给我们提供一把理解劳动和资本分离以及资本和土地分离的根源的钥匙。……它把应当加以论证的东西当作前提。"[1]

因此,他的批判不是在国民经济学框架之中("工资"的规律在内)的批判,而是从人学和人与自然关系的哲学高度,跳出国民经济学框架来对它的前提所作的批判。

问题的提出,总是比问题的具体回答更重要。问题的解答是随着问题的提出而来的,所以我们虽然应当研究一种学说是如何解答问题和解答到什么程度,但首先要关注问题的提出。一切思想家的意义和价值,首先在于他提出的是什么问题。马克思在这里提出的问题,是人的问题,人类历史的根本问题。无论人们是否赞同他的学说,总不能回避他提出的这个问题的深刻性和正确性。

---

[1] 马克思:《1844年经济学哲学手稿》,人民出版社1985年版,第46页。

四、三分离的根源在人类劳动
即人的生命活动的"异化"

马克思是从明白的经济学事实入手分析上述基本问题的,他运用的是哲学中的"异化"学说概念。本书限于篇幅不能详细说明西欧近代思想和哲学史上异化概念和学说的深刻内涵和发展,这里只先作一点最简要的名词解释。德文中的"异化"(Entfremdung)和"外化"(Entausserung)原来不是什么新名词,不过是对英语的 alienation 所作的翻译。这个英语词指"变得陌生、疏远"的意思,在英国经济学中用来表示货物的出售,主权的转让;而在一切自然法的社会契约学说中用来表示人的自然权利向根据契约而建立的社会的转让,或原始自由的丧失。黑格尔在研究了历史和以往哲学发展中把它提升为他的哲学的一个核心概念,用来概括和阐明全部宇宙和人类历史的辩证法规律。从此它成为哲学中的一个基本概念。马克思对于黑格尔的异化学说早有研究,但是现在他是从实际的生活和经济学事实着手来运用这个范畴的。马克思研究了人类的异化及其根源的劳动异化,批判了全部资产阶级经济学,也就同黑格尔的异化概念有着根本差别,并蕴含着对黑格尔哲学的全部批判。往后面我们会看到从这里开始一直发展到他对黑格尔的人观、历史观和全部哲学的批判,以及马克思自己新哲学世界观的基本形成。

为了考察同土地、资本分离所造成的"抽象人类劳动"这个基本现象的实质,马克思首先分析了工人(Arbeiter,即劳动者)在他的劳动中所面对的种种处境和事实。

第一,"劳动者生产的财富越多,他的产品的力量和数量越大,他就越贫穷。

劳动者创造的商品越多,他就越变成廉价的商品。物的世界的增值同劳动者的贬值成正比。劳动不仅生产商品,它还生产作为商品的劳动自身和劳动者……这一事实不过表明,劳动生产的对象,即劳动的产品,作为一个异己的存在物……同劳动相对立。"

人的劳动总要在对象中才能实现。劳动的产品是劳动物化在某个对象中,即劳动的对象化。人为什么要生产产品,使自己的劳动对象化呢? 是为了人自己,即占有这些产品来生产他自身。可是现在劳动的对象化成了劳动者丧失他的对象,应当受劳动者支配的对象反而成为奴役自己的力量。这就是异化:"劳动者同自己的劳动产品的关系就是同一个异己的对象的关系。"①

进而他指出产品异化乃是人、人的生命活动同整个自然界的关系发生了异化。因为从根本上说,没有自然界给人提供的生活和生产的资料,人和人的劳动就不能存在。可是在产品异化的情况下,劳动者越是通过自己的劳动去占有和加工自然界,他就越是失去自己的生活和生产资料,以至同整个这种生活和生产的基础的自然界对立,成为它们的奴隶。可见,他同产品的异化关系,也就是他同整个自然界的异化关系。

人、劳动者同自然界的关系,正如鱼同水、肺与空气的关系,本来是极其自然的一致、统一而不可须臾分离的关系,可是现在劳动者成了一无所有的无产者,人类劳动成了一种失去了它的生存基础的悬在空中的纯主体力量、纯"抽象的劳动",这难道是"理所当然"的不需要重新考察的问题吗?

---

① 马克思:《1844年经济学哲学手稿》,人民出版社1985年版,第47—48页。

因此他指出："国民经济学以不考察劳动者同产品的直接关系来掩盖劳动本质的异化。"①

在揭露了劳动者同他的产品和整个自然界异化的事实之后，他就进而深入到这种劳动自身的本质中揭示其异化。

第二，劳动活动本身的异化。

人同他的产品的异化是一种结果，问题的本质还在于生产活动本身中。"产品不过是活动、生产的总结。因此，如果劳动的产品是外化，那么生产本身就必然是能动的外化，或活动的外化，外化的活动。"②

劳动自身的外化或异化也有它的表现。人的劳动本来是使人得到生存、发展和自由的活动，但是现在成了一种被迫的、不幸的、使人自己的肉体受折磨、精神遭摧残的事情。劳动者只有在劳动之外才感到自在，而在劳动中则感到不自在。劳动本身不再是他的需要，只是他满足其他需要的一种手段。如果不是有肉体需要的强制，人们就会像逃避瘟疫那样逃避劳动。结果，人只有在运用自己的动物机能（吃喝与性行为）的时候，才觉得是人，是在自由地活动，而在运用人的机能时反而觉得自己不过是个动物。马克思指出，如果说人同他的产品的异化只是揭示了"物的异化"的话，那么人的劳动活动本身的异化，则是人自身本质的"自我异化"。③

对劳动活动自身的异化分析，是比上面物的异化更深层的研究。由于劳动是人类特有的创造活动，异化劳动也就把问题引向了批判地研究人本身。

第三，人同自己"类本质"的异化。

---

① 马克思：《1844年经济学哲学手稿》，人民出版社1985年版，第49页。
② 马克思：《1844年经济学哲学手稿》，人民出版社1985年版，第50页。
③ 马克思：《1844年经济学哲学手稿》，人民出版社1985年版，第51页。

　　人之为人，或人不同于其他动物的特点，可以从许多方面加以规定。如说"人为万物之灵"，有思想就是唯有人才有的特点。又如，中国人从古代就认为"人之异于禽兽者"在于唯有人能够明白"人伦之道"，因此"明伦"就成为中国人眼中人之为人的本质；而西方从古希腊起到如今则认为人之为人的本质在唯有人才是自由的，他们就把"自由"和追求自由作为人的本质。但是人之为人最根本的特征是什么呢？　随着西方近代和现代社会生产和各种物质与精神财富的迅速发展，旧式的分工在商品经济发展中日益消失，成为普遍劳动的不同样式，而经济学已经证明商品的价值源泉只是普遍的劳动（包括一切具体的劳动在内），这时人们就发现劳动才是人之为人和人异于其他动物的最根本之处。后来人类学又证明，人类是从猿类进化来的，而造成这一变化的基本原因和动力就是劳动。这样，劳动就成为人区别于其他动物的最基本的标志。人有思想活动是同人的劳动不可分的，或者说它只是人的实际劳动的另一种形态——脑力劳动和与之相关的活动形态。而"人伦"和"自由"，也是在劳动生产基础上人类相互关系发展的一些文化形态（关于它们的特点和意义，我们在后面讨论中国和西方文化差异时再作进一步研究）。所以，以劳动来规定人之为人的基本特点、人类区别于动物的基本标志，是一个恰当的、正确的、科学的而且是更深层的基础性规定。

　　从劳动来认识人还有一个更深刻的意义。因为它就是活动，人的有目的的能动的活动，并且是一种对象化的活动。人是在劳动中能动地自己创造自己，使自己发展成为人的。

　　劳动是人所特有的"对象化"活动。所谓对象化，它的第一层含义是人的活动总是指向一个对象，如自然界的某个事物，同它发生关系，对它进行加工改造，使之变成适合自己需要的东西，变成自己的产品。这是把人自己的活动外化、物化到一个外部的对象中去的过程。第二层含义是说,这些对外部事物进行加工改造的活动及其产品,最终目的还是为了人本身。产品本身不是最终目的,只是人为了自己的生存、幸福和发展服务所不可少的必要手段和中介。所以,人的对象化生产活动的终点,不是生产外部的对象而是生产人自己。换言之,对象化的最终对象就是人本身。这是外化变成内化,支出的劳动返回付出劳动的人,从活动的主体走向客体、又从客体返回主体的过程,从人出发到对象又从对象回到人,从出发点经过中介、又从中介达到目的和归宿点的过程。"对象化"是包括了上述两个阶段在内的统一而不可分的全过程。人是在这样的活动中实现自己的生存、幸福和自由的。所以马克思说:

> "正是在改造对象世界中,人才真正地证明自己是类存在物。这种生产是人的能动的类生活。…… 劳动的对象是人的类生活的对象化:人不仅像在意识中那样在精神上使自己二重化,而且能动地、现实地使自己二重化,从而在他所创造的世界中直观自身。"①

既然如此,那么如果这个统一的对象活动的两个阶段分离、分裂开来,那么人作为主体的活动和劳动就内在地分离分裂了,这就是异化。而劳动活动本身的异化,必然就是人本身的异化,因为人正是他自己劳动活动的结果、产物。劳动的异化不仅会产生他同产品及自然界之间的异化关系(上述第一点),同样会产生人的本质(即人的"类本质",因为人是作为"人类"才同动物区别的)的异化。因为劳动者的人(他是人的类本质的体现者,因而劳动者是人作为人的真正代表)本身不再是目的而降为一个单纯的手段,因而

---

① 马克思:《1844年经济学哲学手稿》,人民出版社1985年版,第54页。

他也就不再是他自己活动的主人、主体,而降为一个仅仅是另一个主体的客体的物。他不再是真正的人,只是一个被动的奴隶。它表现在:

"异化劳动,由于(1)使自然界,(2)使人本身,他自己的活动机能,他的生命活动同人相异化,也就使类同人相异化;它使人把类生活变成维持个人生活的手段。第一,它使类生活和个人生活异化;第二,把抽象形式的个人生活变成同样是抽象形式和异化形式的类生活的目的。"

"异化劳动从人那里夺去了他的生产的对象,也就夺去了他的类生活,即他的现实的、类的对象性。……这样一来,异化劳动造成了下面这一结果:(3)人的类本质——无论是自然界,还是人的精神的类能力——变成对人来说是异己的本质,变成维持他个人生存的手段。"

最后,异化劳动活动还必将导致如下结果:

"(4)人同自己的劳动产品、自己的生命活动、自己的类本质相异化这一事实所造成的直接结果就是人同人相异化。……人同他的类本质相异化这一命题,说的是一个人同他人相异化,以及他们中的每个人都同人的本质相异化。"①

人同人相异化的表现形式,就是人与人的分离、对立和斗争,就是人类分裂为等级、阶层、阶级等等。在三分离演化为最鲜明形态的市民社会或资本主义社会里,就是阶级的划分和对立斗争。

第四,阶级和现存市民社会利益对立结构是异化劳动生产出

---

① 马克思:《1844年经济学哲学手稿》,人民出版社1985年版,第52—55页。

来的结果。

异化劳动在现实中最突出的表达和表现就是资本主义私有制和阶级的对立：

> "如果说劳动产品对我说来是异己的,是作为异己的力量同我相对立,那么,它到底属于谁呢？ 如果说我自己的活动不属于我,而是一种异己的活动、被迫的活动,那么,它到底属于谁呢?
>
> 属于有别于我的另一个存在物。
>
> 这个存在物是谁呢?
>
> 是神吗? ……但是神从来不单独是劳动的主人。自然界也不是主人。……
>
> 劳动和劳动产品所归属的那个异己的存在物,劳动为之服务和劳动产品供其享受的那个存在物,只能是人本身。
>
> 如果劳动产品不属于劳动者,并作为一种异己的力量同劳动者对立,那么,这只能是由于产品属于劳动者之外的另一个人。如果劳动者的活动对他本身来说是一种痛苦,那么,这种活动就必然给另一个人带来享受和快乐。不是神也不是自然界,只有人本身才能成为统治人的异己力量。
>
> ……在实践的、现实的世界中,自我异化只有通过同其他人的实践的、现实的关系才能表现出来。异化借以现实的手段本身就是实践的。因此,通过异化劳动,人不仅生产他同作为异己的、敌对的力量的生产对象和生产行为的关系,而且生产出其他人同他的生产和他的产品的关系,以及同这些人的关系。"[①]

由此马克思得出了一个最重要的结论:阶级关系、私有财产、三分离原是人类异化劳动的产品和结果。这就是他本人所概括表述的结论：

---

① 马克思:《1844年经济学哲学手稿》,人民出版社1985年版,第55—56页。

"总之,通过异化的、外化的劳动,劳动者生产出一个跟劳动格格不入的、站在劳动之外的人同这个劳动的关系。劳动者同劳动的关系,生产出资本家同这个劳动的关系。从而,私有财产是外化劳动……的产物、结果和必然后果。……

诚然,我们从国民经济学得到作为私有财产运动之结果的外化劳动(外化的生命)这一概念。但是对这一概念的分析表明,与其说私有财产表现为外化劳动的根据和原因,还不如说它是外化劳动的结果,正像神原先不是人类理性迷误的原因,而是人类理性错误的结果一样。后来,这种关系就变成相互作用的关系。"①

这样,马克思就解决了开始时所提出的问题:被国民经济学当作不言而喻的前提 —— 私有制或三分离 —— 是怎么来的。原来这个所谓"理所当然"的前提并不是人的自然状况,人类劳动的本然状况,恰恰相反,它只能来自人类的异化劳动,它是异化劳动的结果,而不是原因,后来才反过来起相互的作用。私有制、三分离和人类划分为阶级并相互对立的秘密,只在于人类发生了异化的劳动,在于人类劳动本身发生了异化,于是人类本身就发生了分化、异化、分裂和对立。

五、"异化劳动"概念是批判地理解 "人类解放"概念的钥匙

追求人的自由解放,一直是西方和所有人类的理想。但是为什么人类的一部文明史始终处在等级和阶级的对立和不平等的状态,在其中人始终得不到自由解放? 人一直在斗争着,但即使最英

① 马克思:《1844年经济学哲学手稿》,人民出版社1985年版,第57页。

勇的有成效的斗争,也只是推翻了某个等级或阶级的压迫,却又陷入另一些阶级的压迫之下。他们否定了某种不自由的社会状态,却又陷入另一种新的不自由状态。那么为改善生活而进行的斗争是否能解决问题? 马克思指出,问题在于能否抓住根本。如果我们只在结果中挣扎,而搞不清楚它的根源,那就不可能达到自由解放的目标。例如争取提高工资的斗争就是如此。因为雇工的"工资和私有财产是同一的 …… 不过是劳动异化的必然的后果" [1] 而已。因此各种关于提高工资和工资平等化的主张,依然是在现存资本主义和它的政治经济学框架之内的挣扎。但是既然只在这种框架之内挣扎,也就休想真正摆脱这种经济学所阐述的"规律"。"强制提高工资(不谈其他一切困难,也不谈这种强制提高工资作为一种反常情况,也只有靠强制才能维持),无非是给奴隶以较多报酬,…… 既不会使劳动者也不会使劳动获得人的身分和尊严。甚至蒲鲁东所要求的工资平等,也只能使今天的劳动者同他的劳动的关系变成一切人同劳动的关系。这时社会就被理解为抽象的资本家。" [2]

因此,争取人的解放的斗争,就不应仅仅是同异化结果的斗争,而必须是同它的根源和结果一起进行的斗争。这里,跳出异化劳动的框架,真正从人的立场,人的劳动本来的意义的立场看问题,揭示异化劳动本身及其根源,才是能够给人的解放提供光明的唯一办法。

　　"我们已经承认劳动的异化、外化这个事实,并对这一事实进行了分析。现在要问,人怎么使他的劳动外化、异化? 这种异化又怎么以人的发展的本质为根据? 我们把私有财产的起源问题变为

[1]　马克思:《1844年经济学哲学手稿》,人民出版社1985年版,第57页。
[2]　马克思:《1844年经济学哲学手稿》,人民出版社1985年版,第58页。

异化劳动同人类发展进程的关系问题,也就为解决这一任务得到了许多东西。因为当人们谈到私有财产时,认为他们谈的是人之外的东西。而当人们谈到劳动时,则认为是直接谈到人本身。问题的这种新的提法本身就包含着问题的解决。"①

一切有划时代意义的思想学说,关键在于它提出了怎样的问题。提出问题的深度标志着对问题理解的深度,也就决定着对问题如何解决的全部思考。以前的哲学人学,各种关于人的经济、政治国家和社会乃至意识的研究,几乎都是在奴隶制的、封建的和市民社会的现存前提或基本框架之内的研究或批判。所以它们只是一些在异化和异化劳动的笼子里谈自由和解放的学说。马克思与之根本不同,他当然也从现实出发,但是由于他抓住的是现存社会的基本前提即三分离和异化劳动问题,从而就把问题集中到批判这种根源本身。从批判作为现存社会的基础异化劳动入手,他提出了研究人类劳动如何在历史上发生异化,研究整个人类历史如何通过异化而发展、并通过扬弃异化而获得解放的问题。这样问题就转换了,人类解放问题就变成了一个全新的问题。这个问题引向了一种全新的世界观和哲学。

这种新哲学,马克思不久就以批判以前哲学的形式系统地阐发出来。他的人论即他的哲学最中心的部分就叫作唯物历史观。其整个基础或本体论、认识论方法论就叫作唯物辩证法或辩证唯物主义。关于他的这些哲学的内容和形式方面的问题,我们在下一章再谈。现在先来谈谈他从批判异化劳动和人类整个异化中直接得出的关于人类解放的概念 —— 他的共产主义概念。这是一个新的哲学人学的共产主义概念。

---

① 马克思:《1844年经济学哲学手稿》,人民出版社1985年版,第59页。

六、与人的自我异化相对立的人的解放概念:马克思的共产主义

　　共产主义和社会主义并不是新东西,无论在东方西方都古已有之。中国的大同思想,西方的柏拉图以及原始基督教、近代初期的康帕内拉等都有这类学说,而在马克思稍前又兴起了圣西门、傅立叶和欧文的学说。这些共产主义主张都有一个共同的特征,就是反对私有制,主张废除私有财产。由资本主义大生产引起的社会矛盾,使废除私有财产的主张具有了特别尖锐和现实的意义,引起了广泛的注意。但是马克思认为这些新的共产主义学说虽然反映了市民社会的矛盾,却并没有认识这种矛盾的真正意义和本质。他现在已经理解到私有财产的本质在于三分离,根源在于异化的劳动及其必然产生的人类本质的异化,所以他对这些共产主义思想就有了批判的认识:一方面看到它主张废除私有制(三分离)表现了人类解放的合理要求,另一方面他认为正因如此就更必须批判它还没有抓住和理解问题的根源的肤浅性质。在批判这些学说中他提出了自己的新的共产主义学说,以此作为他的关于人类解放新概念的形式。

　　马克思指出,古代的共产主义只看到无产和有产的对立,还没有达到关于劳动和资本对立的概念。这样,它就根本无法从"能动关系上、它的内在关系上"来看待这种对立,或者说还根本没有从私有财产本身来理解无产者和有产者的对立。[①] 那时的无产者主要是些破产的不劳动的自由民和游民,而劳动是由奴隶和小农承担的。小农不是无产者,而奴隶没有被当作人看待,奴隶的劳动不

---

① 　马克思:《1844年经济学哲学手稿》,人民出版社1985年版,第74页。

被当作人的活动。所以奴隶主有产者的财富没有被社会看作是人类劳动的产物。因此无产和有产的对立只是从财富即物的占有状况这种外在表现来看的,没有"能动"和"内在"的相互联系和彼此转化的关系。

近代的社会主义和共产主义有了重大改变,劳动已经被看作是本质了,但是这些学说对私有财产还是只从它的客体上看待。因此,蒲鲁东从劳动是财产的源泉出发主张消灭私有财产本身—— 资本;傅立叶认为劳动的特殊方式,即划一的、分散的因而是不自由的劳动是私有财产的有害性和劳动者异化的根源,应当消除;圣西门把工业劳动看作本质的活动,主张由工业家统治社会和改善劳动者的状况。与这些"社会主义"的主张不同,从工人运动中产生的共产主义从一开始就明确要求否定私有财产,这一点是重要的,不过这种共产主义也把私有财产只当作客体来对待。

马克思在《手稿》里着重批判了这种共产主义。这种共产主义要求否定私有财产,实际上不过是要求私有财产关系的普遍化,即把公有制只看成物质财富在一切社会成员中的平均分配。物质的财富对它的统治那么厉害,以致它注意的只是财富的这种物的形式,"在它看来,物质的占有是生活和存在的唯一目的"。因而它认为一切不能被所有的人当作私有财产加以占有的东西如人的才能、个性等等都应该消灭。与之相应,"工人这个范畴并没有被取消,而是推广到一切人身上",即每个人都应当为挣工资和得到自己一份财产去劳动。显然这种劳动同资本主义下的劳动并没有什么本质的区别。马克思指出,这种"平均化欲望"正是对私有财产贪欲的另一种表现形式:嫉妒,自己得不到的就不能让别人得到,否则宁可大家都贫穷。所以他说,这种对私有财产的否定不过是在私有财产框架里面的一种否定,是还没有占有私有财产的人对别人的私有财产的嫉妒和否定。它只是一种倒退："对整个文明和文明的世界的抽象否定，向贫穷的、没有需求的人 —— 他不仅没有超越私有财产的水平，甚至从来没有达到私有财产的水平 —— 的非自然的单纯倒退，恰恰证明私有财产的这种扬弃决不是真正的占有。"①

马克思指责这种粗陋平均的共产主义根本不理解劳动的异化和私有财产的本质，不过希望使之普遍化。所以决不是前进，而只是一种历史倒退的主张。从这里他得出的结论是，应当从历史上理解私有制和异化劳动的本质和意义，它不仅仅有消极的意义，更有积极的意义。三分离的私有制和异化劳动是需要否定的，但这决不是简单的否定，而只能是积极的扬弃。所谓积极的扬弃，最根本的就是不能只见物而忘记了人本身。如果说共产主义是人本身的解放，就不能只盯着物的占有，它必是人的主体本质、主体活动的解放。只有人和人的活动本身得到解放，才会有人对于对象世界的真正占有，即占有关系的解放。

既然如此，共产主义作为人的自我异化的扬弃，就不应从抽象的人和人性出发，而应当从具体的人的需要和本性出发。只有深入研究在劳动和实践的历史发展中所产生的人性的全部丰富性，研究人在私有制（虽说是异化的形式）中却仍然得到了发展的积极收获，才能理解作为人类解放的共产主义。

这样的共产主义见解，集中表述于马克思如下的一段话中：

> "共产主义是私有财产即人的自我异化的积极的扬弃，因而是通过人并且为了人而对人的本质的真正占有；因此，它是人向自身、向社会的（即人的）人的复归，这种复归是完全的、自觉的而且

---

① 马克思：《1844年经济学哲学手稿》，人民出版社1985年版，第75页。

保存了以往发展的全部财富的。

这种共产主义,作为完成了的自然主义,等于人道主义,而作为完成了的人道主义,等于自然主义,它是人和自然界之间、人和人之间矛盾的真正解决,是存在和本质、对象化和自我确证、自由和必然、个体和类之间的斗争的真正解决。

它是历史之谜的解答,而且知道自己就是这解答。"①

这是一个极其概括的提要。弄清它的意思,我们就能明白马克思的共产主义 —— 人类解放的基本的而又全面的要点。

我们先来疏通这个总提要的文句和大体意思。

"共产主义是私有财产即人的自我异化的积极的扬弃"。第一,一切共产主义学说都主张否定私有财产。但是马克思强调的是:必须把对私有财产的扬弃理解为对人本身的异化的扬弃,即理解为人本身的解放。因为他已经发现私有财产不过是人的劳动和人本身异化的结果和表现,问题的实质不在它的物的形态中,而在造成它的能动主体 —— 人和他的历史发展中。第二,对于私有财产和异化的否定决不应是简单的否定,而应当是"扬弃"。扬弃是一个辩证法的概念,它认为真正的否定是事物的前进运动,是既克服又保留。对待异化和三分离这个最为重大深刻的问题,尤其只能采取积极的扬弃的观点、态度和方法。所以共产主义不仅要扬弃私有财产,更要扬弃人的自我异化,而且只能是积极的扬弃。

这样"共产主义"(即"人的解放",以下请读者始终注意,这两个词在他那里常常是同义语;因为他把共产主义视为人类解放的决定性环节)概念就包含着如下三点互相联系的基本规定:首先,它是通过人、为了人而对人的本质的真正占有;其次,这种占有就

---

① 马克思:《1844年经济学哲学手稿》,人民出版社1985年版,第77页。

是人向自身、向社会的人的复归;再次,这种复归是完全的、自觉的、保存了以往发展的全部财富的。

第一点,所谓"通过人",是指共产主义并非只通过扬弃物的异化可以获得的,只有通过扬弃人的自我异化才可能。"为了人"是说不是单纯为了占有物,而是为了人本身的解放。"对人的本质的真正占有"一语说的是目的。在三分离、私有制和异化劳动的状态下,人不仅失去了外部世界(生产和生活资料以至原来属于人的整个自然界),也失去了他作为人本来具有的本质,即他的生命活动的本来意义、目的和自由。并且追究起来,人正是由于自我异化,失去了他的人的本质,才导致他同周围世界的全部异化。所以,共产主义的意义,最根本的是要恢复和重建他作为人的本质,真正占有自己作为人(而不再是"抽象劳动"者)的本质。

第二点,更进一步,指出所谓"对人的本质的真正占有",就是"人向自身、向社会的(即人的)人的复归"。复归也是一个辩证法的概念,指一个自己运动发展的主体,由于它是主体,就能从自身开始一个运动,并能通过发展实现自己的目的,从而使自己的活动返回主体自身。人类就是真正的主体,其本质就是能够在历史的运动中发展和实现自己,从而占有、实现自己的人的本质。这就是人向自身的复归。马克思强调的重要一点是:这种复归也就是"向社会的人的复归",他特别在括号中注明,所谓"社会的人"就是作为"人的人"。

这一点是非常关键的地方,也是直到今天依然问题成堆的地方。作为人和人类解放的共产主义的学说,必须考察和解决个人与社会的关系问题,个人自由和社会自由的关系问题。他的"社会"和"人的社会性"概念就包含着他对这些重大问题的思考和解决意见,非常值得我们注意。

第三点，"这种复归是完全的、自觉的并且保存了以往发展的全部财富的。"共产主义或人类解放不是倒退，不是对以往人类文化发展的抽象否定，而是人类自我发展的更高阶段，所以在他看来，异化不仅有消极的方面，也是必然的、有意义有价值的人类历史成就。在资本主义私有制和人的异化中已经高度发展的（既是社会化的又是异化的）生产力、工业和科学，为人类解放即共产主义创造了物质和精神前提。认真分析这些成果的意义，是自觉走向共产主义的基本依据。

以上这段话的前半部分，主要是从人类历史及其异化来讨论人如何扬弃自我异化以获得解放的问题，构成了他的共产主义的基本概念。后半部分马克思扼要指明共产主义的哲学基础和意义。

"这种共产主义，作为完成了的自然主义，等于人道主义，而作为完成了的人道主义，等于自然主义"。中译为"完成了的"一词不好懂，原德文 vollendet 一词中 voll 相当于英语 full 或 filled，指"充满的、完整的"，而 end 是"目的"、"结束"、"终了"的意思，所以合在一起构成的这个词，可译为"完备的"、"全部实现了的"或"充分贯彻到底的"这样一种意思。"自然主义"和"人道主义"在这里表示的是哲学上以自然为基础和以人为本位的观点。把 Humanismus 译为"人道主义"，容易因现在流行的含义而偏重于道德方面，所以我认为译作"人本主义"更为恰当。[①] 所以他的这句话是说，共产主

---

① 朱光潜先生在世时，我曾几次同他讨论过对马克思《手稿》和《关于费尔巴哈的提纲》中几个关键词的译法。他有很深入的研究。他也认为 Humanismus 以译为"人本主义"为好。见他所写《对〈关于费尔巴哈的提纲〉译文的商榷》，《社会科学战线》1980年第3期。我在《马克思〈经济学—哲学手稿〉述评》中也较详细地谈到这个翻译问题，人民出版社1982年版，第82—83页。

义即人类解放的学说,作为充分贯彻到底的自然主义等于人本主义,反之,作为充分贯彻到底的人本主义也就等于自然主义。

这是什么意思呢？ 我认为就是:他用这两个概念的一致,来表达他的以人为中心、以自然为基础的哲学。它是马克思唯物历史观的最初表达方式。"自然主义"把自然界认作世界唯一真正的本体,人也是自然物之一,这就把人置于自然的基础之上来研究,是唯物论;而"人本主义"强调人是世界的真正主人,在自然界中具有最高的地位和价值,还是人间一切创造物的主体。他认为这二者应当统一起来:充分发展了的完备的以自然为基础的唯物主义应该以人为中心,而充分发展了的完备的人本主义应该把人首先看作自然的一部分,并始终不脱离自然。这种一致表明,人是自然物质的感性存在,他的主体活动的基础是劳动、实践,是物质的感性的活动,是人本身的自然力量同外部自然事物之间的对象性的能动与受动的活动。我们要在自然唯物主义基础上着重强调人的作用和意义,同时要把人及其活动本身主要理解为物质感性的活动。人是在自然界和对象中实现自己的,而自然界也要成为人化的自然,通过它的最高产物 —— 人及其活动使自己达到更高的发展阶段。共产主义扬弃了把人和自然、人和人分离对立的异化,因而使人和自然、人和人能够实现统一,并使二者都达到解放和更高的发展,所以它也就是这样的唯物主义的实现。这种唯物主义扬弃了以往自然主义和人本主义各自的局限性和发展的丰富成果,是二者高度发展了的统一。

他说,这样的共产主义因而"是人和自然之间、人和人之间的矛盾的真正解决,是存在和本质、对象化和自我确证、自由和必然、个体和类之间斗争的真正解决"。熟悉西方哲学及其历史的人都知道,上述矛盾都是些哲学中最重要最困难的问题。马克思认为,在共产主义及其哲学看来,这样一些矛盾着的对立面从本性上说是统一的或可以统一的,之所以发生对立和冲突,根源都在于人的异化。人的活动和人本身的异化,使人和自然界,人同别人、同类,人同自己的生产对象之间,统统发生了异化,因而这一切对立的方面都处于尖锐的无法解决的矛盾之中。共产主义既然扬弃了异化,也就必然恢复人的社会本质,恢复人和自然、人和人、人和物之间的正确关系,使上述种种矛盾得到真正的解决。

所以,他得出结论说,这种共产主义"是历史之谜的解答"。

它把握住了这些矛盾的秘密,理解了这些矛盾的本质和如何解决这些矛盾,所以"它知道自己就是这种解答"。

七、马克思哲学人论的几个要点和基本原理

马克思对于这一总提要逐点展开了论述,这些论述展开了他的人类解放 —— 共产主义概念,得出了哲学人论的一些重要观点和基本原理。本书限于篇幅,只能作扼要的讨论。

(一)论"人对自己本质的真正占有"

他强调,共产主义的占有,同我们在私有制下的占有观念不同,它是"人以一种全面的方式,也就是说,作为一个完整的人,占有自己的全面的本质"。①

———————

① 马克思:《1844年经济学哲学手稿》,人民出版社1985年版,第80页。

人是在占有对象中实现生存和发展的,因此他的本质也就是在他同对象之间发生能动和受动关系中形成发展的。在劳动和生活的活动中,人能动地改变世界,使自己的力量和本质对象化、创造出体现自己本质的对象;又通过享受、消化这些对象,客观地确证和发展自己的主体本质,再生产出他的人的本质。因此,马克思把人的感性本质、感性活动和感性意识当作人的本质中现实的基础。这是符合实际的唯物主义观点。他从这点出发,对私有制和异化否定和阻碍人的解放进行了更深的揭露,阐述了共产主义对人的解放的意义。

"私有制使我们变得如此愚蠢和片面",一个对象,只有当它被我拥有,作为我的资本,或作为我正在吃、喝、穿、住的对象的时候,我才把它看作是我的对象。人们的一切活动和享受都被限制在这样一个极其狭隘的范围内:我有多少钱,有多少私有财产,我的眼睛才能看到多远,我的耳朵才能听到多大范围的东西,我才能有多大范围的活动的享受。人的全部肉体的感觉和精神的感觉,都绝对地受私有财产这种异化的权力所支配而贫困化。并且都异化为一种单纯的感觉 —— 追求占有私有财产的感觉和欲望,它成了唯一起决定作用的感觉。

这是人的感觉的贫困化和异化,也就是人的本质中最深刻的异化。它同物对人的异化一致。这种感觉的异化和物的异化,根本上说还是人的劳动、生命活动的异化的感性表现,是人把别人和自己都只当作物、当作谋生的手段、当作彼此分离对立的私有财产的占有者的结果。

"因此,私有财产的扬弃,是人的一切感觉和特性的彻底解放……这种扬弃之所以是一种解放,正是因为这些感觉和特性无论在主体上还是在客体上都变成**人的**。眼睛变成了**人的**眼睛，正像眼睛的**对象**变成了社会的、**人的**、由人并为了人创造出来的一样。"①

人能占有对象，是因为主体方面有同对象相应的器官。没有音乐感的耳朵，音乐对这个人就没有意义；而人的器官、感觉、情感、思维、活动等等之所以存在和有意义，又只是因为有相应的对象，没有音乐就不会有音乐感，不会有具有音乐感的耳朵。人借以感性地占有世界的感觉及其器官，是在人的感性活动和历史实践中形成的，所以感官和对象之间的一致和差别都具有实践和历史的原因。例如原始人的耳朵就不同于现代人的耳朵，忧心忡忡的穷人对精致的食物和最美丽的景色没有感觉，商人眼中的物品也只是能给他带来多少利润的东西，至于美丑那是无所谓的。异化和私有财产使对象和主体两方面都异化了，变成狭隘的非人的东西。扬弃异化使占有关系发生根本变化，于是感觉主体和感觉对象都同时得到了解放。

所以，从主体方面看，真正意义上的占有，就表现在人的全部器官同对象发生全面的人的关系。人的全部器官——视、听、嗅、味、触觉，感情、思维、活动、意志等器官打破了异化的束缚限制，得到了自己的对象，得到了运用发展的广阔天地，使自己恢复了作为人的感觉所应有的全部意义。

并且，人不仅是通过个体的器官同对象发生关系，而且更重要的是通过他人特别是通过社会的器官同对象发生关系，因为单纯个人所能够接触和占有的对象是极有限的，不能使他的器官和活动达到人的水平，也就不能使自己成为人，只有同他人、同社会联

---

① 马克思:《1844年经济学哲学手稿》，人民出版社1985年版，第81页。

系结合,才能接触和占有广阔的世界和其中各种对象,使自己的活动和感觉达到人的水准,使自己成为完备的人。但是在私有制和异化的条件下,社会是分裂对立的,对象世界对每个人是异己的,个人就不能运用别人的社会的器官来作为自己的器官,使自己真正成为人。在共产主义下,"别人的感觉和享受也成为我自己的占有。因此,除了这些直接的器官以外,还以社会的形式形成社会的器官。"①

再则,所谓"全面的"占有人的本质,也就是历史的。因为作为人的个人和社会都是在历史中发展形成的,所以人的感官不仅是个人的和社会的,也是历史的。"五官感觉的形成是以往全部世界历史的产物。"② 从人类的全部历史(包括它的异化的历史)中,我们看到人和他的活动、感受、本质等等的发生发展和在异化中的扭曲,也要通过历史实践扬弃异化使之得到彻底的解放。

(二)共产主义是"人向自身、向社会的人的复归"

因此我们就能够明白,为什么马克思认为对人的解放来说,"人向自身、向社会的(即人的)人的复归"是关键所在。

他在这里所用的"社会"一词,同我们通常所说"社会"的含义虽然相关,实质却非常不同。它指的是扬弃了私有制和异化的条件下人的关系,也即是"社会主义"一词中的"社会"。在这种用法里,我们在私有制下的那些社会关系正好是同"社会的"关系相反

---

① 马克思:《1844年经济学哲学手稿》,人民出版社1985年版,第83页。
② 马克思、恩格斯:《费尔巴哈》,人民出版社1988年版,第89—90页。

的。了解了这层意思,才能把握住马克思所说的人类解放是"向社会的人的复归"的含义,否则就读不懂他的书。关于这个意思上的区别,可参见他的《关于费尔巴哈的提纲》第十条:"旧唯物主义的立脚点是市民社会;新唯物主义的立脚点则是人类社会或社会化了的人类。"① 其实按德文原文的意思推敲,后半句可直接译为"新唯物主义的立脚点则是人的社会或社会的人性",这样就可以明白看出它同《手稿》提法完全一致。前半句中的市民社会中的"社会"一词是一般用法,后半句中的两个"社会"则是他的专门的用法,同《手稿》中"向社会的人的复归"的"社会"是相同的。注意到这个区别后,我们来看看这个新的"社会"概念的含义。

"我们已经看到,在被积极扬弃的私有财产的前提下,人如何生产人 —— 他自己和别人;直接体现他的个性的对象如何是他自己为别人的存在,同时是这个别人的存在,而且也是这个别人为他的存在。但是,无论劳动的材料还是作为主体的人,都既是运动的结果,又是运动的出发点。因此,**社会性质**是整个运动的一般性质;**正像社会本身生产作为人的人**一样,人也**生产社会**。活动和享受,无论就其内容或就其**存在方式**来说,都是**社会的**,是**社会的活动**和**社会的享受**。自然界的**人**的本质只有对**社会的**人说来才是存

---

① 《提纲》第十条中的"人类社会",原文是 die menschliche Gesellschaft,"社会化了的人类"是 die gesellchaftliche Menschheit,这个"化"字的意思原文里根本没有,是译者自己加上去的。Mensch 就是人,译作人类不算错,但也不是必需。而 Menschlich 是"人的"、"人性的",heit 是德文形式抽象名词的后缀,所以 menschheit 既可表示 humanity(人性、人道),也可表示 mankind(人类)。因此我们可以径直把这一条后半句译为:"新唯物主义的立脚点则是人的社会或社会的人性"。这样就可以明白它同《手稿》这里的提法是完全一致的。《手稿》中"人向自身、向社会的(即人的)人的复归"原文是 Rückkehr des Menschen fur sich als eines gesellschftlichen, d. h. menschlichen Menschen. 见德文版《马克思恩格斯全集》第3卷,柏林,1932年版,第114页的注释。

在的;因为只有在社会中,自然界对人说来才是**人与人联系的纽带**,才是他为别人的存在和别人为他的存在,才是人的现实的生活要素;只有在社会中,自然界才是人自己的**人的存在**的**基础**。只有在社会中,人的**自然的**存在对他说来才是他的**人的**存在,…… 因此,**社会**是人同自然界的完成了的本质的统一,是自然界的真正复活,是人的实现了的自然主义和自然界的实现了的人本主义。"[①]这里他反复用黑体标志出来的"社会"、"社会的"一词的意思,是同"被积极扬弃了私有财产的前提下"的人的生产活动相关的。

在共产主义下的人,他的生产不再仅仅只以物的形态出现,其目的是直接为了人的,因此生产的产品明确地就是为生产人本身。但是这种生产也就是人的相互的生产:我生产的产品是为了生产你,我的个性(通过体现我个性的产品和服务)不仅是我的存在的标志,也成为你的存在的标志(因为你通过我的产品和服务吸取了我的个性,从而生产出或丰富了你的个性),反之亦然。在三分离和私有制下,异化使人和人对立,人和物、自然对立,彼此隔离,进行着一场永远持续着的战争;生产的目的似乎完全不是为了人和别人,只是为了物,为了每个人自己。在这种情况下,劳动者,人,无法通过别人和社会获得自己的享受,他的活动也总被限制在一个狭隘的可怜的范围内,不能得到应有的发展。那么,在扬弃了异化的前提下,这些障碍就消除了,于是在人的生产活动中,就生产出了人的社会,或社会的人。人的本质,每个个人的本质,就是在彼此的生产中形成的,即在这种新的"社会"中形成。"正像社会本身生产作为人的人一样,人也生产社会。"

这也是人和自然界的矛盾的解决。"因为只有在社会中,自然

---

① 马克思:《1844年经济学哲学手稿》,人民出版社1985年版,第78—79页。

界对人说来才是人与人联系的纽带"。私有制和三分离把人同自然界隔离开来,劳动者失去了他的自然界,物质感性的世界成为异己的东西,并把他同别人分离开来。扬弃了人的异化的"社会",也就扬弃了自然界对人的异化性质,重新成为把人和人联系起来的纽带。所以人和自然界都得到了解放,人在自然界中看见了自己,在自己身上看到了自然。在自然界的人化中,人实现了他作为人的本质;在人的解放中,自然界也得到了解放。

请注意,他在这里所说的"社会",是摆脱了异化的人的生产生活所产生出来的人的相互关系。它包含着个人和社会的相互关系中的矛盾的解决。

从前人和人是相互分离、敌对的,个人和个人、个人和社会也就是分离、敌对的。这种社会虽然时时打着代表人类、集体的旗号,但是由于人本身、社会本身就是分裂的,所以这类社会的所谓代表人类共同利益和要求的说法不能不带有虚假性。国家就是一个最突出的例子。马克思、恩格斯后来着重指出,"正是由于私人利益和公共利益之间的这种矛盾,公共利益才采取国家这种与实际的单个利益和共同利益相脱离的独立形式,同时表现为虚幻的共同体","每一个企图取代旧统治阶级的新阶级,为了达到自己的目的就不得不把自己的利益说成是全体成员的共同利益 …… 赋予自己的思想以普遍性的形式"。① 在《手稿》这里,马克思着重指出:

> "应当避免重新把'社会'当作抽象的东西同个人对立起来。"②

---

① 马克思、恩格斯:《费尔巴哈》,人民出版社1988年版,第28、46页。
② 马克思:《1844年经济学哲学手稿》,人民出版社1985年版,第79页。

一方面,个人是社会生产出来的,所以他是个人,却不是抽象的可以脱离社会而存在的个人;另一方面,社会也是各个个人生产出来的,或者说它就是这些个人彼此生产的关系,所以它也不是抽象的可以脱离个人而存在的社会。个人不是抽象的特殊、个性;社会也不是抽象的普遍、共性。但是在异化和私有制中,个人和个人是分裂的,个人和社会也就是分裂的,因此个人被看作是抽象的个人,而社会被抽象地看成是普遍人类代表。但实际上,个人还是不能脱离社会,社会也并非真正的普遍人类代表,这些观念不过是社会的异化和对立在人头脑中的虚幻反映罢了。只有扬弃了这些分裂和对立及其根源的异化,才能使个人和社会真正统一起来,个人由于同社会一致,他的个性中就能包含丰富的、普遍的、社会历史的人性;而社会由于同各个个人相一致,才成为真正的普遍人性的"社会",即包含着历史和社会中所有个人的个性、特殊性的普遍。

这个观点后来明确表达于《共产党宣言》的最终结论中:

> "代替那存在着阶级和阶级对立的资产阶级旧社会的,将是这样一个联合体,在那里,每个人的自由发展是一切人的自由发展的条件。"[1]

马克思关于新社会是一个自由个人的联合体,在其中每个人的自由发展同一切人的自由发展一致的思想,对于我们是极为重要的。我们以往和如今所发生的种种问题,几乎都同这个根本问题的研究处理不够清楚有关,值得反复思索。从西方自由文化的批判中发展出来的马克思学说,继承了伊壁鸠鲁以来关于个人自

---

[1] 马克思、恩格斯:《共产党宣言》,《马克思恩格斯选集》第1卷,人民出版社1972年版,第273页。

由的传统,在批判私有制和异化下的个人自由和虚幻共同体的所
谓普遍自由中,提出了个人自由和社会自由的统一理解。这是他
的思想的一个精髓。我们中国人是从另一种文化传统来看待问题
的,所以对此往往理解不深。只有在我们也批判了自己的人伦传
统之后,才能理解并找出我们解决这个问题的线索和应有结论。

(三)资本主义社会形态的人本学意义

关于这一点我觉得已无须多说。马克思强调,人的解放和共
产主义既然是人对自己本质的占有,而这种占有离不开对象、离不
开个人同别人的关系即社会,那么我们就必须从实际出发,从批判
改造资本主义的成果出发来谈共产主义,否则就只是空谈空想。
他决不赞成简单地否定资本主义,并特别研究了它的工业和科学
的人学意义,指出虽然它们也因异化而带有片面和非人化的性质,
毕竟是人的本质力量的展示,问题只在于批判它们也带有的异化
性质,使之得到解放 —— 而这正是人类解放的重要条件。

在这里我只想着重指出,马克思对于资本主义的批判分析虽
然是最深刻的,却对它的商品经济的活动和关系的性质、意义研究
不够全面。后来他在《资本论》中研究了这个基础,但是他把商品
关系只认作私有财产和资本主义的因素或根源,因而着重其负面
及异化的意义。如前所述,他对于实际上主张倒退到连资本主义
还不如的共产主义是坚决反对的;但是由于他很少去思考商品和
市场经济活动对人和社会历史发展的深刻作用和意义,在他的人
类解放学说中就始终没有研究它可能具有的积极意义。在他的共
产主义社会的概念中,没有考虑过利用、限制、改造商品经济和自

由市场活动的问题。确实,在过去历史上,商品市场经济活动几乎从来都是同私有制一起发生发展的,然而西方的自由和自由性的文化也是借助于它才在历史上得以存在和发展的 —— 当然也是异化的。既然工业、科学等等是人类社会在异化中取得的可贵财富,那么资本主义的商品和市场活动就是这种异化的活的财富,更需要批判和积极扬弃。

现在看来,否定商品市场经济至少对共产主义的初级阶段是完全不合适的。几十年来苏联和中国的实践证明,许多基本错误的根源就在于对它缺乏认识,而一旦对它有了积极的认识,情况就迅速改变了。看来,批判地对待它,进行积极的扬弃也是可能的。如果真的能够证明它不仅是同三分离的私有制相关联,而且也可以同社会主义、共产主义相连,同人类的自由解放一致,那么就有可能使马克思的人类解放学说提高到一个新的水平。这是一个新问题。在我看来,马克思关于个人自由和一切人的自由的一致的命题虽然很好,但需要一定的方式才是可能的。这种方式的经济基础当然是正确理解的公有制,所谓正确理解的公有制,如上述第二点所说,是同每个人都能占有整个对象世界的前景、方式不可分的。因此,一定的方式就非常要紧。就我们现在可以预料的将来来说,没有商品市场及其高度发展的人类社会经济关系,还不可能设想。因此,深入地探讨商品经济在人类历史和文化发展中的作用,对它的正面和负面都给予充分的研究,从其本质上探究积极扬弃它的原理和途径,会具有特别重大的意义。

（四）关于人的自我创造发展的基本原理

"任何一个存在物只有当它用自己的双脚站立的时候,才认为自己是独立的,而且只有当它依靠自己而存在的时候,它才是用自己的双脚站立的。靠别人恩典为生的人,把自己看成是一个从属的存在物。但是,如果我不仅靠别人维持我的生活,而且别人还创造了我的生活,别人还是我的生活的源泉,那么,我就完全靠别人的恩典为生;如果我的生活不是我自己的创造,那么,我的生活就必定在我之外有这样一个根源。所以,创造(schpöfung,即宗教中的上帝创造世界的'创造'—— 引者注)是一个很难从人民意识中排除的观念。自然界和人通过自身的存在,对人民意识来说是不能理解的,因为这种存在是同实际生活的一切明摆着的事实相矛盾的。" ①

在谈到人类解放的最终原理时,不能不谈到"存在"及其最终根源问题。这既是哲学的根本问题,也是宗教的根本问题。马克思提出的人类解放学说,是建立在以自然作基础、以人本身为中心的哲学上的,所以必定要涉及宗教的上帝创世说。他揭示出人民意识中的上帝创世观念有实际生活的深刻根源 —— 这就是人自身的异化。这个根源不消除,人就无法用自己的双脚真正站立起来,他就无法取得真正的独立自由,就永远要认为他不过是在他之外的另一个力量的创造物。西方基督教的普世性和人民宗教意识,正是这种异化处境的集中表现。尽管科学已经证明地球和生命是一种物质自然的发展产物,但是这对于改变人民中的宗教创世观念并没有起到多大作用,其原因就在生活本身是异化的。不

---

① 　马克思:《1844年经济学哲学手稿》,人民出版社 1985年版,第86页。

扬弃生活的异化，人民就不可能扬弃他们的上帝创世观念和宗教意识。

"在社会主义的人看来，**整个所谓世界历史**不外是人通过人的劳动而诞生的过程"。① 人类由于能够为了自身的目的能动地改造对象世界，并在改造对象世界中能动地改造自身，因此就此本性而言，他能够在自然界中存在并自己创造自己、发展自己，证明自己是自己命运的主人，是一种靠自己双脚站立和前进的独立存在物。不过这是要通过很长的历史过程才能证明的。在以往的历史中，人类由于需要通过异化才能发展，而正是异化性质的发展否定了他的自主自由，使这一真理不能得到显现，只有到了人类扬弃了异化的时候，人才有了可能产生共产主义和社会主义思想，从理论上阐明人是通过自己的劳动而诞生并能最终得到解放的基本原理。一旦这种理论变成实践的事实，那时，"关于他通过自身而诞生、关于他的产生过程，他有直观的、无可辩驳的证明。" ②

人类能够自己解放自己，因为人是劳动的实践的存在，而人在经历了异化之后也能通过人自己的实践来扬弃这种异化。这就是人类自我产生、发展和实现自身的辩证法真理。马克思的全部哲学是围绕着这个基本原理展开的。

（五）"共产主义本身并不是人的发展目标"

在写了这个基本见解的末尾，马克思最后指出：

① 马克思：《1844年经济学哲学手稿》，人民出版社1985年版，第88页。
② 马克思：《1844年经济学哲学手稿》，人民出版社1985年版，第88页。

　　"社会主义是人的不再以宗教的扬弃为中介的积极的自我意识,正像现实生活是人的不再以私有财产的扬弃即共产主义为中介的积极的现实一样。共产主义是作为否定的否定的肯定,因此它是人的解放和复原的一个现实的、对下一段历史发展说来是必然的环节。共产主义是最近将来的必然的形式和有效的原则。但是,共产主义本身并不是人的发展的目标,并不是人的社会形式。"

　　这句话引起了许多人的迷惑不解,令注释家们头痛。以共产主义为标志的马克思,怎么会认为它"不是人的发展的目标"呢?于是就有人解释说,他在这里所指的只是粗陋平均的共产主义。但是这种解释没有任何道理,无法让人信服,因为他明明是接着上文来谈这个观点的,而上文指的正是他自己所反复论述的共产主义。

　　其实他本人说得很明白,只是教条主义者自己难于理解罢了。在马克思,根本的问题是人的解放问题,而共产主义正是在这个总问题中发生和取得自己的意义的。所以即使是正确了解的共产主义,也毕竟只是人类解放的总问题的一部分,二者不能画等号。差别在于:人类解放从根本上来说是人自己站立起来获得自由自主的发展过程,自己实现自己的过程;而共产主义只是扬弃现存市民社会异化的行为,当这一任务完成之后(尽管这本身需要很长时期的艰难斗争),它也就不再是历史的需要了。所谓它只是人类达到"下一段历史发展的必然的环节",说的就是这个意思,一旦达到了共产主义,人类就开始以自己的双脚牢固地站立起来前进,进入真正的人的自由发展、自我创造的时代。这时就无须再以扬弃私有财产作为人类自身发展的中介。所以,扬弃异化的共产主义不过是结束了人类的前史,是人类真正解放的起点而决不是它的终结。那时人类会提出更高的自我发展的目标,从而也就超越了共产主义。

马克思从来不承认某种具体的历史阶段和理想具有终极的性质,即使共产主义也如此。这一点正表明了他的世界观和人类观具有彻底辩证的本质。

这也表明,他的人类解放概念包括了他的共产主义,但是他的共产主义并不能涵盖他的人类解放概念。所以,人类解放概念才是他的最核心的思想。

第五章　以实践为中心的关于人和
对象世界同时得到解放的哲学：
历史的辩证的现代唯物主义

一、马克思哲学的形成

在1844—1846年间,马克思写了《手稿》、《关于费尔巴哈的提纲》(以下简称《提纲》),还同恩格斯合作撰写了《神圣家族》和《德意志意识形态》。这些著作标志着他的哲学已经基本形成。

上一章我们谈到《手稿》中关于人的解放主题的分析,其中已经包含着若干重大哲学考察,但还没有就哲学本身作深入探讨;这个任务是在《手稿》的最后一章进行的。为了给人类解放奠定真正的哲学基础,他对黑格尔整个哲学体系作了精辟的分析批判,超出了先前对其法哲学批判的范围,进入了全部哲学的基本问题。在这一批判中,他从费尔巴哈那里得到了重要的帮助,因为在黑格尔之后唯有费尔巴哈才从唯物主义立场对黑格尔进行了根本性的批判。但是就在这时他对费尔巴哈也有重要的保留,因为他通过自己对市民社会的批判,对什么是人和人的本质、人的解放有了深刻具体的认识,不能满足于费尔巴哈那些关于人和自然的抽象的议论和对异化的抽象批判。因而他在《手稿》中对黑格尔哲学的批判,已经以超出了费尔巴哈的水平和方式提出了自己哲学的基本要点。

他在1844年8月末同来到巴黎的恩格斯会面。由于这时恩格斯也已经按他自己的方式批判了市民社会和政治经济学,达到了共产主义,同马克思观点接近,因而这次会见十分投缘,从此开始了他们之间的深厚并终身不渝的友谊。他们制订了共同战斗的计划,而首要的就是在哲学方面弄清和阐发他们的新观点。于是一起撰写了《神圣家族》,接着又是《德意志意识形态》。

这时,除了继续批判黑格尔和青年黑格尔派的唯心主义外,费尔巴哈也成为他们的批判重点。这是因为,费尔巴哈尽管在批判黑格尔唯心主义中有重大贡献,但是他那种唯物主义本身的缺陷,恰恰使他在社会历史领域和人学上,即在对人类解放最具关键意义的问题上陷于唯心主义。于是,费尔巴哈哲学本身也成为当时盛行于德国思想界的唯心主义意识形态的一部分。不彻底批判费尔巴哈,就不能清算这种"德意志意识形态"的唯心主义。然而这也就涉及唯物主义本身的改造。

于是,在写《手稿》时已经对费尔巴哈唯物主义的缺点有深刻发现的马克思,就把批判重点直接转向费尔巴哈本人,在和恩格斯一起进行的批判工作中,他写了一个供自己把握问题的《提纲》。这个《提纲》和《德意志意识形态》中的第一章《费尔巴哈》,完成了这一批判,同时也就标志着关于人的解放或共产主义的哲学(即后来被称作辩证唯物主义和历史唯物主义的系统的哲学)的形成。

因此,我们可以认为,抓住他在1844—1846年间的著作(其中也包括他和恩格斯合作的部分),也就抓住了他的哲学。

《神圣家族》和《德意志意识形态》当时没有能够出版,马克思的《手稿》和《提纲》就更加如此了。甚至连恩格斯也一直不知道马克思有这样的著作,直到1888年他在翻阅马克思旧稿时才看到了《提纲》,而《手稿》是直到20世纪30年代才被人发现而公之于世的。

1888年恩格斯写了《费尔巴哈和德国古典哲学的终结》。在这本书的序言中,他引用马克思在《政治经济学批判》序言的话,回顾了历史过程。他说,1845年他们在布鲁塞尔决定"'共同钻研我们的见解'——主要是由马克思所制定的唯物主义历史观——'与德国哲学思想体系的见解之间的对立,实际上是把我们从前的哲学信仰清算一下。这个心愿是以批判黑格尔以后的哲学的方式来实现的。八开本两厚册的原稿早已送到威斯特伐里亚的出版所,后来我们才接到通知说,由于情况改变,不能付印。既然我们已经达到了我们的目的——自己弄清问题,我们就情愿让原稿留给老鼠的牙齿去批判了。'从那时起,已经过了40多年,马克思也已逝世了。不论他或我,都再也没有过机会回到这个题目上来。"这期间,马克思的世界观已经广泛传播于世界,可是人们对它的哲学基础还缺乏真正认识,而旧的德国古典哲学又在复活,一些折中主义哲学也在占据各大学讲台,所以恩格斯认为有必要重新阐述他们在40年前的这段经历和成果。这就促使他写《费尔巴哈与德国古典哲学的终结》,以便帮助人们对马克思哲学有一个真实的了解。他还说到这时他"在马克思的一本旧笔记中找到了十一条关于费尔巴哈的提纲,拿来作为本书的附录"。他称赞这是"包含着新世界观的天才萌芽的第一个文件,是非常宝贵的"[①]。

他在这个回顾中谈到了《提纲》,但是没提到《手稿》,他不知道这件事是很可理解的,因为《手稿》写于他同马克思在1844年8

---

① 《马克思恩格斯选集》第4卷,人民出版社1972年版,第207—209页。

月末会面之前），所以是有缺陷的。例如他说马克思批判地超出费
尔巴哈开始于《神圣家族》，[①] 就把时间推后了。《手稿》的内容清
楚地表明，马克思已经在那里开始了批判地超出费尔巴哈的工作。
《手稿》才是马克思哲学的真正起源地和秘密。

尽管有这个史实的误差，恩格斯的这个回忆在总体上证实了
我们上述看法：马克思在哲学改造方面的工作在1844—1846年间
已经基本完成。所以后来他们两人在40多年里没有再专门谈哲
学，只是在实践和各个方面加以运用发展。

因此，我们讨论马克思的哲学，就可以集中在1844—1846年
的一段。为了行文简洁，我想只能抓几个最关键的问题来讨论，目
的是弄清他在批判中形成自己哲学思想的基本线索。

二、揭示黑格尔哲学的秘密：对人类 历史和自由作了抽象思辨的表达

以前研究马克思主义哲学的人几乎都习惯于用这样一种模式
来看待黑格尔：他的唯心主义是绝顶荒唐的，而他的辩证法则是天
才深刻的。至于这二者之间的共同的基础是什么，如何会在黑格
尔那里联结为一体，就不去研究甚至想也不想了。他们认为这种
模式就是马克思的见解。但是，人们为什么不去认真研究一下马
克思本人对黑格尔的批判论述呢？ 如果说《手稿》发表时间较晚，
那么在它问世之后就该下些功夫，并且根据新的认识，重新检查一
下以前的思维模式是否正确。但遗憾的是，这种思维模式一直没

---

① 《马克思恩格斯选集》第4卷，人民出版社1972年版，第237页。

有多大改变。事实上,他本人完全不是按照上述模式来对待黑格尔的。那种模式是非常简单的二分法,而黑格尔哲学原是一个活的有机体,所以用简单二分法是搞不清楚它的本质和生命的,批判也就不能不是主观性过多的、粗陋的、割裂的。在我看来,搞哲学的人如果只从哲学的概念出发而不注意某种哲学的生命、它所要解决的问题、在它的哲学概念中包含的人的生活的内容,就不可能真正理解这种哲学本身,而只能把概念搞得非常抽象,并且只能老是在哲学概念本身里面兜圈子。

　　事实上,如我在前面已经提到的那样,黑格尔哲学是在康德之后追求人类自由的反思的一个新的高峰。即使就它的唯心主义形态来说,也并不是完全荒谬的,而是当时探讨人类自由的重要的必然要经过的哲学方式。因为,在法国唯物主义没有能力解释和发扬人的能动精神和自由之后,在卢梭给它以致命的批判之后,唯物主义至少已经暂时威信扫地,不再能充当推动历史前进的思想形式了。卢梭为了法国人民的解放提出关于自由的哲学,已经很突出地提出了辩证法思想(见他的《论人类不平等的起源》。恩格斯在《反杜林论》中把卢梭的辩证法同黑格尔、马克思联系起来,指出了其间的一贯连续发展,清楚地表明:辩证法的本质就在于它是发现和论证人类由不平等即异化到否定这种不平等的过程的规律性),为此卢梭本人也已经开始在哲学上转向了唯心主义以寻求出路。康德和以后德国的古典哲学,作为对法国革命的德国反思,固然因德国还比较落后的环境的影响而加强了它的唯心主义,但是也正是在这种方式下,他们才得以对人的自由进行更深刻具体的研究和总结规定,哲学成就也更大。所以,在黑格尔,他的唯心主义正是他得以发展其关于自由、关于人类历史进步的辩证法的形式。二者原是有机统一的。只是到了唯心主义终于也束缚了对于人的自由解放的探讨的时候,到了有可能突破旧唯物主义,使唯物主义采取新的形态,并能成为探讨和发展人类自由解放的有力工具的时候,这种唯心主义才成为过时的必须抛弃的哲学形式。而这也就是新唯物主义的诞生。贯穿这些哲学形态变迁的,并不是这些形态本身,而是对人类自由解放的探求。所以我们不可只停留在这些形态、概念本身。马克思是从人类解放的基本探求线索来批判黑格尔和一切其他哲学的,在《手稿》最后一章中特别明白地揭示出这一点:"他(黑格尔)只是为那种历史的运动找到**抽象的、逻辑的、思辨的**表达。"①

这种表达的哲学形式,就是用否定之否定来展开的对象化、异化的辩证法。它的抽象思辨的逻辑性质,就是以脱离人和自然的纯精神、纯思维的范畴的运动,来表达自然和人的普遍本质和运动的普遍规律性。

马克思认为黑格尔的《现象学》是他的哲学体系的"真正诞生地和秘密"。②

> "他把财富、国家等等看成同**人的**本质相异化的本质时 ……只是**纯粹的**即**抽象的**哲学思维的异化。"③
> "要求把对象世界归还给人 …… 这种对人的本质力量的占有或对这一过程的理解,在黑格尔那里是这样表现的:**感性**、**宗教**、国家权力等等是**精神的**本质,因为只有**精神**才是人的**真正的**本质,而精神的真正形式则是能动的精神,逻辑的、思辨的精神。自然界的**人性**和历史所创造的自然界 —— 人的产品 —— 的**人性**,就表现在它们是**抽象精神的产物**,…… 因此,《现象学》是一种隐蔽的、

---

① 马克思:《1844年经济学哲学手稿》,人民出版社1985年版,第116页。
② 马克思:《1844年经济学哲学手稿》,人民出版社1985年版,第116页。
③ 马克思:《1844年经济学哲学手稿》,人民出版社1985年版,第118页。

自身还不清楚的、神秘的批判;但是,由于《现象学》紧紧抓住人的**异化**, —— 尽管人只是以精神的形式出现的, —— 其中仍然隐藏着批判的**一切**要素,而且这些要素往往已经以远远超过黑格尔观点的方式**准备好**和**加工过**了。"①

马克思在这些评论中指出,黑格尔以客观唯心主义方式把自然和人变成抽象的精神,以这种方式来表现人的异化和扬弃异化重新占有自己的本质的要求和运动过程。它就是精神批判它自己异化出来的对象,如国家、财富等等的过程。黑格尔由于把这些对象视为只是精神的异化产物,于是那绝对的精神作为主体,就有资格和能力通过自己的继续活动,扬弃这些异化了的对象,占有和改造它们,使之复归于绝对精神主体本身。精神就是这样地通过自身的异化和扬弃过程,发展、丰富了自身,实现了它自身的目的和自由。马克思说,这实际上是对人的历史活动过程的辩证法所作的抽象思辨的和逻辑的表达。因此他在唯心的形式中表现了人的历史和对异化的批判要求和论证,也就在其中"隐藏着批判的一切要素"。

对于这最有价值之处,马克思作了深刻的揭示:

"黑格尔的《现象学》及其最后成果 —— 作为推动原则和创造原则的否定性的辩证法 —— 的伟大之处首先在于,黑格尔把人的自我产生看作一个过程,把对象化看作非对象化,看作外化和对这种外化的扬弃;因而,他抓住了劳动的本质,把对象性的人、现实的因而是真正的人理解为他**自己的劳动**的结果。人同作为类存在物的自身发生**现实的**、**能动的**关系,或者说,人使自身作为类存在物即作为人的存在物实际表现出来,只有通过下述途径才是可能的:

① 马克思:《1844年经济学哲学手稿》,人民出版社1985年版,第119页。

人实际上把自己的**类的力量**统统发挥出来（这又是只有通过人类的全部活动、只有作为历史的结果才有可能），并且把这些力量当作对象来对待，而这首先又是只有通过异化的形式才有可能。"①

这一论断抓住和揭示了黑格尔哲学中最根本的秘密所在，具有极为重要的理论价值。指出：（1）黑格尔辩证法的主要成果，是作为推动原则和创造原则的否定性的辩证法，即否定之否定。（2）这种否定性辩证法的伟大之处，就在于把人看作一个自我创造发展的过程。这个过程之所以叫作人的自我创造，是因为它是人把自己的力量和本质对象化、外化，即人创造出自己的外部对象世界；同时这就产生了人同自己的对象之间的对立，主客体之间的对立（"非对象化"，或可译为"对立化"）；从而也就产生了人对于这种对立的扬弃活动，重新占有对象，把自己外化和异化了的本质和力量收归己有。这样人就通过了自己的活动创造出了对象化了的现实的人本身。（3）上面说的这一切是什么呢？无非就是人的劳动和活动的全过程。所以马克思说，黑格尔"抓住了劳动的本质"。为什么以前总把否定看作单纯消极的否定，而黑格尔能它变成推动和创造的原则？就因为他是从劳动来理解，在人的劳动中，否定某个事物的原来状态就创造出一个新东西。为什么否定性辩证法要表现为否定之否定呢？就是因为人外化自己的力量和本质所产生的对象、劳动产品，原是为了人自己的；所以必须在第一次否定（生产对象和自己与对象的对立关系）之后再来一次否定，即占有对象、把它合并于自身，以实现主体本身。

因此，黑格尔在某种意义上能够深刻理解现实的人和历史。在这一点上，马克思认为费尔巴哈反而不如黑格尔，所以他在高度

---

① 马克思：《1844年经济学哲学手稿》，人民出版社1985年版，第120页。

称赞费尔巴哈批判黑格尔唯心主义的功绩时,用了一个"但是"来开始他自己对黑格尔的上述分析批判。[①]费尔巴哈把黑格尔的否定之否定只看成是一个论证其唯心主义的把戏,这固然有正确之处,却看不到黑格尔在绝对精神的抽象唯心主义形式中,用抽象精神的劳动来表现人的实际的劳动,表现人通过对象化、对立化、异化和扬弃异化来创造历史,实现自我发展的深意。这又是因为他把人只看成感性的存在物,却没有把人看作是感性活动的存在物。这是费尔巴哈本人的生活状况、实践和思想的抽象性以及他的直观唯物主义进成的,他不能像马克思那样理解黑格尔哲学劳动的意义。

马克思还指出,"黑格尔站在现代国民经济学的立场上。他把**劳动**看作人的**本质**。看作人的自我确证的本质"。他的思想之所以深刻显然与此相关,确实,他是德国古典哲学家中唯一深入研究过市民社会和政治经济学的人。另一方面,"黑格尔唯一知道并承认的劳动是**抽象的精神的**劳动。"[②]他把精神劳动看作本质,认为唯有纯思维的活动,哲学的劳作,才是最有能动性、创造性和自由的活动,而实际的人的劳动只不过是精神活动所表现出来的一种样式而已,不能成为独立的本质。因此,在他看来,唯有精神才是人的实际劳动活动的真正本质和根据。所以他的关于人的解放和自由的学说是纯抽象的唯心主义。他颠倒了现实,从哲学上说主要是因为他颠倒了人的实际劳动和精神活动的关系。而这同他"站在现代国民经济学的立场"也有关,或者说,有更深刻的关系,他基本上也是一位市民社会的思想家,所以他对异化现实的批判没有

---

① 请读马克思《1844年经济学哲学手稿》第115—116页上下文。

② 马克思:《1844年经济学哲学手稿》,人民出版社1985年版,第120页。

超出这个范围。这种立场和唯心主义形式,使黑格尔的批判意识中包含着"非批判的实证主义和同样非批判的唯心主义"。①

三、在批判黑格尔唯心主义辩证法中提出的唯物主义辩证法:马克思哲学实践观点的基本形成

(一)分清"对象化"和"异化"

黑格尔哲学中尽管隐藏着一切批判的要素,却仍然不能成为关于人类解放的哲学,正是因为它包含着种种"非批判"的东西。从哲学上说,首先突出和集中表现在他混淆了对象化和异化这两个虽然有联系却有本质不同的东西和概念。

当他说国家、私有财产等等是异化的时候,首先指的是:它们是精神异化的产物。而精神的异化指的就是精神产生了它的对象,它对象化为一个非精神的精神(是一个对象就是一个异于精神的东西,然而它的本质还是精神);因而,占有这些对象,使之复归于精神,在他看来就叫作扬弃异化。

所以,马克思指出:"在这里,不是人的本质以非人的方式同自身对立的**对象化**,而是人的本质以**不同于抽象思维**的方式并且同抽象思维**对立**的**对象化**,被当作异化的被设定的和应该扬弃的本质。"②

在马克思看来,对象化活动即人的劳动,是人类只要生存、发

---

① 马克思:《1844年经济学哲学手稿》,人民出版社1985年版,第118页。
② 马克思:《1844年经济学哲学手稿》,人民出版社1985年版,第118页。

展就决不可少的,因而是人的永恒的必要的活动,是人得以赢得自由和解放的依据。而异化则是人的"非人"化,人的本质、活动、劳动的自身分裂和异化。异化是劳动本身的异化,所以它也离不开劳动或对象化,但异化又只是人的劳动和对象化活动中的一种特定形式,并且正是同整个的人的对象化活动(即包括一直达到人占有他的对象为止的全部对象化活动)相对立的反面。所以决不能说劳动、对象化本身就是异化。可是由于黑格尔是从抽象精神主体的自我运动来看问题的,他就把这二者混为一谈了:对象化被看作就是精神自身的异化,扬弃异化就被看作使对象回到精神。这当然就成为"非批判"的了:

其一,扬弃异化就变成了纯粹思想范围的事情。似乎只要精神上扬弃了异化就行了。这种把现实的异化消解为纯思维活动的哲学,因而也就是在实际上维护了现实的异化。

其二,既然对象化是人永远不可少的正当的活动,而异化被认为就是对象化,那么异化也就成了人的正当发展的事情了。混淆正当的对象化和"非人"化的异化的唯心观点,必然会把异化肯定为正常的事情而起到维护它的作用。

所以,在马克思看来,黑格尔的深刻的异化辩证法成果实际上变成非批判的维护异化的哲学这一事实表明:唯心主义已经不再能够成为关于人类解放和自由的学说的形式,并且已经成为严重的阻碍。必须从实际的真实的人及其活动和历史出发,批判黑格尔,对于对象化和异化作出新的说明。

既然异化的基础是对象化,首要的问题就在于弄清楚什么是对象化。

(二)真实的对象化结构:马克思关于人、
对象和实践(对象化)的哲学观点的形成

对象化是主体和对象之间的一种动态的辩证法过程。因此分析起来:有主体、对象、对象化活动这样三个彼此相关的方面。

黑格尔的天才之处,是他把哲学上作为本体的东西不仅看作是客观自在的,而且看作自为的,即能自己运动自己实现的主体。自在自为是他的哲学本体的本体和命脉。"照我看来,一切问题的关键在于:不仅把真实的东西或真理理解和表述为实体(最好译为'本体'——引者注),而且同样理解和表述为主体。"[①] 本体是主体,是能动的自己发展自己实现自己的世界本体,这个规定对于理解他的全部哲学是关键。

不过在他看来,唯有精神才配充当这种"本体 — 主体"。因为他认为物质只是些僵死被动的东西,只有在精神的推动下它们才能运动起来,而精神本身始终是活动的,具有能动性、目的性。这种精神的本体 — 主体如何实现自己? 那就是它自己能够否定自己(通过对象化、外化和异化它自身),又否定这个否定(占有和扬弃外化和异化及其对象,从而实现自身,使自己得到丰富的内容并达到更高的形态)。这些规定和展开,就形成了黑格尔的唯心主义辩证法体系。这样一来,主体,对象(客体)和主体的对象化活动三者,统统都神秘化了。在这种彻头彻尾神秘唯心的体系中,尽管包含着深刻的批判要素,却不可能得到阐明发挥,相反成了非批判的东西。

已经对现实的人类劳动有了批判认识的马克思,读出了黑格

---

① 黑格尔:《精神现象学》上卷,商务印书馆1979年版,第10页。

尔抽象神秘中有价值的意义,也看到了它的唯心主义形式的致命缺陷和错误。他要批判这种错误,把黑格尔哲学改造成新的现实的批判哲学。

在《现象学》最后一章《绝对知识》中,黑格尔总结了精神即"自我意识"的辩证法运动。[①] 马克思抓住他的这一总结进行批判说:

> "主要之点就在于:**意识的对象无非就是自我意识**;或者说,对象不过是**对象化的自我意识**,作为对象的自我意识(把人和自我意识等同起来)。"[②]

黑格尔辩证法和整个哲学的根本错误,表现在三个相互联系着的方面:真实的人类劳动被看作只是抽象精神和它的自我意识活动;真实的世界和历史的主体——人——被看作只是抽象的绝对精神及其自我意识;这样,他的哲学里的所谓"对象"就不能不是非常神秘的了。对象不过是意识的创造物,它等同于对象化的自我意识,或者更明确地说,就是自我意识(自我意识的创造物,也就只是意识的外化、凝结物,自我意识的另一种形态)。对象被看作只是意识。正是这一点,清楚地暴露出黑格尔哲学的荒谬性。

首先,我们来考察一下他所谓的对象。在作为宇宙本体的精神或自我意识面前,本来没有任何对象。因为"这样的存在物首先将是一个**唯一**的存在物,在它之外没有任何东西存在着,它孤零零地独自存在着"。[③] 换言之,在黑格尔看来,物质自然界和其中的一切事物本来是不存在的,只是靠着这个精神的对象化才产生出来。

---

① 参见黑格尔:《精神现象学》下卷,商务印书馆1979年版,第258—271页。
② 马克思:《1844年经济学哲学手稿》,人民出版社1985年版,第121页。
③ 马克思:《1844年经济学哲学手稿》,人民出版社1985年版,第125页。

它们是精神的产物或创造,没有独立的存在;并且本身被说成只是精神的一种形式。这种关于对象、自然界的创造当然是神秘的说法,同宗教里世界是上帝从无中创造出来一样。

但是,人的实际的劳动,即真实的对象化活动证明,它总需要有不依赖人而存在的自然界对象作为前提。每人都懂得,所谓劳动能够生产(或也可在一定意义上称之为"创造")一个对象,指的只是人能对某物进行加工,改造它原有的形态或性质,从而产生出一个与原来不同的新东西。这并不是什么从无中生有的活动。安徒生在《皇帝的新衣》那篇童话里,描写了两个骗子,他们不用任何原料,就从织、裁、缝的动作里做成了一件新衣,可惜这件新衣终究是不存在的。黑格尔的对象化活动不正是这样吗? 它是根本没有原料的纯精神动作,又怎么能造出真实的对象? 在实际的生产中,土地是母,劳动是父,二者缺一不可。而一种完全孤独的、没有自然界在它面前的存在,本来没有对象可以加工,将如何开始它的对象化活动呢? 黑格尔的对象是无中生有的,它违反一切实际经验的事实,是反科学的。

回过来看主体。一个没有对象的主体,它本身也就不可能是有对象性(客观性)的存在。实际的人不是一个纯精神的自我意识,他之所以能加工自然界的对象,首先是因为他本身是一个自然界中的存在物,具有自然的性质和力量,换言之,他本来是一个对象性的存在。"非对象性的存在物是**非存在物**。"①

所以,当黑格尔把人的对象化活动抽象成纯自我意识的活动时,不仅否定了对象的真实性(即客观独立的存在),把它变成纯意识的东西,而且也把主体 —— 真实的人变成一个没有血肉的纯自

―――――――――――――

① 马克思:《1844年经济学哲学手稿》,人民出版社1985年版,第125页。

我意识。不错,人是有意识和自我意识的。但是并不能因此就把人只归结为一个自我意识。"人是自我的。人的眼睛、人的耳朵等等都是**自我的**;人的每一种本质力量在人身上都具有**自我性**这种特性。但正因为这样,说**自我意识**具有眼睛、耳朵、本质力量,就完全错了。"① 黑格尔哲学中的人只是一个自我意识,一个没有眼睛、耳朵等等感官、没有感性的对象性存在的东西。但是否定了人的感性存在也就没有了人。

"人直接地是**自然存在物**。"② 这是最起码的事实和真理,费尔巴哈在批判宗教和黑格尔唯心主义中回到了这个真理:人是自然界中的存在,并永远不能脱离自然界,所以人决不是一个纯精神、意识的存在。马克思赞同费尔巴哈的这个观点。但是他不仅用感性直观来证明这个真理,还特别用人的实际劳动过程或感性活动来深入阐明这个真理。自然界和以自然作为生活和活动的基础的人,是马克思对象化学说的基本前提。因此,人的对象化活动毫不神秘:

"当现实的、有形体的、站在稳固的地球上呼出和吸入一切自然力的人通过自己的外化把自己现实的、对象性的**本质力量设定**为异己的(这里的'设定'即是生产,'异己的'即是'不同于自己'的 —— 引者注)对象时,这种**设定**并不是主体(即这种'设定',或活动本身并不是主体的人本身 —— 引者注);它是**对象性的**本质力量的主体性(即只是实际的人的主体性能的发挥 —— 引者注)。因而这些本质力量的活动也必须是**对象性的**活动。对象性的存在物是进行对象性活动的,而只要它的本质规定中不包含对象性的

---

① 马克思:《1844年经济学哲学手稿》,人民出版社1985年版,第121页。
② 马克思:《1844年经济学哲学手稿》,人民出版社1985年版,第124页。

东西,它就不能进行对象性的活动。它所以能创造或设定对象,只是因为它本身是被对象所设定的,因为它本来就是**自然界**(指人是自然界的一部分,本来是由自然界及其中的万物来'设定'或规定的——引者注)。因此,并不是它在设定这一行动中从自己的'纯粹的活动'转而**创造对象**,而是它的对象性的产物仅仅证实了它的对象性活动,证实了它的活动是对象性的自然存在物的活动。"①

人的活动是客观实在的人对于客观实在的自然界所进行的一种客观实在的能动的、有目的(为了人自己)的活动。所以,这种活动才能发挥出客观的效力,建立起客观的对象(产品)来。这种客观的产物本身也就证实着人本来是客观的存在,证实着人的本质力量是客观的存在,证实着人的活动本身是一种客观实在的活动。马克思在这里所分析表述的客观的活动、客观的能动性、客观的主体性,讲的就是**实践**。

马克思对于实践概念所作的唯物主义辩证法分析,在这里已经奠定了基础。后来他以更加简洁的语言和形式,表述在《关于费尔巴哈的提纲》的第一条中。在《资本论》关于"劳动"概念的规定中也同样贯彻了这一分析,②并且是以更明白的语言表述的。

实践概念是马克思哲学的枢纽,只有抓住了它,才能弄清马克思的唯物主义同唯心主义、同以往的所有唯物主义的差别。《手稿》达到了这样的水平,所以我们可以毫不夸大地说,《手稿》是马克思全部学说和哲学的真正起源地。

---

① 马克思:《1844年经济学哲学手稿》,人民出版社1985年版,第124页。
② 见《资本论》第1卷,人民出版社1975年版,第201—202页。

四、费尔巴哈的特点：人本主义唯物主义

马克思的哲学不仅是在批判黑格尔中产生并形成其基本要素的，它还必须在批判以前的唯物主义中才能真正达到自己形态的形成。这主要是通过批判费尔巴哈来实现的。

许多马克思主义者在读马克思《提纲》时有一种误解，他们想，既然马克思认为费尔巴哈有着同以前一切唯物论者同样的缺点，那么他也就同那些唯物主义一样了。但是这种理解是错误的。实际上，费尔巴哈同他以前的唯物主义有重要的差别，马克思非常清楚这种差别，他是从批判费尔巴哈这个远比一般唯物主义为高的特种唯物主义出发，才达到自己新唯物主义哲学的。在这个时候，也就揭示出以往一切唯物主义共同缺陷。不明白这一点，就搞不清楚马克思新唯物史观和整个辩证唯物主义哲学。

例如，普列汉诺夫虽然是一位卓越的哲学史家和马克思主义理论家，就完全没有正确地看待费尔巴哈，因而，他也就没能正确地理解马克思对费尔巴哈的批判及其意义。尽管，费尔巴哈本人一再表示，他的哲学并不是从法国唯物论那里引申出来的，普列汉诺夫却大不以为然。他评论说："然而他自己的一双脚都是站在法国唯物主义立场上的"，"费尔巴哈不知道，他是十八世纪的唯物主义在十九世纪的真正恢复者；他是这一唯物主义的一切长处和一切短处的代表。"[①] 也就是说，他的一切长处和短处都同法国唯物论一样，只是一个翻版而已。因此，无怪普列汉诺夫在他的那些专门阐述马克思哲学来源的重要著作里，如《论一元论历史观的发展》和《唯物主义史论丛》里，尽管对黑格尔和法国唯物主义作了许多

---

① 普列汉诺夫：《反对哲学中的修正主义》，人民出版社1957年版，第17、19页。

分析,却几乎完全忽略了费尔巴哈。这当然不是由于他不知道费尔巴哈对马克思有过重要影响,而只是因为在他看来,研究翻版不如直接去研究原本。所以他虽然肯定费尔巴哈唯物主义是马克思哲学的重要来源之一,实际上对他却评价很低。他漠视费尔巴哈,是因为他根本看不到费尔巴哈有什么特殊的意义,比以前的唯物主义(法国唯物主义是费尔巴哈以前的唯物主义的最高发展)有什么新贡献。普列汉诺夫的这种观点实际上影响到后来,以致直到现在还在很大程度上影响着许多马克思主义者的见解。

费尔巴哈唯物主义的特点在于:它是**人本主义**的唯物主义。这使它区别于他以前的包括法国唯物论在内的那些唯物主义形态,并使费尔巴哈在哲学史上具有特殊的价值。普列汉诺夫看不到这点,我们长期以来也没有加以注意。按照我们长期以来形成的一种观点,费尔巴哈的人本主义只是一个应予否定的东西,他的哲学中合理的因素只是那些在自然观和认识论方面的唯物论观点,即可以抛开他的人本主义来看的唯物主义。但是费尔巴哈之所以是费尔巴哈而不是法国唯物论者或其他以前的唯物论者,恰恰只在于他的哲学是人本主义的唯物主义。去掉了人本主义,就没有费尔巴哈的唯物主义。

同普列汉诺夫的看法不同,马克思、恩格斯即使在专门清算费尔巴哈的错误时,也指出了费尔巴哈哲学人本主义的意义。例如在《德意志意识形态》中就讲过这样的话:"诚然,费尔巴哈比'纯粹的'唯物主义者有很大的优点:他承认人也是'感性对象'。"[1] 这就表明,他们承认费尔巴哈比一般"纯粹的"唯物主义者要优越,这种优越就在于费尔巴哈的唯物主义主要是关于人的,而不是仅仅关

––––––––––

[1] 马克思:《费尔巴哈》,人民出版社1988年版,第22页。

于自然的。恩格斯还说,

> "费尔巴哈说,纯粹自然科学的唯物主义虽然'是人类知识大
> 厦的基础,但是,不是大厦本身',这是完全正确的。"①

恩格斯认为,费尔巴哈把关于自然的唯物主义只当作哲学大
厦借以建立的基础,而大厦本身则应当是关于人类自身的唯物主
义,是完全正确的。问题只在于费尔巴哈本人虽然这样想这样做,
却实际上做不到这一点。

> "费尔巴哈所提供的强大推动力怎么能对他本人也毫无结果
> 呢? 理由很简单,因为费尔巴哈不能找到从他自己所极端憎恶的
> 抽象王国通向活生生的现实世界的道路。……
> 要从费尔巴哈的抽象的人转到现实的活生生的人,就必须把
> 这些人当作历史中行动的人去研究。……
> 但是费尔巴哈所没有走的一步,终究是有人要走的。…… 这
> 个超出费尔巴哈而进一步发展费尔巴哈观点的工作,是由马克思
> 在《神圣家族》中开始的。"②

恩格斯的这些话写于1886年,是非常成熟的马克思主义的观
点。同他和马克思在40年前一样,在犀利批判费尔巴哈的人本主
义时,并没有否定其功绩和意义。费尔巴哈的功绩和意义在于,他
是在德国古典哲学经过了从康德直至黑格尔的长足发展之后再回

---

① 恩格斯:《费尔巴哈和德国古典哲学的终结》,《马克思恩格斯选集》第4卷,人民出
版社1972年版,第226页。
② 恩格斯:《费尔巴哈和德国古典哲学的终结》,《马克思恩格斯选集》第4卷,人民出
版社1972年版,第236—237页。

到唯物主义的,因此他的哲学的中心任务是建立人本主义,认为人的解放学说不能再把精神、自我意识等等当作"本体 — 主体",而必须把现实的人、感性的人当作"本体 — 主体";而人作为本体的意思是不能脱离自然作为基础的本体来谈的。

关于这一点,需要作一简要说明。

费尔巴哈把自己的哲学叫作人本学或人本主义,他以物质感性的人,或如他自己所说以"现实的人"作为他的全部哲学的中心,绝不是偶然的。大家知道,他的哲学的基础的出发点是自然界和人。他自己明确说过:"我的学说或观点可以用两个词来概括,这就是自然界和人。"[1]那么他为什么把自己的哲学称作人本主义而不是自然主义,把人作为中心而不是以自然作中心呢? 他的哲学无疑包含着自然唯物主义,他的人本学的基础也还是自然,但是他还是突出了人而不是自然,这是为什么呢? 他本人有两方面的说明。

其一是理论的说明。他说,

"从我的观点看来,自然界这个无意识的实体,是非发生的永恒的实体,是第一性的实体,不过是时间上的第一性,而不是地位上的第一性,是物理上的第一位,而不是道德上的第一性;有意识的、属人的实体,则在其发生的时间上是第二性的,但在地位上说来则是第一性的。"[2]

应该说这个观点比单纯自然的唯物主义深刻细致,前进了一大步。费尔巴哈用这个观点一方面批判了唯心主义,因为唯心主义哲学的一个重要理由或思想根源就在于脱离物质自然界来强调

---

[1] 《费尔巴哈哲学著作选集》下卷,三联书店1959年版,第523页。
[2] 《费尔巴哈哲学著作选集》下卷,三联书店1959年版,第523页。

人的有意识的能动性和道德本质,费尔巴哈指出人是从自然界发展出来的,是自然界的一部分,决不是唯灵论的存在。另一方面,他又用这个观点批判了以往的唯物主义,指出他们强调自然界及其规律的第一性虽然是对的,但是没有对此加以必要的限定,没有同时指出人在自然中的第一重要的地位,没有强调作为自然界最高存在物的人有自己特殊高级的本质特点。因此他们在谈到人间的生活和事物及其规律时,只用自然的规律来说明,把人贬为单纯的自然物、动物甚至成为"机器",让人只服从单纯的自然律,结果不得不陷于失败的境地。费尔巴哈承认自然主义的唯物主义,但认为那只能作为人类知识大厦的基础,而不承认它是大厦本身。所以他认为真正的唯物主义,其主体必须是关于人及其规律的学说;它必须同自然的唯物主义相一致,却不可归结为自然唯物主义,而只能归结为关于人类本身的唯物主义,即人本主义的唯物主义。他的这一观点,实际上是对近代哲学特别是康德以来德国哲学发展的批判总结。

其二,同上一点直接相关,是他对自己批判宗教的发展过程的说明。他说,"我的这个学说用几个字来表明,这便是:**神学就是人本学**"。"这个学说,我首先在《基督教的本质》一书中加以发挥",但是他说这本书有"一个很大的缺陷……把自然界撇开不谈,漠视了自然界"。为什么如此呢? 这是由批判的对象即基督教本身的特点造成的:"我在《基督教的本质》中只是论到人的本质,并且直接从人的本质开始我的著作,而这正是由于基督教不是拿日、月、星、火、地、风,而是拿同自然界对立的、作为人的本质的基础的力量,即意志、理性和意识,当作属神的力量和本质。"[1] 这就是说,

---

① 《费尔巴哈哲学著作选集》下卷,三联书店1959年版,第521页。

基督教的本质并不在于把纯粹自然力加以异化,而在于把同自然界相对立的人的本质和力量加以异化。既然如此,对它的揭露和批判,也就必须把它归结到人和人的本质,才能抓住要害。

不过尽管如此,他认为这还是一个缺陷,因为人也是有前提的——那就是自然界。"如果我以前拿'**神学就是人本学**'这个公式来概括我的学说,那么现在为了全面起见,我必须做如下的补充:'**神学就是人本学和自然学。**'"①

费尔巴哈一生关注对宗教的批判,实质同样是为了解放人本身。因为在他看来,宗教的异化是人最根本的异化,为了人的解放,他选择了在当时是非常危险和极端困难的宗教批判事业。实际上,在他当时所处的德国状况下,宗教批判确实也是政治革命(即当时一般认为的人的解放事业)的思想前提。所以他那种关注人本身的哲学,虽然直接是由于批判基督教引起的,实质上还是由于关注人的解放而产生。

正是由于费尔巴哈的唯物主义有这样的特点——是以人为中心的而非单纯强调自然为本,并企图抓住现实的人研究他如何从自我异化(尽管他看到的还只是宗教的、思想的和与之相关的哲学理论上的异化)中得到解放,才受到马克思的高度重视,并且认为是自己探求新唯物主义哲学的一个理论来源,可以从它出发,超出它而进一步发展它的观点(见上引恩格斯语)。但是以前许多人却没有去认真理解这一点。他们只注意和只习惯于说马克思的唯物主义以费尔巴哈唯物主义作为一个重要的思想来源,却不注意也不习惯于说马克思的唯物主义主要的是唯物史观,而费尔巴哈的唯物主义的中心正是人本主义。

---

① 《费尔巴哈哲学著作选集》下卷,三联书店1959年版,第523页。

五、在批判费尔巴哈和以前一切
唯物主义中形成唯物史观和现代唯物主义

费尔巴哈批判宗教和黑格尔唯心主义有很大功劳,他指出上帝、绝对精神等等无非是把人的本质异化为非人的精神的产物。但人和一切真实的存在只是感性的存在,我们靠感性直观就能肯定人和对象是有血有肉的真实存在。那脱离了感性直观的抽象的上帝和所谓绝对精神是虚幻的,不过是感性的人本身的情感、意志和思维外化、异化而投射到外部而设定的东西。尽管神学和黑格尔企图用哲学创世的辩证法来赋予这种本体以某种客观存在的性质,也没有作用:因为从无中绝不能生有。

简言之,费尔巴哈指明黑格尔哲学的前提是不真实的:(1)主体不真实,现实的感性的人被篡改为异化的非人的精神;(2)对象不真实,感性自然界的万物和自然界中的人被篡改为纯精神的产物,成为一种没有真实对象性的对象。因此他认为黑格尔的全部辩证法都是不真实的,不过是"从无通过无而达到无"的把戏,不能提供任何真实的关于人的对象的知识。

费尔巴哈要求回到感性的主体和对象(自然界和有血有肉的人)无疑是正确的,但是他完全没有注意到人的对象化活动(劳动、实践)才是使人成为真实的存在,使自然界也发生深刻变化的原因。因此他没有理解黑格尔辩证法除了其唯心论的消极方面,也有其深刻的历史批判意义;也不可能去做这种批判改造辩证法的工作,他对人和自然的了解也就只能停留在感性直观的水平上,抓不住真正现实的人和世界。这样,他所说的使人得到解放,也就只能停留在思想理论的范围,一旦涉及现实问题,就成为只是些关于

"爱"的空谈而失去了批判意义。

在《手稿》中,马克思已经弄清了这个基本问题。当时他已经发现了费尔巴哈的不足。不久,他就看出,正是在这个问题上,暴露出费尔巴哈的乃至从前各种唯物主义的根本缺陷。

《关于费尔巴哈的提纲》(以下简称《提纲》)[1] 和《德意志意识形态·费尔巴哈》中对他的批判,核心就在这里。《提纲》第一条开宗明义就指出:

> "从前的一切唯物主义(包括费尔巴哈的唯物主义)的主要缺点是:对对象、现实、感性,只是从**客体的或者直观**的形式去理解,而不是把它们当作**感性的人的活动**,当作**实践**去理解,不是从主体方面去理解。因此,和唯物主义相反,能动的方面却被唯心主义抽象地发展了,当然,唯心主义是不知道现实的、感性的活动本身的。费尔巴哈想要研究跟思想客体确实不同的感性客体:但是他没有把人的活动本身理解为**对象性的**[gegenständliche]活动。因此,他在《基督教的本质》中仅仅把理论的活动看成是真正人的活动,而对于实践则只是从它的卑污的犹太人活动的表现形式去理解和确定。因此,他不了解'革命的'、'实践批判的'活动的意义。"[2]

一切唯物主义都从客观存在着的物质、对象、现实出发。马克思同费尔巴哈的根本分歧在于对此如何认识。它们是像费尔巴哈所认为的那样只是纯客观的同主体对立的单纯客体吗? 不是。它们正是因为同人有关系,才是我们的"对象",或与主体相关的"客

---

[1] 我们现在有两个文本,一个是马克思的原稿文本,另一个是恩格斯1888年发表的稿本。我在这里用的是原稿文本。请见人民出版社1988年中译单行本马克思恩格斯著作《费尔巴哈》一书附录中第83—88页处。以下引用时就不一一注明出处了。

[2] 《费尔巴哈》,人民出版社1988年版,第83页。

体"。它们是像费尔巴哈所认为的那样只是感性直观的东西吗？不是。它们更是人的感性活动所生产、改造了的东西,实践的产物。

在这个基本看法上,费尔巴哈同以前的唯物主义是一致的。因此马克思在这个基本点上对费尔巴哈的批判,也就是对以往全部唯物主义的批判。

这里"现实"、"对象"、"感性"这三个词指的是同一个东西,只是从不同的角度来表述。所谓对象,德文词 Der Gegenstand 的意思和中文差不多,gegen 指面对着,stand 指站立或站立的东西,连起来就是:在我们(主体)对面站立着的一个东西。中文词"对象"也表示着完全同样的意思。我们必须面对的事物,就是"**现实**"。几乎所有唯物主义者都强调感性经验在肯定和论证客观存在中具有决定作用,据此批判宗教和凭抽象理性来肯定的神和理念之类的本体。所以对象、客体也是感性东西。一切唯物主义哲学可以说都是从这里 —— 现实、对象、感性、自然界 —— 出发的。问题在于怎样理解它。

如果从孤立静止的观点看问题,或只从思维、感觉看问题,费尔巴哈说的是对的。对象确实不依赖于人的思维和感觉而自己存在着,是单纯客体;另外,我们也确实只有通过感官来认识它们(感性直观)。以前的唯物主义也是这样看待对象。但是,把对象、现实、感性东西"只是从**客体**的或者**直观**的形式去理解",能够抓住、理解它们吗？马克思认为那是根本不行的。全部人类历史证明,人决不会满足自然界和社会一切对象的某种状况,也决不会满足于静止地感性直观它们,而总是通过自己的劳动和革命的实践 —— 这是一种感性的活动 —— 实际地改变它们,使之符合人自己的需要。例如,我们的饮食、房屋、汽车、公园、城市这些对象,只是单纯的自然物吗？不是,它们都是人对自然经过无数农业的、工业的、商业的、社会的加工所产生出来的对象。更重要的是,这种感性的活动不仅改变了对象,同时也就改变了我们人本身。没有什么只作为单纯感性存在物的、抽象一般的人,我们每个人、每种群体,都是通过历史和社会的实践生产出来的人。所以结论就应该是:对象和人都是在劳动和实践中不断改变着的,它们的本质也就在不断改变着。它们都**不仅是客观的存在,也是可以客观实际地加以改变的存在**。那么还有什么只靠静止的孤立的感性直观就能把握住的"现实"和"对象"呢? 没有。

黑格尔已经指出了对象化活动对于主体和对象都起着这种改造作用,只不过他是用唯心主义的精神来说的。可是,费尔巴哈虽然是唯物论者,却没有理解这种活动的意义。他只把黑格尔辩证法的主体和对象归结到自然和人,却完全没有把黑格尔的辩证法本身归结到在自然基础上的人本身的实践活动。所以马克思强调指出,费尔巴哈**只知道感性直观,不知道人的感性活动**。

> "他没有看到,他周围的感性世界决不是某种开天辟地以来就已存在的、始终如一的东西,而是工业和社会状况的产物,是历史的产物,是世世代代活动的结果,其中每一代都立足于前一代所达到的基础上,继续发展前一代的工业和交往,并随着需要的改变而改变它的社会制度。甚至连最简单的'感性确定性'的对象也只是由于社会发展、由于工业和商业交往才提供给他的。大家知道,樱桃树和几乎所有的果树一样,只是在数世纪以前由于商业才移植到我们这个地区。由此可见,樱桃树只是由于一定的社会在一定时期的这种活动才为费尔巴哈的'感性确定性'所感知。"[1]

费尔巴哈只讲自然的对象,感性直观的对象,他没有看到实践

---

[1] 《费尔巴哈》,人民出版社1988年版,第20页。

对于我们理解人化的自然世界及其中的一切事物的决定性意义。

　　费尔巴哈努力想抓住的感性的现实的人,为此他坚决批判了黑格尔的抽象精神,也批判了法国唯物论只重自然的唯物主义,而强调了人本的唯物主义。但是他所说的人只是感性直观的人,而不是感性活动的人,这样他就不可能抓住真正现实的人本身。正是在这个关键之处,他完全不能继续前进,陷入了唯心主义:

> 　　"诚然,费尔巴哈比'纯粹的'唯物主义者有很大的优点:他承认人也是'感性对象'。但是,他把人只看作是'感性对象',而不是'感性活动',……他从来没有把感性世界理解为构成这一世界的个人的全部活生生的感性**活动**,因此比方说,当他看到的是大批患瘰疬病的、积劳成疾的和患肺痨的贫民而不是健康的人的时候,便不得不求助于'最高的直观'和理想的'类的平等化',这就是说,正是在共产主义的唯物主义者看到改造工业和社会结构的必要性和条件的地方,他却重新陷入唯心主义。
> 　　当费尔巴哈是一个唯物主义者的时候,历史在他的视野之外;当他去探讨历史的时候,他不是一个唯物主义者。在他那里,唯物主义和历史是彼此完全脱离的。"①

　　用人的感性活动取代费尔巴哈的感性直观,这一词之差,就划清了两种原则对立的唯物主义。马克思从这点出发建立了辩证的历史的人观或历史观。唯物的人观和历史观是马克思哲学的中心,这同费尔巴哈哲学在自然唯物主义基础上强调人是中心在形式上类似,但对人本身的理解完全不同。马克思强调的是人之为人起根本作用的是他的感性活动。正是这一点把新旧唯物主义决定性地判别开来,使现代唯物主义取代了以往的一切唯物主义。

————————
① 《费尔巴哈》,人民出版社1988年版,第22页。

　　这一分别在哲学本体论、认识论和哲学本身的意义上产生了鲜明的结果。

　　所谓本体论，是关于一切事物的最后根源、本质的学说。以前的唯物主义物只认定它是自然（如法国唯物论），费尔巴哈提出在自然的基础上以人本身为中心。但是他和以前的唯物主义都没有看到实践的意义，因而都还没有能说明自然和人本身。马克思认为，如果说自然界的客观存在是唯物主义的一般基础的话，中心则是在这种自然基础上的人本身，而人本身就是人的实践，或实践的人。

　　人类既然是在实践的历史活动中改变着一切对象和自身，所以现实的自然界和人都只能从实践中才能得到真正的理解。单纯的自然界除了提供一个原料式的基础而外，不能起这种作用。所以唯有实践的人才是我们的现实世界，即在历史中形成的世界的真正的活的本原、本体。自然唯物主义是正确世界观的最终基础，但还不是关于人类世界知识大厦本身的基础，实践的唯物史观才是这个基础。

　　在我们强调实践对于本体论的根本意义时，当然不可又把它抽象成似乎是可以脱离自然界和现实的人的东西。有一种"实践本体论"者忘记了这个最起码的道理，显然是不可取的。如果他们要说这就是马克思主义，那是笑话。实践是唯有人才有的，而人是不能脱离自然界的。实践本身乃是感性现实的人对于感性现实的对象所进行的感性现实的活动。

　　所谓实践的人，也就是社会的人。在马克思看来，人没有什么抽象的本质，人是在实践中获得对象并发展他自身的，所以人的本质是变动的、发展的，在对象化、异化和克服异化、占有对象中不断曲折地丰富起来的。他尤其强调，在实践中人对人的生产和改造，也就是社会历史关系的形成,对人的本质的发展具有决定性的意义。这是因为,在人的一切对象中,最重要的对象就是人本身,即他人、社会和历史,每个人同他人、社会和历史相互生产相互改造,从而获得自己的本质并继续处在改变之中。所以马克思说:"人的本质并不是单个人所固有的抽象物(即不是脱离实践中相互产生的作用而有的东西 —— 引者注),在其现实性上,它是一切社会关系的总和。"(第六条)

这样,对认识论知识论也就必须进行根本变革。"人的思维是否具有客观的(gegenständliche,与'对象性的'是一个词 —— 引者注)真理性,这并不是一个理论的问题,而是一个**实践的**问题。人应该在实践中证明自己思维的真理性。"《提纲》第二条讲的是认识论问题,真理的本质问题。真理指的是人(主体)的思想与现实的一致,它必以现实的人在实践活动中改变现实环境,反过来改变自身的过程作为基础、内容和目的,所以是由实践来规定的。

《提纲》从实践观点批判了旧唯物论的社会改造观点,得出了重要的革命结论。

"有一种唯物主义学说,认为人是环境和教育的产物,因而认为改变了的人是另一种环境和改变了的教育的产物, —— 这种学说忘记了:环境正是由人来改变的,而教育者本人一定是受教育的。因此,这种学说必然把社会分为两部分,其中一部分凌驾于社会之上。"(第三条)这是针对欧文和法国唯物论者说的。他们想改变现状和人本身,但是在强调环境对人的作用时,忘记了环境正是靠人来改变的。他们找不到改变环境的力量,便求助于教育的作用,但是那教育别人的人又从何而来? 就只能靠天才和偶然性了。他们忘记了教育者本人必是受教育的。这种唯物主义由于不懂得实践的意义,就不能在人类本身找到改变环境和教育的本原和力量，只能寄希望于少数凌驾于社会之上（即凌驾于人类之上）的另一种人（英雄、圣贤式的统治者、超人）而不得不重新陷入唯心主义。革命的主张如果不以人类历史实践作基础，就找不到途径，也就很容易走向反动。所以必须批判。

费尔巴哈对宗教的批判虽然看来激烈，实际上是表面的、无效的。他以为把神学归结为人本学就是很革命的见解，并且就能清除宗教异化。实际上他根本还没有认识到宗教异化的根源。因为宗教中此岸彼岸的分裂和异化，不过是人的实践所形成的社会本身异化的显现方式。并不是宗教使人异化，而是人的社会本身发生了异化和分裂，才有人在精神上异化为宗教形式。所以在人的社会世俗生活异化没有消除的时候就不可能消除人的宗教异化。于是消除宗教异化的问题，就应当改变为消除世俗基础的异化问题。这些异化都只有通过革命实践才能够加以解决。

"哲学家们只是用不同的方式**解释**世界，而问题在于**改变**世界。"在实践中改变世界，人类才能赢得自己的自由和解放。《提纲》最后这一条标明马克思哲学的目的，是他的人论或唯物历史观的核心结论，也是指导他以后全部斗争的指南。

第六章　关于向共产主义过渡时期的经济、政治形式的学说

以《共产党宣言》为标志，马克思和他的战友恩格斯投身于实际改变世界的共产主义斗争，成为国际工人运动的领袖。此后数十年间，马克思在理论上最伟大的成果是科学系统解剖资本主义社会的《资本论》，此外他还写了几部很重要的历史著作，包括对巴黎公社革命经验的总结性文献，以及大量的时事政治评论。这些就是人们称作"成熟时期"的作品。这里只就他的学说中对今天仍有重要关系和启示的一些思想，作点扼要的讨论。

一、对社会主义所有制如何理解的问题

在经过了长时期曲折的经验教训之后，我们中国已经走上了改革开放的道路。我们坚持社会主义，但是要求更正确地理解什么是社会主义。其中一大基本问题还是如何理解社会主义的公有制。

马克思指出，共产主义就是"消灭私有制"，确实也在许多地方把社会主义的所有制简称为"公有制"。但是问题常常就出在这

里。人们以为自己对于什么是"公"和"私"好像很容易理解和抓住，也很容易习惯于简单的公式。但是实际上这是在历史上有着最为复杂形态和内容（其中充满着异化）的东西，而这类观念又是普通人最难于弄清楚并老是容易上当受骗的观念，只靠模糊粗浅的了解是无法真正把握的。如前所述，马克思在作出了大量和深刻的历史、经济、政治和文化的批判研究之后，才把他们的共产主义学说简要地规定为"消灭私有制"和"建立公有制"的。所以我们对这类概念必须作认真的研究，决不应停留在笼统的了解上。

对他所主张消灭的"私有制"，他有明确界定，指的只是"资产阶级的所有制"，即资本家私人占有由社会劳动形成的资本以支配他人劳动生产剩余价值的那种权力制度。[①] 或者如我们前面已经反复指出的，它的前提和表现形式就是三分离的所有制：土地、资本以致整个自然界同劳动者及其劳动的完全分离。换言之，它只是土地、资本、一切生产和生活资料都集中在资产阶级手里，因此劳动者只有自己的劳动力而成为无产阶级的那种所有制。

而他所说的"公有制"，指的也非常明确，那就是："全部生产集中在联合起来的个人的手里"，[②]是"在协作和对土地及靠劳动本身生产的生产资料的共同占有的基础上，重新建立个人所有制"[③]。

人们对于马克思的"消灭私有制"和"建立公有制"提法的模糊认识和错误理解，最明显地表现在对他所说的"个人所有制"的意义缺乏理解。长期以来流行的看法都是：一方面把"个人所有制"同"私有制"挂在一起，甚至当作同义语；另一方面则把"个人所有制"同"公有制"完全对立起来。这样就把马克思的观点恰恰搞颠

① 《共产党宣言》，《马克思恩格斯选集》第1卷，人民出版社1972年版，第265—267页。
② 《共产党宣言》，《马克思恩格斯选集》第1卷，人民出版社1972年版，第273页。
③ 《资本论》第1卷，人民出版社1975年版，第832页。

倒了,同他的见解相反了:因为他所说的"个人所有制"指的乃是劳动者的个人所有制,它正是资产阶级的私有制(他通常简称之为"私有制")的对立物,而这种个人所有制同社会主义公有制倒正是不可分的,所以他强调那是"重建个人所有制"。这个问题不弄清楚,我们对什么是马克思主义的社会主义所有制就不会有清楚的概念。

许多人常说,马克思没有阐述或规定社会主义所有制的具体形式和实现的方式、途径。这是对的,他不可能为后人的实践规定具体的方案。不过至少他已经分析了基本的原则。可是他的这种分析并没有被注意和研究,那就是应该由后人自己去反思的问题了。

我们以前出问题差不多都与此有关,在苏联和我国社会主义公有制的几十年的实践中,劳动者个人积极性没有得到很好的发挥,以致社会主义生产力的发展受到很大阻碍。这个事实本身就说明我们的社会主义所有制还很不完善,或者可以说我们对什么是社会主义所有制的理解还有问题。改革开放的实践有力地证明,没有亿万劳动者个人自主性的发挥,就没有社会主义。这种自主积极性要求有与之相适应的所有制形式——它是社会主义的,也必是属于全体人民中的每一成员的。在这个时候,我们再来看马克思关于"重建个人所有制"或"社会个人所有制"的提法,就会有新的体会。

马克思主张废除的私有制,仅限于剥削阶级的所有制,尤其突出的是资产阶级的所有制。他从来没有主张剥夺劳动者的个人所有制——只是指出,在资本主义之前的历史阶段,以个人的劳动和占有为基础的所有制,由于那种比较孤立的狭隘的特点,不仅从根本上限制了劳动者的自由发展,而且它本身不免要在同资本的竞争中走向灭亡。对于资本主义消灭了个人所有制这一历史事实，共产主义者一方面要揭示这是资本的罪恶，另一方面也承认它有着历史进步的意义。这是一种代价。共产主义对个人所有制的态度是：只能在资本主义所造成的进步（通过资本来体现的劳动社会性和劳动资料的社会性）的基础上，通过否定资本主义（资本家的私人占有）来加以重建——它是一种全新的个人所有制，联合起来的个人所有制。

资本主义社会借资产阶级私人占有的形式，把许多劳动者聚集在资本的统治之下，创造出社会化的劳动生产力，使劳动的社会化第一次成为现实。但是在劳动社会化成为人类生产的决定性方式之后，资产阶级的私人占有就成为它进一步发展的障碍了。劳动者是人，他有权得到自己从劳动中创造的一切来发展他自己；社会化的劳动更在人类面前展开了一种前所未有的可能性，即通过他自己同别人联合起来的社会劳动及其成果，使自己成为一种具有最丰富人性的能够自由发展的人。要实现这一点，关键只在否定资产阶级私有制。所以马克思把"消灭私有制"当作主要的任务。这是从否定方面来说的。问题的另一方面就是如何建立和发展真正能够同社会化的生产力相一致的所有制形式。

同私有制相对立的所有制概念自然是公有制。但是什么是公有制？人类历史上自称为"公"的制度早已很多，但是除了原始时代早期的公有制外，人类从向文明过渡起直到如今的阶级社会里，所有那些所谓的"公"和"普遍利益"的形式，都带有不同程度的虚假性虚幻性，因为它们几乎都是少数剥削阶级及其统治的私利的代名词，他们需要在代表社会公众利益的名义下使自己的作为被社会所承认或容忍，取得合法或合乎情理的地位。但是只要人们观察劳动者个人实际无权状况，就会发现这类所谓"公共利益"、

"普遍利益"的名实不符,实际上充满着对立和阶级的斗争。这时的"公"既然带有虚假性质,就同"个人"处于非常对立的地位,凌驾于社会和个人之上。

但是,以往"公"的虚假性,决不意味着人类和个人可以否弃公共的社会利益和相关的经济与政治的形式。它只不过表明,要获得真正的名副其实的"公"是一场特别深刻复杂的斗争和历史实践过程。这里的关键就在于,它应当同所有的个人的利益、权利和意志相一致。因为"公"原来就是指某种集体中所有个人的联合。作为自主的个人在同他人的联合中,一方面形成着共同的权力和意志,同时也仍然必须保留着其个人的自主权利和意志。只有这样的联合,才能发挥集体和其中所有个体成员的主体能动作用,并为社会和个人的利益服务,使社会和个人都得到自由发展。所以真正的公有制必然是同个人所有制统一的,或者说,它正是以所有个人的所有制为其真实内容,因此在形式上也必须正确解决个人之间既联合又仍然保持着个人的自主权利的公有制。

共产主义和社会主义是为劳动者利益而斗争的事业,以人类解放为目标,就必须建立真正符合劳动者阶级及其个人利益的所有制,彻底批判过去那些虚假的"公共"和"普遍"形式和观念。不过这实在是一个最困难和复杂的任务,需要有高度社会化的生产力条件,还需要有各种政治的、文化的和思想道德的条件。这些在社会主义革命胜利之后是不可能很快做到的,需要在长期的发展中和艰难斗争中才能逐步创造条件使之逐步实现。在比较落后的国家,如俄国和中国,由于旧的传统特别根深蒂固,更加困难。

马克思和恩格斯都认为,即使在西欧那样的资本主义发达国家革命之后,公有制最初也只能采取无产阶级的国家所有制的形式,另外再加上劳动者的集体所有制。^①苏联和我国在革命后的实践正是这样做的。但是这并不是马克思关于社会主义所有制的根本观点,而只是对刚刚开始的社会主义占有方式所不可避免的过程的考虑。实践证明,这些形式虽然在开始时是必要的,但是随着发展,它的缺陷就会显示出来,并越来越成为进一步发展的障碍。其最突出的缺点,就是社会主义国家代表全社会来占有生产资料时,实际上很难真正具体实现社会个人同生产资料的直接占有关系,使它常常成为只是名义上的。另一方面,国家所有制往往成了部门所有制、地方所有制或单位所有制,离真正的社会公共占有相距甚远。由于国家所有制必须通过政府机构及其官员来实现,在旧社会传统依然深刻保存着的条件下(这些传统和文化是决不会很快消失的),就有无数的渠道和可能性使它很容易蜕变为官僚所有制(如以权谋私等现象所明显表现出来的那样)。这就说明,我们现在的社会主义所有制还极不完善。对于这一点,我们不能抽象地指责。因为在社会主义初级阶段国家所有制不仅不可避免,也没有任何其他形式能够担当起代表全体人民占有社会化生产资料并加以组织协调的作用。但是应当清醒地看到它的不足和种种问题,承认它也是一个必须努力加以改变的现状。随着社会主义生产的发展和文化的进步,我们今天正处在可能逐步加以改革的时刻。

在这个时刻,有的人认为上述情况表明公有制还不如私有制,因此应该回到私有制。这种想法在一些人中已成为流行的思潮。

---

① 《马克思恩格斯选集》第1卷(人民出版社1972年版)第272页:"无产阶级将利用自己的政治统治,一步一步地夺取资产阶级的全部资产,把一切生产工具集中在国家即组织成为统治阶级的无产阶级手里。"关于劳动人民的集体所有制,马克思、恩格斯发表过不少关于合作制的思想。

但是更多的人还是认为我们应当继续沿着社会主义的方向前进，使现有的国家所有制和集体所有制得到深刻的改革，向着真正的社会主义所有制发展。我们认为后者才是正确的方向。

在这项艰巨的历史工作中没有先例可循，我们欣喜的是当前的改革开放已经为它开辟了道路。"实践是检验真理的标准"，改革开放已经改变了我国长期生产力停滞不前的局面而迅速起飞，就表明改革的路是很有意义的、方向是对的。

马克思虽然不能给我们如何建设社会主义公有制的完善形式提出具体指导意见，但是他的"重建个人所有制"的观念对我们是一个根本指导思想，另外，他在资本主义的发展中，也看到了有意义的东西，对我们有启发。

他认为，"资本主义股份企业，也和合作工厂一样，应当被看作是由资本主义生产方式转化为联合的生产方式的过渡形式"。①

（1）关于股份制。他说资本主义股份公司的成立，使"生产规模惊人地扩大了，个别资本不可能建立的企业出现了。……那种本身建立在社会生产方式的基础上并以生产资料和劳动力的社会集中为前提的资本，在这里直接取得了社会资本（即那些直接联合起来的个人的资本）的形式，而与私人资本相对立，并且它的企业也表现为社会企业，而与私人企业相对立。这是作为私人财产的资本在资本主义生产方式本身范围内的扬弃。"②这就是说，资本主义下的股份公司，也突破了资产阶级私人所有制形式，因为它把私人资本变成了"直接的""社会资本"形式，把资本家"私人企业"变成了"社会企业"，从而使资本在形式上同"生产资料和劳动力的社

---

① 马克思：《资本论》第3卷，人民出版社1975年版，第498页。
② 马克思：《资本论》第3卷，人民出版社1975年版，第493页。

会集中"的内容一致。当然,这一切依然是在资本私有制的基础上的改变或扬弃,并没有改变整个资本主义所有制的本质。但是它确实表现了生产的社会化要求改变资产阶级私人占有的整个历史趋势,并且这种形式确实使资本主义的生产力得到了前所未有的新发展。

这种形式之所以是"社会的",就是因为它扬弃了资本家私人占有的形式,采取了"直接联合起来的个人的资本"的形式。许多股东个人以直接联合的方式共同运用他们联合起来的资本来进行生产,这是他们公共的事业,也是他们每一个人的事业 —— 所以叫作"社会资本"形式。

随着这种形式的出现,"实际执行职能的资本家转化为单纯的经理,即别人的资本的管理人","在股份公司内职能已经同资本所有权相分离,因而劳动也已经同生产资料的所有权和剩余劳动的所有权相分离。资本主义生产极度发展的这个结果,是资本再转化为生产者的财产所必需的过渡点,不过这种财产不再是各个互相分离的生产者的私有财产,而是联合起来的生产者的财产。另一方面,这是所有那些直到今天还和资本所有权结合在一起的再生产过程中的职能转化为联合起来的生产者的单纯职能,转化为社会职能的过渡点。"①

股份制资本和单个资本家的资本的分离,使运用资本的职能从单个资本家手中摆脱出来变成社会的职能,更适合社会化的生产方式的需要,因而有利于生产力的进一步发展。19世纪下半叶以来到现在资本主义社会生产之所以能有比较大的发展繁荣,同这种形式有重大的关系(此外还有资本主义的国家调节作用)。马

---

① 马克思:《资本论》第3卷,人民出版社1975年版,第493—494页。

克思从中还深刻地看到这对未来社会即"联合起来的生产者的财产"形式具有启示的意义。

（2）他还分析了合作工厂的形式。"工人自己的合作工厂,是在旧形式内对旧形式打开的第一个缺口,虽然它在自己的实际组织中,当然到处都再生产出并且必然会再生产出现存制度的一切缺点。但是,资本和劳动之间的对立在这种工厂内已经被扬弃,虽然起初只是在下述形式上被扬弃,即工人作为联合体是他们自己的资本家,也就是说,他们利用生产资料来使他们自己的劳动增殖。"①

在资本主义下的工人合作工厂,依然服从资本主义的规律,并不能使工人得到真正解放。但是,它表明了"一种新的生产方式怎样会自然而然地从一种生产方式中发展并形成起来"②。

同资本主义的股份制不同,合作工厂是由工人个人靠自己的劳动和这种劳动形成的资本直接联合而形成的,从而在这种工厂内扬弃了劳动和资本的对立。因而更加值得我们注意。马克思在这里更加看到新的生产方式的显示,尽管它本身并没有超出资本主义的总范畴。

当前人们正在探讨社会主义所有制的新形式。许多人已经从股份制得到重要启发,主张建立社会主义的股份所有制,这是很有意义的。但是,社会主义从根本上说是全体劳动者的劳动联合,所以它不应当仅仅是个人在资本上的联合（股份制）,更重要的问题乃是找到一种所有制形式,它能够体现劳动者个人的劳动和全部自主活动的直接联合（从而也包括他们个人在生产和再生产中积

---

① 马克思:《资本论》第3卷,人民出版社1975年版,第497—498页。
② 马克思:《资本论》第3卷,人民出版社1975年版,第498页。

累的资本即社会化生产资料的联合）。现在人们所说的社会主义股份制谈的只是个人或各种法人在资本上的联合，却没有充分考虑到劳动者个人在劳动和活动中的自主联合。与之相比，马克思所说的资本主义下工人合作工厂的所有制形式，能给我们以更多的启发。问题只在于，真正的社会所有制必须要涉及全民的个人，这就必须超出单个工厂的所有制那种仅仅限于单位个人的社会联合所有制的狭窄范围。这是不容易实现的。可是社会主义的股份制也不能避免这种局限性。

在现阶段，以国家的名义来代表全民的个人来体现社会主义所有制是必要的。尽管它有缺陷，但是还没有别的办法一下子达到完全的真实的全民个人联合所有，而如果我们没有国家所有制，那么在生产的社会化没有充分实现之前将没有什么形式能够代表全体社会成员个人的所有制。因为无论是股份制公司或者是劳动者的合作所有制都还只是某种集体的公有制，不能代表和行使全民的生产和分配责任。我们的目标应当是使它逐步成为完全真实的全体劳动者、全民个人的所有制 —— 真正的社会主义公有制。在这个过程中，社会主义的股份制和合作制都将起到帮助把每个劳动者个人联合起来、帮助社会所有同个人所有挂起钩来的历史作用。我们相信，通过这几种形式的共同发展，相互补充，克服它们在现阶段各自不可避免的缺陷和不足，将能在发展中逐步找到提高它们并把它们完全统一起来的新所有制形式。

"资本家对这种劳动的**异己的所有制**，只有通过它的所有制改造成为非孤立的单个人的所有制，也就是改造为**联合起来的社会**

个人的所有制,才可能被消灭。"①

联合起来的社会个人的所有制 —— 这就是社会主义所有制
或公有制的真实内容和形式。在"社会"和它的所有"个人"之间
的一致,是一个包含着巨大的张力、在内容和形式都极其复杂的有
机结构,需要一个长期发展过程才能得到它的严格而科学的规定。
我们现在虽然已经有了社会主义,但是还处于它的初级阶段,因而
在所有制上还处于它的初级发育阶段。我们应当弄清这种发育的
真正条件和必要的过渡形式,促使它比较健康地实现。

社会主义政治的作用虽然不能代替经济转变的现实,但是它
却是这种转变的有力杠杆和保证力量。因此马克思十分强调这个
过渡时期的政治革命和政权的作用,这就是他所说的无产阶级革
命和专政。

二、实现社会主义的政治形式

社会主义既然要否定资本主义所有制,当然要遭到资产阶级
的反抗,特别是资产阶级政权的镇压。所以只能从推翻这种政权
开始。这就是用无产阶级的革命推翻资产阶级专政。代之而起的
劳动人民的政权就是人民民主专政,或无产阶级专政。

镇压剥削者的反抗是它的一个作用。更重要的是组织成为
统治阶级的无产阶级要团结和领导全体劳动人民建设新社会:改
造生产所有制和其他各种社会关系,实现向社会主义共产主义的

---

① 马克思:《经济学手稿(1861—1863年)》,《马克思恩格斯全集》第48卷,人民出版
社1979年版,第21页。

过渡。

预计到这种过渡的长期性复杂性和十分艰难的斗争,马克思认为在这个时期坚持无产阶级专政是必要的。"在资本主义社会和共产主义社会之间,有一个从前者变为后者的革命转变时期。同这个时期相适应的也有一个政治上的过渡时期,这个时期的国家只能是**无产阶级的革命专政**。"①

由于苏联和我国几十年来实践中有许多失误,许多人对无产阶级专政一词有很大反感,更不用说资产阶级总是特别攻击它。所以在人们头脑中似乎它是完全不应该有的。但是否定失误同根本否定它本身的必要性是两回事。前者是非常正确而且十分必要的,后者就会导致根本否定社会主义社会发展的可能性。

马克思亲眼见到了并非由他领导而发生的法国巴黎公社起义,和由此产生的世界历史上第一个无产阶级政权。虽然它只存在了几十天,然而马克思已经从中看出这种革命专政的崭新特点。他以满腔热忱欢呼并认真总结了它的经验,直到今天仍然值得我们留意。

> "公社的真正秘密就在于:它实质上是工人阶级的政府,是生产者阶级同占有者阶级斗争的结果,是终于发现的,可以使劳动在经济上获得解放的政治形式。"

他批评那些经常高谈工人解放,"可是只要工人们在什么地方断然当家做主,……立刻就弹起辩护[资本主义]的调子来反对他们"的人:"他们叫喊说,公社想消灭构成全部文明基础的所有权!

① 马克思:《哥达纲领批判》(1875),《马克思恩格斯选集》第3卷,人民出版社1972年版,第21页。

是的,诸位先生,公社曾想消灭那种将多数人的劳动变为少数人的财富的阶级所有权。……它曾想把现在主要用作奴役和剥削劳动的工具的生产资料、土地和资本变成自由集体劳动的工具,以实现个人所有权。"① 他高度赞扬了巴黎工人的革命首创精神和团结农民以及广大中等阶层的工作。

对我们最有意义的一点,是他指出的这种政权同以前的那些国家机器有着本质的区别。它是"社会共和国"② 的一种形式。公社的第一个法令就是废除压迫人民的军队"而用武装的人民来代替它"。公社是由巴黎各区普选选出的代表组成的,这些代表对选民负责,随时可以撤换。从公社委员起,自上至下一切公职人员都只领取相当于工人工资的薪金。国家高级官吏享有的特权消失了,公职不再是少数人的私有物。旧日政权的合理职能"交给社会的负责的公仆"。普选制不再是每隔几年决定一次由谁来"代表和压迫人民",而是选出为人民服务的人员,"正如个人选择的权利为任何一个工厂主服务,使他们能为自己的企业找到工人、监工和会计一样。"③

因此,他认为:"公社制度将把靠社会供养而又阻碍社会自由发展的寄生赘瘤 —— '国家'迄今所吞食的一切力量归还给社会机体。"④ 它是"可以使劳动在经济上获得解放的政治形式"。

---

① 马克思:《法兰西内战》(1871),《马克思恩格斯选集》第2卷,人民出版社1972年版,第378页。

② 马克思:《法兰西内战》(1871),《马克思恩格斯选集》第2卷,人民出版社1972年版,第374页。

③ 马克思:《法兰西内战》(1871),《马克思恩格斯选集》第2卷,人民出版社1972年版,第374—376页。

④ 马克思:《法兰西内战》(1871),《马克思恩格斯选集》第2卷,人民出版社1972年版,第377页。

　　这就是马克思主张的"无产阶级专政"同实践相结合的最初模型。让我们对它作一点基本分析讨论。

　　第一，他之所以主张无产阶专政，只是因为人类解放、从资本主义社会过渡到社会主义必定需要有一种政治的保证。

　　为什么人类解放事业必须由无产阶级作为代表来领导？

　　这是因为，人类解放本质上是人类的社会劳动的解放。在人类劳动中，唯有现代劳动才达到了社会化劳动方式的阶段，而劳动者中的最社会化的那一部分是无产阶级。同时，他们又由于自己的社会化劳动产品完全由资产阶级占有和支配，而使自己处于受支配受奴役的地位。所以无产阶级的解放，就是人类的社会化劳动从奴役地位下得到解放，是人类社会的生产和全部活动的解放，人类本身的真正解放。

　　我们看到，在现代资本主义各国，随着社会生产力的迅速发展和工人阶级的斗争，职工的工资和一般生活水准有了相当大的提高和改善。但是资本集中在少数资产者手中的基本社会结构（三分离）改变了没有呢？那里的职工的工资提高改变了他们作为"无产者"的状况没有呢？没有。因为所谓"无产阶级"，并不是说这个阶级的个人没有任何财产（工资之类的财产当然是有的），只是说他们没有自己能够作主来支配自己命运的财产——社会化的资本。现代产业的职工收入只是工资，而工资不仅只是职工生产的财富的一小部分，更重要的事实是：工资只是在资本支配全部生产和占有全部产品的条件下，由资本作主作为被购买的劳动力商品的代价才得到的。一旦他们失去工作，问题的全部实质就清楚地暴露出来。所以在资本主义制度下的职工，仍然不是自己生产活动的主人。所谓无产阶级"受奴役"，主要指的也就是他不是主人而是受资本和资产阶级的支配。现代资本主义社会可以用许多办法缓和对立,甚至工人的生活水准可以大大超过不发达国家的一般人的水准,但是职工在整个社会经济生活活动中自己不能作主而受资本支配的状况,只要资本主义制度没有根本改变,就不会根本改变。他们的自我解放即社会劳动解放的历史任务,依然没有实现。

同无产阶级相比,其他劳动者如中小资产者倒是有某种自主的经济地位,但是他们的劳动还缺乏真正的社会化性质,不能体现人类的前途,另外在同资产阶级集中的资本的竞争中是难以保持自己的那种地位的。他们或者跟着资本走,或者也得成为无产者,因此他们不能成为决定人类前途的决定力量。这就是唯有无产阶级才能成为人类解放利益的代表者的原因。

为什么人类解放的事业必须通过无产阶级的专政才能实现?

第一,这是因为人类解放事业是一个根本改变现存社会经济、政治、文化和现存的人本身的极其复杂的历史转变过程。它是为了人,却又只能通过人自己的斗争实践才能实现的过程,这就不能避免阶级斗争。

阶级斗争并不是马克思的发明。它是社会的事实,而且原是资产阶级提出来的社会历史学说。马克思说:

> "……至于讲到我,无论是发现现代社会中有阶级存在或发现各阶级间的斗争,都不是我的功劳。我以前很久,资产阶级的历史学家就已叙述过阶级斗争的历史发展,资产阶级的经济学家也已对各个阶级作过经济上的分析。我的新贡献就是证明了下列几点:(1)**阶级的存在仅仅同生产发展的一定历史阶段**相联系;(2)阶级斗争必然要导致**无产阶级专政**;(3)这个专政不过是达到**消灭**

一切阶级和进入无阶级社会的过渡"。[①]

一切阶级要发挥自己的历史主动性,按照自己的意志来改变现状创造符合自己利益的未来,都不能仅仅靠思想而必须见于行动,而人类各种重大的历史行动在现实上必定要通过集中为政治的行为才是可能的(至少在进入文明以来直到今天都是如此)。所以在存在着阶级的一切社会中,国家政权总是这种政治主体性的集中形式,而它又总是以某个或某些占统治地位的阶级的利益和意志为基础和内容的,或者说就是这个阶级的专政。无产阶级的政治行动,集中起来说,就是推翻资产阶级的统治和建立无产阶级的专政。

无产阶级专政不同于以前奴隶主、封建主和资产阶级的专政,在于它不再是维护阶级对立的专政,恰恰相反,只是为了彻底消灭阶级达到人类解放而进行的斗争的形式。从而也就是通过无产阶级专政达到消灭一切专政本身。

第二,既然如此,这种专政的政权在形式上也就必须全然不同于以往的国家。无产阶级要通过自己的政权把一切劳动者和人民团结起来,实现改造旧社会和建设使社会劳动和全人类得到解放的新社会的任务,它本身就决不能再像从前的国家那样。那些国家形式由于其剥削阶级的实质,总是些欺骗、压迫人民的官僚机器,而无产阶级的国家既然只能是劳动者当家作主并为人民服务的"社会共和国",就必定要采取完全新的形式。这种前所未有的国家不是从天上掉下来的,只能在同旧国家形式的斗争中找到自己的真正形式。马克思从巴黎公社的创造中看到了它的一些最初

[①] 《1852年马克思致约·魏德迈的信》,《马克思恩格斯选集》第4卷,人民出版社1972年版,第332页。

表现和特点。

如政府和人民的一致,它的官员由人民普选直接产生,对人民直接负责并随时可以由选民撤换,等等。这些特点表明,无产阶级专政在政权形式上必须同它的内容相适应,正如经济上"社会"所有同所有"个人"的所有是一致的那样,劳动者和全体人民在政治上也必须实现"社会"和"个人"权力的一致。

无论在俄国十月革命中或是在中国革命中,无产者都表现了群众的伟大首创精神和政治上的团结一致,这种团结体现了集体和其中每个个人积极性的一致。新的政权就是这样建立起来的。新政权的力量就在于它始终依靠和能够调动人民中各个部分和个人的高度积极性,集中起来为全体人民和每个成员的利益和发展服务。但是,我们必须承认,旧的文化传统,旧的政权观念和官僚主义决不是短时期能根除的,它们的根源很深,而在社会主义的初级阶段一切变革都只是开始,所以政治形式上的改革同经济的、文化的变革一样,它本身也必须经历一个很长的斗争过程。我们看到各种旧政权的缺陷总是在新的形式中死灰复燃,不时泛滥成灾。诸如滥用职权、以权谋私、家长制统治和官僚主义现象是相当普遍的,它们要引起人民的不满、对立,有时会闹到非常严重的甚至某种对抗的地步。在缺乏民主传统和尊重个人权利传统的我国,问题尤为突出,在某些方面甚至还不如资本主义的民主对个人权利所具有的那种尊重。这说明,我们在无产阶级专政的政治形式方面的改革是一个极大的问题。它影响到社会主义的全部事业,因为从资本主义向社会主义共产主义过渡的全部时期的斗争,都需要无产阶级专政作为政治上的保证。如果社会主义的政治和国家政权本身出了大问题,全部事业就一定会遭受挫折甚至失败。苏联的"变色"就充分证明了这一问题的严重性。社会主义的经济改革固然是基础,政治改革更是关键,它是一个甚至比经济改革还要敏感、困难和艰巨的工作。

我们在前面已经说到马克思关于必须否定和批判把"社会"抽象为同"个人"相脱离和对立的观点,和他一再强调社会主义"社会"是同"个人"一致的学说。这种一致的基本含义是"社会"就是所有"个人"的自由的联合,其真实基础是劳动及其主体 —— 劳动者的社会联合。所以我们可以用《宣言》中的声明来概括地表示社会主义共产主义 —— 包括它的经济的、政治的和其他一切活动和形式在内 —— 的本质:

> "代替那存在着阶级和阶级对立的资产阶级旧社会的,将是这样一个联合体,在那里,每个人的自由发展是一切人的自由发展的条件。"

第七章　人类解放的新考察：
人类学研究和对已有理论的检验

　　"人的思维是否具有客观的真理性，这并不是一个理论的问题，而是一个实践的问题。人应该在实践中证明自己思维的真理性，即自己思维的现实性和力量。"离开实践来谈某种思想是不是真理，"是一个纯粹经院哲学的问题。"《提纲》第二条不仅适用于批判考察其他一切学说，也同样适用于马克思学说本身。马克思本人正是这样批判地对待他自己的，我们也应当这样来看待他。这一点在当今尤为重要。一百多年来的实践，今天和未来的现实的挑战，使我们用这个观点重新考察马克思成为最迫切和尖锐的重大问题。

　　他的学说在他在世的时候还没有得到决定性的检验，那时只发生过巴黎公社那次没有成功的革命。到了20世纪大规模的革命实践的展开 —— 苏联和中国革命的成功、失误和最近发生的最为重大的变化，包括苏联回到资本主义道路，而我国社会主义事业走上改革开放之路，才给马克思学说以一种真正严重的考验。我们今天重读马克思必须从这样的现实出发。

　　在我们这样去考察他的时候，他本人在面对新问题时所作的那些自我检验，和由此发展出来的思考，是最值得我们注意的。我想这突出地表现为他对俄国和东方问题的思考,因为他所期望的西欧无产阶级革命后来并没有发生,而俄国和我们中国倒先成了世界历史转向社会主义的主力。这个现象并不是偶然的,他在晚年已经看到了这种新的历史趋向,就着手研究了这个对他说来是全新的课题。

为了解决他的学说是否能够适用于俄国这个尖锐的问题,他不仅需要研究俄国的现状和历史,而且以巨大精力投身于人类学研究。在这种研究中,他提出了许多非常生动的思考。但遗憾的是,正如以前人们以不成熟为理由忽视他的早期著作那样,以前人们对他的晚年研究也很少认真注意。可是正是这种研究展现出他对人类解放事业更宽阔的视野和更深入的探索,并且更接近我们,对我们更有许多直接启示。因此我认为这种忽视是对马克思的一种基本的忽视,应当纠正。

限于篇幅,我们只能对他的这方面研究作一简要介绍,然后着重讨论几个对我们可能是最有启发意义的要点。

一、推动马克思研究人类历史和
人类学的动因、思考线索及其成果

马克思关心历史和人类学研究有实践的和理论的多方面原因。作为一个德国人,他很自然地首先从关心德国人的解放开始,然后进到西欧范围,他的人类解放学说是从批判这里的资本主义制度提出来的,主要成果就是对资本主义的系统解剖和对将代之而起的社会主义共产主义的预见。但是,首先,人类不只是西方人,还有更多世界上其他人民,他们将如何走上解放之路? 再者,西欧资本主义也只表示着人类发展中的一种形式、一个阶段,因此要批判地研究清楚它本身的结构也必须弄清它的由来,从而涉及以往全部的人类历史发展。为了弄清这个基本问题,他从几个方面进行了批判研究:(1)首先需要有一个通观全局的科学历史观,这就是他在早期已经提出的唯物史观。而唯物史观的建立不仅需要哲学本身的深刻批判,同样需要对整个人类历史有一个大略的考察。从他和恩格斯那时的著作(如《德意志意识形态》)中可以看到这种努力。(2)在他的政治经济学批判中,为了弄清资本主义的前提 —— 三分离或抽象劳动的由来,亦即"资本的原始积累"的过程,他作了大量的古代史中各种经济的历史发展类型的比较研究。同时,为了考察资本主义的扩张和殖民主义,他还研究了西方同印度、波斯和中国等东方国家的关系和发展趋势。这些研究都涉及人类广阔而具体的历史发展事实,也就同人类学有关。

人类学是在19世纪里才兴起的一门新学科,它的重点是对人类的史前史和对世界各地现今尚存的原始及落后的部落民族作实地的考察研究,同时对各个不同民族、不同文化类型在不同历史阶段演变的实际状况,广泛收集资料,作系统的经验事实的描述和研究。它大大扩展了人们的眼界和知识,为理解人类社会和各种文化的起源提供了可能。它在时间和地域的前所未有的巨大跨度上,对人类发展中出现的各种事情分别加以研究,然后加以比较,展现出历史现象的巨大差异性、错综复杂性和多种多样变异的可能性,为理解人类历史发展中真实而具体的规律性提供了线索和钥匙(虽说这类经验事实的记录和研究在历史学和其他形式中早已存在,但以前没有系统地把它们纳入对人类作世界历史考察的总体概念之下,所以只是文化人类学的部分原料,还不能算作人类学研究)。在这门新科学看来,人类发展的规律性不再是单靠对人性作抽象思辨就能找到的东西（如以前许多哲学家所想的那样），也不再是生活在或多或少狭窄范围的人们根据自己所能够知道的就得出的一般结论（如以往西方或中国的传统史学那样），而必须同近现代的人们今天所能发现的、包括全部人类活动的、在经验可以实证的基本事实相一致。

在马克思晚年的时期，这门新学科已经产生了它的第一批重要成果。在这个时候，一种巨大的实践推动力，使他超出了先前自己对人类历史的研究形式（哲学的和政治经济学的）而转向了人类学。这种研究并没有使他本人成为一个人类学家，但是，由于他完全是为人类解放而工作的，并且在哲学上和在政治经济学上有远比一般人类学家要深刻得无法比拟的水准，因而他在人类学已有成果中所看见的东西常常远比他们更胜一筹（可惜的是，无论马克思主义者和人类学家们以前对此都认识不足）。这个新的推动力首先来自当时的俄国形势。

1871年巴黎公社的失败，使西欧的革命形势转向低潮，而这时在俄国却出现了革命的迫切要求和前景。它吸引了马克思的注意。

马克思最初接触到这个问题大约在1873—1877年间。《资本论》出版后不久，就出现了许多文字的译本，而第一个就是俄文的译本。这同俄国的形势有重要的关系。1861年沙皇俄国开始了改革，使俄国走向西欧式的资本主义，各种新的社会矛盾迅速增长。这就引起了俄国思想家们的思考。俄国将向何处去？它的前途会如何？已经成为摆在人们面前的迫切和重大的问题。为了寻找自己国家未来发展的正确道路，他们如饥似渴地寻求真理。这时，刚刚出版的《资本论》以其高度的科学理论水平透彻地批判分析了俄国正在自发地走向的西欧式的资本主义，并且指出了人类解放的前景，自然引起了他们的高度注意。但是不同的人们从《资本论》

中可以得到完全不同的结论,这样就给他们和马克思都提出了极为尖锐和严肃的问题。

事情大致经过是这样:

1877年10月,俄国民粹主义思想家米海洛夫斯基在《祖国纪事》杂志上发表了一篇题为《卡尔·马克思在茹柯夫斯基先生的法庭上》的文章。这篇文章包含着对《资本论》的某些错误的解释,似乎由此可以说明俄国未来发展必将像西欧各国那样走资本主义的道路。马克思认为这是需要澄清的,便写了一封信给该杂志的编辑部。这封信并没有寄出,后来恩格斯在马克思的遗稿中发现了它,于1884年寄给了"劳动解放社"成员维·依·查苏利奇,在1886年和1888年才发表出来。这封信是马克思第一次就俄国问题以及它同《资本论》的关系发表意见。他没有寄出,可能是由于认为自己对问题研究还不够或者对有关情况还掌握得不够清楚,但是,这封信中谈到的问题和意见实在非常要紧,值得我们给予高度重视。

首先是关于俄国问题讨论的实质是什么。米海洛夫斯基虽然提出的是《资本论》同俄国问题的关系问题,可是他讲得相当含混。马克思认为首先要把俄国问题的争论搞清楚,便用车尔尼雪夫斯基的提法把问题明确起来,以便提到原则的高度来讨论。他回顾自己在《资本论》德文第二版跋(写于1873年)里就"以应有的高度的尊重谈到'一位伟大的俄国学者和批评家',这个人在自己的出色的文章中研究了这样一个问题:俄国是应当像它的自由派经济学家所希望的那样,首先摧毁农村公社以过渡到资本主义制度呢,还是与此相反,发展它所特有的历史条件,就可以不经受资本主义制度的一切苦难而取得它的全部成果"。这个伟大的俄国学者就是车尔尼雪夫斯基。从这里我们知道马克思在1873—1877年间已经接触到了俄国问题及其焦点所在。

车尔尼雪夫斯基主张后一种看法,即俄国有可能依据它所特有的历史条件(农村公社),走一条避免资本主义的苦难而取得资本主义全部成果的发展道路。在这封信中,马克思表示他对车尔尼雪夫斯基的看法非常尊重,但是他更强调要从实际情况的研究中才能得出应有的结论。他说到自己已经着手这种研究:"为了能够对俄国的经济发展作出准确的判断,我学习了俄文,后来又在许多年里研究了和这个问题有关的官方发表的和其他方面发表的材料。"

这封信中更值得注意的一个重点,是他强调在研究俄国问题时并没有什么一般的历史哲学理论(包括《资本论》中对西欧近代资本主义发展的叙述在内)能够照搬,而必须开始一种新研究。这是在对米海洛夫斯基的批评中阐发出来的,[①] 它对于俄国和东方问题及其革命实践的研究,在方法论上具有重大和普遍的原则性指导意义。

在俄国思想家中发生的争论直接影响到革命者如何确定自己的斗争方向。这时先是俄国民意党中央,接着是俄国最初的马克思主义政党"劳动解放社"的主要成员维·依·查苏利奇直接向马克思写信,要求他阐明自己的意见,尤其是对俄国农村公社的问题发表意见。查苏利奇在信中是这样提出问题和请求的:

"你比谁都清楚,这个问题在俄国是多么为人注意 …… 特别是为我们社会主义党所注意 …… 最近我们经常可以听到这样的见解,认为农村公社是一种古老的形式,历史、科学社会主义 ——

---

① 马克思:《给〈祖国纪事〉杂志编辑部的信》,《马克思恩格斯全集》第19卷,人民出版社1963年版,第126—131页。

总之,一切不容争辩的东西 —— 使它注定要灭亡。鼓吹这一点的人都自称是你的真正的学生,'马克思主义者',……因此,你会明白,你对这个问题的见解是多么引起我们的注意,假如你能说明你对我国农村公社可能的命运的看法和对世界各国由于历史的必然性都应经过资本主义生产阶段的理论的看法,给我们的帮助会是多么大。"①

　　显然,面对着这样的问题,马克思的任何回答都会直接影响俄国革命者的思想和行动,从而会影响到俄国的未来。意识到责任的重大,他下了很大的功夫来写复信,共写了四稿。从前三个草稿看,他本想总结自己多年来的研究收获,在重点讨论农村公社问题的基础上,对涉及俄国前途的几个重要方面作出比较详细的分析论断。但是最后他改变了这种考虑,决定只以一种极其简要的方式作答复,可见他是何等谨慎。他认为自己对这个重大问题还需要继续研究。

　　在俄国问题的推动下,他从事了如下研究:

　　（1）研究俄国官方发表的有关材料等,写了《关于俄国一八六一年改革后的发展的札记》(1881—1882年间）。

　　（2）为了弄清俄国的农村公社究竟为何物,就必须比较分析人类各民族远古以来的和现今世界上尚存的各种公社形式,研究它们的起源、性质、结构以及它们在不同条件下的遭遇和命运。而这都涉及文化人类学的问题。所以马克思在1879—1881年间,阅读了许多有关人类学的重要著作,包括马·柯瓦列夫斯基的《公社土地占有制,其解体的原因、进程和结果》,路·亨·摩尔根的《古代社会》,亨·萨·梅恩《古代法制史讲演录》,约·拉伯克《文明的

――――――――
① 见《马克思恩格斯全集》第19卷,第636—637页注释第164条。

起源和人的原始状态》,约·布·菲尔《印度和锡兰的雅利安人村社》,等等,作了大量读书摘要,并在评注中发表了许多十分重要的意见。其中对摩尔根《古代社会》一书的研究尤其重要。后来恩格斯就以此为基础,同时加上他自己的研究成果,写出了著名的《家族、私有制和国家的起源》。我们所说的马克思晚年的人类学研究成果,主要就表现在上述这些笔记之中。

除了他晚年的这些研究外,在此以前,他在为《资本论》做准备而写的大量经济学笔记(1857—1858年)和手稿(1861—1863年)中有关资本的原始积累部分,也包含着非常重要的有关古代各民族(包括东方在内)历史发展特别是经济结构演进的见解。他还在报纸上发表过多篇有关印度、中国的文章。他和恩格斯对于爱尔兰、日耳曼和法兰克人的历史所写的文著也都与此相关。

以上成果表明,尽管他并没有写出关于俄国的、东方的和关于人类学的专门著作,他的有关研究却是大量的、深入的。现在我们就来讨论一下其中包含的深刻思考。

二、在理论上必须反教条主义并开始一种新研究

马克思对俄国问题和人类学问题的研究,内容涉及许多专门的领域,有些方面由于后来情况的演变也已有了新的提法,所以我们这里不能详加分析,只能就对我们今天最有意义的某些地方作点扼要的对话。

首先,我想他对俄国问题和东方民族的解放问题的研究态度、方法,值得我们注意。

在1877年信中,他以自己的初步研究对俄国的前途问题谈了

一个看法："如果俄国继续走它在1861年所开始走的道路,那它将会失去当时历史所能提供给一个民族的最好的机会,而遭受资本主义所带来的一切极端不幸的灾难。"①

而在1881年给查苏利奇信中,提出的是另一种看法。"我深信:这种农村公社是俄国社会新生的支点;可是要使它能发挥这种作用,首先必须肃清从各方面向它袭来的破坏性影响,然后保证它具备自由发展所必需的正常条件。"②这是一种措辞谨慎的提法,在该信的初稿中说得最明白:"我的回答是:在俄国,由于各种情况的特殊凑合,至今还在全国范围内存在着的农村公社能够逐渐摆脱其原始特征,并直接作为集体生产的因素在全国范围内发展起来。正因为它和资本主义生产是同时代的东西,所以它能够不通过资本主义生产的一切可怕的波折而吸收它的一切肯定的成就。"③

如果只从结论来看,这两种看法的倾向是正好相反的,前者倾向于认为俄国将会走资本主义的路,后者则认为它"有可能不通过资本主义的卡夫丁峡谷,而享用资本主义制度的一切肯定成果",走社会主义道路。但是,实际上它们是彼此联系着的:两种可能性都同时存在。这里的关键在于:对农村公社本身如何认识,对当时在俄国全国范围内还存在的农村公社在新的历史环境和条件下将怎样演变如何认识。

这涉及相当深刻的历史和人类学研究,也涉及俄国同西欧资本主义的关系的现实考察。但是,要进行这种研究,首先需要一种科学的研究态度和研究方法。他向米海洛夫斯基,也向俄国革命者同时提出了如何研究问题的态度和方法问题。

---

① 《马克思恩格斯全集》第19卷,人民出版社1963年版,第129页。
② 《马克思恩格斯全集》第19卷,人民出版社1963年版,第268页。
③ 《马克思恩格斯全集》第19卷,人民出版社1963年版,第431页。

在前一信中,他对米海洛夫斯基和那些企图从《资本论》中得出俄国一定会走资本主义道路的人指出:

"我的批评家可以把这个历史概述中的哪些东西应用到俄国去呢? 只有这些:假如俄国想要遵照西欧各国的先例成为一个资本主义国家,—— 它最近几年已经在这方面费了很大的精力,—— 它不把很大一部分农民变成无产阶级就达不到这个目的;而一旦它倒进资本主义怀抱以后,它就会和尘世间的其他民族一样地受到那些铁面无情的规律的支配。事情就是这样。但是这对我的批评家来说是太少了。"

"他一定要把我关于西欧资本主义起源的历史概述彻底变成一般发展道路的历史哲学理论,一切民族,不管他们所处的历史环境如何,就注定要走这条道路, …… 但是我要请他原谅。他这样做,会给我过多的荣誉,同时也会给我过多的侮辱。"①

什么是过多的荣誉也即过多的侮辱? 这就是不实事求是,强使马克思的某些理论去为与之不相适应的问题作回答。马克思在举出《资本论》中有关古代罗马的例子,说明那时的劳动者同土地的分离,以及大地产和大货币资本形成过程,所导致的生产方式并不是资本主义的而是奴隶占有制之后,指出:

"因此,极为相似的事情,但在不同的历史环境中出现就引起了完全不同的结果。如果把这些发展过程中的每一个都分别加以研究,然后再把它们加以比较,我们就会很容易地找到理解这种现象的钥匙;但是,使用一般历史哲学理论这一把万能钥匙,那是永远达不到这种目的的,这种历史哲学理论的最大长处就在于它是

①《马克思恩格斯全集》第19卷,人民出版社1963年版,第430页。

超历史的。"①

他向查苏利奇等俄国的马克思主义革命家指出：他在《资本论》中分析资本主义生产的起源时，所说的是："资本主义制度的基础是生产者同生产资料的彻底分离 …… 这整个发展的基础**是对农民的剥夺**。"而在实际的历史上，当时"这种剥夺只是在英国才彻底完成了 …… 但是**西欧其他一切国家**都正在经历着同样的运动"（《资本论》法文版第315页）。

"可见，这一运动的'历史必然性'明确地限于西欧各国。"

他进一步解释说，在西方的运动中，问题是把一种私有制形式变成另一种私有制形式，而在俄国农民中的情况则正好相反，如果走资本主义道路，问题就是要把他们的公有制变成私有制。"由此可见，在《资本论》中所作的分析，既不包括俄国农村公社有生命力的论据，也不包括反对农村公社有生命力的依据。"②一切都要看历史的条件和发展的情况而定，同时包含着两种可能性。革命者的任务，就是认清这两种同时可能的前景，为俄国争取免受资本主义发展所带来的苦难而得到资本主义发展成果的前途而进行斗争。

他把《资本论》中所说的"这一运动的'历史必然性'"即历史规律性的适用范围"明确地限于西欧各国"，这个话说得斩钉截铁，没有任何含混之处。他之所以这样宣称，是因为他认为只有如此，才谈得上真正地开展一种新的探索，搞清与西欧不同的俄国和其他民族的发展问题。不同的问题必须有不同的理论才能回答。

---

① 《马克思恩格斯全集》第19卷，人民出版社1963年版，第431页。
② 《马克思恩格斯全集》第19卷，人民出版社1963年版，第269页。

马克思的这些既针对资产阶级自由派又针对社会主义革命派的意见,在我看来具有非常重要的方法论意义。他强调必须破除对他自己的理论的教条主义,而且根本不赞成有什么可作为"万能钥匙"的"一般历史哲学理论"。换言之,他不赞成把他的唯物史观或《资本论》中得到的结论当作"超历史的"学说,因为这样将永远无法真正说明不同的历史现象。与之相反,他强调研究任何历史现象都必须尊重它所处的具体历史条件,正确的方法应是对不同民族在历史上的差异先作分别考察,然后加以比较。这才是理解它们的钥匙。

应该说,这才是马克思的唯物史观的真正科学态度和方法。它同教条主义是不能并存的。

三、马克思对"农村公社"的研究

马克思认为,在思考俄国问题的时候,关键在于两个互相起作用的要素:俄国本身还普遍保存着的农村公社,和它所面对着的西方的资本主义。当着资本主义处于危机的状态时,公社就有可能使俄国直接走向社会主义;如果俄国的公社本身瓦解了,或西欧的资本主义处于另一种状态,就会有另一种前途。所以他在给查苏利奇信的稿子里对俄国前途持乐观态度的看法时是这样说的:

"在俄国公社面前,资本主义是处在危机状态,这种危机只能随着资本主义的消灭、现存社会的回复到'古代'类型的公有制而结束,或者像一位美国作家(即摩尔根 —— 引者注)所说的,现代社会所趋向的是'古代类型社会在一种更完善的形式下的复活',

因此不应该特别害怕'古代'一词。"①

既然资本主义要回复到古代所有制的更高形态,那么还保存着古代所有制的公社在这种时代的条件下就可能直接向它的更高形态过渡。

所以就俄国自身而言,弄清农村公社究竟为何物便是一个首要的关键问题。马克思指出原始公社已经经历了一系列的历史演变,有种种不同的形式。较早的公社都是建立在自己成员的血缘亲属关系上的,并实行着土地、房屋和生产活动的公有制。后来的农村公社已经割断了血缘亲属性的牢固而狭窄的联系,并使房屋、园地成为农民的私有财产,他们耕种定期分配仍归公共所有的土地并占有自己的产品。因此它具有两重性。"不难了解,'农业公社'所固有的二重性能够成为它的强大的生命力的源泉,因为,一方面,公有制以及公有制所造成的各种社会关系,使公社基础稳固,同时,房屋的私有、耕地的小块耕种和产品的私人占有又使个人获得发展"。②另一方面,由于它是包含着私有财产因素的,因此它在一定的条件下会继续分化。"无可讳言……这种二重性在一定的历史条件下会导致公社的灭亡。"③

关于古代公社制度,马克思在人类学笔记中有更多更深入的考察,我们不能多谈了。需要指出的只有两点:第一,他认为公社是人民的古代公有制的持存,所以能够成为在新形势下直接走向更高的社会主义的起点,但同时它也包含着私有制因素,所以也会走向瓦解和灭亡而走向资本主义。俄国前途的两种可能性都与此

---

① 《马克思恩格斯全集》第19卷,人民出版社1963年版,第432页。

② 《马克思恩格斯全集》第19卷,人民出版社1963年版,第432—435页。

③ 《马克思恩格斯全集》第19卷,人民出版社1963年版,第445页。

有关。第二,他对俄国及其公社还只是着重于经济结构的研究,而对公社制度的全部生活结构和在此基础上社会的文化演进还没有充分注意。我认为这对于我们中国和许多东方国家是绝对不够的。

四、落后国家走向社会主义始终是两种前途和两条道路的斗争

马克思的社会主义学说原来是从批判考察西欧资本主义得来的结论。现在他遇到了俄国问题,实际上也就涉及其他落后国家的未来前途问题。他认为这些民族有可能利用他们现在还保持着的古代公有制历史因素,通过批判吸取资本主义的成果,走一条避免其苦难而直接向社会主义过渡的道路。这就提出了和原来的社会主义不同的另一种社会主义的学说。

他本人提出了这种学说的基本思考和依据,虽然并不成熟,却为世界上因落后而遭受西方资本主义压迫的大多数民族和人民的解放提供了光明,为他们解放思想起来斗争开辟了一条从前难以想象的全新道路。俄国、中国和世界上各被压迫民族在20世纪所进行的英勇斗争,是人类世界史上十分波澜壮阔的一页,并且已经取得了伟大成就。它证明了马克思的这一思想具有多么重大的意义。

不错,并不是所有落后国家都选择了社会主义,有许多是走资本主义道路的;而走社会主义之路也并不都是成功的记录,许多是失误甚至严重挫折的;苏联在搞了70年社会主义之后现在又转向资本主义。但是这些事实全都没有否定马克思的预见,更确切地

说，是证实了他的预见。因为他指出两种可能性的存在，并且分析了这两种可能性的根源和各自的条件，所以也可以说，这些国家在两种可能的发展道路的摇摆、动荡和斗争，并没有脱离而是证明了他的预见。他的预见最重要之处在于两点：其一，是他第一次提出了落后国家走社会主义道路的可能性，从而使人们明白有两种可能性而不是像以前那样只知道向资本主义发展的一种可能性；其二，是他最早认真研究和论证了这种可能性的真实依据和实际历史条件。这两点总起来说，就为历史开辟了新路，指导了占世界上大多数人口的落后国家的人民奋起，发挥历史主动精神，为自己的解放事业而斗争。

这种斗争既然是在两种可能、两条道路之间进行，而可以作为依据的东西(如"农村公社"等)本身需要深刻改造，斗争的历史环境和条件也需要适应、利用和不断改造，因此这种斗争本身也就必定是长期曲折的。马克思的研究只是一个开端，它是不成熟的。而更正确地说，人们根本就不应当要求当年的马克思就能提供后来各种问题的具体答案。其实直到今天，我们仍然拿不出完全成熟的答案，我们还处在这种变动和种种挑战之中。因此我们应该继续研究。

实践表明他当时的探索既有伟大意义又是很不完善的。

他在1881年肯定俄国有避免资本主义而直接走向社会主义的可能性，其客观依据有内外两个方面。(1)国情。"在俄国，由于各种情况的特殊凑合，至今还在全国范围内存在着的农村公社能够逐渐摆脱其原始特征，并直接作为集体生产的因素在全国范围内发展起来。"这就是说，俄国本身所保存下来的广泛的古代公有制因素同社会主义有某种同一性。但是它如何能避免瓦解为资本主义并得到改造而走向社会主义，就有赖于下面所说的世界历史环境了。(2)"正因为它和资本主义是同时代的东西",而"资本主义正经历着危机,这种危机只能随着资本主义的消灭、现代社会的回复到'古代'类型的集体所有制和集体生产的最高形式而结束",在这种环境和条件下,俄国及其尚存的农村公社才有可能新生或复兴,有可能避免资本主义的苦难而吸取它的肯定成果,直接发展出社会主义。

因此这仅仅是一种可能性,而走资本主义道路则是另一种也许是更加现实的可能性。马克思认为由于俄国是一个独立主权国家而不是像东印度那样的资本主义殖民地,同时也不是闭关自守脱离现代世界而孤立生存的国家,所以能自主选择其发展道路。但是要选择社会主义前途,没有革命是不行的。"要挽救俄国公社,就必须有俄国革命。"[①] 这就是说,前面所说的两点只是为这些国家走向社会主义提供了可能的客观条件,要使这一可能变成现实,还需要人的主体能动实践,也即斗争和斗争的过程。

20世纪的俄国革命、中国革命既证实了他的预见的正确性,也在实践中表明它还过于笼统粗疏,有某些片面错误。就俄国而言,由于农村公社在革命前早已解体,它并没有成为对社会主义革命和建设起支柱作用的因素。另外,他对这种古代遗存物的积极意义显然估计过高,而对消除它的落后影响的任务的艰巨性又估计过低。例如他承认俄国农村公社的孤立性软弱性造成了矗立于它们之上的专制制度,却认为"在今天,这一缺点是很容易消除的"[②]。事实证明,这种根源于旧生产方式的专制传统和习惯势力极其顽强,并不是那么容易消除的,它严重影响和损害了苏联几十年的社

---

① 《马克思恩格斯全集》第19卷,人民出版社1963年版,第432页。
② 《马克思恩格斯全集》第19卷,人民出版社1963年版,第445页。

会主义,种种官僚化和斯大林时期的错误都与此有关。关于问题的这些方面,后来恩格斯已经看得现实得多,列宁更加如此,而我们今天则体验更深了。

恩格斯在1884年2月给考茨基的信中,说到荷兰殖民者如何利用当地的古代村社共产主义把人民保持在愚昧状态以便进行剥削统治时指出:这"附带也证明了,那里的原始共产主义,像在印度和俄国一样,今天正在给剥削和专制制度提供最好的、最广阔的基础"①。1893年他在给丹尼尔逊的信中根据新的事变发展更明确地说:"在俄国,也像在任何其他地方一样,要从原始的共产主义中发展出更高的社会形态来是不可能的,除非这个更高的社会形态已经存在于其他国家,从而可以作为榜样。"②最后他在《论俄国的社会问题》一文中更清楚地谈了他的看法:

> "然而,不仅可能而且毋庸置疑的是,当西欧人民的无产阶级取得胜利和生产资料转归公有之后,那些刚刚踏上资本主义道路而仍然保存了氏族制度或氏族制度残余的国家,可以利用这些公社所有制的残余和与之相适应的人民风尚作为强大的手段,来大大缩短自己向社会主义社会发展的过程,并且可以避免我们在西欧开辟道路时所不得不经历的大部分苦难和斗争。但这方面必不可少的条件是:由目前还是资本主义的西方做出榜样和积极支持。只有当资本主义经济在自己的故乡和在它达到繁荣昌盛的国家里被战胜时,只有当落后国家从这个实例中看到'这是怎么回事',看到怎样把现代工业的生产力作为社会财产来为整个社会服务的时候——只有到那个时候,这些落后国家才能走上这种缩短的发展过程的道路。然而那时它们的成功则是有保证的。这不仅适用于

---

① 《马克思恩格斯书信选集》,人民出版社1962年版,第408页。
② 《马克思恩格斯书信选集》,人民出版社1962年版,第514页,并参见上下文论述。

俄国,而且适用于处在资本主义以前的发展阶段的一切国家。"①

这一论断对马克思1881年的看法做了很大的修正。他不仅注意到农村公社的经济结构,也注意到了相关的氏族制度及其文化风尚;不仅肯定它有有利于落后国家向社会主义发展的一面,也清楚地看到它有很不利于社会进步(当然也就不利于社会主义)的方面。因此他否认落后国家仅凭自身的努力就能过渡到社会主义,而认为必须要由西方资本主义发达国家及其无产阶级革命做出榜样;并且认为这种榜样的作用也只是缩短向社会主义发展的过程和避免西欧所经历的大部分苦难,而不是如马克思笼统所说的那样,能够避免一切这种苦难而径直地走向社会主义。

恩格斯对问题的观察分析显得现实得多,但也有很大的毛病。因为照他的上述说法,只要西方还没有发生革命,落后国家的人民除了等待就没有可能走向社会主义。他太看重资本主义生产力成就对落后国家的示范作用,却忽视了事情的另一方面,即马克思所强调并为后来实践所证实的另一论点的意义:资本主义已经处在危机之中,这对落后国家人民选择自己的未来必定会起反面教员的作用,使他们认识到应当避免资本主义而选择社会主义。这样,他也就忽视了落后国家人民的历史创造的主动性。后来的历史证明这个看法是不对的。

但是他对古代公社、氏族制度及其文化习惯势力的二重性,特别是它的落后方面的看法,后来被证明是非常正确的。

中国是一个比俄国和其他落后国家更有古老悠久历史和文化发展的国家,固有传统既是一个最伟大的文明宝库,也是一个我们

---

① 《马克思恩格斯全集》第22卷,人民出版社1965年版,第502—503页。

前进中最沉重的历史包袱。在我国社会主义实践中，我们经常遇到的各种问题都同它有不可分的关系。在这个问题上，从"五四"以来人们一直争论不休，或主张彻底否定，或主张发扬国粹。对此马克思、恩格斯或任何其他别国的思想家都不可能给我们以具体的理论解答。我们只能从他们的总看法中得到启发，在自己的实践中来开展自己的研究。在经过如此丰富的历史变动经验之后，我们有责任总结反思自己的文化传统，给它一个新的认识。这个问题，必须从哲学人论和人类学的高度才能突破。我自己在许多年思考之后，写了一些文章，其中有一本题为《中西人论的冲突——文化比较的一种新探求》（中国人民大学出版社，1991年）的书，提出了比较系统的意见和论证，希望能对这一问题的研究起到推动作用。这里就不详说了。

让我们再回到对马克思论点的讨论。他认为落后国家向社会主义发展的前途除了本国国情这一方面的条件外，还离不开同西方资本主义发展的关系。他的看法从总的历史方向上说是高屋建瓴的，但是说得也过于简单。因为要使落后国家"不通过资本主义制度的卡夫丁峡谷，而享用资本主义制度的一切肯定成果"这种理想不致成为空想空谈，就需要作具体的分析。

从20世纪的社会主义革命与建设的实践经验看，首先落后国家人民对西方资本主义的看法就异常复杂。马克思谈到资本主义的危机会使人民觉悟。但是情况并非总是如此。不错，资本主义国家有时是处在严重的危机之中，如本世纪上半叶发生的两次世界大战就是如此，它充分暴露了资本帝国主义的残忍和罪恶黑暗面，因此那时的人们很容易赞成社会主义。可是到了下半叶它又进入了一个相对稳定的而且是巨大发展和繁荣的时期，这时人们的观点和情绪就会变化，许多人就容易倾向资本主义，而不利于落后国家向社会主义的发展了。

落后国家的社会主义事业，必须在抵制资本主义的大前提下获得它的成果。这更是特别困难的事情。西方的无产阶级和人民当然是能够同情和支持落后国家的社会主义革命和建设的，但是只要西方本身没有实现社会主义革命，这种援助就只能限于道义方面而没有多少物质的力量。可是这种革命至今并没有实现。在这种情况下我们必须面对的是西方的国际资产阶级及其国家，他们不可能对社会主义有任何同情，而总是极力想要扼杀落后民族的一切革命和发展。要想从他们那里找到解决"不通过资本主义的苦难而吸取资本主义的一切肯定的成果"的办法，实在是想做一件几乎不可能的事情。苏联和中国以前一直处在他们的敌对和经济封锁之中就是证明。但是这个问题总得解决。在这方面，列宁曾提出过引进西方资本来发展社会主义的设想，但是限于当时的斗争环境和条件并没有实现。在我国，以前的内外环境和主观认识也使这种设想难以实现。只是到了改革开放时期，我们才有可能来考虑这种办法，才逐步摸索出一条解决这个极大的难题的可行的方法，走上了能够充分"吸取资本主义一切肯定成果"的社会主义的道路。这条路线之所以可能，首先是我们自己方面有了独立自主的政治经济基础，有相当强大的实力，还有几十年来社会主义建设的丰富经验教训，这样我们自己能够基本站稳脚跟，使西方资本帝国主义无法再像以前那样可以欺负或任意摆布我们。另一方面则是因为资产阶级毕竟是唯利是图的，所以我们可能争取在互利的条件下同他们打交道，赢得我们自己发展社会主义生产和文化所必需的西方成就与资源。这无疑仍然是一场斗争 —— 特别复杂和尖锐的两种社会制度和两条发展道路的斗争。只要我们还比他们落后而没有赶上他们，这场斗争就不会结束。

在我们重读马克思的时候,我们有一种兴奋的激情,因为我们中国已经沿着他所指出的道路前进了许多,并且已经找到了解决许多难题的办法,这自然增强了我们的信心,步伐也更坚定了。同时我们更有一种对艰巨事业的忧患意识和责任感,因为我们正面临并且将在相当长时期仍将面临着国际国内的对马克思主义的严重挑战,面临着无数实际重大难题,面临着社会主义和资本主义的新斗争。所以我们应当始终同马克思保持对话,在实践中研究那些常常是既现代又非常古老的新问题。

下篇 原著选读

一、青少年时期的人生选择和志愿

中学毕业时的论文:《青年在选择职业时的考虑》(全文)

自然本身给动物规定了它应该遵循的活动范围,动物也就安分地在这个范围内运动,不试图越出这个范围,甚至不考虑有其他什么范围存在。神也给人指定了共同的目标——使人类和他自己趋于高尚,但是,神要人自己去寻找可以达到这个目标的手段;神要人在社会上选择一个最适合于他、最能使他和社会得到提高的地位。

能这样选择是人比其他生物远为优越的地方,但是这同时也是可能毁灭人的一生、破坏他的一切计划并使他陷于不幸的行为。因此,认真地考虑这种选择——这无疑是开始走上生活道路而又不愿拿自己最重要的事业去碰运气的青年的首要责任。

每个人眼前都有一个目标,这个目标至少他本人看来是伟大的,而且如果最深刻的信念,即内心深处的声音,认为这个目标是伟大的,那它实际上也是伟大的,因为神决不会使世人完全没有引导的人;神总是轻声而坚定地作启示。

但是,这声音很容易被淹没;我们认为是灵感的东西可能须臾而生,同样可能须臾而逝。也许,我们的幻想油然而生,我们的感情激动起来,我们的眼前浮想联翩,我们狂热地追求我们以为是神本身给我们指出的目标;但是,我们梦寐以求的东西很快就使我们厌恶 —— 于是我们的整个存在也就毁灭了。

因此,我们应当认真考虑:所选择的职业是不是真正使我们受到鼓舞? 我们的内心是不是同意? 我们受到鼓舞是不是一种迷误? 我们认为是神的召唤的东西是不是一种自欺? 但是,不找出鼓舞的来源本身,我们怎么能认清这些呢?

伟大的东西是光辉的,光辉则引起虚荣心,而虚荣心容易给人以鼓舞或者一种我们觉得是鼓舞的东西;但是,被名利弄得鬼迷心窍的人,理智已经无法支配他,于是他一头栽进那不可抗拒的欲念驱使他去的地方;他已经不再自己选择他在社会上的地位,而听任偶然机会和幻想去决定它。

我们的使命决不是求得一个最足以炫耀的职业,因为它不是那种使我们长期从事而始终不会感到厌倦、始终不会松劲、始终不会情绪低落的职业,相反,我们很快就会觉得,我们的愿望没有得到满足,我们的理想没有实现,我们就将怨天尤人。

但是,不只是虚荣心能够引起对这种或那种职业突然的热情。也许,我们自己也会用幻想把这种职业美化,把它美化成人生所能提供的至高无上的东西。我们没有仔细分析它,没有衡量它的全部分量,即它让我们承担的重大责任,我们只是从远处观察它,而从远处观察是靠不住的。

在这里,我们自己的理智不能给我们充当顾问,因为它既不是依靠经验,也不是依靠深入的观察,而是被感情欺骗,受幻想蒙蔽。然而,我们的目光应该投向哪里呢? 在我们丧失理智的地方,谁来支持我们呢?

是我们的父母,他们走过了漫长的生活道路,饱尝了人世辛酸。——我们的心这样提醒我们。

如果我们通过冷静的研究,认清所选择的职业的全部分量,了解它的困难以后,我们仍然对它充满热情,我们仍然爱它,觉得自己适合它,那时我们就应该选择它,那时我们既不会受热情的欺骗,也不会仓促从事。

但是,我们并不总是能够选择我们自认为适合的职业;我们在社会上的关系,还在我们有能力对它们起决定性影响以前就已经在某种程度上开始确立了。

我们的体质常常威胁我们,可是任何人也不敢藐视它的权利。

诚然,我们能够超越体质的限制,但这么一来,我们也就垮得更快;在这种情况下,我们就是冒险把大厦建筑在松软的废墟,我们的一生也就变成一场精神原则和肉体原则之间的不幸的斗争。但是,一个不能克服自身相互斗争的因素的人,又怎能抗拒生活的猛烈冲击,怎能安静地从事活动呢? 然而只有从安静中才能产生出伟大壮丽的事业,安静是唯一生长出成熟果实的土壤。

尽管我们由于体质不适合我们的职业,不能持久地工作,而且工作起来也很少乐趣,但是,为了恪尽职守而牺牲自己的幸福的思想激励着我们不顾体弱去努力工作。如果我们选择了力不胜任的职业,那么我们决不能把它做好,我们很快就会自愧无能,并对自己说,我们是无用的人,是不能完成自己使命的社会成员。由此产生的必然结果就是妄自菲薄。还有比这更痛苦的感情吗? 还有比这更难于靠外界的赐予来补偿的感情吗? 妄自菲薄是一条毒蛇,它永远啮噬着我们的心灵,吮吸着其中滋润生命的血液,注入厌世和绝望的毒液。

如果我们错误地估计了自己的能力，以为能够胜任经过周密考虑而选定的职业，那么这种错误将使我们受到惩罚。即使不受到外界指责，我们也会感到比外界指责更为可怕的痛苦。

如果我们把这一切都考虑过了，如果我们生活的条件容许我们选择任何一种职业，那么我们就可以选择一种使我们最有尊严的职业；选择一种建立在我们深信其正确的思想上的职业；选择一种能给我们提供广阔场所来为人类进行活动、接近共同目标（对于这个目标来说，一切职业只不过是手段）即完美境地的职业。

尊严就是最能使人高尚起来、使他的活动和他的一切努力具有崇高品质的东西，就是使他无可非议、受到众人钦佩并高出于众人之上的东西。

但是，能给人以尊严的只有这样的职业，在从事这种职业时我们不是作为奴隶般的工具，而是在自己的领域内独立地进行创造；这种职业不需要有不体面的行动（哪怕只是表面上不体面的行动），甚至最优秀的人物也会怀着崇高的自豪感去从事它。最合乎这些要求的职业，并不一定是最高的职业，但总是最可取的职业。

但是，正如有失尊严的职业会贬低我们一样，那种建立在我们后来认为是错误的思想上的职业也一定使我们感到压抑。

这里，我们除了自我欺骗，别无解救办法，而以自我欺骗来解救又是多么糟糕！

那些主要不是干预生活本身，而是从事抽象真理的研究的职业，对于还没有坚定的原则和牢固、不可动摇的信念的青年是最危险的。同时，如果这些职业在我们心里深深地扎下了根，如果我们能够为它们的支配思想牺牲生命、竭尽全力，这些职业看来似乎还是最高尚的。

这些职业能够使才能适合的人幸福，但也必定使那些不经考虑、凭一时冲动就仓促从事的人毁灭。

相反，重视作为我们职业的基础的思想，会使我们在社会上占有较高的地位，提高我们本身的尊严，使我们的行为不可动摇。

一个选择了自己所珍视的职业的人，一想到他可能不称职时就会战战兢兢 —— 这种人单是因为他在社会上所居地位是高尚的，他也就会使自己的行为保持高尚。

在选择职业时，我们应该遵循的主要指针是人类的幸福和我们自身的完美。不应认为，这两种利益是敌对的，互相冲突的，一种利益必须消灭另一种的；人类的天性本来就是这样的：人们只有为同时代人的完美、为他们的幸福而工作，才能使自己也达到完美。

如果一个人只为自己劳动，他也许能够成为著名学者、大哲人、卓越诗人，然而他永远不能成为完美无疵的伟大人物。

历史承认那些为共同目标劳动因而自己变得高尚的人是伟大人物；经验赞美那些为大多数人带来幸福的人是最幸福的人；宗教本身也教诲我们，人人敬仰的理想人物，就曾为人类牺牲了自己 —— 有谁敢否定这类教诲呢？

如果我们选择了最能为人类福利而劳动的职业，那么，重担就不能把我们压倒，因为这是为大家而献身；那时我们所感到的就不是可怜的、有限的、自私的乐趣，我们的幸福将属于千百万人，我们的事业将默默地、但是永恒发挥作用地存在下去，而面对我们的骨灰，高尚的人们将洒下热泪。

卡·马克思写于1835年8月12日

《马克思恩格斯全集》第40卷，人民出版社1982年版，第3—7页

在柏林大学毕业时的博士论文《德谟克里特的
自然哲学和伊壁鸠鲁的自然哲学的差别》的序言（全文）

这篇论文如果当初不是预定作为博士论文，那么它一方面可能会具有更加严格的科学形式，另一方面在某些叙述上也许会少一点学气。但是由于一些外在的原因，我只能让它以这种形式付印。此外，我认为在这篇论文里我已经解决了一个在希腊哲学史上至今尚未解决的问题。

专家们知道，关于这篇论著的对象没有任何可供参考的前人的著作。西塞罗和普卢塔克所说过的废话，直到现在还照样为人们重复着。伽桑狄虽然把伊壁鸠鲁从教会神父们和整个中世纪——那体现了非理性的时代——所加给他的禁锢中解救了出来，但在他的阐述里也只提供了一个有趣的方面。他竭力要使他的天主教的良心和他的异教知识相协调，使伊壁鸠鲁和教会相适应，这当然是白费气力。这等于是想在希腊名妓拉伊斯的皎洁美好的身体上披上一件基督教修女的黑衣。伽桑狄不如说是自己在向伊壁鸠鲁学习哲学，而不是向我们讲授伊壁鸠鲁哲学。

必须把这篇论文仅仅看作是一部更大著作的导论，在该著作里我将联系整个希腊思辨来详细地分析伊壁鸠鲁、斯多葛和怀疑论这三派哲学的相互关系。这篇论文在形式方面和其他方面的缺点在那里将被消除。

虽然黑格尔大体上正确地规定了上述诸体系的一般特点，但由于他的哲学史——一般说来哲学史是从它开始的——的令人惊讶的庞大和大胆的计划，使他不能深入研究个别细节。另一方面，黑格尔对于他主要地称之为思辨的东西的观点，也妨碍了这位伟大的思想家认识上述那些体系对于希腊哲学史和整个希腊精神的重大意义。这些体系是理解希腊哲学的真正历史的钥匙。关于它们同希腊生活的联系,在我的朋友科本的著作《弗里德里希大帝和他的反对者》中有较深刻的指示。

如果说这里以附录的形式增加了一篇批评普卢塔克对伊壁鸠鲁神学的论战的文章,那么这样做,是因为这个论战不是什么个别的东西,而是代表着一定的方向,并且很恰当地陈述了神学化的理智和哲学的关系。

此外,在这篇批判里,对于普卢塔克把哲学带到宗教法庭之前去的立场是如何地错误,我还没有谈到。关于这点,无需任何论证,只消从大卫·休谟那里引证一段话就够了:

"对哲学来说,这当然是一种侮辱:当它的**最高权威**本应到处被承认时,人们却迫使它在每一场合为自己的结论作辩护,并在被它触犯的艺术和科学面前替自己申辩。**这就令人想起一个被控犯了背叛自己臣民的叛国罪的国王。**"

哲学,只要它还有一滴血在它那个要征服世界的、绝对自由的心脏里跳动着,它就将永远用伊壁鸠鲁的话向它的反对者宣称:

"渎神的并不是那抛弃众人所崇拜的众神的人,而是同意众人关于众神的意见的人。"

哲学并不隐瞒这一点。普罗米修斯承认道:

老实说,我痛恨所有的神。[①]

这是哲学的自白,它自己的格言,借以表示它反对一切天上的

[①] 普罗米修斯是哲学日历中最高尚的圣者和殉道者。

和地上的神,这些神不承认人的自我意识具有最高的神性。不应该有任何神同人的自我意识相并列。

对于那些以为哲学在社会中的地位似乎已经恶化因而感到欢欣鼓舞的懦夫们,哲学再度以普罗米修斯对众神的侍者海尔梅斯所说的话来回答他们:

> 你好好听着,我绝不会用自己的痛苦
> 去换取奴隶的服役;
> 我宁肯被缚在崖石上,
> 也不愿作宙斯的忠顺奴仆。

马克思,1841年3月于柏林

《马克思恩格斯全集》第40卷,人民出版社1982年版,第188—190页

二、从争取政治自由到批判市民社会, 人的解放的新理解

批判普鲁士政府的书报检查令: 《评普鲁士最近的书报检查令》(选段)

现在我们再回头来看看检查令。

"根据这一法律,即根据第二条规定,书报检查不得阻挠人们严肃和谦逊地探讨真理,不得使作家遭受无理的限制,不得妨碍书籍在书市上自由流通。"

书报检查不得阻挠对真理的探讨,在这里有了更具体的特征:这就是**严肃**和**谦逊**。这两个规定所指的不是探讨的内容,而是内容以外的某种东西。这些规定一开始就使探讨脱离了真理,并迫使它把注意力转移到某种莫名其妙的第三者身上。可是,既然探讨老是去注意法律赋予挑剔权的第三种因索,难道它不会失去真理吗? 难道真理探讨者的首要任务不就是直奔真理吗? 而不要东张西望吗? 假如我首先必须记住用某种指定的形式来谈论事物,难道这样我就不会忘记事物的本质了吗?

真理像光一样,它很难谦逊;而且要它对谁谦逊呢? 对它本身吗? Verum index sui et falsi〔真理是它自己和虚伪的试金石〕。[①]那末,**对虚伪谦逊**吗?

如果谦逊是探讨的特征,那末,这与其说是害怕虚伪的标志,不如说是害怕真理的标志。谦逊是使我寸步难行的绊脚石。**它是上司加于探讨的一种对结论的恐惧**,是一种对付真理的预防剂。

其次,真理是普遍的,它不属于我一个人,而为大家所有;真理占有我,而不是我占有真理。我只有构成我的精神个体性的形式。"风格就是人。"可是实际情形怎样呢!法律允许我写作,但是我不应当用**自己的风格**去写,而应当用另一种风格去写。我有权利表露自己的精神面貌,但首先应当给它一种**指定的表现方式**!哪一个正直的人不为这种要求脸红而不想尽力把自己的脑袋藏到罗马式长袍里去呢? 在那长袍下面至少能预料有一个丘必特的脑袋。指定的表观方式只不过意味着"强颜欢笑"而已。

你们赞美大自然悦人心目的千变万化和无穷无尽的丰富宝藏,你们并不要求玫瑰花和紫罗兰散发出同样的芳香,但你们为

---

① 斯宾诺莎:《伦理学》——编者注。

什么却要求世界上最丰富的东西 —— 精神只能有一种存在形式呢？我是一个幽默家，可是法律却命令我用严肃的笔调。我是一个激情的人，可是法律却指定我用谦逊的风格。**没有色彩就是这种自由唯一许可的色彩。**每一滴露水在太阳的照耀下都闪耀着穷无尽的色彩。但是精神的太阳，无论它照耀着多少个体，无论它照耀着什么事物，却只准产生一种色彩，就是**官方的色彩**！精神的最主要的表现形式是**欢乐**、**光明**，但你们却要使**阴暗**成为精神的唯一合法的表现形式；精神只准披着黑色的衣服，可是自然界却没有一枝黑色的花朵。精神的实质就是**真理本身**，但你们却想把什么东西变成精神的实质呢？**谦逊**。歌德说过，只有叫花子才是谦逊的，你们想把精神变成叫花子吗？也许，这种谦逊应该是席勒所说的那种天才的谦逊？如果是这样的话，那你们就先要把自己的全体公民、特别是你们所有的检查官变成天才，可是天才的谦逊和经过修饰、不带乡音土语的语言根本不同，相反地，天才的谦逊就是要用事物本身的语言来说话，来表达这种事物的本质的特征。天才的谦逊是要忘掉谦逊和不谦逊，使事物本身突出。精神的普遍谦逊就是理性，即思想的普遍独立性，这种独立性按照**事物本质**的要求去对待**各种事物**。

其次，根据特利斯屈兰·善第所下的定义：严肃是掩盖灵魂缺陷的一种伪装。如果**严肃**不应当适合这一个定义，如果严肃的意思应当是**对待事物**的严肃，那末整个命令就会失去意义。我把可笑的事物看成是可笑的，这就是对它采取严肃的态度；对不谦逊仍然采取谦逊的态度，这也就是精神的最严肃的不谦逊。

严肃和谦逊！这是多么不固定、多么相对的概念呵！严肃在哪里结束，诙谐又从哪里开始呢？谦逊在哪里结束，不谦逊又从哪里开始呢？我们的命运不得不由检查官的脾气来决定。给检查官指定一种脾气和给作家指定一种风格一样,都是错误的。要是你们想在自己的美学批评中表现得彻底,那就得禁止**过分严肃**和**过分谦逊**地去探讨真理,因为过分的严肃就是最大的滑稽,过分的谦逊就是最辛辣的讽刺。

最后,这里是以根本歪曲和抽象地理解真理本身为出发点的。作家的一切活动对象都被归结为"**真理**"这个一般的概念。可是,同一个对象在不同的个人身上会获得不同的反映,并使自己的各个不同方面变成同样多不同的精神性质;如果我们撇开一切**主观的东西**即上述情况不谈,难道**对象本身的性质**不应当对探讨发生一些即使是最微小的影响吗? 不仅探讨的结果应当是合乎真理的,而且引向结果的途径也应当是合乎真理的。真理探讨本身应当是合乎真理的,合乎真理的探讨就是扩展了的真理,这种真理的各个分散环节最终都相互结合在一起。难道探讨的方式不应当随着对象改变吗? 当对象欢笑的时候,探讨难道应当严肃吗? 当对象悲痛的时候,探讨难道应当谦逊吗? 因此,你们就像损害主体的权利那样,也损害了客体的权利。你们抽象地理解真理,把精神变成了**枯燥地记录**真理的**检察官**。

也许这些形而上学的奥妙东西都是多余的吧? **凡是政府的命令都是真理**,而探讨只不过是一种既多余又麻烦的因素,可是由于**礼节关系**又不能把它完全取消,也许应该这样来理解真理吧? 看来探讨差不多就是如此。因为探讨一开始就被理解成一种和真理**对立**的东西,因此,它就要在可疑的官方侍从 —— 严肃和谦逊(实际上这是俗人对待牧师的态度)的跟随下出现。政府的理智是国家的唯一理性;诚然,在一定的时间条件下,这种理智也不得不向另一种理智及其空谈作某种让步,但到那时后一种理智就应当知道:别人已向它让了步,而它本来是无权的,因此,它应当表现得谦逊恭顺,严肃乏味。伏尔泰说过:"除了乏味的体裁之外,其余的一切体裁都是好的。"但在这里,乏味的体裁却排斥了其他一切体裁,"莱茵省等级会议记录"就足以证明这一点。既然如此,为什么不干脆恢复那美好的旧式的德国公文体裁呢? 请随意写吧,可是写出来的每一个字都得服从那查验你们的意见是不是既严肃又谦逊的自由主义的书报检查,只是不要失去崇拜的情感呵!

《马克思恩格斯全集》第1卷,人民出版社1956年版,第6—9页

评各等级对待书报检查和出版自由的不同观点:《第六届莱茵省议会的辩论(第一篇论文)》(选段)

…… 自由主义反对派向我们表明自由主义的立场已变成什么样子,自由在人的身上体现到怎样的程度。

如果我们由此看出等级会议中出版自由的辩护人根本不胜任,那末整个省议会的情况就更是这样。

虽然如此,我们还是要从这一点开始叙述省议会的辩论,这不仅是由于对出版自由有特殊的兴趣,而且也由于对省议会有一般的兴趣。在关于出版的辩论中,**特殊等级精神**表现得无比明确而完备。**出版自由的反对派**更是如此。通常,**一般自由**的反对派的情况也是这样,某个集团的精神、一定等级的个体利益、先天的片面性都表现得极其强烈、凶狠,露出一副狰狞的面孔。

辩论向我们显示出诸侯等级反对出版自由的论战、贵族等级的论战、城市等级的论战,所以,在这里论战的不是**个别的人**,而是**等级**。还有什么镜子能比关于出版的辩论更正确地反映省议会的内在实质呢?

我们从**反对出版自由的论敌**,即应当从**诸侯等级的辩论人**开始。

我们不想详谈他发言的第一部分,即关于"出版自由和书报检查制度都是恶等等"这一部分,因为这个论题已经由另一位辩论人比较透彻地分析过了。不过,我们不能不谈一下辩论人的**独特的论据**。

> "书报检查制度同出版的放肆比较起来是一种较小的恶。""这一信念在我们德意志(请问:这是哪一部分德意志?)①已日渐巩固,联邦为此颁布了法律,普鲁士已经接受这项法律并服从这项法律。"

省议会正在讨论关于使出版物摆脱羁绊的问题。这位辩论人说:这些束缚出版物的羁绊、锁链本身就证明出版物的使命不是在于进行自由活动。它之处于被束缚状态就证明了它的本质。反对出版自由的法律就否定了出版自由。

这是一种用来反对任何改革的**圆滑**的论据,某个派别曾经用**典型的理论**表述得非常透彻。对自由的任何一点限制实际上都无可辩驳地证明当权人物曾一度坚信必须限制自由,而这种信念也就被宣布为今后的准绳了。

有一个时候曾经命令人们相信地球不是围绕太阳运转。伽利略是不是因此就被驳倒了呢?

同样,在**我们德意志**曾经用法律手续固定了下面这一种全帝国共同的、也是每一个领主王公具有的信念:农奴身份是某些人的本性;拷问这种外科手术最能证明真理;要向异教徒证明地狱里的

---

① 括弧里的话是马克思的——译者注。

火焰最好是燃烧起人间的烈火来表演一番。

辩论人站到了 à la hauteur des principes［原则的高度］。谁**反对出版自由**，谁就必须维护人类**永远不成熟**这一论点，如果不自由是人的本质，那么自由就同人的本质相矛盾；这种断语纯粹是同义的反复。如果可恶的怀疑论者竟敢不信辩论人所说的话，那可怎么办呢？

如果人类不成熟成为反对出版自由的神秘论据，那么，无论如何，书报检查制度就是反对人类成熟的一种最现实的工具。

一切发展中的事物都是不完善的，而发展只有在死亡时才结束。这样，把人弄死以求摆脱这种不完善状态应该是最合情理的了。至少辩论人在企图扼杀出版自由的时候是这样推断的。在他看来，真正的教育在于使人终身处于襁褓之中，因为人要学会走路，也得学会摔跤，而且只有经过摔跤他才能学会走路。但是，如果我们都成了襁褓儿，那么谁来包扎我们呢？ 如果我们躺在摇篮里，那么谁来摇我们呢？ 如果我们都成了囚犯，那么谁来做看守呢？

无论是单独的人或是群众中的一分子，生来都是不完善的。

De principiis non est disputandum［原则是没有争论的］。就算是这样吧！但是由此应当得出什么结论呢？ 我们的辩论人的议论是不完善的，政府是不完善的，省议会是不完善的，出版自由是不完善的，人类生存的一切活动范围都是不完善的，可见只要有任何一种活动范围由于这种不完善而不应当存在，那就是说，其中没有一种活动范围是有权存在的，就是说，人根本没有生存权利。

假如人的不完善在原则上成立 —— 暂时假定它是这样，——那么，关于人的一切制度，我们早就知道它们是不完善的。因此，在这个论题上没有什么可谈的，这既没有表示赞成它们，也没有表示反对它们，这并不是它们的**特殊性质**，并不是它们的标志。

在这一切不完善之中,为什么自由的出版物偏偏应当是完善的呢? 为什么不完善的等级会议却要求完善的出版物呢?

不完善的东西需要教育。但是,难道教育就不是人类的事情,因而不也是不完善的事情吗? 难道教育本身就不需要教育吗?

但是,即使人类的一切由于**它的存在就已经**不完善,难道由此可以得出结论说:我们应当混淆一切,对善恶、真伪一概表示尊重吗? 由此可以得出唯一正确的结论就是:看图画时不应当从只见画面上的斑点不见色彩、只见杂乱交错的线条不见图画的地方去看,同样,世界和人类的关系不能从只见它的外表的角度去看。必须承认这种观点是不适于用来判断事物的价值的。这种把一切存在物都看做不完善的肤浅概念的世界观能作为我正确判断和鉴别事物的依据吗? 这种观点是它在它周围所看到的一切不完善的东西中最不完善的东西。因此,在衡量事物的存在时我们应当用内在思想实质的标尺,而不应当陷入片面和庸俗经验的迷宫,否则任何经验、任何判断都没有意义了,青红皂白,一律不分。

从思想的观点看来,不言而喻,出版自由和书报检查制度的根据是完全不同的,因为出版自由本身就是思想的体现、自由的体现,就是肯定的善;与此相反,检查制度是不自由的体现,是以表面的世界观来反对本质的世界观的斗争,它只具有否定的本性。

……

自由确实是人所固有的东西,连自由的反对者在反对实现自由的同时也实现着自由;他们想把曾被他们当做人类天性的装饰品而否定了的东西攫取过来,作为自己最珍贵的装饰品。

没有一个人反对自由,如果有的话,最多也只是反对别人的自由。可见各种自由向来就是存在的,不过有时表现为特权,有时表现为普遍权利而已。

这个问题仅仅是在现在才有了**正确的提法**。问题不在于出版自由是否应当存在,因为出版自由向来是存在的。问题在于出版自由是个别人物的特权呢,还是人类精神的特权。问题在于一面的有权是否应当成为另一面的无权。……

辩论人通过下面这段话十分明确地表明了他的**等级**:

> "真诚而忠实的爱国者不能抑制自己不这样想:宪法和出版自由的存在不是为了人民的福利而是为了满足个别人物沽名钓誉的欲望,为了党派的统治。"

大家知道,有一种心理学专门用琐碎的理由来解释伟大的事情。人们奋斗所争取的一切,都同他们的利益有关。这种心理学由这一正确的推测得出了不正确的结论:只有"细小的"利益,只有不变的利己的利益。大家也知道,这种心理学和对人的了解在城市里更是屡见不鲜。在那里,人们把看透一切,把透过一连串飞掠而过的观念和事实而识破那些妒嫉成性、钩心斗角、抓住几股线头就想操纵整个世界的卑鄙小人的眼力看做有远见的标志。但是同时大家也知道,透过玻璃看东西,太近了就会碰上**自己的脑袋**。在这种情况下,这些聪明人对人和世界的了解首先就是 —— 以蒙混人的方式 —— 对自己脑袋的打击。

此外,半途而废和优柔寡断也是辩论人所属等级的特点。

> "他所固有的独立感说明他赞成出版自由(指发言人所理解的出版自由)[1],但是他应当倾听理性和经验的呼声。"

---

[1] 括弧里的话是马克思的 —— 译者注。

如果辩论人在结束时说:虽然他的理性赞成出版自由,但是他所固有的依赖感却反对它,那么,他的发言就十分逼真地描绘了城市反动派的实情。

……

现在我们来谈谈**出版自由的辩护人**。我们从**主要的一个提案**开始。我们现在不谈这一提案的引言中表述得中肯而正确的较一般的论点,这样可以使该报告中独特而典型的观点更加突出。

报告人希望出版自由这种一定行业的自由同过去一样不被排斥在**一般的行业自由**之外,他把这个内在矛盾看做前后不一致的典范。

> "手脚的劳动是自由的,而头脑的劳动则要受到监护。当然是受更有智慧的头脑的监护吧? 上天保佑!反正检查官是不在此例的。上天要谁当官,就会给他智慧。"

首先令人奇怪的是把出版自由归结为行业自由。但是,我们还不能就此否弃辩论人的观点。伦勃朗曾把圣母马利亚的像画成尼德兰的农妇;为什么我们这位辩论人不把自由描绘成他更亲近更了解的模样呢?

我们也不能否认辩论人的议论有相对的正确性。如果把出版仅仅看成一种行业,那么,它作为一种由头脑来实现的行业,应当比那些由手脚起主要作用的行业有更多的自由。正是头脑的解放才使手脚的解放对人具有重大的意义:大家知道,手脚只是由于它们所服务的对象 —— 头脑 —— 才成为人的手脚。

无论辩论人的观点乍一看来是多么独特,我们仍然应当无条件地承认,这种观点比德国自由主义派那种内容空洞、含糊其辞、模棱两可的议论来得高明,这些自由主义者以为,把自由从现实的坚实土地上移到幻想的太空就是尊重自由。这些流于幻想的空谈家、这些伤感的热心家把他们的理想同日常的现实的任何接触都看成是亵渎神明。对我们德国人说来,自由之所以直到现在仍然只是一种幻想和伤感的愿望,一部分责任是要由他们来负的。

……

但是,正因为我们要承认辩论人观点中某些正确的成分,我们才对这些观点进行更加尖锐的批评:

> "还可以设想,与行会存在的同时也存在着出版自由,因为用脑工作,这种行业要求更高的技艺;它要求和七种古老的自由艺术有同样的地位。但是,与行业自由存在的同时却继续存在着出版不自由,这种情况是一种违背神圣精神的罪行。"

……

行业自由只是行业自由而不是其他什么自由,因为在这种自由中,行业的本性是按其生命的内在原则毫不受阻挠地形成起来的。如果法院遵循它自己固有的法规而不遵循其他范围(如宗教)的规律的话,审判自由就是审判自由。自由的每一特定范围就是一定范围的自由,同样,每一特定的生活方式就是本性的一定范围的生活方式。……

我们来把辩论人的思想加以明朗化。什么是自由? 他回答说:"**行业自由**"。这同某一个大学生在回答什么是自由这一问题时说"**夜间行动自由**"是完全一样的。

正如可以把出版自由归入行业自由一样,其他任何一种自由也都可以归入行业自由。法官的行业是法律,传教士的行业是宗教,家长的行业是教养子女;难道这就确定了法律自由、宗教自由、伦理自由的实质了吗?

我们不妨从反面来考察问题,把行业自由看做只是**出版自由的一种**。难道手艺人就只是用手脚工作而不同时也用头脑吗? 难道只有说话的语言是唯一的思想语言吗? 难道机械师用他的蒸汽机不是向我们的耳朵说得很清楚吗? 难道制床厂主不是向我们的脊背、厨师不是向我们的胃说得很清楚吗? 所有这些种类的出版自由都容许存在,独独一种出版自由即通过油墨来向我的智慧说话的那种出版自由不容许存在,这不是矛盾吗?

为了保护(甚至仅仅是为了理解)某种特定范围的自由,我应当从这一范围的主要特征出发,而不应当从它的外部关系出发。难道降低到**行业**水平的出版物能忠于自己的特征吗? 难道它的活动能符合自己的高贵天性吗? **难道这样的出版物是自由的吗**?作家当然必须挣钱才能生活,写作,但是他决不应该为了挣钱而生活,写作。

贝朗热唱道:

> 我活着只是为了编写诗歌,
> 呵,大人,如果您剥夺了我的工作,
> 那我就编写诗歌来维持生活。

在这种威胁中隐含着嘲讽的自白:诗一旦变成诗人的手段,诗人就不成其为诗人了。

作家绝不把自己的作品看做手段。作品就是**目的本身**,无论对作家或其他人来说,作品根本不是手段,所以在必要时作家可以为了**作品**的生存而牺牲**自己个人**的生存……

出版的**最主要的自由就在于不要成为一种行业**。把出版物贬为单纯物质手段的作家应当遭受外部不自由 —— 检查 —— 对他这种内部不自由的惩罚；其实他的存在本身就已经是对他的惩罚了。

当然，出版也作为一种行业而存在，不过那已不是作家的事，而是印刷厂主和书商的事了。但这里所谈的不是出版商和书商的行业自由，而是出版自由。

总之，第六届莱茵省议会上**出版自由的辩护人**按其**正常的典型**来说，同它的**论敌**没有本质的区别，只有倾向的不同。一部分人以**等级**狭隘性反对出版物，另一部分人则以同样的狭隘性为出版物辩护。一部分人希望特权只归政府，另一部分人则希望特权分给众人。一部分人要实行全部检查，另一部分人则只要一半，一部分人想要八分之三的出版自由，另一部分人一点也不要。愿上帝让我摆脱我这些朋友吧！

但是**报告人**和**农民等级**的几个议员的发言同省议会的普遍精神是完全背道而驰的。

报告人曾经指出：

> "在人民以及个别人的生活中面临着这样一个时机：过分长期监督的桎梏使人难以容忍，人们渴求独立，每一个人都希望自己对自己的行动负责。""从此，检查制度过时了；在它还继续存在的地方，它被看做一种妨害人们论述公开谈论的事物的**令人痛恨**的羁绊。"

你怎么说就怎么写，怎么写就怎么说，在小学时老师就这样教导我们。可是后来人们却教训我们说怎么指示你，你就怎么说；命令你说什么，你就写什么。

"时间不可遏止地向前推移,必然会产生现有立法中尚无适当规定的新的重大的兴趣或者提出新的要求。每当这样的时刻,就必须制定新的法律来调整这种新的社会状态。这就是我们面临的时机。"

这是**真正的历史**观点,它反对弄虚作假,反对先杀害历史理性然后又把它的遗骨当做历史遗物来敬奉的观点。

"解决问题(编纂出版法典)^①当然不是那么容易;第一次尝试也许很不完善!但是所有各邦都会感激首创这件事情的立法者,而且有我们这样的国王,普鲁士政府也许已经**光荣地**沿着唯一可能引向目的的道路走在各国的前面了。"

我们的全部叙述表明了这种英勇果敢的可贵观点在省议会上是多么孤立。这一点议长本人曾经无数次向报告人指出过。最后,农民等级议员在他愤愤不平的但是绝妙的演讲中也说出了这一点:

"正像猫围着热粥打转一样,大家都在这个问题上兜圈子。""人类精神应当**根据它固有的规律**自由地发展,应当有权将自己取得的成就告诉别人,否则,清新的河流也会变成一潭恶臭的死水。如果说出版自由对某一国的人民特别有用的话,这就是稳重而善良的德国人民,他们需要的不是书报检查制度的精神钳子,而是使他们冲破麻木状态的刺激。这种不能毫无阻碍地向别人传达思想感情的情况很像北美的单人监禁制度,这种极端严酷的制度常常使囚犯发狂。如果一个人没有斥责的权利,他的赞扬也是没有意义的。这种死气沉沉的情况使人想起缺乏阴影的中国画。让我们尽

---

① 括弧里的话是马克思的——译者注。

量摆脱这一软弱无力的民族所处的境遇吧！"

回顾出版问题的全部讨论过程，我们便不能抑制内心的痛苦和悲伤，这种情感是由莱茵省那些摇摆于故意顽固到底的特权和先天软弱的不彻底的自由主义之间的代表们的会议引起的。我们痛心地认为，普遍的和广泛的观点几乎完全不存在，在为出版自由问题进行论战以至抹杀这一问题对，态度是轻率肤浅的。我们再一次反问自己：难道出版同等级代表们就这样格格不入，难道出版物同等级代表们的实际接触点就这样少，以致他们不能以实际需要所产生的浓厚兴趣来为出版自由辩护吗？

《马克思恩格斯全集》第1卷，人民出版社1956年版，第42—43、60—63、82—88、92—94页

为穷人的权利而斗争和物质利益问题：
《第六届莱茵省议会的辩论（第三篇论文）》（选段）

辩论一开始，就有一位城市代表反对法案的标题，因为这个标题把普通违反森林条例的行为也归入"盗窃"这一范畴。
一位贵族代表回答说：

"正因为偷取林木不算做盗窃，所以这种行为才经常发生。"

另一位贵族代表认为：

"回避'盗窃'这个词倒更加危险，因为，一旦有人知道关于这

个词曾发生过争论,他就很容易设想,似乎省议会也不把偷取林木当做盗窃。"

那位代表还更进了一步。他把对"盗窃"的全部分析看做"不适合全体会议做的**修辞工作**"。

省议会听取了这样清楚的论证,就对法案的标题进行了表决。

上述这种观点把变公民为小偷说成是纯粹修辞工作中的粗心大意,把一切反对意见当做语法上的过分吹毛求疵而加以否定;从这个观点看来,就是偷枯树拾枯枝自然也应归入盗窃的范围,并应和砍伐林木同样受罚。

不错,上述那位城市代表指出:

"由于惩罚可能达到长期监禁,这种严厉的做法就会把那些尚未离开正道的人直接推上犯罪的道路。这至少是因为人们在监狱中将同职业小偷住在一起;因此,他认为偷枯树拾枯枝只应该受普通的违警处分。"

但另一位城市代表却提出了深谋远虑的反对意见:

"在他那个地方的森林里,常常有人先把幼树砍伤,等它枯死后,就把它当做枯树。"

这种为了幼树的权利而牺牲人的权利的做法真是最巧妙最干脆不过了。如果法案的这一条被通过,那么就必然会把许多不是存心犯罪的人从活生生的道德之树上砍下来,把他们当做枯树抛入犯罪、耻辱和贫困的地狱。如果省议会否决这一条,那就可能使几棵幼树受害。未必还需要再说明:胜利的是木头偶像,牺牲的却是人！

刑律只把偷取砍下的树木和擅自砍伐林木算做盗窃林木。其中（我们的省议会不会相信这点）说道：

> "凡白天采集野果食用而在取走时造成轻微损失的人，一律根据其地位和案情给以民事（可见不是刑事）处分。"

我们不得不维护16世纪的刑律，不让19世纪的莱茵省议会责备它过分仁慈。我们也正是在这样做。

我们为穷人要求习惯权利，但并不是限于某个地方的习惯权利，而是一切国家的穷人所固有的习惯权利。我们还要进一步说明，习惯权利按其本质来说只能是这一最低下的、备受压迫的、无组织的群众的权利。

……

然而，贵族的这些习惯权利是和合理的权利概念相抵触的习惯，而贫民的习惯权利则是同现存权利的习惯相抵触的权利。贫民习惯权利的内容并不反对法律形式，它反对的倒是自己本身的不定形。法律形式并不同这一内容相抵触，而只是这一内容还没有具备这种形式。只要稍加思考，就能看出启蒙的立法是如何**片面地**、并且不可能不是**片面地**来考察**贫民的习惯权利**，日耳曼人的法典可以算是这些习惯权利的最丰富的泉源。

各种最自由的立法在处理私权方面，只限于把已有的权利固定起来并把它们提升为某种具有普遍意义的东西。而在没有这些权利的地方，它们也不去制定这些权利……这些立法对于那些既有权利而又受习惯保护的人是处理得当的，但是对于那些没有权利而只受习惯保护的人却处理不当……

这些立法不可能不是片面的,因为贫民的任何习惯权利都是来自某些所有权的不固定性。由于这种不固定性,这些所有权既不是绝对私人的,也不是绝对公共的,而是我们在中世纪一切法规中所看到的那种私权和公权的混合物。立法者借以了解这种二重形式的唯一工具就是理智;而理智不但本身是片面的,它的作用实质上也是在于使世界成为片面的 ……

因此,理智取消了所有权形式的二重性和不稳定性,而把它在罗马法中找到现成格式的抽象私权范畴应用于这些形式。立法的理智认为自己有权取消这种不定所有权对贫民阶级所负的责任,因为它已取消了国家对这一所有权的特权。然而它忘记了,即使从私权观点来看,这里也有两种私权:占有者的私权和非占有者的私权 …… 一切中世纪的权利形式,其中也包括所有权,在各方面都是混合的、二元的、二重的,而理智也理直气壮地用自己的统一原则反对过这种矛盾的规定,但理智仍然忽略了一种情况,即有些所有权的对象按其本质来说永远也不能具有那种早被确认的私有财产的性质。这就是那些由于它们的自发性和偶然存在而属于先占权范围的对象,也就是下面这个阶级的先占权的对象,这个阶级正是由于这种先占权而丧失了任何其他所有权,它在市民社会中的地位与这些对象在自然界中的地位相同。

我们看到,在整个贫民阶级的习惯中本能地显出了所有权的这种**不定形**的方面;我们看到,这个阶级不仅本能地要求满足生活的需要,而且也感到需要满足自己权利的要求。枯枝就是一个例子。正如蜕下的蛇皮同蛇已经不再有有机联系一样,枯枝同活的树也不再有有机联系了。自然界本身提供了贫富对立的例子,它提供的例子是这样的:一方面是脱离了有机生命而被折断了的枯树枝,另一方面是根深叶茂的枝干,后者有机地同化了空气、阳光、水分和泥土,使它们变成自己的形式和生命。这是对贫富的自然描绘。人间的贫穷有同病相怜之感,它从这种感觉中导出自己的所有权;它认为,如果自然界的有机财富是早已肯定的所有者的财物,那么自然界的贫穷则是贫民的不定财物。在自然力的这一作用中,贫民感到一种仁慈的、比人类力量还要人道的力量。代替特权者的偶然任性而出现的,是自然力的偶然性,这种自然力夺取了私有制永远也不会自愿放手的东西。正如富人不应该要求大街上的施舍物一样,他们也不应该要求**自然界的这种施舍物**。贫民在自己的活动中发现了自己的权利。人类社会的自然阶级在拾集的活动中接触到自然界自然力的产物,并把它们加以处理。那些野生果实的情况也是这样,它们只不过是财产的十分偶然的附属品,这种附属品是这样的微不足道,因此它不可能成为真正所有者的活动对象;拾集收割后落在地里的麦穗的权利和诸如此类的习惯权利也是这样。

由此可见,在贫民阶级的这些习惯中存在着本能的权利感,这些习惯的根源是肯定的和合法的,而**习惯权利**的形式在这里更是自然的,因为**贫民阶级的存在本身**至今仍然只**不过是**市民社会的**一种习惯**,而这种习惯还没有在被有意地划分了的国家里找到应有的地位。

究竟什么是有害的后果呢? 凡危害林木占有者利益的东西就是有害的。所以,如果法的后果对林木占有者是无利的,那么,这就是有害的后果。在这种场合下,利益是有远见的。如果以前肉眼看得见的东西而它却看不见,那么,现在甚至只有用显微镜才看得清楚的东西它也看得见了。整个世界对它说来是眼中钉,这个世界之所以充满危险,是因为世界并不是某一独特利益的天下,而是许许多多利益的天下。私人利益把自己看做世界的最终目的。

这就是说,如果法不实现这个最终目的,那么它就是和目的相矛盾的法。**对私人利益有害的法**,因而也就是**具有有害后果的法**。

我们再重复一遍:我们的等级代表已经执行了自己作为等级代表的使命,但我们却决不是想说他们这样做是正确的。莱茵省的居民应该战胜这些代表的等级,人应该战胜林木占有者。法律不仅责成他们代表私人利益,而且还责成他们代表全省的利益。同时,不管这两重任务是怎样的矛盾,但在发生冲突的场合下,私人利益的代表应该毫不犹豫地为全省的代表牺牲。遵守法和法制是莱茵省居民的**最大特点**。但是不言而喻,私人利益既没有祖国,也没有全省,也没有共同的精神,甚至连本土观念也没有。有一些异想天开的作家希望在私人利益的代表身上看到完美的理想、深邃的感情以及个别和特殊道德形式的丰富泉源。然而事与愿违,这些代表却消灭了所有的自然差别和精神差别,把某种物质对象和屈从于它的某种意识加以不道德、不合理和冷酷无情的抽象,用这种抽象去代替这些差别。

《马克思恩格斯全集》第1卷,人民出版社1956年版,第136—137、142—147、164—165、180页

对黑格尔法哲学和"国家"、"市民社会"、"政治解放"等等的批判:人类解放的新提法

理念变成了独立的主体,而家庭和市民社会对国家的现实关系变成了理念所具有的想象的内部活动。实际上,家庭和市民社会是国家的前提,它们才是真正的活动者;而思辨的思维却把这一切头足倒置。如果理念变为独立的主体,那么现实的主体(市民社

会、家庭、"情势、任性等等"）在这里就会变成和它们自身不同的、**非现实的**、理念的客观要素。

……

家庭和市民社会是国家的真正的构成部分，是意志所具有的现实的精神实在性，它们是国家存在的方式。家庭和市民社会**本身**把自己变成国家。它们才是原动力。可是在黑格尔看来却刚好相反，它们是由现实的理念产生的。……

《黑格尔法哲学批判（手稿）》，《马克思恩格斯全集》第1卷，人民出版社1956年版，第250—251页

完备的政治国家，按其本质来说，是和人的物质生活**相反**的一种**类生活**。物质生活这种自私生活的一切前提正是作为市民社会的特性继续存在于国家范围以外，存在于**市民社会**。在政治国家真正发达的地方，人不仅在思想中，在意识中，而且在**现实**中，在**生活**中，都过着双重的生活 —— 天国的生活和尘世的生活。前一种是**政治共同体**中的生活，在这个共同体中，人把自己看做**社会存在物**；后一种是**市民社会**中的生活，在这个社会中，人作为**私人**进行活动，把别人看做工具，把自己也降为工具，成为外力随意摆布的玩物。政治国家和市民社会的关系，正像天和地的关系一样，也是唯灵论的。和宗教与世俗世界的关系一样，政治国家和市民社会也是处于对立的地位，它用以克服后者的方式也是和宗教克服世俗狭隘性的方式相同的，就是说，正像宗教对待世俗一样，国家不得不重新承认市民社会，恢复它，服从它的统治。在**最直接的**现实中，在市民社会中，人是世俗存在物。在这里，即人对自己和对别人来说，都是实在的**个人**的地方，人是**没有真实性**的现象。相反地，在国家中，即在人是类存在物的地方，人是想象中的主权的虚拟的

分子;在这里,他失去了实在的个人生活,充满了非实在的普遍性。

人作为**特殊**宗教的信徒,跟作为公民的自身,跟作为社会整体的一分子的其他人发生冲突,这种冲突就归结为**政治国家和市民社会的世俗**分裂。对于作为 bourgeois〔市民社会的一分子〕的人来说:"在国家中的生活只是一种假象,或者是本质和通则的瞬间例外。"的确,bourgeois〔市民社会的一分子〕和犹太人一样,只是诡辩地处于国家生活中,正像 citoyen〔公民〕只是诡辩地是犹太人或 bourgeois〔市民社会的一分子〕一样。可是这种诡辩不是个人性质的,而是**政治国家本身的诡辩**。宗教信徒和公民的差别,就是商人和公民、短工和公民、地主和公民、**活的个人和公民**之间的差别。宗教信徒和政治人之间的矛盾,也就是 bourgeois〔市民社会的一分子〕和 citoyen〔公民〕之间、市民社会一分子和他的**政治外貌**之间的矛盾。

犹太人问题最后归结成的这个世俗冲突,政治国家和它的前提(无论这些前提是私有财产这样的物质因素,还是教育、宗教这样的精神因素)的这个关系,**普遍利益和私人利益**的这个冲突,**政治国家和市民社会**的这个分裂,鲍威尔在批驳这些世俗对立**在宗教上**的表现的时候,根本没有提到。

……

政治解放当然是一大进步;尽管它不是一般人类解放的最后形式,但**在**迄今为止的世界制度的**范围内**,它是人类解放的最后形式。不言而喻,我们这里指的是实在的、实际的解放。

人在政治上从宗教中解放出来,也就是把宗教从公法范围内驱逐出去,转到私法范围。宗教不再是国家的精神,因为在国家中,人——虽然只是在有限的程度上,以特殊的形式,在特殊的范围内,——是作为类存在物和别人共同行动的;它成了 bellum omnium contra omnes［一切人反对一切人的战争］的**市民社会**、**利己**主义领域的精神。它的本质所表现的已经不是**共同体**,而是**差异**。它成了人脱离自己所属的**共同体**、脱离自身和别人的**表现**;而**它起初**曾经是这样的表现。它不过是特殊歪曲观念、**私人臆想**和任性的抽象教义。例如宗教在北美的不断分裂,就**在外表上**也使宗教具有了纯粹私人事务的形式。它被赶到其他一切私人利益的领域里去,被驱逐出政治共同体。但是我们不要在政治解放的限度方面欺骗自己。人分为**公人**和**私人**的这种二重化,宗教从国家向市民社会的**转移**,这并不是政治解放的一个个别阶段,而是它的**完成**;因此,政治解放并没有消灭**人的实际的**宗教观念,而且它也不想消灭这种观念。

人分解为犹太教徒和公民、新教徒和公民、教徒和公民,这对于公民生活来说,并不是谎言,并不是对政治解放的回避,而**正是政治解放**,是使自己摆脱宗教的政治解放。当然,在政治国家通过暴力从市民社会内部作为政治国家出现的时期,在人类自我解放竭力采取政治自我解放的形式的时期,国家是能够而且也一定会达到**废除宗教**、**消灭宗教**的地步的。但这一步,它只有通过那种达到废除私有财产、限定财产最高额、没收财产、实际累进税的办法,通过那种达到消灭生命、走向**断头台**的办法,才能做到。当政治生活特别强烈地感觉到自己的力量的时候,它就竭力压制它的前提 —— 市民社会及其因素,使自己成为人的真实的、没有矛盾的类生活。但它只有同自己的生活条件发生**暴力矛盾**,宣布革命**是不停顿的**,才能做到这一点,因此,正像战争以和平告终一样,政治戏剧必然要以宗教、私有财产和市民社会的一切因素的恢复而告终。

《论犹太人问题》,《马克思恩格斯全集》第1卷,人民出版社1956年版,第428—431页试问:德国能不能实现一个 à la hauteur des principes〔原则高度的〕实践,即实现一个不但能把德国提高到现代各国的**现有水平**,而且提高到这些国家即将达到的**人的高度**的革命呢?

批判的武器当然不能代替武器的批判,物质力量只能用物质力量来摧毁;但是理论一经掌握群众,也会变成物质力量。理论只要说服 ad hominem〔人〕,就能掌握群众;而理论只要彻底,就能说服 ad hominem〔人〕。所谓彻底,就是抓住事物的根本。但人的根本就是人本身。德国理论的彻底性及其实践能力的明证就是:德国理论是从坚决彻底废除宗教出发的。对宗教的批判最后归结为**人是人的最高本质**这样一个学说,从而也归结为这样一条**绝对命令**:必须推翻那些使人成为受屈辱、被奴役、被遗弃和被蔑视的东西的**一切关系** ……

那么,德国解放的实际可能性到底在哪里呢?

答:就在于形成一个**被彻底的锁链**束缚着的阶级,即形成一个非市民社会阶级的市民社会阶级,一个表明一切等级解体的等级;一个由于自己受的普遍苦难而具有普遍性质的领域,这个领域并不要求享有任何一种**特殊权利**,因为它的痛苦不是**特殊的无权**,而是**一般无权**,它不能再求助于**历史权利**,而只能求助于**人权**,它不是同德国国家制度的后果发生片面矛盾,而是同它的前提发生全面矛盾,最后,它是一个若不从其他一切社会领域解放出来并同时解放其他一切社会领域,就不能解放自己的领域,总之是这样一个领域,它本身表现了人的**完全丧失**,并因而只有**通过人的完全恢复**才能恢复自己。这个社会解体的结果,作为一个特殊等级来说,就是**无产阶级**。

……

德国唯一实际可能的解放是从宣布人本身是人的最高本质这个理论出发的解放。在德国，只有同时从对中世纪的**部分**胜利解放出来，才能从**中世纪**得到解放。在德国，不消灭一切奴役制，**任何一种奴役制**都不可能消灭。**彻底**的德国不从**根本**上开始进行革命，就不可能完成革命。**德国人的解放就是人的解放**。这个解放的**头脑是哲学**，它的**心脏是无产阶级**。哲学不消灭无产阶级，就不能成为现实；无产阶级不把哲学变成现实，就不可能消灭自己。

《黑格尔法哲学批判导言》，《马克思恩格斯全集》第1卷，人民出版社1956年版，第466—467页

三、对资产阶级经济学和三分离的批判：劳动异化学说

依据资产阶级经济学的成果，站在工人阶级立场提出的问题

现在让我们完全站在国民经济学家的立场上，并且仿效他把工人的理论要求和实践要求比较一下。

国民经济学家对我们说，劳动的全部产品，本来属于工人，并且按照理论也是如此。但是他同时又对我们说，实际上工人得到的是产品中最小的、没有就不行的部分，也就是说，只得到他不是作为人而是作为工人生存所必要的那一部分以及不是为繁衍人类而是为繁衍工人这个奴隶阶级所必要的那一部分。

国民经济学家对我们说，一切东西都可用劳动来购买，而资本无非是积累的劳动；但是同时他又对我们说，工人不但远不能购买

一切东西,而且不得不出卖自己和自己的人的尊严。

懒惰的土地所有者的地租大都占土地产品的三分之一,忙碌的资本家的利润甚至两倍于货币利息,而剩余部分即工人在最好的情况下挣得的部分,只有这么多:如果他有四个孩子,其中两个必定要饿死。

按照国民经济学家的意见,劳动是人用来增大自然产品的价值的唯一东西,劳动是人的能动的财产;而根据同一国民经济学,土地所有者和资本家(他们作为土地所有者和资本家不过是有特权的和闲散的神仙)处处高踞于工人之上,并对工人发号施令。

按照国民经济学家的意见,劳动是唯一不变的物价;可是再没有什么比劳动价格更具有偶然性、更受波动的了。

分工提高劳动的生产力,增进社会的财富,促使社会日益精致,同时却使工人陷于贫困并变为机器。劳动促进资本的积累,从而也促进社会福利的增长,同时却使工人越来越依附于资本家,引起工人间更剧烈的竞争,使工人卷入生产过剩的疯狂竞赛中去;而跟着生产过剩而来的是同样急剧的生产衰落。

按照国民经济学家的意见,工人的利益从来不同社会的利益相对立,而社会却总是而且必然地同工人的利益相对立。

按照国民经济学家的意见,工人的利益从来不同社会的利益相对立,(1)因为工资的提高可以由劳动时间量的减少和上述其他后果而绰绰有余地得到补偿;(2)因为对社会来说全部总产品就是纯产品,而区分纯产品只对私人来说才有意义。

劳动本身,不仅在目前的条件下,而且一般只要它的目的仅仅在于增加财富,它就是有害的、造孽的,这是从国民经济学家的阐发中得出的结论,尽管他并不知道这一点。

……

按照理论,地租和资本利润是工资的扣除。但是在现实中,工资却是土地和资本让给工人的一种扣除,是从劳动产品中给工人、劳动所打的回扣。

在社会的衰落状态中,工人遭受的痛苦最深重。他遭受特别沉重的压迫是由于自己所处的工人地位,但他遭受压迫则由于社会状况。

而在社会财富增进的状态中,工人的沦落和贫困化是他的劳动的产物和他生产的财富的产物。就是说,贫困从现代劳动本身的本质中产生出来。

社会的最富裕状态,这个大致还是可以实现并且至少是作为国民经济学和市民社会的目的的理想,对工人说来却是**持续不变的贫困**。

不言而喻,国民经济学把**无产者**,即既无资本又无地租,只靠劳动而且是片面的、抽象的劳动为生的人,仅仅当作**工人**来考察,因此,它才会提出这样一个论点:工人完全和一匹马一样,只应得到维持劳动所必需的东西。国民经济学不考察不劳动时的工人,不把工人作为人来考察;它把这种考察交给刑事司法、医生、宗教、统计表、政治和乞丐管理人去做。

现在让我们超出国民经济学的水平,试从前面几乎是用国民经济学家的原话所作的论述中来回答以下两个问题:

(1)把人类的最大部分归结为抽象劳动,这在人类发展中具有什么意义?

(2)主张细小改革的人不是希望**提高**工资并以此来改善工人阶级的状况就是(像蒲鲁东那样)把工资的**平等**看作社会革命的目标,他们究竟犯了什么错误?

马克思:《1844年经济学哲学手稿》,人民出版社1985年版,第

14—16页

从批判资产阶级经济学视为当然的前提 —— 劳动、资本、土地的相互分离 —— 入手，剖析资本主义经济结构

国民经济学从私有财产的事实出发，但是，它没有给我们说明这个事实。它把私有财产在现实中所经历的**物质**过程，放进一般的、抽象的公式，然后又把这些公式当作**规律**。它不**理解**这些规律，也就是说，它没有指明这些规律是怎样从私有财产的本质中产生出来的。国民经济学没有给我们提供一把理解劳动和资本分离以及资本和土地分离的根源的钥匙……

因此，我们现在必须弄清楚私有制，贪欲和劳动、资本、地产三者的分离之间，交换和竞争之间，人的价值和人的贬值之间，垄断和竞争等等之间，这全部异化和**货币**制度之间的本质联系。

我们不像国民经济学家那样，当他想说明什么的时候，总是让自己处于虚构的原始状态。这样的原始状态什么问题也说明不了。国民经济学家只是使问题堕入五里雾中。他把应当加以推论的东西即两个事物 —— 例如分工和交换 —— 之间的必然的关系，假定为事实、事件。神学家也是这样用原罪来说明罪恶的起源，也就是说，他把他应当加以说明的东西假定为一种历史事实。

马克思：《1844年经济学哲学手稿》，人民出版社1985年版，第46—47页

劳动者同他的产品的异化

我们从当前的经济事实出发吧：

工人生产的财富越多，他的产品的力量和数量越大，他就越贫穷。工人创造的商品越多，他就越变成廉价的商品。物的世界的**增值**同人的世界的**贬值**成正比。劳动不仅生产商品，它还生产作为**商品**的劳动自身和工人，而且是按它一般生产商品的比例生产的。

这一事实不过表明：劳动所生产的对象，即劳动的产品，作为一种**异己**的存在物，作为**不依赖于**生产者的**力量**，同劳动相对立。劳动的产品就是固定在某个对象中、物化为对象的劳动，这就是劳动的**对象化**。劳动的现实化就是劳动的对象化。在被国民经济学作为前提的那种状态下，劳动的这种现实化表现为工人的**非现实化**，对象化表现为**对象的丧失和被对象奴役**，占有表现为**异化、外化**。

劳动的现实化竟如此表现为非现实化，以至工人非现实化到饿死的地步。对象化竟如此表现为对象的丧失，以致工人被剥夺了最必要的对象——不仅是生活的必要对象，而且是劳动的必要对象。甚至连劳动本身也成为工人只有靠最紧张的努力和极不规则的间歇才能加以占有的对象。对对象的占有竟如此表现为异化，以致工人生产的对象越多，他能够占有的对象就越少，而且越受他的产品即资本的统治。

这一切后果包含在这样一个规定中：工人同**自己的劳动产品**的关系就是同一个**异己**的对象的关系。因为根据这个前提，很明显，工人在劳动中耗费的力量越多，他亲手创造出来反对自身的、异己的对象世界的力量就越强大,他本身、他的内部世界就越贫乏,归他所有的东西就越少。宗教方面的情况也是如此。人奉献给上帝的越多,他留给自身的就越少。工人把自己的生命投入对象;但现在这个生命已不再属于他而属于对象了。因此,这个活动越多,工人就越丧失对象。凡是成为他的劳动产品的东西,就不再是他本身的东西。因此,这个产品越多,他本身的东西就越少。工人在他的产品中的**外化**,不仅意味着他的劳动成为对象,成为**外部**的存在,而且意味着他的劳动作为一种异己的东西不依赖于他而**在他之外**存在,并成为同他对立的独立力量;意味着他给予对象的生命作为敌对的和异己的东西同他相对立。

现在让我们来更详细地考察一下**对象化**,即工人的生产,以及对象即工人的产品在对象化中的**异化**、**丧失**。

没有**自然界**,没有**感性的外部世界**,工人就什么也不能创造。它是工人用来实现自己的劳动、在其中展开劳动活动、由其中生产出和借以生产出自己的产品的材料。

但是,自然界一方面在这样的意义上给劳动提供**生活资料**,即没有劳动加工的对象,劳动就不能**存在**,另一方面,自然界也在更狭隘的意义上提供**生活资料**,即提供**工人本身**的肉体生存所需的资料。

因此,工人越是通过自己的劳动**占有**外部世界、感性自然界,他就越是在两个方面失去**生活资料**:第一,感性的外部世界越来越不成为属于他的劳动的对象,不成为他的劳动的**生活资料**;第二,这个外部世界越来越不给他提供直接意义的**生活资料**,即劳动者的肉体生存所需的资料。

因此,工人在这两方面成为自己的对象的奴隶:首先,他得到**劳动的对象**,也就是得到**工作**;其次,他得到**生存资料**。因而,他首先作为**工人**,其次作为**肉体的主体**,才能够生存。这种奴隶状态的顶点就是:他只有作为工人才能维持作为**肉体的主体**的生存,并且只有作为**肉体的主体**才能是工人。

(按照国民经济学的规律,工人在他的对象中的异化表现在:工人生产得越多,他能够消费的越少;他创造价值越多,他自己越没有价值、越低贱;工人的产品越完美,工人自己越畸形;工人创造的对象越文明,工人自己越野蛮;劳动越有力量,工人越无力;劳动越机巧,工人越愚钝,越成为自然界的奴隶。)

国民经济学以不考察工人(即劳动)**同产品的直接关系来掩盖劳动本质的异化。**

马克思:《1844年经济学哲学手稿》,人民出版社1985年版,第47—49页

劳动或人的生命活动的自身异化

以上我们只是从另一个方面,就是从工人**同他的劳动产品的关系**这个方面,考察了工人的异化、外化。但异化不仅表现在结果上,而且表现在**生产行为**中,表现在生产活动本身中。如果工人不是在生产行为本身中使自身异化,那么工人怎么会同自己活动的产品象同某种异己的东西那样相对立呢? 产品不过是活动、生产的总结。因此如果劳动的产品是外化,那么生产本身就必然是能动的外化,或活动的外化,外化的活动。在劳动对象的异化中不过总结了劳动活动本身的异化、外化。

那么,劳动的外化表现在什么地方呢?

首先,劳动对工人说来是**外在的东西**,也就是说,不属于他的

本质的东西;因此,他在自己的劳动中不是肯定自己,而是否定自己,不是感到幸福,而是感到不幸,不是自由地发挥自己的体力和智力,而是使自己的肉体受折磨、精神遭摧残。因此,工人只有在劳动之外才感到自在,而在劳动中则感到不自在,他在不劳动时觉得舒畅,而在劳动时就觉得不舒畅。因此,他的劳动不是自愿的劳动,而是被迫的**强制劳动**。因而,它不是满足劳动需要,而只是满足劳动需要以外的需要的一种**手段**。劳动的异化性质明显地表现在,只要肉体的强制或其他强制一停止,人们就会象逃避鼠疫那样逃避劳动。外在的劳动,人在其中使自己外化的劳动,是一种自我牺牲、自我折磨的劳动。最后,对工人说来,劳动的外在性质,就表现在这种劳动不是他自己的,而是别人的;劳动不属于他;他在劳动中也不属于他自己,而是属于别人。在宗教中,人的幻想、人的头脑和人的心灵的自主活动对个人发生作用是不取决于他个人的,也就是说,是作为某种异己的活动,神灵的或魔鬼的活动的,同样,工人的活动也不是他的自主活动。他的活动属于别人,这种活动是他自身的丧失。

结果,人(工人)只有在运用自己的动物机能——吃、喝、性行为,至多还有居住、修饰等等的时候,才觉得自己是自由活动,而在运用人的机能时,却觉得自己不过是动物。动物的东西成为人的东西,而人的东西成为动物的东西。

吃、喝、性行为等等,固然也是真正的人的机能。但是,如果使这些机能脱离了人的其他活动,并使它们成为最后的和唯一的终极目的,那么,在这种抽象中,它们就是动物的机能。

我们从两个方面考察了实践的人的活动即劳动的异化行为。第一,工人同**劳动产品**这个异己的、统治着他的对象的关系。这种关系同时也是工人同感性的外部世界、同自然对象这个异己的与他敌对的世界的关系。第二，在**劳动**过程中劳动同**生产行为**的关系。这种关系是工人同他自己的活动——一种异己的、不属于他的活动——的关系。在这里，活动就是受动；力量就是虚弱；生殖就是去势；**工人自己的体力和智力**，他个人的生命（因为，生命如果不是活动，又是什么呢？）就是不依赖于他、不属于他、转过来反对他自身的活动。这就是**自我异化**，而上面所谈的是**物的异化**。

马克思：《1844年经济学哲学手稿》，人民出版社1985年版，第50—51页

人的（类）本质的异化

我们现在还要根据**异化劳动**的已有的两个规定推出它的第三个规定。

人是类存在物，不仅因为人在实践上和理论上都把类——自身的类以及其他物的类——当作自己的对象；而且因为——这只是同一件事情的另一种说法——人把自身当作现有的、有生命的类来对待，当作**普遍**的因而也是自由的存在物来对待。

无论是在人那里还是在动物那里，类生活从肉体方面说来就在于人（和动物一样）靠无机界生活，而人和动物相比越有普遍性，人赖以生活的无机界的范围就越广阔。从理论领域说来，植物、动物、石头、空气、光等等，一方面作为自然科学的对象，一方面作为艺术的对象，都是人的意识的一部分，是人的精神的无机界，是人必须事先进行加工以便享用和消化的精神食粮；同祥，从实践领域说来，这些东西也是人的生活和人的活动的一部分。人在肉体上只有靠这些自然产品才能生活，不管这些产品是以食物、燃料、

衣着的形式还是以住房等等的形式表现出来。在实践上,人的普遍正表现在把整个自然界 —— 首先作为人的直接的生活资料,其次作为人的生命活动的材料、对象和工具 —— 变成**人的无机的身体**。自然界,就它本身不是人的身体而言,是人的**无机的身体**。人靠自然界**生活**。这就是说,自然界是人为了不致死亡而必须与之不断交往的、人的**身体**。所谓人的肉体生活和精神生活同自然界相联系,也就等于说自然界同自身相联系,因为人是自然界的一部分。

异化劳动,由于(1)使自然界,(2)使人本身,他自己的活动机能,他的生命活动同人相异化,也就使类同人相异化;它使人把**类生活**变成维持个人生活的手段。第一,它使类生活和个人生活异化;第二,把抽象形式的个人生活变成同样是抽象形式和异化形式的类生活的目的。

因为,首先,劳动这种**生命活动**、这种**生产生活**本身对人说来不过是满足他的需要即维持肉体生存的需要的**手段**。而生产生活本来就是类生活。这是产生生命的生活。一个种的全部特性、种的类特性就在于生命活动的性质,而人的类特性恰恰就是自由的有意识的活动。生活本身却仅仅成为**生活的手段**。

动物和它的生命活动是直接同一的。动物不把自己同自己的生命活动区别开来。它就是**这种生命活动**。人则使自己的生命活动本身变成自己的意志和意识的对象。他的生命活动是有意识的。这不是人与之直接融为一体的那种规定性。有意识的生命活动把人同动物的生命活动直接区别开来。正是由于这一点,人才是类存在物。或者说,正因为人是类存在物,他才是有意识的存在物,也就是说,他自己的生活对他是对象。仅仅由于这一点,他的活动才是自由的活动。异化劳动把这种关系颠倒过来,以至人正因为是有意识的存在物,才把自己的生命活动,自己的**本质**变成仅仅维持自己**生存**的手段。

通过实践创造**对象世界**,即**改造无机界**,人证明自己是有意识的类存在物,也就是这样一种存在物,它把类看作自己的本质,或者说把自身看作类存在物。诚然,动物也生产。它也为自己营造巢穴或住所,如蜜蜂、海狸、蚂蚁等。但是动物只生产它自己或它的幼仔所直接需要的东西;动物的生产是片面的,而人的生产是全面的;动物只是在直接的肉体需要的支配下生产,而人甚至不受肉体需要的支配也进行生产,并且只有不受这种需要的支配时才进行真正的生产;动物只生产自身,而人再生产整个自然界;动物的产品直接同它的肉体相联系,而人则自由地对待自己的产品。动物只是按照它所属的那个种的尺度和需要来建造,而人却懂得按照任何一个种的尺度来进行生产,并且懂得怎样处处都把内在的尺度运用到对象上去;因此,人也按照美的规律来建造。

因此,正是在改造对象世界中,人才真正地证明自己是**类存在物**。这种生产是人的能动的类生活。通过这种生产,自然界才表现为他的作品和他的现实。因此,劳动的对象是**人的类生活的对象化**:人不仅象在意识中那样在精神上使自己二重化,而且能动地、现实地使自己二重化,从而在他所创造的世界中直观自身。因此,异化劳动从人那里夺去了他的生产的对象,也就从人那里夺去了他的**类生活**,即他的现实的、类的对象性,把人对动物所具有的优点变成缺点,因为从人那里夺走了他的无机的身体即自然界。

同样,异化劳动把自主活动、自由活动贬低为手段,也就把人的类生活变成维持人的肉体生存的手段。

因而,人具有的关于他的类的意识也由于异化而改变,以致类生活对他说来竟成了手段。

这样一来,异化劳动造成下面这一结果:

（3）**人的类本质**——无论是自然界，还是人的精神的类能力——变成对人来说是**异己**的本质，变成维持他的**个人生存的手段**。异化劳动使人自己的身体，同样使他之外的自然界，使他的精神本质，他的**人的本质**同人相异化。

（4）人同自己的劳动产品、自己的生命活动、自己的类本质相异化这一事实所造成的直接结果就是**人同人相异化**。当人同自身相对立的时候，他也同他人相对立。凡是适用于人同自己的劳动、自己的劳动产品和自身的关系的东西，也都适用于人同他人、同他人的劳动和劳动对象的关系。

总之，人同他的类本质相异化这一命题，说的是一个人同他人相异化，以及他们中的每个人都同人的本质相异化。

人的异化，一般地说人同自身的任何关系，只有通过人同其他人的关系才得到实现和表现。

因而，在异化劳动的条件下，每个人都按照他本身作为工人所处的那种关系和尺度来观察他人。

我们已经从经济事实即工人及其产品的异化出发。我们表述了这一事实的概念：**异化的、外化的**劳动。我们分析了这一概念，因而我们只是分析了一个经济事实。

马克思：《1844年经济学哲学手稿》，人民出版社1985年版，第52—55页

人与人相异化：阶级关系是异化劳动的现实表现和产物

现在我们要进一步考察异化的、外化的劳动这一概念在现实中必须怎样表达和表现。

如果说劳动产品对我说来是异己的,是作为异己的力量同我相对立,那么,它到底属于谁呢?

如果我自己的活动不属于我,而是一种异己的活动、被迫的活动,那么,它到底属于谁呢?

属于有别于我的**另一个存在物**。

这个存在物是谁呢?

是**神**吗? 确实,起初主要的生产活动,如埃及、印度、墨西哥的神殿建造等等,是为了供奉神的,而产品本身也是属于神的。但是,神从来不单独是劳动的主人。**自然界**也不是主人。而且,下面这种情况会多么矛盾:人越是通过自己的劳动使自然界受自己支配,神的奇迹越是由于工业的奇迹而变成多余,人就越是不得不为了讨好这些力量而放弃生产的欢乐和对产品的享受!

劳动和劳动产品所归属的那个**异己**的存在物,劳动为之服务和劳动产品供其享受的那个存在物,只能是人本身。

如果劳动产品不属于工人,并作为一种异己的力量同工人相对立,那么,这只能是由于产品属于**工人之外的另一个人**。如果工人的活动对他本身来说是一种痛苦,那么,这种活动就必然给另一个人带来**享受**和欢乐。不是神也不是自然界,只有人本身才能成为统治人的异己力量。

还必须注意上面提到的这个命题:人同自身的关系只有通过他同他人的关系,才成为对他说来是**对象性的**、**现实的**关系。因此,如果人同他的劳动产品即对象化劳动的关系,就是同一个**异己的**、**敌对的**、强有力的、不依赖于他的对象的关系,那么,他同这一对象所以发生这种关系就在于有另一个异己的、敌对的、强有力的、不依赖于他的人是这一对象的主人。如果人把自身的活动看作一种不自由的活动,那么,他是把这种活动看作替他人服务的、受他人支配的、处于他人的强迫和压制之下的活动。

人同自身和自然界的任何自我异化,都表现在他使自身和自然界跟另一个与他不同的人发生的关系上。因此,宗教的自我异化也必然表现在俗人同僧侣或者俗人同耶稣基督(因为这里涉及精神世界)等等的关系上。在实践的、现实的世界中,自我异化只有通过同其他人的实践的、现实的关系才能表现出来。异化借以实现的手段本身就是**实践的**。因此,通过异化劳动,人不仅生产出他同作为异己的、敌对的力量的生产对象和生产行为的关系,而且生产出其他人同他的生产和他的产品的关系,以及他同这些人的关系。正象他把他自己的生产变成自己的非现实化,变成对自己的惩罚一样,正象他丧失掉自己的产品并使它变成不属于他的产品一样,他也生产出不生产的人对生产和产品的支配。正象他使他自己的活动同自身相异化一样,他也使他人占有非自身的活动。

马克思:《1844年经济学哲学手稿》,人民出版社1985年版,第55—56页

劳动异化分析的总结:三分离、私有制源于人类劳动的异化

总之,通过**异化的、外化的劳动**,工人生产出一个跟劳动格格不入的、站在劳动之外的人同这个劳动的关系。工人同劳动的关系,生产出资本家(或者不管人们给雇主起个什么别的名字)同这个劳动的关系。从而,**私有财产**是**外化劳动**即工人同自然界和自身的外在关系的产物、结果和必然后果。

因此,我们通过分析,从**外化劳动**这一概念,即从**外化的人**、异化劳动、异化的生命、**异化的人**这一概念得出**私有财产**这一概念。

诚然,我们从国民经济学得到作为**私有财产运动**之结果的**外化劳动**(外化的生命)这一概念。但是对这一概念的分析表明,与其说私有财产表现为外化劳动的根据和原因,还不如说它是外化劳动的结果,正象神原先不是人类理性迷误的原因,而是人类理性迷误的结果一样。后来,这种关系就变成相互作用的关系。

私有财产只有发展到最后的、最高的阶段,它的这个秘密才重新暴露出来,私有财产一方面是外化劳动的**产物**,另一方面又是劳动借以外化的**手段**,是**这一外化的实现**。

这些论述使至今没有解决的各种矛盾立刻得到阐明。

(1)国民经济学虽然从劳动是生产的真正灵魂这一点出发,但是它没有给劳动提供任何东西,而是给私有财产提供了一切。蒲鲁东从这个矛盾得出了有利于劳动而不利于私有财产的结论。然而我们看到,这个表面的矛盾是**异化劳动**同自身的矛盾,而国民经济学只不过表述了异化劳动的规律罢了。

因此,我们也看到**工资**和**私有财产**是同一的,因为用劳动产品、劳动对象来偿付劳动本身的工资,不过是劳动异化的必然的后果,因为在工资中,劳动本身不表现为目的本身,而表现为工资的奴仆。下面我们要详细说明这个问题,现在不过再作出几点结论。

强制提高工资(不谈其他一切困难,也不谈这种强制提高工资作为一种反常情况,也只有靠强制才能维持),无非是**给奴隶以较多报酬**,而且既不会使工人也不会使劳动获得人的身份和尊严。

甚至蒲鲁东所要求的**工资平等**,也只能使今天的工人同他的劳动的关系变成一切人同劳动的关系。这时社会就被理解为抽象的资本家。

工资是异化劳动的直接结果,而异化劳动是私有财产的直接原因。因此,随着一方衰亡,另一方也必然衰亡。

（2）从异化劳动同私有财产的关系可以进一步得出这样的结论：社会从私有财产等等的解放、从奴役制的解放，是通过**工人解放**这种**政治**形式表现出来的，而且这里不仅涉及工人的解放，因为工人的解放包含全人类的解放；其所以如此，是因为整个人类奴役制就包含在工人同生产的关系中，而一切奴役关系只不过是这种关系的变形和后果罢了。

马克思：《1844年经济学哲学手稿》，人民出版社1985年版，第57—58页

人的解放问题的新提法和研究途径

我们已经承认**劳动的异化**、**外化**这个事实，并对这一事实进行了分析。现在要问，人怎么使他的**劳动外化**、**异化**？ 这种异化又怎么以人的发展的本质为根据？ 我们把**私有财产的起源**问题**变为异化劳动**同人类发展进程的关系问题，也就为解决这一任务得到了许多东西。因为当人们谈到**私有财产**时，认为他们谈的是人之外的东西。而当人们谈到劳动时，则认为是直接谈到人本身。问题的这种新的提法本身就已包含问题的解决。

马克思，《1844年经济学哲学手稿》，人民出版社1985年版，第59页

四、共产主义作为人的解放,是人的自我异化的积极扬弃,是历史之谜的解答

马克思对共产主义的新概念

共产主义是**私有财产**即人的自我异化的积极的扬弃,因而是通过人并且为了人而对**人的**本质的真正**占有**;因此,它是人向自身、向**社会的**(即人的)人的复归,这种复归是完全的、自觉的而且保存了以往发展的全部财富的。这种共产主义,作为完成了的自然主义,等于人道主义,而作为完成了的人道主义,等于自然主义,它是人和自然界之间、人和人之间的矛盾的**真正**解决,是存在和本质、对象化和自我确证、自由和必然、个体和类之间的斗争的真正解决。它是历史之谜的解答,而且知道自己就是这种解答。

马克思:《1844年经济学哲学手稿》,人民出版社1985年版,第77页

共产主义是人向自身即社会的人的复归

我们已经看到,在被积极扬弃的私有财产的前提下,人如何生产人 —— 他自己和别人;直接体现他的个性的对象如何是他自己为别人的存在,同时是这个别人的存在,而且也是这个别人为他的存在。但是,同样,无论劳动的材料还是作为主体的人,都既是运动的结果,又是运动的出发点(并且二者必须是**出发点**,私有财产的历史**必然性**就在于此)。因此,**社会**性质是整个运动的一般性

质;**正象**社会本身生产作为**人的人**一样,人也**生产**社会。活动和享受,无论就其内容或就其**存在方式**来说,都是**社会的**,是社会的活动和社会的享受。自然界的人的本质只有对**社会的**人说来才是存在的;因为只有在社会中,自然界对人说来才是人与人**联系的纽带**,才是他为别人的存在和别人为他的存在,才是人的现实的生活要素;只有在社会中,自然界才是人自己的人的存在的**基础**。只有在社会中,**人的自然**的存在对他说来才是他的**人的**存在,而自然界对他说来才成为人。因此,**社会**是人同自然界的完成了的本质的统一,是自然界的真正复活,是人的实现了的自然主义和自然界的实现了的人道主义。

社会的活动和社会的享受决不**仅仅**存在于**直接**共同的活动和直接共同的享受这种形式中,虽然**共同的**活动和**共同的**享受,即直接通过同别人的**实际交往**表现出来和得到确证的那种活动和享受,在社会性的上述**直接**表现以这种活动或这种享受的内容本身为根据并且符合其本性的地方都会出现。

甚至当我从事科学之类的活动,即从事一种我只是在很少情况下才能同别人直接交往的活动的时候,我也是**社会**的,因为我是作为人活动的。不仅我的活动所需的材料,甚至思想家用来进行活动的语言本身,都是作为社会的产品给予我的,而且我**本身**的存在**就是**社会的活动;因此,我从自身所做出的东西,是我从自身为社会做出的,并且意识到我自己是社会存在物。

我的**普遍**意识不过是以**现实**共同体、社会存在物为**生动**形式的那个东西的**理论**形式,而在今天,**普遍**意识是现实生活的抽象,并且作为这样的抽象是与现实生活相敌对的。因此,我的普遍意识的**活动**本身也是我作为社会存在物的**理论**存在。

首先应当避免重新把"社会"当作抽象的东西同个人对立起

来。**个人是社会存在物**。因此,他的生命表现,即使不采取共同的、同其他人一起完成的生命表现这种直接形式,也是**社会生活**的表现和确证。人的个人生活和类生活并不是**各不相同的**,尽管个人生活的存在方式必然是类生活的较为**特殊的**或者较为**普遍的**方式,而类生活必然是较为**特殊的**或者较为**普遍**的个人生活。

作为**类意识**,人确证自己的现实的**社会生活**,并且只是在思维中复现自己的现实存在;反之,类存在则在类意识中确证自己,并且在自己的普遍性中作为思维着的存在物自为地存在着。

因此,人是一个**特殊的**个体,并且正是他的特殊性使他成为一个个体,成为一个现实的、单个的社会存在物,同样地他也是**总体**,观念的总体,被思考和被感知的社会的自为的主体存在,正如他在现实中既作为对社会存在的直观和现实享受而存在,又作为人的生命表现的总体而存在一样。

可见,思维和存在虽有**区别**,但同时彼此又处于**统一**中。

死似乎是类对**特定**的个体的冷酷无情的胜利,并且似乎是同它们的统一相矛盾的;但是特定的个体不过是一个**特定的类存在物**,而作为这样的存在物是迟早要死的。

马克思:《1844年经济学哲学手稿》,人民出版社1985年版,第78—80页

扬弃了异化的共产主义是人的一切感觉和 特性的彻底解放,是人对自己本质的真正占有

私有财产不过是下述情况的感性表现:人变成了对自己说来是**对象性**的,同时变成了异己的和非人的**对象**;他的生命表现就是

他的生命的外化,他的现实化就是他的非现实化,就是**异己的**现实。同样,私有财产的积极的扬弃,也就是说,为了人并且通过人对人的本质和人的生命、对象性的人和人的作品的**感性的**占有,不应当仅仅被理解为**直接的**、片面的**享受**,不应当仅仅被理解为**所有**、**拥有**。人以一种全面的方式,也就是说,作为一个完整的人,占有自己的全面的本质。人同世界的任何一种**人的**关系 —— 视觉、听觉、嗅觉、味觉、触觉、思维、直观、情感、愿望、活动、爱,—— 总之,他的个体的一切器官,正象在形式上直接是社会的器官的那些器官一样,是通过自己的**对象性**关系,即通过自己**同对象的关系**对对象的占有,对人的现实的占有;这些器官同对象的关系,**是人的现实的实现**,是人的**能动**和人的**受动**,因为按人的方式来理解的受动,是人的一种自我享受。

私有制使我们变得如此愚蠢而片面,以致一个对象,只有当它为我们拥有的时候,也就是说,当它对我们说来作为资本而存在,或者它被我们直接占有,被我们吃、喝、穿、住等等的时候,总之,在它被我们**使用**的时候,才是**我们的**,尽管私有制本身也把占有的这一切直接实现仅仅看作**生活手段**,而它们作为手段为之服务的那种生活是**私有制的生活** —— 劳动和资本化。

因此,**一切**肉体的和精神的感觉都被这**一切**感觉的单纯异化即**拥有**的感觉所代替。人这个存在物必须被归结为这种绝对的贫困,这样他才能够从自身产生出他的内在丰富性(关于**拥有**这个范畴,见《二十 — 印张》文集中**赫斯**的论文。)

因此,私有财产的扬弃,是人的一切感觉和特性的彻底**解放**;但这种扬弃之所以是这种解放,正是因为这些感觉和特性无论在主体上还是在客体上都变成人的。眼睛变成了**人的**眼睛,正象眼睛的**对象**变成了社会的、**人的**、由人并为了人创造出来的对象一样。因此,**感觉**通过自己的实践直接变成了**理论家**。感觉为了物而同**物**发生关系,但物本身却是对自身和对人的一种**对象性的**、**人的**关系,反过来也是这样。因此,需要和享受失去了自己的利己主义性质,而自然界失去了自己的纯粹的**有用性**,因为效用成了**人的**效用。

同样,别人的感觉和享受也成了我**自己的**占有。因此,除了这些直接的器官以外,还以社会的**形式**形成**社会的**器官。例如,直接同别人交往的活动等等,成了我的**生命表现**的器官和对**人的**生命的一种占有方式。

不言而喻,**人的**眼睛和野性的、非人的眼睛得到的享受不同,人的**耳朵**和野性的耳朵得到的享受不同,如此等等。

我们知道,只有当对象对人说来成为**人的对象**或者说成为对象性的人的时候,人才不致在自己的对象里面丧失自身。只有当对象对人说来成为**社会的**对象,人本身对自己说来成为社会的存在物,而社会在这个对象中对人说来成为本质的时候,这种情况才是可能的。

因此,一方面,随着对象性的现实在社会中对人说来到处成为人的本质力量的现实,成为人的现实,因而成为人**自己的**本质力量的现实,一切**对象**对他说来也就成为他自身的**对象化**,成为确证和实现他的个性的对象,成为**他的**对象,而这就是说,对象成了**他自身**。对象如何对他说来成为**他的**对象,这取决于**对象的性质**以及与之相适应的**本质力量**的性质;因为正是这种关系的**规定性**形成一种特殊的、**现实的**肯定方式,**眼睛**对对象的感觉不同于**耳朵**,眼睛的对象不同于**耳朵**的对象。每一种本质力量的独特性,恰好就是这种本质力量的**独特的本质**,因而也是它的对象化的独特方式,它的**对象性的**、**现实的**、活生生的**存在**的独特方式。因此,人不仅通过思维,而且以**全部**感觉在对象世界中肯定自己。

另一方面,即从主体方面来看:只有音乐才能激起人的音乐感;对于没有音乐感的耳朵说来,最美的音乐也**毫无**意义;不是对象,因为我的对象只能是我的一种本质力量的确证,也就是说,它只能象我的本质力量作为一种主体能力自为地存在着那样对我存在,因为任何一个对象对我的意义(它只是对那个与它相适应的感觉说来才有意义)都以我的感觉所及的程度为限。所以社会的人的感觉不同于非社会的人的感觉。只是由于人的本质的客观地展开的丰富性,主体的、**人的感性**的丰富性,如有音乐感的耳朵、能感受形式美的眼睛,总之,那些能成为人的享受的感觉,即确证自己是**人的**本质力量的**感觉**,才一部分发展起来,一部分产生出来。因为,不仅五官感觉,而且所谓精神感觉、实践感觉(意志、爱等等),一句话,人的感觉、感觉的人性,都只是由于它的存在,由于人化的自然界,才产生出来的。五官感觉的形成是以往全部世界历史的产物。囿于粗陋的实际需要的**感觉**只具有**有限**的意义。对于一个忍饥挨饿的人说来并不存在人的食物形式,而只有作为食物的抽象存在,食物同样也可能具有最粗糙的形式,而且不能说,这种饮食与动物的饮食有什么不同。忧心忡忡的穷人甚至对最美丽的景色都没有什么感觉;贩卖矿物的商人只看到矿物的商业价值,而看不到矿物的美和特性;他没有矿物学的感觉。因此,一方面为了使人的感觉成为人的,另一方面为了创造同人的本质和自然界的本质的全部丰富性相适应的**人的感觉**,无论从理论方面还是从实践方面来说,人的本质的对象化都是必要的。

通过**私有财产**及其富有和贫困 —— 物质的和精神的富有和贫困 —— 的运动,生成中的社会发现这种**形成**所需的全部材料;同样,**生成了**的社会,创造着具有人的本质的这种全部丰富性的人,创造着**具有丰富的、全面而深刻的感觉的人**作为这个社会的恒久的现实。

我们看到,主观主义和客观主义,唯灵主义和唯物主义,活动和受动,只是在社会状态中才失去它们彼此间的对立,并从而失去它们作为这样的对立面的存在;我们看到,**理论**的对立本身的解决,**只有通过实践方式**,只有借助于人的实践力量,才是可能的;因此,这种对立的解决决不只是认识的任务,而是一个现实生活的任务,而**哲学**未能解决这个任务,正因为哲学把这**仅仅**看作理论的任务。

马克思:《1844年经济学哲学手稿》,人民出版社1985年版,第80—84页

共产主义扬弃异化是保存了以往发展的全部财富的(资本主义社会的工业和自然科学的意义)

我们看到,**工业**的历史和工业的已经产生的**对象性**的存在,是一本**打开了的关于人的本质力量**的书,是感性地摆在我们面前的人的**心理学**;对这种心理学人们至今还没有从它同人的**本质**的联系上,而总是仅仅从有用性这种外在关系来理解,因为在异化范围内活动的人们仅仅把人的普遍存在,宗教,或者具有抽象普遍性质的历史,如政治、艺术和文学等等,理解为人的本质力量的现实性和**人的类活动**。在**通常的、物质的工业**中(人们可以把这种工业看成是上述普遍运动的一部分,正象可以把这个运动本身看成是工业的一个**特殊**部分一样,因为全部人的活动迄今都是劳动,也就是工业,就是同自身相异化的活动),人的**对象化的本质力量**以感

性的、异己的、有用的对象的形式,以异化的形式呈现在我们面前。如果心理学还没有打开这本书即历史的这个恰恰最容易感知的、最容易理解的部分,那么这种心理学就不能成为内容确实丰富的和真正的科学。如果科学从人的活动的如此广泛的丰富性中只知道那种可以用"需要"、"一般需要"的话来表达的东西,那么人们对于这种高傲地撇开人的劳动的这一巨大部分而不感觉自身不足的科学究竟应该怎样想呢?

自然科学展开了大规模的活动并且占有了不断增多的材料。但是哲学对自然科学始终是疏远的,正象自然科学对哲学也始终是疏远的一样。过去把它们暂时结合起来,不过是离奇的幻想。存在着结合的意志,但缺少结合的能力。甚至历史学也只是顺便地考虑到自然科学,仅仅把它看作是启蒙、有用性和某些伟大发现的因素。然而,自然科学却通过工业日益在实践上进入人的生活,改造人的生活,并为人的解放作准备,尽管它不得不直接地完成非人化。工业是自然界同人之间,因而也是自然科学同人之间的现实的历史关系。因此,如果把工业看成人的本质力量的公开的展示,那么,自然界的人的本质,或者人的自然的本质,也就可以理解了;因此,自然科学将失去它的抽象物质的或者不如说是唯心主义的方向,并且将成为人的科学的基础,正象它现在已经 —— 尽管以异化的形式 —— 成了真正人的生活的基础一样;至于说生活有它的一种基础,科学有它的另一种基础 —— 这根本就是谎言。在人类历史中即在人类社会的产生过程中形成的自然界是人的现实的自然界;因此,通过工业 —— 尽管以异化的形式 —— 形成的自然界,是真正的、人本学的自然界。

马克思:《1844年经济学哲学手稿》,人民出版社1985年版,第84—85页

历史是人通过人的劳动而诞生的过程：
不否定异化就不能否定人民中的宗教创世意识

任何一个**存在物**只有当它用自己的双脚站立的时候，才认为自己是独立的，而且只有当它**依靠**自己而**存在**的时候，它才是用自己的双脚站立的。靠别人恩典为生的人，把自己看成一个从属的存在物。但是，如果我不仅靠别人维持我的生活，而且别人还**创造**了我的**生活**，别人还是我的生活的**泉源**，那么，我就完全靠别人的恩典为生；如果我的生活不是自己的创造，那么，我的生活就必定在我之外有这样一个根源。所以，**创造**是一个很难从人民意识中排除的观念。自然界和人的通过自身的存在，对人民意识来说是**不能理解的**，因为这种存在是同实际生活的一切**明摆着的事实**相矛盾的。

大地创造说，受到了**地球构造学**（即说明地球的形成、生成是一个过程、一种自我产生的科学）的致命打击。自然发生说是对创世说的唯一实际的驳斥。

对个别人说说亚里士多德已经说过的下面这句话，当然是容易的：你是你的父亲和你的母亲生出来的；这就是说，在你身上，两个人的性结合即人的类行为生产了人。因而，你看到，人的肉体的存在也要归功于人。所以，你应该不是仅仅注意**一个**方面即**无限**的过程，由于这个过程你会进一步发问：谁生出了我的父亲？ 谁生出了他的祖父？ 等等。你还应该紧紧盯住这个无限过程中的那个可以直接感觉到的**循环运动**，由于这个运动，人通过生儿育女使自身重复出现，因而人始终是主体。但是你会回答说：我承认这个循环运动，那么你也要承认那个无限的过程，这过程驱使我不断追问,直到提出谁产生了第一个人和整个自然界这一问题。我只能对你作如下的回答:你的问题本身就是抽象的产物。请你问一下自己,你是怎样想到这个问题的;请你问一下自己,你的问题是不是来自一个因为荒谬而使我无法回答的观点。请你问一下自己,那个无限的过程本身对理性的思维说来是否存在。既然你提出自然界和人的创造问题,那么你也就把人和自然界抽象掉了。你假定它们是**不存在的**,然而你却希望我向你证明它们是**存在的**。那我就对你说:放弃你的抽象,那么你也就放弃你的问题,或者,你要坚持自己的抽象,那么你就要贯彻到底,如果你设想人和自然界是**不存在的**,那么你就要设想你自己也是不存在的,因为你自己也是自然界和人。不要那样想,也不要那样向我提问,因为一旦你那样想,那样提问,你就会把自然界和人的存在**抽象掉**,这是没有任何意义的。也许你是一个假定一切都不存在,而自己却想存在的利己主义者吧?

你可能反驳我说:我并不想假定自然界是不存在的;我是问你自然界是如何**产生**的,正象我问解剖学家骨骼如何形成等等一样。

但是,因为在社会主义的人看来,**整个所谓世界历史**不外是人通过人的劳动而诞生的过程,是自然界对人说来的生成过程,所以,关于他通过自身而诞生、关于他的**产生过程**,他有直观的、无可辩驳的证明。因为人和自然界的**实在性**,即人对人说来作为自然界的存在以及自然界对人说来作为人的存在,已经变成实践的、可以通过感觉直观的,所以,关于某种**异己**的存在物、关于凌驾于自然界和人之上的存在物的问题,即包含着对自然界和人的非实在性的承认的问题,在实践上已经成为不可能的了。**无神论**,作为对这种非实在性的否定,已不再有任何意义,因为无神论是**对神的否定**,并且正是通过这种否定而肯定**人的存在**;但是社会主义,作为社会主义,已经不再需要这样的中介;它是从把人和自然界看作**本质**这种**理论上和实践上**的**感性意识**开始的。

马克思:《1844年经济学哲学手稿》,人民出版社1985年版,第86—88页

共产主义是人的解放的必然环节,但不是人的发展本身的终极目标

社会主义是人的不再以宗教的扬弃为中介的**积极的自我意识**,正象**现实生活**是人的不再以私有财产的扬弃即**共产主义**为中介的积极的现实一祥。共产主义是作为否定的否定的肯定;因此它是人的解放和复原的一个**现实的**、对下一段历史发展说来是必然的环节。**共产主义**是最近将来的必然的形式和有效的原则。但是,共产主义本身并不是人的发展的目标,并不是人的社会的形式。

马克思:《1844年经济学哲学手稿》,人民出版社1985年版,第88页

五、马克思唯物史观和辩证唯物主义哲学的形成

黑格尔辩证法是对人的历史所作的
抽象思辨的表达（兼评费尔巴哈对此缺乏理解）

费尔巴哈这样解释了黑格尔辩证法（从而论证了要从肯定的东西即从感觉确定的东西出发）：

黑格尔从异化出发（在逻辑上就是从无限的东西、抽象的普遍的东西出发），从实体出发，从绝对的和不变的抽象出发，就是说，说得更通俗些，他从宗教和神学出发。

第二，他扬弃了无限的东西，设定了现实的、感性的、实在的、有限的、特殊的东西（哲学，对宗教和神学的扬弃）。

第三，他重新扬弃了肯定的东西，恢复了抽象、无限的东西。宗教和神学的恢复。

由此可见，费尔巴哈把否定的否定仅仅看作哲学同自身的矛盾，看作在否定神学（超验性等等）之后又肯定神学的哲学，即同自身相对立而肯定神学的哲学。

否定的否定所包含的肯定，或自我肯定和自我确证，被认为是对自身还不能确信因而自身还受对立面影响的、对自身怀疑因而需要证明的肯定，即被认为是还没有用自己的存在证明自身的、还没有被承认的肯定；可见，感觉确定的、以自身为基础的肯定是同这种肯定直接地而非间接地对立着的。

但是，由于黑格尔根据否定的否定所包含的肯定方面把否定的否定看成真正的和唯一的肯定的东西，而根据它所包含的否定方面把它看成一切存在的唯一真正的活动和自我实现的活动，所

以他只是为那种历史的运动找到**抽象的**、**逻辑的**、**思辨的**表达,这种历史还不是作为既定的主体的人的现实的历史,而只是人的**产生的活动**、人的**发生的历史**。

马克思:《1844年经济学哲学手稿》,人民出版社1985年版,第115—116页

黑格尔哲学隐藏着批判的一切要素,但它是非批判的(混淆对象化和异化必然带来的)

黑格尔有双重错误。

第一个错误在黑格尔哲学的诞生地《现象学》中表现得最为明显。例如,当他把财富、国家权力等等看成同**人的**本质相异化的本质时,这只是就它们的思想形式而言。它们是思想的本质,因而只是纯粹的即抽象的哲学思维的异化,因此,整个运动是以绝对知识结束的。这些对象从中异化出来的并且以现实性自居而与之对立的,恰恰是抽象的思维。**哲学家** —— 他本身是异化的人的抽象形象 —— 把自己变成异化的世界的**尺度**。因此,全部**外化历史**和外化的全部**消除**,不过是抽象的、绝对的思维的**生产史**,即逻辑的思辨的思维的**生产史**。因而,**异化** —— 它从而构成这种外化的以及这种外化之扬弃的真正意义 —— 是**自在和自为之间**、**意识和自我意识之间**、**客体和主体之间**的对立;也就是抽象思维同感性的现实或现实的感性在思想本身范围内的对立。其他一切对立及其运动,不过是这种唯一有意义的对立的**外观**、**外壳**、**公开形式**,这些对立构成其他世俗对立的**意义**。在这里,不是人的本质**以非人的方式**同自身对立的**对象化**,而是人的本质以**不同于抽象思维的方式**

并且是同抽象思维**对立的对象化**,被当作异化的被设定的和应该扬弃的本质。

因此,对于人的已成为对象而且是异己对象的本质力量的**占有**,**首先**不过是那种在意识中、在纯思维中即在**抽象**中发生的占有,是对这些作为**思想**和**思想运动**的**对象**的占有;因此,在《现象学》中,尽管已有一个完全否定的和批判的外表,尽管实际上已包含着那种往往早在后来发展之前就有的批判,黑格尔晚期著作的那种非批判的实证主义和同样非批判的唯心主义 —— 现有经验在哲学上的分解和恢复 —— 已经以一种潜在的方式,作为萌芽、潜能和秘密存在着了。**其次**,因此,要求把对象世界归还给人 —— 例如,有这样一种理解:感性意识不是抽象感性的意识,而是人的感性的意识;宗教、财富等等不过是人的对象化的异化的现实,是客体化的**人的**本质力量的异化的现实;因而,宗教、财富等等不过是通向真正人的现实的道路, —— 这种对人的本质力量的占有或对这一过程的理解,在黑格尔那里是这样表现的:**感性**、**宗教**、国家权力等等是**精神的**本质,因为只有精神才是人的**真正的**本质,而精神的真正的形式则是能思维的精神,逻辑的、思辨的精神。自然界的**人性**和历史所创造的自然界 —— 人的产品 —— 的**人性**,就表现在它们是抽象精神的**产物**,所以,在这个限度内是**精神的**环节即**思想本质**。因此,《现象学》是一种隐蔽的、自身还不清楚的、神秘化的批判;但是,由于《现象学》紧紧抓住人的异化, —— 尽管人只是以精神的形式出现的, —— 其中仍然隐藏着批判的一切要素,而且这些要素往往已经以远远超过黑格尔观点的方式**准备好**和**加工过了**。关于"苦恼的意识"、"诚实的意识"、"高尚的意识和卑鄙的意识"的斗争等等、等等这些章节,包含着对宗教、国家、市民生活等整个领域的批判的要素,但还是通过异化的形式。正像**本质**、

对象表现为**思想的本质**一样，**主体**也始终是**意识**或**自我意识**，或者更正确些说，对象仅仅表现为**抽象的**意识，而人仅仅表现为**自我意识**。因此，在《现象学》中出现的异化的各种不同形式，不过是意识和自我意识的不同形式。正像抽象的意识**本身**（对象就被看成这样的意识）仅仅是设定差别的自我意识的一个环节一样，这一运动的结果表现为自我意识和意识的同一，绝对知识，那种已经不是朝向外部而是仅仅在自身内部进行的抽象思维运动，也就是说，其结果是纯思想的辩证法。

马克思：《1844年经济学哲学手稿》，人民出版社1985年版，第118—120页

黑格尔辩证法的伟大之处在于他抓住了劳动的本质。但他对劳动的理解带有资产阶级经济学和唯心主义哲学的性质

因此，黑格尔的《现象学》及其最后成果 —— 作为推动原则和创造原则的否定性的辩证法 —— 的伟大之处首先在于，黑格尔把人的自我产生看作一个过程，把对象化看作非对象化，看作外化和这种外化的扬弃；因而，他抓住了**劳动**的本质，把对象性的人、现实的因而是真正的人理解为他**自己的劳动**的结果。人同作为类存在物的自身发生**现实的**、**能动的**关系，或者说，人使自身作为现实的类存在物即作为人的存在物实际表现出来，只有通过下述途径才是可能的：人实际上把自己的**类的力量**统统发挥出来（这又是只有通过人类的全部活动、只有作为历史的结果才有可能），并且把这些力量当作对象来对待，而这首先又是只有通过异化的形式才有可能。

……

让我们先指出一点：黑格尔站在现代国民经济学家的立场上，他把**劳动**看作人的**本质**，看作人的自我确证的本质；他只看到劳动的积极的方面，而没有看到它的消极的方面。劳动是**人在外化**范围内或者作为**外化的人的自为的生成**。黑格尔唯一知道并承认的劳动是**抽象的精神的**劳动。因此，黑格尔把一般说来构成哲学的**本质**的那个东西，即**知道自身的人的外化**或者**思考自身的**、外化的科学看成劳动的本质；因此，同以往的哲学相反，他能把哲学的各个环节总括起来，并且把自己的哲学说成就是这个哲学。

马克思：《1844年经济学哲学手稿》，人民出版社1985年版，第120页

对黑格尔对象化学说的深入批判，在这一批判中马克思提出了自己的唯物辩证的对象化学说，即实践观点的初步形成

绝对知识。《**现象学**》的最后一章。

主要之点就在于：**意识的对象**无非就是**自我意识**；或者说，对象不过是**对象化的自我意识**、作为对象的自我意识（把人和自我意识等同起来）。

因此，问题就在于克服**意识的对象**。**对象性**本身被认为是人的**异化的**、同人的本质（自我意识）不相适应的关系。因此，**重新占有**在异化规定下作为异己的东西产生的、人的对象性的本质，这不仅具有扬弃**异化**的意义，而且具有扬弃**对象性**的意义，这就是说，人被看成非对象性的、唯灵论的存在物。

黑格尔对**克服意识的对象**的运动作了如下的描述：

对象不仅表现为向**自我**〔das Selbst〕复归的东西（在黑格尔看来，这是对这一运动的**片面的**即只抓住了一个方面的理解）。把人和自我等同起来。而自我不过是被**抽象地**理解的和通过抽象产生出来的人。人是自我的〔selbstisch〕。人的眼睛、人的耳朵等等都是**自我的**；人的每一种本质力量在人身上都具有**自我性**这种特性。但正因为这样，说**自我意识**具有眼睛、耳朵、本质力量，就完全错了。毋宁说**自我意识**是人的自然即人的眼睛等等的质，而并非人的自然是自我意识的质。

......

人的本质，**人**，在黑格尔看来，是和**自我意识**等同的。因此，人的本质的一切异化都不过是**自我意识的异化**。......

意识的对象的克服可**全面**表述如下：

（1）对象本身对意识说来是正在消逝的东西；

（2）自我意识的外化就是设定物性；

（3）这种外化不仅有**否定**的意义，而且有**肯定**的意义；

（4）它不仅**对我们**或者说自在地有这种意义，而且**对意识本身**也有这种意义；

（5）对象的否定，或对象的自我扬弃，**对意识**所以有**肯定**的意义（或者说，它所以**知道**对象的这种虚无性），是由于意识把**自身**外化了，因为意识在这种外化中把自身设定为对象，或者说，由于**自为的存在**的不可分割的统一性而把对象设定为自身；

（6）另一方面，这里还同时包含着另一个环节，即意识既扬弃这种外化和对象性，同样也把它们收回到自身，因而，它在**自己的**异在**本身**中也就是**在自己那里**；

（7）这就是意识的运动，因而也就是意识的各个环节的总体；

（8）意识必须既依据自己的各个规定的总体来对待对象,同样也必须依据这个总体的每一规定来考察对象。意识的各个规定的这种总体使对象**本身**成为**精神的本质**,而对于意识说来,对象所以真正成为**精神的本质**,是由于把对象的每一个别的规定理解为**自我**的规定,或者说,是由于对这些规定采取了上述的**精神的态度**。

关于（1）。—— 所谓对象本身对意识说来是正在消逝的东西,就是上面提到的**对象向自我的复归**。

关于（2）。—— **自我意识的外化设定物性**。因为人等于自我意识,所以人的外化的、对象性的本质即**物性**（即**对他**说来是**对象**的**那个东西**,而只有对他说来是本质的对象并因而是他的**对象性**的本质的那个东西,才是他的真正的对象。既然被当作主体的不是**现实的人**本身,因而也不是**自然** —— 因为人是**人的自然**,——而只是人的抽象,即自我意识,所以,物性只能是外化的自我意识）,等于**外化的自我意识**,而**物性**是由这种外化设定的。一个有生命的、自然的、具备并赋有对象性的即物质的本质力量的存在物,既拥有他的本质的**现实的**、自然的**对象**,他的自我外化又设定一个**现实的**、但以**外在性**的形式表现出来因而不属于他的本质的而且极其强大的对象世界,这是十分自然的。这是并没有什么不可捉摸的和神秘莫测的东西。相反的情况倒是神秘莫测的。但同样明显的是,**自我意识通过自己的外化所能设定的只是物性**,即只是抽象物、抽象的物,而不是**现实的**物。同样很明显的是:物性因此对自我意识说来决不是什么**独立的**、**实质的东西**,而只是纯粹的创造物,是自我意识所**设定的东西**,这个被设定的东西并不证实自己,而只是证实设定这一行动,这一行动在一瞬间把自己的能力作为产物固定下来。使它似乎具有独立的、现实的本质的作用 ——但仍然只是在一瞬间。

当现实的、有形体的、站在稳固的地球上呼出和吸入一切自然力的人通过自己的外化把自己现实的、对象性的**本质力量设定**为异己的对象时，这种**设定**并不是主体，它是**对象性**的本质力量的主体性，因而这些本质力量的活动也必须是**对象性**的活动。对象性的存在物是进行对象性活动的，而只要它的本质规定中不包含对象性的东西，它就不能进行对象性的活动。它所以能创造或设定对象，只是因为它本身是被对象所设定的，因为它本来就是**自然界**。因此，并不是它在设定这一行动中从自己的"纯粹的活动"转而**创造对象**，而是它的**对象性**的产物仅仅证实了它的**对象性**活动，证实了它的活动是对象性的自然存在物的活动。

我们在这里看到，彻底的自然主义或人道主义，既不同于唯心主义，也不同于唯物主义，同时又是把这二者结合的真理。我们同时也看到，只有自然主义能够理解世界历史的行动。

人直接地是**自然存在物**。人作为自然存在物，而且作为有生命的自然存在物，一方面具有**自然力**、**生命力**，是能动的自然存在物；这些力量作为天赋和才能、作为欲望存在于人身上；另一方面，人作为自然的、肉体的、感性的、对象性的存在物，和动植物一样，是**受动的**、受制约的和受限制的存在物，也就是说，他的欲望的**对象**是作为不依赖于他的对象而存在于他之外的；但这些对象是他的**需要的对象**；是表现和确证他的本质力量所不可缺少的、重要的**对象**。说人是**肉体的**、有自然力的、有生命的、现实的、感性的、对象性的存在物，这就等于说，人有**现实的**、**感性的对象**作为自己的本质即自己的生命表现的对象；或者说，人只有凭借现实的、感性的对象才能表现自己的生命。说一个东西是对象性的、自然的、感性的，这是说，在这个东西之外有对象、自然界、感觉；或者说，它本身对于第三者说来是对象、自然界、感觉，这都是同一个意思。**饥**

饿是自然的**需要**；因而为了使自己得到满足、得到温饱，他需要在他之外的**自然界**、在他之外的**对象**。饥饿是我的身体对某一**对象**的公认的需要，这个对象存在于我的身体之外、是我的身体为了充实自己、表现自己的本质所不可缺少的。太阳是植物的**对象**，是植物所不可缺少的、确证它的生命的对象，正象植物是太阳的对象，是太阳的唤醒生命的力量的**表现**，是太阳的**对象性**的本质力量的**表现**一样。

一个存在物如果在自身之外没有自己的自然界，就不是**自然**存在物，就不能参加自然界的生活。一个存在物如果在自己之外没有对象，就不是对象性的存在物。一个存在物如果本身不是第三者的对象，就没有任何存在物作为自己的**对象**，也就是说，它没有对象性的关系，它的存在就不是对象性的存在。

非对象性的存在物是**非存在物**〔Unwesen〕。

假定一种存在物本身既不是对象，又没有对象。这样的存在物首先将是一个**唯一**的存在物，在它之外没有任何东西存在着，它孤零零地独自存在着。因为，只要有对象存在于我之外，只要我不是**独自**存在着，那么我就是和在我之外存在的对象不同的**他物**、**另一个现实**。因而，对这第三者的对象说来，我是和它不同的**另一个现实**，也就是说，我是**它的**对象。因此，一个存在物如果不是另一个存在物的对象，那么就要以不存在**任何一个**对象性的存在物为前提。只要我有一个对象，这个对象就以我作为它的对象。但是**非对象性的**存在物，是一种非现实的、非感性的、只是思想上的即只是虚构出来的存在物，是抽象的东西。说一个东西是**感性的**即现实的，这是说，它是感觉的对象，是**感性的**对象，从而在自己之外有感性的对象，有自己的感性的对象。说一个东西是感性的，就是指它是**受动的**。

因此,人作为对象性的、感性的存在物,是一个**受动的**存在物;因为它感到自己是受动的,所以是一个**有激情的**存在物。激情、热情是人强烈追求自己的对象的本质力量。

但是,人不仅仅是自然存在物,而是**人的**自然存在物,也就是说,是自为地存在着的存在物,因而是**类存在物**。他必须既在自己的存在中也在自己的知识中确证并表现自身。因此,正象人的对象不是直接呈现出来的自然对象一样,直接地客观地**存在着的人的感觉,也不是人的**感性、人的对象性。自然界,无论是客观的还是主观的,都不是直接地同**人**的存在物相适应的。正象一切自然物必须**产生**一样,人也有自己的产生活动即**历史**,但历史是在人的意识中反映出来的,因而它作为产生活动是一种有意识地扬弃自身的产生活动。历史是人的真正的自然史。

马克思:《1844年经济学哲学手稿》,人民出版社1985年版,第121—126页

现在应该考察一下 —— 在异化这个规定之内 —— 黑格尔辩证法的**积极的**环节。

(a)**扬弃**是**把外化收回到自身**的、对象性的运动。—— 这是在异化的范围内表现出来的关于通过扬弃对象性本质的异化来**占有**对象性本质的见解;这是异化的见解,它主张人的**现实的对象化**,主张人通过消灭对象世界的**异化的**规定、通过在对象世界的异化存在中扬弃对象世界而现实地占有自己的对象性本质,正象无神论作为神的扬弃就是理论的人道主义的生成,而共产主义作为私有财产的扬弃就是对真正人的生活这种人的不可剥夺的财产的要求,就是实践的人道主义的生成一样;或者说,无神论是以扬弃宗教作为自己的中介的人道主义,共产主义则是以扬弃私有财产作

为自己的中介的人道主义。只有通过扬弃这种中介，——但这种中介是一个必要的前提，——积极地从自身开始的即积极的人道主义才能产生。

然而，无神论、共产主义决不是人所创造的对象世界的即人的采取对象形式的本质力量的消逝、舍弃和丧失，决不是返回到非自然的、不发达的简单状态去的贫困。恰恰相反，它们是人的本质的现实的生成，是人的本质对人说来的真正的实现，是人的本质作为某种现实的东西的实现。

这样，黑格尔由于理解到——尽管又是通过异化的方式——有关自身的否定的**积极**意义，所以同时也把人的自我异化、人的本质的外化、人的非对象化和非现实化理解为自我获得、本质的表现、对象化、现实化。简单说，他在抽象的范围内把劳动理解为人的**自我产生**的行动，把人对自身的关系理解为异己本质的关系，把那作为异己存在物来表现自身的活动理解为生成着的**类意识和类生活**。

（b）但是，撇开上述颠倒的说法不谈，或者更正确些说，作为上述颠倒的结果，在黑格尔看来，这种行动，**第 一，仅仅**具有**形式**的性质，因为它是抽象的，因为人的本质本身仅仅被看作**抽象的**、**思维的本质**，即自我意识。

第二，因为这种观点是**形式的**和**抽象的**，所以外化的扬弃成为外化的确证，或者说，在黑格尔看来，**自我产生**、**自我对象化**的运动，作为**自我外化**和**自我异化**的运动，是**绝对的**因而也是最后的、以自身为目的的、安于自身的、达到自己本质的、**人的生命表现**。

因此，这个运动在其抽象形式上，作为辩证法，被看成**真正人的生命**；而因为它毕竟是人的生命的抽象、异化，所以它被看成**神性的过程**，然而是人的神性的过程，——一个与人自身有区别的、抽象的、纯粹的、绝对的本质所经历的过程。

第三，这个过程必须有一个承担者、主体；但主体只作为结果出现；因此，这个结果，即知道自己是绝对自我意识的主体，就是**神**，**绝对精神**，就是**知道自己并且实现自己的观念**。现实的人和现实的自然界不过成为这个隐秘的、非现实的人和这个非现实的自然界的宾词、象征。因此，主词和宾词之间的关系被绝对地相互颠倒了：这就是**神祕的主体 — 客体**，或**笼罩在客体上的主体性**，作为**过程的绝对主体**，作为使自己外化并且从这种外化返回到自身的、但同时又把外化收回到自身的**主体**，以及作为这一过程的**主体**；这就是在自身内部的纯粹的、**不停息的旋转**。

关于第一点：对人的自我产生的或自我对象化的行动的**形式的**和**抽象的**理解。

因为黑格尔把人和自我意识等同起来，所以人的异化了的对象，人的异化了的、本质的现实性，不外就是异化的**意识**，就是异化的思想，是异化的**抽象的**因而无内容的和非现实的表现，即**否定**。因此，外化的扬弃也不外是对这种无内容的抽象所作的抽象的、无内容的扬弃，即**否定的否定**。因此，自我对象化的内容丰富的、活生生的、感性的、具体的活动，就成为这种活动的纯粹抽象 —— **绝对的否定性**，而这种抽象也被抽象地固定下来并且被想象为独立的活动，或者干脆被想象为活动。因为这种所谓否定性无非就是上述现实的、活生生的行动的**抽象的无内容的**形式，所以它的内容也只能是**形式的**、抽掉了一切内容而产生的内容。因此，这就是普遍的，抽象的，适合任何内容的，从而既超脱任何内容同时又正是对任何内容都通用的，脱离**现实的**精神和**现实的**自然界的**抽象形式**、思维形式、逻辑范畴。（下文我们将阐明绝对的否定性的**逻辑内容**。）

黑格尔在这里、在他的思辨的逻辑学里所完成的积极的东西在于：独立于自然界和精神的**特定概念**、普遍的**固定的思维形式**，是人的本质普遍异化的必然结果，因而也是人的思维的必然结果；因此，黑格尔把它们描绘成抽象过程的各个环节，把它们连贯起来了。例如，扬弃了的存在是本质，扬弃了的本质是概念，扬弃了的概念……是绝对观念。然而，绝对观念究竟是什么呢？ 如果绝对观念不愿意再去从头经历全部抽象活动并满足于充当种种抽象的总体或充当理解自我的抽象，那么，绝对观念也要再一次扬弃自身。但是，把自我理解为抽象的抽象，知道自己是无；它必须放弃自身即抽象，从而达到了恰恰是它的对立面的本质，达到了**自然界**。因此，全部逻辑学都证明，抽象思维本身是无，绝对观念本身是无，只有**自然界**才是某物。

绝对观念、**抽象**观念，

"从它与自身统一这一方面来**考察**就是**直观**"（黑格尔《全书》第3版第222页），它"在自己的绝对真理中决心把自己的特殊性这一环节，或最初的规定和异在这一环节，即作为自己的反映的**直接**观念，从**自身**释放出去，也就是说，把自身作为**自然界从自身释放出去**"。（同上）

举动如此奇妙而怪诞，使黑格尔分子伤透了脑筋的整个观念，无非就是**抽象**，即抽象思维者，这种抽象由于经验而变得聪明起来，并且弄清了它的真相就决心在某些 —— 虚假的甚至还是抽象的 —— 条件下**放弃自身**，而用自己的异在，即特殊的、特定的东西，来代替自己的自在性、非存在，代替自己的普遍性和无规定性；—— 决心把那只是作为抽象、作为思想物而隐藏在它里面的

自然界从自身释放出去，也就是说，决心抛弃抽象而看一看**摆脱掉**它的自然界。直接成为**直观**的抽象观念，无非就是那种放弃自身并且决心成为**直观**的抽象思维。从逻辑学到自然哲学的这整个过渡，无非就是对抽象思维者说来如此难以达到、因而由他作了如此牵强附会的描述的从**抽象**到**直观**的过渡。有一种**神秘**的感觉驱使哲学家从抽象思维转向直观，那就是**厌烦**，就是对内容的渴望。

　　（同自身相异化的人，也是同自己的**本质**即同自己的自然的和人的本质相异化的思维者。因此，他的思想是居于自然界和人之外的僵化的精灵。黑格尔把这一切僵化的精灵统统禁锢在他的逻辑学里，先是把它们一个一个地看成否定，即人的思维的**外化**，然后又把它们看成否定的否定，即看成这种外化的扬弃，看成人的思维的**现实的**表现；但是这种否定的否定由于仍然被束缚在异化中，它一部分是使原来那些僵化的精灵在它们的异化中恢复，一部分是停留在最后的活动中，也就是在作为这些僵化的精灵的真实存在的外化中自己同自己发生关系；一部分则由于这种抽象理解了自身并且对自身感到无限的厌烦，而要求放弃抽象的、只在思维中运动的思维，即无眼、无牙、无耳、无一切的思维，在黑格尔那里，便表现为决心承认**自然界**是本质并且转而致力于直观。）

　　但是，被抽象地理解的，孤立的，被认为与人分离的**自然界**，对人说来也是**无**。不言而喻，这位决心转向直观的抽象思维者是抽象地直观自然界的。正象自然界曾经被思维者禁锢在他的绝对观念、思想物这种对他本身说来也是隐秘的和不可思议的形式中一样，现在，当他把自然界从自身释放出去时，他实际上从自身释放出去的只是这个**抽象的自然界**，只是自然界的**思想物**，不过现在具有这样一种意义，即这个自然界是思想的异在，是现实的、可以被直观的、有别于抽象思维的自然界。或者，如果用人的语言来说，抽象思维者在他直观自然界时了解到,他在神性的辩证法中以为是从无、从纯抽象中创造出来的那些本质 —— 在自身中转动的并且在任何地方都不向现实看一看的思维劳动的纯粹产物 —— 无非就是**自然界诸规定的抽象**。因此,对他说来整个自然界不过是在感性的、外在的形式下重复逻辑的抽象而已。他重新分析自然界和这些抽象。因此,他对自然界的直观不过是他把对自然界的直观抽象化的确证活动……

马克思:《1844年经济学哲学手稿》,人民出版社1985年版,第131—135页

批判费尔巴哈和以前一切唯物主义,
提出唯物史观和辩证唯物主义

A.《关于费尔巴哈的提纲》（马克思1845年笔记本中的稿本全文）

一

从前的一切唯物主义(包括费尔巴哈的唯物主义)的主要缺点是:对对象、现实、感性,只是从**客体**的或者**直观**的形式去理解,而不是把它们当作**感性的人的活动**,当作**实践**去理解,不是从主体方面去理解。因此,和唯物主义相反,**能动的**方面却被唯心主义抽象地发展了,当然,唯心主义是不知道现实的、感性的活动本身的。费尔巴哈想要研究跟思想客体确实不同的感性客体:但是他没有把人的活动本身理解为**对象性的**〔gegenstandliche〕活动。因此,他在《基督教的本质》中仅仅把理论的活动看成是真正人的活动,而对于实践则只是从它的卑污的犹太人活动的表现形式去理解和确

定。因此,他不了解"革命的"、"实践批判的"活动的意义。

二

人的思维是否具有客观的[gegenständliche]真理性,这并不是一个理论的问题,而是一个**实践的**问题。人应该在实践中证明自己思维的真理性,即自己思维的现实性和力量,亦即自己思维的此岸性。关于思维 —— 离开实践的思维 —— 是否具有现实性的争论,是一个纯粹**经院哲学**的问题。

三

关于环境和教育起改变作用的唯物主义学说忘记了,环境是由人来改变的,而教育者本人一定是受教育的。因此,这种学说一定把社会分成两部分,其中一部分凌驾于社会之上。

环境的改变和人的活动或自我改变的一致,只能被看作是并合理地理解为**革命的实践**。

四

费尔巴哈是从宗教上的自我异化,从世界被二重化为宗教世界和世俗世界这一事实出发的。他致力于把宗教世界归结于它的世俗基础。但是,世俗基础使自己从自身中分离出去,并在云霄中固定为一个独立王国,这只能用这个世俗基础的自我分裂和自我矛盾来说明。因此,对于世俗基础本身应当在自身中、从它的矛盾中去理解,并在实践中使之革命化。因此,例如,自从发现神圣家族的秘密在于世俗家庭之后,世俗家庭本身就应当在理论上和实践中被消灭。

五

费尔巴哈不满意**抽象的**思维而喜欢**直观**;但是他把感性不是看作**实践的**、人的感性的活动。

六

费尔巴哈把宗教的本质归结于**人的**本质。但是，人的本质并不是单个人所固有的抽象物，在其现实性上，它是一切社会关系的总和。

费尔巴哈没有对这种现实的本质进行批判，因此他不得不：

（1）撇开历史的进程，把宗教感情固定为独立的东西，并假定有一种抽象的 —— **孤立的** —— 人的个体。

（2）因此，本质只能被理解为"类"，理解为一种内在的、无声的、把许多个人自然地联系起来的共同性。

七

因此，费尔巴哈没有看到，"宗教感情"本身是社会的产物，而他所分析的抽象的个人是属于一定的社会形式的。

八

全部社会生活在本质上是**实践的**。凡是把理论引向神秘主义的神秘东西，都能在人的实践中以及对这个实践的理解中得到合理的解决。

九

直观的唯物主义，即不是把感性理解为实践活动的唯物主义，至多也只能达到对单个人和市民社会的直观。

十

旧唯物主义的立脚点是市民社会，新唯物主义的立脚点则是人类社会或社会的人类。

十一

哲学家们只是用不同的方式解释世界，问题在于**改变**世界。

马克思、恩格斯:《费尔巴哈》(《德意志意识形态》第一卷第一章）的附录，人民出版社1988年版，第83—86页

B. 不理解"革命的"、"实践批判的"活动的意义的唯物主义者，必定是历史的唯心主义者

实际上，而且对**实践的**唯物主义者即**共产主义者**来说，全部问题都在于使现存世界革命化，实际地反对并改变现存的事物。如果在费尔巴哈那里有时也遇见类似的观点，那么它们始终不过是一些零星的猜测，而且对费尔巴哈的总的观点的影响微乎其微，以致只能把它们看作是具有发展能力的萌芽。费尔巴哈对感性世界的"理解"一方面仅仅局限于对这一世界的单纯的直观，另一方面仅仅局限于单纯的感觉。费尔巴哈谈到的是"**一般人**"，而不是"现实的历史的人"。"**一般人**"实际上是"**德国人**"。在前一种情况下，在对感觉世界的**直观**中，他不可避免地碰到与他的意识和他的感觉相矛盾的东西，这些东西扰乱了他所假定的感性世界所有一切部分的和谐，特别是人与自然界的和谐。为了排除这些东西，他不得不求助于某种二重性的直观，这种直观介于仅仅看到"眼前"的东西的普通直观和看出事物的"真正本质"的高级的哲学直观之间。他没有看到，他周围的感性世界绝不是某种开天辟地以来就已存在的、始终如一的东西，而是工业和社会状况的产物，是历史的产物，是世世代代活动的结果，其中每一代都立足于前一代所达到的基础上，继续发展前一代的工业和交往，并随着需要的改变而改变它的社会制度。甚至连最简单的"感性确定性"的对象也只是由于社会发展、由于工业和商业交往才提供给他的。大家知道，樱桃树和几乎所有的果树一样，只是在数世纪以前由于**商业**才移植到我们这个地区。由此可见，樱桃树只是**由于**一定的社会在一定时期的这种活动才为费尔巴哈的"感性确定性"所感知。

此外，只要这样按照事物的本来面目及其生产情况来理解事物，任何深奥的哲学问题（后面将对这一点作更清楚的说明）都可以十分简单地归结为某种经验的事实。人对自然的关系这一重要问题（或者如布鲁诺所说的（第110页），"自然和历史的对立"，好象这是两种互不相干的"东西"，好象人们面前始终不会有历史的自然和自然的历史），就是一个例子，这是一个产生了关于"实体"和"自我意识"的一切"高深莫测的创造物"（歌德《浮士德·天上序幕》。——编者注）的问题。然而，如果懂得在工业中向来就有那个很著名的"人和自然的统一"，而且这种统一在每一个时代都随着工业或快或慢的发展而不断改变，就象人与自然的"斗争"促进生产力在相应基础上的发展一样，那么上述问题自然也就不存在了。工业和商业、生活必需品的生产和交换，一方面制约着不同社会阶级的分配和彼此的界限，同时它们在自己的运动形式上又受着后者的制约。这样一来，打个比方说，费尔巴哈在曼彻斯特只看见一些工厂和机器，而一百年以前在那里却只能看见脚踏纺车和织布机；或者，他在罗马的康帕尼亚只发现一些牧场和沼泽，而奥古斯特时代在那里却只能发现罗马资本家的葡萄园和别墅。费尔巴哈特别谈到自然科学的直观，提到一些只有物理学家和化学家的眼睛才能识破的秘密，但是如果没有工业和商业，哪里会有自然科学呢？甚至这个"纯粹的"自然科学也只是由于商业和工业，由于人们的感性活动才达到自己的目的和获得自己的材料的。这种活动、这种连续不断的感性劳动和创造、这种生产，正是整个现存的感性世界的基础，哪怕它只中断一年，费尔巴哈就会看到，不仅在自然界将发生巨大的变化，而且整个人类世界以及他自己的直观能力，甚至他本身的存在也会很快就没有了。当然，在这种情况下，外部自然界的优先地位仍然会保持着，而整个这一点当然不适用于原始的、通过 generatio aequivoca〔自然发生〕的途径产生的人们。但是，这种区别只有在人被看作是某种与自然界不同的东西时才有意义。此外,先于人类历史而存在的那个自然界,不是费尔巴哈生活其中的自然界;这是除去在澳洲新出现的一些珊瑚岛以外今天在任何地方都不再存在的、因而对于费尔巴哈来说也是不存在的自然界。

诚然,费尔巴哈比"纯粹的"唯物主义者有很大的优点:他承认人也是"感性对象"。但是,他把人只看作是"感性对象",而不是"感性活动",因为他在这里也仍然停留在理论的领域内,没有从人们现有的社会联系,从那些使人们成为现在这种样子的周围生活条件来观察人们 —— 这一点且不说,他还从来没有看到现实存在着的、活动的人,而是停留于抽象的"人",并且仅仅限于在感情范围内承认"现实的、单个的、肉体的人",也就是说,除了爱与友情,而且是理想化了的爱与友情以外,他不知道"人与人之间"还有什么其他的"人的关系"。他没有批判现在的生活关系。因此,他从来没有把感性世界理解为构成这一世界的个人的全部活生生的**感性活动**,因而比方说,当他看到的是大批患瘰疬病的、积劳成疾的和患肺痨的贫民而不是健康的人的时候,便不得不求助于"最高的直观"和理想的"类的平等化",这就是说,正是在共产主义的唯物主义者看到改造工业和社会结构的必要性和条件的地方,他却重新陷入唯心主义。

当费尔巴哈是一个唯物主义者的时候,历史在他的视野之外;当他去探讨历史的时候,他不是一个唯物主义者。在他那里,唯物主义和历史是彼此完全脱离的。这一点从上面所说的看来已经非常明显了。

马克思、恩格斯:《费尔巴哈》,人民出版社1988年版,第19—22页

六、关于向社会主义共产主义过渡的
经济和政治形式

关于"消灭私有制"的含义

共产主义的特征并不是要废除一般的所有制,而是要废除资产阶级的所有制。

但是,现代的资产阶级私有制是建筑在阶级对立上面、建筑在一些人对另一些人的剥削上面的生产和产品占有的最后而又最完备的表现。

从这个意义上说,共产党人可以用一句话把自己的理论概括起来:消灭私有制。

有人责备我们共产党人,说我们要消灭个人挣得的、自己劳动得来的财产,要消灭构成个人的一切自由、活动和独立的基础的财产。

好一个劳动得来的、自己挣得的、自己赚来的财产!你们说的是资产阶级所有制以前的那种小资产者的、小农的财产吗? 那种财产用不着我们去消灭,工业的发展已经把它消灭了,而且每天都在消灭它。

或者,你们说的是现代的资产阶级的私有财产吗?

但是,难道雇佣劳动,无产者的劳动,会给无产者创造出财产来吗? 没有的事。这种劳动所创造的是资本,即剥削雇佣劳动的财产,只有在不断产生出新的雇佣劳动来重新加以剥削的条件下才能增加起来的财产。现今的这种财产是在资本和雇佣劳动的对立中运动的。……

你们一听到我们要消灭私有制，就惊慌起来。但是，在你们的现存社会里，私有财产对十分之九的成员来说已经被消灭了；这种私有制之所以存在，正是因为私有财产对十分之九的成员来说已经不存在。可见，你们责备我们，原来是说我们要消灭那种以社会上的绝大多数人没有财产为必要条件的所有制。

总而言之，你们责备我们，原来是说我们要消灭你们的那种所有制。的确，我们是要这样做的。

你们说，从劳动不再能变为资本、货币、地租，一句话，不再能变为可以垄断的社会力量的时候起，就是说，从个人财产不再能变为资产阶级财产的时候起，个性就被消灭了。

由此可见，你们是承认，你们所理解的个性，不外是资产者、资产阶级私有者。这样的个性确实应当被消灭。

共产主义并不剥夺任何人占有社会产品的权力，它只剥夺利用这种占有去奴役他人劳动的权力。

《共产党宣言》，《马克思恩格斯选集》第1卷，人民出版社1972年版，第265—267页

社会主义所有制是在共同占有的基础上
"重新建立个人所有制"（或"联合起来的社会个人所有制"）

A.《资本论》第一卷"资本主义积累的历史趋势"一节全文：

资本的原始积累，即资本的历史起源，究竟是指什么呢？既然它不是奴隶和农奴直接转化为雇佣工人，因而不是单纯的形式变换，那末它就只是意味着直接生产者的被剥夺，即以自己劳动为基础的私有制的解体。

私有制作为公共的、集体的所有制的对立物,只是在劳动资料和劳动的外部条件属于私人的地方才存在。但是私有制的性质,却依这些私人是劳动者还是非劳动者而有所不同。私有制在最初看来所表现出的无数色层,只不过反映了这两极间的各种中间状态。

劳动者对他的生产资料的私有权是小生产的基础,而小生产又是发展社会生产和劳动者本人的自由个性的必要条件。诚然,这种生产方式在奴隶制度、农奴制度以及其他从属关系中也是存在的。但是只有在劳动者是自己使用的条件的自由私有者,农民是自己耕种的土地的自由私有者,手工业者是自己运用自如的工具的自由私有者的地方,它才得到充分发展,才显示出它的全部力量,才获得适当的典型的形式。

这种生产方式是以土地及其他生产资料的分散为前提的。它既排斥生产资料的积聚,也排斥协作,排斥同一生产过程内部的分工,排斥社会对自然的统治和支配,排斥社会生产力的自由发展。它只同生产和社会的狭隘的自然产生的界限相容。要使它永远存在下去,那就象贝魁尔公正地指出的那样,等于"下令实行普遍的中庸"。它发展到一定的程度,就造成了消灭它自身的物质手段。从这时起,社会内部感到受它束缚的力量和激情,就活动起来。这种生产方式必然要被消灭,而且已经在消灭。它的消灭,个人的分散的生产资料转化为社会的积聚的生产资料,从而多数人的小财产转化为少数人的大财产,广大人民群众被剥夺土地、生活资料、劳动工具,——人民群众遭受的这种可怕的残酷的剥夺,形成资本的前史。这种剥夺包含一系列的暴力方法,其中我们只考察了那些具有划时代意义的资本原始积累的方法。对直接生产者的剥夺,是用最残酷无情的野蛮手段,在最下流、最龌龊、最卑鄙和最可恶的贪欲的驱使下完成的。靠自己劳动挣得的私有制,即以各个独立劳动者与其劳动条件相结合为基础的私有制,被资本主义私有制,即以剥削他人的但形式上是自由的劳动为基础的私有制所排挤。

一旦这一转化过程使旧社会在深度和广度上充分瓦解,一旦劳者转化为无产者,他们的劳动条件转化为资本,一旦资本主义生产方式站稳脚跟,劳动的进一步社会化,土地和其他生产资料的进一步转化为社会使用的即公共的生产资料,从而对私有者的进一步剥夺,就会采取新的形式。现在要剥夺的已经不再是独立经营的劳动者,而是剥削许多工人的资本家了。

这种剥夺是通过资本主义生产本身的内在规律的作用,即通过资本的集中进行的。一个资本家打倒许多资本家。随着这种集中或少数资本家对多数资本家的剥夺,规模不断扩大的劳动过程的协作形式日益发展,科学日益被自觉地应用于技术方面,土地日益被有计划地利用,劳动资料日益转化为只能共同使用的劳动资料,一切生产资料因作为结合的社会劳动的生产资料使用而日益节省,各国人民日益被卷入世界市场网,从而资本主义制度日益具有国际的性质,随着那些掠夺和垄断这一转化过程的全部利益的资本巨头不断减少,贫困、压迫、奴役、退化和剥削的程度不断加深,而日益壮大起来的、由资本主义生产过程本身的机构所训练、联合和组织起来的工人阶级的反抗也不断增长。资本的垄断成了与这种垄断一起并在这种垄断之下繁盛起来的生产方式的桎梏。生产资料的集中和劳动的社会化,达到了同它们的资本主义外壳不能相容的地步。这个外壳就要炸毁了。资本主义私有制的丧钟就要响了。剥夺者就要被剥夺了。

从资本主义生产方式产生的资本主义占有方式,从而资本主义的私有制,是对个人的、以自己劳动为基础的私有制的第一个否定。但资本主义生产由于自然过程的必然性,造成了对自身的否定。这是否定的否定。这种否定不是重新建立私有制,而是在资本主义时代的成就的基础上,也就是说,在协作和对土地及靠劳动本身生产的生产资料的共同占有的基础上,重新建立个人所有制。

以个人自己劳动为基础的分散的私有制转化资本主义私有制,同事实上已经以社会生产为基础的资本主义所有制转化为公有制比较起来,自然是一个长久得多、艰苦得多、困难得多的过程。前者是少数掠夺者剥夺人民群众,后者是人民群众剥夺少数掠夺者。

《资本论》第1卷,人民出版社1975年版,第829—832页

B.《经济学手稿》(1861—1863年)第一篇第五章(节录)

随着劳动在实际上从属于资本,在生产方式本身中,在劳动生产率中,在资本家和工人之间 —— 在生产内部 —— 的关系中,以及在双方彼此的社会关系中,都发生完全的革命。

只有最简单的形式,简单协作的形式,才可能也存在于较早的生产关系下(见早期的埃及等等,在那里这种简单协作不是在修建铁路时使用,而是在建筑金字塔等等时使用),也存在于奴隶制关系下(关于这点参看下文)。在这里通过使用妇女和儿童劳动,从属关系几乎又被贬低到奴隶制关系(参看**斯图亚特**的著作)。

对于所有这些生产形式来说,除生产所需要的**不断增长的资本最低限额**外,共同之处是:许多联合起来的工人劳动的**共同条件**保证这些共同条件得到**节约**,这同小规模生产情况下这些条件的分散情况正好相反,因为这些**共同生产条件**的效力看来与通过协作、分工、机器等等来提高劳动本身的生产率直接无关,它不要求

那样增加它们的数量和它们的价值。共同地同时使用生产条件使它们的**相对价值降低**,虽然它们所提供的价值的绝对量提高了。

这里的**积极结果**是:为生产已增加的生活资料的量所需要的劳动时间减少了;这一结果是由劳动的社会形式获得的;个别人占有生产条件不仅表现为一种不必要的事情,而且表现为和这种大规模生产不相容的事情。诚然,在资本主义生产方式下出现的情况是,资本家即**非工人**是这大量生产资料的所有者。实际上,在对工人的关系方面,他绝不代表他们的联合,不代表他们的社会团结。因此这一对立形式一旦消除,结果就会是他们**社会地**占有而不是作为各个**私的个人**占有这些生产资料。资本主义所有制只是生产资料的这种公有制的对立的表现,即单个人对生产条件的所有制(从而对产品的所有制,因为产品不断转化为生产条件)遭到否定的对立的表现。同时可以看出,这种转化要求物质生产力达到一定的发展阶段。例如对于小农来说,他所耕种的那一小块土地是**他的**一小块。对这一小块的所有制也像对他的生产工具的所有制一样是他的劳动的必要刺激和条件。手工业中的情况也是这样。在大农业中,以及在大工业中,这种劳动和对生产条件的所有制**不需要事先分离**,它们已经**在事实上分离了**;西斯蒙第为之痛哭的所有制和劳动的这种分离,是生产条件的所有制转化为公有制的必要过渡阶段。如果单个工人作为单独的人要再恢复对生产条件的所有制,那只有将生产力和大规模劳动发展分离开来才有可能。资本家对这种劳动的**异己的所有制**,只有通过他的所有制改造为非孤立的单个人的所有制,也就是改造为**联合起来的社会个人**的所有制,才可能被消灭。自然,认为产品是生产者的所有者的那种拜物教,也就同时结束,并且在资本主义生产内部发展起来的劳动的一切社会形式,也就摆脱把它们全部加以歪曲并表现在对立形式上的那种对立……

《马克思恩格斯全集》第48卷,人民出版社1985年版,第20—21页

在资本主义体系中出现的向联合的生产方式过渡的形式:《资本论》第三卷第五篇第二十七章(节录大部分)

A. 股份公司

股份公司的成立。由此:

1. 生产规模惊人地扩大了,个别资本不可能建立的企业出现了。同时,这种以前由政府经营的企业,成了公司的企业。

2. 那种本身建立在社会生产方式的基础上并以生产资料和劳动力的社会集中为前提的资本,在这里直接取得了社会资本(即那些直接联合起来的个人的资本)的形式,而与私人资本相对立,并且它的企业也表现为社会企业,而与私人企业相对立。这是作为私人财产的资本在资本主义生产方式本身范围内的扬弃。

3. 实际执行职能的资本家转化为单纯的经理,即别人的资本的管理人,而资本所有者则转化为单纯的所有者,即单纯的货币资本家。因此,即使后者所得的股息包括利息和企业主收入,也就是包括全部利润(因为经理的薪金只是,或者应该只是某种熟练劳动的工资,这种劳动的价格,同任何别种劳动的价格一样,是在劳动市场上调节的),这全部利润仍然只是在利息的形式上,即作为资本所有权的报酬获得的。而这个资本所有权这样一来现在就同现实再生产过程中的职能完全分离,正像这种职能在经理身上同资本所有权完全分离一样。因此,利润(不再只是利润的一部分,即

从借入者获得的利润中理所当然地引出来的利息）表现为对别人的剩余劳动的单纯占有，这种占有之所以产生，是因为生产资料已经转化为资本，也就是生产资料已经和实际的生产者相分离，生产资料已经作为别人的财产，而与一切在生产中实际进行活动的个人（从经理一直到最后一个短工）相对立。在股份公司内，职能已经同资本所有权相分离，因而劳动也已经完全同生产资料的所有权和剩余劳动的所有权相分离。资本主义生产极度发展的这个结果，是资本再转化为生产者的财产所必需的过渡点，不过这种财产不再是各个互相分离的生产者的私有财产，而是联合起来的生产者的财产，即直接的社会财产。另一方面，这是所有那些直到今天还和所有资本所有权结合在一起的再生产过程中的职能转化为联合起来的生产者的单纯职能，转化为社会职能的过渡点。

……

这是资本主义生产方式在资本主义生产方式本身范围内的扬弃，因而是一个自行扬弃的矛盾，这个矛盾首先表现为通向一种新的生产形式的单纯过渡点。它作为这样的矛盾在现象上也会表现出来。它在一定部门中造成了垄断，因而要求国家的干涉。它再生产出了一种新的金融贵族，一种新的寄生虫，——发起人、创业人和徒有其名的董事；并在创立公司、发行股票和进行股票交易方面再生产出了一整套投机和欺诈活动。这是一种没有私有财产控制的私人生产。

把股份制度——它是在资本主义体系本身的基础上对资本主义的私人产业的扬弃；它越是扩大，越是侵入新的生产部门，它就越会消灭私人产业——撇开不说，信用为单个资本家或被当作资本家的人，提供在一定界限内绝对支配别人的资本，别人的财产，从而别人的劳动的权利。对社会资本而不是对自己资本的支配权,使他取得了对社会劳动的支配权。因此,一个人实际拥有的或公众认为他拥有的资本本身,只是成为信用这个上层建筑的基础。以上所述特别适用于绝大部分社会产品要经过的批发商业。在这里,一切尺度,一切在资本主义生产方式内多少还可以站得住脚的辩护理由都消失了。进行投机的批发商人是拿社会的财产,而不是拿自己的财产来进行冒险的。……在这里,成功和失败同时导致资本的集中,从而导致最大规模的剥夺。在这里,剥夺已经从直接生产者扩展到中小资本家自身。这种剥夺是资本主义生产方式的出发点;实行这种剥夺是资本主义生产方式的目的,而且最后是要剥夺一切个人的生产资料,这些生产资料随着社会生产的发展已不再是私人生产的资料和私人生产的产品,它们只有在联合起来的生产者手中还能是生产资料,因而还能是他们的社会财产,正如它们是他们的社会产品一样。但是,这种剥夺在资本主义制度本身内,以对立的形态表现出来,即社会财产为少数人所占有;而信用使这少数人越来越具有纯粹冒险家的性质。因为财产在这里是以股票的形式存在的,所以它的运动和转移就纯粹变成了交易所赌博的结果,在这种赌博中,小鱼为鲨鱼所吞掉,羊为交易所的狼所吞掉。在股份制度内,已经存在着社会生产资料借以表现为个人财产的旧形式的对立面;但是,这种向股份形式的转化本身,还是局限在资本主义界限之内;因此,这种转化并没有克服财富作为社会财富的性质和作为私人财富的性质之间的对立,而只是在新的形态上发展了这种对立。

B. 工人合作工厂

工人自己的合作工厂,是在旧形式内对旧形式打开的第一个缺口,虽然它在自己的实际组织中,当然到处都再生产出并且必然会再生产出现存制度的一切缺点。但是,资本和劳动之间的对立在这种工厂内已经被扬弃,虽然起初只是在下述形式上被扬弃,即工人作为联合体是他们自己的资本家,也就是说,他们利用生产资料使他们自己的劳动增值。这种工厂表明,在物质生产力和与之相适应的社会生产形式的一定的发展阶段上,一种新的生产方式怎样会自然而然地从一种生产方式中发展并形成起来。没有从资本主义生产方式中产生的工厂制度,合作工厂就不可能发展起来;同样,没有从资本主义生产方式中产生的信用制度,合作工厂也不可能发展起来。信用制度是资本主义的私人企业逐渐转化为资本主义的股份公司的主要基础,同样,它又是按或大或小的国家规模逐渐扩大合作企业的手段。资本主义的股份企业,也和合作工厂一样,应当被看作是由资本主义生产方式转化为联合的生产方式的过渡形式,只不过在前者那里,对立是消极地扬弃的,而在后者那里,对立是积极地扬弃的。

C. 信用制度的作用及其在资本主义下的二重性

以上,我们主要是和产业资本相联系来考察信用制度的发展以及在这一制度中包含的资本所有权的潜在的扬弃。……

如果说信用制度表现为生产过剩和商业过度投机的主要杠杆,那只是因为按性质来说可以伸缩的再生产过程,在这里被强化到了极限。它所以会被强化,是因为很大一部分社会资本为社会资本的非所有者使用,这种人办起事来和那种亲自执行职能、小心谨慎地权衡其私人资本的界限的所有者完全不同。这不过表明:建立在资本主义生产的对立性质基础上的资本增殖,只容许现实的自由的发展达到一定的限度,因而,它事实上为生产造成了一种内在的但不断被信用制度打破的束缚和限制。因此,信用制度加速了生产力的物质上的发展和世界市场的形式;使这二者作为新生产形式的物质基础发展到一定的高度,是资本主义生产方式的历史使命,同时,信用加速了这种矛盾的暴力的爆发,即危机,因而加强了旧生产方式解体的各种要素。

信用制度固有的二重性质是:一方面,把资本主义生产的动力——用剥削别人劳动的办法来发财致富——发展成为最纯粹最巨大的赌博欺诈制度,并且使剥削社会财富的少数人的人数越来越减少;另一方面,又是转到一种新生产方式的过渡形式。正是这种二重性质,使信用的主要宣扬者,从约翰·罗到伊萨克·贝列拉,都具有这样一种有趣的混合性质:既是骗子又是预言家。

《资本论》第三卷,人民出版社1975年版,第493—499页

无产阶级专政是消灭阶级因而也消灭它自己的运动。它要建立的是自由人的联合体社会

在发展进程中,当阶级差别已经消失而全部生产集中在联合起来的个人的手里的时候,公众的权力就失去政治性质。原来意义上的政治权力,是一个阶级用以压迫另一个阶级的有组织的暴力。如果说无产阶级在反对资产阶级的斗争中一定要联合为阶级,如果说它通过革命使自己成为统治阶级,并以统治阶级的资格用暴力消灭旧的生产关系,那么它在消灭这种生产关系的同时,也就消灭了阶级对立和阶级本身的存在条件,从而消灭了它自己这个阶级的统治。

代替那存在着阶级和阶级对立的资产阶级旧社会的,将是这样一个联合体,在那里,每个人的自由发展是一切人的自由发展的条件。

《共产党宣言》,《马克思恩格斯选集》第1卷,人民出版社1972

年版,第332—333页

  ……至于讲到我,无论是发现现代社会中有阶级存在或发现各阶级间的斗争,都不是我的功劳。……我的新贡献就是证明了下列几点:(1)**阶级的存在仅仅同生产力发展的一定历史阶段**相联系;(2)阶级斗争必然要导致**无产阶级专政**;(3)这个专政不过是达到**消灭一切阶级**和进入**无阶级社会**的过渡……

  《马克思1852年3月5日致约·魏德迈的信》,《马克思恩格斯选集》第4卷,人民出版社1972年版,第332—333页

巴黎公社的经验总结

A. 马克思《法兰西内战》(选录)

  公社就是帝国的直接对立物。巴黎无产阶级用以欢迎二月革命的"社会共和国"的口号,不过是表示了希望建立一种不仅应该消灭阶级统治的君主制形式,而且应该消灭阶级统治本身的共和国的模糊意向。公社正是这种共和国的一定的形式。

  原是旧政府权力的驻在地和中心,同时又是法国工人阶级的社会活动中心的巴黎,手执武器奋起反对了梯也尔及其"地主议会"要恢复和巩固帝国遗传下来的这个旧政府权力的企图。巴黎所以能够反抗,只是由于被围困使它摆脱了军队,建立了主要由工人组成的国民自卫军。必须使这件事实成为确定的制度,所以,公社的第一个法令就是废除常备军而用武装的人民来代替它。

  公社是由巴黎各区普选选出的城市代表组成的。这些代表对选民负责,随时可以撤换。其中大多数自然都是工人,或者是公认

的工人阶级的代表。公社不应当是议会式的，而应当是同时兼管行政和立法的工作机关。一向作为中央政府的工具的警察，立刻失去了一切政治职能，而变为公社的随时可以撤换的负责机关。其他各行政部门的官吏也是一样。从公社委员起，自上至下一切公职人员，都只应领取相当于**工人工资**的薪金。国家高级官吏所享有的一切特权以及支付给他们的办公费，都随着这些官吏的消失而消失了。社会公职已不再是中央政府走卒们的私有物。不仅城市的管理，而且连先前属于国家的全部创议权都已转归公社。

公社在废除了常备军和警察这两种旧政府物质权力的工具以后，立刻着手摧毁精神压迫的工具，即"僧侣势力"，方法是宣布教会与国家分离，并剥夺一切教会所占有的财产。教士们应当重新过私人的清修生活，像他们的前辈即使徒们那样靠信徒的施舍过活。一切学校对人民免费开放，不受教会和国家的干涉。这样，不但学校教育人人都能享受，而且科学也摆脱了阶级成见和政府权力的桎梏。

法官已失去其表面的独立性，这种独立性只是他们用来掩盖自己向历届政府卑鄙谄媚的假面具，而他们对于这些政府是依次宣誓尽忠，然后又依次背叛的。也如社会其他一切公务人员一样，他们今后应该由选举产生，对选民负责，并且可以撤换。

巴黎公社自然应当作为法国一切大工业中心的榜样。只要公社制度在巴黎和各个次要的中心确立起来，旧的中央集权政府就得也在外省让位给生产者的自治机关。在公社没有来得及进一步加以发挥的全国组织纲要上说得十分清楚，公社应该成为甚至最小村落的政治形式，常备军在农村地区也应该由服役期限极短的国民军来代替。设在专区首府里的代表会议，应当主管本专区所有一切农村公社的公共事务，而这些专区的代表会议则应派代表参加巴黎的全国代表会议;代表必须严格遵守选民的 mandat imperatif (确切训令),并且随时可以撤换。那时还会留给中央政府的为数不多然而非常重要的职能,则不应该像有人故意捏造的那样予以废除,而应该交给公社的官吏,即交给那些严格负责的官吏。民族的统一不是应该破坏,相反地应该借助于公社制度组织起来,应该通过这样的办法来实现,即消灭以民族统一的体现者自居同时却脱离民族、驾于民族之上的国家政权,这个国家政权只不过是民族躯体上的寄生赘瘤。旧政府权力的纯粹压迫机关应该铲除,而旧政府权力的合理职能应该从妄图驾于社会之上的权力那里夺取过来,交给社会的负责的公仆。普选制不是为了每三年或六年决定一次,究竟由统治阶级中的什么人在议会里代表和压迫人民,而是应当为组织在公社里的人民服务,正如个人选择的权利为任何一个工厂主服务,使他们能为自己的企业找到工人、监工和会计一样。大家知道,企业正像个人一样,在实际业务活动中总是能够把适当的人放到适当的位置上去,即使有时会犯错误,也总能很快就纠正过来。另一方面,用等级授职制去代替普选制是根本违背公社的精神的。

新的历史创举通常遭到的命运就是被误认为是对旧的、甚至已经过时的社会生活形式的抄袭,只要他们稍微与这些形式有点相似。于是这个摧毁现代国家政权的新公社,也被误认为是在这个国家政权产生以前存在过并且后来构成这个国家政权基础的中世纪公社的复活。公社制度被误认为是企图用孟德斯鸠和吉伦特派所梦想的那种许多小邦的联盟,去代替在各个巨大民族那里虽然最初是用政治强力造成的,可是目前已经成为社会生产强大因素的统一。公社与国家政权间的对抗状态被误认为是反对过分集权的古老斗争的扩大形式。特殊的历史条件可能阻碍像在法国出现过的那种资产阶级统治形式的典型发展,而造成例如英国那样的状态,即主要的中央国家机关由贪污腐败的教区委员会,钻营私利的市参议会议员,城市里凶狠的济贫所监督和郡里事实上世袭的治安法官加以补充。公社制度将把靠社会供养而又阻碍社会自由发展的寄生赘瘤——"国家"迄今所吞食的一切力量归还给社会机体。仅仅这一点就会把法国的复兴向前推进了。……

人们对公社有各种不同的解释以及公社代表各种不同的利益,证明公社是一个高度灵活的政治形式,而一切旧有的政府形式在本质上都是压迫性的。公社的真正秘密就在于:它实质上是工人阶级的政府,是生产者阶级同占有者阶级斗争的结果,是终于发现的、可以使劳动在经济上获得解放的政治形式。

如果没有最后这个条件,公社制度就没有实现的可能,而是一个骗局。生产者的政治统治不能与他们的社会奴隶地位的永久不变状态同时并存。因此,公社应当成为根除阶级的存在所赖以维持、从而阶级统治的存在所赖以维持的那些经济基础的工具。劳动一被解放,大家都会变成工人,于是生产劳动就不再是某一个阶级的属性了。

说也奇怪,虽然近六十年来写过和讲过不少关于工人解放的话,可是只要工人们在什么地方断然当家做主,那些替两级即资本和雇佣奴隶劳动(土地私有者现在只是资本家的驯顺伙伴)对立的现代社会辩护的人,立刻就弹起辩护的调子来反对他们。仿佛资本主义社会还处在童贞和白璧无瑕的状态!仿佛它的对立现象还没有发展,它的自欺欺人的妄想还没有被揭穿,它的淫乱的实况还没有尽行暴露!他们喊叫说,公社想消灭构成全部文明基础的所有权!是的,诸位先生,公社曾想消灭那种将多数人的劳动变为少数人的财富的阶级所有权。它曾想剥夺剥夺者。它曾想把现在主要用作奴役和剥削劳动的工具的生产资料、土地和资本变成自由集体劳动的工具，以实现个人所有权。……

工人阶级并没有期望公社做出奇迹。他们并没有想靠人民的法令来实现现成的乌托邦。他们知道，为了谋得自己的解放，同时达到现代社会由于本身经济发展而不可遏制地趋向着的更高形式，他们必须经过长期的斗争，必须经过一系列将把环境和人都完全改变的历史过程。工人阶级不是要实现什么理想，而只是要解放那些在旧的正在崩溃的资产阶级社会里孕育着的新社会因素。……

这终究是工人阶级被公认为能够发挥社会首倡作用的唯一阶级的第一次革命……

马克思，《法兰西内战》（1871），《马克思恩格斯选集》第2卷，人民出版社1972年版，第374—379页

B. 恩格斯1891年为再版《法兰西内战》所写导言（选录）

公社一开始就得承认，工人阶级在获得统治时，不能继续运用旧的国家机器来进行管理；工人阶级为了不致失去刚刚争得的统治，一方面应当铲除全部旧的、一直被利用来反对它的压迫机器，另一方面应当以宣布它自己所有的代表和官吏毫无例外地可以随时撤换，来保证自己有可能防范他们。以往国家的特征是什么呢？ 社会起初用简单分工的办法为自己建立了一些特殊的机关来保护自己共同的利益。但是，后来，这些机关，而其中主要的是国家政权，为了追求自己特殊的利益，从社会的公仆变成了社会的主人。这种情形不但在例如世袭的君主国内可以看到，而且在民主的共和国内也可以看到。…… 正是从美国的例子上可以最明显地看出，起初只应充当社会的工具的国家政权怎样逐渐脱离社会而

独立。那里没有王朝，没有贵族，除了监视印第安人的一小群士兵之外没有常备军，没有那种拥有固定职位与领取年金权利的官僚。然而我们在那里可以看到两大帮政治投机家，他们轮流执掌政权，用最肮脏的手段为最卑鄙的目的运用这个政权，而国民却无力对付这两个大的政客集团，这些人表面上是替国民服务，实际上却是统治和掠夺国民的。

为了防止国家和国家机关由社会公仆变为社会主人 —— 这种现象在至今所有的国家都是不可避免的，—— 公社采取了两个正确的办法。第一，它把行政、司法和国民教育方面的一切职位交给由普选选出的人担任，而且规定选举者可以随时撤换被选举者。第二，它对所有公职人员，不论职位高低，都只付给跟其他工人同样的工资。公社所曾付过的最高薪金是六千法郎。这样，即使公社没有另外给各代议机构的代表规定限权委托书，也能可靠地防止人们去追求升官发财了。

这种炸毁旧的国家政权并以新的真正民主的国家政权来代替的情形，已经在《内战》第三章中作了详细的描述。但是这里再一次简单地谈到这种代替的几个特点，这是必要的，因为恰巧在德国，对国家的迷信，已经从哲学方面转到资产阶级甚至很多工人的一般意识中去了。按照哲学家的学说，国家是"观念的实现"，或是译成了哲学语言的尘世的上帝王国，也就是永恒的真理和正义所借以实现或应当借以实现的场所。由此就产生了对国家以及一切有关国家的事物的崇拜，由于人们从小就习惯于认为全社会的公共事业和公共利益只能用旧的方法来处理和保护，即通过国家及其收入极多的官吏来处理和保护，这种崇拜就更容易生根。人们以为，如果他们不再迷信世袭君主制而拥护民主共和制，那就已经是非常大胆地向前迈进了一步。实际上，国家无非是一个阶级镇压另一个阶级的机器,这一点即使在民主共和制下也丝毫不比在君主制下差。国家最多也不过是无产阶级在争取阶级统治的斗争胜利以后所继承下的一个祸害;胜利了的无产阶级也将同公社一样,不得不立即尽量除去这个祸害的最坏方面,直到在新的自由的社会条件下成长起来的一代能够把这全部国家废物完全抛掉为止。

近来,社会民主党的庸人又是一听到无产阶级专政就吓得大喊救命。先生们,你们想知道无产阶级专政是什么样子吗? 请看看巴黎公社吧。这就是无产阶级专政。

弗·恩格斯

1891年3月18日巴黎公社二十周年纪念日于伦敦

《马克思恩格斯选集》第2卷,人民出版社1972年版,第334—336页

七、关于俄国前途问题的两封信

卡·马克思《给〈祖国纪事〉杂志编辑部的信》

编辑先生:

《卡尔·马克思在茹柯夫斯基先生的法庭上》一文的作者[1],显然是一个聪明人,假如他在我的关于"原始积累"的论述中找到一个可以用来支持他的结论的地方,他就会加以引证了。因为找不到这样的地方,所以不得不抓住刊载在《资本论》德文本第一版补

---

[1] 尼·康·米海洛夫斯基。——编者注

遗里面的一个附注,即我对一个俄国"文学家"① 的论战性的意见。我在那里对这位俄国作家提出了什么责难呢? 这就是:他不是在俄国而是在普鲁士的政府顾问哈克斯特豪森的书里发现了俄国的公社,并且说,俄国公社在他手中只是用以证明腐朽的旧欧洲必须通过泛斯拉夫主义的胜利才能获得新生的一种论据。我对于这位作家的评价可能是对的,也可能是错的,但无论如何,决不能从这里理解我对"俄国人为他们的祖国寻找一条不同于西欧已经走过而且正在走着的发展道路"② 的努力的看法等等。

在《资本论》德文本第二版的跋里,—— 而这篇跋是关于茹柯夫斯基先生的那篇文章的作者所知道的,因为他曾经引证过 —— 我曾经以应有的高度的尊重谈到"一位伟大的俄国学者和批评家"③。这个人在自己的出色的文章中研究了这样一个问题:俄国是应该像他的自由派经济学家所希望的那样,首先摧毁农村公社以过渡到资本主义制度呢,还是与此相反,发展它所特有的历史条件,就可以不经受资本主义制度的一切苦难而取得它的全部成果。他表示赞成后一种解决办法。我的可敬的批评家既然可以根据我同那位"文学家"和泛斯拉夫主义者的论战推断我反对那位"文学家"的这些观点,那么,他至少也有同样多的理由根据我对这位"伟大的俄国学者和批评家"的尊重断定我同意他对这个问题的观点。

最后,因为我不喜欢留下"一些东西让人去揣测",我准备直截了当地说。为了能够对俄国的经济发展作出准确的判断,我学习了俄文,后来又在许多年内研究了和这个问题有关的官方发表的和其他方面发表的资料。我得到了这样一个结论:如果俄国继续

---

① 亚·伊·赫尔岑。——编者注
② 引用米海洛夫斯基文章中的话,在马克思手稿中是用俄文转述的。——编者注
③ 尼·加·车尔尼雪夫斯基。——编者注

走它在1861年所开始走的道路,那它将会失去当时历史所能提供给一个民族的最好的机会,而遭受资本主义制度所带来的一切极端不幸的灾难。

二

我在关于原始积累的那一章中只不过想描述西欧的资本主义经济制度从封建主义经济制度内部产生出来的途径。因此,这一章叙述了使生产者同他们的生产资料分离,从而把他们变成雇佣工人(现代意义上的无产者)而把生产资料占有者变成资本家的历史运动。在这一段历史中,"成为形成中的资本家阶级进一步发展的杠杆的一切革命都是划时代的,使广大群众同他们传统的生产资料和生活资料分离并把他们突然投到劳动市场上去的那些革命更是如此。但是,这整个发展的基础就是对农民的剥夺。这种剥夺只是在英国才彻底完成了 …… 但是西欧其他一切国家都正在经历着同样的运动"等等(《资本论》法文版第315页)。在那一章末尾,我把生产的历史趋势归结成这样:它"本身以主宰着自然界变化的必然性产生出它自身的否定";它本身已经创造出一种新的经济制度的因素,它同时给社会劳动生产力和一切个体生产者的全面发展以极大的推动;实际上已经以一种集体生产为基础的资本主义所有制只能转变为社会的所有制。在这个地方我并没有提出任何证据,理由很简单,这个论断本身只不过是概括地总结了我过去关于资本主义生产的那几章里所作的详细阐明。

那么,我的批评家可以把这个历史概述中的哪些东西应用到俄国去呢? 只有这些:假如俄国想要遵照西欧各国的先例成为一个资本主义国家, —— 它最近几年已经在这方面费了很大的精力, —— 它不先把很大一部分农民变成无产者就达不到这个目的;而它一旦倒进资本主义怀抱以后,它就会和尘世间的其他民族一样地受那些铁面无情的规律的支配。事情就是这样。但是这对我的批评家来说是太少了。他一定要把我关于西欧资本主义起源的历史概述彻底变成一般发展道路的历史哲学理论,一切民族,不管他们所处的历史环境如何,都注定要走这条道路,—— 以便最后都达到在保证社会劳动生产力极高度发展的同时又保证人类最全面的发展的这样一种经济形态。但是我要请他原谅。他这样做,会给我过多的荣誉,同时也会给我过多的侮辱。让我们举个例子看看。

　　在《资本论》里的好几个地方,我都提到古代罗马平民所遭到的命运。这些人本来都是自己耕种自己小块土地的自由农民。在罗马历史发展的过程中,他们被剥夺了。使他们同他们的生产资料和生活资料分离的运动,不仅蕴含着大地产形成的过程,而且还蕴含着大货币资本形成的过程。于是,有那么一天就一方面出现了除自己的劳动力外一切都被剥夺的自由人,另一方面为了利用这种劳动,又出现了占有所创造出的全部财富的人。结果怎么样呢? 罗马的无产者并没有变成雇佣工人,却成为无所事事的**游民**,他们比过去美国南部各州"poor whites"("白种贫民")更受人歧视,和他们同时发展起来的生产方式不是资本主义的,而是奴隶占有制的。因此,极为相似的事情,但在不同的历史环境中出现就引起了完全不同的结果。如果把这些发展过程中的每一个都分别加以研究,然后再把它们加以比较,我们就会很容易地找到理解这种现象的钥匙;但是,使用一般历史哲学理论这一把万能钥匙,那是永远达不到这种目的的,这种历史哲学理论的最大长处就在于它是超历史的。

卡·马克思写于1877年11月左右

原文是法文

《马克思恩格斯全集》第19卷,人民出版社1963年版,第126—131页

卡尔·马克思给维·伊·查苏利奇的信

亲爱的女公民:

十年来定期发作的神经痛妨碍了我,使我不能较早地答复您2月16日的来信。很遗憾,我对您尊敬地向我提出的问题不能给一个适合于发表的简短的答复。几个月前,我曾经答应给圣彼得堡委员会就同一题目写篇文章。可是,我希望寥寥几行就足以消除您因误解所谓我的理论而产生的一切怀疑。

在分析资本主义生产的起源时,我说:

"因此,资本主义制度的基础是生产者同生产资料的彻底分离…… 这整个发展的基础就是**对农民的剥夺**。这种剥夺只是在英国才彻底完成了…… 但是**西欧其他一切国家都正在经历着同样的运动**。"(《资本论》法文版第315页)

可见,这一运动的"**历史必然性**"**明确地**限于**西欧各国**。造成这种限制的原因在第三十二章的下面这一段里已经指出:

"以个人的劳动为基础的**私有制** …… 被以剥削他人的劳动、以雇佣劳动为基础的**资本主义私有制**所排挤。"(同上,第341页)

因此,在这种西方的运动中,问题是**把一种私有制形式变为另一种私有制形式**。相反地,在俄国农民中,则是要把**他们的公有制变为私有制**。

由此可见,在《资本论》中所作的分析,既不包括赞成俄国农村公社有生命力的论据,也不包括反对农村公社有生命力的论据,但是,从我根据自己找到的原始材料所进行的专门研究中,我深信:

这种农村公社是俄国社会新生的支点；可是要使它能发挥这种作用，首先必须肃清从各方面向它袭来的破坏性影响，然后保证它具备自由发展所必需的正常条件。

亲爱的女公民，我有幸仍然忠实于您

卡尔·马克思

卡尔·马克思写于1881年3月8日

原文是法文

《马克思恩格斯全集》第19卷，人民出版社1963年版，第268—269页